燕国桢论著集存

燕国材 燕良轼 燕新民 编

人民出版社

思贵创新，文贵质约。

——燕国桢

燕国桢，湖南桃源人。1926年生。以思贵创新、文贵质约为宗旨，在唯物辩证法理论及其应用、思维科学、中西哲学史等领域进行了深入研究。著有《马克思主义原理》、《科学创造性思维探索》等。

燕国桢与夫人肖继蕴
结婚纪念照
1952年4月19日

燕国桢与夫人肖继蕴
摄于中南大学校园
2000年2月3日

全家福——后排左起：女儿燕幽燕、燕国桢；前排左起：夫人肖继蕴、次子燕迪民、长子燕卫民，1972年4月19日

全家福——左起：长子燕卫民、次子燕迪民、夫人肖继蕴、燕国桢、女儿燕幽燕，2010年6月

燕国桢与三弟燕国彩（中）、四弟燕国材（右），1954年1月29日

燕国桢与四弟燕国材（右）、侄子燕良轼（左），2004年2月

目录

三 政治观点与实践编 253

四 科学创造性思维编 319

五 中国哲学发展史编 507

六 思想道德教育观编 559

七 家乡与宗族情结编 573

编后记 590

燕国桢传略

燕国桢（辈名为林），男，纯臣公之次子，母徐贵贞。1924 年 3 月生，桃源盘塘镇人，哲学、思维科学资深教授，“二十世纪中国现当代哲学家”，“湖南省荣誉社会科学家”（1992）。1945 年沅陵高工水利工程科毕业，1945 年—1948 年 7 月任桃源县金林乡（后改名阳谷乡）中心小学校长。1948 年 8 月考入湖南大学中国文学系本科，1953 年 7 月毕业，1956 年中国人民大学三年制马列主义研究生班毕业。其后长期在中南矿冶学院、中国工业大学、中南大学哲学自然辩证法教研室任教，兼任自然辩证法教研室与校社会科学研究生党支部书记。被聘任原国防科技大学社会科学评审委员会委员，现任中国孙子与齐文化研究会理事、美国传记协会顾问研究理事会理事。

1984 年被上级批准为硕士导师，率先在我国高校招收思维科学领域创新思维学研究生，为中南工业大学各专业第一、二届博士生讲授公共政治理论课《现代科学技术革命与马克思主义》；是我国高校探索政治课改革受到国家教委和中国人民解放军总参政治部宣传部等重视的具有影响的带头人之一；牵头组建湖南省高校马克思主义哲学与省高校研究生公共政治理论课教学研究会，同时担任两届理事长。1983 年开始，参与牵头组建清华、北大、华工、同济、科大、工大、浙大、上海交大等为骨干的全国高校马克思主义哲学和马克思主义原理教学与学术研讨年会协调组，担任执行组长，1997 年改任顾问，连任迄今。

他始终坚持把唯物辩证法理论及其应用作为研究重点，同时在中西哲学史、思维科学以及《孙子兵法》等多个学科领域进行了深入的研究，以思贵创新、文贵质约为宗旨，撰写发表了具有不同程度创新或具有独立见解和反响的论著六十余篇种，取得了骄人的学术业绩。

其主要理论贡献

一、1983年发表《唯物辩证法规律与范畴体系新探》以及1996年发表《恩格斯对唯物辩证法的突出贡献有深远意义》等，突破百多年来苏联东德东欧和我国哲学界长期认同的本质上揭示世界纵向联系的三个基本规律为基础构成的唯物辩证法体系传统模式的限制，率先提出和探索纵向横向多层次规律构成的唯物辩证法立体动态体系新概念新见解，最终完成了《辩证法立体动态体系——坚持辩证法发展辩证法》等论著。

二、1982年公开发表《从研究范畴的逻辑演进入手，揭示哲学史的发展规律》以及1998年公开发表《从辩证法范围的逻辑演进链条中看毛泽东的新贡献》等，破除中外古今学术界长期以人为中心和时代变化为转移，质疑哲学史规律的传统思路，提出和论证揭示哲学范畴逻辑演进链条，展示哲学史发展规律的新的哲学史研究方法论和新途径。

三、率先公开出版《科学创造性思维探索》，否定中外学术界长期认同形象思维、逻辑思维、灵感思维是三种思维基本形式的传统见解，另辟蹊径，提出了映象思维、抽象思维和构象思维是思维的基本形式，把创造性思维概念分解为启迪性、探索性、开拓性、突破性和验证性五个基本层次，并在思维主体、思维坐标、自觉创造性思维活动的一般规律等方面提出了一系列新概念。

四、参与主编我国首本《马克思主义原理》，将马克思主义三个组成部分融汇为一个统一的科学动态体系，展示为一个完整的正确的世界观。

五、新华社出版的《马克思主义理论教育新探》（1998年版）选录他的1997年7月发表的论文《邓小平理论，科学理论的旗帜》，把党的十一届三中全会后沿用的邓小平建设有中国特色社会主义理论概念进行提升，率先从学术角度提出和系统论证与马克思列宁主义、毛泽东思想同样高度概括、同等地位、同序列的“邓小平理论”新概念。

其主要论著被收入英国剑桥国际传记中心出版的《当代成就指南》（1992）第十七版、印度新德里出版的《亚洲参考》（1993）第十卷，获省部级三项大奖。被《中国哲学年鉴》1989年刊登在《哲学学者》名单榜上，获1994年英国剑桥国际传记中授予的“科学创新”国际勋章，被美国传记协会等载入20世纪25年来世界杰出成就的500人专集之内。1994年爱丁堡、1995年悉尼、1996年旧金山、1997年牛津大学、1998年新奥尔良、1999年里斯本、2000年华盛顿召开的国际人文科学交流代表会议，均被邀请出席。

传略被收入英国剑桥国际传记中心出版的《世界名人词典》（1993）23版，美国世界名人出版社出版的《世界各界名人录》（1993），香港炎黄国际出版社出版的《中国百年风云人物大典》（1999）等，以及中共中央文献研究室等联合编辑的学习和实践三个代表系列丛书《三个代表的忠实实践者》（业绩卷）之中，终身享受国务院颁发的“做出突出贡献”的特殊津贴。

（本文原载于《燕氏族谱》卷一，2005年修订本，第225—223页。内部印刷。）

一　马克思主义原理编

马克思主义是共产党人的政治信仰，马克思主义原理是研究马克思主义的一门科学，是我国高等学校政治课程的主课之一。燕国桢教授从20世纪50年代起，就一直学习、传授与研究这门课程，数十年如一日。在深厚积淀的基础上，他（与人合作）主编《马克思主义原理》一书，是当时较有特色、有影响的一部教材。在该书中，燕国桢撰写的“绪论”与“结束语”两部分，表达了他关于“马克思主义原理”教材的基本观点。他还参与了第一章的编写工作。他撰写了一系列的论文，参与有关的学术研讨会，讨论的内容主要有：马克思主义的基本性质与主要特征，马克思主义原理教材与传统的马克思主义科学体系模式的关系，教材的逻辑起点、主线、终点与体系等。本编集存论文5篇。

《马克思主义原理》

绪论

提要：马克思主义是历史上最先进的阶级——无产阶级的思想旗手马克思、恩格斯，代表无产阶级和全人类的根本利益，总结了人类古今一切优秀文化成果，创立的完整统一永远开放的科学理论体系。它是无产阶级认识客观世界和自身的工具，是批判、改造旧世界的武器，是建设、创造新世界的科学，也是无产阶级政党制定正确路线、方针、政策和革命者树立科学的共产主义的世界观和革命的共产主义的人生观、价值观的理论基础。

第一节　马克思主义是完整的科学体系

一、马克思主义是科学

世界近代现代史表明，马克思主义的诞生，敲响了旧世界走向死亡的丧钟，预报了人类新纪元的即将来临。一个多世纪以来，它已成为指引国际无产阶级率领劳动群众改天换地的旗帜，也引起了反动阶级、反动分子的畏惧、敌视和诬蔑，其中包括假马克思主义者的种种歪曲。同时，在一些不十分真正懂得马克思主义的人们中，也存在着许多错误理解和滥用。因此，在阐述马克思主义原理时，必须首先对马克思主义概念作出科学的解释。

科学是知识的体系。马克思主义是指马克思和恩格斯的“观点和学说的体系”。它不是指创始人的某一句话、某一个观点、原理，而是指他们的基本观点和学说构成的理论体系。马克思主义是唯物辩证地揭示自然、社会和思维的本质和发展规律，特别是关于资本主义必然灭亡、社会主义共产主义必然胜利的规律的科学。从根本上说，是关于无产阶级和全人类解放的学说。这个学说十分完备而严谨，连“它的敌人也承认的”（列宁）。它不仅仅是科学，而且是前所未有的具有世界意义的哲学社会科学。斯大林为了强调它所具有的这种科学本质，曾把它全面而具体地表述为“是关于自然和社会的发展规律的科学，是关于被压迫和被剥削群众革命的科学，是关于社会主义在一切国家中胜利的科学，是关于建设共产主义社会的科学”。工人运动证明，这个科学揭示了自然、社会和思维（包括认识）的发展规律，揭示了资本主义产生、发展和灭亡的规律，揭示了以科学社会主义共产主义原则对旧制度进行彻底革命和全面改造的规律。因此，马克思主义不是黄昏才起飞的猫头鹰，而是清晨报晓的雄鸡。它照耀人类前进的道路，它推动世界历史车轮滚滚向前。

毋庸置疑，马克思主义这个概念的泛指，自然包括体现着马克思主义的继承和发展的列宁主义、毛泽东思想和我们党关于建设有中国特色的社会主义的理论，等等。

马克思主义的内容是十分丰富的，涉及自然和社会的各个方面。其基本内容或者说主要组成部分是：哲学、政治经济学和科学社会主义。

马克思主义哲学是关于自然、社会和思维的最普遍本质和发展的最一般规律的科学。包括：彻底唯物的本原论，唯物辩证的发展观（方法论）、唯物辩证的能动的革命的认识论、唯物辩证的自然观，历史观、意识观和唯物辩证的人生观、价值观，等等。

马克思主义政治经济学是关于研究生产关系及其发展规律的科学。包括：劳动价值论、剩余价值论（包括资本主义的生产、分配、交换和消费的理论）、帝国主义论、当代资本主义论、社会主义经济理论，等等。

科学社会主义是关于无产阶级解放运动的性质、目的和发展规律的科学。包括："两个伟大发现"（指历史唯物主义与剩余价值学说——编者）、无产阶级政党、阶级斗争、无产阶级革命、无产阶级专政、过渡时期、共产主义发展两个阶段以及国际主义和爱国主义相结合的理论，等等。

综上所述，可见马克思主义，说到底，是关于无产阶级和全人类获得解放的主客观条件和途径的系统理论论证的科学学说，是工人阶级的根本利益在理论上的表现。

二、马克思主义是一个统一的科学理论体系

马克思主义的三个组成部分，从一定意义上讲，各具有相对独立性。这就是为什么恩格斯在《反杜林论》、列宁在《卡尔·马克思》等著作中以及20世纪30年代以来，马克思主义哲学、政治经济学和科学社会主义，都独立地成为一个体系和一门学科的原因。应该说，这种相对独立性，即使现在，从某个角度看，仍继续具有存在的根据。但是从马克思主义本身和它的功能发挥讲，它首先是一个完整不可分的科学理论体系。这种完整性不可分割性，表现在它们是互相依存、互相贯通的，是一个存在着内在逻辑联系的统一体。

马克思主义哲学——辩证唯物主义历史唯物主义，是马克思主义的理论基础。任何学说只有建立在一定哲学基础之上，才能成为真正深刻和具有说服力的理论。像马克思主义这个属于全世界无产阶级的伟大学说，更是这样。马克思主义政治经济学和科学社会主义就是在无产阶级革命斗争实践的基础上，以彻底的唯物论、辩证法、认识论和历史唯物主义为依据、为指南建立起来的。

马克思主义政治经济学是马克思主义理论"最深刻最全面最详细的证明和运用"。这个证明和运用表现在它对社会的经济基础——经济关系（主要是

生产关系），特别是人类最后一个对抗阶级社会——资本主义社会经济的矛盾运动，作出了深刻的具体分析，揭示了人类社会的发展规律和前途。列宁说："资本主义社会必然转变为社会主义社会这个结论，马克思是完全而且仅仅根据现代社会（指资本主义社会——编者）的经济运动规律得出的。"马克思政治经济学的这种作用，既把抽象的好像悬于高空的哲学理论返回到现实生活之中，又把社会主义共产主义运动确立在现实基础之上。

科学社会主义是马克思主义学说的出发点和落脚点，全部马克思主义实质，可以说就是阐明社会主义、共产主义理想一定能实现的历史必然性，指引无产阶级率领劳动群众自觉地为它的实现而奋斗。因此，科学共产主义是马克思主义的精髓、"核心"（恩格斯）和主要标志。正是从这个意义上，创始人曾常常从广义上把马克思主义与科学社会主义当作同义语使用。

马克思主义三个组成部分，不仅仅相互依存，而且互相渗透，相互促进。马克思主义哲学的历史观的某些范畴如"生产力"、"生产关系"、"生产方式"等，具有与政治经济学相同的概念内涵；反过来也是一样。马克思主义哲学的社会主义基本矛盾理论与阶级、国家，革命学说同科学社会主义的有关理论的概念是直接同一的，反之亦然。因此，马克思主义三个组成部分，是一个不可分割的、有机联系的统一体，是一个完整的科学理论体系。如果分割开来，就难以对资本主义实体的产生、发展、灭亡和社会主义共产主义实体的矛盾运动，从各个侧面作出全面完整的科学分析；也难以对当代社会历史现实提出的新问题作出全面完整的科学的回答。

三、马克思主义的重要特征

马克思主义是历史上最先进的阶级——无产阶级的思想体系，决定了马克思主义有旧社会一切剥削阶级思想体系所不曾具有的特征。重要的至少有以下几个：

（一）批判继承性与创造性相统一：它根据建立在前所未有的公有制经济

基础之上的新文化的需要，批判了人类文化遗产的一切消极成分，吸取了其积极的有价值的思想材料，并用国际工人运动新经验和当代科学成果进行了新创造，使自己在科学形态上远远高于旧的理论。

（二）理论与实践相统一：马克思主义是社会实践经验的理论概括，又反过来为社会实践服务，指导革命无产阶级和劳动群众对自然和社会进行革命改造，使自身进一步革命化。马克思主义原理在与具体实践相结合中不断向前发展，使自己和生活一样，永葆青春，充满无限的战斗生命力。

（三）革命性（阶级性）与科学性相统一：马克思主义是具有无产阶级党性、阶级性的科学。它公开声明为无产阶级利益服务。但它的利益与劳动群众的根本利益是一致的。无产阶级不解放全人类，就不能解放自己。因此，马克思主义的党性、阶级性，绝没有任何与“宗派”相似的狭隘性。这就保证了它能如实地反映自然、社会的客观发展规律，成为真正科学的哲学、社会科学。反过来，它的这种科学性又必然产生彻底的革命性，从而实现两者的统一。

（四）统一性与多样性的统一：马克思主义普遍真理是统一的，但马克思主义在各个国家的运用、发展和体现，又具有特殊形式（民族化）。马克思主义的统一性与多样化，是马克思主义强大生命力的体现。普遍性寓于特殊性之中，各个特殊性、多样化发展，必然丰富、深化、提高马克思主义的普遍真理。因此，在马克思主义发展长河中，既要强调马克思主义的普遍形式，又要突出马克思主义的特殊的形式，既要坚持马克思主义的普遍真理，又要使“马克思主义中国化”。今天，我们在现代化建设事业中，既要坚持社会主义道路，又要强调中国特色，建设有中国特色的社会主义。

第二节　马克思主义是人类历史发展到一定阶段的必然产物

一、资本主义的发展为马克思主义产生准备了社会经济政治前提

任何新的社会思想理论，没有一定的社会需要是绝不会产生的。而它的产生，又只能由一定社会的经济政治的发展作了准备才有可能。像马克思主义这样具有国际性划时代理论的产生，更必须从整个世界，特别是从整个欧洲的经济政治发展条件去考察。恩格斯曾这样指出过："科学社会主义的产生，一方面必须有德国的辩证法，但是同时也必须有英国和法国的发展了的经济关系和政治关系。德国落后的经济条件，……最多只能产生社会主义的讽刺画。"

马克思主义产生前夜，即19世纪三四十年代，英国革命已达到"完成阶段"。英国正在"变成世界的工厂"，成为资本主义经济发展的典型国家。与此同时，资本主义在欧洲大陆特别是在法国、荷兰和美国得到了相当发展，它冲破了封建割据的藩篱。它所开拓的世界市场使一切国家的生产和消费都成为世界性的了。印度孟买的棉花运到英国的曼彻斯特进行纺织，转到德国去印染，再在法国巴黎制成时装。这种资本主义国家统一民族市场的形成，打破了人们用陈旧狭小的眼光去观察社会历史现象；另一方面，资本主义生产方式的发展，必然使中、小资产阶级两极分化。如果说，过去的各个历史时代，到处可以看到社会完全划分为各个不同的阶级，而"每一个阶级内又有各种独特的等级"（《共产党宣言》），那么到资本主义时代，却出现了一个前所未有的特点，这就是社会日益分裂为两个相互直接对立的阶级——资产阶级与无产阶级，即"把居民间的一切差别化为工人和资本家之间的对立"，从而使阶级关系简单化。1825年第一次工业生产过剩危机首先在英国爆发，逐渐波及到附近的资本主义国家，"在荷兰、德国北部和合众国也引起了危机现象"。显然，

这就把谋求解决危机的根本出路提到了首位，其直接后果就导致了无产阶级与资产阶级之间斗争的进一步发展。这种发展逻辑地提出了创立工人阶级的思想理论纲领的必要性与可能性。

资产阶级与无产阶级的矛盾是不可调和的。随着资本主义的发展，它们之间的对立与斗争也必然日益尖锐化。到三四十年代之交，法、英、德相继爆发了空前规模的三大工人运动，把两个阶级的斗争推到一个新阶段。

首先是英国工人阶级的反抗和大宪章运动。恩格斯曾指出：“工人阶级第一次反抗资本主义是在产业革命初期的英国。”但当时的反抗还停留在经济斗争的自发阶段。到了1834年，英国工人阶级才作为一种独立的政治力量出现在历史舞台上。1837年成立了具有政治性的宪章派组织。然而宪章运动开始时，激进的工人和激进的资产阶级是携手并进的，后来整个运动由于逐渐摆脱了资产阶级的影响，才成为无产阶级独立的政治运动。这次运动提出了“普选权”，甚至提出了“取消资本家对土地及工业生产手段的私有权”等口号，建立了宪章派全国性组织。其主要特点是：时间长（1837—1848年，其间先后掀起了三次高潮）；参加人数多（千百万工人和劳动群众卷入了这个运动）；建立了恩格斯称为“近代第一个工人政党”。这个工人政党的建立，标志着国际无产阶级已提出了建立自己先进政党的要求。

1831年与1834年法国里昂工人起义。1831年11月21日，里昂3万纺织工人举行武装起义，提出了“劳动不能生，毋宁战斗而死”的英雄口号。经过三天激烈的巷战，驱逐了政府军，夺取了市政府全部权力达12天之久。一波未平，一波又起。1834年4月9日，里昂纺织工人又爆发了第二次起义，进一步提出了“不共和，毋宁死”，“废除君主制”，“建立共和国”等口号，同反动军警进行了持续六天之久的巷战。里昂纺织工人起义的两个显著特点——武装起义和提出建立共和国的政治口号，标志着国际无产阶级必须选择阶级斗争的最高形式——公开的武装斗争和建立自己的政权的要求。

1844年6月4日，德国西里西亚职工起义。这次起义把泥、瓦、木工都组织起来了，不仅同样同反动军警展开了血战，而且更进一步提出了“反对私有制社会”这个触及整个旧社会经济基础的口号。马克思指出：“法国和英国的工人起义没有一次像西里西亚职工起义那样具有如此的理论性和自觉性……”，它“一开始就恰好做到了法国和英国工人在起义结束时才做到的事”。西里西亚职工起义的上述特点，标志着国际无产阶级的斗争愈来愈成熟，并提出了创立本阶级的理论纲领的要求。

三大工人运动，最后都令人遗憾地失败了。主要原因固然是由于历史条件的限制，但与当时工人受到空想社会主义流派思想的影响是分不开的。例如英国“大宪章运动”中，有的主张武装起义，有的主张道德感化，而宪章派领袖奥尔良则动摇于两者之间，因而使波澜壮阔的工人运动只能以失败而告终。这从反面表明，工人运动要想取得自己最后的胜利，必须创立有别于形形色色空想社会主义的科学社会主义理论和纲领。

如上所述，经济政治落后的德国工人运动进展的深度，反而走到了经济政治较先进的英法工人运动的前面，这是偶然的吗？不，这是因为当时普鲁士王朝统治下的德国已成为多种矛盾的焦点。英法资产阶级取得政权后，革命性逐渐消失，世界革命中心转移到了德国，特别是接近法国、荷兰的莱茵河区，资本主义有了一定的发展。在英法工人、社会主义运动影响下，各种各样社会主义运动成为一种时髦。在这种历史背景下，出生在德国莱茵河畔的有产阶级家庭出身的知识分子马克思、恩格斯，已从理论上认识到工人运动及其胜利是合乎社会发展客观规律的，一方面清算了自己的费尔巴哈人本主义影响，逐步实现了从唯心主义到唯物主义，从革命民主主义者到共产主义者的转变；另一方面参加了当时的德、法、比、英的工人运动。马克思一再被指责参加所在国的工人运动和反政府的斗争，被法、比政府驱逐出境（在比甚至被捕押），被普鲁士反动政府永远开除普鲁士国籍。恩格斯在1848年1月被法政府驱逐出境，在比被捕并被押送出境。他在参加巴登武装起义失败后逃往英国，从此就定居英国。直至健康不容许前，他几乎每次都昂首阔步走在工人游行示威队伍的前面，并且深入工厂，进行调查研究，其中在曼彻斯特的工人区进行调查，就用了20个月时间，写下了早期成熟的马克思主义巨著之一——《英国工人阶级状况》。与此同时，马克思与恩格斯这对精神兄弟并肩战斗，对当时在工人运动中出现的形形色色的实质上是反映资产阶级、小资产阶级利益的社会主义派别：布朗基主义（依靠少数人搞阴谋暗杀手段）、魏特林主义（手工业共产主义，哲学共产主义）、蒲鲁东主义（小资产阶级改良主义）、巴枯宁主义（无政府主义）、真正的社会主义（用人道主义代替共产主义，用“爱”解放人类）等进行了教育、争取与坚决的斗争。为此，马克思写下了《〈黑格尔法哲学批判〉导言》、《论犹太人问题》、《关于费尔巴哈的提纲》、《哲学的贫困》。恩格斯发表了《政治经济学大纲》。两人合写了《神圣家族》、《德意志意识形态》等著作，先后系统地阐述了历史唯物主义基本原理，并使之成为科学唯物史观体系，等等。1847年，具有国际性的工人阶级政党“共产主义者同盟”，在马克思恩格斯的影响和直接参加、领导下，终于建立起来了，从而更进一步把建立工人阶级的科学共产主义理论纲领，提到议事日程上来了。同时，也为建立这个理论纲领作了必要的准备。

二、马克思主义是全人类优秀文化遗产和当时科学成果的总结、变革和发展

任何先进的社会思想理论的产生，尽管它的根源深藏于它的经济和政治事实中，但必须从前人已有的思想材料出发。马克思主义的产生，更必须是全人类的优秀文化成果的批判继承，而首先是直接批判继承19世纪德国古典哲学、英国古典政治经济学和法英空想社会主义以及近代进步的历史观点的积极思想材料。列宁曾明确指出这一点：“马克思学说是全人类在19世纪所创造的优秀成果——德国的哲学、英国的政治经济学和法国的社会主义的当然继承者。”（《马克思主义的三个来源和三个组成部分》）

从哲学方面来说，马克思主义创始人主要直接批判继承和改造了德国古

典哲学中的黑格尔哲学的合理内核——辩证法及其核心发展观。黑格尔的巨大历史功绩就在于：他最早把自然、社会和思维（包括认识）看成是一个发展过程。他还进一步把矛盾范畴引入辩证法，提出并力求描述辩证法三大基本规律一般运动进程。但是他却把这种发展看成是绝对精神的自我异化过程。质言之，其发展观是建立在唯心主义基础上，是头足倒置的。从实质来说，这是一种“逻辑泛神论”（马克思）。即使是属于它的合理内核——辩证法及其发展观本身，也是不彻底的，至少存在下列几个方面的错误：

一是限制论：如把发展观限制在精神范围内，认为自然界无发展；

二是调和论：如他的三段式的正、反、合模式最后落脚于调和；

三是有顶论：如认为普鲁士王国是人类历史发展的顶峰，哲学发展到它的哲学就不再发展了。

再是创始人直接继承批判和改造了费尔巴哈哲学的基本内核——唯物地解决了思维和存在的关系问题。费尔巴哈提出“存在是主体，思维是宾词”这个表明物质是第一性、精神是第二性的命题。在自然观上是“纯粹的唯物主义”（恩格斯），在认识论上，坚持唯物主义感觉论（反映论）、可知论。更可贵的是，他还意识到并提出了“把黑格尔的思辨哲学翻转过来的任务”（《关于哲学改造的临时调查》）。但是即使是他的哲学基本内核本身，至少也存在以下几个错误：

一是他把属于“自然一部分的人”，看成只有生理属性的存在，看不到人的社会性也是客观的物质存在，从而得出了抽象的人性的错误观点。显然他关于物质的解释，仍然止于自然科学关于物质概念的含义上；

二是他缺乏实践观点，过分强调感性世界，强调依靠单纯的直观，把“意识”看成是“一面镜子”。他错误地认为“辩证法是不必要的空谈”，因而根本不理解感性认识与理性认识的联系和区别。

至于他深深陷入唯心主义历史观和存在着唯心主义的宗教伦理杂质，就更不用说了。

由此可见，创始人创立的新世界观——辩证唯物主义，绝不是黑格尔的辩证法与费尔巴哈的人本学唯物主义的简单相加或综合，而是一种革命的改造和创造。

应强调指出的是，辩证唯物历史观的创立，不仅是黑格尔与费尔巴哈哲学为它提供直接批判继承的思想材料，更多的是法国近代的历史学家的进步观点，特别是圣西门等为它提供了丰富的直接批判继承的思想材料或“发酵剂”（梅林）。

黑格尔在历史观方面的历史功绩就在于：他把历史观从形而上学束缚下解放出来。他认为社会历史是一个由大小圆圈构成的有规律的从低级向高级发展的无限过程。他指出了历史现象的偶然性背后隐藏着必然性，指出必须在思想动机背后寻找推动历史发展的更深刻更高级的原因。他把实践（当然，黑格尔讲实践是指精神活动的实践）作为人与外部自然界联系的中间环节，这是具有历史唯物主义萌芽的思想，对后来马克思把实践作为认识论和历史观的基本范畴，曾赋予了启发作用的。但黑格尔的上述有价值的思想，不但没有得到继续发展，反而被他的唯心主义体系窒息了，以致他对世界历史不但作了“任意的推断”（梅林），甚至走到荒唐可笑的地步。

诚然，费尔巴哈在历史观方面有一些有价值的东西：他认为人不仅是自然的产物，同时也是社会的产物，甚至提出“只有社会的人才是人”的命题，并把人与人之间的社会关系当作历史的基本原则。但费尔巴哈所说的“人”，从内容上说是抽象的，只有从形式上说才是现实的。他把“爱”适用于一切阶级，因此他关于现实的感性个体的理性作为历史的基础的提法，实质上只徒具形式。相反，他把“人类之爱”作为历史的存在和发展的基础和动力，并把它宗教化（新宗教），他还把世界历史看成是上述抽象的人本身自我异化过程的历史，这是极其错误的。

法国复辟时代的资产阶级历史学家梯耶里、米涅、基佐等，先后提出了必须从人们的社会地位、生活方式、公民活动、人们的关系解释社会政治制度，甚至提出了只有从研究人们的财产关系、土地关系着手，才能获得理解历史事变的钥匙等有价值的思想。尽管他们最后用人类的天性解释财产、土地、所有制形式的产生和发展是错误的，但这些积极思想在客观上为历史唯物主义创立提供了桥梁。恩格斯曾这样指出："如果是说马克思发现了唯物史观，那么梯耶里、米涅、基佐以及1850年以前英国所有的历史学家（其实还应包括古典经济学家——编者）就证明，已经有人力求做到这一点……"恩格斯的这段教导，不是十分清楚地表明了他们对历史唯物论的创立具有多么重要的价值。再看马克思是怎评样价这些贡献及其同自己创立历史唯物论这个新贡献之间的关系的。马克思在1852年3月5日写给约·魏德迈的信中也清楚地说明了自己创立历史唯物主义时，曾充分看到法国历史学家所作的有关贡献。

特别要指出的是，19世纪法国空想社会主义者圣西门在这方面作出了更胜一筹的贡献。恩格斯曾经这样指出，圣西门提供了社会主义的哲学基础，显然这个哲学基础就是指社会主义的历史观。圣西门批判了以前的社会主义没有依据社会发展规律的做法。他第一个强调了社会科学应该成为也像其他自然科学一样精确的科学。他竟然提出了政府的形式不是本质，确立所有制才是本质。这种所有制形式是社会大厦的基石。而这个基石对社会制度起决定作用。为什么能起如此重大的作用？其根源应该到产业发展的需要中去寻找。尽管最后的答案——关于从天才的头脑中去寻找的观点是错误的。再是他竟然看到了历史是一个统一的有规律的发展过程，其中一个阶段为另一个更高的阶段所代替。他认为由原始社会进到奴隶社会是一种进步，反对卢梭在《社会契约论》中把原始社会看成是人类社会黄金时代的错误观点。恩格斯在《反杜林论》中就采用了这一见解。当然，圣西门的上述一系列见解，具有猜测性质，它落脚于"理性"是唯心主义的。

再从德国本身来说，当时反映贵族地主利益的"浪漫历史学派"的某些思想材料，在某种意义上，客观上对历史唯物主义的创立所起的"诱发"作用，至少也要比费尔巴哈的大一些。该派拉文裴吉伦写道："也许社会科学本身之所以迄今进步这样少，是因没有把经济形式充分地分清，是因为人们没有认识它是整个社会组织和国家组织的基础。人们没有看到，生产、产品分配、文化传播、国家立法和国家形式，都只能从经济形式中得出它们的内容和发展来……”当然，“浪漫历史学派”把经济形式作为整个社会历史的基础，是不确切的，因而在《德法年鉴》上受到了马克思恩格斯的猛烈抨击。但正如梅林指出的，上述那段阐述，在字面上已与历史唯物主义多么“靠近”。尽管两者的本质根本不同，但也不妨碍马克思恩格斯进一步从中得到启发，而“成为唯物史观的酵素之一”。

综上所述，绝不能把马克思创立新的历史观直接批判继承的思想材料来源简单化，把它仅仅局限于德国古典哲学范围之内。

马克思恩格斯崭新的世界观——马克思主义哲学的创立，之所以在这个时期变成现实，还在于创始人综合了自康德的“星云学说”以来的自然科学的新成果，其中主要是三大发现：

能量守恒和转化定律，阐明了各种形式的能量在一定条件下都是互相转化的，找到了无机界各种形式之间的联系，证明了无机界是统一的，证明了物质运动的永恒性和绝对性。

细胞学说，阐明了植物动物都是由细胞按一定的规律构成的，找到了有机物之间的联系，证明有机界是统一的。

生物进化论，阐明了有机物都是由最简单的蛋白质、单细胞的胚芽经过长期的发展和进化而来的，找到了无机界和有机界之间的联系，证明了无机界和有机界之间也是统一的。

三大发现为世界统一于物质与普遍联系的原理提供了自然科学论证。

马克思恩格斯站在工人阶级的根本立场上，综合了上述历史上与当时一切优秀文化成果，总结国际工人运动的经验，进行了划时代的创造，把实践唯物主义运用于历史领域，创立了历史唯物主义；把辩证法与唯物主义刷新之后，在新的基础上有机地结合起来，使之成为科学形态的辩证唯物主义；用唯物辩证法去揭示自然现象，创立了自然辩证法；把实践观引入认识论，把辩证法应用于反映论，创立了唯物辩证的能动的革命的认识论。

政治经济学方面，主要直接批判继承英国古典政治经济学的亚当·斯密与李嘉图的劳动价值论：

亚当·斯密肯定了商品价值是由劳动决定，劳动是价值的真实源泉、尺度，区分了使用价值与交换价值。指出使用价值不是衡量价值的尺度，政治经济学研究的是交换价值。也区别了简单劳动与复杂劳动，后者创造价值多些。亚当·斯密已认识到资本主义社会中，生产商品的劳动同该商品购买的劳动并不等同。但是他的劳动价值论至少存在下列错误：他不能把劳动与劳动力加以区分，因而认为劳动决定价值原理，只适应于“初期野蛮社会”，到了资本主义社会，由于资本积累和土地私有，劳动产品不完全为劳动者所有，除给劳动者工资外，还要给资本家以利润，给地主以地租。于是他得出自相矛盾的结论，价值不再由劳动所决定，而是由上述三种收入所构成，从而陷入了混乱，掩盖了资本主义的剥削事实，以致得出资本家、工人、地主三个阶级存在着共同利益和资本主义制度永存的错误结论。

李嘉图批判了亚当·斯密的某些错误，提出了资产阶级古典政治经济学最成熟的劳动价值论。

他进一步指出政治经济学是以普通商品为研究对象，认为商品价值是由生产该商品所耗费的劳动量所决定，甚至提出商品价值是由社会必要劳动时间决定的。更可贵的是他正确地指出商品价值既包括活劳动，也包括生产资料中的物化劳动，只有活劳动才创造新价值。他也认识到了使用价值是交换价值的物质前提。他把商品区分为两类，一类是其价值由劳动量所决定，一类是其价值由购买人爱好所决定，如雕像、图画、古书等。但是李嘉图的劳动价值论同样存在下列错误：他把社会必要劳动量限制在最不利的生产条件下。他不懂得劳动的二重性——具体劳动与抽象劳动，没有说明新价值的创造与旧价值的转移是怎样在同一过程中实现的。至于什么是价值的本质，劳动为什么和怎样表现为价值，均未一一回答。他的劳动价值论同样混淆了劳动与劳动力的界限，从而陷入了新混乱，掩盖了资本家的剥削事实。英国古典政治经济学家的共同错误，总起来说是把资本主义的发展看作为财富的简单数量的增加，认为这个发展过程没有矛盾和社会对抗，资本主义会长期存在下去。马克思直接批判了亚当·斯密和李嘉图的劳动价值论的错误，以历史唯物主义作指导，以辩证法作解剖刀，从商品入手对整个资本主义特殊的生产方式进行了具体分析和综合，创立了科学的劳动价值论和剩余价值论，阐明了资本主义的生产、发展和灭亡的客观规律。

共产主义学说方面，马克思、恩格斯主要直接批判继承了19世纪三大空想社会主义者关于未来共产主义的许多天才猜测。恩格斯指出：永远不要忘记，科学社会主义“是依靠圣西门、傅立叶和欧文三位思想家而确立起来的”。圣西门提供了许多超越前人的有价值的思想材料。恩格斯曾称赞他创造了共产主义理论的一般哲学基础，把他与黑格尔并称为是当时两个最渊博的学者，对人类社会的理解，超过了法国唯物主义。圣西门指出社会发展是有规律的，每一个社会发展阶段都是有规律地为另一个更高的社会发展阶段打下了基础和作准备，指出现存的资本主义制度已经过时了，共产主义的实现是合乎规律的。同时他对未来的共产主义社会的图景作出了许多天才的猜测。指出大工业是未来社会的基础。在生产方面，他提出了要有组织性有计划性的见解；在分配方面，克服了18世纪空想社会主义的平均主义倾向，主张根据每个人的才能和贡献进行分配，他的门徒进一步发展为“按能力计算报酬，按功效定能力”的分配原则，个人利益与公共利益相结合。在国家制度方面，认为将来的经济职能会取代政治职能，政治的作用由对人的管理变成对物的管理。恩格斯曾指出，在圣西门那里，我看到的是天才的眼光远大，在他的观点中包含着几乎是后来共产主义者的所有一切（除严格的经济思想外）思想萌芽。

傅立叶预计到资本主义必然过渡到共产主义，在未来共产主义社会里不存在平均主义和禁欲主义，爱好某种劳动是人的本性（人绝对懒惰是胡说），进行自由的劳动会变成为人的一种享受。强调妇女的解放程度是衡量未来普遍解放的天然尺度，提出了消灭城乡对立和旧式分工的方案，还提出了教育与劳动相结合的积极思想。

欧文的贡献表现于：他在经济方面提出了彻底消灭私有制，提倡使用“劳动证券”，指出按劳分配是一种过渡性措施，最后必然过渡到按需分配。这对马克思关于共产主义区分两个阶段的理论的建立是具有启发性的。他主张教育不仅与生产而且与体育结合起来。他第一个创立了“幼稚园”，等等。

三大空想社会主义者的共同错误是：从根本上说，他们的思想各反映早期无产阶级倾向，是不成熟阶级的不成熟的理论，而且更多的反映了资产阶级倾向。在世界观方面，基本上是唯心的。实质上依然是从所谓“人类的理性，”、“抽象的人性”和“永恒的正义”出发，了解共产主义的合理性，揭露批判资本主义制度的罪恶。其历史观是天才史观，认为只要有像他们一样的天才人物出现，共产主义在500年前，甚至在古希腊罗马斯巴达时期也可能出现，问题是在于那时没有天才人物的共产主义学说作指导。圣西门、傅立叶认为不能废除私有制，傅立叶甚至认为私有制是一种特权。他们认为实现未来的共产主义要依靠富人的施舍，要通过建立共产主义新村起示范作用，反对阶级斗争，找不到共产主义取代资本主义的真正动力和途径。与此同时，傅立叶存在不少幻想，断言全人类只能存在8万年。预言在未来的共产主义社会里，海水会变成柠檬，狮子豺狼会变成驯兽，地球两极发灵光，北极光逐渐凝聚会形成第二个太阳，行星会发生交配产生新的行星，等等。

创始人总结了三大空想社会主义者的有价值的天才猜测，扬弃了他们的唯心的幻想的成分，总结近代工人运动的经验，特别是依据历史唯物主义原理和剩余价值学说，把它改造发展为科学的社会主义理论。

必须指出，上述马克思主义的三个主要理论来源对三个组成部分提供的思想材料是相互渗透的。

如上所述，三大空想社会主义者特别是圣西门的思想，为马克思主义的科学历史观提供了很有价值的思想材料。古典政治经济学关于生产力、生产方式等概念为马克思主义的唯物史观提供了某些可以改造成为新范畴的原型。近代资产阶级经济学家关于各个阶级的经济解剖，赋予唯物史观以启迪意义。从一定意义讲，“科学的社会主义就是从此开始，以此为中心发展起来的”。德国古典哲学，特别是黑格尔哲学，为科学共产主义的创立开辟了道路。恩格斯说：“不是先有德国哲学，特别是黑格尔哲学”，“科学社会主义就决不可能创立的”。

马克思主义的产生不能简单地理解为仅仅是对德国古典哲学，英国古典政治经济学和法、英19世纪空想社会主义进行直接批判继承的产物，而是对人类优秀文化遗产进行了总结和变革的结晶。其主要原因就在于：上述三大学派的思想家都不同程度地受着资产阶级偏见和门户之见等的局限，不可能真正公正地吸取人类一切先进的思想材料，更谈不上正确地总结当时工人运动的经验。以黑格尔为例，他就故意歪曲古希腊唯物主义大师赫拉克利特为唯心主义，人为降低古希腊唯物主义者德谟克利特所起的作用。特别是公开攻击17、18世纪的经验唯物论，说什么这些唯物主义不过是“已经穿旧了的小孩子的鞋子”。他更轻视中国和印度等东方哲学，硬说中国、印度为代表的古代东方哲学没有享受哲学美名的资格。如此种种，自然谈不到总结前人的一切优秀成就。恩格斯曾指出这个事实。他说：“黑格尔并没有改造伊壁鸠鲁体系的内在辩证法（指事物自身的能动性——编者），而只是给了这个体系许多轻蔑的批评，而马克思却改造了伊壁鸠鲁体系的内在辩证法。”上述情况，就决定了马克思“在唯物体系方面并没有什么偏爱”。他早年曾经长期研究并“打算继续研究古希腊哲学史”。在辩证法方面，创始人“最早主要是研究柏拉图和亚里士多德的辩证法以及近代哲学家莱布尼兹、康德的辩证法”。创始人的物质观，与其说直接批判继承和改造了费尔巴哈人本学唯物主义关于“物质”、“存在”的观念，倒不如说更直接批判继承与改造了法国霍尔巴赫关于物质概念的解释或推断（“物质一般地就是以任何一种方式刺激我们感官的东西……”）。

再看创始人在《神圣家族》对法国唯物主义的批判的战斗一节和《反杜林论》的概论、《自然辩证法》的导言等中，他们对古希腊罗马以来特别是近代唯物论、唯理论的历史发展，作了何等详尽的分析和公正中肯的评价，充分表明了创始人对人类历史上一切有价值的哲学思想材料的重视和汲取。

在经济学方面，创始人针对杜林对古希腊的柏拉图、色诺芬、亚里士多德的经济思想（柏拉图把分工描述为国家的自然基础；色诺芬认为分工程度取决于市场范围；亚里士多德区分了商品使用价值与交换价值等）所持“大笔一挥”的历史虚无主义，进行了严厉的批判；创始人关于近代“重农学派”是对资本主义生产作了有系统的理解的第一个学派的见解，并肯定其《经济表》“在当时来说是天才的”说明；特别是马克思一直到晚年，非常重视“东方亚细亚生产方式”的研究。再看在《反杜林论》的批判史一章中，创始人对人类历史上经济思想的成果何等的重视。如上所述，充分表明了创始人对人类历史上一切经济思想进行了批判的继承。

在共产主义学说方面，创始人也不以直接批判继承改造19世纪的空想社会主义思想为限，他们对古希腊伊壁鸠鲁的“社会契约论”、近代卢梭的“民约论”等也都十分重视，给予早期空想社会主义者闵采尔的“千年王国”以“直接共产主义的天才猜想”（恩格斯）的评价等。这些也充分表明了创始人对历史上共产主义学说方面的广采博纳。

创始人还十分重视科学技术对社会发展的推动作用，重视自然科学对建立自己的学说的重大意义。曾把它提到马克思主义科学体系的“自然史的基础”的高度，恩格斯为了写《自然辩证法》，研究数学达七八年之久。

基于上述，列宁反复指出：“凡人类所创造的一切”，创始人“从不放过”，“都用批判的态度加以审查”，“都重新探讨过”（《青年团的任务》）。

创始人写作态度的严肃性是十分惊人的。撰写《资本论》等著作时，马克思“连最不知名的作家的作品都谈到了”，“曾引用这些作家有价值的材料，注明出处”，“给予每个人以应得的奖励”。他们“从不出版一本没有经过详细加工和认真琢磨过的作品”。

正由于创始人能够站在大公无私的无产阶级立场上，积极地参加社会实践，对整个人类历史文化遗产与当时的科学成果进行了科学的总结，并采取严肃的写作态度，从而决定了他们的“全部天才”，创立了人类最伟大的学说——马克思主义，“回答了人类先进思想已经提出的种种问题”，给予了国际无产阶级认识世界、改造世界的完整世界观和强大工具。

第三节　马克思主义随着社会实践和科学的发展而发展

一、马克思主义是开放性科学体系，随着社会历史的发展而发展

马克思主义是完整的开放的科学体系。马克思主义作为发展的理论，同其完整的思想体系是完全一致的。马克思主义作为完整的体系，不仅反映客观世界的整体，而且反映它的运动过程。马克思主义体系本质上是包含发展在内的完备的学说。正是从这个意义上，我们说，马克思主义是一个完备的动态体系。马克思主义肩负批判旧世界建立新世界的使命，它立于社会实践之上，随着社会生活的发展而发展，随着科学内容的丰富而丰富。马克思主义经历的各个阶段，就充分证明了这一点。

马克思主义诞生后的发展，大体已经历两个大阶段，包括两次高潮，两次低潮。

第一个阶段：1848—1905年，即马克思主义博大精深体系的形成和发展时期。其中，1848—1871年巴黎公社为革命风暴时期，马克思主义出现了第一次高潮；1872—1905年转入和平发展时期。一方面，马克思主义继续得到发展；

另一方面，机会主义也在产生，特别是1895年恩格斯逝世后，第二国际修正主义泛滥起来，马克思主义转入了低潮。

这个阶段，经历了欧洲革命运动的兴起、失败，巴黎公社革命失败，转入和平发展时期一系列曲折发展的道路，它推动着马克思主义不断向前发展。

1848—1849年，法、德、奥、匈等国爆发了“二月”、“六月”等资产阶级民主革命（英、俄、美没有同时发生——编者），无产阶级在这次革命中起了主要作用。马克思恩格斯亲自参加了这次大规模运动，但这次革命运动失败了。革命暂时转入低落时期。马克思、恩格斯总结了这次革命的经验，撰写了《中央委员会告同盟者书》、《1848—1850年的法兰西的阶级斗争》、《德国的革命与反革命》、《路易·波拿巴的雾月十八日》等著作，得出了任何一个资本主义国家的革命只能是“杯水风波”和“社会主义同时胜利说”，提出了“不停顿革命”的理论和“无产阶级不能简单握取现存国家机器”等概念，向前发展了《共产党宣言》中关于无产阶级革命和无产级专政的思想；另一方面，革命转入暂时低落后，形形色色的资产阶级思潮又兴风作浪。马克思为了提高工人阶级的理论素养和对错误思潮进行批判，撰写了《政治经济学批判》、《资本论》。1867年《资本论》第一卷出版（以后又相继出版了第二卷、第三卷），揭示了革命的经济根源，对马克思主义经济学和哲学进行了深刻论证，为科学社会主义奠定了理论基础，相应地使马克思主义政治经济学与哲学得到了重大发展。

1871年法国无产阶级在巴黎独立地举行了胜利武装起义，夺取政权达82天之久。但新政权因过于“仁慈”、“宽大”、“诚实”，“过早地放弃了自己的政权”等原因，终归失败了。欧洲转入了和平发展时期。巴黎公社失败的教训和随之而来的在工人运动内重新出现了反对马克思主义的最卑鄙的斗争，甚至妄图用折衷主义哲学、小资产阶级社会主义和资产阶级庸俗政治经济学取代马克思主义，等等。这就要求马克思主义作出自己的回答。马克思撰写了《法兰西内战》，总结了巴黎公社革命的经验，指出《宣言》的“个别地方……可以做某些修改”（《1872年德文版序言》），明确提出和论证了用革命的暴力夺取政权、彻底打碎资产阶级国家机器和建立无产阶级专政等概念和根本原则（即巴黎公社原则），把《共产党宣言》中关于无产阶级革命与无产阶级专政的思想推到一个新的里程碑。同时在这一时期，恩格斯为了迎接“江湖骗子”、“社会主义行家”、“改革家”杜林抛出的“共同社会方案”向马克思主义进行的全面挑战，撰写了《反杜林论》，第一次把马克思主义的哲学、政治经济学、科学社会主义综合成一个完整的体系，并进行了系统的阐明。在这前后，为了批判资产阶级学者在论证资本主义制度的万古长存，在自然科学中贩卖的种种唯心主义和机械论（社会达尔文主义、生理学唯心主义、物理学唯心主义、数学唯心主义）等，又撰写了《自然辩证法》，总结了前一世纪60—80年代自然科学的成就，论证了辩证唯物主义的自然观，明确提出和表述了辩证法的三个主要规律（从量转化为质和从质转化为量的规律；对立的相互渗透的规律；否定之否定的规律——编者），阐述了三个主要规律外的若干主要范畴，批判了自然观中上述种种唯心主义和机械论的谬论。

同时，在这个时期的末期，资本主义开始了从自由资本主义向垄断资本主义的过渡，资本主义国家之间的矛盾日益尖锐化。鉴于这种变化，恩格斯在逝世前三年即1892年，对马克思的“社会主义同时胜利说”，作了修改和新的补充。指出：“欧洲工人阶级的胜利……至少需要有英、法、德三国的共同努力才得到保证。”但是另一方面，在这个和平发展时期，机会主义开始形成，特别是在恩格斯逝世以后，第二国际修正主义猖狂一时，马克思主义受到了歪曲践踏。

第二个阶段：1905年到现在，即捍卫和发展、完善马克思主义阶段。其中，1905年到1956年处于更大革命风暴时期，俄国十月革命、中国人民革命的胜利，东欧、亚洲一系列国家建立了实质上是无产阶级专政的人民民主政权，马克思主义的发展出现了第二次高潮；从1956年到现在，国际共产主义运动发生了曲折，马克思主义出现了第二次低潮。

19世纪末到20世纪初，资本主义进入到帝国主义阶段——自由竞争由垄断所代替。资本主义政治经济发展出现了绝对的不平衡规律的新变化；物理学获得了新的发现（发现了电子等），唯心主义利用这些发现，否定马克思主义的物质观。同时，自称是正统马克思主义者——第二国际和社会沙文主义者，转向了为帝国主义战争（第一次世界大战——编者）辩护，对马克思主义的社会主义革命和国家学说，进行了百般歪曲。所有这些新变化、新特点，迫切要求马克思主义作出科学的回答。为此，列宁在1908年撰写了《唯物主义和经验批判主义》，从理论上捍卫和发展了马克思主义哲学基石——物质观和能动的革命的反映论。在以后一段时间里，又陆陆续续地写下了大量哲学笔记，特别概括了辩证法“十六要素”与《谈谈辩证法问题》，向前发展了唯物辩证法。1916年撰写了《帝国主义论》，论证了帝国主义是垂死的资本主义，得出了它已处于社会主义革命前夜的结论，修改和取代了1848—1849年革命失败后，形成的“资本主义经济的发展还没有成熟到可以铲除资本主义生产方式的程度”的概念。特别是1915年，撰写了《论欧洲联邦制口号》，指出：“经济政治发展的不平衡是资本主义的绝对规律。由此就应得出结论，社会主义可能首先在少数或者甚至在单独一个资本主义国家内获得胜利。”即是说，他用“少数或一国可能首先胜利”说，取代马克思的“同时胜利”说和恩格斯的“英、法、德三国同时胜利”说。由于帝国主义战争急剧发展，仅仅隔一年，即1916年，列宁又撰写了《无产阶级的军事纲领》一文，修改了自己前一年提出的社会主义在“少数资本主义国家或者单独一个资本主义国家可能首先胜利”的观点和口号，提出了社会主义在资本主义世界链条薄弱环节，“首先在一个国家或几个国家内获得胜利，而其余的国家在一个相当长时期内仍然是资本主义或资本主义以前的国家”的结论。即是说，列宁已明白无误地用肯定语气提出了“一国首先胜利”的口号。众所周知，这个新口号对十月革命的胜利产生了多么重大的指导意义。十月革命前夕，又写成了《国家与革命》这部伟大著作，把马克思主义的国家革命学说，推到了一个新阶段，为十月社会主义革命和社会主义制度的发展，提供了理论指导。

十月革命一声炮响，给中国送来了马克思列宁主义。马列主义与中国工人运动相结合，产生了中国共产党。中国共产党把马列主义作为观察中国命运和指导中国人民革命的工具。但这个东方大国——半殖民地半封建的中国的经济政治发展，不仅不同于资本主义统治下的西欧，而且与封建的军事的帝国主义——沙皇俄国，也有差异。如果教条地搬用十月革命城市武装起义的模式，是行不通的。中国所具有的国情特点，要求中国共产党人在东方民族的特殊条件下，发展马克思主义列宁主义。毛泽东撰写了《红色政权为什么能够存在》、《星星之火，可以燎原》等著作，指出了中国革命必须是“由农村包围城市，最后夺取政权”的不同于俄国无产阶级夺取政权的道路。还撰写了《中国社会各阶级的分析》、《中国革命与中国共产党》等著作，制定了适合中国国情的一整套行之有效的战略方针。撰写了《实践论》、《矛盾论》等哲学著作，提出并论证了认识与实践的具体的历史的统一及认识总规律，向前发展了马克思主义认识论。提出并论证了对立统一规律是辩证法的最根本规律和矛盾的普遍性与特殊性相统一的新概念，实现了对“辩证法的实质和核心”进行说明与发挥的任务，向前发展了唯物辩证法。总结了中国武装斗争的丰富经验，撰写了《中国革命战争的战略问题》、《论持久战》等，进一步把马克思主义军事思想系统化、理论化。《新民主主义论》、《论人民民主专政》、《论十大关系》等，所有这些都给马克思主义的理论宝库增添了新的财富。但是，自从1956年到现在，国际共产主义运动（其中包括我国在内）遭到了种种挫折，损害了马克思主义、社会主义在人们心目中的形象、声誉。马克思主义的发展，一般说来出现了第二次低潮。这个低潮何时结束，尚难断定。但新的高潮总会到来。现在正处在第三次高潮出现的前夕。在这个时期，存在着对马克思主义、社会主义和共产主义的某些怀疑，甚至出现取消主义者，是不奇怪的。然而，作为革命的无产阶级和一切革命者，必须坚决捍卫和进一步向前发展马克思主义，总结发展马克思主义关于社会主义共产主义的理论。真正坚强的马克思主义者，常常是在低潮和逆境中成长起来的。

二、当代的历史发展，迫切要求进一步发展马克思主义

第二次世界大战后，经济政治条件的重大变化，国际工人运动和以电子技术为基础的新科学技术革命，使当代资本主义出现了许多新问题、新特点，迫切要求马克思主义对它们作出科学解释，作出新的科学理论概括。当代某些西方“马克思主义者”在发展马克思主义的幌子下，对马克思主义进行了形形色色的歪曲。他们对现实提出的新课题所作的似是而非的解释，也迫切要求马克思主义用新的论证进行回答和反驳。当代资本主义世界发生的一系列新变化、新特点、新问题，主要表现为：

在经济领域：国家垄断资本主义的普遍发展，垄断公司出现了跨行业、跨国界，甚至出现了像西欧十一国经济共同体的新变化。白领工人的比重日益超过了蓝领工人。大部分工人享受了现代化的生活资料：电冰箱、彩电、小汽车、洗衣机、吸尘器等，少数甚至还有自己舒适的住宅。发达资本主义国家普遍实行了各种社会福利制度，甚至失业的工人也可以领到救济金。战后资本主义世界经济没有出现1929—1933年那样空前严重的经济危机，而却出现了“黄金时代”和“滞胀”阶段，等等。

在科学领域：现代横断学科、边缘学科、综合学科、相对论、遗传工程等的产生发展，已推动着人类的自然科学、思维科学等发生着前所未有的深刻革命。迫切要求马克思主义者在坚持马克思主义的基本原理的前提下，总结新的经验，作出科学的解释，概括出符合实际的新规律、新范畴。

从哲学认识论来看：量子力学证明了主客观是不可分的，提出了测不准原理。这就要求发展马克思主义的反映论原则。信息理论的产生，这就意味着马克思主义的认识论必须从中吸取营养，进一步深化自己，等等。

从政治经济学方面来说：国家垄断资本主义的发展和经济的增长，是否意味着列宁关于帝国主义是腐朽的、垂死的资本主义的论断已经过时？是否意味

着资本主义的基本矛盾能够自我解决？等等。

从科学社会主义来说：怎样理解战后资本主义世界长期未出现无产阶级夺取政权的形势？怎样理解和认识无产阶级与资产阶级的对立和斗争及其前途？怎样阐明无产阶级革命取得胜利的道路？列宁的“一国首先胜利”说，毛泽东的“由农村包围城市，最后夺取政权”说，究竟具有多大普遍现实意义？马克思的“同时胜利”说，是否会在新的历史条件下，在某种程度上成为具有实践指导意义的学说？西方发达资本主义国家和第三世界的国家从资本主义向共产主义过渡的特点、方式、途径，将各会发生什么样的新变化？社会主义国家实行有计划的商品经济是不是意味着对资本主义的让步？等等。

所有这些，确实需要马克思主义作出具体的分析，得出新的结论。

当然，另一方面，现代国际工人运动的新经验（包括教训），自然、社会、思维科学的新成果，为马克思主义的三个组成部分的原理、规律、范畴的深化，或为它提炼新的结论、规律、范畴，提供了丰富的思想材料，关键在于有待马克思主义者们的共同努力，既要坚持马克思主义的基本原理，又要敢于探索、创新，向前发展马克思主义。正是这种发展性，使它成为一棵理论常青树，这恰恰是它的强大生命力所在。

正因为如此，尽管马克思主义的敌人是顽强的，但它总是在曲折中胜利前进。

马克思主义诞生时，只是社会主义运动中许许多多的学派之一，不但没有政权的维护，而且受到旧政权的百般压制摧残，又极端缺乏起码的经济条件，但是到1917年，形形色色的机会主义相继破产。马克思主义学说，“获得了完全的胜利，并且广泛地传播开来”，甚至“逼得它的敌人也把自己装扮成马克思主义者”，进行贩卖资产阶级货色的勾当。当代西方马克思主义热的出现，反映了资产阶级小资产阶级只能在“热衷”马克思主义的外衣下，贩卖非马克思主义思想，即使对战后西方社会产生巨大影响的萨特的《存在主义》，表面上也不得不“歌颂”马克思主义是“我们时代不可超越的哲学”。这实际表明，他只能借马克思主义招牌推行其存在主义。

马克思主义产生以后的历史证明，它总是生气勃勃（根本谈不到过时问题），永葆革命的战斗青春，不断取得新的胜利。

第四节　完整地准确地理解马克思主义科学体系

一、提高学习马克思主义的自觉性

马克思主义为工人阶级政党在革命和建设事业中制定正确的战略策略和路线、方针、政策，提供了理论依据，为无产阶级革命者树立科学的共产主义世界观和革命共产主义人生观、价值观奠定了思想基础。因此，不论在革命时期，还是在建设时期，不论共产党人，还是其他革命者，都必须学习马克思主义。

列宁谆谆教导青年：“只有用人类创造的全部知识财富来丰富自己的头脑，才能成为共产主义者。”这里讲的“全部知识财富”，首先是指马克思主义，因为它是人类古今一切优秀文化成果的结晶。现在有一种误解，认为进行社会主义现代化建设，学习自然科学知识和管理知识就行了。这是很片面的。

首先，进行社会主义建设确实要学习各种自然科学和管理等专业知识。过去在比较长的一个时期内，我们对这方面的学习有所忽视，因而今天就显得更为迫切、更为重要。党的十一届三中全会以来，可以说在这方面的学习上，开创了一个新局面。我们一定要坚持下去，使之取得更好的成效。但是，进行社会主义建设，建设有中国特色的社会主义，更有必要学习马克思主义革命理论。这种必要性表现在：

第一，我们正进行着社会主义物质文明和精神文明现代化建设，马克思主义基本理论不仅是社会主义精神文明建设的基本内容，也是物质文明建设沿着社会主义方向发展的根本保证，如果不以马克思主义作指导，就有可能走到邪路上去。

第二，在社会主义现代化建设中，确实有许多新情况、新问题，需要我们去研究、探索和解决。而这些问题的存在，丝毫没有削弱马克思主义在现代化建设中的地位，也不是仅仅靠自然科学、管理科学所能解决的。相反，只有掌握和运用马克思主义基本原则和基本方法，才能加强我们工作中的原则性、预见性和创造性，才能正确地了解新情况，解决新问题，总结新经验，开创新局面。党的十一届三中全会以来，我党把马克思主义的普遍真理同中国具体实际相结合，初步找到了具有中国特色的社会主义道路，就是最有力的证明。

第三，建设有中国特色的社会主义是一场极其复杂的深刻变革。在这场变革中，存在着正确与错误、先进与落后的矛盾。也在一定的范围内，仍然存在着新形势下特殊的阶级斗争。在这场深刻的变革中，靠什么来统一我们的思想呢？靠什么来夺取这场变革的胜利呢？从根本上讲，就是四项基本原则。而只有不断用马克思主义武装自己的头脑，才能更自觉地坚持四项基本原则。

二、完整地准确地理解马克思主义科学体系

马克思主义的每个重要原理和每个重要观点，都是马克思主义体系中的有机的组成部分，是不能加以分割的。理解每一个原理或观点，要从整个体系上去考察，凡是根据马克思主义精神制定的路线、方针、政策一定是符合科学社会主义体系的，是经得起马克思主义政治经济学和马克思主义哲学的论证的。

理解和运用马克思主义的某个原理或观点，必须从马克思主义科学体系总的和一贯坚持的精神去把握，不能把在某种特殊条件下提出的某一观点，或讲的某一句话，当作普遍真理去对待。

理解和运用马克思主义的某个原理或观点时，要从阐述它的前后联系中去把握，不能断章取义、孤立地抽出来，当作科学真理去运用。

理解和运用马克思主义的某个原理或观点时，要从与它相关联的原理和观点的辩证联系与构成的体系中去了解，避免导致片面化、绝对化。

理解和运用马克思主义的某个原理或观点时，还要考虑它提出的历史背景，要从现实具体情况出发，要从原有的真理性的原理的逻辑发展中去把握。

完整准确地理解马克思主义科学体系时，须吸取历史的经验教训。一方面要防止教条主义态度。教条主义只是机械地搬用马克思主义的词句，不能运用马克思主义的精神实质和基本原理、基本方法研究新情况，解决新问题，从而损害和降低马克思主义的威信。另一方面又要防止和克服实用主义的态度。实用主义往往断章取义，甚至摘取只言片语，加以歪曲，把它封为马克思主义的“新发展”，从而败坏马克思主义的声誉。

总之，我们要在完整地准确地理解马克思主义科学体系基础上，坚持以马克思主义的立场、观点、方法作指导，正确理解我们党对内对外的路线、方针和政策，运用它科学分析当代提出的许多重大理论和实际问题，同时加速自身的革命化、知识化，坚定共产主义的理想和信念，为建设社会主义、实现共产主义作出贡献。

思考题

1. 为什么说马克思主义是一个完整统一的科学体系?

2. 怎样理解“马克思主义是全人类古今中外优秀文化成果的总结、变革和发展”?

3. 怎样理解“马克思主义是一棵理论常青树，永葆革命战斗青春”?

4. 怎样理解“完整地准确地理解马克思主义科学体系”的含义?

结束语：
共产主义理想与共产主义世界观人生观

提要：上述论证表明，人类社会由低级向高级发展，社会主义取代资本主义，是以唯物辩证的科学世界观与认识方法论剖析人类社会引申出的逻辑结论，这个自然历史过程，是不以人们意志为转移的，但又不是自发实现的。特别是人类要实现崇高的共产主义理想，除了首先依靠无产阶级革命政党和国家的正确领导外，必须依靠广大无产阶级广大群众，坚持以科学社会主义作指导，抵制形形色色资产阶级社会思潮的影响，树立科学的共产主义世界观与革命的共产主义人生观，自觉地献身于社会主义共产主义事业。

第一节　共产主义的实现必须依靠无产阶级革命者的自觉斗争

一、坚持以科学社会主义作指导，自觉地为实现人类解放而奋斗

通过以上各章从哲学、经济、政治、文化各个方面的系统论证，充分表明，马克思主义运用辩证唯物主义原理和唯物辩证法方法考察社会历史现象，把社会物质生产作为历史观的逻辑起点，揭示了社会的基本矛盾运动规律，

科学地阐明了资本主义必然灭亡、社会主义必然胜利、共产主义最终一定要在全世界实现的伟大真理。历史证明，它的低级阶段——社会主义，在部分国家已经从理论变成了现实，已再不是早期的空想社会主义者莫尔的“乌托邦”、19世纪末三大空想共产主义者设计的蓝图，更不是基督教的福音，也非我国古代、近代先贤们所梦想、所憧憬的“大同世界”——《礼记》的《礼运篇》、康有为的《大同书》不能望其项背。而它的高级阶段——完全共产主义的到来，不仅具有必然性，而且具有未来的现实可能性。它绝不是人们幻想的天堂、虚无缥缈的仙境，但是如前章所述，共产主义的到来，却是一个漫长的、充满曲折斗争的过程，不能把它的实现想得太容易、太简单。它到来究竟需要多少时间，首先取决于人类社会经济、政治、文化等的发展速度与成熟程度。人们不能一厢情愿地人为地缩短它，或者不顾客观条件的限制，跳过它的发展阶段，或降低它的标准，损害它的形象。同时取决于无产阶级革命政党领导无产阶级和广大劳动群众及革命者，以科学社会主义理论作指导，自觉地进行斗争，克服各种障碍，赢得它的早日来临，实现人类从必然王国向自由王国的飞跃，使全人类都获得解放。所谓解放，是指人类摆脱一切束缚（包括旧的精神枷锁）和获得自由；所谓自由，是指人类对自然和社会的必然性的认识与改造，并以人类对自然、社会、思维规律认识的最高概括——马克思主义作指导，通过不断改造自然、改造社会而获得。无产阶级是自己解放自己，社会主义共产主义事业是亿万人民群众自己的事业，因而只有在无产阶级革命政党的正确领导下，由于无产阶级革命者和广大革命群众自觉参加，人人都为建设社会主义共产主义大厦添砖加瓦，那么，无论全人类社会的客观经济政治文化的发展速度也好，无论人们的主观条件的成熟程度也好，都会在速度上相对地加快，在时间上有所缩短。从而，共产主义大厦就会比较快地在全世界耸立起来，这是不言而喻的。为此，首先要求广大革命者认清建立在唯心史观之上的似是而非的社会主义的理论，特别是资产阶级关于从人的“天性”出发引申出来的共产主义理论的错误，对它进行必要的具体的历史的评述，抵制它的消极影响和侵蚀，以便更好地坚持马克思主义的科学社会主义理论，树立科学的共产主义世界观与革命的共产主义人生观，坚定共产主义理想和信仰，自觉地投身于共产主义实践中去。

二、关于从人的天然本性出发引申的共产主义的评述

马克思主义对历史上发生过一定影响的错误思潮或学说，从来不采取简单否定态度，而是以辩证唯物主义历史观作为解剖刀，进行具体的、历史的分析，给予恰当的评价，揭示其实质和要害。

众所周知，在哲学史上，强调重视对人的研究，以人性代替神性，以人道代替神道，以人权代替神权——即以研究人的本质及其发展规律，揭示社会发展的基础和规律的历史观，是从15世纪下半叶资产阶级的人文主义思潮开始的。在这个资本主义形成时期，对历史观的本质的正确探讨，已迸发出一些可贵的思想火花。例如，认为封建、宗教和等级制度是反人性的，认为神、僧侣、教皇、主教、封建地主都是愚蠢的，肯定劳动人民养活了贵族，等等。到17、18世纪，法、英等国的启蒙思想家和唯物主义者，在这方面又迈出了可喜的一步。他们的共同点是：公开反对“历史神创论”，以感性的个体的人的理性作为历史存在和发展的基础。他们认为，社会是由人组成的，要发现社会规律，就要研究人的自然本质及其运动规律。这一点不管他们有多大的局限性，但他们把社会运动的基础和规律，从神移到人类本身，无疑是一种进步。特别是，他们逐渐摆脱了神学的影响，从“自然神论”和“泛神论”发展到无神论，他们不停在一般地谴责宗教，而是着重揭露宗教和政治的关系。他们提出“天赋人权”学说，反对“君权神授”，强调人生来是平等和自由的，任何人都没有驾驭和支配他人的权利。国家的主权永远属于人民，绝不允许在人民头上有一个更高的发号施令者存在。指出封建专制制度是违反人类本性的，人民有权推翻它。启蒙思想家们把以往一切社会形式、国家形式和传统观念，

都看作是不合“理性”的，不合乎人类本性的。他们强调理性是一切现实事物的唯一裁判者，主张建立一个永恒的理性王国和理想社会，在全人类实现“自由、平等、博爱”。毋庸置疑，这在当时历史条件下，是具有一定进步意义的。但是，资产阶级启蒙思想家从上述人的天然本性（自然本质）和理性以及从肉体的自然需要出发建立的历史观，是不可能科学地揭示社会存在的基础和发展规律的。正是由于它立足于这种错误前提，不能不使它从现实生活得出的某些正确见解，终为它立足的前提——“天然的本质和理性”信仰等所否定，仍然陷入新的唯心史观，把历史的发展动力归结为“理性”和“天才头脑”的作用，不能正确地看到社会物质生产和劳动人民群众所起的历史决定作用，当然也不可能说明社会发展的客观规律。因而它从上述理论出发引申出的“公平合理”的社会，只能是十足的空想的社会主义。马克思恩格斯在《神圣家族》中明确揭示了它们之间的必然联系，指出：“并不需要多大聪明就可以看出，关于人性本善和人的智力平等，关于经验、习惯、教育的万能，关于外部环境对人的影响，关于工业的重大意义，关于享乐的合理性等等唯物主义学说，同共产主义和社会主义之间有着必然的联系。”那么，马克思、恩格斯所说的社会主义、共产主义何所指呢？接着他们进一步作了回答，指出：“傅立叶他们是从法国的唯物主义者的学说出发的。”由此可见，无产阶级革命者不能把共产主义建立在人的天然本性和“理性”之上。必须强调指出，创始人曾经反复阐明，科学的历史观的出发点是从实际活动的人出发的。这种历史观就在于：“从直接生活的物质生产出发来考察现实的生产过程，并把与该生产方式相联系的、它所产生的交往形式，即各个不同阶段上的市民社会，理解为整个历史的基础；然后必须在国家生活的范围内描述市民社会的活动，同时从市民社会出发来阐明各种不同的理论产物和意识形态，如宗教、哲学、道德等等，并在这个基础上追溯它们产生的过程。”也就是说，它“是从物质实践出发来解释观念的东西”。显而易见，马克思的科学社会主义是从社会物质生产的矛盾运动出发得出的科学结论。

马克思主义从社会物质生产矛盾运动所得出的科学结论——共产主义，同从人的“天然本性”引申出来的空想社会主义——人类解放的幻想是根本不相容的。前者的科学性表现于：它体现了物质与意识、历史与逻辑、客观与主观的辩证统一；后者的要害集中表现于：它颠倒了物质与意识的关系，背离了历史与逻辑的辩证统一、客观与主观的辩证统一的原则。因此，列宁曾一再揭示这种对立事实。指出：“马克思的社会主义学说正是在于它抛弃关于合乎人类天性的社会条件的议论，而着手唯物地分析现代社会关系并说明现今剥削制度的必然性的时候盛行起来的。”可见马克思主义绝不能也不是以人的天性作为自己的出发点的。但是这并不意味着马克思主义不重视人的研究。诚然，在成熟的马克思主义著作中，专门谈人的本质及其理论是比较少的。但是，从根本上说，马克思主义是最关心人的学说，这里只要举出马克思主义就是为了实现消灭剥削、消灭贫困、解放全人类这个崇高的目标就够了。战后西方某些人道主义者宣扬马克思主义是“缺乏人的空白”的说法是错误的。

第二节　树立共产主义世界观对共产主义实践具有重大意义

一、世界的本质、特殊品格和结构系统

人是有意识的动物，每个人都是在一定的思想、观点指导之下抱着一定目的进行活动的。世界观特别是人生观对于人们的生活方式和道路具有极大影响和指导作用。可以说，它是人生道路上的定向器、总向导、主要言行的总开关，它关系到人持什么态度对待客观世界和自身以及事业的成败。因此，是否具有科学的共产主义世界观和革命的共产主义人生观，对于一个革命者来说，是至关重要的；对世界观人生观尚未形成的革命青年来说，怎样促使自己树立

科学的共产主义世界观与革命的共产主义人生观问题，更显得十分突出和紧迫。列宁在《关于对待青年学生的态度问题》的发言中强调说："我们的目的是锻炼严谨的革命人生观。"为此，有必要首先运用辩证唯物主义观点，对世界观、人生观（包括共产主义世界观、人生观）的本质、特殊品格和结构系统以及两者的相互关系进行剖析。

首先，剖析一下世界观的本质、特殊品格和结构系统。

大家知道，世界观是作为主体的人关于整个世界（自然、社会、精神）的总看法或根本观点。从根本上说，它是人类在社会实践中逐步形成的，它随着社会实践与认识的发展而变化而发展。一定的世界观是一定的历史条件和社会关系的产物。在阶级社会里，由于人们的经济政治地位不同，世界观也就不同。每一个人的世界观的形成，除了受社会实践的影响，还受各种社会意识形态的影响。它既包括客观世界的自然观、社会历史观，也包括主观世界的人生观以及作为上述二者的反映的观念形态的概括——意识观。无产阶级的科学世界观是无产阶级关于整个物质世界的总看法或根本观点，其科学理论的形态是辩证唯物主义历史唯物主义。这个世界观的根本观点认为，整个世界都是物质的不同表现形式，是由低级向高级发展的，人类社会发展同自然一样，有自己的客观规律，这种规律必然导致共产主义在全世界实现。

世界观是一种社会上层建筑，是为经济基础服务的，在阶级社会具有阶级性。马克思说过，"在不同的所有制的形式上，在生存的社会上，耸立着由各种不同的情感、幻想、思想方式和世界观构成的整个上层建筑"。

作为第二性的世界观，特别是科学的共产主义世界观范畴，并不是一个机械的自在之物，而是一个既属于本原论、发展论，又属于认识论、方法论的辩证唯物的最高精神范畴，因而它至少具有下述四个品格：概括性，即它具有最大普遍适用性；稳定性，即它是固定的看法，不容易改变；能动性，即它具有能动反作用；主体性，即它具有只有人才具有的主体地位的功辅。特别是世界观的这种主体性品格，支配着人们总是力图用自己的世界观改造客观世界。毛泽东说：“哲学（系统化、理论化的世界观——编者）则是自然知识和社会知识的概括和总结。”毫无疑义，没有关于这些知识的正确的、系统的了解，当然形不成、也谈不到关于整个世界的总的看法和根本观点，问题只是存在着掌握它的广度和深度的不同罢了。掌握得越多，概括的越正确越深刻，那么其世界观就愈接近正确。列宁指出：“只有用人类创造的全部知识财富丰富我们的头脑，才能成为共产主义者。”

观点，是在知识的基础上形成的，是指对各种事物或事物之间的关系的认识产生的一种稳定看法，是以判断的形式（作出肯定或否定的回答）表现的看法。每个人到一定的年龄，随着切身的社会实践体验和学习的知识的不断增加，便会对客观世界的各个方面，产生一种比较稳定的看法——观点。每个人在认识事物之前，其头脑绝不是什么也没有的“白板”（所谓“白板”说，是从物质第一性意识第二性的意义上说的），而是在一定的先入之见指导下进行的。常说某某人戴着有色眼镜看问题，从某种意义上说，也就是用一定的观点看问题。如果后来的认识大致符合自己的先入之见，那么就会加深巩固自己的原有的观点；反之，就会多多少少使自己原来的观点发生动摇，甚至改变。人们为了自身利益或阶级利益，总是自觉或不自觉地改变不符合自己的看法的成分，而加深巩固符合本身阶级利益的观点，并使之进一步稳定下来，成为自己或本阶级认识问题、处理问题的指针。例如，自然观、历史观、意识观、道德观等。特别是辩证唯物主义、历史唯物主义的基本观点，更会成为革命人民认识世界的工具。

信念，是从一系列观点的总体系的基础上形成的，它的含义是指对事物某种发展前途的必然性或实现的可能性的深信不疑、坚定不移。信仰属于它的同序列范畴。一个对事业具有信念的人总是干劲十足、精神抖擞，充满乐观主义精神，遇到挫折绝不灰心、不丧气，仍然充满信心。信念，不仅仅体现于对事业，特别是对客观发展规律的深刻理解和认识，而且还能唤起人们的情感或热情，并转化成为坚定的意识和百折不挠的精神、顽强的行动。

作为构成科学共产主义世界观的第三个要素——信念，其具体化乃是共产主义一定能在全世界实现。尽管通向这个目标的道路十分曲折，困难重重，但作为一个真正的无产阶级革命者总是毫不动摇。

马克思在巴黎公社夺取政权时写道：“无论公社在巴黎的命运是怎样，它必然将遍立全世界。”当巴黎公社起义失败后，他又写道：“即使公社被搞垮了，斗争也只是延期而已。公社的原则是永在的。”请看马克思对共产主义必胜信念何等坚定!

方志敏烈士就义时激昂慷慨、气吞山河地说：“敌人只能砍下我们的头颅，绝不能动摇我们的信仰。”真是字字铿锵，落地有声。

人民的好总理周恩来在临终之前，忍受癌魔残酷折磨的痛苦，还向医院要来《国际歌》唱片，用微弱的声音低声吟唱《国际歌》，并对守在身旁的邓颖超说：“我坚信全世界共产主义一定能实现。”总之，信念是科学世界观的重要组成要素，是革命者勇往直前的重要精神支柱。

理想是在信念的基础上建立起来的，它是高于现实符合客观规律的合理想象。是空想、幻想、妄想等的反义词。理想是具有现实可能性或未来的现实可能性的追求目标，它是人们对客观现实发展趋势的超前反映，经过奋斗争取，在将来是可以实现的。

理想也是一个多要素、多层次的结构系统：从时间上分，有长远理想和近期理想；从领域分，有政治理想、生活理想、职业理想、道德理想；从主体分，有个人理想、集团或阶级理想、全人类理想。任何个人理想不能超过所属阶级设置的界限。理想的伟大或渺小，是以理想对生产力的解放程度和赋予社会的意义而确定的。无产阶级利益与劳动人民甚至与全人类的根本利益是一致的。从本质上说，无产阶级的理想——共产主义，不仅符合无产阶级本身和劳动人民的利益，而且最终也符合全人类的根本利益。所以共产主义是最伟大最崇高的理想，共产主义理想是建立在社会发展规律之上的，是一定能实现的。

理想是改造世界的蓝图，因此，共产主义理想必能成为无产阶级和劳动人民及一切革命者奋斗的目标，成为他们战斗的旗帜。有理想恰恰体现了人应具有的宝贵品质。反之，无理想，庸庸碌碌，得过且过，恰恰表现了人的平庸化。法国作家雨果说：人生的心灵需要理想，甚于需要物质。俄国19世纪的民主主义者列夫·托尔斯泰说：没有理想，就没有坚定的方向，而没有方向就没有生活。屠格涅夫说：生活中没有理想的人，是可怜的人。

历史上许多先进的人物，都曾为追求崇高的理想而献身。不少伟大的人物，都是由于他始终不渝地追求理想的实现而终于获得成就的。毋庸置言，共产主义这个全人类最崇高最伟大的理想，更成为无产阶级革命者所向往所追求，从而献出了毕生的精力，甚至宝贵的生命。也就是说，理想特别是共产主义理想具有的这种崇高的突出的品格，已远远不单纯是丰富的知识、明确的观点，也不仅仅是一种信念而已，而更是包含着热情的向往、坚定的意志、追求的行动等因素，它鞭策着人们以高度的热情、坚强的意志、踏踏实实的实际行动去追求它，实现它。

马克思忍受着终生贫困的折磨，坚持撰写《资本论》等经典著作，担当指导当时国际工人运动的重任。当他唯一的儿子在他怀里死去时，他曾一度伤心难以自拔，但很快就振作起来，在给恩格斯的信中写道：经过了这一切可怕的痛苦，把我支持起来的是我们还要在世界上共同做点合理事情（为共产主义运动作理论准备——编者）的这种愿望。

青年是最富于理想的黄金时代，革命的青年更富有崇高的共产主义理想，因而也最能自觉地树立科学共产主义理想。许多革命老前辈在青年时期就是由于树立了共产主义理想而投身无产阶级革命的。

综上所述，可见知识、观点、信念、理想是构成科学世界观特别是共产主义世界观的不可缺少的四个重要要素或层次。科学的共产主义世界观是无产阶级革命者必须具备的认识世界、改造世界的主要精神武器。

二、人生观的本质、特殊品格和结构系统

大家知道，人生观是关于人生的总看法或根本观点，它回答人的本质、人生目的和意义等根本性问题。作为人生观的理论体系就是人生哲学。同世界观一样，从根本上说，人生观是人类在社会实践中逐步形成的。一定的人生观是一定历史条件和社会关系的产物。在阶级社会里，由于人们的经济、政治地位的不同，生活经历与境遇不同，人生观也就不同。在阶级社会，人生观具有阶级性。但人生观是随着人类社会实践的发展而变化的，是随着社会制度的改变或迟或早地发生改变的。例如随着欧洲封建制度的消灭，封建迷信的逐步消失，欧洲封建宗教关于人在尘世是为了赎罪以求来世进入天堂的禁欲主义人生观，便逐渐为资产阶级现实的个人的享乐主义和权力主义的人生观所代替（准确地说，是后者逐渐占统治地位）。

每个人的人生观，主要是受他亲身的社会实践、政治经济地位的制约，同时家庭、社会关系、社会意识形态也起很大的影响作用。其中，有时重大的个人不幸遭遇或巨大的成功，往往会改变个人人生观的方向。

共产主义人生观是无产阶级关于人生的总看法或根本观点，它的基本特征是强调人生价值是从无产阶级和人民群众的集体利益出发，全心全意为人民服务，把实现共产主义作为人生的最高目的，以革命乐观主义精神为人生态度。这是一种最崇高的人生观。

人生观是一种社会上层建筑，是为一定经济基础服务的，其特点是通过制约每个人怎样选择人生道路来为经济服务，在表面上，它不及国家的政治、法律制度，特别是军队、警察、监狱那样直接、明显，但它的实际影响比前者要隐蔽和持久，更能起维护作用。正因为如此，哲学史上许多剥削阶级思想家都非常重视阐述人生哲学。古希腊的唯心主义大师苏格拉底把阐明人生哲学提到首要地位，他的思想在西欧发生过深远的影响。特别是中国古代的传统哲学，把阐述人生哲学摆在了突出重要的地位，这是中国古代传统哲学的特色之一。

梁启超说：“儒家舍人生哲学无学问。”张岱年认为：“中国哲学的中心部分是人生论。”“中国哲学家所思所议，三分之二是关于人生观问题。”应该看到，中国封建社会制度之所以延续达两千多年之久，不能不说，以人生哲学为核心的中国儒家思想起了特殊的维护巩固作用。正由于人生观或人生哲学有这种巨大的能动反作用，所以每一次社会制度的大变革，不仅出现新旧哲学世界观的斗争，同时也必然伴随着新旧人生观的大争论。例如，欧洲资本主义制度的产生，就是伴随着一连串的人生观的大论战而发展确立起来的。17、18世纪法国的启蒙运动，一些先进的思想家，如卢梭等人，就探讨了人生，和神学家进行了大论战。俄国革命的前夕，早期的民主主义革命者车尔尼雪夫斯基等人与沙皇的代言人，进行了关于人本主义和新人生活的论战。“五四运动”后特别是中国共产党产生之后，我国学者也进行了科学与人生的讨论。

作为第二性的人生观，特别是革命的共产主义人生观范畴，更不是机械的自在之物。而是人生领域更具有辩证唯物主义精神的精神范畴，因而它除了具有世界观的基本品格外（但其概括这个品格不及前者的普遍性，而只限于人生领域），还具有超过前者的主体性品格（主体性只是人类所独有）。这种主体性品格决定了它（人生观）包含着下列五个要素：即人的本质（人性），人生价值（意义），人生理想（目的），人生道路（怎样度过自己的一生），人生态度（指人怎样对待自然、社会的关系——道德原则：包括处世观、事业观、公私观、荣辱观、苦乐观或幸福观、生死观、青年人还有恋爱观）。所有这些，从横向考察，它们是五个要素，从纵向考察，它们是依次前进的五个层次。正是它们构成了多要素多层次的系统结构，从哲学高度回答了作为人生观要回答的问题，即从本原论（唯物地还是唯心地解释人的本质、价值、理想）、发展论（指按照历史发展还是背离历史发展规律安排人生道路）、认识论（人生对待客观世界的态度），阐述了人生观的问题。

首先是人的本质。这个问题已争论了几千年。从我国来说，就有孟子的“性善说”，荀子的“性恶说”，漆雕开的“有善有恶说”，扬雄的“善恶混说”，董仲舒、韩愈等的“性三品说”；在西方，有霍布斯的“性恶论”，狄德罗的“人的本性善良论”等。所有这些不同主张，其要害，都是把人的本质说成是天性，是自然的本质，而且离开了具体的历史的条件，把它归结为抽象的人性，这样就很难把人与动物区分开来，就很难唯物地了解人的本质是什么。马克思指出，人的本质不是天生的，也不是抽象的，“在其现实性上，它是一切社会关系的总和”。显然这就作了唯物主义的回答，指出了它的最突出的品质是社会性。诚然，作为人来讲，确实存在自然本质，但是，单从生理上或自然属性讲，人与高等动物的区别不是很大的；再从自然本质产生的生理的感觉出发，也难以把人与动物区别开来的，因为人与动物同样存在着“趋乐避苦”、“趋利避害”的要求。恩格斯说过，人来源于动物界这一事实决定了人永远不能完全摆脱兽性，问题只能在于摆脱得多或少些，在于兽性或人性的程度上的差异罢了。必须强调，作为万物之灵的人与动物的本质差别，主要是人具有社会的属性，这种社会属性，决定人不同于一般狭隘动物，把人与动物区别开来了。当然人性是社会属性与自然属性对立统一，这是毫无疑义的，但是其中毕竟是社会性占主导地位。不仅如此，还要看到，连人的自然属性也打上了社会性的烙印。例如人的吃喝和性行为，虽然是天性，所谓“食、色，性也”，“饮食男女，人之大欲成焉”。但是，就是这种自然之性，也打上了社会性的印记。动物的吃喝与交配，仅仅是为了维持生存和繁殖后代，而人的饮食，则是进一步用来表示祝贺和进行经济、政治、文化等交往活动；人也要生殖，但男女的爱情与婚姻，不仅仅满足性生活，而且组织社会细胞——家庭，互爱互敬，互相帮助，互相扶养，和睦团结，劳动生产，抚育子女，为家庭幸福和社会主义的物质精神文明建设而共同奋斗（见《中华人民共和国婚姻法》）。诚然，人是有共性的，这是相对于神性、兽性、非人性、反人性等概念而言的。世界上任何物类都有共性，人类自然不能例外，马克思早就指出，“人的类特性，恰恰就是自由的自觉的活动”。所以说，有意识的生命活动把人同动物的生命活动直接区别开来。但是人不仅作为自然存在物，而是作为在进行劳动中结成的社会关系的类的存在物。正由于这样，才产生了人的意识。所以说，归根结底，社会性才是人的主要属性。

社会性是随着社会实践的发展而变化的，但这种社会性在阶级产生后，主要体现于阶级性之中，即共性寓于个性之中，不坚持这一点，就不懂得一般与个别的关系。但是阶级关系不能包含所有社会关系，在一定条件下，在一定意义上，一定范围内，也存在某些人类的共性，如某些共同爱好、某些共同民族心理等。马克思主义一方面坚持在阶级社会，认为人的本质从根本上就是阶级性，另一方面又不把人性同阶级性等同起来，不把任何言行都打上阶级烙印。同时认为共同的民族感情、心理，在特定条件下，也有可能上升到主导地位。不认识这一点，就缺乏辩证态度。

如上所述，无可怀疑，人的本质只能是社会的产物，而人的这种本质必然随着社会历史的发展而改变、发展，由此就应该得出结论，所谓人的本性是自私的说法，就不攻自破了；所谓自私观念、个人主义是不可能改变的论调，就毫无根据了。自应肯定，随着社会生产的发展，阶级的消灭，它必然会逐步为公有观念、集体主义所代替，这是不言自喻的。马克思说得好：永恒的人性是不存在的，“整个历史也无非是人类本性的不断改变而已”。

人生价值（意义），是人生观要回答的第二个关键问题。弄清了人的真正本质，人的价值（意义）问题也就好回答了。在探索人生意义的奥秘时，目前不少青年人、大学生对人生价值问题怀着浓厚的兴趣。毋庸讳言，正确认识人生价值，对确立革命的人生观有重要意义。须知我们在这里谈的价值，不只是一个经济范畴，而是一个含义广泛得多的哲学范畴。一般地讲，价值是人的需要同外部世界的一种关系。它表示对人的生存和发展来说是一种有益的东西。马克思说：“价值这个普遍概念是从人们对待满足他们需要的外界物的关系中产生的。”价值的存在是一种社会现象，人与外部世界的实践关系是构成价值关系的基础，一定的经济关系和阶级关系决定着人的本质，同时也决定人的价值。怎样看人生价值，各个阶级有各个不同的标准。从马克思主义观点看来，评论人生价值，只能从人类社会生活的本质去考察。马克思在《关于费尔巴哈的提纲》中说：“社会生活，在本质上是实践的。”这就是说，看人生的价值，就看谁对社会实践能作出多少力所能及的贡献，而不是看谁像动物一样能暴取强夺，同时，看一个人的贡献大小也不单纯是从绝对数字大小来衡量，而是以个人所处具体历史条件为依据。创造物质财富，固然能赋予某个人生以一定价值，而创造精神财富，特别是人所具有的优秀思想品质，模范榜样的英勇行为，更能赋予人生以难得的价值，诸如上述的看法，许多先进人物早就谈到了。爱因斯坦曾说过，一个人的价值，应当看他贡献什么，不应看他取得什么。歌德说：你若要热爱你自己的价值，你就得给世界创造价值。居里夫人特别肯定了优秀道德品质的价值。她说：第一流人物对于时代和历史的进程的意义，在其道德品质方面，也许比单纯才智成就方面还要大。可见，我们不能把人生价值的含义简单化庸俗化。同时，可以看到，人生的价值，只能在与他人相互联系的社会中表现出来，因而正确处理个人与社会的关系是获得人生价值的基础。

从横向看，人类社会作为一个整体，它是由单个的人组成的，从纵向看，人类的发展又是一代一代繁衍相续的。任何人都不可脱离社会这个有机整体而单独存在，因而人生价值就是在这种与他人相互联系的社会中表现出来的。

显然，每个人的生命既是个体的生命，又是人类生命整体的一部分，由此可知，人生的价值包含两方面的内容：一是个人自身需要方面的价值，即个人价值；一是人生在满足社会需要方面的价值，即社会价值。承认社会价值与个人价值的同时存在及其相互联系、依存和相互转化，这是人生价值观的唯物论辩证法。

在任何社会形态中，人生的个人价值和社会价值都是不可离异的。剥削阶级片面强调个人的人生价值，无产阶级首先强调社会价值，同时也不排斥个人的价值，并使之得到恰当的融合、统一。

把个人价值作为人生价值的基础，是剥削阶级人生价值观的基本特点。

奴隶社会、封建社会和资本主义社会，在本质上是以生产资料私有制为根基的社会，剥削阶级是既得利益者，占据统治地位，从整体上说，他们的人生价值观自然地以个人价值作为人生价值的主导和基础。奴隶主阶级以天然的统治者出现，在他们的眼中，他们的价值至高无上，而奴隶们只是会说话的工具。所以，奴隶主阶级的人生价值观的基础，是以奴隶主对奴隶的“主宰”为特征的个人价值。封建社会是一个等级森严的宗法社会，人的价值是以其在封建等级中所处的地位来衡量的。在封建宗法等级中的地位愈高，其价值愈大。所以，封建地主阶级的人生价值观的基础表现为农民对地主的“人身依附”为特点的等级制的个人价值。在资本主义社会里，封建等级制度被推翻，资产阶级又用一种新的眼光看待人的问题，他们强调个人的尊严、自由及个性的解放。这种资产阶级关于人的价值观念，是奠定在个人主义基础上的，看上去冠冕堂皇，其实是极其虚伪的，其价值的根本尺度是金钱。恩格斯说过：资本主义社会以“金钱确定人的价值，这个人值一万英镑，就是说，他拥有这一笔钱。谁有钱，谁就‘值得尊敬’，就属于‘上等人’，就‘有势力’，而且在那个圈子里在各个方面都是领头的”。显然，资产阶级人生价值的基础的个人价值，是以金钱和财产为特征的。

无产阶级科学的人生价值观是以社会价值作为基础的。首先，“只有在集体中，个人才能获得全面发展其才能的手段，也就是说，只有在集体中才可能有个人的自由”。个人是社会这个大集体中微小的组成单位。个人的存在和发展，须臾也离不开社会。其次，社会的性质、社会的发展状况和水平制约着个人的发展。马克思主义认为：“一个人的发展取决于和他直接或间接进行交往的其他一切人的发展。”这里说的“直接或间接进行交往的其他一切人”，就是个人所处的具体社会条件的总和。第三，个人的需要，必须由一定社会来满足，自我价值的提高和实现，依赖于一定的社会价值。因此，撇开具体的社会历史条件，抽象地谈个人的自由、解放及个人创造能力的发挥，是脱离现实的、不切实际的幻想。这样，作为社会的个人来看，为了提高和实现自身的价值，就应关注、促进甚至献身于社会的进步和发展。

科学的人生价值观认定人生价值的基础是社会价值，但绝没有忽视个人的自我价值。科学的人生价值观在坚持作为人生价值的基础的社会价值的前提下，主张社会主义国家应该尽可能创造条件，保障和鼓励个人能够自由地发展和发挥自己的才能、智慧，充分实现个人的自我价值。因为作为社会一员的个人，他的劳动能力、科学知识水平、精神境界、道德水平和社会关系方面的解放程度等，又直接或间接地影响社会发展的进程。恩格斯指出："共产主义者的目的是什么？答：把社会组织成这样，使社会的每一个成员都能完全自由地发展和发挥他的全部才能和力量，并且不会因此而危及这个社会的基本条件。"这即是说，在共产主义社会，每一个社会成员都能完全自由地、充分地发展和发挥自己的才能，从而成为全面发展的人。这也使我们认识到，谈论人的价值及其实现，不能脱离具体的历史时代、社会关系，因而也不能抛开对无产阶级解放条件的研究，不能忽视我们面临的具体社会实践及人民的需要。

理想，在人们理解了人的本质和人生价值之后，就明确了人生的目的应该是什么，为了达到自己的人生目的，自然会产生自己的理想，作为追求的目标。在人生道路上最能唤起人的热情和勇气的是对理想的追求。斯大林说过："伟大的毅力只为伟大的目的而产生。"属于人生观的理想范畴的含义是多方面的结构系统，与世界观内涵的理想范畴基本相同，不必重述。但理想对人生观来说，同对世界观相比更内在，更重要。没有理想，就谈不上人生观。因为人生观属于主体性很强的范畴，更贴近个人的切身利益，只要人生存一天，就必然根据自己对人的本质和人生价值的目的的理解，树立自己必需而经过努力能够实现的理想。但属于人生观内涵的理想，如果与集团、阶级的理想发生矛盾，常常难以实现。要得到实现，个人的理想必须与阶级、全社会的理想基本相一致。例如，某个人要想在20世纪末取得某种成就，就必须与祖国在20世纪末的四化建设目标相一致。一般说，过高就是空想。因为个人的理想，归根结底只能在社会中，在许多外部因素促进下才能实现。否则，就会陷入不切实际的幻想或一厢情愿的空想。青年是人生的春天，是富于理想的黄金时代。一个人一生的成就大小，大半与青年时期树立什么样的理想有关。有了正确理想，就会集中精力，采取行动，争取实现，从而有所建树。否则，“就会游戏人生，一事无成”（歌德）。特别是树立了崇高的理想，就会不惜牺牲一切乃至自己宝贵的生命，其英勇献身精神，能唤起千百万人的敬仰与学习，加速人类历史前进的步伐。马克思曾认为自己为实现共产主义理想作出的牺牲，将会激励未来的许许多多的无产阶级革命者。他写道：“我们的事业并不显赫一时，但将永远存在，面对我们的骨灰，高尚的人们将洒下热泪。”夏明翰烈士写的就义诗：“砍头不要紧，只要主义真。杀了夏明翰，还有后来人。”短短20个字，充分显示了他对共产主义理想的追求；他把个人生死置之度外的这种英勇献身精神，多么激励人心啊！

道路，即人怎样度过一生的问题，是遵循社会历史发展规律，还是背离社会历史规律安排自己的一生。它是在明确了人的本质、价值，特别是人生理想之后，必然会产生的问题。如果具有崇高的理想，就会胸怀大志，进取心强，发挥主观能动性，为人类进步事业，作出自己的最大贡献，不辜负自己的一生。著名小说《钢铁是怎样炼成的》的作者奥斯特洛夫斯基对人应该怎样度过自己的一生说了一段发人深省的话。他说：“人最可宝贵的东西是生命。这生命，人只能得到一次。人的一生应当这样度过：回忆往事的时候，他不至于因为虚度年华而悔恨，也不至于因为过去的碌碌无为而羞愧。在临死的时候，他能够说，我的整个生命和精力，都已献给了世界上最壮丽的事业——为人类的解放而斗争。”如果缺乏理想，那么，人就胸无大志，混度日子，苟活一生，如果怀着不可告人的目的和追求，他会专门损人利己，干尽坏事，度过自己的可耻的一生。

人生态度，在确定人的本质、人生价值、人生理想和人生道路之后，合乎规律地提出了人生态度问题，即人以怎样的态度对待客观世界，特别是怎样对待人和社会之间的关系，这实质上是道德原则问题。从哲学高度讲，即人如何处理认识世界、改造世界的关系问题，包括处世、事业、公私、荣辱、苦乐（幸福、不幸福）、生死和恋爱等问题。如果对这些问题的态度比较正确，就会热爱生活，对事业有责任心。大公无私和先公后私，以造福人民为荣，以损害人民利益为耻辱。以人民利益为重，虽苦犹乐；以人民利益为第一生命，虽死犹生。以高尚的理想为生活目标，就会把恋爱看成是寻找终生的战友，而不至于把恋爱看成是寻欢作乐，讲求表面的美观，甚至搞恋爱至上，忘记了自己的主要理想和追求。这样，自己选择的高尚的、进取的人生道路就会走到底，而不会半途而废。自己的崇高的理想、目标，就可能变成现实。自己一生的最大价值就可能得到实现，从而使自己成为一个真正高尚的人，一个为社会所敬仰的人。反之，如果对上述问题缺乏正确的态度，就会在对待处世问题上采取逃避甚至悲观厌世的态度。对事业无责任感，自私自利，“拔一毛以利天下而不为”，甚至还做社会的蛀虫，起破坏作用，以耻辱为光荣，以做老实人、做老实事为耻辱，以为人民的事业作出宝贵的牺牲为苦，以追求低级趣味为乐，看不到苟且偷生，虽生犹死，看不到为进步事业、为人类的解放事业而死，虽死犹生。根本不理解“人生自古谁无死，留取丹心照汗青”和“在烈火中永生”的意义。这种人，自然就根本谈不到做一个真正的人，而是一个根本不懂得人的本质、人的价值、理想和应走什么道路的人，是最可怜、可憎甚至可诛的人。

显而易见，只有上述五个要素和层次的结合，才赋予了人生观，特别是革命的共产主义人生观以完全的意义，才充分体现了人生观，特别是革命的共产主义的人生观的本质特征和全部品格。

三、世界观与人生观的辩证关系

世界观与人生观，科学的共产主义世界观与革命的共产主义人生观存在着对立统一关系，既相互区别，又相互联系，相互依存、渗透与转化。

首先强调两者是有区别的。世界观是以整个物质世界（自然、社会、思维）为对象。从作为主体的个人看，实际是以整个客观物质世界为对象，回答它们的本原和规律、主体的人同客体之间的关系。而人生观则是研究人的本质、人生价值、人生理想、人生道路和人生态度（人对自然特别是对他人、社会采取的态度和准则）。所以两者不相等同，但两者又是统一的和联系的。具体表现在，一般地讲，世界观包括了人生观。这是因为每个人都是构成世界的成分。同时，世界观是人生观的理论基础，世界观为人生观提供观点和方法论，离开世界观的人生观是不可想象的。但是，从一定意义讲，人生观中也包含着世界观。这是因为人生观是人的自我认识与自我安排，这种自我认识和自我安排，必须以对物质世界主要是对社会历史的一定认识理解为前提的，所谓看破红尘就是这个意思。因此，离开世界观谈人生观，也是办不到的。

世界观与人生观，也互相渗透。世界观正确，有助于建立正确的人生观，并为之指明方向和途径。历史上出现过世界观是唯心的，而人生观却比较正确。这是因为，这种人的世界观的某些方面存在着正确成分。如认为社会是不断发展的，比较正确地理解个人与社会的关系，人应具有自觉性等某些朴素辩证唯物观点萌芽，因而在人生态度上，能比较正确地处理自己与自然，特别是与他人、与社会的关系。总的来讲，科学的共产主义世界观与革命的共产主义人生观是互相依存、互相促进的。如果树立了革命的共产主义人生观，就可以直接成为形成科学的共产主义世界观的起点和基础。如一个人认为自己活着就是为了使大多数人幸福，人生的价值主要是为社会作贡献，那么他接受历史唯物主义就比较容易。具有资产阶级人生观的人，很难接受科学的共产主义世界观。如一个人认为自己活着就是为了个人的幸福，人生价值就是从社会里取得所需的东西，那么他与历史唯物论就会格格不入。反之，一个历史唯物论者，就较容易树立革命的共产主义人生观。一个唯心论者，就很难树立革命的共产主义人生观。

必须强调指出，从研究对象讲，世界观比人生观大得多。但从主体性讲，人生观又比世界观大得多，因而就对每个人的影响和指导作用而言，人生观比世界观更内在、更持久、更深远。据此就应得出结论，树立科学的共产主义世界观与树立革命的共产主义人生观是不能分割的。必须同时进行，不能以此代彼，或以彼代此。

马克思主义的立场、观点和方法为建立科学的共产主义世界观与革命的共产主义人生观提供了共同的理论基础，关键是需要我们自觉地运用它。

中西哲学史上，大多数哲学家既讲世界观也讲人生观。但20世纪50年代以来，我国哲学界在理论研究上，在大学哲学教科书中，却只讲世界观和历史观、认识论，而不讲人生观或人生哲学，联系实际也只重视联系自然、社会、革命和建设，联系思想实际也只讲培养学生的科学的共产主义世界观，不重视培养学生的革命的共产主义人生观。这种做法，显然是不恰当的。现在有一些同志，他们并不反对重视人生观问题，但认为这个问题应由伦理学来回答。事实上伦理学主要不是回答人生的根本问题——人的本质、价值、理想、道路，只着重回答属于人生态度的道德原则问题，它比人生观或人生哲学低一个层次。不是道德观决定人生观，而是人生观决定道德观：即上述的处世观、公私观、荣辱观、苦乐观（幸福观）、生死观以及恋爱观等。因此，绝不能用较低层次的伦理观代替最高层次的人生观。

对广大革命者来说，树立科学的共产主义世界观是前提，树立革命的共产主义人生观是根本，进行共产主义实践是树立上述两者的出发点和落脚点。因此，在当前进行社会主义建设的伟大的共产主义实践中，对大学生进行马克思主义教育时，必须同时重视科学的共产主义世界观与革命的共产主义人生观的教育，帮助青年一代自觉树立科学的共产主义世界观与革命的共产主义人生观。

第三节　自觉树立科学的共产主义世界观与革命的共产主义人生观

一、无产阶级革命者必须重视树立共产主义世界观与人生观

没有革命的理论，就没有革命的行动，任何先进思想和理论，总是走在革命实践的前面。从社会制度变革来说，前面讲过，在革命早期总是出现一场意识形态特别是世界观与人生观的大争论大论战。而作为个人来说，如要站在变革的前列，也同样需要用先进思想武装起来，其中最根本的是要用新的世界观、人生观武装起来。当今天我国进入社会主义建设这个伟大的共产主义实践的新时期，毫无疑义，必然要求无产阶级革命者用科学的共产主义世界观与革命的共产主义人生观指导自己自觉地为社会主义建设作贡献，为通向共产主义道路填土铺砖，绝不能因为现在尚未进入共产主义社会而放松对此应具有的迫切要求。

树立科学共产主义世界观与革命的共产主义人生观不仅是必需的，而且具有现实可能性。这是因为，共产主义世界观与人生观产生的经济基础是公有制（社会主义与共产主义的公有制之间只有程度的差别），其指导思想是马克思主义。从宏观上看，社会主义思想与共产主义思想是一个思想体系。这个思想体系是一个发展过程。在社会主义时期，共产主义思想和风格不断产生和扩大，因此，在社会主义向共产主义发展过程中，作为科学的共产主义世界观、人生观必须逐步占统治地位。

在此，必须进一步强调，建立科学的共产主义世界观与革命的共产主义人生观的过程，是一个互相促进的过程，不可偏废。如上所述，两者既互相区别、又互相依存、互相促进。因此，必须把两者有机地结合起来。历史证明，

只讲求树立科学的共产主义世界观，那么尽管树立了共产主义一定能实现的信念，并为之而奋斗。如果缺乏革命的共产主义人生观，那么，一当自己的名利得不到满足时，革命意志就会衰退，甚至脱离革命，背叛革命；或者在革命成功后，就会以功臣自居，伸手向人民要这要那，不能保持革命的晚节。这实质表明他并没有真正树立科学的共产主义世界观。反之，如果只重视确立全心全意为共产主义而奋斗终生的革命的共产主义人生观，那么一当革命遇到重大挫折时，就会发生信仰动摇，这实质上也表明他并没有真正树立革命的共产主义人生观。可见，关于这两个方面的建立，不可偏废，要做到同时并重，使树立的过程变成互相促进的过程。

二、树立科学的共产主义世界观与革命的共产主义人生观的主要途径

树立科学的共产主义世界观与革命的共产主义人生观，应遵循的途径是一个多要素构成的系统，不是仅仅依据某一个要素或途径所能实现的。解决这个问题的关键是从构成共产主义世界观、人生观的诸要素或层次着眼，并使之得到辩证的结合，从而逐步建立科学的共产主义人生观。根据上述精神，必须遵循的相互联系互为条件的几个重要途径与规律主要是：

第一，积极参加革命实践，特别是投身到社会主义现代化建设的实践，只要尊重事实，按照客观世界本来面目认识世界、改造世界，那么就会自发形成朴素的唯物的、辩证的世界观。列宁在《论统一的经济计划》一文中指出："工程师承认共产主义所经历的途径"是"通过自己那门科学所达到的成果来承认共产主义"。显而易见，列宁的这段讲话，就是从这个意义上讲的。特别是革命的共产主义人生观的形成，更有赖于亲身参加社会主义革命与建设实践的体验。一个长期深入群众与群众共同生活、共同战斗、同呼吸、共命运的人只要不受资产阶级偏见的影响，那么时旷日久，就会逐步产生全心全意为人民服务的共产主义人生观。马克思、恩格斯、列宁之所以成为共产主义大师，除了得益于他们总结人类文化科学成果、通晓社会发展规律所得的科学结论外，

在一定程度上是由于他们长期地参加、领导国际工人运动的结果。基于这个认识，所以知识分子走与工农相结合的道路是有重要意义的。必须强调，单纯地参加社会实践是难以形成系统化的哲学世界观和人生观的。为了建立理论化的科学世界观，必须把握另一个重要要素、途径或规律。

第二，广泛学习知识，特别是学习马克思主义的基本原理和基本观点。如前所述，世界观、人生观是以知识为基础而建立起来的。列宁指出：“……我们需要用基本事实的知识来发展和增进每个学习者的思考力。因为不把学习的全部知识融会贯通，共产主义便会变成空中楼阁，就会成为一块空招牌，共产主义者只会是一些吹牛家。”拉法格回忆马克思之所以成为共产主义革命者的原因时写道：“马克思虽然深切同情工人阶级的痛苦，但引导他信仰共产主义观点的，并不是感情上的原因，而是研究历史和政治经济学的结果。他确信，每一个不为资产阶级利益所影响、不为资产阶级偏见所蒙蔽的公正人士，必然会得出同样的结论。”当然，不是任何知识、观点都能构成科学的共产主义世界观与革命的共产主义人生观的，它必须是那些正确而又系统的知识和观点。不正确的知识、观点，只能把人引入歧途，为形成错误的世界观、人生观提供营养。

必须强调指出，马克思主义以及以它为指导的社会意识形态，对人们树立科学共产主义世界观与革命的共产主义人生观具有决定意义。在国际工人运动史上，不少青年就是通过阅读马克思主义著作而走上革命道路的。所以，在那些封建专制和法西斯统治的国家，把马克思主义著作视为洪水猛兽，或公开禁止，或组织文化围剿，即使在有资产阶级民主自由的国家，资产阶级也非常害怕它，总是千方百计攻击它或歪曲它。

我们生活在社会主义国家，生活在幸福的时代，有良好的学习环境和条件，问题是好好把握它。基于这个认识，那么无产阶级的革命者加强知识化，特别是加强马克思主义基本原理观点的学习是非常必要的。但共产主义世界观，人生观的建立只能通过与其对立面作斗争而实现。为此，要使科学的共产主义世界观与革命的共产主义人生观占据无产阶级革命者的头脑，就必须进一步通过另一个要素或途径而实现。

第三，自觉清除非无产阶级世界观、人生观的影响，抵制资产阶级世界观、人生观的侵蚀。社会主义时期，不仅存在着非公有制的个体经济成分，同时，也存在剥削阶级的思想意识形态残余，包括以个人主义为核心、以维护剥削制度为目的的剥削阶级的世界观与人生观，它们同无产阶级的科学的共产主义世界观与革命的共产主义人生观是格格不入的。人脑不是真空，不是前者占统治地位，就是后者占统治地位。因此，作为无产阶级革命者，必须自觉地促使后者占据自己的头脑。马克思恩格斯早在《德意志意识形态》中就指出："无论是为了使共产主义意识普遍地产生还是为达到目的本身，都必须使人们普遍地发生变化。这种变化只有在实际运动中，在革命中才有可能实现，因此，革命之所以成为必需，不仅是因为没有任何其他的办法能推翻统治阶级，而且还因为推翻统治阶级的那个阶级，只有在革命中才能抛掉自己身上的一切陈旧的肮脏东西，才能建立社会的新基础。"不仅如此，另一方面，还必须以马克思主义作武器，识别和抵制资产阶级的思想意识的侵蚀，其中包括资产阶级世界观人生观的侵蚀。只有这样，才能促使自己把科学共产主义的世界观和革命的共产主义人生观牢固地树立起来，进而自觉地献身于社会主义、共产主义的建设事业。

学习马克思主义，坚持马克思主义，发展马克思主义，为建设社会主义、共产主义而奋斗。

思考题

1. 实现共产主义社会制度，为什么要依靠广大无产阶级革命者的自觉斗争?

2. 怎样理解“科学的共产主义世界观与革命的共产主义人生观的特殊品格和主要特征”?

3. 怎样理解“世界观与人生观的辩证统一关系”?

4. 无产阶级革命者树立科学的共产主义世界观与革命的共产主义人生观的主要途径是什么? 这些途径有什么内在联系?

5. 无产阶级革命者应怎样评价人生的价值?

6. 社会主义国家大学生应怎样选择自己的人生道路?

正确认识马克思主义的主要本质特征

现代科学的发展愈来愈明显地表现出既综合又分化的趋势。毋庸置疑，作为伟大的哲学社会科学——马克思主义，首先是作为一个整体科学体系而展现在人们面前的。《共产党宣言》的创立，展示它是“完整世界观”。与此同时，它又是由具有从属关系的三个主要组成部分组成的。每一组成部分都能相对独立存在和发展，两者并不是绝对对立的。长期以来，人们一般是通过逐一阐述和学习它的三个组成部分去展现和了解它的，很少直接从整体上进行阐述和把握。根据唯物辩证法的观点，整体与部分是对立统一关系，整体是由部分构成的，由部分构成整体，是非加和性的，整体具有所属各个部分所不具有的特殊功能。

事物科学的区分，是以提示事物、科学的特殊本质为依据的，但是必须进一步强调，事物的质是多方面的，具体之所以为具体，是多种质的规定性的综合。因此考察作为整体的马克思主义本质特征，同考察一切事物的本质特征一样，必须从不同的角度、侧面、层次着眼，然后加以辩证的综合，才能全面、本质、具体地加以把握。

马克思主义完整的科学体系的主要本质特征是什么呢？根据作者对全国近三年来编写的具有代表性或一定代表性的《马克思主义原理》15个版本的了解，主要有下列几种概括：

一因素说，即科学性和革命性的统一；

二因素说，即在前一因素说的基础上，加批判性和创造发展性的统一；或加理论和实践的统一；

三因素说，即在前二因素说的基础上，加理论和实践的统一；

四因素说，即在前三因素说的基础上，加世界观与方法论的统一，等等。

显而易见，无论是一因素说、二因素说、三因素说，还是四因素说，实际上都是大同小异。上述概括，尽管能在一定程度上与非马克思主义学说区别开来，但是上述各种概括的本质特征都没有明确的把马克思主义作为整体的本质特征与迄今所揭示的马克思主义三个组成部分的本质特征的差别表现出来。对此，作者认为，揭示马克思主义完整科学体系的主要本质特征，不仅要重视它与非马克思主义的本质特征的区别，同时还要着眼于它与其本身的三个组成部分的本质特征的差别。在作者看来，基于上述，要揭示马克思主义整体的主要本质特征，必须以实践为基础、为立足点，从三个主要不同的角度、侧面——三个不同的参考系，分别进行考察。即从它作为科学的本质、作为学说的性质、作为理论的功能，一一进行剖析，进而加以辩证的综合和把握。具体表现于：从它作为科学的本质来说，它是具有自觉的“双反”的革命批判性和自觉创造性的科学性的统一；从它的学说的性质来说，它具有辩证唯物主义一体化哲学与共产主义运动科学的统一；从它的理论功能来说，它是具有多层次新的科学世界观与多层次新的科学方法论的统一。

在下面，不妨进一步逐一加以阐明。

首先，对第一个主要本质特征——即从它的科学的本质表现为自觉的“双反”革命批判性和自觉创造性的科学性的统一这个本质特征，来进行进一步的说明。

必须指出，迄今作者所见到的《马克思主义哲学》或《马克思主义原理》教材版本，几乎一致的都是根据列宁在《什么是人民之友以及他们如何攻击社会民主主义者》附录中的精辟论述，把科学性和革命性统一列为最本质的特征，再加以阐述。1987年陕西孟宪俊同志主编的版本和1988年国家教委政教司组织编写的、由许征帆同志主编的版本，先后突出了这一特征，而且，还指明实践是这特征的基础，这是可喜的，是前进了一步。但是作者认为，揭示这一特征还应作更深层次的剖析，并逻辑地引申出它必然具有的现实性、反思性、创造性和批判性等品格。须知，马克思主义这一伟大科学理论，是无产阶级思想家高度自觉地把它作为革命无产阶级认识世界、改造世界的武器而创立的。但他们认为，改造客观世界与改造主观世界既对立又统一，无产阶级也必须在改造客观世界的过程中，“在革命中才能抛掉自己身上的一切陈旧的肮脏东西”。同时认为，客观世界是不断变化发展的，因而作为观念形态的真理，只能由相对真理不断走向逼近绝对真理。因此，这就决定了马克思主义必须自觉地进行双反的革命性的批判。一方面要求它对旧世界的理论和秩序进行批判，马克思十分强调在批判旧世界中发现新世界；另一方面它要求对本身以及对建立在自己的理论指导之下 创立的社会主义新制度，通过实践，总结经验教训，进行自我反思或自我批判，使自己的理念本身和新的社会制度不断自我完善。

众所周知，马克思、恩格斯在《共产党宣言》（1872年德文版）序言及其他著作中，都多次这样论述过，甚至恩格斯曾经谨慎地预言，今后否定他和马克思的某些看法比他和马克思否定前人的还要多。列宁在帝国主义新时期，毛泽东在我国人民革命时期，也同样采取马克思、恩格斯的自觉的自我批判态度。这是有目共睹的，无需赘述。反观非无产阶级的学者，由于他们的阶级局限，由于他们不懂得真理发展的辩证法，他们总是把自己的学说封为“终极真理”、“永恒真理”和真理的“顶峰”。他们总是把他们的剥削制度说成是最符合人的天然本性的王国，或者说成是天意决定的历史秩序，是永远不会改变的。当然，也不排斥其中个别的思想家对自己的理论的个别内容进行自我否定。但是他们这样做只是理论陷于困境而不得不这样做的，根本谈不上采取自觉的态度。

同时，还必须进一步强调马克思主义的全部价值，不仅在于它“按其本质来说，是批判的革命的”（马克思），而且这一理论对“世界各国的社会主义者之所以有不可抑制的吸引力”还“在于它把严格的、高度的科学性（它是社会科学的最新成就）和革命性结合起来……，把二者内在的、不可分割的结合在这个理论本身中”。那么，什么是科学性呢？按《辞海》的解释，它是实践经验的结晶。实证主义者把科学性与实证性等同起来。现有的《马克思主义哲学》与《马克思主义原理》也是一般地把它与正确性、真理性等同起来。但在作者看来，对马克思主义科学性的理解，不能停留在上述理解的水平上。必须看到，马克思主义作为理论的科学性，它的特点就在于它是一种自觉创造性的科学性。因而，它比一般科学理论具有更大的能动反作用，特别是它的科学预见作用（但绝不是先知先觉，或算命先生）。具体说来，它对理论和实践，具有双重否定的品格和威力。一方面，它能以实践为基础，否定错误的理论，修正过时的观点；另一方面，它又能及时地认识刚刚开始的正确实践，为它指明前进的道路。同时它又能及时地认识尚处于萌芽状态的错误实践，把它引向正确的轨道。一句话，它对实践，始终具有伟大的科学指导作用，绝不对错误的实践作无原则的、顺风转舵的论证。必须强调，马克思主义的上述本质特征，是无产阶级思想家自觉地运用唯物辩证法不断地总结实践经验，遵循自然、社会、思维发展的规律，进行创造性思维而取得的。在资本主义上升时期，《共产党宣言》就阐明了无产阶级革命的完备的理论纲领。1980年12月，我党的十一届三中全会，党中央就制定了1979—2000年我国社会主义建设以经济建设为中心的总目标的正确路线和步骤等，这难道不是马克思主义的自觉的创造性的科学性的具体体现又是什么呢？有人却无视上述事实，这只能表明他们对马克思主义的这个本质特征的无知。

其次，对马克思主义的第二个本质特征，即它具有辩证唯物主义一体化哲学和共产主义运动科学的统一这个本质特征，作进一步说明。

为什么必须揭示马克思主义所具有的这个主要本质特征呢？这是因为，迄今为止，对于作为哲学与社会科学相统一的马克思主义学说的性质的认识，存在着种种混乱的看法，存在着不少的有意无意的人为扭曲。最突出的是，近几年来，我国某些同志自觉不自觉地宣扬资产阶级自由化的理论基础——资产阶级的抽象人性论，从19世纪法国空想社会主义者傅立叶从旧唯物主义鼓吹的资产阶级人性论出发，引申出“唯物主义与社会主义之间存在的天然的必然联系”的论断，为自己背离历史唯物论的人道社会主义观点作辩护。尽管这个论断的唯心实质早已被马克思、恩格斯所揭露，而他们却仍然强加在马克思主义头上。还有一些同志，否定马克思主义是关于无产阶级和全人类获得解放的科学的根本性质，强调马克思主义理论体系是由思维科学、方法论科学、管理科学、交际科学、审美科学、价值科学等组成的“学科群”，“应以现在认定的哲学、经济学、美学、伦理学、社会学、法学、政治学、史学、国际关系及政治等课程组成”。然而，略有马克思主义常识的人都知道，在这里，构成马克思主义的三个主要组成部分的第一个组成部分是哲学基础，后两个组成部分具体揭示资本主义经济矛盾运动规律及其通过无产阶级革命与无产阶级专政必然为社会主义共产主义所代替的客观性。然而对上述同志来说，政治经济学不见了；马克思主义的“核心”（恩格斯）和主要标志——科学社会主义不见了。显而易见，在他们对马克思主义这种所谓“多方位、多渠道、多途径的开拓”视角下，马克思主义的本来面目就全非了。作为革命无产阶级的理论纲领、指导思想、理论基础的学说，被偷换为“获取做人的思想武装，思维的伟大工具”，“知识的选择场”。须知，他们所列举的（除哲学外）上述五花八门的科学比马克思主义基本原理（三个组成部分）低一个层次，它们只能在马克思主义原理指导下才能科学化，才能为社会主义基础服务。

再是当代西方马克思主义的法兰克福派，标榜对社会上的哲学问题进行“一体化研究”，硬把哲学、政治经济学、社会学、未来学、伦理学等无原则地平起平坐地拼凑在一起，冒称马克思主义。

此外，形形色色的西方资产阶级哲学社会思潮，都打着马克思主义的旗号来反对马克思主义理论。至于西方还有些人，要么说马克思的学说“仅仅是一种经济学说”，要么说马克思主义仅仅是“一种社会观”（考茨基也在内）。

还有，他们还从“存在主义”、“结构主义”那里引进自己需要的货色等，不一而足。

综上所述，完全有必要明确揭示马克思主义作为学说的主要本质特征，促使广大革命者与上述种种错误思想划清界限，在学说性质上正确认识和理解马克思主义。

必须指出，马克思主义的创始人划时代的伟大历史功绩之一，就在于他们把“实践”引入哲学本体论，导致唯物主义的变革和飞跃，创立了辩证唯物主义和历史唯物主义，并运用它们去考察人类历史的发展，考察资本主义产生、发展和灭亡的规律，得出了社会主义、共产主义必然胜利的结论。因此，正确赋予马克思主义概念的科学含义，只能是关于自然、社会和思维的本质和发展规律，特别是关于社会主义、共产主义取代资本主义发展规律的科学。列宁曾明确指出，马克思的“观点总起来构成现代唯物主义和现代社会主义”。但在这里必须说明两点：其一，列宁所讲的现代唯物主义，即是以实践为基石的辩证唯物主义历史唯物主义；现代科学社会主义即是指马克思、恩格斯创立的科学社会主义；其二，马克思的辩证唯物主义同马克思的科学社会主义不是简单的相加而构成马克思主义，它们之间的关系不是平行的，而是一种从属的关系。由现代唯物主义到科学社会主义，是用唯物辩证法、历史唯物主义为解剖刀，对社会历史特别是对资本主义制度进行解剖而逻辑地产生的。因此，马克思、恩格斯早年曾经这样明确指出：“实践的唯物主义者，即共产主义者”，明白无误地把以实践为基石的辩证唯物主义同共产主义直接联系起来。由此可见，马克思主义的科学原理，就是要求人们从以实践为基石的辩证唯物主义出发自觉地树立共产主义理想和信念，自觉地树立共产主义世界观、人生观、价值观，进而高度自觉地为社会主义、共产主义伟大事业而奋斗。上述表明，我们揭示的马克思主义作为学说的性质所具有的特殊的本质特征，具有多么重要的理论和现实意义。

再次，对马克思主义所具有的第三个主要特殊本质——即从它所具有的理论功能来说，它是多层次性的新的科学世界观和多层次的新的科学方法论的统一这一本质特征，作进一步说明。

揭示马克思主义所固有的这个本质特征，实在太重要了。现在有不少的同志甚至某些长期从事马克思主义理论工作的同志，也认为马克思主义哲学才是真正的科学世界观和方法论的统一，却忽视了马克思主义整体是一个完整的世界观，准确点说，看不到它（马克思主义）是一个多层次的新的世界观和多层次的新的方法论的统一。在上述错误认识支配之下，他们只强调运用马克思主义最一般的抽象的哲学观点和方法去考察现实问题，却忽视运用马克思主义政治经济学与科学社会主义的基本观点和方法去剖析现实社会问题，以致他们在把马克思主义哲学观点和方法落实到社会主义现实问题时，常常发生巨大的困难，甚至发生不应有的错误。因此，就有必要指出，马克思主义三个组成的部分的从属性——哲学→政治经济学→科学社会主义，表明马克思主义是一种多层次的新的世界观和方法论的统一。而马克思剖析资本主义社会就是这种多层次新的世界观。

（本文原载于秦醉霞等编：《马克思主义原理与现实》，中南工业大学出版社1992年版。）

关于理工科院校公共政治课《马克思主义基本原理》教材建设的几点浅见

一、关于理工科院校开设《马克思主义基本原理》课的重要性和特殊性

新中国成立以来，一般地说，理工科院校的政治理论课，是按照马克思主义三个组成部分开设的（科学社会主义改用中共党史取代）。实践证明，这样开设，是有利于学生比较系统掌握《马克思主义哲学》、《政治经济学》与《中共党史》的原理与知识的，但是同时也存在着一种严重的缺陷，表现于：这种分割开设，好像铁路警察一样，各管一段，不利于学生从整体上掌握《马克思主义基本原理》；不利于学生同时从不同的角度，全面地（从哲学、经济、政治、文化等各个方面）本质地具体地考察整个资本主义社会与共产主义社会实体，以致不少学生学习以后，仍然不甚懂得什么是马克思主义，什么是资本主义，什么是共产主义。加上众所周知的其他因素的影响（如我国社会主义建设的两次大折腾，党内不正之风，其他社会主义国家也出现许多失误，西方错误思潮的侵蚀等），甚至出现了“马克思主义过时论”、“资本主义永恒论”、“共产主义渺茫论”等不正确想法。与此同时，由于原来侧重于从理论本身出发，各个课程体系越来越庞大，存在着脱离时代、脱离我国建设、脱离学生思想实际的偏向。诚然，有些教材也联系了一些现实问题，但由于上述原因（分割开设），也难以对此进行全面的、具体的、具有说服力的回答（学生提出的重大现实问题，远非上述某一门课所能回答的），至于原三门课在某些内容上发生交叉重复，就更不用说了。随着国际工人运动和我国社会主义

建设不断深入发展提出的理论需要，以及理工科院校政治课教学时间相对地减少（同五六十年代相比），这种缺陷和矛盾就愈来愈尖锐了。基于上述情况，中共中央和国家教委将理工科院校原来开设的三门政治课改为新四门，其中把《马克思主义哲学》、《政治经济学》、《科学社会主义》课改为《马克思主义基本原理》课程，是十分必要的及时的。

有些同志认为，科学发展的趋势是愈来愈分化，干吗要反其道而行之？这种看法至少是不全面的不辩证的。须知分化与综合两种趋势是不可分割的，是相辅相成的。显而易见，把马克思主义三个组成部分融合成一个课程体系（从马克思主义作为科学本身讲，本来就是一个客观存在的完整统一体系。它不排斥，其三个组成部分相对独立存在，这又当别论），不但不与科学发展的分化趋势相矛盾，而且更有利于发挥马克思主义整体性的功能，能比较有效地解决理工科院校政治课中没有解决的矛盾和问题。

必须强调，进行理工科院校的《马克思主义基本原理》的教材建设，一定要考虑两个特殊性：一是理工科院校的学生，一般是重专业课、轻政治课。有些学生存在的思想问题是带根本性问题，可以说是关于马克思主义和共产主义的信仰危机问题（原因是多方面的，其责任主要不在他们）。二是理工科院校教学时间相对有限，总共才210学时。

与此同时，还要考虑马克思主义基本原理本身所具有的特点，它不是指马克思主义的全部原理，而只是指马克思主义三个组成部分比较系统的基本观点；它不是马克思主义学科体系，作为学科体系，无疑要求完整准确，逻辑严密，博大精深；而它乃是教材体系，因而要求联系现实，特别是要联系学生中的思想实际（这种实际也反映了社会实际）。

基于上述种种特点，理工科院校的《马克思主义基本原理》课程的教材建设，就需要对马克思主义原理的内容进行精心筛选，紧密结合当代重大现实问题，帮助学生树立马克思主义和共产主义信仰。因此，作为这门课程教材体系来说，自然辩证法就不必包括进去，可另行作为选修课开设；在阐明原理时，应尽可能地概括现代自然科学的新成果新材料，敢于强调认为正确的观点和见解；在内容、深度、分量和表述上，要充分考虑学生的承受能力和可接受性。

二、关于编写《马克思主义基本原理》课程体系与传统的马克思主义理论体系模式的关系问题

上面说过，教材体系与学科体系既有区别又有联系。因此，探索《马克思主义基本原理》课程体系时，理应以传统的经典的马克思主义学科体系为基础，进而进行创建和探索（教学体系又可根据教材的重点难点，结合对象存在的思想问题进行）。

比较熟悉马克思主义发展史的同志都知道，经典作家关于整个马克思主义原理体系的阐述，在不同的历史时期有不同的概括。依据历史顺序，主要有下列几种模式：

第一种，《共产党宣言》模式。这种模式是以历史唯物主义作指导，以社会基本矛盾运动为线索（恩格斯称为基本思想），阐述两个必然、两个过渡是不以人们的意志为转移的，并通过对无产阶级的分析和非科学的形形色色社会主义的批判，阐明了实现两个过渡的主观条件。其优点是：把马克思主义三个组成部分，特别是政治经济学和科学社会主义原理，通过对人类历史特别是对资本主义制度的分析而表述为一个生动的整体，使人读后，耳目一新。对什么是马克思主义，什么是资本主义，什么是社会主义以及使资本主义怎样过渡到社会主义共产主义，都有一个比较完整的了解。因而它的问世，标志着马克思主义的产生。其不足之处是：由于写作历史条件的局限，它关于马克思主义的世界观方法论的表述，显得不够集中系统，而个别观点，由于历史的发展已需要作必要的修改等。

第二种，《反杜林论》模式。这种模式，是恩格斯批判杜林自吹的“科学上的最新成就”——“终极的绝对的真理体系”的过程中产生的，但却表现为更成熟的科学理论体系。这个模式是以唯物辩证法作指导，以过程论为立足点

（从自然到社会逐步发展），遵循从抽象到具体的原则，通过对无机界、有机界、人类社会、人类思维现象演进的解剖，阐述了马克思主义的一般科学世界观、自然观、历史观和思维观，阐述了社会主义共产主义取代资本主义的客观必然性及其未来图景。它的优点是：它把马克思主义第一次明确是三个组成部分，又突出了马克思主义的系统性、完整性，表明了马克思主义体系的博大精深，显示了马克思主义的巨大理论威力。使人读后，产生一种它不愧是马克思主义的百科全书式的巨著的感觉，而把学习它看作是打开了马克思主义原理的宝库。但是，由于它是通过论战形式阐述的，其中引证论敌的话较多（杜林的语言是晦涩难懂的，似是而非的）。因此，对马克思主义的某些原理的阐述，便不够集中，使我国初学者难以分辨和把握。一方面，从宏观和纵向看，它构成了庞大的马克思主义原理的整体性；而另一方面，从微观和横向看，特别是从哲学和政治经济学两部分的联结看，却给人以板块结构的印象。同样，随着工人运动与马克思主义理论本身的发展，这种体系模式的完善性也自然显得不够了。

第三种，《卡尔·马克思》模式。可以理解为是列宁以《反杜林论》为底本进行精简和通俗化的产物，作为初步了解马克思主义原理来说，不失是一个善本。但由于篇幅太少，因而难以反映马克思主义原理的系统性和丰富性。

第四种，《联共党史》模式。这个模式主要是以沙俄、苏联历史发展为线索，依据社会基本矛盾运动规律，解剖沙俄和苏联的经济政治的辩证发展，阐述科学社会主义理论以及它的理论基础——辩证唯物主义历史唯物主义。这种模式的优点是：把理论和实际融合为一，用毛主席的话说，是“理论联系实际的典型”（《改造我们的学习》）。也可以说，它是活生生的马克思主义，因而具有巨大的感染力，使人读后，极感兴趣，坚定革命胜利信心和共产主义信仰。它曾培育了苏联和其他社会主义国家一代又一代的马克思主义者。但是，这个模式是通过解剖个别国家的历史发展阐明马克思主义的一般原理的，因而对马克思主义的基本原理缺乏系统的集中的概括。苏共二十大后，原第四章第二节内容（辩证唯物主义历史唯物主义），由于与该书体例不合被删除了。因此，这一模式，对反映马克思主义基本原理体系来说，是不太理想的。

第五种，《社会主义从空想到科学的发展》模式。这是从如果在广义上把马克思主义与科学社会主义当作同义语使用的意义上说的。大家知道，它是由《反杜林论》的“概论”、“历史”、“理论”三章构成的。这个模式是以人类哲学变革的成果唯物辩证法作理论基础，以辩证唯物的历史观为武器，剖析空想社会主义的积极因素与错误，揭示资本主义的基本矛盾及其发展的必然规律——科学社会主义的产生。其优点是：论证了马克思主义的社会主义的科学性质，有利于人们树立共产主义信仰。在体系结构上体现了哲学、政治经济学、社会主义的不可分割（纵向上），对建立马克思主义基本原理教材体系很有启迪意义，但它毕竟是从科学社会主义的产生角度立论的，可吸取而不可套用。

其他，如《哲学的贫困》，只是阐述了马克思主义的政治经济学和辩证法的某些观点；《唯物主义和经验批判主义》，它是表述辩证唯物主义体系的一种模式。两者都难以成为马克思主义基本原理体系的模式。

作者认为，《马克思主义基本原理》课程体系的模式，不应和上述传统经典的马克思主义的学科理论体系分割开来，也不应搬用其中某一种模式，最好是综合《共产党宣言》与《反杜林论》、《社会主义从空想到科学的发展》三个体系模式的优点和长处，结合教材体系的特点而创立。《联共党史》模式，理应由新开设的《中国近代、现代革命史》直接继承和发展。

三、关于理工科院校《马克思主义基本原理》课程体系模式的探讨

本课程体系的模式，可容许几个同时存在，通过实践进行比较，互相取长补短，逐臻完善。并且容许它们长时间同时存在，适应各种不同类型学校的需要。但不管哪种模式，都应具备下列几个特点：

1．整体性。其各部分必须结构严密，关键是具有一条主线或明或隐地贯

穿全书的始终，同时还必须把客观世界与主观世界、客体与主体融合为一个整体。

2．动态性。由于客观世界是活生生的，那么，作为反映它的马克思主义的科学体系，也必须具有动态特征，即把人类历史的发展作为一个过程来考察，这样才能具体地历史地反映自然社会历史发展的本来面目。

3．反思性。任何科学体系的创立和发展，都必须对前人或原有的原理进行反思（也可说自我批判），坚持和发展正确的，纠正错误或过时的（归根结底，这种反思是建立在实践检验的基础上）。

4．创造性。它是科学理论的生命，马克思主义要保持自己的强大生命力，就必须总结社会实践新成果，使自己成为理论常青树。

5．现实性。必须把马克思主义的基本原理与重大的现实问题联系起来，作出恰当的说明，因为离开现实性，就谈不到科学性和革命性。

6．批判性。必须对当代西方在中国有较大影响的主要思潮，在阐述马克思主义原理时，作适当的对比评述，增强学生的分辨能力。

基于上述认识，作者认为，较好的模式，从指导思想讲，必须以党的1985年18号文件精神为指导，实行以唯物辩证法作理论基础，以辩证唯物主义历史观作主线，遵循从抽象到具体，历史与逻辑相统一，理论与实际相结合的原则，突破原来三块的框框，运用系统层次观点把马克思主义三个组成部分融合为一个统一的课程体系，从整体上即从哲学、经济、政治、文化、思想等各个角度，阐明社会历史的发展、资本主义的灭亡、社会主义共产主义最终在全世界胜利的客观必然性。但社会规律不是自发实现的，客观必然性不等于现实性，最后落脚于无产阶级革命者必须自觉地为社会主义共产主义的实现而奋斗。

为了贯彻辩证唯物主义历史观为主线，落脚于树立共产主义理想和信念，在组织体系时，除绪论外，首先应阐明彻底的唯物论、辩证法（一般科学世界观），为科学的历史观奠定理论基础（这里的“彻底”二字，实际是指历史观而言的），继而阐明建立在实践观点上的认识论，为揭示科学的历史观提供认识方法论，然后重点地唯物地辩证地剖析社会基本矛盾运动的一般规律与特殊规律，特别是资本主义和社会主义的特殊规律，并以它为中轴线加以展开，彰明人类社会的低级向高级发展、社会主义共产主义取代资本主义（实现两个过渡），是不以人们意志为转移的客观规律，最后逻辑地引申出无产阶级革命者必须以辩证唯物主义历史观作指导，自觉树立共产主义的世界观、人生观、价值观，无保留地献身社会主义共产主义事业。

为了吸取过去教材的经验教训，应着重处理好以下几个关系：

其一，处理好坚持与发展的辩证统一关系。

必须指出，两者是互为条件互为补充的。如不坚持马克思主义最基本的科学原理，就丧失了马克思主义质的规定性，不容许在创造体系的旗帜下摆脱马克思主义；另一方面，如不总结实际经验加以创新和发展，它就没有生命力，也谈不到坚持。

其二，处理好对理论本身的反思同总结新的社会实践经验的关系。

要处理好坚持与发展的关系，就必须对百多年来，特别是近几十年来马克思主义原理及其实际应用进行反思，通过反思，否定人为的不同性质的曲解；同时对国际工人运动的新经验（包括现代科学的新成果）进行理论概括，丰富、补充、深化马克思主义的原理、规律和范畴，把两者结合起来。

其三，要使马克思主义这个完整的世界观变成人们进行社会实践的指导，还必须把世界观与人生观既区分又统一起来，不要把两者等同起来（不能用世界观代替人生观）或割裂开来，更不要把低层次的伦理观取代高层次的人生观。

其四，处理好马克思主义ABC与一定理论深度的关系。

必须立足于马克思主义的ABC（力求简要通俗），还要重视理论上具有一定的深度和创新（力求相对准确），这就是普及与提高的关系。须知国际工运和我国社会主义革命与建设中出现的某些失误，大多是由于背离了马克思主义常识（如“个人崇拜”、“唯意志论”、“两个凡是”等），也有些是由于缺乏较高深的理论修养所造成，如社会主义经济方面的失误等。

其五，处理好现实问题与理论系统性的关系。

要着眼于现实，又要顾及马克思主义原理的系统性，就是说，既要吸取“三脱离的教训，又要吸取片面强调立竿见影”的错误。

四、关于正在尝试的几种模式的商榷

据作者不全面的了解，关于《马克思主义原理》教材体系模式问题，不少省、市、校正在探索，总的情况是：不一样，不成熟，不断修改，不断提高。概括起来，主要有下列几种：

（一）以一般科学世界观（立场、观点、方法）为主线在体系结构上，分上（哲学篇）、中（政治经济学）、下（科学社会主义）三篇，其目的是保持三个组成部分界线分明，使学生易于了解三个组成部分的基本原理，从而运用马克思主义的立场观点方法，认识世界、改造世界。一般说来，是无可非议的，但它没有打破原来版块结构的框框，使马克思主义形成一个具有主线贯穿始终、联系紧密、完整统一的科学体系，没有充分突出马克思主义的实质和核心。

（二）历史唯物主义一体化模式。它以过程论为主线，密切联系社会实际，有利于学生树立共产主义理想，但它强调把一般世界方法论融化在历史观与社会基本矛盾运动解剖中，认为唯物论已成为常识，不必写进去，对立统一辩证思想可通过讲无产阶级与无产阶级的斗争来介绍。认为只有这样处理，才可摆脱哲学的抽象。甚至认为《马克思主义原理》体系应消灭原来三个组成部分的痕迹。所有这些看法，是值得商榷的。理性思维是标志一个民族思维发展水平的一个尺度，任何科学学说的建立，没有一定的哲学作基础，是很难显示其深刻性和具有说服力的。

（三）以历史线索为主线，即《联共（布）党史》模式。其优点是结合历史和现实实际，能引起学生的兴趣等，不足之处是关于马克思主义三个组成部分的基本原理、观点的阐述，不够集中和系统。正因为如此，该书的第四章第二节中，只好加进了辩证唯物主义历史唯物主义内容，然而如此处理，又不合该书体例，因此苏共二十大后，新编《苏共党史》中，便删除了这个内容。作者认为，它毕竟是撰写某个国家的工人运动（社会主义革命、建设）的历史所宜采用的较好模式。

（四）以科学社会主义为主线。这个模式是从揭示历史上的空想社会主义入手，然后以辩证唯物的历史观为武器，阐明资本主义的灭亡和社会主义共产主义的必然胜利。其优点是与历史实际联系较紧，落脚于共产主义理想实现的客观必然性，有利于人们对社会主义思潮的历史发展情况的全面系统了解，坚定共产主义信仰，但作为《马克思主义原理》教材体系来说，较之恩格斯的《社会主义从空想到科学的发展》还后退了一步，即它缺乏哲学的辩证思维方法作为理论基础。

（五）以认识论为主线。持这个见解的同志，基于马克思主义是一个完整的世界观，认为马克思主义也就是认识论，因而必须以认识论作为马克思主义原理教材的主线。在他们看来，唯物辩证法、历史唯物论……都是认识论，最末一章应集中系统地讲认识论——认识世界、改造世界，或者相反，把认识论摆在第一章用以统率马克思主义全部原理。这种模式，也有一定的存在的根据，有其可取之处，其不足之处是：没有突出唯物史观以及运用唯物史观分析资本主义社会得出的逻辑结论——社会主义共产主义最终必然在全世界获得实现。

（六）以一系列重大的现实问题的联结为线索，通过对这些问题作出科学的回答来体现马克思主义基本原理。即从现实问题出发讲授马克思主义原理。其优点是：它体现活的马克思主义特色，充分发挥了马克思主义联系实际的功能，避免了哲学形式的抽象性，能受到学生欢迎。但不足之处是：它实质上是专题课的汇编，不利于学生比较系统地理解马克思主义这门完整统一和永远开放的科学理论体系，并比较系统地加以把握。

显然，上述各种模式的探索，都是有价值的，但在作者看来，都各自存在着不足之处。我们认为，在进行这个课程体系创建时，既必须反对把三个组成部分拼凑或挤压成一体，也不能同意“要消灭原来三块（三个组成部分）的痕迹”的提法，而是主张有如本文第三部分所阐发的，以历史唯物主义为主线的整体化，落脚于共产主义的世界观、人生观、价值观的建立。当然，我们力图建立的上述《马克思主义原理》课程体系也有其弱点，有待进一步克服和提高。

（本文与秦醉霞合写，原载于教材理论与教材建设学术讨论会汇编：《高等学校课程、教材、教法研究文集》（二），高等教育出版社1988年版。）

刍议《马克思主义原理》教材的逻辑起点、主线、终点和体系建构问题

真理总是处在一定体系之中的。任何理论“若没有体系，就不能成为科学”（黑格尔《小逻辑》）。没有体系的理论，只能是作者的一些意见和观点的陈列展览。当然这不等于说，凡是体系化的学说，都是科学。奥古斯丁的“教父说”，托玛斯·阿奎那的《神学大全》，是够体系化了，然而它们并不是科学。但作为科学的理论体系，除首先要求在内容上必定是实践经验的科学抽象外，同时在理论形式上也必须表现为严密的科学的逻辑结构，并展示它自身和作者所要实现的目的和价值。为此，它必须具有建立在社会实践与科学认识之上的自己的正确逻辑起点、主线和逻辑演进的终点（落脚点）。

不言而喻，建立一个结构严谨完整的《马克思主义原理》教材体系，也应当以社会实践与科学认识为基础，选择自己的正确的逻辑起点、主线和逻辑终点。关于这些问题，当前还刚刚开始探索，理论界具有这样或那样的说法，是不足为奇的。对此，我们已在中南工业大学出版社1986年8月出版的《马克思主义原理》中表明，辩证唯物主义的物质范畴是逻辑起点，历史唯物主义是贯穿全书的主线（或基线），树立正确世界观和人生观进行社会主义共产主义实践。为了进一步阐述我们的观点，本文对这几个问题分别进行适当的说明。

一、关于本教材体系的逻辑起点问题

任何科学必须使用范畴、运用逻辑，范畴的逻辑演进的途径和归宿是否正确，首先取决于选择的逻辑起点。

要确定什么范畴是一个理论体系的逻辑起点，必须了解逻辑起点的含义及其功能。黑格尔在他所著的《逻辑学》中，有过较中肯的阐述。其一，作为逻辑起点的东西，乃是整个体系赖以建立起来的根据和基础，整个体系的逻辑与发展都离不开这个根据；其二，一个理论体系的逻辑开端，应该是一个最初的最直接的和最简单的抽象，而随着体系的逻辑演进，它的规定性就愈具体愈丰富；其三，作为逻辑开端的东西，在历史上必然是最初的东西。逻辑的演进与历史的发展过程大致是一致的。大家知道，马克思主义是一门包括三个组成部分的哲学社会科学，它作为无产阶级的科学世界观、宇宙观，是用唯物的辩证的观点揭示整个世界（自然、社会、思维）的本质和发展规律的科学，特别是从上述观点提示资本主义的本质及其灭亡和社会主义共产主义的本质及其胜利的一般规律的科学。即是说，在马克思主义看来，从自然深化到整个社会的产生和发展，都是一种物质现象从低级到高级的发展过程，是不以人的意志为转移的。但又认为，客观的物质现象及其发展规律又是可以认识的。在认识它的本质和规律的前提下，人们能对社会、自然作出符合人的目的的改造，不断实现客观物质世界与具有主体意识的主观世界具体的历史的统一。

马克思主义经典作家对物质范畴的理解和解释，同旧唯物主义者是有重大区别的：第一，第一次将社会关系理解为物质现象；第二，认为物质不是静止的僵死的，而是一个动体物质与运动、发展是不可分割的；第三，物质范畴不是孤立自在的，而是与意识范畴构成矛盾的统一体，正如黑格尔在《逻辑学》中把“有”和“无”成对范畴作为《逻辑学》一书的逻辑起点一样（有人认为只是“有”即“存在”是《逻辑学》的逻辑起点，这是误解）。在这个统一体中，两者的关系是辩证的。就是说，马克思主义经典作家既是从本体论、发展论又从认识论的不同方面了解与解释物质范畴的；也是从世界观高度、哲学基本问题的高度，了解和解释物质范畴的。马克思主义的物质范畴，孕育着唯物辩证法，自然、社会的辩证唯物论和能动的革命的认识论的基本思想的萌芽。对此，应有充分的认识和理解。须知从根本上或更准确地讲，可以说是辩证唯物主义的物质范畴和意识范畴的矛盾统一体构成《马克思主义原理》体系的逻辑起点。必须指出，马克思主义经典作家对物质范畴的上述科学解释，首先就规定了它的逻辑演进，便唯物辩证地揭示了物质世界（自然、社会）不断从低级到高级发展的本来面目，阐明了整个物质世界特别是资本主义和社会主义、共产主义社会的物质本质和一般或特殊发展规律。这种揭示，正体现了马克思主义的物质范畴的逻辑演进愈往后就愈具体愈丰富，并表明了它与人类历史的演进相一致。因此，本教材就是基于这种认识，安排了自己的逻辑结构和顺序的。

其次，正如上面指出过的，马克思主义经典作家还认为，物质范畴不是孤立自在的，它与意识范畴是对立统一关系。意识依赖于物质，又对物质起能动的反作用，正是两者的相互作用推动马克思主义理论体系向前发展。因此，在本教材体系的逻辑演进中，我们依次安排了物质与意识、客观规律与主观能动性、历史发展的客观规律性与人的主动性、社会主义资本主义的必然性与无产阶级革命的主观条件性、科学的世界观与革命的人生观又区别又统一的辩证关系等内容。

综上所述，我们认为，把辩证唯物主义的物质范畴作为《马克思主义原理》教材体系的逻辑起点，其根据是较为充分的。它的逻辑演进对人们树立社会主义共产主义信仰、理想和世界观、人生观，具有多么重大的理论与实际意义。

也许有的同志认为，把辩证唯物主义的物质范畴作为马克思主义哲学的逻辑起点是可以成立的，但把它作为整个《马克思主义原理》教材体系的逻辑起点，似乎不太合适。我们认为，某些同志之所以有此看法，其原因之一是对马克思主义哲学是马克思主义体系的理论基础，马克思主义的三个组成部分是一个统一的有机整体的事实缺乏深刻的认识和理解。

也许有同志认为，应把劳动范畴作为《马克思主义原理》教材体系的逻辑起点。我们认为劳动是对人类社会而言的。劳动虽然创造了世界（人化世界），也创造了人类本身，但它不能表明自然、思维的本质和规律，只有把它作为编写《社会发展史》的逻辑起点才是恰当的。因为从中“找到了理解全部社会历史的全部钥匙”（恩格斯）。

也许有同志认为，应把实践范畴作为《马克思主义原理》教材体系的逻辑起点。因为实践观是马克思主义新世界观产生的基石。然而，实践的唯物性辩证性，归根结底取决于物质世界发展本身；同时实践范畴，在人类思想史上，毕竟不是一个最初最直接最简单的抽象，而是人类思想史上较晚出现的具体较丰富的思想范畴。同样，这个范畴作为人类社会发展史的逻辑起点才是恰当的。否则，如果以实践作为科学世界观的逻辑起点的话，那么据此就可以说任何来自实践的科学理论，实践是其体系的逻辑起点。

二、关于本教材体系的主线问题

任何作为逻辑起点的范畴的演进，总是沿着一定的主线（基线）而达到自己的终点的。要确定什么思想、原则是一个理论体系的主线，同样首先必须了解主线的含义及其功能。主线是指贯穿全书的基本思想或核心思想。全书体系必须服从、体现作为主线、核心的思想。没有主线的篇章，只能是松散的版块拼凑。所以恩格斯一再强调，作为标志着马克思主义产生的《共产党宣言》，“始终贯彻着一个‘基本思想’”（即社会基本矛盾思想——作者），显然恩格斯所强调的“基本思想”，也就是贯串《共产党宣言》全书的主线或红线。

毋庸置疑，编写《马克思主义原理》教材，自应科学地确定它的主线。我们认为，无论从马克思主义的实质和整体来看，还是从学习对象——青年学生来说，历史唯物主义应该是《马克思主义原理》教材体系的主线。这是因为，马克思主义本质上主要是一种无产阶级社会革命的理论体系。马克思主义经典作家虽然也重视科学的自然观的建立，但他们总是着眼于从它的社会意义上考察它，并不是像黑格尔那样把自然科学技术，把解决人与自然的具体关系的原理原则，统统包含到他的学说中去，而把它留给自然科学；更不是像古希腊哲学家那样把自然科学塞进自己的体系之内。再从马克思主义的整个体系的构成看，历史唯物主义是这个整体的“中枢”、“核心”，辩证唯物主义（唯物辩证法）是它赖以建立的理论基础，政治经济学、科学社会主义是它的具体应用和展开。众所周知，正是历史唯物主义的创立，才产生了马克思主义的经济学，特别是剩余价值学说，而它与剩余价值学说一起促使了科学社会主义的诞生。即使是从马克思主义的全部内容看，实际上，历史唯物主义原理也贯串于各个组成部分。例如，在唯物论中，强调了社会关系是一种物质现象，这正是马克思主义的突出贡献和特色之一；在认识论中，强调了社会实践对人类认识发展的决定作用；在政治经济学中，强调了生产的社会性、生产关系的物质性；在对资本主义制度的解剖中，对社会主义共产主义理想的揭示中，处处都渗透着历史唯物主义的基本原理。概而言之，历史唯物主义既贯串于辩证唯物主义、马克思主义政治经济学、科学社会主义之中，又把三者有机地联结成一个整体，充分体现了它作为主线的作用。显然，只有理解了历史唯物主义在马克思主义体系中的这种主线、核心的作用，才能真正了解马克思主义的实质，才能真正认识人类应如何对待社会、对待自然、对待自身。

关于马克思主义原理应以历史唯物主义为主线的问题，恩格斯早在《共产党宣言》1883年德文版序言和1888年英文版序言中，就一再明确指出：“《宣言》中始终贯彻的基本思想，即：每一历史时代的经济生产以及必然由此产生的社会结构，是该时代政治的和精神的历史的基础。因此（从原始土地公有制解体以来）全部历史都是阶级斗争的历史……”（1883年德文版序言）而这个“基本思想”，“构成《宣言》核心的基本原理”（1888年英文版序言）。

从教学的主要对象——当代大学生来说，他们树立科学的自然观，通过自然科学的学习是比较容易达到的，而他们欠缺的却是科学的历史观，以致对当代西方人本主义思潮等的消极影响，缺乏鉴别和抵制的能力。

基于上述认识，我们在本教材新大纲体系中，决定仍然以历史唯物主义为主线、为核心，安排全书的内容和逻辑结构。

据我们了解，现在关于编写完整统一的《马克思主义原理》教材，必须有一根主线贯串其中的问题，许多同志也是同意的，而且已有不少同志正在进行不同的可贵的探索。主要有："一般的科学世界观"、"历史发展线索"、"科学社会主义"、"认识论"、"一系列重大现实问题的联结"等。也有认为历史唯物主义是主线的，但却主张把唯物辩证法、政治经济学、科学社会主义消融在历史唯物主义之中，以期达到消灭过去存在的三个组成部分的痕迹。对上述几种看法，我们在《关于理工科院校公共政治课〈马克思主义基本原理〉教材建设的几点浅见》等文中，都一一作了肤浅的评述，限于篇幅，就不再赘述了（请参阅高等教育出版社出版的《高等学校课程、教材、教学法研究文集》（二）和湖南省马列主义教学研究会主办的《马列主义教学研究》总第6期）。

三、关于本教材体系的落脚点问题

任何真正的科学理论体系的逻辑起点，总是沿着一定的主线，遵循从简单到复杂、从低级到高级的原则达到自己的终点，实现自己的价值与目的。关于"终点"的含义及功能，实际上在上面已经谈过了。那么，辩证唯物的物质范畴同与它构成矛盾统一体的意识范畴的向前运动的进程，只能是沿着物质与意识相互作用这根中轴线多层次地由低级向高级演进。其归宿（终点）自然也只能是我们这个地球上物质运动发展的最高峰——社会主义共产主义的制度。但必须强调，物质运动从低级到高级的发展，固然具有客观必然性，但社会发展规律不是自发实现的，特别是公有制的社会主义共产主义的产生发展，更需要无产阶级作不懈努力。现在只是少部分国家在它的无产阶级的自觉斗争之下，部分地一定程度地变成了现实。对我国和其他社会主义国家特别是对资本主义世界的无产阶级来说，实现共产主义的伟大目标，必须以历史唯物主义作指导。遵循社会发展规律，在主观上树立正确的世界观和人生观，从而自觉地以实际行动献身于社会主义共产主义伟大事业。

有一种意见认为，本教材体系的落脚点，应该是正确对待学习马克思主义。我们认为，这个终点仍然停止在思想领域，并没有体现物质范畴逻辑演进的前进本身。显然，这个落脚点的层次性低了一点。

有一种意见认为，应落脚于社会主义共产主义理想制度一定能取代资本主义剥削制度的客观必然性上，它正是物质现象逻辑演进的最高体现。我们认为，诚然，这个落脚点比前者科学一些，但这样处理带有机械论的痕迹，尚没有体现出辩证唯物主义的物质范畴与意识范畴关系的辩证统一。

还有一种意见认为，应该落脚于认识世界与改造世界。毫无疑义，这个落脚点比较科学一些，其层次性要高一些。但细究起来，也不够理想，因为认识世界改造世界不是盲目的，它必须在一个科学世界观与革命人生观指导下进行，因此必须落脚于革命者在主观上树立正确的世界观与人生观，用以指导自己献身于社会主义共产主义事业的实际行动，这才是真正体现了马克思主义物质范畴逻辑演进的高层次性的归宿（终点）。

四、关于本教材逻辑体系的建构构思

指导思想：以上面提出的逻辑起点、主线和终点为依据，以系统层次观点作指导，遵循从抽象到具体、历史与逻辑相统一，理论紧密联系实际的原则，根据当代的社会实践对马克思主义的科学性进行反思，概括新的理论成果，将国家教委规定的教学时数所能容纳的那些具有现实普遍意义的基本原理和观点（去掉过时的、附加的和带有空想因素的个别论断），组合成为有机统一的体系，并使其具有整体性、动态性、反思性、创造性、现实性和批判性等特点。

建构构思：

（一）绪论部分

从当今时代发生的三个重大变化，需要马克思主义作出科学回答的三个重大现实问题入手。作为科学真理的标志，从马克思主义的产生、内容体系和功能等不同角度，阐明马克思主义是一个完整统一永远开放的科学体系，揭示它的本质和特征；同时对当代“西方马克思主义”进行简要的评述，从而初步回答什么是马克思主义，最后落脚于要完整地准确地理解和运用马克思主义科学体系，正确坚持和发展马克思主义。

（二）马克思主义原理逻辑体系部分

第一个层次，先从社会实践与科学认识入手，提出主体的人对客观世界进行认识和改造存在的矛盾问题，把辩证唯物主义的物质范畴作为本教材体系的逻辑起点，依据列宁关于辩证法、认识论与逻辑三者相一致的思想，首先安排一般科学世界观——客观辩证法——唯物辩证的发展观、宇宙观的阐述；同时对波普尔的“三个世界”理论和现代系统论进行简要的评述。接着安排主观辩证法——唯物辩证的认识论（包括认识论和逻辑思维方法），同时对皮亚杰的发生认识论进行简要的评述，从而回答什么是马克思主义一般科学世界观和方法论。

第二个层次，紧接着根据马克思主义主要是关于社会发展规律与社会革命的学说的特殊本质，进而以一般的科学世界观、方法论作指导，并把物质与意识的辩证关系原理运用到社会历史领域，揭示物质世界由低级到高级的辩证发展进程，即从自然界的演化到人类社会的进化与发展的规律性。着重剖析社会机体的特殊结构、动力、规律的层次系统；同时对当代西方未来学派的主要代表作《第三次浪潮》进行简要评述，强调社会历史发展规律的客观性与人的自觉活动的辩证统一，从而回答什么是马克思主义的科学的社会历史观、方法论。

第三个层次，再接着以具有从属关系的两个层次的世界观方法论即唯物辩证法的一般世界观方法论和唯物辩证的科学历史方法论作指导，一方面从经济基础角度，扼要地阐述马克思主义的“劳动价值论”、“剩余价值论”、“帝国主义论”、“当代资本主义论”等最基本观点，剥开资产阶级掩盖资产者剥削无产者的剩余劳动的层层面纱和秘密，同时对西方宣扬的“知识价值论”、“混合经济论”、“资本主义一体化论”等观点进行简要的评述；另一方面从上层建筑等角度，扼要地阐述马克思主义关于资产阶级民主、自由、文明演变的理论，揭示资本主义的民主、自由、文明的历史进步性与本质的虚伪性、阶级的局限性；同时对当代资产阶级鼓吹的“天赋人权说”、“三权分立说”与“管理民主化”等论调进行简要评述。然后从整体上综合阐明资本主义社会基本矛盾的运动规律与无产阶级革命无产阶级专政的胜利，阐明资本主义制度的本质特征及其产生发展的历史合理性和灭亡的客观必然性、曲折性、长期性与社会主义取代资本主义制度的必然性，强调现实可能性与无产阶级的自觉斗争的辩证统一，把政治经济学与科学社会主义互相渗透，着重回答什么是资本主义——揭示资本主义的本质和发展规律。

第四个层次，先顺理成章指出上述历史唯物论剩余价值论把社会主义变成了科学。再进一步运用马克思主义关于过渡时期、社会主义与共产主义等理论，阐述社会主义制度的本质特征，阐明社会主义社会的基本矛盾运动的客观规律，总结国际工人运动特别是社会主义各国处理国内国际（社会主义各国之间）的内部矛盾的经验与教训。简介当代工人运动特别是社会主义各国探索社会主义的物质文明、精神文明建设特别是改革（包括经济、政治等体制的改革）的经验，进而从总体上综合揭示社会主义的基本矛盾运动规律——社会主义过渡到世界共产主义的铁的必然性与艰巨性、曲折性、长期性。强调人类过渡到共产主义的客观必然性与革命无产阶级坚持自觉斗争的辩证统一；同时对当代西方马克思主义，法兰克福派的“社会革命论”和西方未来学派关于“社会主义制度与资本主义制度趋同论、触合论”以及一些人思想上存在的“共产主义渺茫论”进行简要的评述，着重回答什么是社会主义共产主义——揭示社会主义的本质特征和发展规律及其归宿。

（三）结束语

概括地说明人类社会实现由必然王国到自由王国的飞跃，必须依靠革命无产阶级以马克思主义特别是马克思的科学社会主义作指导，树立正确的世界观与人生观、价值观，从而高度自觉地为物质的最高发展形态——社会主义共产主义制度的实现作出自己的贡献。强调人类社会最高理想的实现与人们的有意识的自觉活动的高度统一；同时对西方弗洛伊德主义的人生哲学和萨特的存在主义的人生观、价值观进行简要评述，从而最后回答为什么说马克思主义是最完整的科学世界观。

显而易见，上述教材体系和它的逻辑起点及其演进、它的逻辑体系的构造及其归宿，都牢牢植根于社会实践与人们的认识之上，都来自于物质范畴与意识范畴的相互辩证作用提供的动力，因而它所包含的伟大真理，对革命的无产阶级认识世界改造世界来说，就具有巨大的指导功能和意义。

（本文原载于《马克思主义理论课教改科研论文集》，湖南省高等学校《马克思主义教学研究》编辑部于1988年3月出版。）

二　哲学理论与运用编

这里的哲学理论指辩证唯物主义与历史唯物主义，是马克思主义的一个组成部分。燕国桢教授在对之进行学习、讲授与研究的过程中，积累了一定的心得体会。具体反映在：对唯物辩证法全方位拓新的设想，辩证唯物主义和历史唯物主义创立关系的新议，唯物辩证法规律和范畴体系的新探，对当代中国马克思主义哲学的构思，以及关于恩格斯、毛泽东与邓小平对辩证唯物主义发展所作贡献的考察等。本编集存论文 13 篇。

《唯物辩证法全方位拓新》

前　言

辩证法是最高的科学（柏拉图）。物质世界是按辩证方式存在发展的，反映物质现象本来面目的各门具体科学，只能是一般辩证法的具体表现。正因为如此，历史上把整个世界作为研究对象的有建树的哲学家，大多在辩证法方面有重大成就。无产阶级的思想家更是自觉地把辩证法富有成果地推向前进。贯穿马克思、恩格斯40年的通信中“所讨论的一切思想集结的中心点……就是辩证法，……”马克思、恩格斯正是“用唯物辩证法从根本上来改造全部政治经济学，把唯物辩证法应用于自然科学、哲学以及工人阶级的政策和策略”；马克思曾打算写一本通俗的辩证法小册子；恩格斯不仅较系统地阐述了辩证法的整体思想，而且撰写了自然辩证法专著的初稿。列宁创造性地运用和发展了马克思主义的辩证法，并用以考察了资本主义发展阶段——帝国主义阶段的矛盾特点，正确地制定了十月社会主义革命的路线和策略。他也曾考虑并着手为写一部有关辩证法的专著而准备材料，拟定了唯物辩证法完整体系的新构想。毛泽东创造性地丰富和发展了马克思、列宁主义的唯物辩证法，运用它指引中国人民革命走向胜利。他撰写了矛盾的辩证法——《矛盾论》，全面阐发了辩证法的核心思想。同时还对军事辩证法作了系统的论述。

由此可见，坚持和发展唯物辩证法，对无产阶级革命事业具有极其重要的意义。

苏联和我国等社会主义国家的理论界一直重视对唯物辩证法的研究并已取得一定进展。在苏联，80年代后，先后出版了康士坦丁诺夫主编的五卷本《唯物辩证法》、依利切夫主编的四卷本《唯物辩证法是一般发展的理论》、米丁主编的八卷本《马克思列宁主义辩证法》、苏沃诺夫具有代表性的《唯物辩证法》以及凯德洛夫《论辩证法的叙述方法》等。前三部大型著作的主要成果是：把成书前苏联多年来“积累起来的辩证法思想材料加以系统化”、“加强哲学和自然科学的联盟”。苏沃诺夫本侧重于把辩证法、逻辑学和认识论统一于一个体系中；而凯德洛夫本主要是较详细地揭示了马克思主义辩证法创立的历史，提出并论证了创立过程中“三个伟大构想”。在我国，不同版本的马克思主义哲学教材和发表的大量的辩证法的论文，都对唯物辩证法的基本观点作了较深刻的阐发和充实，但是，系统阐发辩证法的专著除了李达主编的《唯物辩证法大纲》一书外，却很少见。李本的贡献在于初步揭示了唯物辩证法产生的间接思想材料和历史过程。但从整体着眼，照笔者看来，近似辩证唯物主义教材的摹本。总的说来，中、苏理论界对于唯物辩证法的研究还没有达到时代发展所要求的广度和深度，表现在坚持唯物辩证法基本原理方面的不足，主要是对马克思主义辩证法的基本原理的理解不够深刻、准确，对其丰富的思想渊源没有进一步揭示，对在理论和实践上违背基本原理的错误缺乏理直气壮的批判勇气；在发展唯物辩证法科学方面的不是，主要是只停留在运用自然科学成果进一步论证唯物辩证法基本原理的正确性，没有根据当今自然科学的诸多划时代发现，遵照恩格斯关于“自然科学每一划时代的发现，唯物主义就必须改变自己的形式”的教导，对唯物辩证法的发展进行具有某种形式改变的新开拓、新突破。

近几十年来，中、苏等社会主义国家理论界对马克思、恩格斯、列宁的辩证法遗稿的深入发掘和对马列原著的潜心研究，尤其是社会主义现代化建设实践的蓬勃发展以及当代横断学科、边缘学科、网络理论、相对论、空间探索理论和人工智能科学的兴起，都对坚持和发展唯物辩证法提出了迫切的要求，同时也提供了充分的思想材料。写作本书的目的之一，就是企求实现上述任务而作出自己的努力。

本书以普遍联系的逻辑起点，以坚持和发展相统一为主线，以辩证法、认识论、逻辑学和历史唯物主义的一致为杠杆，逻辑终点是历史辩证法的归宿——实现共产主义。

贯穿本书的特色之一，表现在笔者无论是在揭示辩证法的思想渊源，还是在深化唯物辩证法的体系等，都注重把横向拓宽和纵向掘深结合起来；另一个特色就是笔者始终坚持逻辑性与历史性、理论性与实用性的统一。

笔者在书中力求有所发现有所创造。主要是:

在前言和第一编中，提出并论证了辩证法是最高科学、唯物辩证法处于人类科学系统结构中最高层次的见解。在第二编中，依据对立面互相渗透理论，尊重思想史的真实，笔者大胆地提出并论证了形而上学和诡辩论在一定意义上从反面构成唯物辩证法产生发展的间接思想渊源和催化剂的新观点。在第三编中，笔者在展示唯物辩证法是完整的开放的体系的本来面目的同时，提出并论证了马克思、恩格斯、列宁、毛泽东是通过双重批判（批判与自我批判）、不断反复思考逐步创立和发展唯物辩证法的新看法，总结出革命导师对唯物辩证法基本规律的认识，是经历了多（个）与一（个）、交替扬弃、曲折演进、逐步发展过程的新结论。在第四编中，笔者根据自己对恩格斯关于普遍联系包含着纵向发展、横向联系两方面内容的理解，依据现代科学发展的新趋向新成果的启示对传统的唯物辩证法的定义作了新的解释，把纵向发展和横向联系的规律区分为三个基本层次，并确定其划分的标志。与此同时，笔者一方面把传统的根本规律（对立统一规律）深化为对立统一转化规律，把传统的质量互变规律深化为质、量、序互变规律，把传统的否定之否定规律深化为肯定——否定——否定之否定规律；另一方面提出并论证了两个横向基本规律（错综联系互为中介规律、系统层次结构规律），并把一般规律概括为纵向和横向两个方面。在此基础上，笔者提出并论证了唯物辩证法是由一个根本规律、纵向横向各两个基本规律、各若干个一般规律构成的体系，即唯物辩证法是由双向多层次规律构成的完整的、永远开放的动态体系的新构想。在第五编中，笔者探索性地提出并论证了人类认识横向扩展辩证规律的新命题。

应该慎重指出的是，笔者在本书各章中所提出的独立见解或独立的阐发，自信有理有据，是能自圆其说的，但是，究竟能否成立、是否科学，尚需进一步潜心研讨，更有待于理论界同仁及广大读者的批评指正。

主旋律

用全方位令人信服的科学论证，阐明正确认识与实践的理论基础——唯物辩证法，是人类唯一完备和发展的科学世界观、方法论，敲响马克思主义哲学“只是学派之一”、“正在悄悄地消亡”等谬论的丧钟，发出必须正确认识、始终坚持、不断发展、准确运用唯物辩证法的时代最强音。

本书五部曲：

第一篇　特殊地位考察篇（三章）

第二篇　思想渊源拓宽篇（四章）

第三篇　本来面目展示篇（五章）

第四篇　体系深化探新篇（八章）

第五篇　辩证认识发微篇（五章）

目录

第八章　唯物辩证法必须建立具有自身特色的理论体系
第九章　马克思、恩格斯创立唯物辩证法是一个逐步奠定和科学化的过程
第十章　列宁、毛泽东推进唯物辩证法进一步科学化是一个逐步实现的过程
第十一章　当代世界各领域的新发展迫切要求唯物辩证法体系进一步深化
第十二章　关于国内外现行的几种唯物辩证法体系模式的评介和对当代西方有关唯物辩证法错误观点的批判

第四篇　体系深化探新篇
——现代唯物辩证法是由双向多层次规律构成的完整开放的科学体系
第十三章　推进唯物辩证法体系进一步科学化遵循的重要原则和运用的基本方法
第十四章　唯物辩证法范畴是构成唯物辩证法体系的细胞及其自身构成的体系
第十五章　唯物辩证法科学体系进一步深化探讨
第十六章　唯物辩证法的根本规律
——对立统一转化规律（贯穿纵向横向）
第十七章　唯物辩证法纵向发展的基本规律
第十八章　唯物辩证法横向联系的基本规律
第十九章　唯物辩证法纵向发展诸一般规律
第二十章　唯物辩证法横向联系诸一般规律

第五篇　辩证认识发微篇
——能动认识的辩证法及其价值
第二十一章　客观辩证法与主观辩证法的辩证统一
第二十二章　认识的根本矛盾及其认识纵向横向发展规律
第二十三章　唯物辩证思维的根本原则、基本途径和主要方法

《关于历史唯物主义创立的若干理论问题商榷》

前　言

众所周知，马克思的精神兄弟、终生战友恩格斯，1883年3月在马克思墓前发表的著名演说中指出："当代最伟大的思想家"和"科学巨匠"有两大发现和贡献：一是发现了人类历史的发展规律，即创立了历史唯物主义；二是发现了现代资本主义生产方式和它所产生的资产阶级的特殊的运动规律，即创立了剩余价值学说。但必须强调，这两大发现和贡献，不是平列等同的。前者更根本、更重要。列宁说："历史唯物主义是人类科学思想中的最大成果毫无疑义，像这样伟大的理论和学说，究竟怎样产生出来的，乃是一个极其复杂的问题（指它同各方面的联系），它要求人们不能停止，满足已有的认识，更不能为某些似是而非的见解所束缚，有必要继续作仔细的深入的考察，使这种认识更符合实际，更接近真理，这样做对我们了解今后如何进一步索取人类巨大的精神成果，了解今后如何加强社会主义精神文明建设，都具有重大的现实意义。"

长期以来，由于种种原因，其中包括人们对恩格斯、列宁、斯大林的有关教导产生的误解在内，形成了一种传统的见解，认为马克思恩格斯先创立了辩证唯物主义，然后将它应用于社会历史现象的认识，于是创立历史唯物主义。也有一种对此持异议的看法，即认为马克思、恩格斯创立辩证唯物主义的同时，创立了历史唯物主义；认为马克思、恩格斯创立历史唯物主义继承的前人思想材料，同创立辩证唯物主义一样，也是直接从黑格尔的辩证法和费尔巴哈的唯物论中吸取得来的；认为历史唯物主义的创立与近代自然科学的发展没有多大关系（似乎只有辩证唯物主义的创立才需要具备自然科学前提）；认为马克思、恩格斯在历史观方面是天生的唯物论者，在他们早期的有关著作中，就已与形形色色的唯心史观点格格不入。他们在这些著作中的每一个思想每一句话，特别是关于人的思想的看法，都是正确的。认为历史唯物主义仅仅是创始人出于对无产阶级的热爱和阶级斗争的需要而创立的，这个理论的正解性，仅仅是受工人运动的检验而得到证明的。与此同时，又有一种相反的见解，认为科学形态的历史唯物论的创立，其根本点不在于它的阶级性，而在于它的实践性，如此等等，不一而足。

然而上述似乎是公认的真理，照笔者看来，还有商榷的余地，不敢简单苟同。

笔者认为：马克思主义哲学创始人并不是先创立辩证唯物主义然后创立历史唯物主义的，或两者是无先后主次“共生的”。恰恰相反，而是他们先着手历史唯物论和实践的认识论，紧接着水到渠成地创立了辩证唯物主义；马克思、恩格斯创立历史的唯物论时所直接继承的前人的思想材料（指历史的唯物观点方面的材料而言），主要不是来自费尔巴哈的唯物论，在这方面，费尔巴哈是显得逊色的。应该说，更多的是吸取了英国的古典政治经济学、法国资产阶级的启蒙思想和唯物主义哲学、历史学以及德国的“浪漫历史学派”，特别是19世纪法国空想社会主义者圣西门等提供的思想材料。历史唯物主义的创立，在一定程度上依赖了近代自然科学发展的成果；创始人不是离开当时现成的生产方式和社会环境开始进行自己的活动的，因而他们建立科学的历史观，只能是与他们所处时代的错误思想逐步进行决裂而实现。在他们尚未成为成熟的马克思主义者之前的有关著作中，某些观点特别是关于人的思想，同样不是一开始就是马克思主义的。作为科学形态的历史观的创立，不仅取决于对工人阶级的热爱、工人运动的需要和检验，同时也取决于其他社会实践的迫切需要和检验；它的创立之所以成为现实，其根本点是它的阶级性，而不是它的实践性。

随着社会实践与人类认识的发展，历史唯物主义的内容和观点，尚有待于进一步加以补充或深化（例如人生观问题等）。同任何科学学说一样，历史唯物主义正在实践中发展中。

下面依据上面提出的几个问题，分别撰写一组（六篇）具有内在逻辑联系的文章，阐明笔者极为肤浅的见解，以期得到海内专家学者与同好的指教。

1984年6月于岳麓山

关于历史唯物主义和辩证唯物主义创立的关系问题

长期以来，理论界形成一种传统的视为马列主义常识的观点：认为马克思主义的创始人通过批判地继承，把黑格尔的辩证法和费尔巴哈的唯物论有机地结合起来，实现了唯物论与辩证法的统一，创立了辩证唯物主义，然后应用它去研究社会历史现象，创立了历史唯物主义。六七十年代，我国公认大学哲学教本中最有权威的由教育部委托艾思奇主编的《辩证唯物主义历史唯物主义》，从1961年初版到1978年第3版，都这样写道："马克思和恩格斯把辩证唯物主义推广到对人类社会的认识，……建立了完备的彻底的唯物主义哲学。"至于同一时期问世的其他教本，就更不用说了。对此，笔者一直存在着困惑，不敢苟同。80年代，由教育部委托李秀林、王于、李准春主编取代艾本地位的高等学校文科教本《辩证唯物主义历史唯物主义原则》，对这个问题提出了新的看法。它写道："在19世纪40年代，马克思恩格斯在创立辩证唯物主义的同时创立了历史唯物主义。辩证唯物主义和历史唯物主义是在同样的历史背景和阶级基础上共生的……"（人民出版社1982年版，第239页）显然，言外之意，马克思恩格斯创立无产阶级的哲学时，是把辩证唯物主义放在首位的。不过在这个创立过程中，由于客观历史、阶级条件的成熟，因而同时也顺带创立了历史唯物主义。对此，笔者一方面认为，这种见解比前者的见解要正确些；但另一方面也认为，此种看法仍有不完全符合事实之处，马克思主义创始人既不可能也不曾是先创立了辩证唯物主义，然后把它具体运用于社会历史现象的研究，才创立历史唯物主义的；也不是把创立辩证唯物主义摆在比创立历史唯物主义更重要的地位，或摆在同等的地位创立它们的。恰恰相反，由于辩证唯物主义和历史唯物主义理论本身的思想材料的准备和阶级斗争需要它们产生的迫切程度的差别，决定了马克思主义创始人是首先着眼于历史观的唯物论的创立。与此同时，正由于填补了历史领域非唯物的这个残缺部分，从而就有可能使唯物辩证的自然观、历史观、思维观的统一变成了现实。

究竟马克思恩格斯是先着手和实现自然观上的辩证唯物主义的确立，还是首先着手和实现历史观上的辩证唯物论的创立，请看恩格斯（马克思第二个我）是怎样在马克思同意并参与写的《反杜林论》概论中教导人们的。他说："无论在十八世纪的法国人那里，还是黑格尔那里，占统治地位的自然观都是：自然是一个在狭小的循环中运动的，永远不变的整体……现代唯物主义概括自然科学的成就，从这些成就看来，自然界也有自己时间上的历史……现代唯物主义本质上是辩证的……但是当自然观的这种变革只能随着研究工作提供相应的实证的认识材料而实现的时候，一些在历史观上引起决定性转变的历史事实已经老早就发生了。"

大家知道，马克思主义哲学是无产阶级完整的科学世界观。具体表现于：它是"完备的哲学唯物主义"，"是最完整深刻而无片面性弊病的关于发展的学说"。这种完备的哲学唯物主义和无片面性的关于发展的学说，就"马克思和恩格斯曾几十次地把它叫作辩证唯物主义"。

整体是由许多部分构成的，当构成整体的主要部分不具备时，整体是不会出现的。作为反映整个物质世界变化发展的本来面目的完整的科学世界，只能依赖人类社会实践和认识的发展而逐步形成、产生。当构成这个科学世界观的整体的任何一个主要部分没有具备时，要想创立这个整体是不可思议的。

众所周知，马克思主义产生前，哲学史上的思想家已先后确立了自然现象的唯物论、精神现象的唯物论（唯物主义的反映论）、自然现象的辩证法（古希腊赫拉克里特朴素的唯物辩证法，近代狄德罗等关于自然现象的辩证法思想），黑格尔更系统地揭示了概念运动的辩证法，并且已经把社会现象“从形而上学的束缚下解放出来”（恩格斯），即已揭示了历史的辩证法。甚至已做到了这一步，他把自然、社会和思维现象描写为一个由大、小圆圈构成的螺旋式的上升前进运动的无限发展的过程。然而由于历史时代和阶级条件的局限，即如毛泽东同志指出的：“一方面由于剥削阶级的偏见，经常歪曲社会历史；另方面则由于生产规模的狭小，限制了人们的眼界。”因而这个领域（指社会历史现象），直到19世纪40年代初，仍然被唯心主义统治着。不言而喻，在这个时候，作为完整的科学的哲学世界观——辩证唯物主义，是不可能建立的。同时还要看到，哲学就是认识论，那么上述辩证唯物主义也就是辩证唯物主义认识论。

从哲学世界观一体化来说，作为完整的哲学世界观的辩证唯物主义，不仅包含彻底的辩证的唯物论和彻底的唯物的辩证法，同时还要包含彻底的唯物辩证的认识论，从而使三者统一于这个哲学世界观的体系中。不难了解，要做到这点，首要的关键的问题，是把唯物主义贯彻到社会历史领域，建立唯物辩证的历史观，进而在此基础上建立唯物的辩证的认识论（不先确立历史唯物论，要想建立彻底的唯物辩证的认识论，也同样是不可设想的），当上述几个主要部分具备后，作为一体化的完整的哲学世界观——辩证唯物论，自然就瓜熟蒂落，随之诞生了。

必须强调，笔者的上述见解，是符合科学的思维逻辑、认识发展规律和哲学史本身演进的实际的。

众所周知，人类思维认识对象，一般是从直观的感性的具体，经过归纳分析、综合和演绎，上升到理性的具体。哲学史的演进进程，大体经历了古代以直观为基础对物质世界进行朦胧的猜测的认识而产生总体印象的感性的具体认识的朴素辩证的唯物主义认识阶段（也包括某些朴素的历史唯物主义萌芽思想），经过中世纪的唯心的形而上学的经院哲学阶段的过渡，再到以近代实验科学为基础对物质世界的各个部分进行具体解剖而产生的机械唯物主义的形而上学的认识阶段，又经过19世纪唯心辩证法阶段的过渡，直到19世纪中叶和现代，以现代科学为基础对物质世界的各个部分各个方面进行辩证的综合、归纳和演绎，从而产生了理性的具体认识的辩证唯物主义的科学认识阶段。但是，由于前面所说的原因，第二阶段关于社会历史现象部分的本质认识，尚停止在由思想动机决定的表面现象上。因此，就要求在对整个物质世界各部分各个方面进行辩证的综合之前，先把这个残缺的一部分填补起来。另一方面，当时蓬勃开展的工人运动（社会主义共产主义运动），迫切要求创立科学的历史观，使这个运动建立在科学的基础之上，建立在合乎社会发展的客观规律之上，正如恩格斯指出的，历史唯物主义和剩余价值学说的创立，使社会主义共产主义理想，从空想变成了科学。

综观上述，可见作为最先进阶级——无产阶级的思想家，如果不填补前人留下来的非唯物观点的社会历史观这个缺陷，就不可能有彻底的唯物主义哲学，也就不可能有科学的彻底的完整的唯物主义哲学世界观，当然也就不可能有胜利的科学的社会主义共产主义运动。所有这些，就不奇怪为什么马克思主义创始人总是非常重视和着眼于“解决历史之谜”，把创立历史唯物主义提到“首要地位”。

马克思恩格斯创立无产阶级哲学的历史过程本身，也最有力地证明了笔者的上述论断。

马克思的理论信仰的生涯，是从思辨的本体论起步的：马克思在中学时，是青年黑格尔派的成员，毕业时写的博士论文，表明他是一个黑格尔的理性主义者。1844年到1845年，他逐步地转向了自然的唯物论，特别是一个费尔巴哈观点的拥护者。1845年至1847年，他又从自然人本学主义的自然唯物论，转向揭示社会生产方式的矛盾运动为基础的历史唯物论的创立。马克思本人曾这样明确地说过：他在《政治经济学》序言中对唯物史观的概括和完整表述，是他早期“多年诚实探讨的结果”。马克思的实践活动充分地证明了这一点。大家知道，马克思进入大学是学习法律专业，但他同时侧重研究的是历史和哲学

（即研究思想政治等上层建筑的内容），毕业后不久，马克思鉴于主编《莱茵报》时深感政治经济学知识的不够，他转向了学习政治经济学（即研究经济基础方面的内容）。这个学习和研究过程，就为了解社会历史现象这个大厦的基础与上层建筑的整体构成及其变化规律打下良好的基础条件。

马克思为了实现上述任务，写了一系列的著作。而这些著作几乎基本上都是以揭示社会历史现象的本质和它变化发展的基础、动力及规律为根本目标。

1844年，马克思恩格斯第一次合作撰写了《神圣家族》，其主要目的就是为了批判鲍威尔兄弟的天才史观，初步阐述了历史唯物主义的基本思想；其中首次探索用唯物主义观点去观察历史现象，提出“某一时期的工业和生活本身的生产方式同人民群众的实践活动对历史发展起决定作用这个历史唯物主义的基本原理”，从而为科学的社会主义理论奠定了坚实的基础。

1845年，马克思所写的被恩格斯称为“包含着新世界观萌芽的第一个文件”——《关于费尔巴哈的提纲》中，革命的实践观点像一根红线贯串整个提纲，这不仅对于建立马克思主义认识论具有极为重要的意义，而且对于历史唯物主义的创立，同样具有极为重要的意义。提纲中关于“人的本质，在其现象性上是一切社会关系的总和”的命题，表明了马克思已用唯物主义原理理解社会历史现象了。提纲中指出“旧唯物主义的立足点是公民社会。新唯物主义的立足点是人类的社会和社会化的人类”，表明了马克思对社会历史现象的重视。

1845年至1864年，两人第二次合作撰写的标志着马克思主义哲学的历史唯物主义初步形成的《德意志意识形态》，其主要任务是批判费尔巴哈、“青年黑格尔派”与“真正的社会主义”鼓吹的抽象的人性论和人类之爱的唯心史观。第一次比较系统地阐述了历史唯物主义的基本原理。苏联国家政治局于1955年出版《马克思恩格斯全集》第3卷的“说明”中，苏共中央马克思列宁主义研究院曾经这样强调指出，“在《德意志意识形态》中，历史唯物主义的探讨占着主要的地位。这一著作的第一章初次详尽地叙述了历史唯物主义的基本原理”。同时在这本著作中，创始人提出并探讨了人们的社会存在决定人们的社会意识的原理，指出了生产方式在人们的社会生活中起决定作用，阐述了生产关系与生产力的矛盾运动规律，甚至已指明“一切历史冲突……都根源于生产力和交往形式（即生产关系——作者注）”。

1874年，马克思写了第一部经济学著作——《哲学的贫困》。这部著作，是马克思主义新世界观的科学表述，曾被列宁誉为“科学社会主义第一部成熟的作品”。其主要目的是批判蒲鲁东对社会发展的唯心主义说教及其关于资本主义经济规律是永恒的形而上学观点；但更主要的是探讨政治经济学的方法论问题，论述生产力和生产关系的辩证关系，并对资本主义生产关系与生产力的相互作用及其发展前途作了剖析，大大地进一步发展了《圣神家族》、《德意志意识形态》等著作中所阐述过的历史唯物主义原理。

1848年，两人第三次合作撰写的《共产党宣言》宣告了马克思主义的产生。在这部“共产主义歌中之歌”、工人阶级的“圣经”中，历史唯物主义的原理贯穿着始终。恩格斯写的《1883年德文版序言》曾这样明确指出：“《宣言》中始终贯彻的基本思想，即：每一历史时代的经济生产以及必然由此产生的社会结构，是该时代政治的和精神的历史的基础……全部历史都是阶级斗争的历史，而这个斗争现在已经达到这样一个阶段，即被剥削被压迫阶级（无产阶级），如果不同时使整个社会永远摆脱剥削、压迫和阶级斗争，就不再能使自己从剥削它的压迫它的那个阶级（资产阶级）下解放出来……”在1888年英文版序言中，又再次强调指出：“构成宣言核心的基本原理……就是：每一历史时代主要的经济生产方式与交换方式以及必然由此产生的社会结构，是该时代政治的和精神的历史所赖以确立的基础，并且只有从这一基础出发，这一历史才能得到说明……”紧接着对这一基本思想作出了如下的评价：“这一思想在我看来应该对历史学做出像达尔文学说对生物学那样的贡献……”请看，这与他在马克思墓前的演说中对马克思创立的历史唯物主义所作的评价又有什么两样呢?

众所周知，马克思1859年在《政治经济学》序言中，更进一步对历史唯物主义的基本原理作了炉火纯青的完整的经典式的表述，这里就不详述了。综观前述，马克思恩格斯在他们早期革命活动和理论活动中，克服旧唯物主义的不彻底性，把它推广研究和认识社会历史生活，创立了历史唯物主义，不是十分清楚了吗?

然而直到最近，理论界尚有一些同志，仍持传统的偏见，否认作者所持的上述论断。由于马克思主义哲学史的发展事实是抹杀不了的，不得不表面上也承认“马克思恩格斯的早期哲学著作是阐明历史唯物主义的”但又矢口否认这些著作已确立了历史唯物主义原理，并以列宁在《什么是人民之友以及他们如何攻击社会民主党人》的一段有关论述作依据，硬说列宁认为1867年《资本论》问世后，历史唯物主义原理才确立，以前不过是一种“假设”。照我看来，这显然是对列宁的这段话的原意和实质的误解。列宁是这样写的：“现在，自从《资本论》问世以来，唯物主义历史观已经不是假设而是科学证明了的原理。”（重点号是作者加的）列宁为什么这样说呢？对此要联系当时的实际作具体分析。这就因为当时颇有“权威”的主观社会学家米海洛夫斯基百般地攻击历史唯物主义，硬说它不是科学的历史观，最多只是“多半是科学的历史观”。列宁为了回敬前者的诬蔑，就用讽刺意味的笔调说了上面一段话。实际上，列宁在这里所说的“假设”不能与自然科学的“假设”机械地等同类比，这里讲的“假设”是指理论的抽象，这个理论通过对资本主义社会的解剖和应用，更加证明了它是科学原理，并不等于说，历史唯物主义原理还没有创立。关于这点，恩格斯已经说得极其明白了。他说：“马克思所写的文章，是由于这个理论（指历史唯物主义——作者）起了作用的，特别是像《路易波拿巴的雾月》是运用这个理论的十分突出的例子。《资本论》中的许多提示也是这样。”（《恩格斯给布洛赫》）由此可见，《资本论》的问世，仅仅是马克思运用历史唯物主义原理和唯物辩证法对资本主义社会的产生、发展和灭亡规律作了具体分析的产物，它不是从纯粹理论形态概括表述和阐述历史唯物主义原理。如果按照《求索》杂志1984年第3期某作者体会的逻辑，只能得出《资本论》问世后这个原理才确立。那么请问：马克思在《资本论》何处将历史唯物主义原理系统化和理论化的？又请问：列宁为什么还继续用讽刺的口味说“现在还有人读了《资本论》而在那里找不到唯物主义”？如果断章取义，也可能得出《资本论》问世后历史唯物主义也不曾产生。可是列宁却继续说“这岂不是再可笑不过的奇闻吗”。也许有人说，这只能证明列宁认为历史唯物主义是在《资本论》问世后才确立的看法。实际不然，请继续读下去吧！列宁又说：“有人读了《共产党宣言》竟看不出那里对现代制度的解释是唯物主义的。”又说：“他读了《哲学的贫困》竟看不出那里对蒲鲁东社会学的剖解是从唯物主义观点出发的。”最后，列宁用反问的口气干脆地指明：“《资本论》是用唯物主义方法科学地分析一种……社会形态的模范……”这无异说，作为理论形态的历史唯物论原理，早在《资本论》问世前已确立了。在《资本论》里，只不过用这个原理作方法，对资本主义社会进行了科学的分析罢了。同样显而易见，列宁的这一连串斥责，表明了列宁认为马克思恩格斯在早期的重要哲学著作中，最少在《德意志意识形态》、《哲学的贫困》和《共产党宣言》中，已逐步确立了理论形态的历史唯物主义。至于在《政治经济学批判》序言中作过了经典式的完整的表述，就更不用说了。

下述的历史事实，更灿烂地证明了马克思和恩格斯关于历史唯物主义原理的思考和确立已到达如何早熟的程度。恩格斯在回忆中写道：“当我1844年夏天在巴黎拜访马克思时，我们在一切理论领域中都显得一致，从此就开始了我们共同的工作。当我们1845年春天在布鲁塞尔再次会见时，马克思已经从上述基本原理（指恩格斯1885年月10月8日写的《关于共产主义者同盟的历史》中所阐述的历史唯物主义的基本原理——作者）出发，大致完成了发挥了他的唯物主义历史理论的工作。（请注意：此时比《资本论》第一卷问世早22年。）于是我们就着手在各个极为不同的方面详细制定这些新观点了。（请注意：这里指的这个基本原理在各个极为不同的方面，指的是详细制定而不停止在基本原理了。）”（《关于共产主义者同盟的历史》）1846年，马克思在给安年科夫的信中，对历史唯物主义的原理的表述已接近他1859年《政治经济学批判》序言中所作的完整的经典式的表述了。

当然，绝不意味着说，马克思主义创始人早期没有着手创立辩证唯物主义的思考和研究，但由于作者在前面指出的种种原因，创始人不需要也不应把它摆在比创立历史唯物主义更重要的地位。自然，毫无疑义，在这方面，他们也相应地做了许多工作，马克思1845年写的《费尔巴哈提纲》中提出的实践范畴，不仅是历史唯物主义的基本范畴，同时也是辩证唯物主义的“两个最显著特点之一”。1867年马克思在所定的《资本论》第二版德文版跋中，公开指出他的辩证法不同于黑格尔的唯心辩证法，而是唯物主义的辩证法。他在实践上也正是运用这种唯物辩证法考察资本主义社会经济范畴的矛盾运动的规律的。

但必须指出，只有到1878年《反杜林论》问世时，辩证唯物主义的基本原理才得到系统的阐明。为什么这样说呢？如前所述，辩证唯物主义的组成部分应包括辩证的唯物论（包括自然社会在内）、唯物的辩证法和建立在实践基础上的唯物辩证的认识论。而恩格斯在该书哲学篇（第四章）提出了“没有运动的物质和没有物质的运动同样是不可思议的”这个体现着唯物论的辩证的不可分割的辩证唯物主义命题。在全篇十二章中，分别阐明了物质第一性意识第二性和自然、社会、思维都统一于物质的辩证的唯物主义原理，又阐明了物质和运动不可分割，物质世界是从无机界向有机界按照对立统一、量变质变和否定之否定规律，无限向前发展的唯物的辩证法原理；同时还阐明了唯物辩证的认识论和客观真理的发展是一个从相对真理走向绝对真理的无限发展过程的原理；另一方面相应地批判了杜林的先验主义、形而上学的永恒真理论和天才论的唯心主义历史观。一句话，作为完整的科学的哲学世界观——辩证唯物主义在该书中才宣告确立，这是毋庸置疑的。反过来说，请问：在《反杜林论》问世前，马克思恩格斯曾在哪本著作中，对辩证唯物主义的含义和基本原理，像概括地表述阐述历史唯物主义的含义和基本原理一样作这种概括表述和阐述？回答是显然没有。

从唯物史观来说，正如恩格斯自己说的，在这本著作中，特别是在《概论》中，不过是对它“作了……最为详尽的阐述”罢了（《恩格斯给布洛赫》）。

基于上述种种理由，因此列宁曾经明白无误地教导人们：“马克思1844年—1847年离开黑格尔走向费尔巴哈，又进一步从费尔巴哈走向历史唯物主义（和辩证）唯物主义。”请注意，列宁把历史唯物主义放在辩证唯物主义之前，绝不是主观随意的，而经过深思熟虑才这样排列的。因为只有填补了统一的唯物主义世界观尚残缺着的社会历史部分，作为完整的彻底的辩证唯物主义的哲学世界观，才能产生出来，这是不言自明的真理，这才符合马克思主义哲学产生发展史的本来面目。

为什么长期以来，理论界部分同志一致认为马克思和恩格斯首先创立了辩证唯物主义，然后将它推广和应用于社会历史现象的研究，才创立历史唯物主义这个似是而非的见解呢?

原因之一就在于，人们把列宁在《卡尔·马克思》一文中的有关教导误解了。原来列宁是这样说的：“马克思认识到旧唯物主义的不彻底性、不完备性和片面性，因此确信必须是关于社会的科学同唯物主义的基础协调起来（请注意这里讲的并不是辩证唯物主义——作者），并在此基础上加以改造（这里讲的是指创立历史的唯物论的基础上进一步改造旧唯物主义的——作者）。既然唯物论总是用存在解释意识而不是相反，那么要把唯物主义应用于人类社会生活，就要用社会存在解释社会意识。”事情是再清楚不过了，列宁在这里所强调的明明是指马克思是运用旧唯物主义关于存在决定意识的一般原理去认识社会生活，解释社会意识。大家知道，创始人称自己的哲学叫“实践唯物主义”、“现代唯物主义”、新唯物主义以及恩格斯赞同的先由狄慈根后由普列汉诺夫命之为辩证唯物主义这一术语。这些名称不一的马克思主义的唯物主义哲学，与旧唯物主义（一般唯物主义）是根本不同的，怎能把前者与后者混为一谈呢！然而正如前面提到的，直到现在，仍有同志认为列宁在这里“不是指一般唯物主义自然观，而是辩证唯物主义自然观”。这显然是不符合列宁的原意的。

原因之二就在于，人们把斯大林在《联共布党史简明教程》第四章第二节中关于历史唯物主义含义的解释误解了，以为斯大林是对历史唯物主义创立的历史过程的证明。斯大林是这样讲的：“辩证唯物主义是马克思列宁主义党的世界观。它所以叫作辩证唯物主义，是因为它对自然界现象的看法，它研究自然界现象的方法，它认识这些现象的方法是辩证的；而它对自然界现象的解释，它对自然现象的了解，它的理论是唯物的。”（必须指出，斯大林把辩证唯物主义只限于运用于自然界现象是不全面的，也是同他的第一句话相矛盾的。）又说：“历史唯物主义就是把辩证主义的原理推广去研究社会生活，把辩证唯物主义原理应用于社会生活现象……”（《辩证主义和历史唯物主义》）很显然，只要把他对两者的解释联系起来，就不难看清，斯大林在这里所说的是对两者各自含义的解释。单从含义角度讲，所谓历史唯物主义，当然不只是用唯物观点，而且也是用辩证方法考察社会历史现象的产物。然而用辩证法了解历史，黑格尔早做过了。恩格斯说：“黑格尔使历史观从形而上学下面解放出来，他使历史观变成了辩证的……”（《反杜林论·概论》）所以列宁只是强调马克思把一般唯物主义关于存在决定意识的原理推广到社会生活的认识（没有强调运用辩证法于社会生活——作者）从而使它成为彻底的唯物主义哲学绝不是偶然的。也许有同志说，列宁虽然没有说马克思把辩证法应用于社会生活，事实上马克思恩格斯研究社会历史现象时，已运用了唯物论辩证法，即是用辩证唯物主义的自然观作武器了，起码“他们的世界观”已“转变成辩证唯物主义世界观”。然而这种见解也是值得商榷的，前面我们已引证了恩格斯在《反杜林论》概论中否认这个看法的长篇说明，这里就不重述了。同时，众所周知，列宁是十分强调马克思主义哲学是辩证唯物主义的，如果马克思先创立辩证唯物主义自然观，那么为什么不说马克思把自然观上的辩证唯物主义原理推广去研究社会生活呢？至于说到他们创立历史唯物主义之前，头脑里已具备辩证唯物主义世界观，请问，在历史唯物主义创立前，又怎能具备这种完整的科学世界观呢？如果有，请问，马克思恩格斯在1845年着手创立历史唯物论之前，在什么著作中概述过辩证唯物主义的基本原理呢？如果没有，怎能证明他们的头脑里已具备了科学的辩证唯物主义世界观呢？

原因之三就在于，人们对马克思主义哲学产生的历史过程迄今缺乏真正的了解。长期以来，我国和其他国家对马克思主义哲学史的研究，没有摆到应有的重视地位。在我国，只是近几年，由中山大学、中国人民大学牵头编了一本比较系统但仍不够详细的《马克思主义哲学史稿》。1969年东德马克莱恩等著的《马克思主义哲学史》，1983年9月才被翻译成中文版在我国发行。不言而喻，这种情况，不能不妨碍我国理论界正确认识这个问题。

原因之四也在于，人们对马克思主义哲学含义的理解欠妥。自从斯大林的《辩证唯物主义和历史唯物主义》问世以来，由于教条主义的盛行，国内外的马克思主义哲学工作者，一直把辩证唯物主义和历史唯物主义并列起来，作为马克思恩格斯创立的完整哲学世界观。而且以为只有如此，才能与旧哲学区别开来，这样的想法和做法，就必然得出马克思主义哲学创始人先确立了自然观上的辩证唯物主义，然后确立认识论上的辩证唯物主义，最后才确立历史观上的辩证唯物主义。我国50年代、60年代、70年代的大学哲学教本的体系，就反映了这种认识。其实不然，马克思主义哲学是辩证唯物主义的一体化。它既适用于自然，也适用于社会历史和思维。恩格斯曾明确强调了这一点。他指出：马克思主义哲学（有时称之为现代唯物主义，或赞同把它称之为辩证唯物主义）是关于自然、社会和思维运动和发展的最一般规律的科学。列宁之所以在《唯物主义和批判主义》第六章中强调两者是由一整块钢铁铸成的，其出发点是为了回敬波格丹诺夫歪曲历史唯物主义的基本原理（歪曲历史唯物主义是社会存在和社会意识等同论），并企图从马克思主义哲学中取消科学的历史唯物主义。因此列宁强调了两者不可分割。对这个整块，也可理解为辩证唯物主义中包含着历史唯物主义，辩证唯物主义的历史观是历史唯物主义，这种历史观是无产阶级的哲学世界或者说是马克思主义一体化的哲学体系中不可分割的有机组成部分，不能把它抽掉。要是设想作为“无产阶级的完整哲学世界观——辩证唯物主义”（斯大林），只管自然、思维，不管社会历史，那么这个从世界观抽象出来的最一般的范畴，就不是最一般了，就不会成为完整的哲学世界观。至于说到马克思主义哲学与旧哲学的根本区别，采用辩证唯物主义术语，已够本质和鲜明了。

原因之五，可以说是最重要的原因就在于，人们对马克思主义哲学理论来源的理解简单化。大家知道，恩格斯一再声明，德国古典哲学，特别是黑格尔哲学的合理内核——辩证法的发展观念和费尔巴哈哲学的基本内核——唯物论的自然观和反映论是马克思主义哲学的理论来源，并指出其中费尔巴哈的唯物论是马克思主义哲学的直接理论先驱。显然，在这里，恩格斯是从马克思主义哲学总体立论的，一般说无疑是正确的。但绝不能把这种联系简单化。如果从历史唯物主义的创立讲，则不一定适合了。然而长期以来，理论界不少同志却把这种联系简单化了，误以为马克思恩格斯创立无产阶级哲学时，首先是通过批判继承把黑格尔的辩证法和费尔巴哈的唯物论有机地统一起来，使之成为自然观上的辩证唯物主义，然后把它应用于社会历史的认识，就创立了历史唯物主义，殊不知事实并不完全如此，正如作者在前面所阐述过的种种原因的存在，决定了他们的理论活动，一开始就必须着眼运用一般唯物主义的原理“解答历史之谜”，即创立历史观上的唯物主义，当然这种创立本身，是一个逐步完善的过程。必须强调指出，他们的早期理论活动，主要是把奠立历史观和社会主义运动的唯物主义基础摆在首要地位（指社会存在决定社会意识），而辩证地阐述社会意识的反作用是不够的。这只有应用于实际时，才充分地加以展开，从而揭示社会历史的唯物的辩证的发展规律的本来面目。关于这点，恩格斯就曾十分清楚地指出过，他说：“……根据唯物史观，历史过程中的决定性因素归根结底是现实生活的生产和再生产。无论马克思或我都从来没有肯定过比这更多的东西。如果有人在这里加以歪曲，说经济因素是唯一决定性的因素，那么他就是把这个命题变成……空话。经济状况是基础，但是对历史斗争的进程发生影响并且在许多情况下主要是决定着这一斗争的形式的，还有上层建筑的各种因素……”接着，直截了当地指出当时德国“青年们有时过分看重经济方面，这有一部分是马克思和我应当负责的。我们在反驳我们的论敌时，常常不得不强调被它们否认的主要原则，并且不是始终都有时间、地点和机会来给其他参预交互作用的因素应有的重视。但是，只要问题一关系到描述某个历史时期，即关系到实际的应用，那情况就不同了，这里就不容许有任何错误了。可惜人们往往以为，只要掌握了主要原理（指历史唯物主义原理——作者）……那就算已经充分地理解了新理论，并且立刻就能应用它了。在这方面，我是可以责备许多最新的‘马克思主义者’的……”（《恩格斯给布洛赫》）由此可见，马克思恩格斯创立历史唯物主义进程，首先是在历史观的唯物主义基础方面，而这个基础一旦确立和系统表述，就表明它的“主要原理”已经确立了，这是毋庸争辩的。至于历史观的辩证法，则是创始人将上述“主要原理”应用于实际时进行阐明的，他们毕生的许多著作都体现着这一点，从而使之逐步臻于完善的。

在此，还应当指出，历史唯物主义的创立，也同样必须从前人提供的思想材料出发，然而在这方面，费尔巴哈哲学是逊色的，如果以为马克思恩格斯创立历史唯物主义时，主要是直接从费尔巴哈哲学提供的思想材料出发，是不符合历史实际的。为此，笔者拟在下文中就这个问题进一步与某些传统的看法进行商榷。

关于历史唯物主义创立直接继承前人的思想材料问题

一

任何新的伟大理论和学说的创立，尽管其根源深深埋藏于现实的物质的经济生活中，但作为相对独立的社会意识形态来说，它必须直接和间接从前人提供的积极思想材料出发。马克思说：“人们永远不会放弃他已经获得的东西……”（《给瓦·安年科夫的信》）列宁说的更具体。他说：“马克思主义没有抛弃资本主义时代最宝贵的成就，是吸收和改造两千多年人类思想和文化发展一切有价值的东西。”（《论无产阶级文化》）它“是19世纪人类三个最先进国家三个主要思潮的继承人和天才的完成者”（《卡尔·马克思》）。这个千真万确的事实和真理，对一般马克思主义者来说，是不存在什么怀疑和分歧的，问题是马克思主义的整个哲学思想，究竟全部都是直接从德国古典哲学——主要是黑格尔和费尔巴哈提供的思想材料出发，还是却不都是如此。换言之，马克思主义哲学的组成部分——历史唯物主义的创立（这里主要是指历史观的唯物论，不是指它的辩证性），能否说也是直接从德国古典哲学——主要是黑格尔和费尔巴哈提供的思想材料出发？对这个问题，长期以来，很少有人进行具体分析，似乎是无可怀疑的应该作肯定的回答。六七十年代，我国大专院校共同采用的哲学教本——艾思奇主编的《辩证唯物主义历史唯物主义》始终持这种看法，它写道：“马克思主义哲学（指辩证唯物主义和历史唯物主义这个无产阶级的世界观——作者注）继承和发展了哲学历史上唯物主义传统和辩证法的传统。马克思和恩格斯直接继承了19世纪德国古典哲学的优秀成果，他们抛弃了黑格尔的唯心主义体系，批判地采取了他的辩证法的合理内核；抛弃了费尔巴哈哲学中的唯心主义和宗教的论理杂质，批判地采取了他的唯物主义思想。”直至1980年，许涤新主编的《政治经济学辞典》仍持这种看法。他写道：“德国古典哲学、英国古典政治经济学、英法空想社会主义是马克思主义的三个来源，他从黑格尔哲学中吸取了辩证法这个合理的内核，抛弃其唯心主义外壳；从费尔巴哈哲学中吸取了唯物论，扬弃了其形而上学和唯心主义伦理观，创立了辩证唯物主义和历史唯物主义。”显而易见，两者都是认为历史唯物主义同马克思主义的辩证的唯物论、唯物的辩证法、辩证唯物主义的认识论一样，也是直接从德国古典唯心主义哲学特别是从费尔巴哈唯物主义哲学提供的思想材料出发的。对此，作者一直不敢完全赞同。80年代，我国大多数大专院校采用的由李秀林、王于、李淮春主编的文科哲学教本《辩证唯物主义和历史唯物主义原理》对这个问题增加了自己的新的看法。它写道：“全部哲学史中唯物主义和辩证法的传统为马克思主义哲学的产生作了思想上的准备，而德国古典哲学——主要是黑格尔的辩证法和费尔巴哈的唯物主义，则成为马克思主义哲学的直接理论来源……在理论上他们抛弃了黑格尔唯心主义体系，批判地吸取了他的辩证法的‘合理内核’；抛弃了费尔巴哈哲学中的形而上学如宗教的、伦理的唯心主义杂质，批判地吸取了他的唯物主义‘基本内核’。在这个基础上，又融入自己的发现，创立了崭新的无产阶级世界观的理论体系——马克思主义哲学。”同时期肖前、李秀林、洪永祥主编的大学理工科教本，也有同样的见解，并在“见解”二字前面加了一个“新”字，且加以具体解释。其中之一，指出了“恩格斯利用摩尔根关于古代社会的新发现来完善唯物辩证法的历史观”。显然，后两者比前者的看法要全面些，但后两者仍然把历史观的唯物论（这里不是指它的辩证法）的创立，看成是直接从德国古典哲学——主要是黑格尔的辩证法和费尔巴哈的唯物论提供的思想材料出发的，这是有待商榷的。照作者看来，一般地说，马克思主义的三个组成部分和其三个来源分别直接联系，是无可否认的，但绝不能把这种直接联系简单化、绝对化。应该看到，它们之间的继承又是互相渗透的，在一定程度上是网络式的。必须指出，马克思、恩格斯实现自然观的唯物论和辩证法的统一，即建立自然观的辩证唯物主义时，德国古典哲学——主要指黑格尔的辩证法和费尔巴哈的唯物论，无疑是马克思、恩格斯建立辩证唯物主义的自然观所直接继承的思想材料。从历史的辩证法来说，黑格尔关于历史发展的辩证猜测，对历史观的唯物论的创立来讲，不仅黑格尔，就是费尔巴哈的唯物主义哲学不可能也实际没有成为直接理论来源，或者说提供直接继承的思想材料。

根据作者的思考和研究，创始人“解决历史之谜”，创立历史的唯物论，直接吸取的以往的思想材料，与其说主要是来自德国古典哲学的思想宝库，倒不如说更多地是来自英法近代资产阶级思想家，特别是19世纪末的空想社会主义者。作者的这种见解，是以以下几点作依据的。概括地说，主要是：马克思主义创始人是整个国际无产阶级的思想家和领袖，他们不存在对本民族的偏爱和狭隘感情；代表晚起的依附于封建地主王朝的19世纪德国资产阶级利益的德国古典哲学家的历史观，较之代表早期反封建反神学的英法资产阶级利益的思想家的历史观，在某种意义上说还要落后些；创立科学的历史观不仅意味着从它的先驱者（指哲学家）直接吸取营养，同时还意味着要求它把前人和同时代的社会科学家们提出的进步思想材料进行概括和升华。

二

在下面，我们逐一进行剖析和阐述。

众所周知，马克思主义创始人出生在德国，这是德国人的光荣。但是，他们的实际阶级地位和当时特殊历史背景，决定了他们“是世界的公民”（《回忆马克思恩格斯》），决定了他们“属于德国党的成分并不比属于法国、美国或俄国党的成分为多”（《马克思恩格斯通讯选集》）。就马克思来说，1845年12月就正式地脱离了普鲁士国籍（实际上是被普鲁士反动政府开除的）；1848年春季，“法兰西共和国临时政府曾经以荣典的形式给予他法国公民权”，后来流亡英国时，“取得了归化文书”（梅林《马克思传》）。他们提出的“工人无祖国”、“全世界无产者联合起来”的口号，充分地表明了“是属于整个无产阶级的”（李卜克拉西），充分表明了他们是以国际无产阶级的思想家和革命家的面目出现于历史舞台的。

事实证明，马克思、恩格斯早期的实践活动和所接受的影响也完全是国际性的。仍就马克思来说，1836年10月他进入大学到1848年发表标志着马克思主义产生的《共产党宣言》，共计12年时间，其中早5年是在大学度过的。毋庸讳言，这段时期，他所接受的思想影响，具有德国民族的性质，但是他同时也接受了近代法国的革命思想和古希腊自然哲学等的熏陶。如果从毕业后的七年看（从1842年算起至1848年），马克思只是早两年是在德国进行革命活动。从1843年10月起，就一直流亡在法国、比利时和英国，从事撰写创立马克思主义的著作，批判形形色色的资产阶级思潮和观点，积极参加所在国的社会主义运动，因而他一再被法、比政府驱逐出境。如果从他的整个一生看，他的活动所具有的国际性就更明显了。从1843年底起，到1883年3月逝世止，近40年时间，马克思几乎都是在英、法等国度过的。他先后参加了所在国的诸如布鲁塞尔的国际工人协会、共产主义联合会、英国的大宪章运动。1851年6月至1862年3月，长达十年间给美国进步报纸《纽约每日论坛报》撰稿。1871年与法国的巴黎公社保持密切的联系并帮助他们（与此同时，恩格斯先后被任命为国际委员会的比利时、西班牙、意大利等国家的通讯书记）。因此，《马克思传》的作者梅林曾这样赞扬过：马克思不仅懂得德国的哲学，同时也懂得法国的革命和英国的大工业。马克思精通英、法、德几国的文字，从事写作和指导世界革命运动（恩格斯精通10国以上）。马克思为了研究俄国的土地问题，50岁还开始攻读俄语，恩格斯为了阅读易卜生等人的原著，70多岁还开始向挪威文进军。综观上述，可见马克思主义创始人是站在世界无产阶级立场进行自己的革命活动，同时也是从这个立场出发批判地继承整个文明世界前人的思想材料，并总结当代的实践和科学成果，制定自己的理论的。

现在，我们具体考察一下历史的唯物论的创立，直接继承哪些前人的思想材料问题。有比较，才有鉴别。下面不妨对历史唯物主义产生前英、法、德等国资产阶级思想家各提供的有关积极思想材料进行揭示和比较，问题就一目了然了，答案就清楚了。

如果说古希腊早期的哲学家大都以研究自然为目的，那么其中分化出一些积极民主派的思想家——智者派的一部分，则把哲学关于自然观的研究转移到关于人的本质、地位及其作用的研究，从而揭示人们之间的自由、平等关系和社会政治制度的基础和来源问题，这种把人的研究作为历史的基础的关于人的学说（其中一派关于“人是万物的尺度”的相对主义和唯心主义命题是错误的，那又当别论），可以说是人类正确的历史观产生发展的第一个肯定。经过新柏拉图主义的“人神合一说”的过渡，到中世纪，受到以托马斯·阿奎那为代表的经院哲学把神性、神道作为历史存在和发展的基础的神学史观的否定。经过布鲁诺的泛神论和理性论（自然神论）的过渡，到15世纪、16世纪、17世纪、18世纪，人文主义者、近代机械唯物主义哲学家以人性、人道，即感性的个体的理性作为历史存在和发展的基础的天才史观对前者进行了再否定（否定之否定），经过莱布尼兹的单子论的过渡，到19世纪，德国的古典唯心主义哲学又以超感性的个体的理性，对前者进行了新的否定。经过英国古典经济学派、法国启蒙学派和唯物主义思想家及19世纪末空想社会主义者圣西门学说和费尔巴哈人本学唯物主义的过渡，最后马克思恩格斯大大前进一步以人类的社会生产矛盾运动作为历史基础的历史唯物论对前者又进行了新的再否定（第二次否定之否定）。在本文中，只着重谈谈马克思主义的历史唯物论直接批判继承（新的再否定）有关思想派别提供的思想材料问题。

大家知道，以人性代替神性，以人道代替神道，以人权代替神权——即以研究人的本质及其发展规律来揭示社会发展的基础和规律的资产阶级的历史观，是从15世纪下半叶人文主义兴起开始的。在这个早发时期，对历史观的本质的正确探讨，已迸发出一些可贵的思想。例如认为封建、宗教和等级制度是反人性的，认为神、僧侣、教皇、主教、封建地主都是愚蠢的，肯定是劳动人民养活了贵族等。到十七八世纪，法、英等国启蒙思想家和唯物主义者在这方面迈出了可喜的前进的一步。他们的共同点就在于，反对“历史神创论”，以感性的个体的人的理性作为历史存在和发展的基础。他们认为，社会是由人组成的，要发现社会规律，就要研究人的自然本质及其运动规律。发现了上述本质和规律，也就发现了社会的基础和发展规律。这一点不管它有多大的神秘性，但它把社会运动的基础和规律从神移到人类本身，无疑是一种进步。特别是其中有些思想家提出了许多具有历史唯物主义萌芽的光辉思想，也尽管它的最后回答是唯心或者自相矛盾，不能自圆其说。例如法国的启蒙思想家孟德斯鸠关于地理环境和法律存在一种必然的联系，关于社会发展具有固定不移的规律等思想；法国唯物主义者爱尔维修关于“环境支配意见、意见支配环境”的互相矛盾的命题。在人民群众的历史作用方面，尽管他们基本上都是英雄史观，但也提出了令人吃惊的闪光思想：法国启蒙思想家卢梭在自己的政治学说中已相当充分肯定人民群众是创造物质财富、决定国家政治生活和社会变革的重要力量；法国唯物主义者拉美特利居然向英雄史观的理论基础——天才论挑战，要求人们同它“永别”。

很明显，上述资产阶级关于人的天性及其发展规律，即以感性的个体的理性作为历史存在发展的基础的想法与做法，显然是达不到科学地揭示社会存在的基础和发展的规律的目的的。但事实是他们的许多从现实生活出发所得出的正确见解，最后又与他们的立足点“理性”信仰相矛盾，并为后者所吞没，而不免仍然陷入新的唯心史观。处在这个关头，出路只能有两条：一条是由资产阶级从事经济、历史社会主义运动研究的社会学家，在有产阶级能做到的范围内，从本阶级的根本利益出发，自发唯物地有限度地将它推向前进；另一条是由资产阶级的哲学重新乔装打扮，用新的超感性的个体的理性作为历史的基础取代前者。近代英国古典经济学家、法国复辟时代的资产阶级历史学家和19世纪末不成熟的无产阶级代表空想社会主义者以及德国贵族地主的浪漫历史学派是谋求第一条出路的代表；德国古典唯心主义者是谋求第二条出路的代表。

首先，必须强调，作为科学的历史观的创立，不仅要继承他的前驱者（哲学家）的积极思想材料，同时还需要概括过去和当时社会思想家自觉和不自觉提供的有价值的思想材料，并加以深化。

十五六世纪英、法等国的“重商主义学派”“对资本主义生产方式”作了“第一次的理论探讨”。18世纪法国的“重农学派”，“是对资本主义生产作有系统的理解的第一个学派”。英国著名的古典经济学家亚当斯·密和李嘉图关于“劳动价值论”的学说，提出了劳动、价值、商品和货币和资本等一系列经济范畴，为马克思的劳动价值论奠定了基础，为马克思的异化劳动概念特别是为剩余价值学说提供了宝贵的思想材料，而异化劳动概念特别是剩余价值学说，为研究、理解、揭示私有制和全部人类历史发展提供了钥匙，为建立历史唯物主义开辟了道路。

法国复辟时代的资产阶级历史学家梯也耶、米涅、基佐等觉察到经济利益在社会生活和阶级斗争中所占的重要地位，觉察到人民群众在大革命中所起的重大历史作用，探讨了阶级的存在和相互斗争的客观存在及其经济根源。他们先后提出了必须从人们的社会地位、生活方式、公民生活、人们的经济关系解释社会政治制度，甚至提出了只有从研究人们的财产关系、土地关系着手，才能够获得理解历史事变的钥匙，尽管他们最后用人类的天性解释财产土地所有制形式的产生和发展是错误的。如果不以人废言，那么这些思想较之17、18世纪法国的启蒙思想家、唯物主义哲学家前进了一大步，客观上为历史唯物主义创立提供了桥梁。恩格斯曾这样指出过："如果说唯物史观是由马克思把它发现了，那么，梯也耶、米湼、基佐以及1850年以前英国所有的历史学家（其实还应包括古典经济学家——作者）便是证明已有许多人都力求达到这一点……"（《恩格斯致亨·施塔尔肯堡》）恩格斯的这段教导，不正十分清楚地表明了他们对历史唯物论的创立具有多么重要的价值。再看马克思是怎样评价这些贡献及其同自己创立历史唯物论这个新贡献之间的关系的。马克思于1852年3月5日写给约·魏德迈的信是这样说的："……至于讲到我，无论是发现现代社会中有阶级存在或发现各阶级间的斗争，都不是我的功劳。在我以前很久，资产阶级的历史学家就已叙述过阶级斗争的历史发展，资产阶级的经济学家也已对各个阶级作过经济上的分析。我的新贡献就是证明了下列几点：（1）阶级的存在仅仅同生产发展的一定历史阶段相联系；（2）阶级斗争必然要导致无产阶级专政；（3）这个专政不过是达到消灭一切阶级和进入无产阶级社会的过渡……"请看，马克思的上述短短数语，不是更清楚地说明了马克思创立历史唯物主义时曾充分考虑了法国历史学家所作出的有关贡献吗?

特别要指出的，19世纪法国空想社会主义者圣西门在这方面作出的更胜一筹的贡献。恩格斯曾经这样指出："圣西门提供了社会主义的哲学基础"，显然这个哲学基础就指社会主义的历史观。圣西门批判了以前的社会主义没有依据社会发展规律的做法，他第一个强调了社会科学应该成为也像其他自然科学一样正确的科学。更可贵的：一是在历史的唯物论方面，他竟然提出了政府的形式不是本质，确立所有制才是本质。这种所有制形式是社会大厦的基石，而这个基石对社会制度起决定作用。其所以能起如此重大的作用，其根源应该到产业发展的需要中去寻找。尽管最后的答案是错误的。二是在历史的辩证法方面，他竟然看到历史是一个统一的有规律的发展过程，其中一个阶段为另一个更高的阶段所代替。甚至猜到了人类历史的发展是从原始社会、奴隶社会、封建社会、资本主义社会到社会主义社会等五个发展阶段，认为由原始社会进到奴隶社会是一种进步，反对卢梭在《社会契约论》中把原始社会看成是人类社会的黄金时代的错误观点。恩格斯在《反杜林论》中就采用了这一见解。诚然，圣西门的上述一系列见解，具有猜测的性质，它的落脚是“理性”的观点，是唯心主义的。但是应该看到，马克思恩格斯创立社会主义的哲学基础——历史唯物主义时，在很大程度上批判继承了圣西门提供的上述极为宝贵的思想材料。恩格斯如下的一段讲话，佐证了作者的这个看法，他说：“我们德国社会主义者，引为自豪的是，不仅继承了圣西门、傅立叶和欧文，也继承了康德、费希特和黑格尔。”（《社会主义从空想到科学的发展》）请注意两点。这段教导，第一，明白无误地告诉人们，这里讲的社会主义是指具有牢靠哲学基础的科学社会主义，因此它在思想材料上的批判继承，不仅提到了空想社会主义者，而且也提到了德国古典唯心主义哲学，否则就用不着提到后者了。据此就应得出结论，作为科学社会主义的哲学依据——唯物史观的创立，首先是批判继承了空想社会主义的一般哲学基础提供的思想材料，其中主要是来自圣西门。第二，在这里，恩格斯却偏偏未提到费尔巴哈。这表明费尔巴哈哲学对历史的唯物论的创立，不如他的先驱——康德、费希特和黑格尔所起的作用。恩格斯这样估价，是公允的，是符合实际情况的（如果从马克思建立自然观的辩证唯物主义来说，肯定会同时强调费尔巴哈的贡献的）。

下面再考察德国古典哲学。主要是考察黑格尔和费尔巴哈在历史观提供的思想材料，看看他们与英、法等国的资产阶级的经济学家、历史学家、空想社会主义者提供的，哪个要多、要直接。回答是前者而不是后者，特别是费尔巴哈的哲学更谈不上成为马克思的历史唯物论的直接理论先驱，谈不上为它（指历史唯物论）提供比别人更多更直接的材料。

德国古典哲学是19世纪德国资产阶级利益的反映。一方面它反映了德国资产阶级反对封建行会束缚和发展资本主义的革命要求，因而它孕育着丰富的辩证法思想；但另一方面，它又反映了德国资产阶级非常软弱、害怕革命的心理，因而它不敢公开举起无神论和战斗唯物主义的旗帜。在历史观方面，虽有不少有价值的辩证法的猜测，但在追问历史的本质时，却自始至终给予了唯心主义的解释。这就因为，19世纪晚期的德国资产阶级是靠封建贵族订货而起家的，因而它缺乏独立性，极端软弱，同时它又为法国大革命的后果（无产阶级兴起争取自己的政治权利）所震撼，因而它害怕无产阶级反而胜过害怕封建地主和贵族，用马克思的话说，即当他自己还来不及革命，便在他面前已经出现一个可怕的怪影。这就毫不奇怪为什么作为当时德国的古典唯心主义哲学家，看到人格化的神受到法国唯物主义者的致命摧毁并用感性的个体的理性取代前者的地位后，为了抛弃法国资产阶级的政治和理论旗帜进行德国式的资产阶级革命实验，便改用超感性的个体的理性（即先验的理性）作为社会历史存在和发展的基础，这种“新”的历史观总的说来，提供不少有价值的思想材料，其先驱者康德就指出了社会存在着所谓“自然隐蔽计划”。这个见解，是深刻的，它表明人们认识历史现象不能停止在思想动机表面上，指明历史存在着不以人们意志为转移的必然性。尽管它的答案是错误的（不可知）。谢林从客观唯心主义出发，指出了人们的预期目的自觉企图的行为自由，总受到“隐蔽的必然性的干预”，这表明他看到了社会现象的偶然性与必然性的密切联系，这显然是一个比康德的更深刻的思想。这里着重考察一下黑格尔的贡献，首先表现于：他对历史运动所作的辩证性的猜测；他认为社会历史是一个由大小圆圈构成的有规律的从低级向高级发展的无限过程。强调历史的发展是阶段性和连续性的统一。在探讨历史运动的基础、动力方面，也提出了一些有价值的思想，例如他指出了必须在人的本性之外去寻找历史的基础，指出了历史现象的偶然性背后隐藏着必然性，指出必须在思想动机背后去寻找推动历史发展的更深刻更高级的原因……然而，这些，基本上只是比较系统地表述了前人的有关猜测。但是应强调指出的，黑格尔确实提出了具有历史唯物主义萌芽的东西，例如他把实践（当然，黑格尔讲的实践是指精神活动的实践）作为人与外部自然界联系的中间环节的闪光思想，对后来马克思把实践作为认识论和历史观的基本范畴，是赋予了启发作用的。正因为如此，列宁在读了他的《历史讲演录》关于“人为了自己的需要，通过实践和外部自然界发生关系；他借助自然界来满足自己的需要，征服自然界，同时起着中间人的作用”后，批道：“黑格尔在这里已经有历史唯物主义的萌芽。”然而遗憾的是，黑格尔的上述有价值的思想，不但没有得到继续发展，反而被他的唯心主义体系窒息了。主要表现在：他对世界历史不但作了“任意的推断”（梅林），甚至滑到了荒唐可笑的地步。什么“亚洲是世界历史的开端”，“欧洲是世界历史的终结”，亚洲是欧洲人的奠脚石，德国是世界历史的“顶点”，普鲁士王朝是全部历史发展的“顶峰”，而整个世界历史只是莫须有的绝对精神自己认识自己的历史，等等，从而陷入了最精致的僧侣主义的唯心史观。

作为德国古典哲学的终结者费尔巴哈，其历史功绩正如恩格斯指出的，是在德国唯心主义长期统治之后，重新恢复了唯物主义哲学的权威。它在本质上并没有超过法国唯物主义。其主要功绩为：他总结性揭示了哲学史上各种对神学批判的实质。指出：“泛神论是理论神学的否定。经验论是实践视觉论的否定——泛神论否定神学的原则，经验论否定神学的结论。”（《未来哲学原理》）指出他自己的哲学任务“是将上帝现实化和人化，将神学转变为人本学，将神学溶解为人本学”。具体地说，表现在他批判了黑格尔的绝对精神本体论，在德国他重新确立了自然唯物的本体论（但他把人本学作为哲学的出发点是错误的）；他重新阐述了唯物主义的反映论原则（但他把“爱”抬到是检验真理和现实的标准的地位是荒唐的）；他机智而深刻地批判了种种有神论（他使用过的许多比喻，曾被恩格斯、列宁批判唯心主义者时所借用）。在历史方面，他在某一点上较之前人有所前进的地方。例如认为人不仅是自然的产物，同时也是社会的产物，甚至提出“只有社会的人才是人”的命题。并把人与人之间的社会关系当成历史的基本原则。但必须强调，费尔巴哈所说的“人”，从内容上说是抽象的，只有从形式上才是现实的。说费尔巴哈所讲的人是抽象的人，这只因为他把“爱”适用于一切阶级。因此他关于现实的感性个体的理性作为历史的基础的提法，表面看来，似乎比15世纪、16世纪、17世纪、18世纪资产阶级的人性论的原则前进了，实质上只徒具形式，没有任何实质意义。相反，他把“人类之爱”作为社会历史的存在和发展的基础和动力，并把它宗教化（新宗教）。他还把世界历史看成是上述抽象的人本身自我异化过程史（取代黑格尔的绝对精神的自我异化）。这就比近代欧洲的人文主义者，十七八世纪英、法的启蒙思想家、唯物主义的哲学家和19世纪末空想社会主义者的历史观还要落后得多，因此，传统的观点认为黑格尔特别是费尔巴哈的唯物主义哲学为历史唯物主义的创立提供了直接继承的思想材料，是后者的直接理论先驱的说法，是难以成立的，是欠妥当的。

顺带说一下，即使就德国本身来说，从某种意义讲，当时反映贵族地主利益的浪漫历史学派的某些思想材料，客观上对历史唯物主义的创立所起的诱发作用，至少也要比费尔巴哈的大一些。该派拉文裴吉伦写道：“也许社会科学本身之所以迄今进步这样少，是因为没有把经济形式充分地分清，是因为人们没有认识到它是整个社会组织和国家组织的基础。人们没有看到，生产、产品分配、文化、文化传播、国家立法和国家形式，都只能从经济形式中得出它们的内容和发展来；那些极重要的社会因素都不可避免的产生于经济形式及其适当的处理，就像产品产生于生产力之配合作用一样；而另一方面，在发生社会病态的地方，一般地也都可以从社会形式和国家形式的矛盾中找到它的根源。”（梅林《论历史唯物主义》）当然，浪漫历史学派把经济形式作为整个社会历史的基础，是不确切的，因而在《德法年鉴》上受到了马克思恩格斯的猛烈抨击。但正如梅林指出的，上述那段阐述，在字面上已与历史唯物主义多么“靠近”，尽管两者的本质根本不同，但也不妨碍马克思恩格斯进一步从中得到启发，而“成为唯物史观的酵素之一”。

综观前述，可以清楚地看到，在历史唯物主义产生之前，资产阶级的许多思想家已从不同的角度提供了或多或少的有价值的思想材料，马克思恩格斯正是从这个前提出发，总结当时的社会实践和科学成果，根据无产阶级革命的需要，创立了科学的历史观——历史唯物主义。而历史唯物主义的创立，乃是经历了一系列否定之否定过程而实现的。在每一个否定阶段和周期上，不同的思想家都以自己的方式作出了自己的贡献。一般说来，为历史的唯物论的创立直接提供主要的思想材料的，既不是黑格尔，更不是费尔巴哈，而是近代英、法等国的资产阶级的经济学家、历史学家，特别是空想社会主义的理论大师圣西门。

三

基于上述，可见作者的论断是正确的，无可非议的。

也许有人说，作为历史唯物主义范畴，它既包括历史的唯物论，也包括历史的辩证法。历史本身就是唯物的辩证的，两者不可分离的。作者为什么把它们分开来分析呢？殊不知历史本身的面貌是两者的统一是一回事，而发现它们、承认它们的先后、迟早，又是另一回事，正如自然界本身是唯物的辩证的，但旧唯物主义只看到它的本质是唯物的，却看不到它的变化是辩证的；唯心辩证法又恰恰相反。要知发现、承认自然界是唯物辩证的统一体，人类竟付出了两千年的时间。

也许有人说，人们不是常说德国是马克思主义的故乡吗？为什么又能说马克思的历史唯物主义是直接继承英、法等国有价值的思想材料呢？这两种说法之间出现的矛盾又如何解释呢？作者认为，所谓德国是马克思主义故乡的命题，主要是从马克思主义的创始人马克思恩格斯是德国出生的意义上说的。正如上所述，更确切些说，德、英、法才是马克思主义的故乡。

也许有人还责难作者的看法是背离恩格斯关于德国古典哲学——主要是黑格尔的合理内核辩证法和费尔巴哈哲学的基本内核唯物论是马克思主义哲学的直接理论先驱的指示。然而对这个问题，要作具体分析，作者已在上面阐述了。这里还补充一点，即构成整体的某部分的特殊性，并不妨碍其整体的总称的成立，这是一个起码的马列主义常识。

最后，必须强调指出，弄清这个问题，对我们党具有重大的启示和现实意义。从启示来说：

其一，思想、观点、学说具有历史的继承性，要创造新的精神产品，一定要以前人达到的成就出发，以前人的终点为起点，但又不能躺在前人的成就上，也不能把前人的积极思想材料不加分析地全盘接受，还一定要根据自己的时代、阶级的需要，对它采取既克服又保留的态度（扬弃）。首先是克服原有的思想或旧思想中过时的东西（如果是反动的旧思想，就要从根本质上加以克服），保留原有思想或旧思想对新思想有用的因素。而保留也不是原封不动地保留，而是加以批判的继承，并且加以丰富和提高，这样新思想就高于原有的思想或旧思想，使自己超越前人。在这里，既要反对历史虚无主义，又要反对复古主义。

其二，思想是无国界的。因此吸取前人的成果和总结现代社会实践与科学的成果，必须反对民族沙文主义，又要反对盲目崇拜外国，反对妄自菲薄、数典忘祖。

其三，立论不能以人废言。一个新的学说的创立，既要批判继承正面的传统思想，又要从敌对思想的沙砾中觅取珍珠。作为一个理论家，既要在和自己才干相当的好友、共同战斗中增长才干，又要“从和他才智相当的人们……敌对的接触中得出自己的思想”（恩格斯《费尔巴哈与德国古典哲学终结》）。

从现实意义来说，表现于：在发展马克思主义毛泽东思想关于社会主义革命与建设的理论时，这就要求我们除了直接继承他们的科学体系外，也要直接批判继承其他社会主义国家的有关的正确理论，甚至包括非社会主义国家对自己有益的思想材料。只有这样，才能使中国化的马克思主义——毛泽东思想得到丰富、发展和更具有普遍指导意义。

在进行“两个文明”建设时，既要从依靠本国的经验和科学成果着眼，又要采取积极的态度引进外国的管理经验和科技成果，并加以发展。要以80年代国际的新的科技成果为起点，不要一切都靠自己从头做起。力求依据事物发展的不平衡和世界科学技术发展中心不断转移的客观规律，创造条件，使我国的科学技术发展走到现有先进国家的前面，实现20世纪末党所提出的两个宏伟目标。

（本文系“全国理工科学院校哲学理论讨论会”论文，写于1984年。全文由“目录”看，共分6部分。现只有其“之一”与“之二”收入，另4部分未见原稿，是编者没有查到，还是作者根本未曾动笔，待考。）

辩证唯物史观的立足点突破口及其划时代发现

——兼论人类最终的必然选择

一、马克思创立唯物辩证史观的立足点突破及其划时代发现

众所周知，马克思恩格斯的毕生精力和首要任务，就是致力于解答尚未解答的“历史之谜”（《巴黎手稿》）。通过对“历史之谜”的解答，把消灭剥削（高级阶段社会主义主要标志）、消灭阶级（完全共产主义主要标志），建立社会主义，共产主义制度变为科学理论，创始人之所以能作出这个划时代贡献，从理论角度本身来说，就在于创始人找到了创立唯物辩证的历史的立足点、突破口（从某种意义上讲，也是两块基石——下同），获得了一个划时代发现。其立足点即众所周知的，他把历史观建立在唯物辩证法基础上——社会存在决定社会意识，社会意识对社会存在有正值或负值的能动反作用。其突破口，是指明了人类是社会实践的动物，提出“社会生活本质上是实践”的论断。社会物质生产的发展决定整个社会的发展，从而为创立社会历史发展的唯物论原理提供了钥匙；与此同时认识文明人类“是政治动物”。恩格斯说：“马克思发现，……人们首先必须有衣食住”，同时也“从事政治……等活动”。而作为第二性的政治等的能动反作用或推动或阻碍社会物质生产的发展，从而推动社会历史曲折发展的辩证法的原理揭开了奥秘。创始人从上述突破口出发，实现了一个划时代的大突破——揭示了生产关系一定要适合生产力状况、上层建筑一定要适合经济基础状况的客观规律（含阶级的产出、发展、灭亡规律），从而建立了科学的辩证唯物的历史观。展开来说，创始人把唯物

辩证方法，把极其庞大复杂千变万化的社会现象，划分为物质的社会关系和思想政治的社会关系（即社会存在和社会意识），认为物质的社会关系决定思想政治的社会关系（即社会存在决定社会意识），又“把物质关系，归结为生产关系，把生产关系归结于生产力的高度”，从而揭示了“社会经济形态的发展是一个自然历史过程的伟大真理”。另一方面，又指出生产力的发展必须依赖一定的生产关系和一定的思想政治等上层建筑与之相适应。否则，物质生产就会受到阻碍，生产力就会受到破坏。从而揭示了生产关系一定要适应生产力的状况、上层建筑一定要适应经济基础的状况这两个贯穿人类社会始终的一般的客观规律，揭示了社会基本矛盾的运动规律，推动社会不断地曲折地由低级向高级发展。同时，创始人还运用两个理论武器，剥开一个秘密——即以历史唯物主义作指导，以唯物辩证方法作解剖刀，具体地解剖人类的最后一个剥削制度——资本主义制度，揭示了资产阶级无偿占有无产阶级创造的剩余价值的秘密。而资产阶级一天不占有剩余价值，就一天也不能生存。因此，资产阶级与无产阶级根本利益的冲突，只能缓和，不能调和，随着资本主义社会化的大生产的充分发展，必然导致无产阶级进行社会政治革命。并断言（科学地预见）无产阶级取得政权后，客观存在一个很长的过渡时期。在这个过渡时期内，必须建立和巩固无产阶级专政，逐步创造实现向共产主义过渡的条件，最终在全世界实现共产主义。由此可见，创始人创建的历史唯物主义的原理，体现了历史发展客观性和人们的自觉革命活动的统一，它与所谓“经济决定论”、宿命论和上层建筑决定论、唯意志论是格格不入的。又表明，从某种意义上说，创始人创立的历史的辩证唯物主义原理与科学社会主义学说是融为一体的。当前社会主义共产主义运动出现的挫折和曲折，从世界历史尺度看，用辩证法眼光看，是不足为奇的，科学社会主义的“原则是永存的”，最终胜利“只是延期而已”。而且它将使我们从中吸取教训，领悟进行社会主义共产主义运动，必须以科学社会主义理论作指导，从而坚定信心，以百折不挠的决心，顺应社会历史发展趋势，创造条件，把它的实现逐步转化为现实。在我国当务之急，就是借助已获得在手的政权，利用有利时机，深化改革开放，加速发展生产力，搞好两个文化建设。

二、端正对社会主义不科学和扭曲的认识

从国际工人运动历史上看，对社会主义的扭曲有来自右与“左”两方面。众所周知，从右的方面主要是格律恩的所谓真正社会主义，其主要观点是“要用人道主义取代共产主义，用爱解放人类”，消减“人的本质异化”，“创造”和实现“真正的完整的人”；再一个是以伯恩斯、考茨基主义为思想渊源的民主社会主义，其主要观点是宣扬阶级合作，用资产阶级民主取代无产阶级专政。当今国际工人运动中出现的人道的民主社会主义思潮，与上述两者有惊人的相似。从来自“左”的扭曲来说，主要是俄国的托洛茨基主义的“不断革命”，其主要观点是：俄国无产阶级与农民的冲突不可避免，只能“要工人政府”，直接实行社会主义革命。再是林彪鼓吹的“真正社会主义”，强调“越穷越革命”，“要灵魂深处闹革命”，实现“穷过渡”，“宁要社会主义的草，不要资本主义的苗”。对内要“横扫一切牛鬼蛇神”，对外要打倒帝、修、反，建立“唯我独革”的林记的社会主义等。当然，我们在这里所说的要端正对社会主义不科学和扭曲了的认识，主要是指人民内部而言的。毋庸置疑，人民内部思想上对社会主义所产生的不科学甚至扭曲了的认识，也或多或少自觉地受到了上述右或“左”的歪曲、扭曲的影响的。另一个重要原因是由于人们对科学社会主义理论缺乏正确认识和理解。从根本上说，是由于少了一点唯物辩证法，没有把社会主义理解为是一个由初级到较高级再到高级阶段的发展过程，对历史唯物主义的社会基本矛盾的整体运动原理的理解缺乏全面观点；再是人们对列宁制定的“新经济政策”的科学思想，缺乏认真的学习研究和加以借鉴。党的十一届三中全会前，全党对建设有中国特色的社会主义的理论自觉进行探索不够。因此，长期以来从“左”的方面来说，在某些领导同志和许多人们思想上，对社会主义的理解，难免存在一些不科学的甚至扭曲了的认识。这些认识，超过了现实的我国社会主义

发展的实际阶段，曲解了社会主义。

那么对社会主义究竟存在哪些不科学和扭曲了的认识呢？在作者看来主要是：

①社会主义公有制两种形式贯穿社会主义全过程论。在这种观点支配下，产生了单纯的所有制的社会主义化，标志社会主义制度的确立，进而认为不管生产力发展水平如何，而生产资料所有制的公有化越高越好，愈快愈好，否定个体经济存在的现实性。

②社会主义经济＝计划经济、资本主义经济＝市场经济论，否定竞争、市场经济、价值规律对社会主义经济的重要作用。

③靠工农“革命加拼命”建设社会主义新制度论。否定知识分子是工人阶级的一部分，否定科学技术是第一生产力。

④分配上要限制资产阶级法权论。认为分配上的平均主义是社会主义制度下的合理现象，体脑倒挂是社会制度下应有之义。

⑤社会主义制度下人人工作有保障论。实际上是实行干部铁坐椅制（甚至认为干部上升最少平调才合理），工作人员和工人铁饭碗制。

⑥利用外资是向资本主义国家屈膝投降论。

⑦设置经济特区是发展资本主义论等。

与此同时，也存在来自“右”的对社会主义的错误认识和扭曲，主要有：

阶级社会存在共同的人性论。强调社会主义时期必须反对阶级论，提倡抽象的人性论、人道论、人权论。

中国应走民主社会主义道路论。

西方民主制度优于社会主义制度，迟和平演变不如早和平演变论。

社会主义制度与资本主义制度趋同论等。

如上所述，显而易见，它同科学社会主义理论是不相容的。为了尽最大可能加快经济建设步伐，建设有中国特色的社会主义，当务之急，必须端正诸如上述对社会主义的不科学和扭曲了的认识，否则其后果是不堪设想的。

（本文原载于《马克思主义原理研究》，《社会科学战线》1993年第6期。）

当代中国马克思主义哲学构思及提要

目录

前言

创建当代中国马克思主义哲学，是国际共产主义运动和建设有中国特色的社会主义提出的需要，是马克思主义哲学横向纵向发展的必然逻辑。

当代中国马克思主义哲学具有正统的马克思主义哲学感，强烈的现代感，鲜明的民族特色感。

创建当代中国马克思主义哲学，既反对把马克思主义哲学体系、原理、规律、范畴凝固化，又反对把它推倒重建的虚无主义态度；既坚持对它进行调整、修正、补充和深化，又防止把非哲学（非哲学世界观方法论）的具体科学内容塞进它的体系之内，使它成为新的包罗万象的古代自然哲学。

所谓正统的马克思主义哲学感，即指辩证唯物主义体系一体化，辩证法的三大规律、唯物辩证法的历史观、唯物辩证的自然观，建立在实践基础上的唯物辩证认识论等经过历史检验而表现具有真理性的基本观点，仍闪烁其光辉。

所谓现代感，即指把现代前沿科学和国际共产主义运动的新经验上升到哲学高度，并吸取了现代西方哲学有益的思想材料，使之体现于当代马克思主义哲学体系之中，从而显示出更加精确化的特征。

所谓民族特色感，即指将中国古代传统哲学的重大成果——人生哲学和丰富的范畴（中国哲学范畴包含的信息量大以及长于宏观思维等）加以改造提高，纳入马克思主义哲学体系之中，使马克思主义哲学表现出中华民族的色彩。

当代中国马克思主义哲学，通过它的体系的进一步科学严谨化和系统化、深刻化，为国际共产主义运动开展和党的正确路线政策作哲学论证，不追求简单地直接为现行政策作注脚，也不追求用现实问题的哲学思考，取代理论哲学的地位。

新的尝试是：在当代中国马克思主义哲学序言部分，对哲学、马克思主义哲学、当代马克思主义哲学的含义，均作了较新或新的概括。其中第一次把现行的马克思主义哲学与唯物辩证法的定义有所区别开来。对哲学的研究对象，增加了新的领域（人及其发展），对哲学的基本问题，增加了新的层次（区分为根本矛盾和基本矛盾等）。

关于创始人创立的早期马克思主义哲学体系概念，提出了不同于斯大林和50年来流行的看法。

阐明了马克思主义哲学的直接理论来源与马克思主义的其他两个组成部分的直接理论来源互相渗透的观点。

指明了当代中国马克思主义哲学是在哲学形态上发生了阶段性的变化的马克思主义哲学。

在体系上把世界观和人生观相对地区别开来又统一起来，从而构成知行统一的唯物辩证论体系。

在上编中，把辩证唯物主义术语改为唯物辩证论术语。与此相适应，把对唯物论的揭示只是作为辩证法的前提加以阐明，而把着眼点或重点放在辩证法、方法论部分。

在上编第一章中，对具体意识的内容增进了具有主观因素成分的见解，提出了进行思维模拟的辩证唯物主义三个基本原则。

在上编第二章中，把事物的普遍联系，分解为纵向和横向两个方面，把发展规律区分为三个层次，并确定了划分的主要标志。同时，进一步提出了横向联系的两个新的基本规律（交相制约互为中介、系统依存和转化），为现代科学的新发现（网络结构与系统结构）提供了哲学依据；对传统的纵向发展的两个基本规律（质量互变、否定之否定）术语作了修正和表述，并对其中某些原理，提出了若干自己的不同看法。在对立统一规律中也表达了自己的某些见解。

对辩证法的一般规律和范畴体系作了新的调整……

在下编中，对唯物辩证论一体化体系提出不同于现在流行的它所包含的新的三个分支。

对本编三章各章的体系结构和观点都提出了自己的一些设想和看法，其中对“唯物辩证的人生观”以及“认识与逻辑”等问题，作了更多一些的新的探索性的尝试……

创建当代中国马克思主义哲学体系是项伟大的创造性的系统工程，它只能靠集体主体长时间耗费心血去逐步完成，决非某个人短时间所能为力，更重要的是需要有关领导自始至终的关注和支持。

当代中国马克思主义哲学的现行构思和草拟的提要，是在省内外许多前辈、学者和同行的鼓励与帮助下进行的。这份构思和提要的初步提出，是吸收了一些持相同观点的同志的有益见解，同时期待更多的具有共同看法的同行的大力襄助（共同修改，分工撰写）。

这份与同志们见面的极不成熟的《当代中国马克思主义哲学的构思及提要》（马克思主义哲学现代化、中国化、更加科学化构思），是为了给我校编写马克思主义原理哲学部分教材时作一点“参考”而仓促成文的，从而在写法与内容处理上，也不能不临时作一些权宜的改变。凡此种种，错误定多，竭诚欢迎批评指正。

绪论

总论

哲学的本质特征是关于世界观、人生观的系统化及其相互矛盾关系的理论体系。

社会实践、世界观、人生观、科学和哲学，具有从属性和可逆性关系：

社会实践⇄世界观、人生观⇄科学⇄哲学。

哲学内部存在着根本矛盾、基本矛盾、主要矛盾的多层次。根本矛盾与基本矛盾及主要矛盾不能混同，哲学内部的主要矛盾是具体的历史的。

传统哲学→马克思主义哲学→当代中国马克思主义哲学，是哲学自身演进的逻辑发展。

马克思主义哲学是近代阶级斗争和科学发展具有划时代变化的产物，其理论来源已源远流长，其直接来源与马克思主义其他两个组成部分的来源互相渗透。

当代中国马克思主义哲学既坚持了马克思主义基本原理，又增加了现代实践和科学的哲学总结，同时还批判吸取了富有特色的中国古代哲学的积极成果和现代西方哲学等有益的思想材料，进而对传统马克思主义哲学体系、原理、规律、范畴进行调整、修正（增损）、丰富和深化，使之成为富有现代感和中华民族特色的更高的马克思主义哲学。

提要

一、哲学的定义、层次、形成和研究对象

1．哲学逻辑概念的多义性：

从认识论角度讲，表明聪明、智慧、高深奥衍；

从本体论角度讲，表明最本质、最根本；

从方法论角度讲，表明最一般的规律、方法。

作为宇宙观的哲学概念，体现了上述三者的综合和抽象。

2．哲学定义的高度概括性：哲学是关于世界观的系统化和具体科学最一般抽象化的理论体系，或者说是关于世界观、人生观的系统及其相互关系的学说。

3．哲学研究的多层次性：理论哲学、哲学学（哲学的科学）、应用哲学。

哲学形成的逻辑：

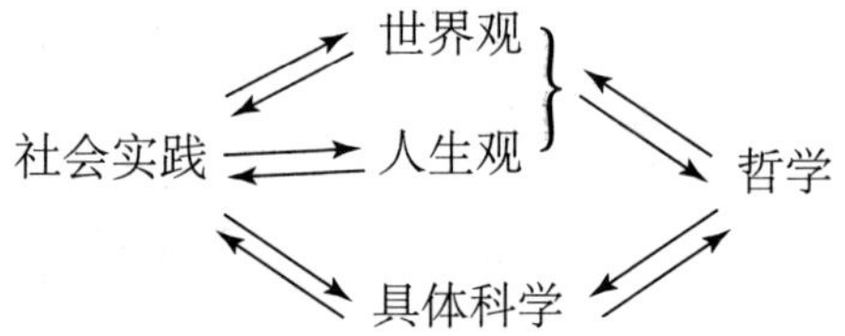

或社会实践→世界观、人生观→科学→哲学。

4．哲学研究的矛盾对象的层次性：

根本矛盾（最高问题）——物质和意识（存在和思维）的矛盾，两者互相对立又互相渗透，互相转化，从而派生出若干基本矛盾（贯穿人类全过程）。

把握哲学的根本矛盾及其相互渗透和转化的理论和实践指导意义。

基本矛盾：唯物主义和唯心主义（物质和意识对偶范畴同唯物主义与唯心主义对偶范畴的定义不能等同）及其不同历史形态；

辩证法和形而上学及其不同历史形态；

主观唯心主义和客观唯心主义及其不同历史形态；

可知论和不可知论及其不同历史形态；

经验论和理性论及其不同历史形态。

上述基本矛盾在不同国家、不同历史条件下必有一个上升为主要矛盾地位。

二、马克思主义哲学的产生及其同旧哲学的本质区别

1．马克思主义哲学是关于马克思、恩格斯的哲学观点的体系。

马克思和恩格斯创立的马克思主义哲学体系是辩证唯物主义体系，包括辩证唯物的历史观、辩证唯物的自然观、辩证唯物的认识论。现行体系是30年代起苏联表述的辩证唯物主义、历史唯物主义体系。

2．马克思主义哲学是人类历史发展到资本主义时期的必然产物。

阶级基础——革命无产阶级同资产阶级斗争的需要和经验的哲学总结；

科学前提——19世纪自然科学空前发展，主要是三大发现；19世纪的思维科学由静态思维转向动态思维，由分析或综合转向既分析又综合，由归纳或演绎转向既归纳又演绎的演进。理论来源是全部人类哲学思想特别是十五六世纪人文主义、十七八世纪欧洲的经验论和唯物理论的积极成果。其直接理论来源除批判继承19世纪的德国古典哲学的成果外，同时还包括批判吸取了19世纪的法国空想社会主义的哲学思想和英国古典的政治经济学中有价值的观点材料。

马克思主义哲学与旧哲学的区别：

马克思主义哲学实现了三个有机的统一；

唯物主义与辩证法的统一，建立了辩证唯物主义；

辩证唯物的自然观和辩证唯物的历史观的统一，建立了历史唯物主义；

辩证唯物的实践观与认识论的统一，建立了能动的革命的反映论。

马克思主义哲学的根本特点：实践性、批判性、开放性、国际性。

三、《当代中国马克思主义哲学》

1．当代中国马克思主义哲学的含义

当代中国马克思主义哲学是坚持辩证唯物主义基本观点，包含中国传统哲学特色，概括近三四十年来国内外工人运动经验和现代科学成果发展了的马克思主义哲学，在哲学形态上，它是对马克思主义哲学实现了阶段性和具有新特征的变化的哲学；在原理和结构体系上，它是对马克思主义哲学进行了调整、修正、补充和深化了的哲学；它的研究对象，已超越自然、社会与思维的限

制，是关于自然、社会、人和思维（知和行）的普遍本质及其横向联系和纵向发展的最一般规律的科学（它是关于现代自然、社会、人、思维科学和横断学科、综合性学科、边缘学科等科学的最高概括）。

2．当代中国哲学与三种哲学的关系

它与马克思主义哲学的关系，大致雷同中国古代的阴阳五行说、精气说、元气自然说、元气阴阳说等体现中国古代的元气本体论一样。它是马克思主义哲学——辩证唯物主义一体化的逻辑发展，并赋予了新的特征。马、恩阶段主要是侧重彻底贯彻唯物的本体论（指首先着眼建立历史唯物论）。进而建立新的实践唯物主义体系。马克思恩格斯的早期哲学著作显示了这个特征。列宁阶段主要是侧重革命的能动的认识论的揭示，进而建立战斗的唯物主义体系、《唯批》的前三章的副标题、《十六要素》、《谈谈辩证法》、《论战斗唯物主义》等著作显示了这个特征。当代中国哲学主要是侧重唯物辩证方法论的揭示，其中主要是侧重揭示普遍性与特殊性（一般和个别）相结合的方法，进而建立实现科学世界观与方法论相统一、知和行相统一的完整现代化的一总三分的唯物辩证主义体系（包括人生观在内），《矛盾论》、《实践论》、《论共产党员修养》、《邓小平文选》的某些文章显示了这个特征，简称为知行统一唯物主义体系。

当代中国哲学和中国古代传统哲学的联系是接枝与被接枝的关系。“儒家舍人生哲学无学问”（梁启超《先秦政治思想史》），“中国哲学家所思所议，三分之二是关于人生问题”（张岱年《中国哲学大纲》）；儒家的元气阴阳说的本体论；“一物两端”、“一分为二”、“合二而一”、“合二以一”的方法论；“行高于知”、“知行相资以为用”的知行统一论；“天人交相胜”、“理势合一”的历史观；“性相近”、“习相远”、“气日新”、“故性亦升”的人性论；“先天下之忧而忧，后天下之乐而乐”的人生观等，包含了不少的朴素的自发的唯物辩证法因素，它成为维持我国漫长的封建社会统治的重要精神支柱。当代中国马克思主义哲学对它进行批判地继承和革命地改造。

当代中国马克思主义哲学同现代西方哲学的关系存在着借鉴与被借鉴的关系。在19世纪德国古典哲学结束后，现代资产阶级为了巩固自己的阶级统治，为了发展生产和科学，除了极力发展唯心主义形而上学外，也还会自发地发展唯物主义和辩证法等积极因素。当代中国哲学对它必须吸取其中有价值的思想材料，以丰富自己的营养。

3．创建当代中国哲学依据的基本原则

一是实行坚持与发展相结合的原则。首先是坚持。马克思主义、毛泽东思想的哲学基本原理是人类文化和哲学发展的最高成就，现代科学和实践的发展，进一步证明了它的正确性。要防止第二次新物理学危机的出现。另一方面马克思主义哲学是随实践认识的发展而发展，没有发展，就谈不到坚持，不发展，就斩断了它的生命力。要防止教条化和僵化。

二是实行对三四十年来国际国内工人运动经验进行反思和对现代科学成果进行哲学概括相结合的原则。（50年代是当代中国哲学的历史起点）近三四十年来，人类历史发生了具有世界性的社会变革（东欧和东方一系列国家的无产阶级取得政权），把马列主义普遍真理与各国具体实践相结合，已成为首要的问题。首先是我国以及其他社会主义国家，既取得了丰富的经验也存在不少教训。必须对这些经验教训进行反思，并提到哲学高度加以认识。找出马克思主义哲学应该进行哪些修整和补充。三四十年来现代科学（特别是自然科学）出现了划时代的变化：科学的高度分化而又高度综合，横断学科、综合性学科、边缘学科等前沿科学的出现，人类思维由动态思维到立体网状动态思维的转向等，要求马克思主义哲学同样必须从世界观的高度进行概括，并使之补充、丰富和深化于自己的体系和原理之中。

三是实行把世界观与人生观既区别开来又统一起来使之融汇为一个统一的哲学体系的原则。哲学的根本问题是物质和精神，从人来说，既不单纯是物质，也不单纯是精神，而是两者的统一。哲学除了研究物质和精神及其相互关系外，理应同时把人作为研究的特殊对象。实践证明，所谓世界观就是人生观的说法是欠妥当的。科学的世界观与革命的人生观是可并提的（周恩来《关于知识分子问题的报告》）。世界观不能代替人生观（反之亦然）。同理，思想品德教育不能取代其最高层次的人生哲学，中、西方哲学史关于人和人生观的探讨占着重要的地位。现代西方哲学存在主义、人格主义关于人的哲学的似是而非的阐述等，决定了当代中国哲学必须把人的本质、人在宇宙中的地位、价值、意义、人的发展规律以及人生观和世界观在形成和发展中的相互关系，作为一个相对独立的课题进行唯物辩证的揭示，并纳入自己的体系之中。否则在理论体系上是不够完整的，在实践上是不利于无产阶级实现共产主义理想和目标的。

4．当代中国马克思主义哲学体系设想框架

当代中国马克思主义哲学体系在现行的马克思主义哲学体系基础上进行调整、修正、补充和深化（马克思的哲学体系是辩证唯物论主义——列宁；同时革命导师还分别建立了历史现象的辩证唯物论；写了自然辩证法的有关论文札记和辩证唯物认识论的重要篇章）。在内容上，舍弃现行体系中非哲学部分——政治经济学、科学社会主义内容，增加人生观、科学思维一般规律等方面的哲学概括，并以马克思主义作指导，运用系统层次观点组织其结构。其体系可以设想为新的一总三分：

一总：唯物辩证主义——关于整个世界的哲学宇宙观。

三分：①唯物辩证的世界观（自然观、历史观）——关于客观世界的哲学；

②唯物辩证的人生观——关于主观世界的哲学；

③唯物辩证的知行观——关于主观与客观具体的历史的统一的哲学。

当代中国马克思主义哲学通过上述系统化的理论体系论证我国和国际工人运动正确实践的正确性，避免过于简单地只是把当代中国哲学直接为现行政策作注脚的做法。

上编 唯物辩证论

总论

当代马克思主义哲学的任务，是从宇宙观的高度揭示形形色色千变万化的宇宙的唯物本质及其普遍联系、无限发展的辩证法。因此，采用唯物辩证论比沿用为了区别机械唯物而采用的现行的辩证唯物主义术语，更能直接体现当代中国马克思主义哲学的本质。辩证唯物论术语给人以落脚本体论之嫌，唯物辩证论术语给人以落脚辩证法（方法论）之实，更有利于区别旧哲学。

第一章 唯物辩证法的基础——辩证的彻底的唯物论系统

简要说明

辩证的唯物论范畴是一个包含物质观、运动观、时空观等多要素的系统，必须从它们的相互作用中了解它的本来面目和实质，世界是有规律的相互联系无限发展的物质世界。

“存在”、“物质”、“实体”、“信息”不能混同。

哲学物质范畴与自然科学的物质概念又联系又区别。

哲学上的物质唯一特性是具有客观实在性（离开意识而客观存在又能被意识所反映）。其根本属性是规律的运动，其存在的形式是时空，时空的特性随着物质运动的变化而变化。

辩证唯物论坚持从联系和发展中考察物质存在，因而把世界看成是活生生的物质世界；坚持从哲学的根本矛盾（最高问题）——物质和意识的对立统一关系，从本体论又从认识论高度把握物质范畴的含义，并把它贯彻到各个方面去，因而赋予这个范畴以最大的普遍性，并决定了它随着人类实践和科学的发展而深化；坚持从世界多样性的表现形态的内在同一性去了解它们的统一基础，因而把世界了解为多样性的统一，逻辑地引申出辩证的唯物主义的一元观；坚持意识根源于物质和具有能动反作用，因而要求人们一切从客观实际出发，又要发挥主观能动性的认识和改造作用。

提要

一、辩证的物质观

（一）哲学物质范畴的科学含义

哲学物质范畴同自然界的物质特殊结构不同层次的概念的联系和区别。“存在”、“实体”、“信息”不能取代“物质”范畴。

哲学物质范畴的历史演进。

中国哲学史上关于物质范畴的积极思想成果。

马克思主义哲学关于物质的科学定义及其理论与实践指导意义。

（二）世界的物质的多样性统一

自然界是物质的直接的具体的表现形态；

生命现象、反物质、反粒子、核力场、引力场、电磁场等现象，均是物质的表现形态；

社会是同自然界有重大差别的物质表现形态；

意识现象是物质的特殊表现形态；

意识本质上是人脑对物质的反映。意识现象是通过观念形态表现的物质。

作为社会细胞的人是物质直接的与它的特殊表现形态的统一；人的肉体本身是物质的自然现象形态；人的意识是经过人脑改造过的物质。

（三）运动是物质的根本属性，时空是物质的存在形式

1．运动观

从哲学高度了解运动的含义。

用对立统一观点考察物质与运动、运动与静止、各种运动形式之间的辩证关系。

分子物理学、热力学第三定律，量子力学，多层次地证明了运动的绝对性。

热力学第一定律（能量守恒转化定律）证明了各运动形式在一定条件下互相转化。

热力学第二定律否定了“热寂说”。

“还原论”、“社会达尔文主义”是对马克思主义运动观的歪曲。

中国哲学史上运动观的积极思想成果。

马克思主义运动观的理论和实践指导意义。

2．时空观

时间空间的含义。时间空间的客观性。

哲学上时空概念的绝对性，自然科学关于时空观念的相对性。时间空间的特性随物质运动的变化而变化。

罗巴切夫斯基几何学、黎曼几何学、爱因斯坦的相对论（狭义和广义）、天文学，证明了时间空间特性的可变性。

无数的有限构成无限的宇宙。

中国哲学史上关于时空观的积极思想成果。

马克思主义的时空观的理论和实践指导意义。

二、意识的物质本质和能动反作用

（一）意识的生理器官——人脑及其机能是高度完善高度发展的物质——是物质（自然、社会）长期发展的产物。首先是自然界长期发展的产物，经历了五个阶段四次飞跃。人的意识是社会的产物。

（二）意识的本质是人脑对存在的反映的制作。

（三）意识具有能动地认识和改造世界的作用。总的来说，意识的能动反作用不能超越物质条件的许可。反对机械论与唯意志论。

（四）思维模拟从另一角度证明了意识根源于物质。思维模拟动能的优越性和进行思维模拟依据的辩证唯物主义三个基本原则。思维模拟的物质、时代的制约。中国哲学史上关于意识的积极思想成果。意识的本质和能动反作用的理论和实践指导意义。

第二章　唯物辩证法

简要说明

唯物辩证法是关于世界横向联系纵向发展最一般规律的科学，唯物辩证法是由一系列规律、范畴构成的一个多系统多层次的科学体系。唯物辩证法的科学体系是不断完善和深化的。世界的普遍联系表现在纵向（变化发展）和横向（并存事物的相互制约）两个方面。对立统一规律是贯穿纵横两个方面的最根本规律（发动机式或总纲式），它揭示纵向发展的动力和横向联系的大骨架：前者的基本规律有传统的量变质变规律（飞跃式），它揭示事物发展的普遍形态或状态，否定之否定规律（螺旋式），它揭示事物发展的趋向或道路；后者也必然存在类似的规律，社会实践现代科学（特别是横断科学）和哲学的发展，日益证明了存在着交互制约互为中介规律（网络式），它揭示并存事物联系的形式或结构，系统依存和转化规律（套环式），它揭示了大小宇宙无限舒展的画面（包括无限可分性）。纵向和横向联系的规律是诸多的。规律、基本规律、根本规律组成包含三个层次的辩证法的规律系统。

唯物辩证法范畴是构成唯物辩证法的细胞，是构成其规律系统的要素。后者所包含的范畴只是前者的一部分（无疑是重要部分）。它们存在内在联系，同时各规律的重要范畴之间也存在相互联系（同样有待于揭示）。因此，作为根本规律的体现与整个规律系统的补充，尚存在着具有相对独立意义而又统一的三类（三个方面）同序列范畴系统：具体事物自身内在外表之间，并存事物之间的横向联系和新旧事物的纵向联系的逐步深化的同序列范畴。

上述规律系统与范畴系统互相结合和渗透，构成了唯物辩证法相对完整的科学体系，逐步揭示了具有无限性的立体动态网状结构的宇宙的本来面目，从而促使人们更好地从总体上把握、掌握唯物辩证法，全面而具体地历史地运用唯物辩证法。

提要

一、唯物辩证法是由一系列规律范畴构成的体系

规律的含义和特点：

唯物辩证法规律是一个区分为规律、基本规律、根本规律三个逐步深化的层次系统。

规律、基本规律、根本规律区分的主要标志。

范畴的含义和特点、唯物辩证法范畴的含义。

唯物辩证法范畴是一个由单一范畴、对偶范畴、同序列范畴构成的范畴系统（体系）。

对立统一规律（包括对立与统一范畴）贯穿纵横两个方面外，一般规律、基本规律、对偶范畴、同序列范畴或表现于横向方面或表现于纵向方面。

唯物辩证法的多层次的规律、范畴在唯物辩证法体系中有不可互相替代的地位和作用。

二、唯物辩证的规律系统

（一）根本规律——对立统一规律

简要说明

没有矛盾就没有世界，“不讲矛盾的哲学不是好的哲学”（黑格尔）。

矛盾关系即既对立又统一关系——同一性和对立性（斗争性）的关系。两者相结合是事物相互联系的基础和发展的根本动力。现行的同一性、斗争性和转化三个范畴直接联系起来，容易造成矛盾就意味着转化、质变，不包含着细小的变化。因此，理应改为把同一对立与运动直接联系起来。运动范畴既包含细小的进化，也包括矛盾双方地位的转化。进化、转化是有条件的。

提要

1．内部矛盾、外部矛盾的对立统一关系：

矛盾的含义。

内、外部矛盾的辩证统一关系。

内、外因辩证统一原理的理论和实践指导意义：在理论上反对外因论与纯内因论，在实践上指明了实行独立自主与对外开放的重要性。

2．矛盾的普遍性与特殊性的对立统一关系

矛盾的普遍性与客观性：矛盾的客观性与人为地设置对立面。矛盾的普遍性与普遍性的矛盾；矛盾的普遍性与现实性矛盾。

具体矛盾有一个发展过程：同一、差异、对立、对抗。对这几个阶段的界限不能混同，又不能僵死地看。

矛盾普遍性原理的方法论意义。

矛盾的特殊性和具体性。

主要矛盾和矛盾主要方面及其相互转化。

坚持两点论重点论，反对一点论均衡论。

抓主要矛盾与抓中心环节的联系与区别。

抓中心环节带动一般、注意一种倾向防止另一种倾向发生的理论和实践指导意义：在理论上反对了一点论、均衡论、折衷主义；在实践上证明党的十一届三中全会实行工作重点转移与确定农业、能源和交通、教育和科学为战略重点的正确性。

矛盾的普遍性（共性）和特殊性（个性）的对立统一关系：两者的相互联结是事物存在的根本特征。

关于事物共性个性、绝对相对辩证统一的道理是关于事物矛盾问题的精髓。

建设有中国特色的社会主义和具有中国特色的现代马克思主义哲学。

3．矛盾的同一性和对立性的对立统一关系

简要说明

把斗争性修正表述为对立的必要性和科学性：斗争性一词是借自生物学、政治学的术语，具有固有的狭隘性。实践证明把它提高到哲学范畴的地位容易导致片面性，必须用对立性一词去取代它。

提要

同一性和对立性的科学含义及其辩证关系。

同一性指矛盾双方在一定条件下相互依存，在一定条件下互相渗透。对立性指相关性的相异、相反性的相异。

“同一”、“对立”、“进化”与“转化”都是有条件的。同一性和对立性的辩证统一：没有对立性就没有同一性，同一性寓于对立性之中。从对立中把握同一，从同一中把握对立。

同一性和对立性相结合是事物互相依存的基础和发展的根本动力。它们在事物的联系和发展中的地位是不同的。当事物处于统一、巩固或形成、上升、旺盛时期，同一性居于主导地位；事物处于分解、分裂和下降、衰亡和变革时期，对立性（斗争性）居于主导地位。联系就是斗争或绝对不可分离的观点是形而上学的。

中国哲学史上关于对立统一思想的积极思想成果。

对立统一规律的理论和实践的指导意义。

（二）横向联系、纵向发展的基本规律系统

简要说明

关于揭示并存事物之间的联系的范畴是一个由抽象、模糊、贫乏到愈来愈具体、清晰丰富的过程。互相联系——普遍联系——网络联系——系统结构联系。后两者是20世纪的重大科学发现，揭示它们各自的哲学依据是实现哲学现代化的一项重要课题。我们补充提出的下述两个横向基本规律，即是从这个方面作出的探索性尝试。

1．横向联系基本规律之一——交相制约互为中介规律

简要说明

存在交相制约互为中介基本规律的客观性。网络结构理论是20世纪20项重大发现之一，为它提供哲学依据具有现实紧迫性。现行的普遍联系范畴，本质上是说明联系的多样性，而且主要是侧重于纵向方面。传统的马克思主义基本规律，更难以为它提供说明事物、现象交相制约互为中介是一种客观现象，它贯穿宇宙的各个领域及其始终，把它提高到横向基本规律的地位，正是为网络结构提供坚实的哲学基础。

提要

“制约”（联系）、“中介”的科学含义。

事物现象联系的多层次性、错综性。

联系的网络式和链条式的辩证关系。

网络式联系的多样性。

中国哲学史上关于交相制约的互为中介规律的积极思想成果。

交相制约、互为中介规律的理论和实践指导意义。

2．横向联系基本规律之二——系统依存和转化规律

简要说明

现代横断科学的巨大成就是系统论、信息论和控制论。控制论、信息论都可包括到广义系统论中去。系统论实际已成为一种系统方法论（它的产生，在一定程度上改变了人们的思维方式）。根据马克思主义关于世界观与方法论相一致的原则，必须承认系统论具有哲学方法论的意义。反过来说，系统方法所依据的系统规律，自然可以成为唯物辩证法的基本规律。把系统规律表述为系统依存和转化规律，就进一步为宏观世界的无限性与微观世界的不可穷尽性提供牢固的哲学依据。它表明宇宙是一个多向性的无限舒展着的动画面，表明微观世界的不可穷竭性。

提要

系统的含义。

系统的特征：集合性、层次性、结构立体性、有序性、整体功能性。

系统是相对稳定性（闭路反馈系统）和开放性的统一。

大小系统的相互依存和转化。

系统依存与转化现象的普遍性与多样性。

中国哲学史上关于系统论的积极思想成果。

系统依存和转化规律的理论和实践指导意义。

3．纵向发展基本规律之一——量、序、质交互变化规律

简要说明

任何事物都是量、序（结构形式）、质的统一体。量变到一定关节点引起序变；序变到一定关节区引起质变，这是普遍现象，序变会引起各成分之间距离密合程度不同（在物体上表现在化学结合能在量上不同），因而序变同样会引起量变和质变。各成分之间离合程度改变会引起结构形式发生某些偏移，因而会发生质变。这两种情况均是常见现象。据此，理应把质量互变规律修正表述为量、序、质交互变化规律。这将有助于人们主动地改组事物陈旧的结构形式或推动原有结构各成分之间的密合程度，使事物发生质变。在工作中就会尽

力掌握量变关节点、序变关节区，创造可能的条件，组织最佳结构，取得最优效果。

提要

量、序、度、质的含义。

量变、序变与质变的辩证关系。

量变、序变、质变的基本形式。

量变、序变、质变交互变化规律：量变→序变→度→质变；序变→量变→度→质变。

量变序变或序变量变是质变的必然准备，质变是量变序变或序变量变的必然结果。

总的量变过程中有部分质变。

质变过程中有量的扩张。

量、序、质交互变化形式的多样性。

中国哲学史上关于量、序、质相互变化规律的积极思想成果。

量、序、质交互变化规律的理论和实践指导意义。

4．纵向发展基本规律之二——肯定否定再否定规律

简要说明

把由矛盾引起的发展道路表述为否定之否定规律术语，虽显示了发展道路的曲折前进性及周期性，但对事物的起点问题忽视了。60年代毛泽东把它表述为肯定否定规律术语，表明了事物具有起点的优点，但没有显示事物发展的曲折前进性和周期性，甚至给人一种发展过程上肯定否定具有无限循环性的感觉。新的表述综合了上述两种表述的优点，克服了它们的局限性，显示出了新的生命。新的表述彻底否定了所谓“否定之否定不是辩证法三大规律之一”、“只有肯定否定规律才是三大规律之一”的错误见解。

提要

唯物辩证法的否定观的实质和两个根本标志。

形而上学否定观的要害和两个根本错误。

肯定——否定——再否定，发展的螺旋式波浪式的上升前进运动。

肯定——否定——再否定规律的含义、特征。

由矛盾引起的发展必然导致再次向对立面的转化，而显示出周期性。在周期性质来说，高于前两个阶段；在外表形式上与肯定阶段相仿佛、相近似。

肯定——否定——再否定过程的多样性。

中国哲学史上关于发展的螺旋式波浪式原理的积极思想成果。

肯定——否定——再否定规律的理论和实践指导意义。

（三）横向纵向联系一般规律

简要说明

从逻辑形式讲，把每对存在着对立统一关系范畴加以展开就是规律，两者是同义的。因此，一般规律是诸多的。

一般规律也存在于具体事物内在外表之间和并存事物之间的横向联系方面和新旧事物的纵向发展方面。

提要

1．横向联系常见规律

内容决定形式规律；本质决定现象规律；

偶然性表现必然性规律；原因引起结果规律……

2．纵向联系常见规律

新陈代谢规律；现实多种可能规律……

三、唯物辩证法范畴系统

提要

范畴具有视角的意义，真理是在范畴的全体之中。

唯物辩证法的多方面多层次的范畴系统，表现在下列四个方面，每一系列范畴体现了从抽象、模糊、贫乏到愈来愈具体、清晰、丰富。

（一）矛盾——基本矛盾——根本矛盾。

（二）具体事物内在外表之间的横向联系逐步深化的同序列范畴：形式和内容→结构与性能量和质→现象与本质→个性与共性（包括个别与一般、特殊性与普遍性、相对与绝对）→偶然性和必然性→可能性与现实性。其中形式、结构、量、现象、个性、偶然性、可能性和内容、质、本质、共性、必然性、现实性存在着逐步递进的差别。

（三）并存事物横向联系逐步深化的同序列范畴：时空关系→互相作用→因果制约→普遍联系→系统结构……

（四）新旧事物纵向联系逐步深化的同序列范畴：变化→发展→转化→质变→飞跃→扬弃→新生。

（五 ）辩证法范畴上升的必然性与逻辑进程：单一范畴→对偶范畴→同序列范畴→范畴体系。

下编 唯物辩证的世界观、人生观、知行观

总论

唯物辩证论是关于整个宇宙的本质和状况的哲学抽象，具有最大的普遍性。但是作为最一般的哲学世界观方法论，不能直接套在客观物质世界（自然、社会）具有主体性的人及其相互关系上。要认识两者及其相互关系，还必须把握它们各自及其相互关系上的特殊本质和特殊规律。上述一般和特殊，不能互相替代，必须同时把握。因此在揭示运用于整个宇宙的唯物辨证论后，还必须进一步揭示唯物辩证的自然观、历史观，唯物辩证的人生观和唯物辩证的知行观，从而实现人类能动地认识和改造世界，使自己获得自由的崇高目的。

第一章　唯物辩证的世界观

简要说明

从严格意义说，世界观是属于具有主体性的人对客观世界（自然、社会）及客观世界的反映——思维的根本看法。人对自身的本质认识和走什么道路的

总看法是属于人生观问题。这里所说的世界观是指对客观存在的自然、社会以及思维现象的根本看法。唯物辩证论认为自然界和社会都是唯物辩证地向前发展的。

一、唯物辩证的自然观

简要说明

自然界是一种物质现象是不存在异议的。问题是，产生自然现象的本原、始基是什么，它本身是否存在变化发展，却存在着分歧。唯心主义认为是神的创造和支配，唯物主义持否定态度。古代朴素唯物主义的自然观，近代机械唯物主义的自然观，均具有一定的进步性和历史局限性，唯物辩证论认为自然界是物质自身的存在，它具有自己的基本矛盾与发展规律，人们要认识自然，服从自然，又可改造自然，达到人和自然和谐统一。

提要

（一）唯物辩证论的自然观是自然观的根本变革

自然观的根本问题：两种自然观的对立——唯物主义与唯心主义的自然观。

唯物辩证的自然观的根本观点：自然界的物质性系统性和演化的辩证性。

唯物辩证的自然观是人类进步的自然观——古代朴素唯物主义的自然观和近代机械唯物主义自然观的总结和升华。

（二）自然界的物质结构的层次系统

自然的物质形态——实物与场。

自然物质系统结构的层次无穷性。

自然界表现为全息系统性。

（三）自然界的基本矛盾系统

无机界——吸引和排斥。

有机界——遗传和变异。

有机界与无机界之间——同化和异化。

（四）自然界辩证演化的规律系统

自然演化的绝对性与稳定的相对性相统一。

自然演化的前进性与循环性超循环性相统一。

自然演化的周期性与无限性相统一。

（五）天然自然与人化自然

（六）中国哲学史上关于自然观的积极思想成果

（七）唯物辩证的自然观的理论和实践指导意义

二、唯物辩证的历史观

简要说明

社会历史现象是一个特殊的活的有机体，存在着特殊的矛盾结构、动力和规律系统及其物质承担者——人群和个人所起的性质大小不同的历史作用。必须坚持用历史唯物辩证观点考察社会历史的逻辑发展，既反对天命、天理史观，又反对英雄史观。

唯物辩证历史观的基本观点：社会存在决定社会意识，社会意识具有能动反作用。

社会发展遵循生产关系一定要适合生产力状况的根本规律，从而决定了社会历史是个自然历史进程，它与天命史观、英雄史观格格不入。另一方面，又承认劳动人民和反映生产力发展要求的先进阶级、集团，在不违背社会客观发展规律前提下，通过由自发到自觉斗争（阶级社会表现为阶级斗争、社会革命），总是推动历史或快或慢地曲折地由低级到高级向前发展，它又与宿命论、循环论毫无共同之处。

提要

（一）唯物辩证历史观是历史观的根本变革

历史观的根本问题。两种对立的历史观。

唯物辩证历史观的根本观点。

唯物辩证历史观是人类进步历史观的总结和升华。

（二）社会历史现象是多层次的网络结构系统

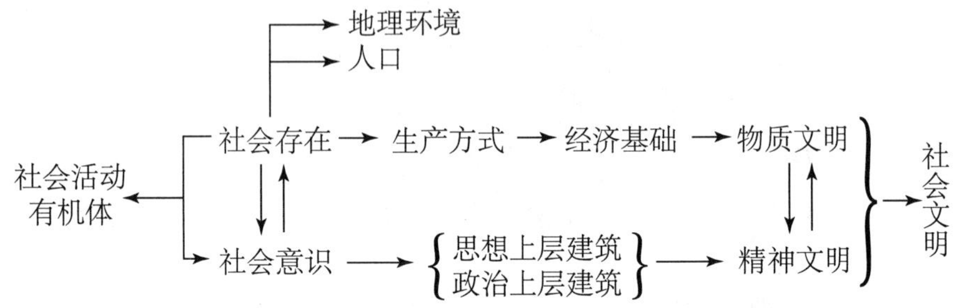

（三）社会现象具有多层次的递进的矛盾动力系统

推动社会前进的是社会各因素相互作用形成的合力。社会基本矛盾是社会发展的根本动力，生产方式是社会发展的决定力量，生产力是最后推动力，科学技术（含科学管理）起杠杆作用，阶级斗争是阶级社会前进的直接动力。

社会主义社会基本矛盾的两个主要特点。人民内部的团结——批评——团结。经济政治不断自觉调整改革。实行科学技术的现代化是社会主义社会发展的直接推动力。

（四）社会历史逻辑发展的具有从属关系的多层次的规律系统

生产关系一定要适合生产力状况、上层建筑一定要适合经济基础的规律是不以人们意志为转移的根本规律。一定的社会形态一定要适合一定的经济基础与一定的上层建筑的具体的历史的统一。推动社会形态不断地更新。一般规律是：基本适合→不适合→新的基本适合……

阶级社会的阶级斗争规律：阶级对立→自发斗争（经济斗争）→自觉斗争（理论斗争）→社会革命（武装夺取旧国家政权）→实行本阶级专政→无产阶级革命→建立巩固、加强无产阶级专政→共产党和社会主义国家不断自觉改革经济和政治体制，建设社会主义物质文明和精神文明→阶级消灭→国家消亡。

社会主义社会发展规律：既基本适合又相矛盾→改革→新的基本适合又新相矛盾→再改革……

（五）在社会历史曲折前进的自然历史进程中，物质承担者人的历史作用系统

社会历史是各种成分的人的相互作用形成的合力决定历史前进的方向、速度和高度。

反动社会势力、反动派及其领袖对社会历史起不同程度的阻碍作用。

人民是一个历史概念。体力脑力劳动者革命人民是主体。

人民始终是推动历史前进的决定力量。

杰出人物的巨大历史作用及其最终受所属阶级、时代的制约。

无产阶级领袖的三个主要特点和三个主要特殊历史作用。

拥护革命领袖，反对偶像崇拜。

（六）中国哲学史上关于朴素的唯物辩证历史观的积极思想成果

（七）唯物辩证的历史观的理论与实践指导意义

唯物辩证的历史观辩证法为自觉进行经济、政治体制改革提供了理论基础和方法论。实行改革要求以一般社会主义社会的共同特点与中国国情相结合为依据，要求坚持改革的辩证性、整体性、系统性和最佳化。

第二章　唯物辩证的人生观

简要说明

人同物质现象世界的根本区别就在于它具有主体性——人有意识地进行社会实践对世界作出革命改造，相应地也改造自身。因此从社会实践及其所结

成的社会关系了解人的本质、价值、尊严和人的发展成长规律，了解人在整个宇宙中的地位；同理，首先应用这个尺度评价自己，尊重自己。愈自私，愈巧取豪夺，就离动物愈近，愈丧失人的价值和尊严；越无私，越对社会作出力所能及的贡献，就离动物越远，就越具有人的价值和尊严。树立上述观点，关键是具有一个正确的人生观（包括人格观），即必须唯物辩证地了解人的本质、价值和意义；了解革命的人生观的基本矛盾、动力和发展规律；了解树立革命人生观与科学世界观的辨证统一关系，从而依据科学世界观和革命人生观作指导，有效地实现主客观的历史的具体的统一，实现建立世界共产主义的理想和目标。

提要

（一）唯物辩证的人生观是哲学史上人生观的根本变革

人生观的根本问题。两种对立的人生观。

唯物辩证人生观的根本观点和特点。（包括人性问题）

唯物辩证人生观是哲学史上人生观的总结和升华。

（二）人生观的唯物论

人的本质不是单个人所固有的抽象物，人的本质在其现实性上，是一切社会关系的总和，而社会生活在本质上是实践的。社会实践和社会关系决定人的真正本质，反过来，人的本质又随着社会实践和社会关系的改变或迟或早地发生改变。把某种不同于动物的某一特征作为区别人与动物的根据，断言人性的本质是先天的不可变化的观点是错误的。

人生观是一个具有多层次的结构系统：

理想观——事业观——公私观——道德观——荣辱观——苦乐观——幸福观——生死观（青年人还有恋爱观）等。

（三）人生观的基本矛盾、动力和规律系统

人的个体发展中存在的基本矛盾和规律是在特殊的形式中实现的。

基本矛盾：人与周围环境；人的社会方面与自然方面；人的活动中的物质方面与思想方面。

规律：社会历史条件决定人生观的本质特征及其变化；革命人生观与科学世界观相互依存相互作用；革命人生观是在两种对立的人生观中的同一和对立中形成和发展的。

（四）中国哲学史上关于人生观的积极思想成果

（五）唯物辩证的人生观的理论和实践指导意义

唯物辩证的人生观，为人们的高尚的思想和行为准则提供了哲学基础。

唯物辩证的人生观指导人们树立革命的理想、情操和献身社会主义共产主义建设事业的高尚精神。

第三章　唯物辩证的知行观

简要说明

自由是对必然的认识和改造，人要实现认识世界改造世界的目的，就必须在科学的世界观与革命的人生观指导下，通过创造性的真理性的认识和富有开拓性有成效的实践，实现主、客观的具体的历史的统一。

当代中国马克思主义哲学既要坚持传统的马克思主义哲学认识论的基本观点，又要超越它的限制，必须把现代自然科学、思维科学的成就以及中、西方哲学史、现代西方哲学史的某些被忽视的有价值的见解，作为自己的营养。

在本章中，增强对认识主体系统与认识能力的探讨，把作为整个人类意识与每代人每个人的意志内容的客观性的程度有所区别开来，揭示遗传信息、人脑知识储存对反映的影响。探索量子力学实验事实关于观察结果和描述不是纯客观的观点对反映论的意义。

现代科学研究表明，必须把信息论引入认识论。人的大脑活动是一个信息反馈系统，人的认识是一个信息输入、储存、输出和反馈过程。把信息引入认识过程的意义在于它能使认识数量化、使人脑功能模拟化。

本章强调把逻辑学与认识的辩证法联系起来，突出揭示并存的辩证思维各种形式的互相渗透关系，揭示科学思维方式纵向发展的一般规律，从而促使人们更有成效地进行人类所独有的创造性的思维的实践。

提要

（一）唯物辩证法的知行观是人类的认识实践史的根本变革

知行观的根本问题。两种根本对立的认识论。

唯物辩证的知行观的根本观点和特点。唯物辩证的知行观是人类进步认识论的总结和升华——建立在实践基础上的能动的革命反映论。

（二）主体客体的矛盾

集体主体与个人主体的纵向横向的结构系统。

主体认识能力是有差别的。观察工具对认识对象的影响。

客体与认识对象的联系和区别。

主体与客体的对立统一。

（三）认识的唯物辩证论

实践的含义和特点。

实践形式的系统结构。

实践与认识发生发展的矛盾运动规律。

坚持实践第一观点、划清马克思主义能动的革命的反映论与唯心主义认识论不可知论的原则界限、与旧唯物主义认识论的重大差别。

（四）唯物辩证的认识论与逻辑

辩证逻辑思维的主要形式——分析与综合、归纳与演绎、抽象到具体、历史的逻辑的统一，既相对独立又互相依存和渗透。

其互相渗透表现为：

实践、观察（含科学实验）→分析（含比较）→归纳（含去除法）→抽象→综合→演绎→新的具体→历史的逻辑的统一。

辩证科学思维方式的纵向发展的客观规律：

形象思维（肯定）→逻辑抽象思维（否定）→直觉思维（新肯定）→求异思维、发散性思维（新否定）→创造性思维（新的否定之否定）……

（五）逻辑思维与信息反馈

人的大脑活动是一个信息反馈系统。人的思维过程是一个信息输入、储存、输出、反馈的过程。

（六）科学逻辑思维与真理

真理客观性、绝对性、相对性。

（七）中国哲学史上关于知行观的积极成果

（八）唯物辩证的知行统一观的理论与实践指导意义

唯物辩证的知行观是党的思想路线的理论依据。

唯物辩证的知行观对创造性、开拓性的思维与实践的指导作用。

（本文由中南工业大学社会科学系《教育改革的信息与资料》于1985年9月3日印出，打印本。其封面有如下文字：“编者按：现将我系燕国桢副教授关于中国当代马克思主义哲学教材改革的初步构思印出来给同志们参考。请勿外传。”）

关于唯物辩证法的规律和范畴体系新探

——为纪念唯物辩证法创始人马克思逝世一百周年而作

写在前面

伟大的思想家马克思停止思想一百周年了。他的伟大思想的光辉始终照耀着亿万革命人民通往社会主义、共产主义的大道。反过来，继承他的意志和事业的亿万人民的革命实践，相应地又推动着他的伟大思想继续发展。

众所周知，从辩证法发展过程来说，唯物辩证法是在“基础上”“不只与黑格尔的辩证法不同，而且是他的正相反对”（《资本论》第一卷第二版跋）远远超越于前者的第三种历史形态；从马克思主义的体系来说，它“是马克思主义中具有决定意义的东西”（《国家与革命》）。同样，众所周知，这个科学的宇宙观，是马克思和他的第二个我、精神兄弟恩格斯共同创立的，它赋予人类的巨大方法论的意义是无法估量的。当今天隆重纪念这位人类思想巨匠逝世一百周年的时候，更激发了我对他的伟大思想特别是这个思想的重要组成部分——唯物辩证法怀着特殊的感情。

要坚持马克思主义，就要发展马克思主义。否则，资产阶级的思想流派：新康德主义、逻辑实证论乃至新托马斯主义等，就会借口时代的变化，歪曲利用自然科学的成果，否定、“取消”马克思主义；国际工人运动中的形形色色的现代修正主义，也就会借口时代的变化，歪曲利用自然科学的成果，“修正”、篡改马克思主义。这是近百年来历史经验的结论。毋庸置言，对待唯物辩证法，也必须持这种认识和态度。

学贵渊博，业贯专精，思贵创新，言贵成理。渊博、专精、成理，固不敢奢求；但“创新”，对我来说，实质是标新立异，自圆其说，却常常暗暗以自勉。两年来，关于结合现代自然、社会科学和社会实践的发展，如何将唯物辩证法的体系的科学化推向前进的问题，曾作了一些肤浅的思考和不成熟的设想。两年前，已写成提要（曾打印，分送好友求教）。近半年来，挤出一点时间，把它写成了约3万字的小册子的初稿。为了及时打印出来，用以纪念这位人类巨人逝世一百周年，特把它压缩到2万字左右。我诚恳地盼望与会专家、学者与同好，提出指教，以便作进一步修改。

内容提示

唯物辩证法的科学体系是不断完善和深化的。世界的普遍联系表现在纵向（变化发展）和横向（并存事物的相互制约）两个方面。对立统一规律是贯穿纵横两个方面的最根本规律（发动机式或总纲式），它揭示纵向发展的动力和横向联系的大骨架：前者的基本规律有传统的量变质变规律（飞跃式），它揭示事物发展的普遍形态或状态，否定之否定规律（螺旋式），它揭示事物发展的趋向或道路；后者也必然同样存在类似的规律，社会实践现代科学（特别是横断科学）和哲学的发展，日益证明了存在着现象互相联系互为中介规律（网络式），它揭示并存事物联系的形式或结构，系统依存和转化规律（套环式），它揭示了大小宇宙无限舒展的画面（包括无限可分性）。纵向或横向联系的规律是更多的。规律 ⇄ 基本规律 ⇄ 根本规律组成包含三个层次的辩证法的规律系统。

作为根本基本规律的补充或体现，存在着具有相对独立意义的三类（三个方面）同序列的范畴体系构成的范畴系统。一、表现具体事物内在外表联系的同序列范畴：形式与内容，量与质，现象与本质，结构与性能（或功能）；复杂性与简单性，个性与共性（个别与一般、相对与绝对），偶然性与必然性，现实性与可能性等。二、揭示纵向新旧事物联系（过渡）的同序列范畴：变易→转化→质变→飞跃→否定→新生。三、揭示横向并存事物相互联系的同序列范畴：空间关系，因果制约，普遍联系，系统结构。

上述规律系统与范畴系统互相结合和渗透，构成了唯物辩证法相对完整的科学体系，进一步揭示了具有无限性的立体网状结构的宇宙的本来面目。

关于唯物辩证法的规律和范畴体系新探（上）

康德的历史功绩之一，就在于他向自己提出并企图回答前人所忽略的重大的认识能力能力问题，尽管他的回答是错误的；黑格尔的巨大功绩，就在于他第一次指明并企图揭示自然、社会和思维是一个永恒规律运动和变化发展的过程，尽管他并没有解决这个任务。康德和黑格尔这种在理论上的勇气和探索，对拙文的撰写，无疑是一种诱发和推动。

必须强调，我所探讨的这个课题，绝不是革命导师有所忽略或未曾历史地解决的问题，而仅仅是由于革命实践和现代科学的空前迅速发展，迫切要求人们作进一步的丰富、补充和发展的问题。

哲学若没有体系，就不能成为科学。没有体系的哲学理论，它的内容必定是带偶然性的，或者说，只是哲学家的一些意见和观点的展览，真理总是处在一定的体系之中的。“要认识事物，就必须把握研究它的一些方面，一切联系和中介。”唯物辩证法是马克思主义中有决定意义的东西。它的体系在马克思哲学体系中占有极重要的地位。这个体系，马克思主义的经典作家，特别是恩格斯早在《自然辩证法》的论文、札记及《反杜林论》中，作了明确的科学的规定。这就是众所周知的“从量转化为质和从质转化为量的规律；对立面相互渗透的规律；否定之否定的规律”和由原因与结果、偶然性与必然性、形式与内容、可能性与现实性等一系列的范畴所构成的整体。但是，真理是一个过程，根据认识与实践，逻辑的与历史的大体相一致的原则，它同任何科学体系一样，既是绝对的又是相对的，必然会随着实践和认识的发展而发展，永远是一个开放性的和发展中的体系。恩格斯关于上述科学体系的形成过程本身，就证明了这个极其简明的真理。马克思主义哲学史告诉我们：1876年9月—1878年5月，恩格斯在选写代表他同马克思的系统观点的《反杜林论》的哲学篇中，只明确地提出“量和质”与“否定的否定”两个规律，还没有明确提出对立统一是辩证法的规律的概念来。1879年底，他才在《自然辩证法》的论文中，明确提出如上所述的三个规律和由几对范畴所构成的科学体系。马克思主义哲学史还告诉我们：恩格斯在晚年所写的《费尔巴哈与德国古典哲学的终结》的光辉著作中，曾通过对黑格尔哲学的批判向我们指明了这个问题。他说：“黑格尔急于要去建立一个体系，而依照传统的习惯，哲学体系是要由某种绝对真理来完成的……这种永久真理，无非是黑格尔的‘逻辑’的过程或历史的过程，因而就把自己的体系的一切教条内容都宣布为绝对真理，因而也就与他那打破一切教条东西的辩证方法相矛盾了。”必须指出，关于唯物辩证法的体系的构成和完善问题，列宁也作了不同于恩格斯的概括，这就是以对立统一为核心由16要素组成的体系（两者之间之所以存在着较大的差别，主要是由于列宁当时未读到恩格斯的《自然辩证法》）。诚然，由于列宁的这个概括是笔记形式的，似乎不及恩格斯的概括的精练和成熟，但后者明确指出了对立统一是辩证法的实质和核心。在这点上就比恩格斯的体系前进一大步了。作为列宁事业的继承者斯大林，综合了恩格斯和列宁的有关思想，在《联共党史》四章、二节中，把辩证法的体系概括为四个特征（实质是辩证的四个规律——作者）。诚然，在斯大林的概括中，舍弃了恩格斯体系中的否定之否定规律，舍弃了列宁强调的对立统一思想中的统一概念是错误的，把质量互变规律分解为两个并列的规律，也是不科学的，但是斯大林把现象的互相制约互相作用列为辩证法的第一个特征，这就意味着他已注视并存事物之间的联系存在着普遍规律，这是一个可贵的新的尝试。毛泽东同志曾提出了辩证法的体系是由一个最根本规律——对立统一规律和量变与质变、肯定与否定、必然性与偶然性等一系列范畴构成的体系。诚然，他把量变质变规律、否定之否定规律降为成对范畴的地位，是值得商榷的，但是毛泽东同志把对立统一规律上升为最根本规律的地位的观点，是一个新发展，这就比恩格斯把三个规律平列为三个主要规律或三个基本规律要科学些，也比列宁关于对立统一是辩证法的实质和核心的提法，更具体、更深刻多了。由此可见，关于唯物辩证法的体系的科学化问题，马克思主义经典作家，事实上都作出了自己的概括和贡献。总的说来，相对地说，恩格斯所提出的体系要全面一些。但是，只有吸收了列宁、斯大林、毛泽东同志的许多新的精辟见解，才有今天所看到的唯物辩证法的体系那样完整、科学化了。

如上所述，就应得出结论，否认唯物辩证法体系的开放性、发展性，不根据实践和认识的发展把它推向前进，是违背马克思主义的起码常识和马克思经典作家的意愿的。因此，我们必须以革命导师对待唯物辩证法的体系的态度为榜样，以恩格斯在“终结”中对黑格尔哲学的封闭体系的批判为戒，紧紧结合革命实践和自然科学的新成果，把唯物辩证法的体系进一步科学化。当然在这里，我们既要防止马尔丁诺夫式的加深，也要避免伯恩斯坦式的修正。

坚持世界是一个普遍联系的整体，这是唯物辩证法的基本前提。怎样理解普遍联系及其统一体的含义，恩格斯作了下面三点不可分离的解释。他说：“当我们深思熟虑地考察自然界或人类历史或我们自己的精神活动的时候，首先呈现在我们眼前的，是一幅由种种联系的相互作用无穷无尽地交织起来的画面。”又说：“……正是这种相互作用构成了运动。”并且进一步指出：“整个自然界从最小的东西到最大的东西，从砂粒到太阳，从原生物到人，都处于永远地产生和消灭中，处于不断地活动中，处于不休止的运动和变法之中。”（《自然辩证法》导言）从上述引证来看，恩格斯关于“普遍联系的整体”的概念的含义，是显而易见的。作者认为它包含着下列三个方面的内容：一是每

一事物 、现象，都不是孤立的、永恒的，其内部的各个方面及其与外部事物现象之间，在相互联系中而存在，在相互转化中而新生而扩展；二是任何事物、现象都互为“中介”，任何好像是绝对对立、隔绝的事物现象，都通过纵向横向的一系列中间环节而联结起来；三是整个世界是一个由无数事物现象相互制约相互转化构成的有机的统一动体，反过来说，任何一个事物现象又是这个存在着纵向横向的极其错综复杂联系的统一动体的一部分。概括起来说，世界是一个普遍联系永恒发展的活生生的统一体。在这里，从某种意义上说，联系与发展不但是不可分的，而且是一致的。所以恩格斯说：“唯物辩证法是关于自然、社会和思维运动和发展最一般规律的科学。”长期以来，在辩证法的体系中的主要规律，可以说是侧重反映事物的变化发展的本来面貌：例如质量互变规律是揭示事物由低到高的向前发展的两种基本状态；否定之否定规律是揭示事物上升前进的道路；对立统一规律在这里是回答的是事物为什么会发展的问题，但是从把握反映世界普遍联系的规律看来，就顾得不够全面，说穿来，就是没有明确回答并存事物之间的联系的普遍规律是什么。很清楚，仅仅依据量变质变规律、否定之否定规律（对立统一规律另当别论），只能说明世界在时间上无始无终，即发展的无限性，却难以说明世界的无边无际，即空间的无限性。

现在马克思主义哲学把辩证法的普遍联系的基本规律局限于通常人们所熟悉的三大规律是有理论依据的：恩格斯在《自然辩证法计划草案》中，在表述“唯物辩证法是关于普遍联系的科学”后，紧接着就说主要规律是“量和质的转化——两极对立物的相互渗透和它们达到极端时的相互转化——由矛盾所引起的发展，或否定之否定——发展的螺旋形式”。

必须看到，恩格斯之所以把世界的普遍联系与上述三个规律直接联系起来，是有其充足理由的。这就由于物质是运动着的物质，从运动中发展中把握事物，正是从根本上把握了事物的本质，也正是把握了辩证唯物主义与机械唯物主义的根本区别的标志之一。再是受当时历史条件的制约，这就由于作为

"科学世纪"的19世纪科学发展引起了人们的科学思维的根本转向，即着眼于发展。在这个基础上，黑格尔第一次把自然社会的思维看成是一个过程，发展观构成了黑格尔哲学的基本内核。恩格斯从反映社会变革和自然、社会科学的需要出发，在强调世界统一于物质的同时，着重强调并揭示了宇宙纵向联系及变化发展的规律，这是合乎逻辑的。毫无疑义，这种逻辑是受当时的历史条件的制约的，是无可非议的。但是必须指出，只要承认恩格斯关于普遍联系的含义，是指事物内部的诸方面以及与外部事物之间存在着多种多样的直接间接的联系，存在着与过去及将来事物之间不可分割的联系，那么把普遍联系的规律仅仅局限于对纵向方面的基本规律的了解，似乎是不够的。不难理解，实际上当人们考察任何客观事物、现象的变化发展时，撇开周围事物的联系是不可想象的；同样，只要承认有相对静止，相对稳定，那么就应承认有并存事物的横向联系（如果从同一时瞬、同一时点来说，这种横向联系就更明显了），否则，事物之间的并存就变成了偶然的堆积，这是不合乎客观实际的。必须强调，客观世界是存在着这种横向联系的关系和普遍规律的，列宁斯大林先后或指出了这个问题或进行了探索性的尝试。列宁在16要素第二、第十二要素中已分别提出了这种并存联系关系，在第二要素中指出"这个事物对其他事物的多种多样的关系的全部总和"，明确地指明了任何事物都不是孤立存在的。紧接着在第三要素中指出：事物或现象的发展，它自身的运动的问题。在第十二要素中，更明确地指出："从并存到因果性，以及从联系和相互依存的一个形式到另一个更深刻更一般的形式。"这在实际上已提出了并存事物存在着互相联系依存的形式问题，后来又在《卡尔·马克思》一文中，阐明了这种横向联系的关系，他说："每个现象的一切方面都相互依赖，彼此有极其密切而不可分离的联系。"斯大林在列宁的上述教导启示下，进一步意识到了并存事物之间互相依赖是辩证法的显著特征，并把它列为辩证法的四个特征的首位（前面说过，这个特征实际上是普遍规律的意思）。他说："和形而上学相反，辩证法不是把自然界看作彼此隔离、彼此孤立彼此不相依赖的事物或现象的偶然堆积，而是把它看作有联系的统一整体。”联系是多种多样的，其中内部的本质的必然的联系表现为规律，正是从这个角度着眼，50年代，苏联某些哲学教科书就直接地把这个特征解释为辩证法的第一个“普遍规律”或解释为“自然界和社会的最一般规律之一”（亚历山大罗夫《辩证唯物主义》）并作了比较详尽的阐述。应该看到，恩格斯逝世后，特别是最近十年来，科学技术具有几何级数和加速度特点的发展，无论是广度、深度还是速度，都发生了前所未有的变化。从广度来说，已扩展到200亿光年的遥远世界和小至原子核的内部；从深度来说，已从一般地揭示各种物质运动形式的现象、本质和规律，深入到探索生命及月球、火星、金星等天体，乃至整个银河系的秘密；从速度来说，最近十年科学技术的发明和比过去2000年还要多。与此相连的反映这种变化的手段，也就产生了惊人的变化：从具体事物研究水平过渡到系统研究水平；从单值的研究水平过渡到多值的研究水平；从线性的研究水平过渡到非线性的研究水平；从单一度的研究水平过渡到多测度的研究水平等，这种新的变化，就必然对唯物辩证法提出了更高的要求。更引人注目的表现在现代科学发生了一个划时代的重大转向，即出现了两个趋势：一方面科学迅速地分化，新的分枝愈来愈多；另一方面不同学科之间的广泛的渗透现象逐步地被揭示，产生了崭新的边缘学科：如物理化学、化学物理、生物化学、生物物理、生物力学、技术经济学工程学等和横断科学：如系统论、控制论、信息论等。前者（边缘学科）进一步揭示了各种物质运动形式之间的纵向联系；后者（横断科学）则揭示了各种物质运动形式之间的横断联系。当然，它们各自研究的对象也必然存在着自己的特殊规律，从整个宇宙讲，自然也就存在着普遍的规律，同时前者也必然要求后者去作指导。由此可见，进一步具体探讨宇宙横向联系的普遍规律，正是时代发展提出的要求和提供的可能性。恩格斯曾经指出：“随着科学划时代的发展，唯物主义就要改变自己的形式。”列宁甚至这样强调过：“辩证法是活生生的多方面的（方面的数目永远增加着的——重点号是作者加的）认识。”

由此可见，随着自然科学的划时代的发展，唯物辩证法的规律、范畴也就会随之得到丰富、补充和深化，是完全合乎逻辑的，这种进一步的丰富、补充和深化，正是马克思主义哲学具有伟大生命力之所在，使马克思主义哲学成为常青之树。

基于上述，作者认为，无始无终、无边无际的普遍联系的物质世界相互联系表现出的规律，不仅存在着纵向方面（变化发展）；同时也存在着横向方面（并存事物、现象之间的相互制约）。但是必须指出，这种规律，一般可分为三个逐步深化的层次。最容易发现的是规律。这就因为，凡是事物现象存在着的内部的、本质的必然的联系，就表现为规律；从逻辑形式来说，规律是用判断表达的，只要把具有对立统一关系的成对范畴加以展开，就构成为规律。因此，古代的哲学家都不约而同地自发地提出了，或取名为“逻洛斯”，或名之曰“则”、“道”。近年中国科技大学等三校合编的《马克思主义哲学概论》，把内容决定形式、原因引起结果、现象表现本质等视为规律，不是没有理由的。因此辩证法的规律是很多的。然而事物、现象的存在发展，不仅表现出各式各样的规律，而且贯穿整个无始无终、无边无际的物质世界的不同方面，还存在着若干重要规律，它包含着两个以上的一系列的关系范畴。恩格斯在《自然辩证法》札记中，明确地把它概括为“基本规律”的新概念，并提出了上述三个规律“是辩证法的基本规律的命题。但是人们的认识不能到此止步，只要坚持用矛盾观点（一分为二）看世界，就不难发现，归根结底物质世界存在着一个最根本规律，它包含着更多的关系范畴”。毛泽东同志早在30年代，就揭示出了“事物的矛盾法则，即对立统一法则，是唯物辩证的最根本法则”（《矛盾论》）。60年代，在毛泽东思想发展中，终于形成了“根本规律”这个新范畴，他说：“……对立统一这个辩证法的根本规律……”（《在省市自治区党委书记会议上的讲话》）显然，这个新范畴的提出，反映了人们对规律认识更深入、更具体了。这种从规律→基本规律→根本规律的逻辑发展，表现它们构成了一个包含三个层次的相对完整的规律系统。

下面我们首先考察纵向和横向两个方面由上述三个层次所构成的规律系统。（范畴系统在下篇中再讨论）

关于纵向方面存在的规律（很多）→基本规律（两个）→根本规律（一个），已为马克思主义经典作家相继揭示，也为哲学界作了深刻的阐述，本文就没有讨论的必要了。关于横向联系方面存在着种种规律问题，前面已经论及，也不需重复。下面要着重探讨的，是横向联系方面存在的基本规律究竟是哪些，以及这些规律为什么具有基本规律的资格等问题。

作者认为：

一是现象互相联系（物物相依）互为中介规律。联系是指“事物、现象之间及在其内部诸要素之间互相影响、互相作用”（肖前、李秀林主编《辩证唯物主义原理》）。“中介”是指“中间环节而互相过渡”，也可理解为互相过渡的桥梁。

任何具体事物、现象的存在，不仅不是永恒的，而且也不是孤立的。只要它存在，这说明与周围事物现象之间存在着必然的互相影响、互相作用、互相制约的关系，这是铁的规律。因而“每个概念都处在和其余一切概念的一定关系中一定联系中”。与此同时，而每个事物、现象又成为本身周围事物、现象彼此联结的中介或桥梁，物物如此，无一例外。列宁说过，一切事物、现象都是“互为中介”的，每个事物、现象在普遍联系中所处的这种地位，是不以人们的意志为转移的。正是这种具有规律性的互相联系互为中介作用，决定了人们面对的世界横断面，形成为由一幅无数纽结或几何点所联结起来的网状结构。事物的联系总是网络式的，不是单纯的单线式或链条式的联系。

这个规律中，要整个物质世界存在（无疑是永恒存在的），它就必然表现出来；而在它之中，包含着现象、事物、联系、中介等两个以上的一系列关系范畴。

前面说过，斯大林关于唯物辩证法的第一个特征，实际上已指明了这个特征是辩证法的基本规律之一，甚至是最重要的基本规律。在拙文中，作者不过是把它重新提了出来（仅仅在标题上作了非实质性的改变）。我所赋予它的新义，只是在它前面增加了“横向方面的”这个定语罢了。

二是系统依存和转化规律。这个规律是前个规律的逻辑发展。

系统是泛指由一定数量相互有机联系的要素组成的稳定的统一体。事物现象间构成的网络式，不是只有连续性、没有非连续性的，不是不可划分的。一方面，任何事物、现象处在普遍联系中（从广义上说，它与世界上任何一个事物、现象通过无数中介或转化都可联系起来）；另一方面，一切事物都具有系统性，从一定意义说任何事物都可看成是一个相对独立存在的闭路反馈系统。因为任何事物与它发生有效联系功能的事物现象是有一定量的，在这个定量的事物、现象之间就构成一个系统，系统是“非加和性”的。在系统内，各要素之间，产生不同层次的结构及其功能，从而使它赖以保持其存在的相对平衡性。但是任何系统又是开放性的，它又是与周围一定的环境发生联系或者说是与大于自己的系统（大系统）发生互相依存关系，进行物质、能量、信息交换，于是它又与周围环境构成的大系统构成一个统一的系统。因此，任何一个系统既是大于自己的大系统的一个要素，但对包含于自己之内的小系统来说，却又是大系统。由于这种大、小系统在一定条件下相互依存，在一定条件下又相互转化的规律，既决定了宏观世界在空间上的无限性，也决定了微观客体的无限可分性。

同样，十分清楚，这个规律，只要整个物质世界存在，就必然表现出来；在它之中，包含着要素、层次、结构、功能、有序、控制、信息等一系列关系范畴。

把系统依存和转化提到普遍规律，经历了一个历史发展过程。古希腊德谟克里特所著的《宇宙大系统》，表明了“系统”早成为古代自然哲学的范畴；黑格尔这样说过，“哲学的内容，只有作为主体思想系统中的有机分子，方有其效准”（《小逻辑》）。据此可以断定，黑格尔是半自觉地把他的逻辑发展的三段式及其全过程当作一个完整系统来考察的。现在国内外不少人认为：马克思在《资本论》的研究中，就是把资本主义当作一个系统考察的。毛泽东同志在《矛盾论》第三节中，曾使用过“大系统”概念。现代横断科学的巨大成就是系统论、控制论、信息论，但控制论、信息论都“可以包括到广义系统论中去”。系统论实际上已成为一种系统方法论（它的产生，在一定程度上改变了人们的思维方式）。根据马克思主义关于世界观与方法论相一致的原则，必须承认系统方法具有哲学方法论的意义。反过来说，系统方法所依据的规律——系统规律，自然就可以作为唯物辩证法的基本规律。

综上所述，可见现象互相联系互为中介规律和系统依存和转化规律，都具有物质世界横向联系的普遍规律（基本规律）的资格。至于这两个规律的系统阐明（例如每个物质系统的要素包含着系统整体的信息；任何物质系统发出的信息，都向空间各方面传播；空间的任一位置，都汇集所有物质系统的信息等，更是难点），有待于哲学工作者的共同努力，这是远非“个别人所能解决的”（《反杜林论·概论》）。

根据以上分析，就可顺理成章地揭示出整个唯物辩证法的规律系统于下：对立统一规律是贯穿纵向横向两个方面的根本规律（发动机式和总纲式），它揭示物质世界纵向变化发展的动力和横向联系的大骨架，前者有量变质变规律（飞跃式），它揭示了变化发展的基本形态或状态，否定之否定规律（螺旋式），它揭示了变化发展的趋向和道路；后者有现象互相联系互为中介规律（网络式），它揭示了事物、现象间联系的形式或结构，系统依存和转化规律（套环式），它揭示了并存事物、现象无限舒展的画面。以上五个规律及其他一般规律相结合，便构成了无限性的立体网状结构的宇宙。

必须强调指出，这个唯物辩证法的规律系统，是作者探索性提出的，也许是对常识的误理，恳望专家、学者与同好指正。

现图解于下：

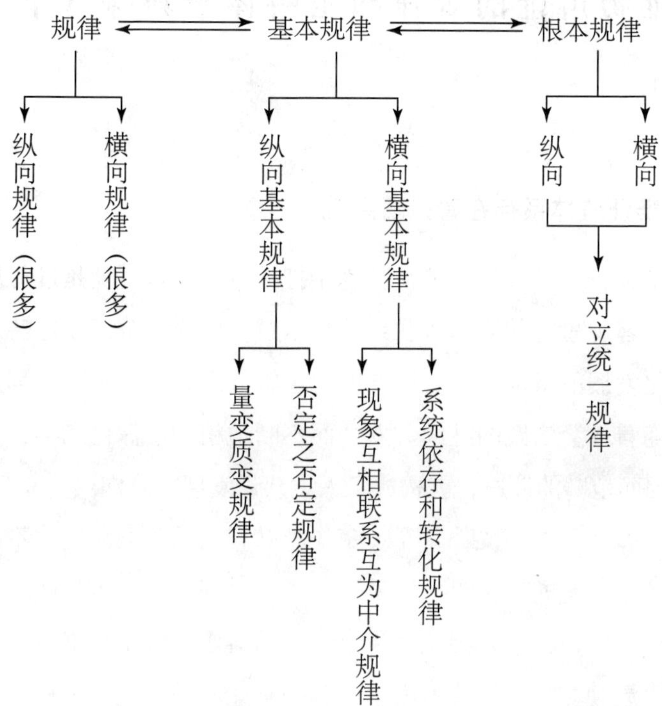
规律
基本规律
根本规律
纵向规律（很多）
横向规律（很多）
纵向基本规律
横向基本规律
纵向
横向
量变质变规律
否定之否定规律
现象互相联系互为中介规律
系统依存和转化规律
对立统一规律

关于唯物辩证的规律和范畴体系新探（下）

一、唯物辩证法体系存在着范畴系统

人类思维的特征，就在于它能从特殊中把握普遍。范畴就是进行思维的工具。范畴是反映客观事物普遍本质联系的基本逻辑概念。辩证法范畴是反映整个物质世界变化发展的辩证关系的最一般的逻辑概念。任何范畴，都是社会实践的产物，并随着社会实践的继续、发展而不断地精确、深化和丰富（个别的会被淘汰）。因而范畴的演进，就构成了人类认识发展的阶梯。

范畴具有“视角”的意义。每个、每类范畴，是从不同角度、不同侧面反映客观世界。“个别范畴不足以把握真理，……真理是在许多片面的范畴的联合的全体之中。”（黑格尔）因此，每个独立的科学、哲学，都具有自己的确定的范畴体系，表现其科学的基本内容。其中某些有关的重大范畴联接起来，就构成为这个科学或哲学的重要规律。但是任何科学或哲学的重要规律，不可能完全包含这门科学或哲学的一切范畴。毋庸置疑，作为科学的唯物辩证法，也不例外。因此，人们要把握唯物辩证法，既要揭示它的规律体系，同时也要揭示不包含在它的重要范畴之内的其他范畴以及由整个范畴构成的体系。显而易见，要把唯物辩证法的范畴作为相对独立的体系来考察，又不可能不包含重要规律中的某些重要范畴。这是因为客观世界之网上的某些纽结，既是构成网上的纲的成分，同时又是构成整个纽结群的一个组成部分。就是说，两者存在着互相渗透的同一性。正因如此，我在本篇中所揭示的范畴，既是对唯物辩证法重要规律的补充。同时又具有相对独立的意义。这样的处理，一方面，不仅对唯物辩证法的重要规律作了更全面的补充，而且还把各个重要规律中相关的具有从属关系的范畴的内在联系揭示出来了；另一方面，也便于人们从纯粹范畴体系的角度去把握世界的普遍联系。

关于唯物辩证法的根本、基本规律之外存在着若干重要范畴问题，前面说过，恩格斯早已提出并阐明过了。但是必须强调，同样，由于现代社会实践和自然、社会科学的惊人发展，不仅使原有的辩证法范畴得到了深化，而且还概括出了许多新范畴，特别是相对论、量子力学、系统论（包括控制论、信息论）的问世和发展，它所揭示出的系统、结构、功能等范畴，更具有了辩证法范畴的意义。只要进一步加以阐明，就可补充到辩证法的范畴体系中来。遵循列宁关于重新思考并发展辩证唯物主义的哲学范畴……赋予这些古老的然而永葆青春的范畴以新的形式的指示精神，已完全有必要和可能对辩证法的原有范畴进行深化，并用新的范畴丰富传统的辩证法范畴体系。

必须强调指出，“辩证法范畴与范畴之间的关系……至今还缺乏研究”，“如何分析某一类同一序列范畴与另一类同一序列范畴之间的相互关系，……也是值得深入研究的新课题”。至于把唯物辩证法的范畴作为一个相对独立的体系来探讨，在国外除苏联50年代的杜加林诺夫和近年的苏沃洛夫等个别人作过一些探讨外，在我国，迄今更是很少有人加以重视。从某种意义上讲，可以说是马克思主义哲学研究留下的一个空白。作者在拙文中，特提出这个问题，并进行尝试性的探索，以期引起哲学界的重视与共同探讨。

二、唯物辩证法体系的范畴系统探索

在揭示唯物辩证法范畴系统之前，先了解一下资产阶级的哲学家黑格尔的辩证法的范畴体系与马克思主义经典作家所建立的唯物辩证法的范畴体系是有益的，特别是后者更具有指导意义。

大家知道，黑格尔在《逻辑学》中所阐明的唯物辩证法，就是绝对观念的概念运动的辩证法，从而猜到了物质的辩证法。这个概念运动的逻辑顺序，是以最初的最简单的最抽象的“存在”作为逻辑的出发点，按照正、反、合三段式模式，推演出无（非存在）、变易和质、量、度……到本质、现象和现实等一系列范畴，直至三大规律，并从上述范畴和规律的演进过程中，依次地派生出自然、社会和精神即最后复归于绝对观念。黑格尔的这个辩证法的范畴体系的错误，不仅表现于众所周知的是头足倒置的、是封闭性的；而且还表现于，它只侧重揭示世界的纵向发展的概念运动，却忽视了客观世界横向方面即并存事物之间存在着的表明联系的范畴之间的依存和转化事实。但他正确地否定了康德主观唯物主义的徒有外在联系的范畴并列体系，坚持逻辑的历史的相一致的原则，强调概念范畴的辩证联系和转化的观点等是可取的。

马克思在《资本论》中，通过对资本主义制度大量材料的研究，将资本主义的生产方式的各种经济关系概括成各种科学范畴，并根据这些范畴的互相依存与转化，阐明资本主义制度按照辩证法的三大规律、变化发展的客观规律性。具体表现在：它以资本主义的“细胞”——商品作为逻辑的起点：从商品到货币，从货币到资本和剩余价值，从绝对剩余价值到相对剩余价值和二者的统一，从剩余价值到隐藏着它的工资……毋庸赘言，马克思在《资本论》中所表述的经济范畴的辩证运动，坚持了辩证法、认识论、逻辑相一致的原则，这正是唯物辩证法的范畴的辩证运动的具体运用。反过来，后者又大大地丰富发展了唯物辩证法。

列宁通过对黑格尔的《逻辑学》和马克思的《资本论》的研究和总结，坚持主观辩证法和客观辩证法的相统一，逻辑的与历史的相统一，辩证法、认识论、逻辑相统一的原则，在勾画唯物辩证法的范畴体系的16要素中，以对立面的统一和斗争为基线，遵循从简单到复杂，从抽象到具体的逻辑顺序，展开自己的范畴体系，最后画龙点睛地进一步明确地指出对立统一学说是整个体系的实质和核心。

作者认为，以马克思在《资本论》中建立的经济范畴的辩证运动和列宁在《十六要素》中勾画的辩证法的范畴的体系的原则和精神作指导，那么，作为唯物辩证法的根本、基本规律的补充和具有相对独立意义的两重性的范畴体系，就必须以根本规律——对立统一规律的基石——矛盾（对立统一）范畴作为逻辑的起点，以对立统一关系的多样性表现为基线，以对具体事物的内在外表联系的多方面揭示为基础，沿着纵横两个方向加以展开，以此构成一个核心、三个方面——三类不同而又互相联系的同序列的范畴体系组成统一的系统。其中每一类的体系，都依据逻辑的历史的相统一的原则来安排，前面的范畴比较模糊、抽象、贫乏，愈往后就愈清晰、具体、丰富。每一类已揭示出来的重要范畴，一般表现为不断深化的两个层次，随着人类社会实践与认识的继续，必将获得更深刻的第三、第四层次……的范畴。

不妨先考察一下存在于这个范畴系统中的三类范畴体系之间的内在联系。

人们认识世界，真正接触的是具体事物，但是任何具体事物，都是由许多矛盾构成的统一体，是多样性的统一。反过来说，具体事物总是通过各种各样的形态，从不同的侧面表现自己，因而就产生了表现具体事物内在外表联系的多种多样范畴。这就是第一类同序列的重要范畴体系。主要有：形式与内容，现象与本质，量与质，结构与性能；具体与抽象，个性与共性（个别与一般、特殊性与普遍性、相对与绝对）、偶然性与必然性、现实性与可能性。

在这类同序列的范畴中，大多数已被恩格斯与其他哲学家提出和阐明过了，只有结构与性能、具体与抽象两对范畴，是作者新提出的。任何事物都是结构与性能的统一体，否则就不成为事物，所以这对范畴具有最一般的普遍性。这对范畴只有到现代历史条件下方能被揭示出来；任何事物也是具体与抽象的统一体（这里的具体不是指感觉得到、摸得着的感性物，而是马克思在《资本论》中所指的思维中的具体）。

任何事物不是永恒的，任何现实事物、现象、过程，都会随着时间的推移、条件的变化，而变成不现实，从而向新事物过渡。于是在纵向方面，就产生了第二类揭示新旧事物联系（过渡）的同序列范畴体系。主要有：变易（包含存在与非存在）→转化（包含向上向新的转化与向下向旧的转化）→质变（包含质变与变质或蜕变）→飞跃（包含爆发式与非爆发式）→否定（包含克服与保留）→新生（包含新生与衰亡）。

在这类范畴中，大多数是根本、基本规律中的重要范畴。现在，把它列为范畴体系的一类，表面看来，似乎是重复，实际不然。在各规律中，是侧重阐明它们的含义与意义。在这里，是侧重阐明它们之间的内在联系和从属关系。其中新生范畴是作者第一次提出来的。因为新生不仅意味着克服与保留，而且增加了“丰富”和“提高”的内容。

任何事物不仅不是永恒的，而且也不是孤立的，事物与周围事物之间也存在着各种各样的联系，于是在横向方面就产生了第三类揭示并存事物相互联系的同序列的范畴重要体系。主要有：空间关系（包含上与下、左与右、前与后）；因果制约（包含原因与结果的对立统一）；普遍联系（包含直接与间接、本质与非本质、必然与偶然、主要与次要）；系统结构（包含大系统结构与小系统结构）。

在这类范畴中，关于空间关系、因果联系、普遍联系，早已提出了，其中只有系统结构范畴，才是作者新提出来的。现代科学揭示：在一定范围内每个事物现象的各个因素、各个层次之间都存在着一定的互相依存互相制约的作用，从而构成一个既是封闭反馈式的又是开放性的系统。这种联系形式具有适用于自然、社会和思维领域的最广泛的普遍性。

下面进一步揭示每一类同序列范畴之间的内在联系关系。

（一）关于揭示具体事物内在外表联系的同序列的重要范畴之间的辩证联系

人们接触世界，首先发现的是各种形式和内容不同的事物，比如，人与动物的形式与内容，就有所不同；植物和动物的形式与内容，也有区别，等等。原始人就能把人和自然分开，把植物与动物区别，对植物进行采摘和栽种，对动物进行捕杀和饲养。但是，具体事物又是现象与本质的统一，现象是事物的外表形态的总称，是各种形式的抽象，因而它比形式要概括；本质是指“事物的根本性质”，因而本质比内容要深刻。人类进入文明后，才能开始从现象入手，去认识事物的本质。现象与本质的统一，归根结底，又是量和质的规定的对立统一。量是用数量表示出来的事物内部规定性，因而就比现象更具体；质是一事物区别于他事物的内部所固有的规定性。质有根本的质和非根本质的区别，因而它比本质还要深刻和广泛。事物的形式、现象与量，不是简单的拼凑和堆积，而是具有一定的结构；事物的内容、本质、质会表现出自己的性质，不同的性质会产生不同的作用——功能，性能就比前二者深刻得多。这四对范畴，实质是从不同的侧面、不同的广度和深度，从抽象的具体揭示具体事物的构成。就是说，事物的性质，从形式的对立面讲，叫内容，从现象的对立面讲，叫本质，从量的对立面讲，叫质，从结构的对立面讲，叫性能。其中从形式到现象到量到结构、从内容到本质到质到性能，各自表明着理论的抽象逐步深化的过程。

必须指出，具体事物的构成，不仅表现在上述四对从抽象到具体的同类同序列的范畴方面，而且，表现在下列四对同类同序列的范畴方面，这四对范畴，就把人们对具体事物揭示的进一步的抽象。人们认识事物时，进一步概括地讲，是思维中的具体的东西，重复地说，前面讲过，这里讲的具体，不是指看得见摸得着的感性物，而是马克思指的思维中的具体，即上述多方面规定的综合。但是进一步抽象起来，每个具体的人，是自然本质与社会本质的统一。所以，任何人都是具体和抽象的统一。每个人、每个事物又具有自己的特殊本质、个性、特点，因而与别人与他物相区别；另一方面从每个事物讲，又具有同类事物的共同本质、共性和共同点，否则就不是这类事物了，因此个性与共性的统一，是任何具体事物存在的根本特征。任何具体事物的产生、存在和灭亡，表面看来，是具有偶然性的，但是把它的产生、存在、灭亡放在它的发展整个过程来考察，放在与它周围事物的相互联系中去考察，它又具有必然性，所以偶然性与必然性同时存在于同一个事物中。而任何事物的必然性不等于现实性，必然性变成现实性必须合乎事物的发展规律，具有足够的条件。所以列宁说："现实高于存在和实存，高于必然性。"人们看到的事物，一般地说，多是现实的事物，但现实事物又包含着变化发展的多种可能性（现实性只有一个，可能性有多个）。事物存在着的多种可能性，要求人们依据事物的发展规律，创造必备的条件，使事物向有利于人们需要的方向变化发展。同样，这四对范畴，实质也是从不同的侧面不同的广度和深度，从理论的具体揭示具体事物的构成。就是说，事物的同一，从具体的对立面讲，叫抽象，从个性的对立面来讲，叫共性，从偶然的对立面讲，叫必然性，从现实性的对立面讲，叫可能性。其中从具体到个性到偶然性到现实性，由抽象性到共性到必然性到可能性，都是各自表明着理论的抽象的进一步深化的过程。

（二）关于揭示新旧事物联系（过渡）的同序列的重要范畴的辩证联系

上面讲过，任何具体的现实性事物都包含着变化发展的多种可能性。一般地说，旧事物总是规律地转变为新事物，那么，又怎样实现这种过渡呢？回答是：首先模模糊糊看到的是"变易"。"变易"是指事物的存在变为非存在，非存在变成了存在。"变易"，是人类最早揭示的新旧事物联系的"第一个具体的思想范畴"，又"是第一个真正的思想范畴"（黑格尔《小逻辑》）。因而，古希腊最早的辩证法奠基人之一的赫拉克里特的哲学就代表着"变易"；中国先秦的思想家就获得了"易"的概念，出现了专讲变易哲学的"易经"《周易》。"变易"毕竟是一个抽象的贫乏的范畴。如果深入些考察，"变易"就是转化。转化即意味着"从一种状态到另一种状态的转变"（亚里士多德）。区分运动的第四种形态，用今天的哲学语言讲，就是指矛盾双方主次地位的转化。这种转化，从本质上来说，一般的趋势是向上向新的方面转化，但同时也存在着暂时的向下的向旧的逆转、倒退。很明显，它比前者前进了一步。中国早期封建制的汉朝时期《淮南子·原道训》，最早提出了转化范畴。它写道："行柔而刚，用弱而强，转化推移。"转化的实质是什么呢？就是质变，质变即意味着事物由一种质的形态过渡到另一种质的形态。或者说事物发生根本性质的变化。同样，一般地说，事物都是由低级的质向高级的质的事物过渡。但同时也存在暂时的倒退的变质或蜕变。可见这个范畴比转化范畴又深化了。质变又是如何实现的呢？回答是通过飞跃的形式。飞跃又叫突变，或叫渐进过程的中断，是一种决定性的转折，是事物发生根本变化的表现形式。其中包含着爆发式与非爆发式的两种形式，这是众所周知的马克思主义常识。关于这个范畴，近代的资产阶级哲学家与无产阶级革命导师都先后提出和阐明过，它比前一个范畴更前进了一步。因为没有飞跃，就没有质变。列宁曾经把它看成是“辩证的转化和非辩证的转化的区别”的标志，那么，旧事物发生飞跃是通过什么方法实现的呢？“否定”就是揭示这种运动的秘密的范畴。大家知道，“否定”的实质是“扬弃”——既克服又保留。因而它是新旧事物联系的环节，是事物发展的决定性的环节。近代荷兰资产阶级哲学家斯宾诺莎提出了“一切规定都是否定”的命题。黑格尔和恩格斯相继对它作了辩证的解释。辩证否定的结果，是旧事物的死亡，新事物的产生，即意味着“新生”，可见“新生”是比否定更高的范畴。因为后者除了包含否定所具有的既克服又保留的含义外，还包含着“丰富”和“提高”的内容，这样新事物才能高于旧事物，取代旧事物。中国先秦的《易经·系辞》提出的“生生之谓易”，黑格尔《逻辑学》中提出的“生成”概念，是这个范畴的胚芽。马克思主义经典作家关于新生事物的论述，实质上是对这一范畴的阐明。以上六个同序列范畴，表明人类对新旧事物联系环节的认识的历史逻辑发展。

综合起来看，似乎可以这样概括：“变易”是表明过渡的现象，“转化”是表明过渡的特征，“质变”是表明过渡的实质，“飞跃”是表明过渡的形式，“否定”是表明过渡的方法途径，“新生”是表明过渡的真正本质。

由此可见，正是通过上述同类同序列的重要范畴，就揭示了旧事物向新事物的过渡，把新旧事物联系起来。

（三）关于揭示并存事物相互联系的同序列重要范畴的辩证联系

人类一开始劳动，必须在一定范围内进行；任何操作，必须按一定的顺序进行，白天黑夜对人类劳动产生的直接影响是不同的。最早的时空观念，就是萌芽于人类的开始劳动之中。空间关系是表明并存事物之间的联系的最初范畴，它表明事物的位置，即上下、左右、前后关系，否则人类就不能外出活动。因此，早在亚里士多德的十个范畴表里，就有了表明空间的位置概念——“地点”（与此相连的就有了“时间”、“关系”等概念）。当人类用第一种生产方式，改变着某个自然过程使之实现自己的预期效果，并使它反复出现，这样就产生了这一过程的因果联系观念。马克思指出：“人的活动”，“建立了因果联系观念的基础”。因此，因果制约（原因与结果范畴），比前者较晚出、较深刻。在古希腊最早的哲学家泰勒斯哲学里，“就没有原因这个概念”，“尽管原因的链条的观念产生到现在已经有数千年了”。因果联系的含义，是指包括时间先后在内的一种产生与被产生的关系，这是人类进一步认识并存事物的关系时，必然获得的一个范畴，因为当人们考察某一现象时，必然要问它的来龙去脉，追问两者之间有何关联。很显然，这个范畴比前个范畴，更能揭示并存事物的深刻联系。因为“真正地认识原因，就使人们的认识从现象的外在性深入到实体”。因此，这个范畴一直到近代休谟、康德哲学里，才得到了重视，但赋予了神秘的解释。因果制约关系，是建立在必然性联系的基础之上，但是古代，由于科学的不发达，它在不少场合下被歪曲了，常常与因果报应混同起来了。必须指出，因果联系仅仅“是世界性联系的一个极小部分”。与因果联系并列的，还有空间、时间、统计学式相互作用的联系。不能说太阳是我们行星体系的原因，白天是黑夜的原因等。也不能说父亲是儿子的原因，他们之间的关系是无需证明的。因此要抓住事物并存联系关系，仅仅把握因果联系是很不够的。普遍联系范畴就进一步全面地反映了事物存在的多种多样的联系。所谓普遍联系，从这个词汇的本义讲，首先是指横向方面，事物与周围事物之间存在着内在与外在的本质的与非本质、必然的与偶然的、直接的与间接的、稳定的与非稳定的联系，其中内在的本质的必然的稳定的联系就构成规律，或者说是规律性的联系。显然这个范畴的获得，就使人们大开眼界，它使人们对客观事物和整个物质世界的认识，前进了一大步。这只有人类历史发展到近代，社会实践、自然科学取得了巨大发展，马克思主义哲学产生的时候，才有可能被揭示出来。

普遍联系是一个广泛至极的关系范畴。而人们要把握的具体联系，只能是一个有限范围之内。科学地说，只能是一个具体的相对稳定的系统。这个相对稳定系统，只能是闭路反馈式的，又是开放性式的。那么，人们面对的系统，又是怎样相互联系而构成的呢？这就由于构成系统的诸因素，具有一定的特殊结构及其功能，从而使它赖以保持相对稳定而存在，用不着强调，对这种联系的认识比对普遍联系的认识，又前进了，更深化了。这种认识，只有在现代社会实践和现代自然、社会科学迅猛发展条件下，才提供了可能性与现实性。

儿童智力发展的历史与人类认识发展的历史，大体是一致的、互相吻合的。一个小孩生下来，最早理解的是他与妈妈的同时存在（空间关系），以后认识到，妈妈责备我，是因为我淘气、不听话的缘故（因果联系观念）。随着小孩一天一天地长大，就有了什么人是好人，什么人是坏人的概念（认识不停止在现象上了）。再接着，小孩懂得了他的家庭周围甚至很远的地方都与他有各种各样的联系、关系，然而只有快懂事成人时，才能确定哪些人是自己的家族系统，某个人同哪些人又是一个家族系统，在家族内有着这样那样的尊卑长下血缘姻亲关系。由此可见，上述四个同序列表明事物横向联系的范畴，是认识并存事物相互关系时必然依次运用的关系范畴，在这里只有自觉不自觉的区别罢了，否则就不可能真正地深刻地把握并存事物的辩证联系。

根据以上分析，同样可以顺理成章地揭示出唯物辩证法的范畴系统如下：

矛盾——对立统一是根本范畴，它像一根红线贯穿于整个范畴体系中，以它为核心展开和揭示具体事物内在外表联系的诸范畴及其向纵向方向发展的新旧之间的联系的诸范畴和向横向扩展方面并存事物之间的联系的范畴等三类同序列重要范畴体系，组成一个围绕着根本、基本规律又相对独立存在的范畴系统。

现图解如下:

根本范畴→矛盾（对立统一）→揭示构成具体事物内在外表联系的同序列重要范畴体系

→ 形式与内容，具体与抽象。
现象与本质，个性与共性（个别与一般、特殊与普通、相对与绝对）。
量与质，偶然性与必然性。
结构与性能，现实性与可能性。

→ 纵向方面表明新旧事物联系的同序列重要范畴体系 变易；转化；质变；飞跃；否定；新生。
横向方面表明并存事物联系的同序列重要范畴体系 空间关系；因果制约；普遍联系；系统结构。

必须指出，上述辩证法的范畴系统与上篇中的规律系统互相结合、互相渗透，便组织一个由一个根本规律（贯穿宇宙事物纵横两个方面）、四个基本规律（纵向横向各两个）、三类同序列重要范畴（反映具体事物在外表联系和新旧事物之间及并存事物之间的联系）构成的相对完整的唯物辩证法的科学体系。

马克思主义辩证法就是马克思主义的认识论。作者认为拙文关于唯物辩证法科学体系的新探索，既有利于维护唯物辩证法体系的科学性、系统性和完整性，使之具有无限生命力；同时对我党开创的社会主义四个现代化的新局面，更具有直接的现实指导意义。其中，如拙文探索性提出的横向联系的基本规律和并存事物的同序列的重要范畴等，无论是对指导我国向宏观、微观世界进军，还是发展边缘科学、横断科学、综合科学或是指导物质文明、精神文明建设，都具有方法论的意义。在政治生活方面，如果我们进一步掌握了这些规律和范畴，那么我们就能做到：一方面把各种社会现象联系起来考察，不孤立静止地看问题；但是另一方面，又会把它们的关系作应有的区分，不致再犯或少犯“文革”中，由于受林彪、江青两个反革命集团的欺骗，竟把人们的上下、左右、前后的空间关系，一律看成是因果联系；把非本质的偶然的联系，看成是本质的必然的联系……几乎丧失了人特有的认识能力。

无产阶级把哲学当作自己的精神武器，我们一定要把这个武器磨得更锋利，也一定要更有效地使用这个锋利的武器。

（本文为“湖南省哲学学会纪念马克思逝世一百周年学术讨论会”论文，于1983年1月31日脱稿，1983年2月由中南矿冶学院科技情报科印出。）

恩格斯对唯物辩证法的突出贡献及其深远意义

伟大的思想家恩格斯逝世100周年了，但他的思想光辉一直照耀着人类科学发展的大道。诚如他本人所晓谕我们的：“几百年前在哲学中已经确定了的命题，在哲学中早已废弃的命题，却常常在理论的自然科学中出现为全新的智慧……”反过来，日益进步、深化理论的自然科学、实证自然科学，必将对先哲们提出来的哲学创新命题、概念、观点、思想进行佐证、充实、丰富和发展。据此，我们理所当然地应有严肃的历史使命感。一方面要把恩格斯在哲学方面（无疑也包括其他领域方面），特别是把他对“贯穿马克思、恩格斯四十年的通讯中所讨论的一切思想集结的中心点……辩证法”方面的创新思想，及其对当代许多自然科学的创立、发展所起的导航、指向作用，实事求是地进行揭示和阐发；另一方面，运用后者提供的新的思想材料，把恩格斯在哲学方面的创新思想继续推向前进。

以下笔者将对恩格斯这位科学巨匠在辩证法方面，迄今仍为人们领会不全面或有所忽视的某些重要创新思想及其深远意义和它向人们提出的历史任务，简述一二，以显现这位马克思的精神兄弟并与之齐名的伟大思想家的高大形象。

一、提出世界存在“普遍联系”的新见解

众所周知，爱因斯坦在《自述》中说过他创立划时代的狭义相对论、广义相对论是得力于斯宾诺莎关于“世界统一性”的思想。毋庸讳言，恩格斯揭示

的世界普遍联系的新概念，同样而且更会给近现代自然科学家的新开拓给予更大的启示和智慧。反过来说，近现代有关的自然科学的新发现及其发展，也无不从前者找到自己的理论依据。大家知道，是恩格斯第一个把世界解释为“普遍联系”的整体，曾明确表述“辩证法是关于普遍联系的科学”。不仅如此，更可贵的是他对普遍联系的含义，作了独到的科学解释。他首先说：“当我们深思熟虑地考察自然、人类历史或我们自身的精神活动时，在我们面前首先呈现的是种种联系和交互作用的无限错综的图画。”这显然是说，人类面对的世界在横向方面存在着错综的直接、间接的交互联系。他又说：“其中没有任何东西是不动和不变的，万物皆动、皆变，皆生皆灭。”这就是说，在纵向方面任何事物都处于不断运动、变化、转化发展之中，存在着新旧之间的联系和转化。接着他继续概括地指出：“这样我们首先看到的是一个整体的图画，在其中个别部分还多少被隐藏着。”这即是说，世界是存在横向、纵向、明显的、隐蔽的、直接的、间接的、多层次的、互相联系、交互制约的整体，是一个统一的立体动态开放系统。易言之，任何具体事物都不是孤立的、永恒的，它都是无限的宇宙世界的一个部分、环节。世界宇宙事物“通过千百万次的相互转化而联系”，通过无数的新旧之间的转化无限发展。显然，恩格斯赋予世界普遍联系的这种内涵、新义，以及其他有关的新见解（预言原子无限分割等），为现代先后兴起的网络理论、系统论、横断学科、综合学科、相对论、原子物理学、量子力学、人工智能学、宇宙学等奠定了哲学基础，为唯物辩证法自身的发展准备了牢固的思想前提。

反过来说，日益深化的社会实践，突飞猛进的自然、社会科学，事实上正推动唯物辩证法向新的方面、新的深度实现划时代的发展。

众所周知，恩格斯从“普遍联系”概念引申出唯物辩证法三个基本规律，但从实质上说，这三个规律，本质上或者说主要侧重反映世界发展的动力、形式、道路，这是因为：作为“科学世纪”的19世纪，科学发展引起了人们的科学思维的根本转向，即着眼于发展，正是立足于这一点，黑格尔第一次把自然社会和思维看成是一个过程，发展观构成了黑格尔哲学的基本内核。恩格斯着重强调并揭示了宇宙纵向联系及变化发展的规律。但是必须指出，只要承认恩格斯关于“普遍联系”的全部含义，那么只把“普遍联系”的规律仅仅局限于对纵向方面的基本规律的了解，似乎是不够的。不难理解，当人们考察任何客观事物、现象的变化发展时，如果撇开周围事物的联系是不可想象的；显然只要承认有相对静止，相对稳定，那么就应承认有并存事物的横向联系（如果从同一时瞬、同一时点考察，这种横向联系就更明显了）。必须强调，客观世界是存在着这种横向联系的关系和普遍规律的，列宁、斯大林或指出了这个问题，或进行了探索性的尝试。列宁在16要素第二、第十二要素中，已分别提出了这种并存联系关系。在第二要素中指出，“这个事物是对其他事物的多种多样的关系的全部总和”。在第十二要素中，更明确地指出：“从并存到因果性，以及从联系和相互依存的一个形式到另一个更深刻更一般的形式。”这在实际上已提出了并存事物存在着互相联系依存的形式问题。后来他又在《卡尔·马克思》一文中，阐明了这种横向联系的关系。他说：“每一现象的一切方面都相互依赖，彼此有极其密切而不可分离的联系。”斯大林在列宁的上述教导启示下，进一步意识到并存事物之间互相依赖是辩证法的显著特征，并把它列为辩证法的四个特征的首位。50年代，苏联某些哲学教科书就直接地把这个特征解释为辩证法的第一个“普遍规律”或解释为“自然界和社会的最一般规律之一”，并作了比较详尽的阐述。必须看到，恩格斯逝世后，特别是最近十年来，科学技术具有几何级数和加速度特点的发展，无论是广度、深度还是速度，都发生了前所未有的变化。更引人注目的表现在现代科学不仅产生了网络理论，而且进一步发生了一个划时代的重大转向，即出现了两个趋势：一方面科学迅速地分化，新的分支愈来愈多；另一方面不同学科之间的广泛渗透现象逐步地被揭示，产生了新的边缘学科（如物理化学、化学物理、生物化学、生物物理、生物力学、技术经济学工程学等）和横断科学（如系统论、控制论、信息论等）。前者（边缘学科）进一步揭示了各种物质运动形式之间的纵向联系；后者（横断科学）则揭示了各种物质运动形式之间的横断联系。当然，它们各自研究的对象也必然存在着自己的特殊规律。特殊之中有普遍，自然也就存在着普遍的规律，毋庸置疑，前者也必然要求后者去作指导。因此，进一步具体探讨宇宙横向联系的普遍规律，正是时代发展提出的要求和提供了可能性。

必须强调，日益深化的社会实践、突飞猛进的年代，现代自然、社会科学成就还表明，辩证法规律（无论纵向或横向），基于发展的不平衡性是绝对规律，一般可划分为三个逐步深化的层次：最容易看到、把握的是规律。凡是事物现象存在着的内部的、本质的必然的稳定的联系，就表现为规律；从逻辑形式来说，只要把具有对立统一关系的成对范畴加以展开，就构成为规律。据此，人们有理由认为唯物辩证法的对偶范畴也就是唯物辩证法的规律，所以恩格斯说："自然界的普遍形式就是规律。"

上面说过，规律的存在和发展也具有不平衡性，在辩证法的无数规律中，就必然存在若干基本规律，这种规律贯穿整个无始无终或无边无际的物质世界的不同方面；它表明宇宙普遍联系的一个方面的总特征；它包含着两个以上的一系列的关系范畴。恩格斯在《自然辩证法》札记中，明确地把这种规律概括为"基本规律"的新概念，并提出上述三个规律"是辩证法的基本规律"的命题。但是人们的认识不能到此止步，只要坚持从世界观的高度运用矛盾观点（一分为二）看世界，就不难发现，归根结底，物质世界存在着一个最根本规律，它贯穿着无限性的整个宇宙的各个方面，它揭示整个无限性宇宙普遍联系、无限发展的根据，包含着比基本规律包含的更多的关系范畴。毛泽东同志早在30年代，就揭示出了"事物的矛盾法则，即对立统一法则，是唯物辩证法的最基本法则"。60年代，在毛泽东思想发展中，终于形成了"根本规律"这个新范畴。他说：对立统一是"辩证法的根本规律"。

显然，这个新范畴的提出，反映了人们对辩证法规律的认识更深化了。

二、提出了使对立统一规律命题，进一步科学化的启示和思想材料

恩格斯早在《自然辩证法》的〔计划草案〕〔总的计划草案〕中说“……主要的规律：量和质的转化——两极对立物的相互渗透和它们达到极端的相互转化，……”在同著〔辩证法〕〔（甲）辩证法的一般问题，辩证法的基本规律〕中写道：“所谓主观辩证法……不过是在整个自然界中盛行着的由于对立而产生的运动的反映而已，这些对立，以其不断的斗争和最后的互相转变或向更高形式的转变来决定自然界的生活。”从上面引述中，可以看出两个主要意思。在第一个引述中，恩格斯是把质量互变规律列为辩证法的第一个规律；在第二个引述中，是把对立的斗争与转化看作是辩证法的根本性规律，以致对上面已提到的其他两个规律（指质量互变，否定之否定），没有论述。众所周知，后来列宁在《谈谈辩证法》中进一步将对立的统一或对立面的斗争理解为辩证法的核心和实质（只要是肯定对立面的统一——作者）；斯大林把列宁的上述论述片面地绝对地理解为对立面的斗争，并列为辩证法的第四个特征，这实际上是把对立面的斗争理解为辩证法的基本规律。毛泽东综合和发展恩格斯、列宁的上述精辟见解，进一步把它概括为对立统一规律，并把它视为辩证法的最根本的法则（根本规律）。这显然比前者的看法又前进了一大步了。

但是如果仔细琢磨恩格斯的上述指示，领会列宁关于辩证法是一种学说：它研究对立面怎样才能够同一，是怎样（怎样成为）同一的——在什么条件下它们是互相转化而同一的教导，就不难悟出，仅仅看到事物对立面的统一，不看到事物对立面的必然转化，（在一定条件下）是不全面的，不科学的。因为如果只讲对立面的斗争，不讲对立面的转化，就可能把事物理解为事物永远在原地进行着反复的斗争，仅仅能引起事物量的变化，就不能把握事物质的变化（归根结底是质的变化）。显然，只有进一步把转化概念纳入对立统一规律命题中，把它深化概括为对立统一转化规律，才能既可说明新旧事物的纵向发展

面貌，又可说明并存事物横向联系及其发展的状态，也只有这样概括，才真正符合恩格斯的原意，也才能够把这个规律上升为根本规律的地位。

三、提出了使质量互变规律命题进一步科学化的启示和思想材料

众所周知，恩格斯在《自然辩证法》的论文“辩证法”中提出了“自然界中的一切质的差别，或者基于不同的化学成分，或是基于运动（能）的不同的量或不同的形式（这里的形式是指结构——作者，下同）。”接着又指出：“物体的各种不同的同素异性状态和聚集状态，是因为基于分子的各种不同组合”。同时在《反杜林论·哲学篇》“辩证法·量与质”中指出，1000个骑术不精而纪律严明的法国骑兵，总是能够打败1500个善于单个作战而纪律不严的孟美留客人。即是说，单个素质较差如果结构、组合好，能获得超过单个素质较好而组合不好的质和功能。恩格斯曾用甲醚与乙醇的同分异构、金刚石与石墨的同素同量的异构证明了这一点。

恩格斯在上述有关著作中，叙述的这个概念是包含结构的含义的，其中包括化学结合能、运动量等等。恩格斯在《反杜林论》中正是从这个意义上，指出了同样成分、同样数量组成的物质粒子，由于空间排列、劳动组合、战斗组合的不同而表现出质的差异。

现代遗传学揭示，核酸分子由四种不同的核酸组成，其中每三个编成一组“密码”，由各种“密码”进行不同的排列组合，就构成千千万万个遗传信息。遗传工程学正是通过遗传的奥秘——脱氧核糖核酸（DNA），在盘转卷曲起来的线状长长的核酸分子上，每一段所起的作用也不同，从不同的生物来源的核酸分子上，剪裁下所需要的片断，再用相应的“酶”来进行“缝合”成新的DNA质粒，使之进入另一种生物的细胞，就可发育成一种全新的生物。现代遗传工程学甚至设想用人工方法把遗传物质在体外进行重组，使生物按照人们预定的“工程图纸”产生新的一代，培养出符合人们所需要的品种。特别是现代高分子科学的发展，使人们根据不同的排列组合人工合成高分子材料（塑

料、纤维、橡胶等等），近两年来这种人工合成高分子材料世界年产量已达四五千万吨之多。据估计，1985年，人工合成的高分子材料占到人类所用各种材料的百分之五十四，到本世纪末可达百分之七十八，那时，就可以说人们生活在高分子时代。

从上述论证中，可以逻辑地引申出如下两点：一是恩格斯的有关创见，为把序变从量变中独立出来提供了启迪和理论依据；二是在哲学高度上把序变从量变中独立出来，并进一步把传统的质变量变规律命题深化为质量序互变规律新命题提供了科学的启示。

四、为把否定之否定命题进一步科学化提供了启迪与智慧

众所周知，恩格斯提出了唯物辩证法的第三个基本规律的命题——否定之否定，而且可贵的是前面加了由“矛盾引起的发展”，后面加了“发展的螺旋式”词句。斯大林、毛泽东对否定之否定命题先后曾有不同看法或提法。诚然，把由矛盾引起的发展道路表述为“否定之否定规律”术语，虽显示了发展道路的曲折前进性和周期性，但对事物的起点问题，却忽视了，术语本身也很晦涩，同时它还具有黑格尔表述的痕迹。斯大林正是从后一点，把它排除在辩证法的“基本特征”（即基本规律）之外。60年代，毛泽东重新把它提出来，把它表述为“肯定否定规律”，说明了事物发展具有起点、表述通俗等优点，但存在没有显示出事物发展的上升性及周期性的问题，容易给人一种无限循环的感觉。作者依据恩格斯在新命题前后所加词句的精神实质，综合上述两种表述的优点，克服了它们的局限性，同时把斯宾诺莎关于“任何规定都是否定”的命题与黑格尔对它的发展关于“否定之否定”命题进行了有机的综合，把这个基本规律表述为肯定——否定——新肯定命题，显然更科学和通俗化。

五、为现代边缘学科横断学科的问世和揭示世界存在着横向普遍规律提供了哲学根据

恩格斯在《自然辩证法》〔辩证法〕〔（甲）辩证法的一般问题，辩证法的一般规律〕中指出："一切差别都在中间阶段中融合，一切对立的东西都经过中间环节而互相过渡。"显然，这种真知灼见不正是为现代边缘科学的兴起提供了理论基础吗？反之，现代边缘学科横断学科的兴起与迅猛发展，不正是为提出和揭示唯物辩证法的横向多层次规律提供了丰富的实证材料吗？在此，限于篇幅，不多赘述了。

综上所述，不难看到，恩格斯的上述迄今为止人们领会不全面和有所忽视的独到见解，对现代一系列重大科学理论的建立，提供了坚实的理论基础，起了重大的导向作用和启示作用；反之，当代历史发展就必然提出要求，人们必然最大限度地运用这些新科学的思想材料，对唯物辩证法的基本原理进一步进行佐证、丰富和深化，把它继续推向前进。

（本文原载于肖浩辉主编：《恩格斯与世界社会主义运动——纪念恩格斯逝世一百周年学术理论会论文集》，湖南出版社1996年6月出版。原有副标题："为纪念恩格斯逝世100周年而作"。）

浅议完整、准确地理解毛泽东思想科学体系

邓小平同志在总结林彪、“四人帮”得以对毛泽东思想任意割裂、歪曲和篡改的经验教训时，明确地指出“要准确地完整地理解毛泽东思想”，“要善于学习、掌握和运用毛泽东思想的体系来指导我们各项工作”。显然，这是对马克思主义学风的一个新发展。那么，应怎样具体地、全面地理解它的含义呢？这是每个学习者必须严肃对待的问题。

作者认为，要正确回答这个问题，关键是把握下面两点。

一、毛泽东思想是一个完整统一的科学体系

首先，要正确认识毛泽东思想是马克思列宁主义的直接继承和发展，是中国化的当代马克思主义，是一个完整统一的科学理论体系。众所周知，作为科学或真理，必须具备三个基本标志或三个层次的要求。从其本义的最低层次的特征要求来说，起码要构成为知识的体系。黑格尔说：“哲学若没有体系，就不能成为科学。”（《小逻辑》）甚至说没有体系的哲学理论，只能是哲学家的一些意见和观点的展览。真理总是处在一定的体系之中的。因此，列宁在《卡尔·马克思》一文中指出：“马克思主义是马克思的观点和学说的体系。”不难理解，作为马克思主义的继承与发展的毛泽东思想，当然只能是毛泽东的观点与学说构成的体系。然而，构成体系的学说，并不等于都是科学。古罗马早期基督教代表人物奥古斯丁的《教义学》、中世纪托马斯的《经院哲

学》的体系，是够系统化、完整化了，但它们绝对不是科学和真理。这是由于作为科学真理，还必须具备另一个较高层次的特征和要求：它必须是对客观事物的本质和规律的正确抽象，并经过实践检验证明是正确的。作为中国化的当代马克思主义——毛泽东思想，正是揭示自然、社会和思维的普遍本质和最一般规律，特别是关于资本主义必然灭亡和社会主义必然胜利的规律的科学，更是具体揭示旧中国必然灭亡，社会主义、共产主义必然在中国胜利的规律的科学。我国革命实践反复证明，毛泽东思想的基本原理和基本观点是科学的、正确的，是真理性的。但作为伟大的科学真理，还必须具备更高层次要求的特征，即它一定要具有指导实践的正确性和科学预见性的功能。大家知道，毛泽东思想指引中国人民取得了我国新民主主义和社会主义革命的伟大胜利，以及社会主义建设的巨大成就。粉碎“四人帮”后，它科学地预见了中国社会主义建设的前途，从而提出了在20世纪末实现两个宏伟目标的战略任务。

如上所述，可见毛泽东思想是一个科学体系。然而，要坚持毛泽东思想的科学体系，就必须将其科学体系的构成内容，与非科学体系的内容（即毛泽东的一般谈话，特别是晚年的某些错误理论）区分开来；把科学的毛泽东思想与人们对它的错误理解、生搬硬套地运用区别开来；更要把真正的毛泽东思想的科学体系与冒充毛泽东思想的假东西、“冒牌货”区别开来。只有这样，才能正确地理解和运用毛泽东思想的科学体系。

必须指出，毛泽东思想科学体系包含着继承和发展了的马克思主义哲学、政治经济学和科学社会主义三个组成部分，这三个部分是互相依存、互相渗透、不可分割的完整统一的科学理论体系。

马克思主义、毛泽东思想哲学——辩证唯物主义和历史唯物主义是毛泽东思想的理论基础。任何学说只有建立在一定哲学基础之上，才能成为真正深刻和具有说服力的理论。像毛泽东思想这个属于全世界和中国无产阶级的伟大学说就更是这样。马克思主义、毛泽东思想的政治经济学和科学社会主义，就是在无产阶级革命斗争实践的基础上，以彻底的唯物论、辩证法、认识论和历史唯物主义为依据、为指南建立起来的。

马克思主义、毛泽东思想政治经济学是马克思主义、毛泽东思想理论“最深刻最全面最详细的证明和运用”。这个证明和运用表现在它对社会的经济基础——经济关系（主要是生产关系），特别是人类最后一个对抗阶级社会——资本主义社会和旧中国的经济的矛盾运动，作出了深刻的具体分析，揭示人类社会和旧中国社会的发展规律和前途。列宁说：“资本主义社会必然转变为社会主义社会这个结论，马克思主义是完全而且仅仅根据现代社会（指资本主义社会——作者）的经济运动规律得出的。”同理，半殖民地半封建社会的旧中国必然为社会主义所代替，也正是从对旧中国的经济运动规律的科学分析得出的。政治经济学的这种作用，既把抽象的好像悬于高空的哲学理论返回到现实生活之中，又把社会主义运动确立在现实基础之上。

科学社会主义是马克思主义、毛泽东思想的出发点和落脚点。全部马克思主义、毛泽东思想的实质，可以说就是阐明社会主义、共产主义理想一定能实现的历史必然性，指引无产阶级率领劳动群众自觉地为它的实现而奋斗。因此，科学社会主义是马克思主义、毛泽东思想的“精髓”、“核心”和主要标志。所以说，毛泽东思想的三个组成部分，是一个有机联系的统一体，是一个完整的科学理论体系。

必须进一步指出，毛泽东思想科学体系的完整性，只是相对的。真正的完整性是在发展中实现的，就是说，这个科学体系的完整性，只能通过坚持、深化原有正确的，依据实践扬弃不太正确的，去掉个别过时的，补充新的真理而显示其生命，因而它是一个动态的完整的体系。

二、从完整统一的毛泽东思想体系中，准确地理解和运用毛泽东思想的原理和观点

以上述前提出发，必然要求我们从完整的毛泽东思想体系中，准确地理解和运用毛泽东思想的基本原理和观点。展开说来，主要包含下面几层意思：

理解马克思主义、毛泽东思想的每一原理和观点，一定要从它们的整个体系中去考察，由此就应逻辑地得出结论，凡是党根据毛泽东思想科学体系制定的具体路线、方针、政策，就应符合科学社会主义的科学体系，要经得起马克思主义、毛泽东思想的政治经济学和哲学的论证。党的十一届三中全会提出的实现重点工作转移的观点和方针——抛弃过去的“阶级斗争为纲”的观点和方针，代之以进行社会主义经济建设为首要任务的观点和方针，既符合科学社会主义关于无产阶级夺取政权、巩固政权和基本确立社会主义公有制后必须把发展生产力、增加生产总量作为首要任务的思想，又符合政治经济学关于新的生产关系确立后，就要发挥其优越性、促进生产力迅速发展的原理，自然也符合马克思主义、毛泽东哲学思想关于主要矛盾随着事物发展阶段的变化而变化的观点。相反，1958年出现的所谓“一大二公”的人民公社，在生产上实行大兵团式集体耕耘；在分配上实行“半工资半供给制”，大搞平均主义；在生活上，实行家务劳动社会化，大办公共食堂，等等。显而易见，这些既不符合科学社会主义关于社会主义、共产主义两个阶段的客观发展规律的理论，也不符合马克思主义政治经济学关于生产关系一定要适合生产力发展的状况的原理，同样也违背了马克思主义哲学关于量变质变规律的学说。至于“四人帮”提出的“穷过渡”等，那更是违背马克思主义、毛泽东思想的科学体系，且达到了惊人荒唐的程度。

理解和运用毛泽东思想的某个原理和观点，必须从毛泽东思想的整个科学体系和一贯坚持的精神中去把握，要从它原有真理性的原理、观点的逻辑发展中去把握，不能把在某一个时期、某种特殊条件下提出的某一观点或讲的某一句话，当作普遍真理去对待。根据旧中国科学文化落后，从知识分子和青年学生的“家庭出身看”、“生活条件看”、“政治立场看”，“他们的多数可以归入小资产阶级范畴”，“他们有很大的革命性”等特点的国情。毛泽东关于我国知识分子的观点，从一贯看，是重视和强调知识分子作用的，曾经作出“离开革命的知识分子的参加，是不能成功的”结论，甚至指出：“中国无产阶级、农民、知识分子和其他小资产阶级，乃是决定国家命运的基本势力。”新中国成立后9年，毛泽东明确地指明，我国“社会的财富是工人、农民和劳动知识分子自己创造的”。不难看出，上述观点是前后一致的。我们不能因为毛泽东在晚年对知识分子的看法有失误，而改变党和毛泽东本人一贯坚持的关于我国知识分子的观点和方针。邓小平同志正是坚持党和毛泽东关于我国知识分子的正确观点和方针，结合新中国成立后我国知识分子的结构和政治思想情况的新变化，恢复和发展了毛泽东思想关于对待我国知识分子的正确观点。这是合乎逻辑、顺理成章的。鉴于旧中国的“知识分子和资本主义国家的知识分子”是有区别的，而在社会主义条件下，他们的绝大多数人都是“爱我们的中华人民共和国，愿意为人民服务，为社会主义国家服务”，我国当代知识分子通过长期的马克思主义的教育，通过他们为社会主义建设服务的实践，绝大多数已经成为工人阶级的一部分。另一方面，也应该看到，会有少数人由于西方资产阶级思潮的侵蚀，自觉不自觉地鼓吹资产阶级自由化，反对四项基本原则，对此必须加以反对和进行批评，不能任其泛滥。

理解和运用毛泽东思想的某个原理或观点时，还应同阐述它的前后联系中去理解，不能断章取义，孤立地抽出来当作科学真理去运用。还有一些更要同其他相关的原理或观点的辩证联系中去把握，避免导致片面性和绝对化。

对毛泽东思想基本原理或观点，有时还不能停留在从某篇文章的阐明中去理解，而且还要从其他文章中与它相关联的原理或观点的辩证联系中去把握。这是因为，任何对象都不是孤立存在的，是在与它相对立、相关联的对立面相互联系中而存在的。因而任何真理，只有把握它与它的对立面的相互关系，才能真正把握它。黑格尔说：“一切真实之物都包含有相反的成分于其中，认识或把握一个对象，也就是要觉察到此对象是与相反成分的具体统一。”（《小逻辑》）当然，应该看到，矛盾的两个对立面的发展是不平衡的。但是人们要全面地、本质地把握它，就必须把两个相对立或相关联的方面联系起来考察。这就告诉我们，理解马克思主义、毛泽东思想的某个基本原理或观点时，也必须这样做。从资本主义到共产主义的过渡时期内，必须坚持无产阶级专政，无疑是个颠扑不破的真理，怎样理解马克思主义、毛泽东思想的这个观点呢？众所周知，列宁在不同时期不同文章中，强调的角度与重点有所不同。在十月革命后初期即三年内战时期，强调的是实行“铁的手腕”，镇压被推翻的剥削阶级的反抗；在三年内战结束后，进入国民经济恢复时期，列宁强调它的主要之点是无产阶级具有组织纪律性。后来斯大林在《论列宁主义的几个问题》中解释无产阶级专政时，便把两者综合起来，依据列宁思想给它下了一个全面的定义，进行了全面的解释。

从理解最新发展了的毛泽东思想来说，也理应如此。1978年12月13日邓小平同志在中央工作会议闭幕词中，针对“两个凡是”，突出地强调解放思想，否则“四个现代化就没有希望”。而1980年2月29日在党的十一届五中全会第三次会议上的讲话中，又突出地强调了坚持四项基本原则，指出：“离开四项基本原则，就没有根，没有方向。”“解放思想不能偏离四项基本原则的轨道。”最近党中央又进一步反复强调这个问题，等等。那么，怎么样去把握新发展了的这个毛泽东思想呢？从上述分析可以看出，显然要求我们把邓小平同志与党中央的上述观点联系起来理解，才能全面地、本质地把握它。相反，在十届十一届三中全会前，对毛泽东思想的基本原理、基本观点的理解，不少时候没有这样做，而是把毛泽东不同文章中所阐述的有关联的观点割裂开来，从而导致了片面化，犯了时“左”时右的错误（主要是“左”，有时是右）。至于林彪、“四人帮”别有用心地割裂，为他们的反动政治需要服务，那另当别论了。

理解和运用毛泽东思想的基本原理和观点，要考虑它提出的历史背景和现实条件的变化等特点，要从现实具体条件出发，创造性地具体运用，并总结新经验、新成果，丰富发展马克思主义、毛泽东思想，把马克思主义、毛泽东思想继续推向前进。

马克思主义基本原理和观点，都是在一定历史条件下提出的，即使是普遍真理，也要与具体实践相结合，不能照搬，而要在创造性地运用它的基础上，敢于总结国际工人运动的新经验和科学发展的新成果，扬弃个别过时的结论或观点，而代之以适合现实情况需要的新原理、新观点，向前推进马克思主义、毛泽东思想。列宁对待马克思、恩格斯学说的基本原理和观点，毛泽东对待马克思主义列宁主义的态度，都是这样，这是众所周知的。邓小平等党中央领导同志对待毛泽东思想也正是持这种态度，从而创造性运用了毛泽东关于正确处理两类社会矛盾的基本观点，在对待知识分子、民主党派等问题上，采用现行的新观点和方针，并总结几十年来我国和国际工人运动的新经验和现代科学发展的新成果，提出了“建设有中国特色的社会主义”、“社会主义精神文明”、“一国两制”等新概念、新方针。反之，如果我们不采取上述态度，就难以理解发展中的马克思主义、毛泽东思想，难以理解邓小平等党中央领导同志提出的新观点、新方针是对马克思主义、毛泽东思想科学体系的丰富与发展。当然也就难以做到全心全意为贯彻党的马克思主义路线和实现党在20世纪末的两个宏伟目标而奋斗。

可见在完整准确地理解毛泽东思想科学体系时，必须吸取历史的经验教训。一方面，要防止和克服教条主义态度。教条主义只是机械地搬用毛泽东思想的词句，不能运用毛泽东思想的精神实质、基本原理和基本方法，研究新情况，解决新问题，从而损害和降低了马克思主义、毛泽东思想的威信；另一方面又要防止和克服实用主义态度。实用主义往往断章取义，甚至摘取只言片语，加以歪曲，把它封为马克思主义、毛泽东思想的“新发展”，从而败坏了马克思主义、毛泽东思想的声誉。

总之，我们要在完整准确地理解毛泽东思想科学体系的基础上，坚持以马克思主义、毛泽东思想的立场、观点、方法作指导，正确理解我们党对内对外的路线、方针和政策，科学分析当代提出的许多重大理论和实际问题；同时加速自身的革命化、知识化，坚定共产主义的理想和信念，为建设社会主义，实现共产主义目标作出贡献。

试论毛泽东同志关于辩证法的概念范畴的新贡献

一

科学和哲学，都是各有关概念范畴的体系。概念是反映特定领域某一局部事物共同本质的逻辑形式，范畴是反映整个特定领域事物普遍本质联系的基本逻辑概念。哲学概念、范畴，只是前两者分别扩大到整个宇宙的某一方面或全部事物的最普遍本质联系的逻辑形式或最基本的逻辑概念。无论是科学还是哲学范畴（均包括概念），都是社会实践的产物，并随着社会实践的发展而不断精确、丰富（个别的会被淘汰），因而范畴标志着人类认识发展的一个小阶段，重大哲学范畴体系标志着人类认识发展的一个较大阶段。而它们的演进构成了人类认识发展的一连串阶梯。反过来说，伴随着社会实践的延续，不同历史时期的思想家，就会对原有哲学范畴进行深化，并提出新的范畴来。其中最突出的，如亚里士多德，总结了古希腊早、中期哲学关于范畴的成果，以形式逻辑为基础，建立了他的二元的范畴论体系。康德总结和发展了古代、中世纪和西欧近代哲学史上的范畴成果，以形式逻辑的判断分类为基础，建立了他的完整主观唯心论的范畴论体系。黑格尔总结并大大发展了前人关于范畴的成果，以辩证逻辑为基础，建立了他的更为完整的客观唯心主义范畴体系，把唯心辩证法推到了资产阶级哲学的高峰。不难想象，作为无产阶级的科学世界观与方法论的马克思主义哲学，它对哲学范畴的深化和发展，理所当然地远远超过以往剥削阶级哲学家的成就。

毫无疑义，当代伟大的马克思主义者毛泽东同志，在毕生的实践与理论活动中，对马克思主义哲学范畴的贡献是多方面的、巨大的，或提出了新的范畴或更精确、深化了已有的范畴。本文仅就其对辩证法范畴——关系范畴，即反映整个世界变化发展的辩证联系的最一般的逻辑概念方面，所作的新贡献，进行初步的探讨。必须说明，我所探讨的课题，是泛指构成整个辩证法的细胞——范畴概念，而不是局限于通常所理解的三大规律之外的那一部分。

毛泽东同志在唯物辩证法方面提出的新范畴主要是："根本规律"、"根本矛盾"、"主要矛盾"、"部分质变"、"向下的变化和向上的变化"、"波浪式"、"全局和局部"等。其中一部分如"根本规律"、"根本矛盾"、"向下的变化和向上的变化"等范畴，迄今未引起人们应有的重视（对"主要矛盾"的认识与论证较充分，但也有误解）；另一部分如"部分质变"、"波浪式"、"全局和局部"等，五六十年代曾得到理论界的重视，许多哲学教科书都把它们列入唯物辩证法的体系中，甚至有些说得过头了。例如，用波浪式取代螺旋式，把全局和局部放在许多重要的基本范畴之前，讲部分质变超过了讲量变质变的篇幅。粉碎"四人帮"后又走到了另一个极端，却又否定了它们应有的地位。在唯物辩证法体系中，几乎全部一笔取消了。这两种态度，显然都有欠妥之处。我们认为，既不能"把我们所能理解的"而革命导师"事实上还没有的一种思想的发展硬挂在他们的名下"，但是也不能数典忘祖，妄自菲薄，人为地抹煞他们的历史功劳，人类永远"不会放弃他们已获得的东西"（马克思）。我们必须在先驱者已奠定的坚实基础上，继续前进。否则，其愚不可及也。

当然，上述范畴，算不算新贡献，绝不能从主观意愿出发点，而只能从人类认识的发展规律，从哲学史上同序列范畴的逻辑联系与演进中，从毛泽东哲学思想的形成、发展过程中，全面地加以考察，看看同前辈相比"是否提供了新的东西”（列宁）。必须指出，毛泽东同志提出的上述新范畴，仅仅是人类认识史的逻辑发展，仅仅是这些范畴原有的同序列范畴的继承与深化，它是在毛泽东思想长期发展过程中反复酝酿、逐步形成的。它的产生就意味着人类对这些方面的认识产生了飞跃，意味着毛泽东同志提供了新的东西。

其各自排列组合的逻辑发展顺序是:

“规律”→“基本规律”→“根本规律”；

“矛盾”→“基本矛盾”→“根本矛盾”→“主要矛盾”；

“变易”→“转化”→“质变”→“部分质变”→“向下的变化和向上的变化”；

“循环式”→“圆圈式”→“螺旋式”→“波浪式”；

“一与多”→“全与分”→“整体与部分”→“全局和局部”；

……

下面具体考察每个新范畴与同序列范畴的内在联系及其对人类认识的意义。

第一，关于根本规律范畴。

世界是一个无限普遍联系的整体，任何事物内部与周围事物之间存在着各种错综复杂的、相互依存、相互作用的联系。而事物内部的本质的必然的联系表现为规律性的联系，因此规律范畴被许多古代哲学家都不约而同地提出了，或取名为“逻各斯”或名之曰“则”、“道”。这种认识对人类的认识无疑是一种进步。黑格尔在《逻辑学》本质论的现象篇里，把现象和规律联系起来，提出“现象的规律”范畴。并从自己的唯心主义角度阐述了它们的辩证关系，得出规律的认识更接近于真理。大家知道，客观事物的联系是多种多样的，决定了客观世界的规律是很多的，但重要的是贯穿事物发展过程始终的规律。这种规律，马克思主义曾叫它为绝对规律。他说：“剩余价值规律‘是资本主义的’绝对规律。”随着马克思主义理论的向前发展，恩格斯曾多次叫它为“基本规律”。他说，“价值规律……是资本主义生产的基本规律”，“第一进化同时又是退化”是有机物发展过程的“一个基本规律”。特别是在《自然辩证法》的札记中，明确地正式地提出唯物辩证法的三大规律是辩证法的基本规律的命题。关于基本规律范畴的产生，使人们认识和把握世界前进了一大步。从以上的论证表明，基本规律不仅仅是一个，它们也不是等同的。其中必有一个是带根本性的，起着总纲、首领的作用。恩格斯曾经指出：“在黑格尔唯心辩证法的‘三个规律’中，‘第三个规律是整个体系构成的基本规律’。”（实质上即根本、核心之意——作者）随着认识的发展，毛泽东同志在30年代提出了“最根本法则”的概念。他说：“事物的矛盾法则，即对立统一的法则，是唯物辩证法的最根本法则。”（《矛盾论》）必须指出，这里讲的“最根本法则”，实质上是指“根本规律”的意思。60年代，毛泽东同志思想中终于形成了根本规律这个新范畴。他说：“……对立统一……这个辩证法的根本规律。”这个新概念比列宁关于对立统一是辩证法的核心的提法，更本质、更深刻、更具体了。显然，这个新范畴的提出，反映了人们对规律的认识进一步深化了。这种从“规律”——“基本规律”——“根本规律”的逻辑发展，表现了它们组成了一个包含三个层次的相对完整的系统，大大便于人们通过它们去把握自然、社会和思维现象之网，全面地把握客观世界的辩证联系。正是在这个意义上，毛泽东同志指出：“掌握了它，就在根本上懂得了唯物辩证法。”（《矛盾论》）

必须指出，毛泽东同志早年曾像马克思恩格斯一样认为唯物辩证法有三个规律，晚年强调“只有一个规律”。基于上述，可以了解，这两种说法是并存不悖的真理，前者指的是基本规律，后者指的是根本规律，如果各执一说以非议对方，至少是误解。

第二，关于根本矛盾、主要矛盾范畴。

每一事物内部都是既对立又统一，无一例外。因而人类进入文明后，最早的哲学家都模模糊糊地获得了“矛盾”这个表达事物相互之间最本质联系的广泛至极的最高概念，古希腊的赫拉克利特和中国的《韩非子·难一》就明确提出了这个概念。唯心辩证法的代表人物黑格尔，甚至作出了矛盾是一切运动和生命力的根源和不讲矛盾的哲学就不是好的哲学的结论。然而一个复杂的事物存在着极其广泛的错综的联系。因而，其矛盾也是多种多样的，有的贯穿整个事物过程的始终，有的是派生的，是短暂的。因此，把握矛盾，首先是把握贯穿过程始终的重要矛盾。马克思在《资本论》中首先提出了反映这种重要矛盾的含义的新概念，即“基本矛盾”。他说，生产的社会化与资本主义私有制之间的矛盾是“资本主义的基本矛盾”。同基本规律的存在一样，基本矛盾也不仅仅是一个，同样其中也必然有一个是带根本性的。在《矛盾论》中，毛泽东同志第一次明确提出了“根本矛盾”的新概念。五六十年代，有些哲学教科书和《辞海》，硬认为毛泽东同志所讲的“根本矛盾”就是“基本矛盾”，否认这个范畴的独立存在及其意义。我们认为这种看法是有待商榷的。“根本矛盾”是指规定整个事物或整个宇宙能否存在发展的矛盾，基本矛盾是指贯穿事物某个发展过程始终的几种重要矛盾，其中任何一个都不能单独决定事物的存亡。毛泽东同志在《矛盾论》中，曾六次说到根本矛盾的概念，绝不是偶然地顺便道及。1963年，在《关于国际共产主义运动的总路线的建议》中，他把当代世界上的矛盾概括为四个基本矛盾（斯大林在《论列宁主义基础》中，把当时世界的基本矛盾概括为三个）。所有这些，都是众所周知的。如果说基本矛盾也可能是几个的观点能成立的话，那么由于矛盾发展的不平衡性而显示出来的阶段的特殊性，究竟是由一个还是由几个基本矛盾决定的？回答显然只能是主要由一个带根本性的矛盾所规定，否则就无法理解。为什么人们会把两者混同呢？也许因为，毛泽东同志在同书同节的第二十段中，曾说资本主义社会生产的社会化与私人占有之间的矛盾是“基本矛盾”，而在同书同节第十三段中，又说这个矛盾的阶级表现是“根本矛盾”。两处说法有别，就容易使人产生误解。另一方面，客观存在着的“基本矛盾”，大都不是一个而是几个。如果是一个，“基本矛盾”自然也就是“根本矛盾”。从这种角度着眼，毛泽东同志在《矛盾论》的上述一节第十二、十三等段中，把贯穿事物发展过程始终的矛盾称为“根本矛盾”。因此，某些同志，就误认为“根本矛盾”即“基本矛盾”，甚至认为毛泽东同志没有明确地提出过“根本矛盾”的新概念。至于毛泽东同志确实没有更多地阐述“根本矛盾”，这是因为它同“主要矛盾”的事物发展过程中不同场合的地位和作用是相似的，甚至是雷同的，问题只是适用的范围太小、时间的长短的不同罢了。对主要矛盾的地位和作用的论证，在一定意义上讲，也适用于根本矛盾。众所周知，毛泽东同志明确提出了“主要矛盾”与“次要矛盾”，以及“矛盾的主要方面”与“次要方面”等新概念，并且辩证地考察了“主要矛盾与次要矛盾”、“主要方面与次要方面”的各自的地位、作用及其相互间的辩证关系，得出了“事物的性质主要地是由取得支配地位的矛盾的主要方面所规定的”精辟见解。并引申和推演出了“主流和支流”、“本质与非本质”等新范畴，大大地发展了列宁关于着重抓住事变链条的基本环节的光辉思想，提出了要学会“弹钢琴”、下“一盘棋”、“在注意一种倾向的时候要防止被掩盖着的另一种倾向”等一连串新的概念，不能不令人叹为观止。毛泽东同志所作出的上述一系列的新发展，是人们认识世界和改造世界，以及马克思主义政党制定正确的路线和政策的重要理论依据之一，它赋予人们的深远的认识意义，将随着人类革命实践的继续日益为人类所深刻理解到。

第三，关于部分质变范畴。

世界是一个无限变化发展的物质世界。古代进步的哲学家早就自发地笼统地看到了。古希腊赫拉克利特的哲学就代表着“变异”，强调所谓一切皆流，一切皆变，物无常住。甚至得出了对立面的相互过渡，即“有”过渡到“限有”——“有质之有”。中国的先秦的进步哲学家也反映了这种现象，获得了“易”的概念，出现了专讲变化哲理的易经《周易》，其中写道“刚柔相济而生变化”，事物的变化和互相过渡，必然促使矛盾的双方在一定条件下各自走向自己的反面。亚里士多德在区分运动的第四种形态中，已提出了“转变”的概念（“从一种状态到另一种状态的转变”）。中国古代的《淮南子·原道训》等，最先明确提出了“转化”范畴。它写道：“行柔而刚，用弱而强，转化推移……”转化意味着什么呢？亚里士多德指出是“性质上的变化”。中国宋朝的张载，得出了“著变”的概念。他说：“变言其著，化言其渐。”（《易说·乾卦》）在我国哲学史上第一次区分了变化的两种形态。近代法国哲学家生物学家居立叶提出“激变”的概念。德国古典哲学的著名人物黑格尔更明确地提出了“质变”范畴（有时又叫“渐进过程的中断”、“他物的生成”、“飞跃”）并对质变与量变的关系作了通俗而较详尽的论证，从而使人们对事物变化发展的本质的认识，产生了一个飞跃。它指明事物是由量变到质变、从低级到高级无限地发展着。斯大林的历史功绩，就在于他把实现质变的飞跃形式区分为“爆发式”与“非爆发式”，并把爆发式解释为“旧质因素的逐渐死亡与新质因素的逐渐积累”的新含义。但是这种质变本身，存在不存在不平衡性？它还可不可分解？在事物总的处于量变过程中间，有没有一部分质变先后出现？毛泽东同志根据人类现代实践与科学的成果，作了肯定的回答，提出了部分质变新概念，即事物的根本性质未变而某些次要的质先发生变化；全局未变而某些局部、部分的质首先发生改变。这种新概念的获得，就把人们对事物变化发展和质变的认识，推进一个新的层次。这种新概念的获得，促使人们把矛盾发展的不平衡性与质变过程联系起来了。在认识与处理这个过程时，避免陷入把量变与质变绝然分开的绝对化。曾有同志否定过这种看法，说什么从事物的那部分讲，仍然是质变，不存在所谓部分质变的问题。显然不能同意这种观点，因为所谓整体与部分，是就同一事物而言的，离开这个前提，自然就没整体与部分之分了，实质上就取消了整体与部分这对矛盾了。这是违背形式逻辑常识的。另一些同志还说什么毛泽东同志提出的这个新概念，仅仅是以“我国民主革命”过程中，曾经有若干革命根据地的区域性人民政权的存在为根据的，缺乏充分的根据。然而正如许多同志所证明的，部分质变，乃是自然、社会和思维普遍存在的现象，谁也否认不了的。

必须进一步指出，对变化本质的认识，如果仅仅停留在上述概念，仍然是不够的。大家知道，变化发展的根源，是在于事物的矛盾双方的同一和斗争，以及各种外在因素的影响。因此变异、转化、质变、部分质变和飞跃，都必然存在着两种相反趋向的现实可能性。毛泽东同志基于这种认识，在“《论持久战》中，提出了‘向下的变化和向上的变化’这又一个崭新的范畴”。并进一步指出：从新的一方来说，“向上的东西是新的量和质，主要地表现在质上”，“向下的东西是旧的量和质，主要地表现在量上”；从旧的一方来说，“也有两种变化”。向上的变化是暂时的局部的，向下的变化是长期的，直至走到优劣相反的地位，新的就战胜了旧的。显然，这种科学揭示，就有助于人们全面了解和把握事物变化的复杂性和规律性，在战略上藐视旧事物和困难，在战术上重视与旧事物和困难作斗争，使自己立于不败之地。

第四，关于波浪式范畴。

事物变化发展的道路与趋向究竟是怎样的，这是人们最关心的问题之一。宿命论认为是循环，形而上学认为是直线，唯物辩证法就必须按照它的本来面目去认识。古希腊朴素唯物辩证法奠基人之一赫拉克利特也认为宇宙世界存在着“火产生一切，一切都复归于火”的循环运动。这是众所周知的。黑格尔第一次把哲学史的发展比作圆圈式，即提出了发展“圆圈式”的新范畴。他说：“哲学的每一部分就是一个十分完整的圆圈，全体便有许多圆圈所构成的大圆圈。”（《小逻辑》）恩格斯进一步指出事物的发展是螺旋式的，即提出了“螺旋式”新范畴，指明圆圈是一个无限的开放性的圆圈，不是单纯的前后相继，而是一个相互交错，步步升高的联结锁链。它指明事物发展是前进性与后退性的统一，是由低级到高级的上升前进运动。毛泽东同志总结了现代社会实践和科学成果，指出：“事物的变化发展是波浪式的。”他说：“太阳的光射叫光波……水有水波、热有热浪。……在一定意义上讲，走路也是起波的。……唱歌也是起波的。……写字也是起波的。”并说：“世界上的事物，因为都是矛盾着的，都是对立统一的，所以，它们的运动发展都是波浪式的。”并且指出，这种波浪式是根源于事物矛盾的发展及其不平衡性。一句话，毛泽东同志在自己的思想发展中，逐步形成了“波浪式”这个辩证法的新范畴。必须指出，这种新范畴既不是螺旋式的重复，也不是螺旋式的简单置换式否定，而是螺旋式范畴的补充及其某一方面的深化，对于唯物辩证法的发展有着重大的意义。它们的相同处就在于：都是表明事物的曲折前进，反对把事物发展说成是直线性和循环式，但两者又有所不同，不能互相替代。前者主要表现事物发展过程的大曲折，体现的是对立面的地位的转化，即质的变化，它要在事物发展的全过程（起码要有两次以上的周期）才显示其作用，它指明事物发展由低到高的上升前进运动性质；后者除表现事物发展大过程的曲折外，还表现在每个具体阶段的小的曲折上，在事物发展的每一步都显示其作用。它指明：事物的发展不是平滑式的，而是有起有伏由小到大的逐步扩展前进的性质。由此可见，任何取消波浪式范畴或用波浪式取代螺旋式的做法，都是不科学的。

第五，关于全局与局部范畴。

事物的存在所发展的横断面也是可以分解的。在这里，必然存在着“一与多”、“整体与部分”、“全局与局部”（大局与小局）的对立统一关系。在古希腊哲学家那里，早已自发地提出过“一与多”、“全与分”、“整体与部分”等范畴，毕达哥拉斯首先明确地提出“一与多”范畴，但把两者的对立绝对化了；柏拉图在《巴门尼德尔》中，对“一与多”作了较详细论证，比前者前进了一步，但其论证的方法仍然是形而上学的。降及近代，康德在他的《范畴论》中，揭示了“一”、“多”、“全”的关系，指明“全”是“一”与“多”的统一。这种揭示，后来成为黑格尔的“正、反、合”的雏形，并为黑格尔的辩证逻辑开辟了道路。黑格尔在他的《小逻辑》第十五等六节中，用辩证的观点，考察了“一与多”、“全体与部分”、“整体与部分”，“自身的辩证关系”，其中对“整体和部分”范畴，比前人对“一与多”范畴的论证前进了一步，具体表现在他克服了把“一与多”理解为一生多的“生存论”，理解为“形而上学”的并联关系，指出：两者的关系既是直接的又是间接的，既统一又对立，是一个不可分割的有机整体，整体大于各个部分的简单总和，两者互相渗透、互相转化。但是黑格尔的整体，仍然是绝对观念的别名。同时，从这对范畴所使用的词汇看，是从静态着眼的。这就会容易导致被人作形而上学的外部的机械的关系理解。因为机械的结合物也是一个整体，构成整体的每一部分即每个齿轮、部件，又都是可以独立存在的。使用这种词汇，即使从有机体来说，也容易像解剖学者一样把它的各个官能和肢体等，看成仅仅是单纯的机械部分。毛泽东同志根据切身领导中国革命的经验，也概括了现代科学和现代医学的成果。在《中国革命战争的战略问题》、《论持久战》等著作中，为唯物辩证法提出了“全局和局部”（大局和小局）这一对新的范畴，并进行了比较多的论证。首先必须指出：这对范畴使用的词汇本身，就把原有同序列范畴从静态引到了动态。它要求人们必须从运动中变化发展中把握对象。毛泽东同志对它的考察，远远超越了过去对“整体与部分”、“一与多”（全与分）等范畴的解释的限制。具体表现在：在论述两者的相互联系相互对立中，提出了全局不仅仅是各个部分、各个方面构成的整体，而且包括了事物发展的各个阶段。这就要求人们把握全局时，不仅要把握它的各个部分、局部，同时还要考虑它的将来和过去。还指明了要把主要矛盾和次要矛盾、矛盾的主要方面和次要方面相互关系原理，应用于全局和局部：一是将全局分解为大局与小局，强调大局统率小局，小局服从大局。要舍弃不利于大局发展的小局，但又要抓住具有决定意义的小局，以促进大局。这些观念已为医学外科手术、战争、国家建设的实践所证明。与此同时，又运用具体问题具体分析方法，解剖了小局，指明了由于发展的不平衡性，局部、小局的发展具有不平衡性，决定了局部、小局的地位作用有主次、轻重、缓急之分。要坚持次要服从主要、一般服从重点、缓需服从急需。此外，毛泽东同志还强调了全局和局部、大局和小局，在一定条件下互相渗透，互相转化，决定了人们必须争取在全局的劣势中，建立局部上的优势；反过来，在全局处于优势的条件下，防止局部与小局向劣势转化。所有这些，就把人类对“一与多”、“全与分”、“整体与部分”的认识推到了一个新的高度。事实证明，它对马克思主义政党进行革命和建设，具有极其重大的现实指导意义。60年代以来，许多大专院校哲学原理教本中，把这对范畴从唯物辩证法体系中排除掉，显然是不正确的、有害的。

二

毛泽东同志对原有辩证法的概念范畴进行修正，精确、深化、提出的更为完满的范畴，主要是：“对立面的斗争和统一”（“矛盾的同一性和斗争性”）；“矛盾的普遍性和特殊性”（“矛盾的共性和个性”）；“事物的普遍本质和特殊本质”。这些范畴，从字面看，同原有范畴比较，只有几个字之差或排列不尽同，似乎没有区别，实质上存在着某些差别，体现了新的发展。过去很少有人进行比较研究，为此，也应遵循上面探讨的指导思想和方法，进行必要的探索。

其各自排列组合的逻辑发展顺序是：

“存在和非存在”→“同一和差别”（“同一和对立”）→“不可分性和可分性”→“对立面的统一”→“对立面的斗争和统一”（矛盾的统一性和斗争性）；

“一般和个别”→“普遍性和特殊性”（“共相和殊相”、“共性和个性”）→“矛盾的普遍性和特殊性”（“矛盾的共性和个性”）、“事物的普遍本质和特殊本质”。

……

第一，关于对立面的斗争和统一范畴（包括矛盾的同一性和斗争性）。

物质世界的客观存在决定了实事求是的人们不得不承认它的存在。但事物是处在不断变化之中，因而存在又意味着不存在。这种矛盾现象，正是物质世界的日新月异、永恒长存的秘密。因此古代哲学家早就获得了“存在”以及“存在和非存在”这对范畴。正如黑格尔指出的，它只是最贫乏最抽象的范畴。然而事物为什么能够存在？这就因为事物是同一的。为什么又意味着非存在？因为同一不是绝对的纯，而是在同一中存在差别性。同一个黑格尔明确地提出了“同一和差别”范畴，并在《逻辑学》的《本质论》中指出：“概念……诚然是与它们自身是同一的，但是它们之所以同一，只由于它们同时包含着差别于其自身。”就是说，人们看到的同一，不是抽象的同一，或绝对的等同，而是具体的同一，活生生的同一，因而它必然包含差别于其自身。实践证明，每一生命，每一细胞，既是和自己同一，又是和自己区别的。而且还必须进一步看到，相对地说，同一是不可分的，因为构成事物矛盾的双方是相互依存的，但两者的差别中包含着对立（对立是本质的差别，对立是差别的一部分），于是某些差别必然转化为对立、对抗和相互转化，因而差别性就变成了可分性。这种事实，推动古代哲学家和18世纪法国唯物主义者，提出了“不可分性”和“可分性”概念；另一方面，另一些哲学家，特别是恩格斯、列宁，强调了事物的不可分是相对的而可分是绝对的。随着人类认识的发展，使人们意识到构成统一物的两个方面不是任何两个不相干的方面、部分，而是能够同一的对立面。事物就是这种对立面的同一。于是黑格尔明确提出了“对立面统一范畴”。但是事物不是静止的，两个互相联系的对立面总是又同一又斗争，经过反复曲折的斗争，通过不同的飞跃形式，在一定条件下，新的就战胜旧的，旧的统一体破裂，新的统一体诞生。列宁正是从这种事实出发，得出了“可以把辩证法简要地确定为关于‘对立面的统一’的学说”和“同一是相对的”，“斗争是绝对的”新结论。在《谈谈辩证法》中又进一步指出：“发展是对立面的统一（统一物之分为两个相互排斥的对立面以及它们之间的互相关联）”；同时又说：“发展是对立面的斗争”。列宁的这两种不同说法，容易被人们误解和利用，为自己的片面性认识作论据。苏联30年代德波林派抓住前一种说法，歪曲发展是对立面的绝对统一、对立面的调和；斯大林以列宁的后一种解释作依据，片面强调发展是对立面的斗争。毛泽东同志完整地理解列宁上述思想，在《矛盾论》第二节中指出：“一切事物包含着的矛盾方面互相依赖和互相斗争，决定一切事物的生命，推动一切事物的发展”；在第五节中又指出：“有条件的相对的同一性和无条件的绝对的斗争性相结合，构成了一切事物的矛盾运动。”显然，这两种提法比黑格尔关于“矛盾是一切运动和生命力的根源”的命题（包括他常常爱说的“矛盾引导前进”的说法）深刻具体多了，也比列宁的上述两种好像是互相矛盾的说法要明确得多了。特别是后来，在《省市自治区党委书记会议上的讲话》中，进一步指出：“对立面是斗争的，又是统一的……”提出了“对立的斗争和统一”这个更为全面深刻的范畴（在《矛盾论》中概括为“矛盾的同一性和斗争性”）。并强调说：斯大林“只讲对立面的斗争”，“不讲对立面的统一”，“对立面的这种斗争和统一”，斯大林就是联系不起来。就是说，矛盾双方只有相互、相反作用或相互对立、相互否定或相互对抗，才能相互依存、相互渗透、相互促进。在一定条件下，也才能相互转化。应该指出，这种对原有概念中的某几个字的排列组合顺序进行调整提出的上述更为精确的概念，是和《矛盾论》第五节中强调过的“没有斗争性，就没有同一性”的精神是一致的，而且恰恰是前者的进一步提炼和发展，绝非偶然也。不仅如此，毛泽东同志有时从事物的构成角度着眼指出：“世界上的一切事物都是对立统一”，“对立面的统一是无往不在的”；有时又从事物的发展角度着眼指出，“一分为二这是个普遍现象”。必须强调，毛泽东同志的这两种提法是有别于中国传统哲学所提出过的如“两”与“一”、“合”与“分”、“二而一”和“一而二”、“合二以一”与“分一为二”、“合二而一”和“一分为二”等概念的，但又是对它们的批判地继承与发展。这就因为，中国哲学史上的“合”、“二而一”、“合二以一”、“合二而一”的命题，容易导致折衷主义和形而上学；中国哲学史上的“两”、“分”、“一而二”，王安石的“物中有偶”、张载的“一物两体”、王夫之的“分一为二”、邵雍、朱熹、张介宾的“一分为二”等，本质上都是“生成论”或容易导致“生成论”；古代的“合与分”，方以智的“二而一与一而二”、“分合与合分”（《东西均·张驰》），王夫之的“合二以一与分一为二”（《周易外卷》卷五）都具有辩证法的因素，但最后只能陷入循环论，使矛盾在“太虚”中消除。而毛泽东同志修正后提出和阐述的这种更为完备的范畴，就完全摆脱了“折衷主义”、“生成论”、“循环论”的痕迹，还了唯物辩证法的真正权威。

第二，关于矛盾普遍性和特殊性（矛盾的共性和个性）、事物的普遍本质和特殊本质等范畴。

宇宙事物，形形色色，千差万别，各有各的特点，但在或广或狭的范围内，又各有其共同点。就是说，一般和个别相联系而存在是具体事物的根本特征。这种客观存在，导致了古代哲学家早已朦胧地觉察到并有所论述。但是从严格意义上说，在马克思主义哲学产生前，一般是从第一性与第二性的关系了解两者的联系的。古代的黑格尔——亚里士多德关于“第一实体”与“第二实体”的论述，实质上已接触到了一般和个别的关系问题。他正确地指出了个别是一般的基础，但有时又把两者截然对立起来，陷入了“毫无办法的混乱”。唯名论与唯实论关于共相是否真实存在的争论，仍然是围绕着它是第一性还是第二性的问题展开的，不过各自夸大一个片面使之绝对化罢了。康德在《判断力和批判》中，明确地提出了“普遍”和“特殊”范畴（“共性”和“殊相”），并指明两者存在统一关系，但他却把统一放在主体里面。黑格尔在《小逻辑》第十三、二十四等七节中，用辩证的观点考察了两者的关系。他正确地指明了具体概念是一般与个别的统一，特别是他超越通常所理解的一般含义的限制，进一步揭示出了“本质的一般”的新概念，从而把共有的东西与共同本质的东西区分来。列宁第一次克服了形形色色的唯心主义者不同程度地从本体论上对它进行的歪曲，运用唯物辩证法与马克思主义的认识论考察两者之间的关系。首先把个别性与特殊性结合成一个概念——“个别”，明确地提出了“一般和个别”的新范畴，提出了任何一个命题都是一般和个别的统一。在这种统一中“就有了辩证法”，“就可从中发现辩证法一切要素的萌芽”的新见解。他具体揭示：个别和一般相连而存在，一般只能在个别中存在，任何个别都是一般；任何一般只是个别的一部分或一方面或本质，任何一般只是大致地包括一切个别事物；任何个别经过千万次的转化与另一类的个别相联系等，从而就把两者的辩证关系引进了认识论（认识发展规律）与逻辑学（辩证逻辑）的新领域，直至由此得出了“辩证法也就是（黑格尔和）马克思主义的认识论”的新结论。显然，列宁这些论述就把它赋予人们的认识意义推到一个新高度。

在哲学史上，毛泽东同志破天荒地第一次把普遍性和特殊性、共性和个性同矛盾概念联系起来，进一步概括为“矛盾的普遍性和特殊性”、“矛盾的共性和个性”。这样就堵塞了形形色色唯心主义利用它作为宣扬唯心的本体论的场所，并且从前者中引申出“事物的普遍本质”，从后者中引申出“事物的特殊本质”等新概念。他的这种新概念与黑格尔从“一般”中抽象出的“本质的一般”范畴相比，增加了新的意义，它不仅和前者一样把同类事物共有的现象、属性、特征与同类事物的共同本质区分开来；并且还进一步把矛盾的普遍性和事物的普遍本质直接一致起来，这样就把“矛盾的普遍性”提高到了高于“一般”范畴的地位。毛泽东同志还把事物的普遍本质和特殊本质同“普遍的矛盾”和“特殊的矛盾”联系起来，从而就给人们指明了深入揭示事物的共同点与不同点的方向和方法。众所周知，毛泽东同志明确地把上述两者的辩证统一提到了居于提挈对立统一规律与整个辩证法的重要地位。他说：“这一共性个性绝对相对的道理，是关于事物矛盾问题的精髓，不懂得它，就等于抛弃了辩证法。”（《矛盾论》）而且在阐述时，把它贯穿于《矛盾论》的各个部分及其结论中。很显然，这比列宁关于从一般与个别的关系中，“都可发现辩证法的一切要素的萌芽”的提法，又前进了一步。毛泽东同志并未在上述揭示成果面前止步，而且把这对范畴的辩证关系与认识运动的两个飞跃联系在一起。他说：认识事物的过程，“一个是由特殊到一般，一个是由一般到特殊。人类的认识总是这样循环往复地进行着……使人类的认识不断深化”（《矛盾论》）。显然，这样的阐述，又比列宁关于“辩证法也就是（包括黑格尔）和马克思主义的认识论”的提法，更具体、更前进了。

综上所述，无可争辩，毛泽东同志关于矛盾的普遍性和特殊性（矛盾的共性和个性）、事物的普遍本质和特殊本质的论述，在马克思主义真理的长河中增加了新的颗粒。

根据以上分析，就相应地得出如下结论：这就是本文所阐述的每类范畴体系的排列组合遵循的规律，是从一个比较模糊、抽象、贫乏逐步进到越来越清晰、具体和丰富深刻的过程；表明每类范畴的推演的历史的逻辑的一致；证实了毛泽东同志提出和修正的上述诸范畴，对人的认识的发展的重大意义。

（本文为“湖南省社联年会”论文，1982年1月1日—8日完成初稿，2月中旬至3月中旬定稿。）

毛泽东提出的辩证法新概念的理论和认识意义

——关于全局和局部范畴的新贡献，兼论十一届三中全会以来党的创造性运用和发展

一、“整体与部分”是辩证法的基本范畴之一

在论证毛泽东提出的这对新范畴的重大贡献之前，必须简要地阐明一下这类同序列范畴在唯物辩证法规律范畴体系中应有的重要地位，只有获得了这个前提，拙文进行的探讨才具有实际意义。

揭示横向并存事物之间、纵向新旧事物之间的本质联系，特别是揭示“全体与非全体”、“一般与个别”、“共性与个性”等绝对相对之间的关系，历来是辩证法的主要任务。在辩证法看来，事物的大小只是相对的。任何事物（不论其大小）的存在，就它自身而言，就是一个相对独立存在的整体（全体或全局）。但任何事物又不是不可分割的绝对统一。它既是由若干小于自己的部分（局部或要素）组合的，反过来它本身又只是构成更大事物存在的一部分（局部或要素）。

从认识论讲，范畴具有视角的意义，各个（对）辩证法范畴，就是从某一角度反映物质世界联系发展的某一个侧面。“个别范畴不足以把握真理，真理是在许多片面的范畴的联合全体之中。”（黑格尔）这类同序列范畴与辩证法的根本基本规律（及其包含的若干重要范畴）之外的其他传统的成对重要范

畴一样，都是从自己的特有的角度反映世界相互关系的一个侧面，并与唯物辩证法的根本基本规律（及其所包含的重要范畴），构成一个相对完整的体系，全面地反映整个物质世界的普遍联系与永恒发展。因此这类同序列范畴在唯物辩证法体系中具有重要地位，是不能抹杀的。恩格斯曾经明确地指出："关于自然界所有过程都处在一种系统联系之中的这一认识，推动科学到处从个别、部分和整体去证明这种系统联系。"（《反杜林论》）但是，遗憾的是，早在30年代，直至今天，苏联著名的唯物辩证法著作（如50年代亚历山大罗夫与70年代康斯丁诺夫所著大学哲学教本）和论文（如50年代杜加林诺夫、80年代苏沃诺夫关于哲学范畴体系的专文）中，从未把这对范畴列入唯物辩证法的规律范畴体系之中。在我国，60年代，个别大学哲学教本曾把"全局和局部"纳入辩证法的基本范畴之列，这实际上是肯定了这类同序列范畴在辩证法体系中应有的重要地位。然而十年动乱期间，"四人帮"以突出《矛盾论》为幌子，把对立统一规律以外的其他基本规律与重要范畴都一笔勾销了，自然这对范畴也未逃出此劫运。粉碎"四人帮"以后，理论界在十一届三中全会精神指引下，恢复了被砍掉了的传统基本规律与一系列重要范畴，唯独这对范畴仍然受到冷遇。显然，这是不公正的，也是不严肃的。"不平则鸣"。早几年陈昌曙、近年内阳作华等同志，曾行文为此而呼吁。1981年及1982年之交，作者也曾在《试论毛泽东同志关于辩证概念范畴的新贡献》一文中，强调指出了这个问题。这次为了纪念毛泽东同志诞生90周年特撰写专文进行探讨。

毫无疑问，要揭示毛泽东对这类范畴的新贡献，同揭示他对其他范畴的新贡献一样，正如前面已指出过的，这只能从哲学史上同序列范畴的历史发展链条中，从它们各自的内涵和全部含义的比较中，看看毛泽东同志究竟提供了哪些新东西，看看我们党十一届三中全会以来在实际运用和理论深化上，究竟作出了哪些新贡献。

二、“一与多”、“全与分”是整体与部分范畴的雏形（从不成熟到成熟）

从这类范畴的历史发展链条考察，哲学史上，首先揭示出来的是整体与部分范畴。一般地说，从古代到近代，基本停止在这对范畴的认识水平上。但必须指出，这对范畴的提出，经历了一个摸索过程。在它正式诞生前，是用“一与多”表达的。但是这个词汇本身是包含着多义的，缺乏确定性，容易使人产生迥然不同的解释。或是说明本原（一）与万物（多）的关系，探讨的是本体论问题。早在古希腊，毕达哥拉斯、柏拉图提出的“一与多”，就是从把两者了解为“一生多”的“生成论”出发的；我国隋唐佛学华严宗讲的“一与多”，尽管口头上谈“一中有多”、“多中有一”的相互渗透关系，但究其实，其目的仍然是为了制造“一生多”的宗教谎言。或是说明一般共性（一）与个别、个性（多）的关系，探讨的是认识论问题。亚里士多德关于“第一实体”与“第二实体”的关系的论述，实际上是最早谈这个问题的。或是说明一事物可以分解为许多小事物，反过来说，它本身又可与许多事物构成一个更大的统一事物，探讨的是并存大小事物的关系问题——辩证方法论问题。

至于这种词汇，还可被唯心主义者用来抽象地大谈“有一必有多”、“有多必有一”而实质是形而上学并联关系，从而陷入二无论，就更不用说了……由此可见，要了解把握一事物与其内部组合之间的关系，采用“一与多”词汇，是不太贴切的。但是正是上述“一与多”的多种解释，就给人们一种启发与推动，这就是鞭策着另一些哲学家进一步寻找别的概念，揭示这个侧面的本质联系。正如亚里士多德指出的：赫拉克里特最早把“全体与非全体（部分）结合起来”（黑格尔《哲学史讲演录》）。显然，这个词汇，比前者进了一大步，可以说，它已具备了这类范畴的第一个真正思想范畴（整体与部分）成熟的雏形。

三、“整体与部分”是揭示事物与其内部组合的相互关系的第一个真正思想范畴

在哲学史上，正式提出整体与部分范畴的，首推亚里士多德，在列宁誉为“处处、到处显露出辩证法的萌芽的探索”的《形而上学》一书中，他提出了较前者（“全与分”）全面完整的“全体与部分”新概念并作较详尽的阐述。应该看到，亚里士多德在阐述中，“全体”与“整体”是同时使用的同义词。例如在卷五第二十五章中，就有“以三作为一个全体看……”，“倘三不作为一个整体”的用语，很清楚，在这里，“全体”与“整体”是同一含义下使用的。当然，从严格的逻辑含义讲，两者是有一些差别的。前者（“全体”）侧重强调齐全不可少；后者（“整体”）侧重强调完整不可分，但亚里士多德没有拘泥于这个无关紧要的差别而加以严格区分。

“全体与部分”的内涵和含义是什么呢？他对“全体”的解释似乎强调下列三点：一是具有完整性：如说“作为一个天然的整体，不缺少应有的任何部分”；二是包含的各部分具有差别性：如说“以各个不同部分组成”；三是具有统一性：如说“全体性实际上就是统一性的别格”。就是说，全体或整体是由不可缺少的各个不同部分组成的统一体。

“部分”的内涵和含义又是什么呢？亚里士多德主要强调了下列两点：一是指在内容上可分离出而言：如说“一量元中作为量而取出的，就称为这个量元的一个‘部分’”，二是三的一部分；二是指在逻辑形式上是对全体而言的：如说“倘三不作为一个整体，二就不算为三的部分”，甚至说“事物的诸要素，也是全体的部分”。由此可见，亚里士多德已多少看到“部分”与“要素”是同义词，这是难能可贵的。亚里士多德为了给予“整体”以严格的含义，还把“总”和“共”下了明确的定义，指出：“作为分离而独立的个体集在一起称为‘总’，事物作为整一而集在一起时称为‘共’。”正是借助于上述的区分，他提出了众所周知的“整体大于各个孤立部分的总和”的著名论

断，并以“指”和“全身”的关系为实例进行了生动的说明。

黑格尔在《小逻辑》第15、97、98等节和《美学》第1卷中进一步辩证地考查了两者的关系，并更具体生动地阐明了“部分”不能脱离“整体”，“整体”表现于部分之中的辉煌思想，更可贵的他把“一与多”、“全与分”和“整体与部分”直接联系起来，从而把“一与多”、“全与分”的解释纳入辩证方法论中。紧接着得出了每一事物既是一，又是多；既是整体，又是部分；既有空间，又有时间；既是静，又是动；既同，又异；既大，又小等两重性的闪光思想。他还批判了形而上学把两者了解为并联关系以及其在自己“从了解部分到了解整体到洞察普遍联系的道路”上人为“设置障碍”的错误。但必须指出，黑格尔的“全（整）体”，仍然是绝对观念的别名，因而他高于亚里士多德关于“全（整）体与部分”的见解，最终却被他的唯心主义体系损害了。但不管怎样，两人关于全（整）体与部分的论述，历史地看，是比较科学的，是具有重大的理论和认识意义的。十分清楚，这对范畴的产生，从理论上讲，它把辩证法引进了具体事物与本身内部组合之间联系的这个侧面，同时又为辩证法体系增加了新范畴，使之更加丰富和完整；从实践上讲，它的产生，就给人们一个重要的认识工具——要求人们树立整体观点、矛盾分析观点，对事物采取既要分析又要综合的方法。正因为如此，众所周知，马克思、恩格斯、列宁都先后对这对范畴的理论与认识意义加以肯定，并进一步从社会生产力的质变、社会与个人的相互关系、不同战斗力的构成等等一一进行了论证。但必须强调，这对范畴，从认识论讲，毕竟存在一定的局限性。一望而知，它使用的这个词汇本身，就是从“静态”着眼的，很容易导致人们作形而上学的理解，把两者看成是外部的机械联系，因为机械的结合，也可组合为一个全（整）体，其构成全（整）体的每一部分——每个齿轮、部件等，又都是可以独立存在的，再从有机体来说，也容易导致解剖学家把动物的各种器官和肢体看成机械的结合。不难理解，这对范畴，从根本上说，具有表面性直接性，即反映的是一种表面的直接性的简单关系，这就很难解释有机体与本身产生的新生命之间的联系，也很难解释一个国家比较长时期国民经济发展和一场战争整个战略阶段的各个阶段前后制约关系；更解释不了为什么“整体大于各个孤立部分的总和”的著名论断，同时又是一种悖论（现代控制论发现，常常有构成一个系统的各部分的功能很好，但连接成一个系统的总功能却不一定好，即如果系统内的层次结构无序、紊乱互相牵制抵销，其总体功能，反不如其中某一部分的功能）；为什么用一个高能粒子轰击打碎另一高能粒子，使之变成两个或三个，甚至一簇粒子时，而这一簇粒子中的任何一个，都不比原来的小等奇特现象。一句话，随着社会实践与科学的日益发展，这对范畴就日益显得肤浅，不够用了。应该看到，作为近代资产阶级思想家黑格尔早已初步察觉到这个范畴对有机体说来已经存在明显的局限性了，恩格斯更是极其明白而深刻地指出了这种局限性。他说：“部分和整体已经是在有机界中愈来愈不够的范畴，种子的萌芽——胚胎和生出来的动物，不能看作是‘整体’中分出来的部分，如果这样看，那便是错误的解释，只是在尸体中才有部分。”（《自然辩证法》）可见为了前进，为了获得更佳的认识工具，就必须把这类范畴推到新的层次。

四、“全局和局部”在逻辑形式上是全（整）体与部分范畴的伸展

毛泽东总结了人类社会实践，其中特别是自身领导中国革命战争的经验，总结了现代自然、社会科学及哲学发展的成果，在自己的重要军事著作中，进一步提出了“全局和局部”（从一定意义上说，也就是大局和小局）新范畴，并反复阐明了它们的内涵、含义及其相互间的辩证关系。在此有必要纠正一种似是而非的错误见解，这种见解认为，“整体与部分”作为辩证法范畴，在哲学史上有不少哲学家探讨过，因而它具有作为辩证法的范畴的资格。但是，全局和局部范畴是不曾见经传的，它只是毛泽东从革命战争的“片面”经验中概括出的，并不具有最大的普遍性，因而就缺乏作为辩证法范畴的资格。必须强调，这种把这两对范畴绝然分开看，看不到两者的内在联系，是非常错误的，现在只需从纯粹逻辑形式着眼，就不难看到两者的血缘关系。请看毛泽

东提出的这个新范畴——“全局和局部”使用的词汇，不就是“全与分”、“全（整）体与部分”的引申和逻辑发展吗？一字之同，即“全（整）”与“全”在两个不同范畴中都使用，表明了两者的有机联系；一字之差，即一采用“体”，一采用“局”，表明两者存在的差别。根据训诂学的解释，“体”的要义之一是指物质的存在状态；“局”的要义之一是指“形势”。从相对静止观点看，任何事物的存在都有一定的体积，意味着静态状；从绝对运动观点看，任何事物的存在，都处于运动与变化发展之中，意味着动态状。因此从整体与部分范畴到全局和局部范畴的演变，就把前者从静态引到了动态，这恰恰是着眼于发展的近代、现代社会历史条件决定的，没有什么费解的地方。

毛泽东赋予“全局和局部”的内涵和含义是什么呢？作者体会：全局就是指事物的整体及其发展全过程。请看，他说：“凡属带有要照顾各方面各阶段的性质的都是战争的全局中”。又说：“左倾”冒险主义者“看问题仅仅从一局部出发，没有能力通观全局，不愿把今天的利益和明天的利益相联结，把局部和全体利益相联结，捉住一局部一时间的东西死也不放。”甚至强调指出，处理好全局和局部的辩证关系问题的“主要的”、“首要的”问题，是对全局的各阶段关照得好或关照得不好。（《中国革命战争的战略问题》）不难看出，毛泽东赋予“全局”的含义，既包含“整体”的内容于自身之内，又增加运动、发展全过程的新内容。它要求人们处理“全局”时，不仅要从横向方面从空间上把握构成它的各个方面，而且要从纵向方面从时间上把握它的将来与过去。显然毛泽东提出的全局概念具有自己的新义。毛泽东对“局部”的含义是怎样解释的呢？作者体会：“局部”是指组成事物整体的一个因素、方面及其发展的某个阶段。从上面的引证中，就可清楚地意识到，用不着细说了。不仅如此，毛泽东对认识与处理两者的辩证关系问题，还提出了许多极其精辟的见解，主要有下列几个方面：其一是把主要矛盾和次要矛盾、矛盾的主要方面和次要方面相互关系原理，应用于全局和局部：一是将全局分解为大局与小局，所谓大局，从一定意义讲，就是对全局有决定意义的部分，也是全局的主要矛盾、矛盾的主导方面；所谓小局，从一定意义讲，也就是指对全局不具有决定意义的部分，也就是全局的次要矛盾、矛盾的次要方面，因而强调必须大局统率小局，只有“懂得了全局性的东西，就更会使用局部性的东西”。反过来说，小局必须服从大局，要舍弃不利于大局发展的小局，他曾如此明白地指出，如果“在局部的情形看来是可行的，而在全局的情形看来，是不可行的，就应当以局部服从全局；反之也是一样……”但是另一方面，又要抓住有决定意义的小局，以促进大局，要学会“投下一着好棋子”，以促进全局的胜利。其二是运用具体问题分析方法解剖了小局，指明了由于发展的不平衡性，局部、小局的发展不平衡性，决定了局部、小局的地位作用有主次、轻重、缓急之分。要坚持次要服从主要，一般服从重点，缓需服从急需。其三是强调全局和局部、大局和小局，在一定条件下互相渗透互相转化，决定了人们必须争取在全局的劣势中，建立局部上的优势；反过来，在全局处于优势的条件下，防止局部与小局向劣势转化。……所有这些，就把人类对事物的整体与部分的认识推到了一个新的高度。其四是从某种意义讲，他是以这对范畴为指导，在社会主义建设中，提出了“统筹兼顾，适当安排”的正确方针等。显而易见，毛泽东提出的这对新范畴及其阐述，就具有重大的理论与实践指导意义。具体表现于：从理论上讲，它把一事物与自身内部组合以及与外部结合关系了解为一个具有辩证运动的客观规律的整体，深刻地揭示了人类面对的自然、现象之间的生动面貌。这就决定了它（全局和局部）的含义比前者（整体与部分）更精确了，因而也就意味着它把前面的同序列范畴（整体与部分）推到了一个新高度，把唯物辩证法引向纵深发展。从某种意义讲，也正是在这对范畴的启发与指引下，毛泽东写下了《中国革命战争的战略问题》、《论持久战》等不朽的著名军事著作，创造性地发展马克思主义的军事理论和战略战术思想。从认识论实践角度讲，它为党制定正确的路线、方针、政策提供了重要的理论依据，它指引人们制定工作计划时，要有全局观点和战略头脑，冲破小生产者的狭隘眼界，在完成党的任务时，既要胸怀全局，又要抓住中心，善于捉住和促进两者之间的有利转化，认真地执行党的“统筹兼顾、全面安排”的八字战略方针。所有这些，毫无疑义地大大地促进了我国革命建设事业的发展。

但是必须指出，由于历史条件的限制和其他原因，毛泽东对这对范畴在理论上没有作更多的论证，使之上升为人们所公认的辩证法的基本范畴。同时它作为实际的辩证法基本范畴本身，也存在一定的局限。从严格意义说，它在一定程度上仍然表现为直接性表面性的认识，如果进入微观，进入定量、定性分析等方面，就不够用了。在它的含义中，就没有包含现代自然科学发现的结构、层次、有序、信息、控制等概念，这就很难解释更为复杂的深邃的各个事物与自身的内部错综复杂的组合关系。此外，毛泽东也没有真正地把这对范畴的原理运用到国民经济建设中去，使它转化为更大的物质力量。令人遗憾的是，在实践上似乎他自觉不自觉把处理战争中的全局和局部关系的经验（如打歼灭战等），不太切实际地运用到社会主义经济建设中来（如用打歼灭战的办法大炼钢铁等），以致出现“元帅升帐，停车让路”、“粮食上了纲，其余一扫光”的不幸短暂局面，人为地扩大了国民经济建设的比例失调。当然这个问题的发生与陈伯达、康生和“四人帮”的干扰是分不开的。这是不能苛求于毛泽东个人的。但问题是只要人们进一步要求把各个领域（包括微观客体、宏观天体和国民经济建设等）的每个事物和其内部外部组合之间的内在联系关系揭示出来，就必须总结当代社会实践、自然科学和哲学发展的新成果，概括出更佳的同序列的新范畴来。

五、十一届三中全会以来党对“全局和局部”范畴的创造性运用的发展

一个拥有十几亿人口和960万平方公里的大国进行空前规模的社会主义现代化建设的需要，一个已进行了30年社会主义革命与建设实践提供的经验与教训，在要求党在实现20世纪末的宏伟目标中，坚持和发展毛泽东思想科学体系，其中也包括关于“全局和局部”的辩证关系的原理。

必须强调，十一届三中全会以来，党对这对范畴的新贡献，主要表现在：在实践上把它转化为更具有普遍性的方法论，卓有成效地促进了四化建设的顺利发展，同时，又在理论上把原理进行了深化，使它得到了进一步发展。

前面讲过，毛泽东关于“全局”的含义是这样解释的：“凡属带有照顾各方面和各阶段性质的，都是战争的全局。”（《中国革命战争的战略问题》）在这里，所谓“各阶段”一词，是一个没有上下界限的不够具体清晰之词，然而十一届三中全会以后，党在具体实践中却明确地指出从纵向性说是指事物发展中带有战略意义的发展过程，早在1975年邓小平同志主持中央日常工作期间就指出：“现在有一个大局，全党都要讲”，“大局是什么？……也就是说，从现在算起……把我国建设成为具有现代化农业、现代化工业、现代化国防和现代化科学技术的社会主义强国”。胡耀邦同志在党的十二大报告中提出了“通观全局”的问题，他对“全局”是这样具体解释的：“从1981年到本世纪末的20年的新的历史时期中，要把中国这样原来经济文化落后的国家建设成为现代化的社会主义强国”。从上述引证中，不难看出，党对“全局”的解释比毛泽东的解释新颖、深刻多了。

毛泽东曾经指出，抓全局中的主要矛盾或中心环节，就是抓对全局有影响的起主导作用的矛盾和矛盾方面。党在具体实践过程中强调指出，在“通观”社会主义现代化建设“全局”中抓主要矛盾或中心环节，就必须找出“影响全局”的“薄弱环节”，“实事求是地突出重点”。很清楚，党关于抓主要矛盾的含义的解释就具有了新义，即判断主要矛盾的标志，不仅看它在全局中是否起决定作用，而且要看它是否是薄弱环节（党首先抓农业，就是以这个观点出发的）。

毛泽东关于抓全局中的主要矛盾问题，有这么一个观点，即“抓住主要矛盾，其他矛盾迎刃而解”（《矛盾论》），强调“一马当先，万马奔腾”，“纲举目张”。但这些观点，在实践中却带来了忽视抓次要矛盾的后果，党在十二大报告中提出了“抓住中心环节，以带动其他”的新概念。怎样实现“抓住中心环节以带动其他”呢？党创造性地把全局观点和战略部署、战略决策联系起来。一方面，首先强调“必须由国家集中必要的基金进行重点建设”（陈云同志提出“适当”集中主要的人力、物力、财力解决重点任务）；另一方面，又强调仍然“要照顾地方、企业需要”，“去办那些适宜于地方举办的事情”。与此同时，党还创造性地阐明了抓重点对抓全局、局部的决定性作用，指出：“如果国家的重点建设得不到保证，能源、交通等基础设施上不去，国民经济的全局活不了，各个局部的发展就必然受到很大限制，即使一时一地有某些发展，也难以实现共、产、销的平衡，因而不能持久。”显然，这种论证就为党大抓农业、能源、交通、教育和科学的重点建设提供了牢固的理论依据；同时也就把毛泽东关于抓全局中的主要矛盾、中心环节的思想，引向更全面更深化了。

众所周知，毛泽东同志从全局统率局部的原理出发，提出了“全党服从中央”的著名原则，党进一步把它引申为各级组织各部门和每个党员和革命者，“必须和党中央在政治上保持一致”的原则；同时又提出：“下级组织如果认为上级组织决定不符合本地区本部门的实际情况，可以请求改变，如果上级组织坚持原决定，下级组织必须执行，并不得公开发表不同意见，但有权向再上一级报告。”（1982年9月6日通过的《中国共产党章程》）显然，这就向前发展了党的建设理论。

众所周知，毛泽东同志基于对全局和局部的辩证关系的深刻认识，提出了“统筹兼顾、适当安排”的战略方针。党概括了新的经验，把前者修正为“统筹兼顾，全面安排”的提法。同时把毛泽东同志关于“从六亿人口出发”的教导，修正为“从一切为人民的思想出发，统筹安排生产建设和人民生活的方针”。显然，这些新的提法也发展了党的经济建设理论。

还必须强调指出的如下一个事实：近几年来，党非常重视总结当代科学的新成果，在实现四个现代化过程中，逐步地把系统、层次、结构等概念充实到“全局和局部”的原理中，这就因为在我国实现四个现代化——这个人类历史上最伟大的创造性工程之一，自然是一个极其复杂具有多系统、多层次结构的全局。同时现代化本身是与结构的最优先、效益的最佳化、发展的高速化等分不开的，因此，党这样明确指出："要把全部经济工作转到以提高经济效益为中心的轨道上来，要集中主要力量进行各方面经济结构的调整，进行现有企业的整顿、改组和联合……继续完成企业组织结构和各方面经济结构的合理化……"（不用说，党提出的"调整、整顿、改革、提高"八字方针，更集中更充分地体现了这一点）。

毋庸赘言，党在实现四个社会主义现代化的宏伟目标的过程中，对全局和局部的原理的创造性运用和发展是多方面的，限于篇幅，就不一一详述了。

唯物辩证法是科学的认识论，我们必须深刻领会毛泽东同志和十一届三中全会以来党中央关于全局和局部辩证关系原理的丰富思想，用它来指导自己的行动，最大限度地为实现四个社会主义现代化作出自己的贡献。

（本文系1983年国庆节初稿，为打印本。其正标题尾有"（之四）"字样，为编者删去。）

从辩证法范畴逻辑演进链条中看毛泽东的新贡献

范畴是反映整个特定领域事物普遍本质联系的基本逻辑概念。

科学和哲学，都是各有关范畴的体系。基于社会实践而获得的范畴标志着人类认识发展的一个小阶段，重大哲学范畴体系标志着人类认识发展的一个较大阶段，而它们的演进构成了人类认识发展的一连串阶梯，反过来说，伴随着社会实践的延续，不同历史时期的思想家，就会对原有哲学范畴进行深化，并提出新的范畴来。毫无疑义，当代伟大的马克思主义者毛泽东，在毕生的实践与理论活动中，对马克思主义哲学范畴的贡献是多方面的、巨大的，本文仅就其对辩证法范畴——关系范畴，即反映整个世界变化发展的辩证联系的最一般的逻辑概念范畴所作的新贡献，进行初步的探讨。必须说明，我所探讨的课题，是泛指构成整个辩证法的细胞——范畴，而不是局限于通常所理解的三大规律之外的那一部分。

毛泽东对唯物辩证法范畴的主要贡献是：提出了“根本矛盾”、“根本规律”、“部分质变”、“波浪式”、“全局和局部”等新范畴，把矛盾赋予“矛盾诸方面的同一性和斗争性”的新含义，把矛盾本身分解为“普遍的矛盾与特殊的矛盾”，把规律本身分解为“一般规律和特殊规律”，把质变分解为“向下的变化与向上的变化”，等等。主要表现于下列五种同序列范畴的各自纵向逻辑发展链条顺序是：

“矛盾”（包含“普遍的矛盾和特殊的矛盾”）→“基本矛盾” →“主要

矛盾”→“根本矛盾”。

“规律”（包含“一般规律”和“特殊规律”）→“基本规律”→“根本规律”。

“变易”→“转化”→“质变”（包含“部分质变”、“向下的变化和向上的变化”）。

“循环式”→“圆圈式”→“螺旋式”（包含波浪式）。

“一与多”、“全与分”→“整体与部分”→“全局和局部”。

下面具体考察毛泽东在上述五种同序列范畴组合中提出的新范畴，对原有范畴进行的深化和丰富及其对人类认识所具有的重大意义。

一、毛泽东关于矛盾的新揭示及其重大意义

毛泽东对人类揭示矛盾的新贡献、主要表现在三个方面：一是继古、近现代哲学家提出矛盾、基本矛盾、主要矛盾等概念之后，进一步提出了根本矛盾新概念；二是把两个对立面的对立统一关系，进一步赋于“矛盾诸方面的同一性与斗争性”的新解释；三是把事物矛盾分解为“普遍的矛盾和特殊的矛盾的统一”的新创见。

（一）毛泽东提出根本矛盾新概念提示了事物矛盾的多层次性

每一事物内部都是既对立又统一，无一例外。因而人类进入文明后，最早的哲学家都模模糊糊地获得了“矛盾”这个表达事物相互之间最本质联系的广泛至极的最高概念。古希腊的赫拉克利特和中国的《韩非子·难一》就明确提出了这个概念。唯心辩证法的代表人物黑格尔，甚至作出了矛盾是一切运动和生命力的根源和不讲矛盾的哲学就不是好的哲学的结论。然而一个复杂的事物存在着极其广泛的错综的联系。因此，把握矛盾，首先是把握贯穿过程始终的重要矛盾。马克思《资本论》中首先提出了反映这种重要矛盾的含义的新概念，即“基本矛盾”。他说，生产的社会化与资本主义私有制之间的矛盾是

“资本主义的基本矛盾”，实际上也就是根本矛盾。基本矛盾往往不止是一个，斯大林在《论列宁主义基础》中，曾指出帝国主义时代的基本矛盾有三个，但当时他并没有明确说是三个基本矛盾，既而说是三个“最重要矛盾”，复而说是三个“主要矛盾”，这反映了人们对它的认识有一个过程。须知，在这些基本矛盾中或其背后必然有一个带根本性的。在《矛盾论》中，毛泽东第一次明确提出了“根本矛盾”的新概念。然而毛泽东却没有更多地阐述“根本矛盾”，这是因为根本矛盾同“主要矛盾”在事物发展过程中不同场合的地位和作用是相似的，甚至是雷同的。问题只是适用的范围大小、时间的长短不同罢了。对主要矛盾的地位和作用的论证，在一定意义上讲，也适用于根本矛盾。众所周知，毛泽东着重阐明了“主要矛盾”、“次要矛盾”以及“矛盾的主要方面”与“次要方面”，各自的地位、作用及其相互间的辩证关系，明确得出了“事物的性质主要地是由取得支配地位的矛盾的主要方面所规定的”精辟见解，并引申和推演出了“主流和支流”、“本质与非本质”等新范畴，大大地发展了列宁关于着重抓住事变链条的基本环节的光辉思想，提出了要学会“弹钢琴”、下“一盘棋”、“在注意一种倾向的时候要防止被掩盖着的另一种倾向”等一连串方法论的新概念。

（二）毛泽东把传统的矛盾含义，进一步赋予矛盾诸方面的同一性和斗争性的辩证统一关系，揭示事物矛盾对立多要素性的复杂性

毛泽东破天荒地打破几千年来关于矛盾只存在于两个对立事物方面的传统观点的限制，进一步把矛盾关系解释为是矛盾诸方面的对立统一关系，从而把从哲学上的最高最抽象概括的两方、两端，还原于事物本来存在的多要素、多方面的错综复杂的辩证统一关系，鞭策人们既要坚持两点论与重点论辩证统一方法论，又要坚持系统方法论。

（三）毛泽东从矛盾属性上把事物矛盾分解为“普遍的矛盾和特殊的矛盾”，揭示了事物存在相互联系又相互区别（共性与个性）的根据

毛泽东从矛盾属性上进一步把事物的矛盾分解为“普遍的矛盾和特殊的矛

盾”。在哲学史上，毛泽东第一个把普遍性和特殊性、共性和个性同矛盾概念联系起来，进一步把矛盾分解为“普遍的矛盾和特殊的矛盾”，或分解为“矛盾的共性和个性”，这样就堵塞了形形色色唯心主义利用它作为宣扬唯心的本体论的场所。并且从前者中引申出“事物的普遍本质”，从后者中引申出“事物的特殊本质 ”等新概念。他的这种新概念与黑格尔从“一般”中抽象出的“本质的一般”范畴相比，增加了新的意义，它不仅和前者一样把同类事物共有的现象、属性、特征与同类事物的共同本质区分开来；并且还进一步把矛盾的普遍性和事物的普遍本质直接联系起来，这样就把“矛盾的普遍性”提到了高于“一般”范畴的地位。毛泽东把事物的普遍本质和特殊本质同“普遍的矛盾”和“特殊的矛盾”联系起来，从而就给人们指明了深入揭示事物的共同点与不同点的方向和方法。众所周知，毛泽东明确地把上述两者的辩证统一提到了居于提挈对立统一规律与整个辩证法的重要地位。而且在阐述时，把它贯穿于《矛盾论》的各个部分及其结论中。很显然，这比列宁关于从“一般与个别的关系中”“都可发现辩证法的一切要素的萌芽”的提法，又前进了一步。毛泽东并未在上述揭示成果面前止步，而且把这对范畴的辩证关系与认识运动的两个飞跃联系在一起。他说：认识事物的过程，“一个是由特殊到一般，一个是由一般到特殊。人类的认识总是这样循环往复地进行的……使人类的认识不断地深化”。显然，这样的阐述，又比列宁关于辩证法也就是马克思主义的认识论的提法，更具体、更前进了。

概而言之，无可争辩，毛泽东关于把矛盾的存在分解为“普遍的矛盾和特殊的矛盾（矛盾的共性和个性）”、“事物的普遍本质和特殊本质”的论述，在马克思主义真理的长河中增加了新的颗粒。

二、毛泽东关于规律的新揭示及其重大意义

毛泽东对人类揭示规律的新贡献，主要表现在两个方面：一是提出了“根本规律”新概念，并明确地揭示辩证法所包含的若干低层次规律，从而揭示了

唯物辩证法规律存在着多层次性（或唯物辩证法的多层次规律），大大地丰富深化了唯物辩证法。二是提出了“一般规律”和“特殊规律”的新概念，揭示出了任何具体事物本身都存在两者的并存，从而把一般理论哲学扩展到应用哲学的新领域新天地。

（一）毛泽东提出根本规律新概念揭示了唯物辩证法规律的多层次性

世界是一个普遍联系的整体，并存事物和新旧事物之间都存在着多种多样的联系，其中最深刻的联系是规律联系。这是因为，事物、现象内部的本质的必然的稳定的联系就是规律；从逻辑形式来说，规律是用判断表达的，只要把具有对立关系的成对范畴加以展开，就成为规律。然而宇宙事物的普遍联系是多种多样的，不能等同看待；同样，对表现这种联系的规律的地位也不能等同看待，其中必有一些是主要的基本的。基本规律或者说重要规律也不是等同的，其中必有一个是带根本性的，起着总纲首领的作用。毛泽东在《矛盾论》的前言中，明确地指出：对立统一的法则是唯物辩证法的最根本法则。在同书结论中进一步具体解释说：对立统一法则是自然和社会的根本法则，因而也是思维的根本法则（法即是规律）。五六十年代，在毛泽东思想的发展中，终于形成了根本规律这个新概念。他在《关于正确处理人民内部矛盾的问题》第一节中指出：“马克思主义哲学家认为，对立统一规律是贯穿宇宙的根本规律”；60年代他又在《在省市自治区党委书记会议上的讲话》中说：“对立统一……这个辩证法的根本规律。”显然毛泽东对规律的新概括，比列宁关于对立统一学说是辩证法的实质和核心的提法更本质、更深刻、更具体了。根本规律同基本规律的含义又是有所不同的，其主要标志是：它贯穿着无限性的整个宇宙世界的各个方面，它揭示宇宙的普遍联系无限发展的根据和动力，它包含着比基本规律所包含的更多的关系范畴。显然，这个根本规律概念的提出，就使人类的认识从规律→基本规律→根本规律的逻辑发展，表明了人类对规律的认识又进一步深化了。

与此同时，毛泽东还在自己的哲学著作和其他著作中，从宇宙观的高度，揭示了辩证法的若干低层次的一般规律。对这些低层次规律的揭示，就把辩证法包含的规律→基本规律性→根本规律的多层次性揭示出来了，表明唯物辩证法存在着由规律→基本规律→根本规律三个层次构成的规律系统。

（二）毛泽东提出一般规律、特殊规律新概念开辟了应用哲学的新领域新天地

毛泽东对揭示规律又一方面的重大贡献，还在于他提出了一般规律和特殊规律的两个概念。这两个概念是1936年在他的军事著作《中国革命战争的战略问题》一文中提出的。在《矛盾论》第二、三节和结论中，毛泽东指出，认识事物，既要充分研究矛盾的普遍性、共同点、共同本质，又必须研究矛盾的特殊性（有的地方表述为特殊的矛盾）、特殊点、特殊本质。显然，矛盾的普遍性、共同点、本质、一般规律是同序列逐渐深化的概念，是不可分离的概念；矛盾特殊性——特殊点——特殊规律是同序列逐渐深化的概念，也是不可分离的。毛泽东在《矛盾论》中提出的上述诸概念及其阐述，正是为他的《中国革命战争的战略问题》中提出的事物存在一般规律和特殊规律作了哲学论证和补充。

毛泽东在《实践论》中指出：当人们做工作时，就必须对这项工作“有规律性的认识”，否则就没有把握。同时他又在《改造我们的学习中》，反复阐明实事求是“研究客观事物的内部联系即规律性”，作为“我们行动的向导”。可见毛泽东关于把握事物的着眼点是建立在事物的特殊规律的认识之上的，上述有关看法的精神是一贯的。

必须指出，毛泽东提出的一般规律特别是提出特殊规律的概念本身，就把应用哲学引进了广义哲学范畴领域中来了。社会实践证明，人们认识社会具体事物的关键，就在于把握它的特殊规律。不仅如此，毛泽东在规律认识上提出的这两个概念，特别是后者，就把哲学与具体科学联系起来了。这对于人们把握具体科学来说，无异于给了人们一把金钥匙。把它们应用到认识人类社会，认识资本主义与社会主义社会，就必须是：既要揭示它们的共同规律，即一般规律，又要揭示它们的各自具有的特殊规律。也只有这样，才能把马列主义普

遍真理与各国的具体情况联系起来，从而促进各国社会主义革命与建设的胜利。

三、毛泽东关于“部分质变”、“向下的变化与向上的变化”新概念揭示及其重大意义

世界是一个无限变化发展的物质世界。古代进步的哲学家早就自发地笼统地看到了。古希腊赫拉克利特的哲学就代表着“变异”，强调所谓一切皆变，一切皆流。中国先秦的进步哲学也反映了这种现象，获得了“易”的概念，出现了专讲变化哲理的易经《周易》。亚里士多德在区分运动的第四种形态中，已提出了“转变”概念（从“一种状态到另一种状态的转变”）。中国古代的《淮南子·原道训》等，最先明确提出了“转化”范畴。近代法国哲学家生物学家居立叶提出“激变”的概念，然而赋予它的含义实质上是以一系列的重复的创造行动代替单一的上帝创造行动。德国古典哲学的著名人物黑格尔在《逻辑学》第一篇《存在》中，更明确地提出了“质变”范畴（有时又叫“渐进过程的中断”、“他物的生成”、“飞跃”），并对质变与量变的关系作了通俗而较详尽的论证，从而使人们对事物变化发展的本质的认识产生了一个飞跃。它指明事物是由量变到质变、从低级到高级无限地发展着，但是这种质变本身，存在不存在不平衡性？它还可不可分解？在事物总的处于量变过程中间，有没有一部分质变先出现？毛泽东根据人类现代实践与科学的成果，作了肯定的回答，提出了部分质变新概念，即事物的根本性质未变而某些次要的质先发生变化，全局未变而某些局部、部分的质首先发生改变。这种新概念的获得，促使人们把矛盾发展的不平衡性与质变过程联系起来了，从而在认识与处理这个过程时，避免陷入把量变与质变绝然分开的绝对化。

质变是通过飞跃实现的，斯大林的历史功绩，就在于把实现飞跃的形式区分为“爆发式”与“非爆发式”，把后者解释为“旧质因素的逐渐死亡与新质因素的逐渐积累”。

必须指出，对变化本质的认识，如果仅仅停留在上述概念，仍然是不够的。大家知道，变化发展的根源，是在于事物的矛盾双方的同一和斗争，以及各种外在因素的影响。因此变异、转化、质变（包括部分质变）、飞跃和否定，都必须存在着两种相反趋向的现实可能性。毛泽东基于这种认识，在《论持久战》中，提出了“向下的变化和向上的变化”，这又是一个崭新的范畴，并进一步指出，从新的一方来说，“向上的东西是新的量和质，主要地表现在质上”，“向下的东西是旧的量和质主要地表现在量上”；从旧的一方来说，“也有两种变化”，向上的变化是暂时的局部的，向下的变化是长期的，直至走到优劣相反的地位，新的就战胜了旧的。显然，这种揭示，在理论上就给上述不同层次的同类范畴引进了新的内容，在实践上就有助于人们全面了解和把握事物变化的复杂性和规律性，在战略上藐视旧事物和困难，对革命的进步事业充满乐观主义精神。在战术上重视与旧事物和困难作斗争，不掉以轻心，使自己立于不败之地。

四、毛泽东关于“波浪式”新概念的揭示及其重大意义

事物变化发展的道路与趋向究竟是怎样的，这是人们最关心和必须回答的问题之一。古希腊朴素唯物辩证法奠基人之一赫拉克利特也认为宇宙世界存在着“火产生一切，一切都复归于火”的循环运动，黑格尔第一次把哲学史的发展比作圆圈式，即提出了发展“圆圈式”的新范畴。恩格斯进一步指出事物的发展是螺旋式的，即提出了“螺旋式”新范畴，指明圆圈是一个无限的开放性的圆圈，不是单纯的前后相继，而是一个相互交错、步步升高的联结锁链。它指明事物的发展是前进性与后退性的统一，是由低级到高级的上升前进运动。这种认识基本上把握了事物发展道路的全貌，体现了人们的认识向更深的层次前进了。毛泽东总结了现代社会实践和科学成果，指出：“事物的变化发展是波浪式的”。他说：“太阳的光射来叫光波……水有水波、热有热浪。在一定意义上讲，走路也是起波的……唱戏也是起波的，……写字也起波，……”并

说：“世界上的事物，因为都是矛盾着的，都是对立统一的，所以，它们的运动、发展，都是波浪式的”，而且还指出，这种波浪式是根源于事物矛盾的发展及其不平衡性。一句话，毛泽东在自己的思想发展中，逐步形成了“波浪式”这个辩证法的新范畴。必须指出，这种范畴既不是螺旋式的重复，也不是螺旋式的简单置换式否定，而是螺旋式范畴的补充及其某一方面的深化，对于唯物辩证法的发展有着重大的意义。

五、毛泽东关于“全局和局部”新概念的揭示及其重大意义

事物的存在与发展的横断面也是可以分解的。在这里，必然存在着“一与多”、“整体与部分”、“全局和局部”（大局和小局）的对立统一关系。在古希腊哲学家那里，早已自发地提出过“一与多”、“全与分”、“整体与部分”等范畴。毕达哥拉斯首先明确地提出“一与多”范畴，但把两者的对立绝对化了；柏拉图在《巴门尼德尔》篇中，对“一与多”作了较详细论证，比前者进了一步。但其论证的方法仍然是形而上学的。亚里士多德率先正式提出了整体与部分范畴，但他是把“全体”与“整体”当作同义语使用的。从严格的逻辑含义讲，两者是有一些差别的，即“全体”强调齐全不可少，整体强调完整不可分，他的巨大历史功绩是提出了众所周知的“整体大于各个孤立部分的总和”命题。中国隋唐佛学华严宗也提出和论证了“一与多”范畴，抽象地承认“一中有多、多中有一”的辩证关系，但其目的是为了制造“一即多、多即一”的“一生多”的宗教谎言。降及近代，康德在他的《范畴论》中，揭示了“一”、“多”、“全”的关系，指明“全”是“一”与“多”的统一，这种揭示，后来成为黑格尔的“正、反、合”的雏形，并为黑格尔的辩证逻辑开辟了道路。黑格尔在他的《小逻辑》中，用辩证的观点，考察了“一与多”、“全体与部分”、“整体与部分”“自身的辩证关系”，其中对“整体与部分”范畴，比前人对“一与多”范畴的论证前进了一步，指出：两者的关系既

是直接的又是间接的，既统一又对立，是一个不可分割的有机整体，两者互相渗透，互相转化。但是，黑格尔的整体，仍然是绝对观念的别名。毛泽东根据切身领导中国和指导革命战争的经验，概括了现代科学的成果。在《中国革命战争的战略问题》、《论持久战》等著作中，为唯物辩证法提出了“全局和局部”（大局和小局）这一对新的范畴，并进行了比较多的论证。毛泽东对它的考察，远远超越了过去对“一与多”（全与分）、“整体与部分”等范畴的解释的限制。具体表现在：在论述两者的相互联系相互对立中，提出了全局不仅仅是各个部分、各个方面构成的整体，而且包括了事物发展的各个阶段。这就是要求人们把握全局时，不仅要把握它的各个部分、局部，同时还要考虑它的将来和过去。还指明了要把主要矛盾和次要矛盾、矛盾的主要方面和次要方面相互关系原理，应用于全局和局部。一是将全局分解为大局与小局，强调大局统率小局，小局服从大局。要舍弃不利于大局发展的小局，但又要抓住具有决定意义的小局，以促进大局。这些观念已为社会主义建设的实践所证明。与此同时，又运用具体问题具体分析方法，解剖了小局，指明了由于发展的不平衡性，局部、小局的发展具有不平衡性，决定了局部、小局的地位作用有主次、轻重、缓急之分，要坚持次要服从主要、一般服从重点、缓需服从急需。此外，毛泽东还强调了全局和局部、大局和小局，在一定条件下互相渗透，互相转化，决定了人们必须争取在全局的劣势中，建立局部以上的优势；反过来，在全局处于优势的条件下，防止局部与小局向劣势转化等。所有这些，集中表明了一点，这就是毛泽东把普遍联系与发展的不平衡性，相互转化和主观能动性等原理，引进了对两者相互关系的考察之中，从而把人类对“一与多”、“全与分”、“整体与部分”的认识推进到了一个新的高度。事实证明，它对马克思主义政党进行革命和建设，具有极其重大的现实指导意义。

综上所述，就相应地得出如下结论：这就是本文所阐述的每类范畴体系的排列组合遵循的规律，是从一个比较模糊、抽象、贫乏逐步进到越来越清晰、具体和丰富深刻的过程：表明每类范畴的演进的历史的逻辑的一致；在实践上大大丰富了人们认识世界改造世界的指导意义，特别是对于我国建设有中国特色的社会主义，更具有直接的重大现实指导意义。

（本文原载于《毛泽东思想研究》1998年第1期。系参加“纪念毛泽东诞辰100周年全国第八次社会主义社会辩证法研讨会”论文。）

从否定之否定规律看《实践论》对我国知行学说的发展

——为纪念《实践论》发表45周年而作

一

马克思主义不是离开人类文化科学发展大道凭空产生的。它是“吸收和改造了两千多年来人类思想和文化发展中一切有价值的东西”。毛泽东同志的哲学思想，固然是马克思主义哲学思想的忠实继承和发展，但同时也是批判和改造中国几千年来传统哲学的思想材料的产物。过去，研究毛泽东哲学思想的同志对前者的探讨较重视，对后者的研究却有所忽视。好像毛泽东思想（包括哲学思想）仅仅是由于十月革命一声炮响送来了马列主义的必然结果，忘记了它也是中国精神精华发展本身在一定外在条件作用下产生的升华。无论从事物产生发展的内外因辩证统一原理来看，还是从毛泽东哲学思想所具有的中国气派和特色来看，或是从毛泽东同志的长期经历及其熟练运用的中国思想家的老子、孔子、孙子等的思想语言来看，都充分证明了这一点。当然，它同马列主义哲学对毛泽东哲学思想的形成和发展的影响比较起来，是处于次要地位，这是必须肯定的。因此，进一步探讨毛泽东哲学思想与中国传统哲学家思想的联系是有必要的。

1937年7月毛泽东同志撰写和发表的光辉哲学著作《实践论》，正如他在副标题中所注明的，其主要目的是回答：“认识与实践的关系——知与行的关系”。为此我认为：揭示《实践论》的新贡献，除了研究它与马克思、恩格斯、列宁的哲学著作以及西方哲学史关于知行观的理论联系外，同时也必须探讨它对中国古代、近代的知行观的继承和发展。在此，我还认为，后者之间的关系，也是经历着一种否定之否定过程。《实践论》对“知与行”关系的回答，正是处在这种过程的第二个周期的终点——即新的否定之否定阶段，这个发展的新高峰。

关于我国古代、近代、现代的“知与行”范畴层次性的衍变构成的链条，可以表述如下：

《尚书·洪范》的“知易行难说”（“知之匪（非）艰，行之唯艰”），是肯定→二程的“知难行易说”（“知先行后说”），是否定→朱熹等的“知行两须发说”（从客观唯心主义出发对“知难行易说”进行的修正和系统化），是肯定的继续完成→王阳明等的“知行合一说”（从主观唯心主义出发对“知难行易说”进行的另一种修正和系统化），仍是肯定的继续完成。这两者又可说是向后者过渡的阶段→王夫之等的“以行为基础的‘知行相次以为用’的知行统一说”，是否定之否定，又是新的肯定→孙中山的“知难行易说”，是新的否定→毛泽东同志的辩证唯物主义的知行统一说，是新的否定之否定。

二

早在春秋战国时期，孔子关于“行有余力，则以学问”、老子关于“不行而知”的观点，实质上从不同的片面已提出了“知与行”的问题。正式提出这个问题的是《尚书·洪范》，它明确提出了“知之匪（非）艰，行之维艰”的命题，即“知易行难说”。处在古代生产力与科学水平很低的情况下，产生这样的概念是合乎逻辑的，但它具有明显的偏颇性是一目了然的。

到达中国封建社会发展到由盛转衰、生产关系已开始束缚生产力发展的宋王朝中叶，作为封建主阶级思想家程颢、程颐，从建立新精神支柱——“理学”以论证封建统治的合理性的需要出发，否定了前人的“知易行难说”，提出了“知先行后说”或“知难行易说”、“知重行轻说”。这些提法不一而义一也的命题，如果从整个人类的活动来说，是错误的；但是每一代人或每个人处理具体事物矛盾来说，却又是正确的，它客观上接近猜到了马克思主义关于在矛盾普遍性原理指导之下对具体问题进行具体分析与具体处理的原则的。但必须指出，二程的“知”是一种“不假闻见”的“德性之知”的客观唯心主义，或“求于内不求于外”的主观唯心主义的先验论。显然从它本身讲，是错误的。从形式上说，把它作为一个原则提出来，也是不正确的、片面的。南宋的封建主阶级的思想家朱熹以及张轼、吕祖谦等，为了保存这种学说的存在价值，并使之适应履行封建伦理道德的需要，本能地从客观唯心主义出发，偷运辩证法，对它进行修补，并使之系统化，提出了“知行两须发说”（有时又曰“知行并举说”）貌似全面的命题。然而从实质上说，它仍然是“先知以废行”（王夫之《尚书引义》卷三《说命中二》）的“知先行后说”。如果清除赋予它的“三纲五常”的伦理道德杂质外，这个命题本身是包含有合理的因素的：他把二程的“知先行后说”从不同的角度具体解释为“论先后，知为先；论轻重，行为重”（《朱子语类》卷9），这就比二程的笼统提法高明得多、巧妙得多。从一定意义一定程度上，猜到了知与行在整个人类活动过程中的地位。他指出“无知的行是冥行”，这个概念接近了斯大林所说的“盲目的实践”的意思，是难能可贵的。他把“知”分为“真知”与“略知”，把有亲身体验的“知”名之曰“真知”并加以强调，从而突出了实践经验的重要性，特别是他把“知行两须发说”，解释为“知之愈明，行之愈笃，则知之愈明”

和“知之浅，行之小；知之深，行之大”（《朱子语类》卷14），这就十分接近猜到了两者存在着互相依存、渗透和转化的思想。他关于“知待行定而后验其知否”（《朱子语类》卷15）的观点，模模糊糊地触及到了行是检验知的正确标准。当然朱熹进行的这些修正，归根结底并不能改变他仍属于二程的“知先行后说”的范畴体系的本质，他把知与行比作“两足”关系，“分知行为两事”，更是错误的。同样，这种经过精心修补的货色，仍然是不能长期骗人的。

处在摇摇欲坠的明王朝的思想家王阳明，于是从主观唯心主义出发，进一步提出了以“良知”为基础，标榜“只说一个知，已自有行在，只说一个行，已自有知在”的“知行合一说”。这个学说的主旨是鼓吹“晓得一念之发动便是行”（《传习录》卷下）的观点，也是一种“销行以归知”（王夫之《尚书引义》卷三《说命中二》）的“知先行后说”。但是同样，如果从纯粹思维逻辑着眼，它是包含有许多合理因素的：如把朱熹的“知行两须发说”的命题衍变为“知行合一说”，就更能明确说明两者存在着不可分割的关系，对后世注重实践，注重经世致用的实学有启迪作用，无疑是一个进步。他关于“知之发动处便是意，意之发动处便是行”的观点，实质上猜到了意到事、认识到实践的这个认识过程，也客观上接近猜到了人们的主观能动性作用，这就是王阳明的“知行合一学说”为什么在日本明治维新时期有着很大影响的秘密，但必须指出，王阳明建立在直觉心理上的“知行合一说”即把知者成行，所谓看见美色属知，甚至把好恶看成行，抹杀两者的差别，无形中就把人的生理功能与社会意识、把认识范畴与实践范畴都混同起来了，同时也否定了知到行存在着的转化过程，用知融化了行，用主观吞掉了客观。显然，这种强调“知之真切处，便是行”的“知行合一说”，仍然是无法解决现实生活提出的种种矛盾的。

到达明清之际，封建经济虽然停滞不前，但仍然有所发展，西方的自然科学也开始输入。伟大的爱国主义者思想家王夫之起而对程、朱、陆、王坚持的“知先行后说”进行了否定，对《尚书·洪范》的“知易行难说”进行了否定之否定，建立了以行为基础“知行相资以为用”的“知行统一观”，即“行先知后说，知轻行重说”，这是一种朴素辩证唯物主义知行观的理论体系，也是新的肯定。王夫之不仅总结了前人的知行观的积极成果，并向前推进了；更重要的是他在唯物论的基础上迸发出了许多闪光的思想。是他第一次把知行观与实践概念结合起来（过去一直把知行理解为学习与履行伦理道德的含义），他强调“即物穷理，唯物质测得之……”（《搔首问》），因而是他第一次把自然科学实验看作是重要的认识活动的内容，他反复地明确指出：“行可兼知，知不可兼行”，“行焉可以得知之效也，知焉未可得行之效也”（《尚书引义》卷三《说命中二》），强调“行高于知”的观点，是他第一次猜到实践出真知，实践高于认识的简明真理，在两者的辩证关系中，王夫之把“知行两须发说”、“知行合一说”加以扬弃，把它们衍变为“知行相资以为用”的命题，既反对把两者割裂，也反对把两者融合为一，并加进了“行先于知，行是知的基础”（《尚书引义》卷三《由行而行则知》），知可指导行（“由知而知所行”），知有预见（“预立”）作用的灼见。甚至提出了“天道无为，人道有为”的命题，已十分接近明确提出了人的主观能动性作用。他还指明知和行不是平行的关系等。必须特别强调的，王夫之不自觉地用辩证法考察认识发展过程，居然提出了认识是一个“日进于高，明而不穷”的运动，是他第一次猜到了认识是一个循环往复前进上升的过程，显然，所有这些，表明了王夫之的知行观比他的所有前辈高出了一个头。但是王夫之的知行观，也存在着他的时代和阶级所决定的局限性。我们只需举下列一点就可概见了，例如他认为“知”和“行”仅仅是圣人君子之事，把劳动者的谋生排斥在知行之外，这就大大地损害了他的知行观的认识和实践意义。至于他尚未能把实践和主观能动性提到认识论高度，那就更不必说了。伟大的民主主义先行者孙中山建设革命理论与推动人们勇于进行革命活动的需要出发，依据20世纪初自然科学的发展成果，对王夫之的“以行为基础的知行统一说”进行了新的否定，提出了以经验科学为基础的“知难行易说”。从表面看好像又回到了程朱的知行观那里去了，实际不然，真理总是具体的，概念总是灵活的，必须看到孙中山是在承认“能实行便能知”（《三民主义·民权主义》）的前提下提出这个命题的。从内容上说，他赋予了“知”以新的含义，这就是把科学知识、发明创造纳入了“知”的含义之内即所谓“舍科学而外之为知识者，多非真知识也”（《建国方略·心理建设》）。毋庸讳言，具有发明创造的科学知识和革命理论知识的获得，当然是不容易的；他的“行”是以经验论为基础的，所谓“初或费千百年之时间以行之，而后乃知之……”他的“行”包含了资产阶级的革命实践。显而易见，他对“知”、“行”的理解超过王夫之在内的古代朴素唯物主义的见解。孙中山的“知难行易说”开始孕育着“没有革命的理论就没有革命的运动”观点的萌芽，也意味着猜到了科学技术对社会发展具有推动力的光辉思想，但是同样，他的知行观的最大缺陷就在于割裂了“知”和“行”的辩证统一关系，陷入了新的片面性，同时他的这种局限性，还导致了它具有唯心论的先验论和天才史观的倾向，最终必然会为更高的新的知行观所否定。

三

当代伟大的马克思主义者毛泽东同志首先直接继承了马列主义认识论的基本观点，总结了中国革命的丰富经验和当代自然科学的成果，自觉运用唯物辩证法的否定观，对孙中山的“知难行易说”以及整个中国传统的知行观进行了否定，建立了以实践为基础的“认识与实践”，大大发展了马克思主义的认识论，并使之中国化，这是在更高基础上进行的一次新的否定之否定，45年前所写的《实践论》就是这个学说的结晶。

为了阐明这个观点，必须先说明几个问题。无可否认，《实践论》与马列主义的认识论存在着血缘关系，是前者本身的进一步发展和深化，但它与中国的知行学说却具有本质的差别，此其一。在中外古代哲学史上明确把“知行”范畴作为认识论的探讨主题，这是中国传统哲学的特色之一。毫无疑义，像这样有着数千年影响的传统思想，是绝不会中断的，此其二。《实践论》中，不仅是它的基本思想集中地回答了“知与行”的问题而且在副标题及第二十四、二十六段中，曾多次直接使用“知与行”这个中国哲学史上特用的认识范畴，此其三。以上说明《实践论》与中国的知行学说是有联系的。为什么人们无视这种存在呢？原因之一，这就因为马克思主义否定观是“扬弃”，它首先克服旧的知行观的质和消极因素，同时根据辩证唯物主义知行观的需要，保留了它对自己有利的积极因素并进行改造、丰富、提高，使之变成更高的崭新的东西。这样就容易使人产生错觉，就以为《实践论》与中国的传统知行观没有任何联系，这显然是误解。

《实践论》对孙中山以及其他人的知行观进行的辩证否定，至少有下列几个方面：

它否定了孙中山把“知”（所谓真知特识）简单地了解为科学发明，片面强调理性认识的错误，指明认识（知）是感性认识与理性认识辩证统一，反对把两者割裂的唯理论与经验论。

它扬弃了孙中山关于“行”的含义，批判地吸取了其中关于“十事”、科学实践、资产阶级革命实践中有价值的东西，把它们作为自己的社会实践（“行”）的主要内容——生产斗争、阶级斗争、科学实验等范畴的思想材料。反过来说，后者由于把前者改造为自己的营养就更丰富、更高了。

它否定了孙中山关于发明家王夫之关于圣人君子是行（实践）的主体的错误，其中也包括否定了狄德罗认为认识的来源主要是科学家在实验室的活动的见解，强调马克思主义关于劳动群众是实践的主体的观点；它否定了孙中山割裂知与行，片面地强调知（或把它们平行起来）的错误，扬弃了朱熹的“知行两须发”、王阳明的知行合一、王夫之的以行为基础的“知行相资以为用”的知行统一观，继承和发展了列宁的有关教导，提出了“物质变精神，精神变物质”的新命题。

在知行如何实行统一问题上，它否定了孙中山的强调知统一行的片面性，批判地继承了王夫之所谓两者“始终不相离”的看法，运用唯物论、辩证法、认识论相一致的观点，提出了两者是“具体的历史研究的统一”的光辉思想，并把相对真理和绝对真理的辩证统一关系引进知行统一的关系中来，进而把知行统一问题提高到认识世界与改造世界相结合的高度，这就从根本上抓住了哲学的本质特征。

关于认识发展的道路和趋向问题，《实践论》提出了“实践、认识、再实践、再认识……”这个认识总规律，即螺旋式波浪式的上升前进运动，发展了王夫之的“日进于高明而不穷”的精辟见解。

综观上述，可见在“知、行”观上，我国古代近代思想家只是提出了问题，最多是企图摸索解决问题，而《实践论》成功地回答和解决了。所以从某种意义上说，辩证唯物主义认识论的代表作《实践论》，也是对我国的知行学说进行了否定或否定之否定的产物，它把我国的知行观提到了一个新的高度，或又一个新的起点。

（本文写于1982年7月中旬至8月初，为打印稿。）

邓小平理论，科学理论的旗帜

——建设有中国特色社会主义理论科学体系及其哲学基础

党的十一届三中全会后，我国依靠邓小平建设有中国特色社会主义理论的正确指导，在经济上长期取得了持续高速发展令全世界惊讶的奇迹，在政治上实现长期政治稳定、广大人民生活得到空前不断提高。按理讲，对它的正确性是无可怀疑的了，然而直到今天，似乎还有必要对这个科学理论进行辩解。

一、科学理论的主要标志

在揭示邓小平科学理论之前，必须先阐明一下作为科学理论必须具备的主要条件或标志。

首先，理论具有概括性。因而，构建理论的基本元素必须是反映事物本质联系的概念、范畴。其次，在理论形式上，它必须具有严密的体系。所谓体系是指由具有相互联系、相互制约的有关概念构成的整体，正是从这个意义上说，科学是概念的体系。黑格尔说过，真理总是体现在一定体系之中的。又说："哲学若没有体系，就不成为科学。"没有体系的哲学理论，只能表示哲学家的"零碎知识的聚集"，作为严密完整的理论科学体系，更具有深层的要求：即它需要有自己的逻辑起点，需有贯穿全部理论的主线，需有自己理论体系的逻辑演进的终点。作为逻辑起点的东西，乃是整个体系赖以建立起来的根据和基础，整个体系的逻辑发展都离不开这个根据。理论体系的逻辑开端，只是最初的、最直接的和最简单的抽象，随着体系的逻辑演进，它的规定性就愈具体，愈丰富。但是，必须指出，即使是具备上述标准的理论体系，也不一定是科学，例如中世纪奥古斯的“教父说”，托马斯的《神学大全》，可算是够理论化体系化了，但并不是科学。这是众所周知的。再次，在理论内容上，必须是社会实践的科学抽象，也从而决定了它的体系是永远开放的。最后，在理论功能上，必须具有正确指导社会实践的功能。毋庸置疑，邓小平理论完全具有上述重要条件和标志。必须提出，科学的理论体系的表现形式主要有两种。一是在文字叙述、篇章结构等形式上，并不一定表现出严密的逻辑联系，但在内容上却存在着不可分割的客观的严密逻辑联系。列宁说：马克思主义是“马克思和恩格斯的观点和学说的体系”。例如，我国和世界古代最杰出的思想家教育家孔子的《论语》，其基本内容都是孔子就许多问题从多角度先后对门人弟子进行教育的一些零散谈话或回答的记载。表面看来，并不成体系，但上述三万零几百字的《论语》却成为我国古代两千余年的“经典”，以致流行“半部论语治天下”之说，其影响超越历史时空，很少有人能与之伦比的。为什么呢？这是因为，实际上，《论语》的基本内容是以“仁”作为思想的核心，并从这个核心思想出发，提出“孝”、“悌”两个范畴，作为维持现有统治秩序纵向、横向关系的纽带，并进一步提出了包含折衷、调和、妥协含义的“中庸”以及其他具有从属性如“和”、“义”、“权”等一系列概念，最后落脚于“礼”的巩固。通过上述多层次概念群的演进，形成统治阶级的统治秩序服务的以“仁”为本的政治、伦理、人生哲学的庞大思想体系。另一种是在文字叙述与篇章结构上，具备明显的内在逻辑。例如，马克思的《资本论》，它以资本主义“细胞”——商品作为逻辑的起点，从商品到货币，从货币到资本和剩余价值，从绝对剩余价值到相对剩余价值和两者的统一，从剩余价值到隐藏着它的工资……正是根据这些范畴的互相依存与转化，阐明资本主义制度按照辩证法的三大规律变化发展的客观规律。在作者看来，邓小平理论科学体系主要是前种表现形式。

众所周知，邓小平理论在理论内容上，是我国和国际工人运动正反经验的科学总结与升华；在理论功能上它能够正确指导我国社会主义建设取得前所未有的成就，这是有目共睹的，对此无需作者费笔墨进行论证。

二、邓小平理论是建设有中国特色社会主义的思想范畴演进链条构成的科学体系

从高度抽象来说，科学是有关概念、范畴的体系。这是古今中外理论界的一致看法。必须指出，只要对邓小平建设有中国特色社会主义的报告、讲话和在他指导下制定的党的决议中的思想观点进一步深入地考察和抽象概括，就不难发现，邓小平在党的十一届三中全会后所先后发表的许多讲话、报告以及在他指导下党中央所作出的许多决议中，反复出现的重大思想范畴之间，存在不可分离的内在逻辑联系。在这些重大概念范畴的历史逻辑演进的链条上，它显示出一个具有逻辑起点、主线和逻辑终点，构成一个相对完整的、开放的理论体系。它的逻辑演进链条是：解放思想，实事求是——拨乱反正，端正理论是非、政治是非（过渡范畴）——改革是第二次革命——经济特区、一国两制（过渡范畴）——社会主义初级阶段——一个中心，两个基本点——市场经济与计划经济相结合（过渡范畴）——社会主义市场经济——经济体制改革、政治体制改革——物质文明和精神文明建设——两手抓，两手都要硬，宏观调控（过渡范畴）——公有制为主体多种所有制经济共同发展——富强民主文明的社会主义四个现代化强国。

从上述邓小平关于建设有中国特色社会主义的重大范畴的逻辑演进中，我们可以清楚看到：

1. 解放思想、实事求是是邓小平理论的逻辑起点，历史唯物主义的社会主义基本矛盾运动的规律是主线，富强民主文明的社会主义四个现代化强国是逻辑终点，整个序列范畴的历史的逻辑的演进都是以解放思想、实事求是为依据的，都是沿着社会主义社会基本矛盾辩证运动规律为中轴线展开其轨迹的，作为逻辑终点的富强民主文明的社会主义四个现代化强国范畴，其质的规定性

就比作为逻辑起点的解放思想、实事求是范畴更具体、更丰富、更高级，同时它又是我们社会主义建设基本矛盾中新的范畴演进的逻辑链条的开始。

2. 邓小平理论是一个存在内在联系，严密的逻辑结构的超常超前超值的完整而开放的科学理论体系。基于上述，作者认为，所谓邓小平关于建设有中国特色社会主义的报告讲话和在他指导下作出的党的决议中阐明的思想、观点，不具备科学体系甚至说没有体系，因而不是科学理论的看法，是不能成立的，最少是一种误解。恰恰相反，严密的理论论证与我国社会主义建设取得的全球瞩目的辉煌成就证明，它不仅完全符合科学理论的必备条件和标志，而且表明它是一面科学理论的旗帜。

三、邓小平科学理论植根于坚实的哲学基础

任何自然科学、社会科学和思维科学的重大成果，都离不开自发或自觉地接受正确的世界观方法论的指导。邓小平建设有中国特色社会主义的理论之所以成为科学社会主义的科学理论，更必然具有坚实的哲学基础。照作者看，总的说来，无疑是以整个马克思主义哲学世界观为理论基础，但不排斥其中某些原理观点直接起了重要的影响或支配作用。概括起来主要是：辩证唯物主义的一元观，历史唯物主义关于社会主义社会基本矛盾运动规律特别是人民群众是历史的主人、生产力是社会发展的最终推动力，唯物辩证法关于一般和个别辩证统一，发展的不平衡性是绝对规律，内因和外因辩证统一、矛盾双方既对立又统一特别是对立面在一定条件下互相依存、渗透和互相转化、两点论与重点论相统一，以及量变引起质变和既克服又保留与提高的辩证否定观，等等。限于篇幅，恕不详释。

（本文原载于樊汉祯等主编：《马克思主义理论教育新探——“全国高校第八届马克思主义原理暨第十六届马克思主义哲学教学研讨会”论文选》，新华出版社1998年版。）

三　政治观点与实践编

这是燕国桢教授学习唯物辩证法，并结合当时的某些现实情况而写下的点滴心得体会。主要讨论三个问题，即反右与反左的理论与实践，抓住中心环节以带动其他的辩证法，对“全局”和“局部”关系的处理等。本编集存论文4篇。

不能以左为正刍议

人们怎样对待客观事物，不能凭主观好恶、一厢情愿。只能在认识它的本质和发展规律的前提下，采取否定或肯定态度，进行自己的有效活动。一个现实性的事物，包含着必然性和条件性，不能简单地与现存事物等同起来。反过来说，一个具有必然性事物的出现和存在，只能在一定条件下才能成为现实的合理的。相应地，随着时间的推移和条件的改变，它就会丧失自己的必然性、现实性与合理性，从而要求人们跟着改变自己的态度。同理，关于如何对待国际工人运动中出现的事物问题，也必然持这种唯物的辩证的观点。在这次深入揭批林彪“四人帮”、端正理论政治是非的过程中，否定了多年以来流行的路线上用左代表正确、用打引号的左代表错误和右的做法，也否定了后来引申出来的所谓“形左实右”、“假左翼右”等不准确的提法。最近，党中央《关于建国以来党的若干历史问题的决议》（以下简称《决议》），断然改变了我党和国际工人运动的传统做法，在使用左倾或左的错误一词时，在左字上统统都未打上引号，明白无误地向人们表明：凡是左的言行，与右的表现一样，都是错误的。但遗憾的是，有一部分同志却持不同的看法，直至六中全会《决议》公布后，某些报刊上仍在左字上打上引号。言外之意，似乎不打引号的左是正确的。特别值得注意的是，有一部分同志还认为，从政治派别性质或政治态度的意义讲，在工人阶级和共产党内，继续划分左、中、右和真左派、假左学的做法是正确的。其理由主要是：

一曰两个范畴有别论。这些同志认为，任何范畴只适用于一定的范围。在政治学上，左倾与左派是两个不同的范畴，不能一样看待。

二曰“有革命历史依据论”。这些同志认为，在对待革命态度上的这种划分，首先是对18世纪法国大革命时第三等级院中形成的特定划分的历史沿袭。我们赋予左与右的涵义，只不过是第三等级院中赋予的涵义的借义或转义。其次，也是对国际工运史上的这种划分法的继承和发展。

三曰“革命导师有教论”。这些同志认为，在工人阶级和共产党内，划分左中右和真左派假左派，革命导师曾经肯定过。

必须指出，上述观点及其论据，都是不能成立的。

我们认为：无论从思想政治路线来说，还是从政治态度的意义讲，在工人阶级和共产党内划分真左与假左，用左代表正确和革命，在科学上都是不正确的，是错误的。

不妨先从各个角度各个不同方面考察左字的涵义和规定性。

从训诂学的角度了解左，左是偏于东的一方。一般指不正经的门路，叫旁门左道，邪门歪道。《礼记·王制》：“执左道以乱政，杀。”古代的左师右师都称偏师。人们习惯的朴素说法，不适当的策划或失策叫左计，错误的见解叫左见，错误的袒护叫左袒，乖僻的脾气叫左性子。

从政治涵义的角度了解左，左意味着激进、空谈、过火斗争、冒进、冒险。列宁曾把它形容为“超革命性”。其主要特征是：用主观愿望代替革命现实，不依据群众的切身的政治引导群众，不争取可能争取的同盟者，强制地或轻率地实行冒进。斯大林把它形容为“极端革命性”。其特征之一是“在政策上往往有惊人的跳跃”。毛泽东同志更全面地揭示了它的政治涵义，指出：“什么叫左？超越时代，超越当前的情况，在方针政策上、在行动上冒进，在发生争论的问题上乱斗。”

从认识论的角度了解左和右，“看过头了，就叫做‘左’倾，不及就叫右倾”。超越历史发展阶段，超越群众的革命实践，是左翼空谈；反之就是右倾、保守、顽固。在马克思主义看来，所谓正确是指主观和客观、理论和实践、知和行具体的历史的统一，一切离开这种具体历史的左的右的言行都是错误的。

从辩证的关系了解左和右，它们是对立的统一。如果把左看成革命，就意味着右是反革命，反之亦然。而且逻辑上就会得出“反左必右”、“反右必左”。实际上左与右都是不同方向上的偏离，都是错误倾向。它们相互结合成一方与正确构成对立的统一。原因何在呢？因为在对立面的矛盾关系中，一种是双方根本对立，本质迥异，在一定条件下构成同一性，另一种是矛盾双方，并不是根本对立，而仅仅是同一本质事物的两种表现形式，在一定条件下构成同一性，进而与它们本质不同的对立面，构成对立统一关系。路线斗争中的左和右，就是后一种矛盾关系。

很显然，把左看作正确、革命、马克思主义，就从根本上抽掉了这些词的客观内容，就是完全歪曲、丑化了它们的形象，混淆了是非。实践证明，这种混淆的结果，一方面，造成了许多同志误以为，凡是左的言行，都是正确的、革命的、马克思主义的。甚至是越左越进步，越左越革命，越左越马克思主义。其中不少人犯了左的错误还乐意以左派左倾的称号而自居。反过来，凡是从实际出发，尊重客观规律，坚持马克思主义原则的，又误认为都是右的、错误的、非革命的、非马克思主义的，甚至看成是大是大非和敌我矛盾性质问题，另一方面又给予了假马克思主义者和伪装的反革命以可乘之机而加以利用，而善良的革命人们却难于看清他们的本来面目。

能否因为从政治学上讲，左倾与左派是两个不同范畴，因而得出从政治派别性质或政治态度的意义讲，在工人阶级内部甚至在共产党内继续划分左中右三派与真左派假左派，又是可以容许的呢？回答是否定的。诚然，左倾与左派（包括右倾与右派）这两个范畴是有区别的，但它们同是左的错误表现出来的两个侧面。左是两个范畴的共性——共同本质。也就是说，它们属于同一种概念下的两个属概念。因此，对它们所具有的现实性，在它们适用的同一对象中，是肯定或否定，应该是一致的。否则不仅背离形式逻辑的常识，而且在实践上也会陷入不能自圆其说的矛盾：一方面，大声疾呼反对在路线上用左代表正确，提出去掉左字上的引号，以堵死左倾机会主义者的防空洞；而另一方面，却又发给护照给左倾机会主义者的左的政治行径以合法身份，帮助它继续危害党的事业。

能不能说这种划分有着革命的历史沿袭和历史根据，就有继续保持其存在的理由呢？回答同样是否定的。必须指出，法国资产阶级大革命对第三等级院中拥护革命的坐在议长席的左边，反对革命的坐在议长席的右边，这在当时是具有现实性和革命意义的。因为保王党和吉伦特派正是从左字的本义上，诬蔑革命者为左派，而作为革命者就应以此为荣，敢于自命为左派，以此表示对反动派的诬蔑和对抗。凡多少有法文常识的人都知道，在法文里Gauchec（左的）作形容词用，就是拙的意思；Ma1iage au即Ma1iage du cate gauche即左婚——门户不相当的婚姻，gauche（左）作名词用，指左手、左方、左党（坐在议长席左方的）。因此，可见当时第三等级院中拥护革命的人故意坐在议长席的左边，是具有现实性和革命意义的，然而在科学上毕竟是不正确的。正如当时以礼克鲁瓦尔勒、列克勒为首的革命者自称为疯人派，以此来回答反动的当权派吉伦特派诬蔑他们为疯人派的做法，同样具有革命意义但又不科学一样。同样的理由，我们也不能因为国际工人运动史上有过划为左、中、右三派的先例，就简单地同意在工人阶级和共产党内继续划分左、中、右，把左派代表革命，右派代表反革命。1900年，第二国际五次代表大会，明显地划分国际主义者为左派，资产阶级护国主义者为右派，动摇于两者之间的调和派为中派。这样做，一方面既表示了沿袭法国大革命的第三等级院中这种划分的传统精神，同时也是表明对自称为马克思主义正统派的考茨基之流的一种反击。当时承认工人运动内部的这种划分，是具有革命意义的，但同样在科学上是不正确的。为什么呢？这就因为从工人阶级内部讲，政治态度上的差别，一般地区分为无产阶级革命坚定派、动摇派、观望派和非革命派（个别变质的是另一回事），而不能用左、中、右来区分，更不能用左代表革命、右代表反动的公式来硬套，否则就不成为其工人阶级成分了。特别是共产党，它是工人阶级的先进部队，是由最有觉悟的先进分子组成的整体，其政治态度上的差别，只能区分马克思主义者、半马克思主义者、非马克思主义者的不同（个别人背叛自当别论），因而更不能允许把左中右的划分套在他的头上。如果把无产阶级内部政治态度上的差异，区分为革命坚定派、动摇派（观望派）、非革命派，把共产党内部政治态度上的差异，区分为马克思主义者、半马克思主义者、非马克思主义者，那么循名责实，就会促使工人阶级的成员要求自己的言行和实行的政策，符合无产阶级革命的立场和利益，就会促使每个共产党员要求自己的言行和实行的政策符合马克思主义准则，符合客观规律和实际。

能否因为列宁、斯大林对工人运动和共产党有着这种左、中、右的划分，有过真左派与打引号的左派的划分，并在后者推行的路线上打上引号，就不容许改变了呢？回答也同样是否定的。

首先应该承认，列宁曾称李卜克拉等为国际工人运动的左派，也确实曾把俄国社会民主工党划分为“左翼”和“右翼”，并把“左翼”解释为“革命翼”，把“右翼”解释为“机会主义翼”（《进一步退两步》）。斯大林也确实曾称列宁主义者为左派，称反列宁主义者为右派或“极左翼”、“极左派”，以及在假马克思主义者及其推行的路线的左字上打上引号。怎样理解这一事实呢？我们认为，其所以如此，这就因为上述的划分和做法是历史形成的产物，长期以来，人们的心理上已习惯于左意味着正确、革命和马克思主义。另一方面，机会主义者盗用左派称号，搅乱革命阵线，尚不于今天这样严重。因此，列宁斯大林从斗争策略的需要出发，曾容忍了国际工人运动史上的这种传统划分。但又为了避免人为造成的混乱，只好在来自左面的机会主义派别及其推行的路线的左字上打上引号，这在当时历史条件下，是必要的，是有着现实性的。但是，我们不能简单地由此得出结论，列宁、斯大林认为左的本义即正确、革命、马克思主义。请看，列宁在逝世前三年多（1920年6月）写的批判格鲁的文章《论议会制问题》中，就明确地把左与坏联系起来。他说："格鲁的文章左得很，坏得很。"（《共产主义》）我们也不难发现，列宁、斯大林有时也不给背叛马克思主义的左派称号上打上引号。列宁曾在同一个地方提到德国左派时未打上引号，但接着又说，这些左派的"攻击"证明"左派"显然是错误的。即是说，在后面左派一词上又打上了引号（《共产主义运动中的左派幼稚病》）。在《马克思主义与修正主义》一文中，强调既要反对"来自右面的修正主义"，也要反对"来自左面的修正主义"时，只是两个反对后面打上引号。斯大林也有类似的做法。他说："左派却经常用'革命'的词藻掩盖他们的机会主义。"（《关于反对右倾和"极左"倾的斗争》）

由此可见，革命导师在左字上打不打上引号，也没有绝对严格的意义。我们更不能从列宁斯大林有过在左字上打上引号的做法，就误认为革命导师认为用左代表正确是科学的。必须强调指出，列宁斯大林在与左、右倾机会主义流派作斗争中，更多地统称他们为反对派，称他们的路线为机会主义路线，只要未发展为公开对抗，一般都作为内部矛盾处理，这是众所周知的。

实践表明，把左代表正确，客观上给工运带来了多么严重的后果。在工运史上，许多伪装革命的假马克思主义者都纷纷以左派的称号自居。托洛茨基、布哈林就标榜自己是"左派共产主义者"，欧美许多冒充革命的机会主义派别就自我戴上左派的桂冠。特别是我国林彪、"四人帮"，更是登峰造极地公然册封自己是"当然左派"、"响当当的大左派"。他们竟然以左中右的划分为依据，把我国工人阶级分裂为势不两立的两部分，把党内反对自己的意见和路线的老干部及革命群众，当作反革命对待。可是许多善良的革命人们却从历史上赋予左的革命涵义，去理解这伙肉体兼精神刽子手的反动行径。因而与他们划不清思想界限，连某些外国报纸，居然也用通常对左字的涵义解释，称他们一伙为所谓的激进派（包括好心的糊涂人和恶意的清醒者），岂不是滑天下之大稽吗？一句话，事实表明得非常明显，如果我们不进一步从实际出发，在工人阶级和共产党内改变这种传统划分，其后果是不堪设想的。

也许有人责备我们说：难道工人阶级和共产党就不能一分为二吗？他们之中不是也有反革命反马克思主义者吗？是的，这种矛盾情况是客观存在的、不可否认的。但必须指出，作为工人阶级和共产党的整体范畴来说，这种变质或背叛毕竟是极少数，它不能构成上述阶级和政党的一个有机组成部分。

当然，真理总是具体的。我们也绝不是说在政治态度上划分左中右与真左派假左派的做法对任何对象都是绝对不适用的，都是没有现实性的。大家知道，小资产阶级是一个动摇的阶级，民族资产阶级具有两重性，人民群众是划分为阶级的，进步党派是有各种各样的倾向的。因此，从他们对革命的态度讲，就有表现为易于接受和积极参加革命的激进态度，也有表现为怀疑甚至反对革命的态度。从其本身的阶级立场来说，认为前种态度即是左。在这种意义上，马克思主义者便承认这部分人是左派、左倾，这是符合无产阶级利益的。从同样观点出发，他们又认为后种态度即是右，在这个意义上，马克思主义者也承认这部分人是右派或反革命，这也是符合无产阶级利益的。此外，还有一部分人表现为观望（动摇不定）的中间态度，对这部分人，无论其本身或马克思主义者都认为是中派，但是，彼此对中派的涵义的解释是不相同的，前者解释为正确，后者解释为中间、骑墙。毛泽东同志早在《中国社会各阶级的分析》中，就明确地指明了小资产阶级、民族资产阶级存在这种划分，无产阶级和封建买办阶级就不存在这种划分问题。由此可见，不分对象、不论时间地点条件，对任何阶级、政党在政治态度上，都划分为左中右和真左派假左派，是错误的、有害的。这种做法，只能在理论上造成混乱，把工人阶级内政治态度上的差别，与小资产阶级、民族资产阶级划分的左中右等同起来；把共产党内部的政治态度上的差别，与进步党派中的左中右等同起来。而在实践上，又必然会把工人阶级本身内部的分歧看成是敌我矛盾的问题，把共产党内的意见或路线分歧，看成是革命和反革命的问题，从而把工人阶级和共产党内部的斗争提到首要地位，以致壮大了敌人，孤立了和削弱了自己，使无产阶级革命事业受到阶级敌人也难以造成的损害。请看林彪、“四人帮”，不正是在这个问题上大要阴谋诡计以售其奸吗?

革命导师对类似的问题采取的正确态度，给我们树立了光辉的榜样。1871年，马克思恩格斯考虑到社会主义运动的客观形势，曾有意思地容忍了“社会民主”这个“不正确的机会主义用语”。但到1890年，恩格斯写道：“社会民主主义者这个名称在科学上是不正确的。”（《国家与革命》）这个时期，他在《人民国家报国际问题论文集》的序言和所有论文里，都改用了“共产主义者”一词，而不再用“社会民主主义者”一词了，因为当时法国的蒲鲁东派、德国的拉莎尔派，都称自己为“社会民主主义者”。如果仍用这个“旧名称”，只能“便于人们欺骗群众，阻碍运动前进。”（《无产阶级在我国革命的任务》）列宁同样是我们效法的模范。他在1917年写的《四月提纲》，在1918年写的《关于修改党纲和更改党的名称的报告》等著作中反复强调，由于历史条件的变化，必须把本来不科学的党的名称——“社会民主党”改为共产党，而把布尔什维克放在括弧内，并用形象的比方来说服党。他说一定要毅然决然脱掉群众已经“习惯”了的“爱上”了的“穿惯了”的而实际上是肮脏的衬衫，穿起“纯洁的衣服”。事实不是这样的吗?坚持在工人阶级和共产党内划分在左中右与真左派假左派的观点，不是列宁批判的反对者所持相同的逻辑和理由吗?

概念是客观事物的本质反映，“必也正名乎”。要是我们按照事物的本来面目，在工人阶级和共产党的政治态度差异的划分上作出科学的改变，这不仅在理论上而且在实践上，都有着重大的现实意义和深远的历史意义。因为一些工人阶级的先进分子和共产党内的马克思主义者，抛弃左派的称号，穿起马克思主义的衣衫，那么循名究实，既可促使这部分同志要求自己言行和实行的政策符合马克思主义准则，符合客观实际，既反右也反左；而且又可剥去伪革命假马克思主义者的画皮，戳穿模糊人们眼帘的眼罩。对广大革命人民来说，就可以此为镜子，甄别真正的革命者与反革命者、真正的马克思主义者与反马克思主义者的区别。

国际工人运动的漫长历史，特别是我们党近60年的实践表明，在人们政治态度差别的划分，再也不能将同一划分标准用在不同质的阶级、不同质的政党的身上，造成人为混乱。这就是说，再也不能将小资产阶级、民族资产阶级人民群众对无产阶级革命政治态度的左中右和真左派假左派的划分，用在无产阶级革命的身上；将非无产阶级的进步党派对无产阶级革命的政治态度的左中右和真正左派假左派的划分用在无产阶级先锋队共产党的身上。我们已经吃够了这种混淆的苦头。它所造成的损失已够惨重了。我们党的奋斗纲领和在20世纪内实现“四个现代化”的任务，要求我们再也不能有半点含糊、半点犹豫，是时候了，必须尊重唯物辩证法，吸取历史的沉痛的教训，一定要在工人阶级和共产政治态度的差别划分上，同他们的思想政治路线划分一样，不再采取左中右和真左假左的划分法，抛弃那个被人们“玷污和败坏了的称号”（《一个法国人关于战争的呼声》）。抛弃那个本来在科学上就是不正确的名称，从而做到直截了当地向所有的人们表明：无论是在政治思想路线上，还是在政治态度上，谁左了，谁就错了，就必须反对；反过来说，也是一样。历史将证明，这样的改变，对共产主义事业产生的意义是不可估量的。

（本文原载于《求索》编辑部编：《未定稿》第9期，1981年9月13日。）

抓住中心环节以带动其他的辩证法

——学习党的十二大政治报告的点滴体会

科学的世界观与方法论是统一的。毛泽东思想的特色之一，就在于它将马克思主义的哲学世界观，具体地、生动地化为科学的工作方法。关于将主要矛盾与次要矛盾、矛盾的主要方面与次要方面相互关系的原理通俗地解释为“抓中心环节”、“弹钢琴”等方法，就是其中之一。胡耀邦同志在回顾党的十一届三中全会以来在“经济方面”及“别的方面”所取得的巨大成就时指出，从经济工作方法来说，主要是由于党运用了“抓住中心环节以带动其他”的科学方法。

本文试图就这个问题，从下面三个层次谈一点肤浅的认识。

一

从矛盾发展的不平衡性出发，分析“全面开创社会主义现代化建设新时期”全局中各种矛盾的所处地位和作用，把握主要矛盾和次要矛盾、矛盾的主要方面和次要方面的区别和联系，确定工作的战略重点及全盘工作秩序。

根据我国社会主义社会的发展规律，三大改造基本完成后，剥削阶级作为阶级已经消灭，阶级斗争还存在，但阶级矛盾已不是主要矛盾。从这时起，党的工作重点必须从解放生产力过渡到发展生产力。在这整个历史时期，进行社会主义现代化经济建设，建立社会主义精神文明，开展残余形态的阶级斗争，实现台湾回归祖国，反对霸权主义等，便是一个全局，其中存在着的许多矛盾。但处于支配地位的是落后的社会生产与人民日益增长的物质文化需要之间的矛盾，它规定和影响其他矛盾的存在、发展或解决。即这个矛盾的解决程度如何，它规定并制约着工农之间、工农与知识分子之间、中国人民与国际间的朋友或敌人之间的等矛盾的存在发展状况。因此党必须紧紧抓住这个矛盾。在这个主要矛盾中，经济建设是主要方面。社会主义能否最后战胜和代替资本主义，归根结底取决于它是否能提供比资本主义更高的劳动生产率（列宁）。就是说它的解决是解决我国国内外矛盾和问题的基础。因此“党的首要任务是把社会主义现代化经济建设推向前进”。众所周知，党的第八次全国代表大会对这个问题本已作出了明确的回答，但是由于从1957年开始领导上指导思想存在着“左”倾错误，实际上并没有实现这种战略转移。特别是经过十年内乱，这个矛盾显得更加突出，“积累的问题非常之多，应兴应革的事项头绪纷繁”。这就愈要求党按照马克思主义的全面性和科学性办事，既不容许一下百废俱兴，平均使用力量齐头并进；也不容许抓住其中之一，不顾及其他。那么在粉碎林彪、江青两个反革命集团，特别是党的十一届三中全会后，应怎样抓住经济建设这个主导方面呢？马克思主义认为，认识问题、处理问题，都必须以时间、地点、条件为转移。这就决定了党只能从我国新的历史时期的具体国内国际环境出发，将这个时期经济战线的各个部门进行排队、比较和研究，从而认为现阶段经济建设的重点，不能照搬“一五计划”时期以重工业为重点的模式。在那个特定时期内，我国的经济产值结构是：轻工业的产值占全国工业产值的70%，有一定的潜力；农业方面，由于“土地改革”和逐步进行农业合作化运动，调动了农民的生产积极性，农业产量增长较快；相对地说，重工业却很落后。从钢来说，1952年，年产不过九十多万吨，至于汽车、飞机等先进制造业，几乎没有。从国际环境看，当时拥有美元和原子弹、号称为世界头等强国的美帝国主义，正在进行旨在指向我国的侵朝战争的冒险。因此，权衡轻重缓急，把重工业排在国民经济建设首位是必要的。但是经过了二十多年时间，现在与“一五计划”时期比，已产生了许多不同的新特点。从工业来说，已“逐步建立了独立的比较完整的工业体系和国民经济体系”；农业方面，粮食总产量已从1952年的2.264亿斤上升到1979年的6.642亿斤，但是农业的发展速度毕竟远远落后于工业。农业的产值在工农业产值中的比重，从1949年的70%下降到1979年的29.7%，而且还有继续减少的趋势。有段时间，粮食的增长速度竟低于人口的增长速度，同时，由于陈伯达、林彪、“四人帮”相继大搞“共产风”、“穷过渡”、“吃大锅饭”，损害了农民的生产积极性；另一方面，人民生活的提高和工业发展的需要，都迫切地要求农业发展加快步伐。轻工业方面，对它的投资长期没有摆在应有的地位，“一五计划”期间占5.9%，后来还逐步减少了。其生产技术一般相当于发达的资本主义国家四五十年代的水平，其产品远不能满足人民生活日益增长的需要，以致曾经出现过“见物就买，有队就排”的现象。当然就更谈不上它进一步为重工业发展提供必需的基金。重工业方面，从整个国民经济发展着眼，它的规模和速度已超过了我国的物力和财力，有脱离农业、轻工业片面发展的危险，重工业的结构也不合理，其中燃料工业非常落后，交通运输业远远落后于经济增产速度的需要；商业产品，1978年比1957年增长了48%，在同时期职工总数却增加了两倍多。零售商业和服务行业的人员每一人的服务人数由1957年的114人增加为217人。显然，所有这些情况，决定了党必须把社会主义现代化的经济建设作为自己在新的历史时期的战略重点，并把农业这一环放在首要地位，坚决纠正过去口头上承认农、轻、重的排列顺序，实际上并未这样做的错误。因此，胡耀邦同志强调指出，从经济工作来说，党的十一届三中全会首先抓住农业这一环。

二

以主要矛盾与次要矛盾、矛盾的主要方面与次要方面相互辩证关系的原理为指导，坚持两点论与重点论的辩证统一，实行抓中心环节以带动其他的方法，防止一点论与均衡论的倾向。

党和国家应怎样抓住经济建设这个中心，并首先抓住农业这一环以带动整个精神文明建设、阶级斗争等方面，从而把我国这个农业大国变为社会主义四个现代化的大国和强国呢？党认为，一定要用辩证观点看待与处理重点和非重点的关系。首先必须看到两点中内在地存在着重点，用重点带非重点，没有重点“就找不到中心，也就找不到解决矛盾问题的方法”。《矛盾论》正是从这个意义上说没有重点就没有政策。但是重点又是以同时承认非重点为前提的。如果不抓非重点，就会增加解决重点的困难。反之，就能用非重点促重点。同时党还认为，全面开创社会主义现代化建设新时期的全局是：在横向方面，包括社会主义工业、农业、国防和科学技术以及其他等。从农业经济全局来说，是指农、林、牧、副、渔和其他经济作物的全面发展。在纵向方面，包括从1981年到20世纪末。从农业经济的发展过程来说，它经历着包括若干阶段的相当长的发展过程：即从确保农民休养生息，调动农民的社会主义积极性，使农民先富起来，然后大踏步实现农业机械化和生产资料的全民的社会主义化。党怎样抓住这个全局中的上述主要矛盾的主要方面即经济建设中首要的一环——农业发展呢？马克思主义认为：人类只能给自己提出和解决那些物质条件已经存在或至少正在形成过程的任务。在这里，党正确地回答了这样一个既是理论又是实际的问题。这就是：确定工作中的战略重点时，一是要考虑它在全局中是否具有决定意义，它是主要矛盾、矛盾主要方面的体现；再是不能把两者直接等同起来，还要考虑它是否属于急待解决而又具有了现实性的问题，否则超越现实、超越阶段和主客观条件的许可，那只能是力不从心，达不到目的。党中央基于这种认识认为：当前阶段的大抓农业发展并不意味着农业现代化的最终实现，而仅仅是为实现这个战略目标作准备。关于怎样从现实出发抓住主要矛盾与中心环节问题，长期以来，形成了这么一种概念，即认为抓任何主要矛盾和中心环节，一律是集中全部或主要人力、物力、财力去打歼灭战，然而这种看法是过于绝对化了。应该看到，不同的主要矛盾之间或矛盾的主要方面之间，既具有共同性，又具有特殊性。诚然，任何主要矛盾、矛盾的主要方面在所处的全局中都具有决定意义，在这一点上是相同的。但它们的性质、大小和表现的形式是有所差异的，因而解决的方法和措施也不能千篇一律。对某些重点任务的解决，确实需要党投入主要的人力、物力和财力；但对另一些也许只需适当集中一定的人力、物力和财力；也有一些，主要是通过采取相应措施调整其内部的结构而实现；还有一些，主要是靠党的正确的路线方针政策和科学技术的提高，使之逐步得到解决（单纯靠政策是有限度的，它会发生饱和）。因此，对主要矛盾的解绝不能把一种方式绝对化。在这里，还存在着这样一个问题：长期以来，不少人们对矛盾论中关于抓主要矛盾其他矛盾就迎刃而解和“纲举目张”的提法理解得过分机械了。诚然，确实存在着只要抓住与解决了主要矛盾，次要矛盾的解决就比较容易多了。列宁正是从这个角度上提出了要抓住事变链条的基本环节的思想。但是并不能由此得出结论：抓住和解决任何主要矛盾所产生的作用都是如此。有些主要矛盾的解决，只是为解决次要矛盾提供了前提和基础，还需要人们进一步投入自己的力量；有一些主要矛盾尚未解决，却因事物的根本矛盾发生激化，次要矛盾中的某一个会上升为主要矛盾。因此，把主要矛盾的解决一律看作是万事大吉是不全面的。具体情况具体分析、具体对待，是马克思主义活的灵魂。党从我国农业现状的实际出发，主要采取了上述依靠政策和科学的解决方式及实行“全国一盘棋”的工作方针和方法，具体表现于：从十一届三中全会起到以后的一定时期内，着重克服过去指导上长期存在的左倾错误，恢复和扩大农村社队的“自主权”，恢复自留地、家庭副业、集体副业和集市贸易，“逐步实行各种形式联产计酬的生产责任制”，“提高了粮食和其他农产品的收购价格，解决了多种经营的方针”等。但是仅仅抓住农业发展这一环是不够的，同时必须分出一定的力量抓其他非重点的环节——轻重工业、经济基础与上层建筑方面的改革、阶级斗争、精神文明建设等。大石头离开小石头是砌不成墙的，红花需要绿叶扶。这是因为，矛盾的主要方面与次要方面总是相互依存、渗透、互相作用的，在一定条件下还是相互转化的。必须指出，如果矛盾双方在本质上不是根本对立对抗的，都是积极因素，就应在抓主要方面时实行两者“并举”；如果矛盾双方在本质上是根本对立对抗的，一方是积极因素，另一方是消极因素，就应在抓主要方面这个积极因素时，对消极因素这一方也应进行转化工作，化消极因素为积极因素。就是说，抓重点、抓中心环节，不能单打一。单打一的实质，就是孤立地片面地处理事物、矛盾，这种只知其一，不知其二，实际上就取消了事物，矛盾本身。不仅如此，有时在某种情况下，为了解决主要矛盾、主要方面和重点，首先须从解决次要矛盾、次要方面和非重点入手和使力，为前者先行开道，这正是人们常说的相反相成的道理。众所周知，毛泽东同志，早在1959年就提出了一系列“并举”、“两条腿走路”的社会主义建设方针。周恩来同志在总结“一五计划”时，也反复强调了这种结合。遗憾的是，后来在实践上，不少单位却做了许多“元帅升帐，停车让路”，“粮食上了纲，其余一扫光”的蠢事。党中央总结了过去的经验教训，为了真正做到抓住农业发展这个中心环节，以带动其他环节，又通过抓林、牧、副、渔、轻重工业等其他环节，以促进农业。1979年4月在党中央工作会议上，提出了实质是全面又重点地抓住现阶段社会主义现代化建设的主次，实行全国一盘棋的“调整、改革、整顿、提高”的八字方针。在这个方针指引下，党和国家对轻工业采取了积极发展的各项政策措施，特别是突出地安排好轻纺工业的生产，使轻工业的增长超过了重工业的增长速度。与此同时，有意地放慢了重工业的发展速度（只能在一定的历史时间内），改进了它的服务方向，对基本建设的规模实行了控制，使其投资大大缩减了，调整了积累与消费的比例关系，使积累基金占国民收入的比重从1978年的36.5%下降到1980年的32%。其他如积极开展社会主义精神文明建设等。上述种种措施，既避免了平均使用力量的均衡论，又防止了单打一的一点论。近两年来的实践证明，这种方法是成功的。农业面貌发生了"显著变化"，今年（1982年）的粮食总产量预计可达3.35亿吨，比去年（1981年）增产1000万吨，超过了新中国成立以来最大丰收的1979年。"农业的显著变化带动了整个经济形势以至政治形势的好转"，"人民消费水平显著地得到了提高"。显而易见，这些巨大成就的取得，从某种意义上说也正是唯物辩证法关于抓住中心环节以带动其他的工作方法之花结出的丰硕的经济政治之果。

特别应该指出的是，党中央还以主要矛盾与次要矛盾、矛盾的主要方面与次要方面即重点与非重点相互渗透的原理作指导，指出了在实现20世纪末工农业总产值翻两番的奋斗目标的过程中，占首要地位的农业和处于次要地位的其他战线中的主导因素：能源与交通、教育与科学互相结合组成为三个不可分割的统一的战略重点，并且根据发展的不平衡性原则，在战略部署上，又指出"六五计划"期间除继续抓农业外，发展能源与交通是重点。反过来，又同时强调要继续全面贯彻执行"八字方针"，在当前，特别是强调在经济基础与上层建筑方面实行各种改革。显然，党中央关于这种工作方法的这种创造性运用是一个新发展。

三

从全局与局部存在的主要矛盾与次要矛盾、矛盾的主要方面与次要方面的相互辩证关系原理出发，具体地把握局部中的工作重点与非重点，防止简单机械地搬用和脱离全局安排的资产阶级自由化倾向。

当党中央确定全国性的工作战略重点后，地方、部门应怎样具体落实呢？这是一个攸关我国社会主义现代化建设的成败的问题。根据马克思主义关于全局与局部辩证关系的原理，总结新中国成立以来这方面的经验教训，党中央强调两者是辩证的统一。从根本上说，全局的重点也就是局部的重点，全局统帅局部，局部应服从全局。胡耀邦同志指出："要实现今后二十年的战略目标，必须由国家集中必要的基金，分清轻重缓急，进行重点建设。""各地方、部门、企业必须把基金用到国家急需的建设项目上来。"就是说，局部胸中必须有全局，防止脱离全局的资产阶级自由化倾向；另外，局部和全局存在的矛盾，矛盾方面的主次是有差异的，不能把它们绝对等同起来。一种情况是，全局中的重点只有其中的某一个部分某一个侧面适用于局部；另一种情况是，在全局中是重点，在局部中是次点，反之亦然。对这两种情况，都要求在服从全局"整体需要"的前提下，从实际出发，安排好自己工作的重点和全盘工作秩序。如果是属于前种情况，就要求把全局的重点适用于本部门的某一个方面或侧面当作重点来抓，不要离开自己的具体的实际，搞形式主义的"全面"落实，须知全局的重点是由许多不同的侧面组成的统一体，各个部门、小局从不同的侧面进行落实，综合起来，就构成了全局"整体需要"。拿落实社会主义现代化建设战略重点农业来说，地少地肥劳多的两湖、两江等平原地区，应首先着眼于良种化；地多水少劳少的西北西南等山区，首先要求水利化、化肥化；收获期间正值两季的华南华北等地区，迫切要求解决的是收获脱粒烘干的机械化；土地肥沃平坦的人口稀少的北大荒的国营农场，实行耕作机械化是首要的。如果属于后种情况，就要求各地方、部门从自己的具体特点出发，发挥自己的优势，表面看来似乎脱离了全局的重点，但从全局的"整体需要"看，它并没有脱离全局的发展需要，同样能起促进全局重点发展的作用。例如以畜牧林业茶叶生产为主的公社大队，就不能废除畜牧、草地、树林、茶树、造田生产粮食。否则反会影响全局有计划按比例地发展所需要的前提条件。因此党中央一再反复强调要“因地制宜”，办那些适宜于大地方举办的事情。为此中央明确规定：“下级如果认为上级组织的决定不符合本地区本部门的实际情况，可以请求改变，如果上级组织坚持自己的决定，下级组织必须执行，但有权向再上一级报告。”显然，这种规定能保证全局的重点与局部的重点及其全盘工作做到恰当的统一，防止出现简单搬用或犯资产阶级自由化倾向的错误。

综观上述，可见党中央关于抓住中心环节以带动其他的方法具有多么重大的实践指导意义。为了实现20世纪末工农业产值翻两番的宏伟目标，我们一定要更好地运用这种科学的工作方法。

（本文写于1982年，为油印稿。）

十一届三中全会以来党对“全局”和“局部”范畴的创造性运用和发展

党的十一届三中全会以来，党对全局和局部范畴的新贡献，主要表现在：在实践上把它转化为更具有普遍性的方法论，卓有成效地促进了四化建设的顺利进行；同时，又在理论上把原理进行了深化，使它本身得到了进一步发展。

毛泽东关于“全局”的含义是这样解释的：“凡属带有照顾各方面和各阶段性质的，都是战争的全局。”（《中国革命战争的战略问题》）在这里，所谓“各阶段”一词，是一个没有上下界限的不够具体清晰之词。十一届三中全会以后，党在具体实践中更明确地指出，从纵向性说，是指事物发展中带有战略意义的发展过程。早在1975年，邓小平同志主持中央日常工作期间就指出：“现在有一个大局，全党都要讲”，“大局是什么？……也就是说，从现在算起……把我国建设成为具有现代化农业、现代化工业、现代化国防和现代化科学技术的社会主义强国。”邓小平同志在阐述国家领导制度的重要性时，还赋予了“全局”概念以新义。他说：“领导制度组织制度问题更带有根本性、全局性、稳定性和长期性。”就是说，把根本性、稳定性、长期性与全局性直接连接起来，即用“根本性”补充说明全局概念的含义，用“稳定性”和“长期性”补充说明全局作用的重要性。从上述引证中不难看出，党中央关于“全局”的解释，不仅包含着具有一定的空间（横向性）、时间（纵向性）和整体性，而且还包含着具有根本性的含义，人们必须全面地加以把握，才能真正地理解它。由此可见，党中央关于全局的解释更全面更具体更深化了。

毛泽东同志认为，抓住主要矛盾，就是抓住中心环节和工作重点。要抓住中心环节和工作重点，就是抓对全局起主导作用的矛盾的主要方面，这一般地说是正确的。党中央总结三十多年国际国内社会主义革命和建设的经验，进一步认为：主要矛盾、矛盾的主要方面与中心环节不能简单地直接等同。在通观社会主义现代化全局中，确定工作中的中心环节和工作中的战略重点，首先考虑它在全局是否具有决定意义，至少是主要矛盾、主要矛盾方面的一个侧面的体现；再是看它是否属于其中的薄弱的环节；还要考虑它是否属于急待必须解决而又具有现实可能性。一句话，即找出“影响全局的薄弱环节”，“实事求是的突出重点”。党正是基于这种认识，十一届三中全会以来，“首先抓住农业这一环”，并进而把能源交通、教育和科学作为实现20世纪末宏伟目标的“战略重点”。

毛泽东同志关于抓住全局中的主要矛盾问题，有这么一个观点，即“抓住主要矛盾，其他矛盾迎刃而解”。（《矛盾论》）尽管他同时也指出不要忽视抓次要矛盾，要学会弹钢琴的方法。但是当他把这个理论应用于社会实践时，过分强调“一马当先，万马奔腾”，“纲举目张”，“打歼灭战”等，从而造成在一些人的心目中形成了这么一种概念，似乎抓住任何主要矛盾或工作中的中心环节，一律是意味着集中全力或主要人力、物力、财力“打歼灭战”；似乎抓住主要矛盾和工作中的中心环节就是一切。党中央进一步认为：诚然，确实存在着某些主要矛盾或中心环节需要集中主要力量（或以几倍的力量）打歼灭战才能解决。但是，不同事物的主要矛盾之间，或不同矛盾的主要方面之间，既具有共同性，又各具有特殊性。任何主要矛盾、矛盾的主要方面在所处的全局中都具有决定意义，在这一点上是相同的。但它们的性质、大小和表现形式是有差异的，因而解决的方法和措施也不能采用一个模式。对某些主要矛盾的解决，确实需要投入主要的力量；但对另一些，也许只需“适当”集中力量（陈云）；也有一些，主要是通过采取措施调整其内部结构而实现；还有一些，主要是靠党的正确路线方针政策和科学技术的提高，使之逐步得到解决（单纯靠政策是有限度的，它会发生饱和）。就是说，对主要矛盾、重点工作的解决，不能把一种方式绝对化。同时还认为，确实存在只要解决了主要矛盾、次要矛盾的解决就比较容易得多了，但是并不能由此得出结论，抓住和解决任何主要矛盾所产生的作用都是如此。有些主要矛盾的解决，只是为解决次要矛盾提供了前提和基础，还需要人们进一步投入自己一定的力量；有一些主要矛盾被解决后，次要矛盾中的某一个反而会上升为主要矛盾。因此把主要矛盾的解决一律看作是万事大吉，是不全面的。必须对具体矛盾进行具体分析。如果矛盾双方在本质上不是根本对立的，都是积极因素，就应在抓主要方面时，实行两者“并举”；如果矛盾双方在本质上是根本对立的，一方是积极因素，另一方是消极因素，就应在抓主要方面这个积极因素时，对消极因素这一方面也进行转化工作，化消极因素为积极因素。关于全局与局部的关系，党中央认为：一方面，局部胸中必须有全局，非重点建设服从重点建设；另一方面，局部和全局存在的矛盾、矛盾方面的主次是有差异的，不能把它们绝对等同起来。一种情况是，全局中的重点只有其中的某一个部分某一个侧面适用于局部；另一种情况是，在全局中是重点，在局部中是次点，反之亦然。对这两种情况，都要求在服从全局、“整体需要”的前提下，从本单位实际出发，安排好自己的工作重点和全盘工作秩序。如果是属于前种情况，就要求把全局的重点适用于本部门的某一个方面或侧面当作重点来抓，不要离开自己的具体实际，搞形式主义的“全面”落实重点只是徒有虚名，势必落空。须知全局的重点是由许多不同的侧面组成的统一体。各个部门、小局从不同的侧面进行落实，综合起来，就构成了全局、整体的需要。如果属于后种情况，就要求各地方、部门从自己的具体特点出发，发挥自己的优势。从表面来看，似乎脱离了全局的重点，但从全局的“整体需要”看，它并没有脱离全局的发展需要，同样能起到全局重点发展的作用。因此一方面首先强调“必须由国家集中必要的基金进行重点建设”；另一方面又须强调仍然“要照顾地方、企业需要”，要“因地制宜”，去办那些适宜于地方主办的事情。显然，这样就能保证全局的重点与局部的重点及全盘工作达到恰当的统一，既可防止脱离全局安排的地方主义、分散主义倾向，又可防止犯简单地机械地搬用的错误。

必须强调指出如下一个事实：近几年来，党非常重视总结当代科学的新成果，在实现四个现代化过程中，逐步地把系统、层次、结构等概念充实在“全局和局部”的原理中，曾这样明确指出：“要把全部经济工作转到以提高经济效益为中心的轨道上来，要集中主要力量进行各方面经济结构的调整，进行现有企业的整顿、改组和联合……继续完成企业组织结构和各方面经济结构的合理化。……”（《全面开创社会主义现代化建设新局面》）还应该看到，在这种结构改革中，党中央非常重视改革中的系统性整体性思想。邓小平同志指出：“这场革命既要大幅度地改变目前落后的生产力，就必须多方面地改变生产关系，改变上层建筑，改变工业企业的管理方式和国家对工农业企业的管理方式，使之适应于现代化大经济的需要。”不言而喻，党的十三大报告提出的关于经济体制、政治体制改革的方针，是从我国社会主义初级阶段的全局着眼，从实现我国建设的宏伟目标的需要出发的。此外党中央也十分重视把要素与结构、结构与功能等范畴运用到领导班子调整中，强调领导班子的年龄、知识等方面的结构合理化等。

毋庸赘言，党在实现四个社会主义现代化的宏伟目标的过程中，对“全局和局部”辩证关系原理的创造性运用和发展是多方面的，限于篇幅，就不一一详述了。

（本文原载于《马列主义教学研究》1987年第2期。）

关于反右反左的几个理论和实践问题

一点说明

“不是人们的意识决定人们的存在。恰恰相反，正是人们的社会存在决定人们的意识。”这是马克思的一个划时代的发现，是千古颠扑不破的真理。

我从事马克思主义理论学习和教学近30年之久。对马克思主义这个放之四海而皆准的普遍真理和共产主义这个解放全人类的崇高事业，是坚信不疑的，是具有深厚感情的；同时，我又是血雨腥风的十年浩劫中，林彪、江青两个反革命集团推行的极左路线的受害者，也是许许多多忠诚党的事业战士——各级老领导、良师学长、同窗战友、英俊高足等遭受这场凌辱的见证人。我的上述双重社会存在，决定了我对总结这场浩劫的历史教训怀有强烈的感情和要求，从而推动了我1978年初从疗养院出院后不太久，在沉疴缠绵和教学繁忙之余，用近一年时间，写下了这本小册子。这次部分重印前，又作了个别修改。作为献给党的一份心意，为埋葬这伙吃人帮增添一勺土。

由于本人水平有限，持论固有所异于时贤，但存在的缺点一定不少。切盼识者指正。

1980年12月10日 于岳麓山

前　言

多少血和泪汇成的洪流发出的最强音，呼唤着亿万人们对难忘的十年浩劫进行沉痛的深思和反省；特别是殷切期待着党和革命人们从理论和哲学的高度，进行认真的总结。

真正的理论，只能是历史的逻辑的统一。这就要求本着为革命负责的大无畏精神，根据丰富而又实际的材料，以严谨的科学态度，进行唯物辩证的概括。

关于反左反右中值得重视的几个理论和实践问题，本人力图从我国和国际工人运动的经验与要求出发，提出自己的肤浅看法，作为引玉之砖。

一般地说，在阐明本问题时，我除了综合理论界有关的富有价值的观点和材料外，还对某些问题进行了独立的大胆的探索，表明了自己的见解。

在论述机会主义（修正主义）路线的发展全过程及其矛盾性质问题时，明确概括了机会主义（修正主义）发展过程划分“三个阶段和三种形态”的标志。阐明了路线问题与两类社会矛盾的关系，强调了“所谓路线斗争时时有”的说法是不合乎唯物辩证法和历史实事的，提示了我国三大改造基本完成后所犯的多次的左的错误不是偶然的，指出了1959年开展反对“右倾机会主义”斗争意味着党从左的错误向左倾路线错误的转化。十年浩劫中出现的是不自觉的左倾路线和政治骗子别有用心的推行的极左路线的恶作剧紧紧地结合在一起，因而“存在着两种不同性质的社会矛盾”。

在论述机会主义（修正主义）的左和右的同一性和差别性时，把矛盾双方的对立“区分为本质不同的相互对立和本质雷同的两个相反倾向的对立的不同情况”。从理论和实践相结合上阐明了“左和右的本质是一致的。其差别是微不足道的”。并进一步逐一揭批了“左比右好”的几个主要论据。与此同时，对“我国三大改造基本完成后长时期内反右不反左”的原因，从理论、思想、政治、阶级和历史等根源上，进行了比较全面的分析。其中特别提出并论证了“我国小生产者更容易左的新论断，强调了在建立强大的物质基础之前，小生产者的平均主义的农业社会主义空想和左倾冒进错误还可能不同程度地表现出来”。

在论述工人阶级和共产党内划分左、中、右和真左派的现实问题时，从左字的本义、现实性范畴的涵义，结合法国现代史、国际工运史的实际，加以考察，强调这种划分不复存在现实性等。

再者，在阐明本问题过程中，由于作者在长时期中形成的维护革命领袖威信的本能和遵守政策的观念，在涉及已故毛泽东同志的地方，或者有意作些回避，或者措词比较隐晦，但又由于科学的本质和任务就在于它能实事求是地找出事物内部的、本质的必然联系，因而又强制着我不可能完全做到“在丝毫不损害领袖的威信条件下”进行（斯大林《关于反对右倾和“极左”倾的斗争》）。但是，这对国际工运和我们党的利益是必要的。

关于机会主义（修正主义）的发展过程及其矛盾性质问题

一、必须用唯物辩证法考察机会主义（修正主义）的发展全过程

任何事物都是现象和本质的对立统一，两者的对立，给予了人们认识它的困难性；两者的统一，提供了人们认识它的可能性。历史地逐步地透过现象把握事物的本质，只能遵循由片面到全面、由浅入深的辩证法。马克思主义者对机会主义（修正主义）路线的认识，也只能遵循这种规律。关于林彪、“四人帮”的路线性质问题，在新中国成立30周年纪念大会上，叶剑英同志代表党中央指出：他们炮制和推行了一条极左的修正主义路线。这是概括对其路线反动本质极其深刻的揭露，远远超过了先年理论界否定对它的“假左真右”的提法、赋予它以左倾路线称号所作的突破，表达了在此以前广大革命者不约而同的看法和异口同声的说法，体现了马克思主义政党对机会主义（修正主义）发展全过程认识的一次飞跃和升华。但是有人拘泥于机会主义（修正主义）分为左与右的做法，看不到还有极左极右的区别，更意识不到林彪、“四人帮”一伙反革命集团与他们的极端的反动的左倾路线之间的内在联系。我们认为，所有这些都是背离唯物辩证法与历史实际的。诚然，在马列主义经典著作中还不曾有过上述的提法和做法。要是从“两个凡是”出发，自然不可理解。但是，革命导师曾指出实事求是的唯物观点和全面地、本质地、发展地看问题的辩证方法。在马列主义看来，任何正确的社会观点只能“是由深刻的哲学世界观和

丰富的历史知识阐明的经验总结”（《国家与革命》）。

必须指出：国际工人运动中背离马克思主义的政治上的机会主义与理论上的修正主义，同任何荒唐的社会思想观点一样，也是存在的歪曲的反映。正如列宁所指出的，只是抓住“工人运动中的某一个方面把片面的观点发展为理论”（《欧洲工人运动中的分裂》）。同时，它的发展也是按照由量变到部分质变的交替规律进行的。即它经历着一个产生、完全形成和走向极端、导致灭亡的过程。“起初只是一种情绪，后来成为一种流派……成了工人官僚和小资产阶级同路人的一个集团”……最后演义为“熟透了的机会主义”《第二国际的破产》）。毛泽东同志也同样阐明这种看法，他指出：我国新民主主义革命时期三次“左”倾路线都是由“左倾情绪”、“左倾思想”和“左倾政策”发展成为一次比一次“更完备的左倾路线的”。当然，机会主义（修正主义）的这些不同发展阶段的出现，都要各自具备一定的条件，它们的暴露本身也需要一定的时间，就是马克思主义者对它们的认识同样要有一个过程。特别是常常受到人为的假象的限制，更增加了识别的困难性。例如第三次左倾路线的炮制者王明，就标榜自己是百分之百的布尔什维克，硬说推行左倾冒险主义的李立三同志推行的是一条“一贯右倾机会主义的理论和纲领”等。此外，也不是说任何一条机会主义（修正主义）路线，都能走完这个过程，都能形成一个“完整的体系”、“完整的形态”。正如马克思形容古代社会有“早熟的”、“发育不全的”和“发育全的”所打的此方一样，它的发展形态既有早熟的、中途夭折的，也有残缺不全的和完整的以及熟透了的。由于它同广大革命人民的根本利益相对立，要么，有的被消灭于萌芽状态之中；要么，有的被消灭在形成之后，只是个别的由于各种条件的凑合，才可能滑到它的过程的极端而自取灭亡，这是不言自明的。

二、机会主义（修正主义）发展过程的不同阶段、形态及其矛盾性质

综观国际工人运动中机会主义（修正主义）的表演，从其后果来说，都

是“增加资本主义复辟的机会”（斯大林）；从表现的特征来说，不仅具有市侩性、摇摆性，而且具有左和右的区别，其中还会有各种各样不同的形式和色彩；从发展的过程来说，一般经历三个不同的阶段，区分为三种不同的形态。同党和人民的矛盾具有两类不同矛盾性质，其中还会有更多的各种各样的小的阶段、形态矛盾性质的差别的存在。

第一阶段表现为左、右倾的情绪、思想和倾向，这是机会主义（修正主义）的酝酿产生时期，其特点是具有自发性，无纲领、无组织。这就是说，它在思想上、政治上、组织上尚未形成一条明确的路线。具体说来，它在思想上主要是不能从实践与认识具体的、历史的统一观点，去了解革命的任务和进程，不能真正的站在无产阶级的立场，完整地、准确地理解和掌握马克思列宁主义、毛泽东思想体系。单凭自己的片面认识和喜恶情绪来衡量党的正确路线和方针政策，其在政治上对党的政治路线和方针政策表示怀疑、动摇，甚至不自觉地偏离，或倾向于小资产阶级的保守的一面，落后于革命实际，或倾向于小资产阶级的偏急一面，超越革命实际，在组织上只是自发地、同气相求地、不时地聚合在一起。但是，具有这种思想情绪倾向的同志，在思想理论上尚没有提出自己系统的主张和修正马列主义路线的思想政治路线；在政治上“对党还是忠顺的；也没有一次公开不执行党中央的正确决议”（斯大林）；在组织上，还没有形成一个有组织的派别和集团。因此，列宁、斯大林先后反复强调：“机会主义倾向还不等于是机会主义……这是一种还没有形成的机会主义。而且是可以纠正的倾向，绝不能把左的倾向或右的倾向和已经形成的机会主义看成一个东西。”所有这些表明，“左”或右的思想情绪倾向主要是思想认识问题，是“党内的概念”。它同党的矛盾性质是党内的意见分歧问题，解决的手段应当在党内和思想领域进行，用同志式的民主讨论和思想斗争方法。在这里首要的问题，是要分析党内出现意见分歧，是否是真正左倾或右倾思想，如果是正确的，党的领导者就应该采纳，如果确系左的或右的偏见，要相信真理是不害怕批评的，敢于进行辩论。一方面从对方的怀疑和指责中，激发自己防止可能出现的真正偏差，进一步推进自己的路线、方针、政策的完善程度；另一方面通过这种讨论或辩论的方式提高绝大多数有左倾右倾思想的人认识错误，转到党的立场上来。革命导师是始终一贯坚持这样做的。马克思恩格斯在1846年前后的早期革命活动中，针对蒲鲁东宣扬“要”用文火把私产烧掉比实行暴力革命“要好些”等货色和克利盖格律恩鼓吹把“爱”奉为解决社会问题的“万应灵药”的叫嚣等右倾思潮，便采用写文章开会甚至通宵与他们进行面对面的论战等办法，争取绝大多数与会者站在自己一边。1903年孟什维克还没有作为一个独立的政派出现时，列宁对他们的崇拜自发性，表现在组织上、思想上、策略上的右倾偏见，始终是采取讨论的、辩论的方式进行斗争。仅在二大会议上，列宁就先后作了124次发言，从而赢得了大多数代表终于站在列宁一边，产生了代表多数派的布尔什维克。1928年，联共（布）党内出现了要使党的政策迁就资产阶级口味的要求的右倾思潮，斯大林曾经明白地指出：“虽然右倾正在党内增长，但是目前还不能把它看做一条已经形成和定形的东西。”“他们还没有派别组织，还没有根据说明它不服从我们党的决议”，因此“展开思想斗争是我们现阶段同右倾作斗争的主要方法”（《论国家工业化和联共党内的右倾》）。在我国，毛主席指出：“第一次大革命最后一个时期，陈独秀的右倾思想便发展成为一种右倾投降主义。”（《关于若干历史问题的决议》）党的历史告诉我们，在此以前，党同陈独秀的斗争主要是采取思想斗争的方法，甚至未撤销他在党内的领导职务。由此可见，在国际工人运动史上，马克思主义者对克服左、右倾情绪、思想、倾向和对形成了的机会主义的斗争是有所区别的，这是毋庸置疑的。

第二阶段表现为一条左的或右的机会主义（修正主义）路线，却在党内以公开形态、公开的口号、方针、政策、政纲等表现出来。这是机会主义（修正主义）发展的定型时期。它们的共同点是：口头上都“发誓赌咒”地忠诚于无产阶级革命事业，表面上都从实用主义出发，教条地搬用马列主义的个别词句，为自己的错误路线作辩护，反过来都又根据自己的特定标准，赋予正确、革命等概念以特定的含义，据此都把实行认识和实践相统一，按照客观规律进行自觉活动的正确路线诬蔑为右倾路线或左倾路线。

不同点是，在思想上，左倾路线从正处于破产地位和急于彻底改变自己的贫困地位的城乡小资产阶级的要求出发，根据自己的需要，把马列主义的个别原理不顾具体历史条件应用到它能实际应用的范围以外，使真理变成谬误。在政治上，背离马克思主义的四个策略原则：一是割裂革命发展阶段论和不断革命论相统一的原则，把不断革命片面化、绝对化，并把不断革命偷换为单纯的无间断性的革命变革与单纯的专政措施，以实现自己的目标，“在政策上往往有惊人的跳跃”（《斯大林》）。二是背离关于正确估计民族特点和特征的原则。他们不把马列主义的普遍真理与本国的具体实践相结合，用主观愿望代替革命现实，把感想当作政策，使马列主义的原则无法得到实现。三是否定关于争取广大同盟者的原则，即统一战线、利用矛盾原则。他们不承认无产阶级以外的劳动者和广大知识分子的革命性，建立无产阶级的直接同盟军，只讲斗争，不讲团结，只要专政，不讲民主，拒绝利用敌对阵营之间的矛盾和间隙，争取可能争取的同盟者，即间接同盟者，以反对最主要的敌人。四是违背关于根据群众自身的政治经验引导群众前进的原则，实行超越群众觉悟的命令主义，或者置多数人是否信任而不顾，轻率地率领少数先锋队伍或自己的少数追随者单独冒进。反之，却诬蔑坚持上述四个策略原则的正确路线为修正主义路线。

右倾路线在思想上从工人贵族和小资产阶级自发势力的要求出发，根据自己的政治需要，比较公开地修正马克思主义的基本原理，阉割马克思主义的革命内容和精神，把它变成资产阶级所能接受的东西。在政治上，歪曲马克思主义的四个基本原则：一是同样割裂革命发展阶段论与不断革命论相统一的原则，把革命发展阶段论片面化、固定化，又把革命发展阶段论解释为“点滴改良”与“和平过渡论”，反对暴力革命和对敌专政。二是同样歪曲关于正确估计民族特点和特征的原则。把这个原则引向极端，取消马克思主义的基本原则和普遍真理。三是歪曲关于争取广大同盟者的原则，把它引向极端，只讲团结，不讲斗争，只讲民主，不讲专政，大搞阶级调和。四是歪曲根据群众自身的政治经验引导群众前进的原则，把它作为借口，放弃先锋队的领导作用，充作群众运动的尾巴。“在政策上、实质上与资产阶级民主流完全合派”。再者从组织路线说，无论左倾或右倾路线都从自己的政治思想路线出发，形成了有纲领、有计划的、有组织的宗派集团，执行任人唯亲派的路线，排挤打击正确路线的体现者。其中左的甚至以对罪犯和敌人作斗争的方式进行党内斗争。所有这些表明，无论是左倾或右倾路线同党的分歧，不再仅仅是思想认识问题，而是对立的思想政治策略组织等路线的分歧。这种分歧已经是政治是非问题，但是它仍然是工人运动中的一个政派。一般的说是属于工人阶级内部的概念，而不是敌我问题。为什么呢？这就因为：

1．作为工人阶级政派的标志（不管正确与否），就在于它在工人阶级面前能表明自己的政治面貌，敢于公开地、诚实地宣传自己的观点政纲。

2．无论左倾或右倾路线，“都是站在马克思主义的共同基地上，依附于马克思主义而加以修正”（《马克思主义与修正主义》），还不是从根本上否定马克思的基本原理和革命无产阶级的最终目标。分歧的焦点主要是政治策略路线的偏离马克思主义。列宁在1910年曾经指出：在大规模工人运动的50年来的历史上可以看到，欧美现代工人运动中的基本策略分歧，就是同离开实际上已经成为这个运动的统治理论的马克思主义的两大流派作斗争。这两大流派就是修正主义（机会主义、改良主义）和无政府主义（无政府工团主义、无政府社会主义）。众所周知，1903年以后，普列汉诺夫就是由于理论上的失足，然后在策略和组织问题上摇摆于布尔什维克与孟什维克之间，最后滚到孟什维克机会主义的。

3．无产阶级不是绝对的纯，左倾或右倾路线的社会基础是构成无产阶级的部分成分的工人贵族和带着小资产阶级尾巴加入无产阶级队伍的那部分人，他们在资产阶级的各种影响和压力下而加强起来。因此，列宁总是反复强调，机会主义（修正主义）“是资产阶级世界观及其影响的直接产物”，机会主义者实际上“客观上是资产阶级的政治队伍”，“是被资产阶级收买的工人阶层和集团”，“有时比资产阶级自己亲自出马还好”。在这里，不容许含糊的，这就是从实际上、客观上是什么到事情本身是什么之间，虽有着内在联系，但毕竟是有质的差别的，不应该把资产阶级同错误路线画等号。固然机会主义集团是“由各种非无产阶级分子组成的”（斯大林），其中难免包含有个别资产阶级分子甚至有“资产阶级派进来的奸细”（《“左派”幼稚病》），那是另一回事，不能改变整个机会主义（修正主义）路线同党的矛盾性质。

4．工运史证明：左倾右倾路线的推行者，当其路线在实践中失败后，除觊觎领袖地位未得逞的野心家把错误坚持到底外，大多数人都能放弃自己的错误路线，重新在党的领导下而工作，甚至还可以成为很好的革命者或马克思主义者。

5．作为一个马克思主义者，乃至一个伟大的马克思主义者，如果脱离实际，不能深入群众，或在成功面前丧失警惕，受到周围少数亲近者的非无产阶级情绪的影响，也可能犯左或右的政策错误甚至路线错误，但一旦发觉，便会自觉地克服上述错误，然而就不能据此盖棺定论，抹杀他作为马列主义者或伟大的马克思主义者的形象。

综上所述，可见无论左倾或右倾路线，只能属于工人运动内部范畴，不能属于敌人范畴。

正确开展同左、右倾路线的斗争，首先有一个确定是否是真正的机会主义（修正主义）路线的问题，这只能以革命实践作标准，不能以权力的有无、大小为转移，形成权力真理论。同样，也不能因为提出的主张有别于正确路线，就说成是错误路线，也许恰是正确路线的补充。即使是错误路线，必须采取分析态度，它是表现在某一个方面，还是表现在各个方面，是残缺不全的还是完整的体系和形态，不能一概而论，实行一刀切。对完整形态的左倾或右倾路线，只要它没有公然站在资产阶级一边，从国际上讲，只要不演变为用民族沙文主义和社会帝国主义公然侵略颠覆社会主义国家，那么都应仍然按照工人运动内部矛盾处理，在工人运动内部和政治思想领域进行，通过公开的辩论或争论和团结—批评—团结的方法，分清政治理论是非，在马列主义原则的基础上团结起来。

在19世纪中叶马克思与蒲鲁东、恩格斯与杜林的论战，就是与表现在思想理论上的右倾机会主义（修正主义）路线作斗争的一个范例。列宁在1904年写的《进一步退两步》，就是与表现在组织问题上的阿期莫夫、马尔托夫为代表的机会主义路线作斗争的又一个范例。以列宁为代表的国际主义派与第二国际修正主义护国派的斗争，从1907年斯图加大会、1910年哥本哈根大会到1912年巴塞尔大会，直到1916年4月召开的昆达尔会议上，仍然坚持在工人运动内部进行，只有当不少机会主义头目加入了帝国主义政府，列宁才指出：“他们已经转到了资产阶级方面”，“这些人是我们的敌人”（《无产阶级在我国革命中的任务》）。斯大林捍卫列宁关于一国建成社会主义的学说和实践，同托洛茨基的不断革命论与托季反对派的“46政纲”“83人政纲”的斗争，是通过前后四次大辩论而赢得胜利的。我国新民主主义革命时期，毛泽东同志为代表的正确路线与这个时期的左、右倾的斗争，始终是作为内部矛盾对待的，这是众所周知的事实。当然真正战胜机会主义（修正主义）路线，是实践的权威，所以恩格斯极其深刻地指出：“公社是蒲鲁东主义的坟墓”。因此，我们认为，把正确路线变成现实，是彻底战胜左、右倾路线干扰的牢靠保证。

第三阶段表现为一条极端反动的左倾或右倾路线，这是机会主义（修正主义）滑到极端无可救药的发展时期。在一般情况下，它是很难滑到这个地步并以完整的形态进行公开表演的。在思想理论上，极左路线从封建法西斯专制主义和资产阶级个人野心家以及流氓无产阶级的要求出发，以高举马克思主义旗帜为名，把马克思主义的一个片面无限夸大，要害是在哲学基本问题上把第二性的东西绝对化，从根本上全面否定马克思主义三个组成部分的最基本原理。具体地说，即把马克思主义关于精神对物质、认识对实践、社会意识对社会存在、生产关系对生产力、上层建筑对经济基础等的反作用，夸大为取代前者所具有的决定作用，鼓吹“主观精神万能论”或“权力意志万能论”，为自己妄想复辟资本主义、封建主义寻找理论依据。有什么样的思想理论路线，就有什么样的政治路线，其特点主要是：要求24小时内废除一切国家；在无产阶级专政条件下，以“反蜕化”、“反资”、“反右”、“反修”的极端革命口号作掩饰，实行全面颠倒敌我关系，丑化社会主义制度，全面夺取党和无产阶级国家权力，立即消灭“四个一切”，谋求建立封建、法西斯的寡头专政和广大群众平均分配“安贫乐道”的封建农业社会主义目标。有什么样的政治路线，就有什么样的组织路线。其特点是：秘密结成一伙反革命阴谋集团，要么制造种种莫须有的罪名，谋害党的各级领导和革命群众；要么采取种种卑鄙残忍手段，大搞暗杀勾当。

极右路线从垄断资产阶级的利益和资产阶级个人野心家的要求出发，以时代不同、国情特殊为借口，以丰富发展马克思主义为名，要害是在哲学基本问题上把第一性的东西绝对化，从根本上全面否定马克思主义三个组成部分的最基本原理。具体地说，即把物质对精神、实践对认识、社会存在对社会意识、生产力对生产关系、经济基础对上层建筑等的决定作用绝对化，否认后者的能动反作用，把辩证唯物论歪曲为机械唯物论，甚至偷换为庸俗唯物论。与上述思想路线紧紧相连，在政治路线上，公开地取消马克思主义政党和科学的社会主义、共产主义目标，用自由资产阶级的民主取代无产阶级专政，追求建立纯福利社会的垄断资产阶级的社会主义目标。从上述极端反动政治路线出发，在组织上结成一伙帮派体系，对党的忠实干部或进行公开迫害，或实行暗害谋杀。

所有这些表明，极左极右路线同一般的左倾右倾路线比较，已有本质的差别，集中表现在思想理论上，不再“依附于马克思主义”，而是以各种口实从根本上取消马克思主义。在政治上，同党之间，不仅是策略分歧，而主要是战略或最高纲领的分歧。正因为它的这种极端反动性，迫使它在思想理论上，或冒充马克思主义旗手，或砍掉马克思主义旗识；在政治路线上，不仅在工人阶级面前“隐藏自己的真正政治面貌”和“政纲”，而且在其“下层”甚至在其“上层集团”中也“隐藏自己的政治面貌”和“政纲”，它们的极其反动的政纲，只能由这伙野心家及其极少的黑干将躲在阴暗的角落地炮制出来（斯大林《论党工作的缺点和消灭托洛茨基两面分子及其他两面分子的办法》）。由此可见，它同党的矛盾性质，已经变成了对抗性。正同连续两个向左转就是一个向后转，连续两个向右转也是一个向后转一样有其逻辑根据。因此，就这样路线的本质来说，是彻头彻尾反动的。就其炮制者和推行者来说，是无产阶级的敌人，但毕竟是一小撮；而就执行者来说，主要是由于头脑中存在着旧的思想残余或其他原因受骗上当的结果，因此仍然属于政治思想范畴问题。由此自应得出结论，解决这种矛盾的方法，总的说来，只能采用对抗手段，但又必须区别对待。对其炮制者与推行者，在政治上，应实行法律制裁；在思想理论上，应进行充分说理批判，拨乱反正。对广大执行者，必须按照内部矛盾处理，采用说服教育。

国际工人运动告诉我们，从与极左的机会主义（修正主义）作斗争来说，苏共党同托洛茨基主义后期的斗争，比较明显地表明了这种性质。从1925年第一次大争论开始，到十五大前后第四次大争论时期，托洛茨基主义集团仍然不失为工人阶级一个政派，但1928年以后，托洛茨基分子在组织上结成了一伙反革命暗杀集团，在政治上遵照“外国资产阶级侦探机关的指令，力求摧毁党和苏维埃国家……”（《联共（布）党史简明教程》）“向其追随者提出了在准备内战问题上不受任何成文和不成文法的束缚”的指示，并举行了十月反苏街头游行。非常清楚，这时的托洛茨基分子已不再是工人阶级的一个政派，而是一伙货真价实的反革命黑帮。斯大林在苏共十五大上明确地指出：“托洛茨基集团与布尔什维克已从策略上的分析转到纲领性的分歧，最近托洛茨基秘密组织的全部活动，迫使党和苏维埃政权对托洛茨基采取十五大前原则上不同的态度。”（《联党十五大决议》）大家知道，1937年联共党对托洛茨基布哈林分子进行了公审，宣判了他们的罪行（至于犯了肃反扩大化错误，又当别论）。

必须指出，我们党与林彪、“四人帮”的斗争，更明显地表明了这种性质。大家记忆犹新，在“文化大革命”中，这伙吃人的一帮，为了实现林家世袭王朝和江青女皇梦的政治需要，相互勾结，窃取了“文革”领导权，利用亿万人们对革命领袖的朴素阶级感情及其头脑中存在着的封建残余思想，别有用心地把革命领袖的人格神仙化，把革命领袖的地位天子化，把马克思列宁主义毛泽东思想圣经化，把革命领导的每句话圣旨化，然后进行篡改、歪曲和伪造，最后以维护神化了天子化了的革命领袖的权威，以捍卫圣经化圣旨化的革命领袖的言论为名，炮制一条实行全面颠倒理论是非、全面颠倒敌我关系，全面夺权，全面专政，思想上用林彪张春桥思想替代马列主义、毛泽东思想，政治上用现代迷信和封建法西斯专制主义取代无产阶级专政，组织上用林彪“小舰队”、王洪文的“大小兄弟”取代党的各级领导，追求欧洲中世纪黑暗时代的政治精神统治形式，我国程朱的“存天理灭人欲”的教义和基督教的禁欲主义的经济形式相结合的所谓最革命的社会主义目标。这条极端反动的路线给我国人民所造成的灾难，是史所罕见的。这就不奇怪为什么以华国锋同志为首的党中央对这伙罪魁祸首采取了对抗性的措施并将治以应得之罪，但对受骗上当的人们则采取团结教育的方针，帮助他们端正理论和政治是非，自觉地与林彪、“四人帮”的极左路线划清界限，紧跟党中央，为四个现代化作出贡献。

从和极右路线作斗争来说，福斯特为代表的美国共产党同白劳德修正主义后期的斗争，比较明显地表明了这种性质。如果说白劳德在1938—1942年的背叛行径：如在美共八大、十八大上宣扬“美国资本主义制度是共产主义的同义语”，“杰弗逊的原则的充分完全应用，……就自然而然而且必然会达到共产主义的全面纲领”等，毕竟由于他被迫作过所谓检讨，尚不算极右路线的话，那么，1945年“德黑兰会议”后，白劳德居然公开攻击马克思主义“是陈旧的公式和古老的观点”，甚至断然解散美国共产党，并且在1945年把所谓美国共产主义政治协会中的“共产主义”一词也一笔勾销，显而易见他的思想政治路线已堕落为不折不扣的极右路线货色。当然必须指出，白劳德在这个时期的极右路线是一个残缺的形态，由于种种原因，它还没有在组织路线上滑到结成一伙阴谋暗害集团，它在这个方面的残缺，恰和1928年后隐藏着自己极右的政纲的季诺维也夫、李可夫分子在组织上采用的密谋暗害勾当互相补充。

辩证地把握机会主义（修正主义）发展过程三个阶段、形态、路线之间的联系和区别，防止左或右的倾向。

根据以上分析，可以清楚地看到，无论是完整的（包括思想、政治、组织等路线）或残缺的畸形的左右倾路线，其发展过程的三个阶段、三种形态路线以及所表现两类矛盾性质，乃是一个客观的既相互联系又相互区别的历史过程，要克服和战胜它，必须尊重斗争中的唯物论和辩证法，反对任何主观性、片面性。

所谓它们之间的相互联系，不仅表现在每个阶段的产生不是偶然的、孤立的，第一阶段是第二、第三个阶段的准备，第二、第三阶段是第一个阶段的发展趋势；以及表现在思想、政治、组织诸路线的相互制约，思想路线是政治路线的理论基础，组织路线是政治路线、思想路线的保证。而且也表现在它们的产生发展与国内外的阶级斗争存在着直接或间接、本质或非本质的联系。这种错综复杂的辩证发展的客观过程，首先就要求党坚持联系发展的观点，对革命中开始出现的真正的左的右的倾向或左的右的路线，及时地进行具体分析，正确处理，把它消灭在萌芽状态中或刚刚定形之时，防止资产阶级个人野心家把它推到极端，作为篡党夺权复辟资本主义封建主义的工具。机会主义（修正主义）路线的产生总是先从思想路线上打开缺口的，这就还要求党敏于发现左或右的思想或路线同自己的分歧，不失时机地用思想斗争的方法克服它，避免进一步产生政治、组织路线的对立。而抓住从思想斗争入手，往往就会为战胜左、右倾路线的政治路线、组织路线打开通道，这是工人运动史反复证明了的简明真理。新中国成立以来，我们党在这个方面取得了伟大的成功和丰富的经验，但由于经验不足等原因，有着极其沉痛的教训。

在国民经济恢复时期，当党发动打退资产阶级用“派进来，拉出去”和“五毒”等手段向党进攻的“三反”“五反”运动时，既存在着“对民族资产阶级表示同情”，“对斗争守中立”等右倾思想，也存在着否认民族资产阶级还有积极作用的左的“片面性的错误”。在知识分子思想改造等运动中，既存在片面强调团结否认改造的右倾思想，也存在着“做法上有些粗糙”、“过火”、“伤了一些人”的左的错误。在农业合作化问题上，确实存在搬用苏联经验，强调先机械化、后合作化的右倾保守思想，也存在着在运动中少数人不讲具体条件是否真正具备，实行一刀切的左的做法。党当时比较重视强调“克服右倾思想”，并通过政治思想教育和典型引路等方法，克服上述右倾错误，大大地推动了民族资产阶级分子的绝大多数回到“共同纲领”上来，帮助了知识分子的绝大多数分清了敌我，促进了5亿农民迅速走上了合作化道路，从而也防止了右的倾向和在迄今以前的社会主义革命和建设中形成一条右倾路线。同时，党还对某些左的倾向采取了纠正措施。毛泽东同志在《关于正确处理人民内部矛盾的问题》中，明确指出了上述“缺点”、“过火”、“伤了一些人”等做法是“不好的”，必须“平反”、“避免”，但是在对待某些左的倾向上，虽注意了，却由于实际上没有认真克服，忽视了它会进一步向定型的和极端阶段发展的可能性，给人们留下了右是丧失立场问题，左是革命积极性精神中不可避免的小缺点，最多是认识问题，比右要好的糊涂观念。具体表现在，生产资料三大改造基本完成后，党的“八大”阐明了主要任务已经转移到向自然进军，发展生产力。但是，由于国际上发生了匈牙利知识分子“裴多菲俱乐部”反革命事件，国内发生了极少数右派分子向党进攻的事实等原因，毛泽东同志提出了在政治思想上还要继续进行革命的号召，也制定了“鼓足干劲多快好省地建设社会主义”的总路线，发表了“还是办人民公社好”的看法。毛泽东同志在这个历史的转折新时期，提出的新的政策和意见，本应在党内充分讨论和进行典型实验，然后逐步推广，遗憾的是，由于我国原来小生产占着极大的比例，经济上的社会主义改造刚刚完成，小资产阶级的偏激狂热情绪仍然容易表现出来，同时广大人民对意识形态问题和政治问题的区别缺乏认识，对科学的社会主义和共产主义的联系和区别不甚了解，对毛泽东同志具有无限崇敬的朴素阶级感情，加上不少人的头脑中存在着左比右好的错误观念等，于是出现了反右斗争扩大化和在知识分子中“拔白旗”的错误，这种情况，就被陈伯达等资产阶级野心家所利用，掀起一股左的思潮，推行了一些左的政策为自己捞取“政治资本”。例如1958年7月到12月，在《红旗》杂志上，陈伯达、关锋、王力一伙共发表文章八篇之多（其中陈伯达四篇），什么“我国的实际生活已经开始了由‘必然的王国向自由王国的飞跃’”，实现这种飞跃的“决定性的条件并不是生产条件、技术条件，而是社会关系”的货色出笼了；什么只要“在政治上、思想上、道德上加强共产主义教育”就能“破除资产阶级法权”的发明问世了（张春桥《破除资产阶级法权》），还有什么“在今天实行各尽所能的原则，发扬共产主义的劳动精神，正是为过渡到共产主义社会准备条件的决定性因素”的谬论叫得震天响。党中央和毛泽东同志及时地发现了上述左的错误观点和实际生活中产生的大搞“浮夸风”“共产风”“跑步进入共产主义”等左的做法，召开了一系列会议特别是召开了党的八届六中全会，对某些左的错误进行了纠正。它指出：我们是马克思主义的不断革命论和革命发展阶段论“统一论者”，农村人民公社“立即实行全民所有制”、“立即进入共产主义”……“将大大降低共产主义在人民心目中的标准，使共产主义伟大的理想受到歪曲和庸俗化，助长小资产阶级的平均主义倾向……”（《八届六中全会关于人民公社若干问题的决议》）但是，它毕竟只是政治上实践上基本上制止了上述违背经济规律，力图依靠通过不断经济变革降低共产主义经济标准的办法，而获得实现共产主义目标的左的做法，却没有通过党内民主讨论或辩论和利用报刊展开必要的争论，从思想上理论上分清真假社会主义共产主义的界限，认清左的实质和危害。而陈伯达一伙也不得不把自己左的尾巴暂时隐藏下来。例如1959年1—6月，这伙野心家没有再在《红旗》杂志上刊登过一篇文章。事物的本质表现不仅仅具有普遍性，而且具有重复性，资产阶级个人野心家总是要顽强地表现自己，伺机向党进攻的。1959年7月，陈伯达一伙贼心不死，挖空心思，硬把党内外对他们违反经济客观规律所造成的重大危害进行的批评和指责，同国内外阶级敌人对大跃进、人民公社的进攻联系在一起，又粉墨登场吹起了“反右倾”的捉鬼法螺。1959年7月份起，陈伯达本人在《红旗杂志》中就连抛出了三篇黑文，特别是在同年八月还炮制了“克服右倾思想”的社论，为以后的所谓反“右倾”大造了反动舆论。当彭、黄、张、周等老一辈无产阶级革命家本着维护八届六中全会某些正确决定精神，对前阶段出现的左的错误提出了批评，由于对阶级斗争形势估计错误并把国内外的阶级斗争同党内的策略上的分歧简单地等同起来等原因，紧接着就在全党掀起了所谓反“右倾机会主义”的斗争，党内的那个“理论家”康生和陈伯达，便乘机大显身手，兴风作浪，居然炮制了所谓“右倾机会主义”——“资产阶级民主派”——“同路人”——“资产阶级在党内的集中代言人”的公式，编造什么右倾机会主义分子既有站在资产阶级立场反对“三面红旗”、“不要革命”等“反动性”的一面，又有“爱国心”、“反对帝国主义”，“也还有一种模模糊糊要社会主义倾向”的一面，为所谓反“右倾机会主义”的斗争制造理论依据，从而使前一个时期左的政策发展为一条左的路线。党中央、毛泽东同志对此是有所察觉的，很快即对所谓右倾机会主义分子的绝大多数在政治上进行了甄别和平反。1960年，进一步制定了“调整、巩固、充实、提高”八字方针，制定了“农村人民公社六十条”，“工业七十条”、“高教六十条”等纠正了前个时期的左的错误，但是，同样没有从思想上分清左和右的界限和定义，认清左的实质和危害，以致1966年6月时，林彪、陈伯达、“四人帮”和那个所谓党内的“理论家”，趁毛泽东同志出于反修防修的目的发动“文化大革命”的机会，破门而出，狼狈为奸，篡夺了“文革”的领导权，打着红旗反红旗，炮制和推行了一条极左路线。在对待知识分子问题上，把过去“拔白旗”演变为打倒“反动学术权威”，把资产阶级知识分子变为“臭老九”，把反右斗争中扩大化演变为“横扫一切牛鬼蛇神”；在对待社会主义革命和社会主义建设上，1958年一度实行过的“工资制”和“供给制”相结合的形式升级为公开诬蔑按劳分配原则是产生资本主义的土壤，要当作资产阶级法权加以限制，把原来宣扬过的“跑步进入共产主义”升级为“穷过渡”，把推行过的小资产阶级的平均主义的农业社会主义升级为只讲林彪、“四人帮”的革命，不要生产的普遍贫穷社会主义；在对待党内分歧和斗争问题上，原来贩卖的“右倾机会主义分子”——“资产阶级民主派”——“同路人”——“资产阶级在党内的集中代言人”的公式，由老干部——“民主派”——“走资派”——“复辟派”的新公式所代替，革命斗争的主要对象从具有所谓两面性的右倾机会主义分子变成了只具有反动性一面的党内资产阶级。由此可见，如果不能正确认识和把握机会主义（修正主义）发展过程各个阶段、形态的内部联系，及时地采取正确的方向加以克服，将导致多严重的恶果。

当然，我们党在注意和把握思想、政治、组织各条路线三者之间的内在联系问题上，也是取得了巨大成果和经验的。例如党对林彪极左路线的斗争，首先就在“批陈整风”中紧紧抓住林彪、陈伯达的理论纲领“天才论”，进而戳穿了林彪要设国家主席的政治纲领的实质是篡党夺权，从而迫使他于1971年9月13日不得不自我爆炸，使他的反革命纲领《571工程纪要》彻底暴露于人民面前而遗臭万年。但是，由于“四人帮”别有用心地把林彪极左路线作为极右路线来批，使人们更看不清极左路线的反动面目，以致造成这条极左路线横行达十年之久，这是多么令人痛定思痛的事。

所谓他们之间又是相互区别的，就是说，各个阶段、形态和各个路线都有自己的确切内容含义和质的规定性；另外，它们同国内外的阶级斗争存在着这种或那种形式的联系，有的是思想上的、客观的、间接的，有的是政治、组织上的直接勾结，要作具体分析，区别对待。同时，这些不同阶段、形态和路线都是在一定条件下出现的，绝不能说党内有意见分歧就是路线斗争，所谓路线斗争时时有、处处有、一次接一次的说法，是没有客观科学依据的，是不合乎唯物辩证法和历史事实的。另外思想、政治、组织等路线之间固然是有联系的，但它们之间也是有区别的。如果把思想理论上的分歧，简单地说成是政治上的分庭抗礼，甚至说成是敌我对抗，其在理论上显然是错误的，在政治上无疑是有害的，反过来说也是一样。因此，马克思主义者在把握机会主义（修正主义）发展过程的各个阶段、形态、路线之间的联系的同时，又要辩证地严格区分它们之同的差别，采取不同的斗争方法，提出不同的具体要求，绝不允许泾渭不分或指鹿为马。否则，就会扰乱阵线、混淆矛盾，壮大敌人阵营，孤立削弱自己，延缓党的伟大事业的进程。同样，我们的党在这点上曾取得极大的成功，但也有着深刻的教训。大家知道，在我国新民主主义革命时期，党对左的右的倾向和左倾、右倾路线，是始终一贯正确区分、正确对待的。特别是毛泽东同志根据党中央的意见，写下了《关于若干历史问题的决议》，对党历史上出现过的路线斗争，从思想上、理论上进行了马列主义的分析，分清了是非，从而保证了民主革命时期党的正确路线的完全胜利，促进了党的“七大”成为一次空前团结的大会。但是，也不能不痛心地看到，在我国三大改造基本完成以后，关于我国社会主义革命和建设如何继续发展的问题，存在着左的或右的倾向是不足为奇的，按理应遵循党的八大的正确决议与毛泽东同志在《关于正确处理人民内部矛盾的问题》中的指示精神，通过不断总结经验，克服前进中出现的问题。如果充分发扬民主，实事求是，就不会把左的看作是正确的，把正确的看成是右的，更不会一股劲儿反右，即使说发生了真正的右倾或左倾机会主义，也会严格区分思想问题、政治问题与敌我问题的界限，就不至于把思想意识形态问题看成是政治问题乃至敌我问题，也不会把所谓右倾机会主义对左的错误的不满言论和批评，看成是资产阶级对无产阶级的“猖狂进攻”，进一步犯反所谓右倾机会主义的路线错误。“文化大革命”中，如果能把意识形态问题与政治问题及敌我问题严格区分，那么从文教战线开始的属于意识形态领域的这场“文化大革命”，就不会被林彪、“四人帮”得手应心地上升为所谓夺权与反夺权的两个阶级的生死斗争，而在这场革命与斗争中，居然采用暴力式的对抗性手段，不分皂白否定一切；制造罪名，打倒一切；停工停课，全面内战，以致给党和整个民族带来了一场浩劫和灾难。综上所述，可见马克思主义政党，在进行自己的伟大事业时，正确地认识和把握机会主义（修正主义）发展过程的不同阶段、形态和路线之间的联系和区别，及时地战胜形形色色的机会主义（修正主义）的干扰，尽快地赢得无产阶级革命事业的伟大胜利，具有多么重大的理论和实际意义。

必须进一步指出，要正确把握机会主义（修正主义）发展过程的不同阶段、形态等的斗争，关键之一是要求党把上述国际工人运动和党内斗争的经验上升到理性认识高度，上升到马克思主义的科学世界观方法论的高度，即如一开始我们就指出的：必须坚持斗争中的唯物论和辩证法。这就是说，矛盾固然是普遍的绝对的，但具体的矛盾及其性质却是客观的现实的。这种具体的现实的矛盾及其性质，只能在一定条件下才能出现。同理，具体的现实的阶级矛盾、党的矛盾，也是一样。这就决定了一方面党不能够掩盖客观的现实的阶级矛盾、党内矛盾及其相互的联系；另一方面，也不能主观、随意地制造阶级矛盾和党内矛盾及其性质。把阶级矛盾和党内矛盾直接等同起来，陷入纯形式主义的逻辑推断，从而实现从过去对矛盾的某些错误理解和乱套，回复到唯物辩证法的正确领会和应用，肃清唯心的辩证法的影响，还唯物辩证法的权威，克服离开唯物论、走向绝对主义或相对主义的诡辩论的危害。

在世界共产主义理想实现之前，我国社会主义时期必然长期存在着这种或那种形式的阶级斗争，而这种斗争必然会间接或直接地反映到党内来，在后者中，也还会有实际上反映着资产阶级利益的左或右的机会主义情绪或思潮，甚至还可能隐藏有林彪、“四人帮”式的野心家人物。但是，前事不忘，后事之师，只要党总结过去宝贵的经验，吸取过去沉痛的教训，唯物辩证地及时地分析和处理阶级矛盾和党内矛盾及其相互之间的关系，正确把握机会主义（修正主义）的具体发展阶段、形态的斗争，就可能防止林彪、“四人帮”式的野心家的阴谋得逞，使党少走弯路去夺取胜利。

我们的党是用马克思主义毛泽东思想科学体系武装起来久经考验的党，任重而道远。我们一定要也一定能以党的利益为重，学习发扬蔺相如廉颇顾全大局的精神，战胜形形色色阶级敌人的进攻和干扰，团结一切可能团结的力量，同心同德搞“四化”，把党中央的正确路线变为现实，朝着革命导师和革命先烈梦寐以求的崇高目标凯歌前进。

关于路线斗争中的左和右的同一性和差别性问题

一、揭批“左比右好”是清算极左路线的首要任务

进行不调和的两条战线的斗争，是马克思主义政党成长壮大的共同规律，也是马克思列宁主义路线产生发展的必然逻辑，这是百多年来国际工人运动的历史总结，是革命无产阶级在斗争中积累的宝贵的精神财富。但是集奸诈狡猾大成的林彪、“四人帮”，为了“名正言顺”地打着红旗反红旗，用革命的伪装掩盖其篡党夺权的阴谋，居然歪曲无产阶级革命的这个伟大真理，颠倒这个真理的理论是非、政治是非，并贴上革命领袖指示的标签，编造什么“社会主义时期，反修即反右论”，“右是立场、方向、政治和不要革命的问题。左是认识、方法、效果和幼稚病问题”等“左比右好”的谬论，宣扬“反右必出左”的胡说，把反左列为禁区，把反右列为唯一的任务，封自己为忠诚执行革命领袖指示的化身，标榜自己是百分之百的“左派”，使千千万万善良的革命人们，受其蒙蔽和毒害，以致出现这样一种历史的荒唐和污辱——一个处于20世纪60年代有着8亿人民的堂堂大国，一个身居世界无产阶级革命突击队、具有1700万共产党员的马列主义大党，竟然被寥寥“几个骗子弄得措手不及，不予抵抗而被其俘虏”（马克思《路易·波拿巴政变记》），使成千上万为人民革命南征北战幸存下来、正在为社会主义革命与建设操劳的老干部，使日盼夜盼庆得解放、奋战在祖国各条战线上的革命知识分子、基层干部、老工人和老农民，未死于三大敌人的屠刀之下，却被迫采用悬梁、跳楼、卧轨、投河等方

式，含冤饮恨死于这伙肉体兼精神刽子手的百般折磨和宰割之下，把我国本已初步繁荣的国民经济，推到面临崩溃的边缘，使整个中华民族遭受了一场骇人听闻的浩劫和灾乱。但必须看到，由于他们散布的流毒太深，积重难返，直到现在，还存在着少数人头脑里有余毒，更多的人心中有余悸，其中不少人还是惊魂甫定，“谈左色变”。恐右成为一种流行病症。“宁左勿右”成为一种社会传统心理。试想，这种局面如果未根本改变，要想真正彻底贯彻党的十一大三中、五中全会的精神和各项政策，在20世纪末实现四个现代化显然是不可能的。因此，在这实行党的重点工作转移和进行新长征的伟大历史转折时刻，对林彪“四人帮”歪曲了的要坚持两条战线斗争的这个简明真理——无可争辩的真理，必须进一步拨乱反正；对他们散布的种种“左比右好”的谬论，必须进一步做彻底的消毒工作；对身受其害特别是具有林彪、“四人帮”思想体系的人们，必须进一步进行启蒙教育。否则后果不堪设想的，甚至在一定条件下，类似林彪，“四人帮”一样的人物，会以新的乔装，粉墨登场，继承其未竟之业。这是多么发人深省和警惕的事啊！

二、运用矛盾同一性和差别性原理，暴露“左比右好”的种种论调的荒谬性

粉碎“四人帮”以来，不少同志运用马列主义基本观点和大量事实，批驳了林彪、“四人帮”为了推行极左路线散布的种种谬论。但是这种批判还必须上升到哲学的高度，才能彻底地埋葬它。必须指出，在事物的矛盾关系中，一种是双方根本对立，本质迥异，在一定条件下构成同一性，另一种是矛盾双方并不是根本对立，而是本质相同。它们仅仅是同一本质事物的两个侧面，在一定条件下构成同一，又与它们的共同对立面构成对立统一关系。路线斗争中左与右关系，就是指后者的同一性和差别性的关系。它们之间的同一性，首先就表现在彼此都不能孤立存在，而是互相依存、互为前提，并一起与正确构成对立统一。用斯大林的话说，左是右的影子，哪里有右倾，哪里就有左倾，说什

么在正确的对立面只存在右，不存在左，显然是不合乎辩证法和历史事实的。

其次，它们之间的同一、一致，更深刻地表现在彼此的阶级基础、认识根源、实践后果是相同的。

从其阶级社会基础来看，广义地说，它们都是小产阶级、资产阶级、地主阶级的立场、观点在共产党内的反映。依据一定的条件和时机，或表现为右倾路线，或表现为左倾路线；从党内斗争角度来说，它们直接地表达了小资产阶级动摇不定的情绪和要求。在实质上，客观上反映了资产阶级、地主阶级的利益。斯大林根据布尔什维克与左、右倾机会主义斗争的丰富经验，明确地指出：“两种倾向的社会根源是一个”，“右派或左派都是从非无产者阶层中的各色各样的分子中招来的”。但是马克思主义并没有把左、右倾机会主义在不同历史时期的阶级基础模式化。一般说来，在建立无产阶级专政前，主要是小资产阶级动摇性不定的要求的反映。列宁指出：“小私有者由于在资本主义制度下经常受到压迫。生活往往急剧地迅速地恶化，以致于破产。这种经济地位，使他容易转向‘左’的极端的革命性。成为右的投降主义。”（《共产主义运动中的“左派”幼稚病》）经济上处于极端贫困和正在破产的城乡小资产阶级容易左，经济上处于富裕和上升的小资产阶级和被资产阶级收买的工人贵族容易走向右。在建立无产阶级专政后，右的社会基础主要是小资产的自发势力，左的社会基础主要是经济上较困难、急于迅速改变自己所处地位的城乡小资产阶级，而被推翻的资产阶级和封建地主阶级则分别加以利用。同时马克思主义认为，极左路线（修正主义、机会主义）与极右路线的社会基础是有所不同的，极右路线的社会基础主要是大资产阶级、垄断资产阶级和政治野心家，极左路线的社会基础主要是封建法西斯、流氓无产阶级和政治野心家。林彪、“四人帮”推行的极左路线的社会基础，正如党中央指出的，乃是没有改造好的地、富、反、坏、反动资产阶级分子、流氓、打砸抢抄者。

从认识根源看，左和右也是雷同的。这主要表现在他们都是以主观和客观相分裂、以认识和实践相脱离为特征的。它们之间的差别在于：右倾机会主义落后于广大人民的社会实践，背离社会发展的规律；“左倾”机会主义超越广大人民的社会实践，违背社会发展规律。正如斯大林指出的：它们是从不同的两端出发，走向同一个目标（《论联共（布）党内右倾的危险》）。前者用伯恩斯坦主义、考茨基主义、赫鲁晓夫、勃列日涅夫主义代替马列主义，后者用托洛茨基主义和张春桥的思想代替马列主义和毛泽东思想。这正恰恰是异曲同工、殊途同归，与马克思列宁主义者坚持主观和客观、理论和实践、知和行具体的历史的统一相背离。因此，绝不能说左的这种认识问题就可原谅，右的就不存在这种认识问题。

左、右倾修正主义（机会主义）的同一性，也表现在一定条件下互相转化、互相补充、互相结合。必须强调，左、右倾修正主义（机会主义）的上述阶级根源就决定了它们都是从实用主义出发看问题，它们的共同认识根源，决定了它们都不能辩证地思考问题、处理问题，从而又决定了它们在一定条件下必然互相转化，“从一个没有办法的极端跳到另一个没有办法的极端”，以及在一定条件下又互相补充，互相勾结，共同反对马克思主义，所以它们都是马克思主义的敌人。

历史表明，托洛茨基反动的一生，就是从“左”到右、从右到“左”的一生，最灵活而巧妙地以“左”的色彩和最最最革命的词句掩饰自己的托洛茨基，1912年“在一切问题上都采取了‘取消派’的立场”，是右转；1918年，他却顽固地反对列宁与德国帝国主义签订布勒斯特和约，是“左”转；1920年，同一个托洛茨基，在五次全俄职工会议上拼命叫嚣实行职工会国家化，硬要“把军事方法搬到职工会里，反对对工人采用说服的方法”，是继续向“左”转；1925年联共布党召开十四大时，这个托洛茨基一再否认苏联能建成社会主义，反对斯大林的社会主义工化业方针，又转向右；1926年联共十五大时，托洛茨基又反过来，主张用剥削农民的方法发展工业，“责备中央没有采用迅速的速度进行工业化”，却又回到“左”；1940年以后，托洛茨基在国外居然公开进行反苏反共的反革命勾当，完全暴露了他的反革命面目。

作为马克思主义者的普列汉诺夫在犯错误的过程中，也常常是左右摇摆的。列宁指出：从1903年以来，普列汉诺夫就在策略和组织的问题上动摇着。（1）1903年8月是一个布尔什维克；（2）1905年11月，在《火星报》第52号上，主张同机会主义“孟什维克”建立和平；（3）1903年12月是一个孟什维克，而且是一个热烈的孟什维克；（4）1903年春天，布尔什维克胜利以后，他争取“敌对的兄弟们”的“统一”；（5）1905年年底到1906年年中，是一个孟什维克；（6）从1906年年中开始，有时离开孟什维克，在1907年伦敦代表大会上斥责孟什维克是组织上的无政府主义；（7）1908年同取消派决裂；（8）1914年以后，又倒向右的资产阶级维护国际主义立场。

从我党历史来看，陈独秀、王明、张国焘的政治生涯也充分地证明了这一点。陈独秀在第一次大革命后期发表“汪陈联合宣言”时是右，在大革命失败后变成了托派，是“左”，最后投降了国民党，又从“左”转到了右，堕落成为反革命；王明在土地革命时期是“左”，在抗日战争时期又采取了投降主义路线，转化为右，最后投到了苏修的怀抱，成为狂吠伟大的中国共产党的哈巴狗；张国焘1924年国共合作时反对合作是“左”，长征路上实行逃跑主义、分裂主义是右，1936年西安事变时主张杀掉蒋介石，反对和平解决，“双十二”事件又转到“左”，1938年4月，不惜只身投奔蒋介石，成为蒋匪的一名走卒，又是极右。

同时，这两个畸形在一定条件下还互相勾结。这在工运史上是累见不鲜的。1903年俄国社会民主工党二大时，左的崩得分子与右的经济派联合攻击列宁的土地纲领，他们以左的词句掩盖自己的机会主义，力图证明他们站得比《火星报》更“左”，比列宁更“左”。1921年，托洛茨基与孟什维克等所有一切反对布尔什维克的团体和派别，结成了反对列宁的“八月联盟”；1923年列宁卧病，托洛茨基派分子、“民集派分子”、“左派共产主义残余”、“工人反对派残余”等一切反列宁主义分子联合抛出了反党的“46人政纲”；1926年，托洛茨基与右派季洛维也夫结成联盟，炮制反对斯大林的社会主义工业化方针的“83人政纲”；1927年，托洛茨基、季洛维也夫甚至联合组织反革命的“和平示威游行”。这两个一左一右的机会主义、修正主义头子都落得了被清除出党的下场，成了不齿于人类的狗屎堆。

综上所述，可见左比右“并没有什么好”（毛泽东《事情正在变化》），而是同样都坏（斯大林《联共（布）党内右倾的危险》）。两种都是错误路线的不同表现形态。极左的反对派不过是右的反对派的另一面，左的“召回派”不过是改头换面的右的“取消派”。它们都是反动剥削阶级需要的工具。这一点连地主、资产阶级自身也是清楚的。列宁曾经强调指明过这个问题：“地主、资产阶级的真正策略，只要能打倒布尔什维克，只要能使政权转移，往右转也吧，往左转也吧……都是一样。”（《论粮食税》）

必须进一步指出：承认左和右存在着同一性和共同本质，绝不是说它们各自本身不存在特殊性，他们之间不存在差别性。其差别性是什么呢？高度概括起来，主要表现在：

从形式上说，在修正马克思主义时，右的比较公开，左的比较隐藏，常常给人以种种革命假象；

从内容上说，修正马克思主义的思想政治路线时，彼此的政纲策略、方针、政策、口号不同，前者保守，后者冒进；

从依据的条件来说，左的夸大和片面强调主观力量，忽视或无视客观事物及其发展规律，右的夸大和害怕客观困难，忽视和无视主观因素的作用，等待客观规律的恩赐。

显然，左和右的这种同一性和差别性，就决定了马克思主义者既不能只看到他们的同一性和共同本质，而忽视其差别性、特殊性，错误地把特征与后果混为一谈，产生“形左实右”、“假左真右”、“反修即反右”的违反科学提法；另一方面也不容许只看到它们的差别性、各自的特殊性，而忘记它们相互间的同一性和共同本质，错误地把左看作是革命，发出“左比右好”的奇谈怪论。

必须强调，左和右所存在的同一性、共同本质是主要的，其差别性、各自的特殊性是次要的，有时是微不足道的，不管差别有多大，都不能改变其机会主义的本质。应该看到，黄色的魔鬼和蓝色的魔鬼同样是鬼；无论是人格化、哲学化、神学化的董仲舒的儒学，还是儒道合一的玄学；不管是集庞杂唯心大成的朱熹理学，还是搞简易速成的王阳明的心学，同样都是为封建统治阶级服务的工具，这个道理是不言而喻的。正因为左、右倾修正主义（机会主义）存在着共同本质，因此，混进党内的政治野心家、敌对分子既可推行或利用右倾路线，也可以推行或利用左倾路线，真诚的革命者既可犯右倾路线错误，也可犯左倾路线错误。

根据以上分析，就彻底否定了林彪、“四人帮”散布的关于“左比右好”的下列荒谬论调。

一曰“社会主义时期只能反右论”。他们以正确的大前提为掩护，塞进错误的小前提，偷换概念，得出荒唐的结论，振振有词地说，社会主义革命时期的主要矛盾是无产阶级与资产阶级的矛盾，修正主义就是资产阶级思想在党内的反映（大前提），修正主义也就是右倾机会主义（小前提），因此整个社会主义历史阶段（偷换概念），右倾修正主义、机会主义始终是主要危险，每次政治运动都必须反右，不需反左。

诚然，社会主义革命时期的主要矛盾，是无产阶级和资产阶级的矛盾。但是，在我国也存在着严重的封建思想残余，这是毫无疑义的。在强大的无产阶级专政条件下，被推翻的地主、资产阶级要妄图复辟，必须在共产党内寻找自己的代理人，而党内的不坚定分子，特别是隐藏下来的政治野心家，必须适应地主、资产阶级和小资产阶级的自发势力的要求，千方百计地改变党的路线和政策，使党变质、国变色，这是国际工人运动反复证明了的真理。堡垒是最怕从内部攻破的。因此，马克思主义政党不仅要同党外的敌人，同时也必须同内部的资产阶级、封建地主阶级的代理人进行拼死的斗争。列宁同机会主义作斗争的功绩，主要是与第二国际右的修正主义作斗争。毛泽东同志正确地指出：

“我们现在思想战线上的一个重要任务，就是要开展对修正主义的批判。”但是，遗憾的是，却用“或者”把修正主义与右倾机会主义并提在一起，忽视了修正主义也有左的表现形态，特别忽视了我国国情特点所决定的修正主义不仅是一种改头换面的资产阶级思想的产物，同时也是一种改头换面的封建思想的产物。林彪、“四人帮”故意把革命领袖的正确观点加以歪曲，将其欠准确提法当作法宝，并引向极端，到处乱套，编造整个社会主义时斯反修只是反右反资等谬论。硬要人们相信，这个时期只需进行一条路线（反右的）斗争，不存在同另一条战线（反左的）较量的任务，似乎任何“左”的行径都比右要好，都是革命的。请看，对照上述分析，不是表明它是极其荒谬吗？！

二曰“右是立场问题，左是认识问题论”。从上述分析证明，左和右本是双胞胎、孪生兄弟，是一根毒藤上结成的两个毒瓜。谁要把左说成是革命的，是难以骗人的。于是，林彪、“四人帮”就别有用心地散布左的失败后果仅是由于主观愿望不符合客观实际，是认识问题；右的失败后果，乃是由于坚持资产阶级利益造成的，是立场问题。请看，照上述分析看来是非常清楚的，如果说是认识问题，那么，两者都存在，而且是相同的，都是主观与客观的分裂。如果说是立场问题，同理，两者也都存在，而且一般是雷同的，都是直接表达了小资产阶级情绪，实质上反映了地主、资产阶级的要求。林彪、“四人帮”所作的这种歪曲，只不过是欺骗自己罢了。

三曰“左是出于朴素阶级感情论”。动机是革命的，问题只是方法不对头，效果不好。“左是政治方向问题，目的是要复辟资本主义制度，是不要革命和反革命的问题。”

根据以上分析，显然不能这样区分左与右的差别与好坏的。如果从战略、策略的角度着眼，那么除了反革命和觊觎领袖地位的野心家外，一般是出于良好的动机，不仅犯左倾路线错误的真诚革命者有这个问题，而且犯右倾路线的真诚革命者，也是如此。因为他们都相信自己的策略才能真正实现无产阶级的革命目标，才能对无产阶级最有利；反之，如果是反革命是政治野心家出于反动目的推行的路线，就不能说他推行左的比右的要好。马克思主义是动机和效果相统一论者，绝不能从动机的好坏而确定路线的对错，出于朴素的阶级感情犯错误的同志是大有人在的，但必须同科学态度结合起来。如果明知效果不好而却要坚持，与其说是出于朴素的阶级感情，倒不如说是出于私心杂念。事实证明，把推行左的、执行左的路线不加分析地说成是出于朴素阶级感情和好的动机，只能失之荒谬，掩盖错误，贻误革命。

四曰“左是幼稚病论”。林彪、“四人帮”故意散布：左的是急性病，方法不对头，效果不好，是幼稚病的表现，算不了什么，并以列宁所著《“左派”幼稚病》一节，为自己的错误观点辩护。

诚然，列宁在该书中曾指出当时出现的左倾共产主义是一种幼稚病，其危险不及当时在国际上占统治地位的右倾机会主义的千分之一，但列宁接着强调说，这不过是由于左倾共产主义只是一种刚刚产生还很年轻的思潮，在一定条件下，大部分是可以医治好的，而且指出这种左倾共产主义仍然是布尔什维克的“另一个敌人”。同时，列宁也并未对所有左倾共产主义者的性质同样看待。列宁在该书增补第一节中就明确指出：其中有一些人并不是出于幼稚，而是出于权力欲和领袖欲的支配，即是那些觊觎领袖地位而未能如愿的政治野心家，必然会坚持错误分裂党。列宁还在该书第五章中指出，有极少数人表面上是小资产阶级的左倾共产主义者，但实际上是国际资产阶级派进来的奸细。对这三种人要区别对待。对第一种人（占大多数），要加强教育；对第二种和第三种人，要进行揭露和批判，甚至清除出党。1925年，斯大林针对一些“左派”以列宁赋予自己左派幼稚病晖号而沾沾自喜的人教导说，列宁当时之所以认为左派的错误是一种幼稚病，仅仅是从其思想糊涂的角度说的，假如列宁还活着的话，一定会写出这样一本书，“左”是幼稚病，右是衰老病。由此可见，绝不能从前者得出“左比右好”的论断。事实证明，正是由于我们革命队伍中不少同志的马列主义水平不高和有些糊涂想法，因而自觉或不自觉地受了林彪、“四人帮”鼓吹的“左比右好”的毒害，作了许多仇者快亲者痛有损党的事业的蠢事。

五曰“反右必出左论”。根据前面我们所揭示的路线斗争的矛盾关系，左与右都是偏离正确的错误极端，尽管它们也是矛盾着的两个方面，但它们共同与根本对立的正确概念构成对立的统一。因此，它们之间的相互转化，只能是一种错误转化为另一种错误，只有同时克服这两个方面，才能转化为正确。林彪、“四人帮”硬说左是正确的，反右只能出左，反左只能出右，这就从根本上背离正确与左、右之间固有的辩证法。问题正是他们一伙一味站在“左”的立场，把正确看成是右的，并从对所谓右的斗争中为自己树立正确的形象，以致在错误道路上越滑越远，给党造成的损失越来越大。

综上所述，这就不奇怪为什么马克思主义诞生以后的头50年里，马克思、恩格斯既同“把共产制和私有制综合一起”的蒲鲁东主义、乞求普鲁士王朝施舍创办合作社的拉萨尔主义和追求“做一天公平的工作，得一天公平的工资”的工联主义等右倾机会主义进行了尖锐的斗争，同时也与以空想和平均主义为特征的惠特林主义、谋求所谓“各阶级的平等的巴枯宁主义”以及“沙佩尔派”、“青年派”等的左倾机会主义进行了不调和的斗争。在马克思主义发展的第二个50年时期，列宁、斯大林不仅在国际上同以伯恩斯坦为代表的第二国际右的修正主义及德国、荷兰、意大利等国的共产党内的左派进行了尖锐的斗争，而且也与国内的经济派、孟什维克主义、召回派和托洛茨基主义等右或左的机会主义进行了长期的斗争。中国共产党在领导我国新民主主义革命过程中，始终坚持了两条路线斗争，这是有目共睹的。因此，无产阶级的革命导师总是反复教导我们：既要反对右倾，又要反对左倾。“反右防左，反左防右”，在“注意一种主要倾向的时候，要防止掩盖着另一种倾向”。这些教导，对无产阶级革命与建设是具有何等重大的指导意义。

能否说与左、右倾机会主义作斗争有主次之分呢？回答是肯定的。但必须根据具体的历史情况来决定，不能在任何条件下都实行所谓公平等同的去反对右派和“左”派。正如斯大林所指出的，党应当从自己具体的政治情况的要求来考查。在30年代，法国就不同于德国。法国共产党的迫切的突击任务是和右派作斗争，德国共产党的迫切的主要任务是和极左派作斗争。从布尔什维克来说，在其创建时期，右倾机会主义、修正主义是“布尔什维克主义的主要敌人”；1928年的前十年，又是“集中火力”与左的托洛茨基主义作斗争，以后右倾又变成了“主要的危险”。从我国共产党的历史来讲，“左”右倾机会主义也是交替地成为党的主要危险和成为党的主要斗争峰芒的。但是应当引起我们注意的是：由于我国所具有的具体的历史特点和对十月革命的经验及苏联变成霸权主义的教训的理解欠妥等原因，先是在新民主主义革命时期，左倾路线曾经三次成为主要危险，而且一次比一次更左，造成的损失一次比一次更大，后来在社会主义时期，林彪、“四人帮”依次地成为我党的主要祸害，而且也是一个比一个更左，造成的灾难一个比一个更惨重，这是值得深思和引为鉴戒的问题。

在这里，必须如实地指明这一点，这就是无产阶级夺取政权后，由于该政权非常巩固强大，马克思主义享有无比的威信，因此，反马克思主义的敌人或错误思潮，大半热衷于采用容易蒙蔽人的左的或极左的形式。斯大林根据切身的政治经验指出：“用‘左’的假面具掩盖机会主义的行为是取得政权以后，我们党内所有一切反对派别的最显著特征之一。”（《共产国际执行委员会第七次扩大全会》）同样，我国社会主义时期，左的干扰大大地超过右的干扰，也再明白不过地证明了这一点。还必须指出，从对各种倾向顺利进行斗争的观点来说，“左倾危害比右倾危害更为明显”（斯大林《论联共（布）党内的右倾危险》）。

特别要指出的是，林彪、“四人帮”的极左路线富有更大的欺骗性、煽动性、危害性，这就在于它利用革命人民对革命领袖的无比热爱的朴素的阶级感情，对共产主义理想的无限向往的天然心理，对国际修正主义十分憎恨的可贵心情，打着自己是毛主席合法接班人的招牌，制造自己对毛泽东思想拥有法统垄断地位的假象，披着反资反修反右反复辟的左派外衣。更恶劣的是，他们从实用主义出发，用歪曲伪造神化了的革命领袖的指示，为自己的篡权阴谋服务。所有这些，对那些马列主义水平不高的人，对缺乏阶级斗争经验的青年人，就具有更大的迷惑作用，而对能识破他们假面具的和敢于同他们作斗争的老干部及革命者，就采用乱扣帽子、乱打棍子、乱戴铐子并株连其亲友的手段，迫使这些同志不是敢怒不敢言，就是遭受其毒害。反之，凡是对他们能言听计从的社会渣滓、民族败类则无条件地搞“双突”，越级提拔，从而造成这伙极其反动腐朽的帮派势力得以横行达十年之久。也正因为这样，狗头军师张春桥才总结了一条罪恶的政治经验：“凡事左三分”——一条饱含着革命者的鲜血和眼泪的五字经、吃人经。这就是为什么斯大林一再语重心长地告诫我们：“如果看不到我们党内的左倾分子和真正的列宁主义者这个唯一的左派（没有引号）之间的全部深刻差别，就是反党的罪恶行为。”斯大林的这些教导，多么富有教益啊！

三、关于我国长期进行反右斗争的剖析

人们不禁要问，既然右和左虽然在现象上各有特殊性、差别性，但本质上是共同的、同一的，那么为什么我国社会主义三大改造基本完成后，总是一味反对右呢？这难道仅仅是个别人的主观产物吗？不，这种现象的发生，归根结底是一种错误的社会思潮的产物，绝不是偶然的，必须唯物辩证地进行分析，从中吸取血的教训，避免历史悲剧的重演。管见所及，主要有下列几点：

1．理论上的原因

一是对革命导师有关教导的领会缺乏全面的辩证观点；二是对国际工人运动中的路线斗争经验，缺乏全面正确总结，因而在理论上出现了一系列的偏差、混乱。

在上面，我们引用了大量事实证明在国际工运史上，既存在右倾路线也存在左倾路线。作为马克思主义政党，总是进行两条战线的斗争，但由于具体国度和具体历史条件不同，对它的全面本质的认识有一个过程。因此，在具体

的国度和具体的历史条件下所强调的重点有所不同。总的说来，从1871年巴黎公社失败至第一次世界大战，国际工人运动“处于和平发展时期”。这个时期的特点，一方面要求无产阶级及其政党利用议会制度和一切合法机会；另一个方面也导致了工人阶级及其政党片面地强调“宣传社会和平”、“否认阶级斗争和社会革命”的倾向。特别是英、法、德等文明国家，资产阶级利用超额利润的增殖、培植、收买工人贵族，用列宁的话说，1871—1914年这个时期的相对“和平发展性质，给机会主义提供了养料”（《社会主义和第二国际的破产》）。当然，作为社会主义来说，发展也有一个进程，从19世纪70年代到90年代，由于马克思主义还没有在工人运动内部占统治地位，机会主义反对马克思主义一般是站在独立的基地上进行的。19世纪90年代以后马克思主义在理论上的胜利，迫使机会主义来反对马克思主义时，不得不“依附于马克思主义而加以修正”。其中尤以马克思主义正统派和以马克思恩格斯委托人自居的伯恩斯坦之流，居然以完整的形式公开地修正马克思主义的基本原理，阉割其革命内容。从这个时期起，机会主义就以修正主义的面貌表现出来了，因此在19世纪末列宁登上政治舞台时，在国际范围内，主要是与右的第二国际修正主义作斗争，这正是列宁的不朽功绩之一。然而，正是这种特定历史情况，就在长期内历史地形成了一个似是而非的概念：机会主义只有右的一面，反对机会主义与反对右的修正主义是同义语的反复。由于当时的斗争特点，列宁同志本人在批判第二国际修正主义的斗争中，也常常把公开的右的修正主义或改良主义与机会主义平列起来。例如在《帝国主义和社会主义运动中的分裂》中写道：“社会沙文主义或（这完全是一回事）机会主义的派别……”另一篇文章的标题就署名为《机会主义与第二国际的破产》。众所周知，以伯恩斯坦和考茨基为代表的第二国际，就是右倾投降的修正主义的货色。上述种种情况，就容易给一些了解列宁主义不多又不善于思索的人们造成一种错觉，误以为列宁把右的修正主义与机会主义看成一回事。实际不然，可不是吗？19世纪90年代后，由于无产阶级革命形势已经到来，来自左面的修正主义（所谓左派）开始抬头，列宁就敏捷地告诫共产党人："不仅要反对来自右面的修正主义，而且也要反对来自左面的修正主义"（《马克思主义与修正主义》），其后又指出："彻底倒向资产阶级方面"的机会主义"自然是工人运动内部布尔什维克主要敌人"，而共产主义运动中的左派，也是"工人运动内部布尔什维克主义的另一个敌人"（《共产主义运动中的"左派"幼稚病》）。

斯大林与左得要命的托洛茨基主义作斗争时，就明白无误地指出，托洛茨基主义是一种修正主义的货色。他说："我从未抱着在理论上创造什么新东西的奢望，只是不顾托洛茨基修正主义的挣扎，竭力促使列宁主义在我们党内获得完全的胜利。"（《共产国际执行委员会第七次扩大会议》）但是由于人们长期形成的错觉，即把公开的修正主义与机会主义等同起来，并未因此得到改变，苏联社会主义时期曾在长时期内进行过反左的斗争，也并未引起人们的注视，以致在苏联许多宣传中，常常把公开的修正主义与机会主义等同起来，甚至像罗森达尔尤金编的《哲学词典》中，竟然把修正主义的解释放在改良主义条目中，明显地把修正主义与改良主义或右倾机会主义画上了等号。

新中国成立以后，主要是社会主义三大改造基本完成以后，由于我们看问题的某些片面性、绝对化，不能完整地、准确地把握、理解马克思、恩格斯、列宁、斯大林的有关教导，不能全面地总结国际工人运动的经验和教训，在某种程度上离开了从实际出发的这个马克思主义根本观点，忽视了实践是检验真理的唯一标准这个马克思主义原则，对什么是社会主义和资本主义、马克思主义和修正主义等，有时作了某些片面性解释，从而开始在理论上出现了一些混乱。例如关于整个社会主义历史阶段必须用阶级斗争观点看待一切、分析一切的说法，关于无产阶级专政下继续革命的理论（其中特别是关于党内存在着走资本主义道路的当权派、资产阶级就在共产党内的论断），关于"修正主义、或者右倾机会主义"、"中国的右倾机会主义，叫做中国修正主义"等想法。林彪、"四人帮"为了篡党夺权的需要，别有用心地利用了这些混乱，并进一步颠倒，把马克思主义路线歪曲为修正主义路线，宣扬社会主义时期反修即反右。“四人帮”又挖空心思故意否认林彪极左路线的客观存在，硬把它说成是极右，进行所谓“反对”。所以这些就不可避免地造成人们不同程度地对马克思主义与修正主义、社会主义与资本主义、正确路线与错误路线等产生模糊、片面的甚至颠倒的理解，从而在实践上出现左的偏差和错误。

2．思想上的原因

中国共产党自从1945年6月召开空前团结的第七次代表大会后，紧接着就取得了抗日战争的胜利；从1946年7月开始的解放战争，当时只是指出：“我党和中国人民有一切把握取得最后胜利。”（《迎接中国革命的新高潮》）第二年三月进一步预计：“五年左右（1946年7月算起）消灭国民党全军的可能性是存在的。”（《关于情况的通报》）后来比预计早一年半的时间，就彻底打垮了为美帝所支持所武装的800万蒋匪军。1950年10月，刚刚诞生的人民政权在不延缓恢复国民经济以及进行相应的社会主义革命和建设的前提下，派出志愿军支援朝鲜人民。到1953年，终于打败和迫使号称世界头等强国的美帝国主义在朝鲜停战协议上签了字。原来制定的设想在十几年内完成生产资料的社会主义三大改造，仅用三年时间，大大提前于1956年上半年基本完成了，这一切震惊中外的伟大胜利，特别是对国际工人运动具有伟大创举意义的三大改造的迅速地变成现实，就比较容易地促使胜利者（甚至包括这个胜利的主要组织者）由于种种原因不自觉地滋长某种骄傲情绪，过分看到、强调甚至迷信自己的主观力量，轻视经济文化建设所面临的客观困难，忽视社会主义社会的发展规律和经济规律，脱离实际的可能性，热衷激进冒进，错误地认为只要发挥党和人民的主观能动性，走自己独特的道路，就能创造先于其他社会主义国家进入共产主义的奇迹。于是，工农业翻一番或几番等豪语不胫而走，神话般的“一天等于二十年”的口号成为人们的口头禅；一个政社合一、一大二公、实行半工资半供给制相结合、家务劳动社会化的社会组织出现了。我们的党毕竟不愧是一个伟大的党，及时地发现并制止了正在波及全国的“高指标”、“浮夸风”、“瞎指挥”、“共产风”等左的错误。但遗憾的是，党却没有从思想上分析批判这种左的错误的实质及其产生的根源和危害性。相反的，却把彭德怀等同志批评左的错误的正确意见曲解为右倾机会主义思潮，并在全国范围内开展一场所谓保卫“三面红旗”、反对右倾机会主义进攻的群众运动。这种情况，在客观上，不仅保护了左，而且无形中“恢复”了左的正确形象；不仅人为地制造了思想混乱，而且把正确与错误颠倒了过来。

3．政治上的原因

三大改造基本完成后，理论上的偏差，思想上的偏激，不可避免地反映到政治领域来。

首先在政治实践上，逐渐破坏了不断革命论与革命发展阶段论的辩证统一，过分片面地强调不断革命，比较多地忽视了革命发展阶段论，具体表现于提出了在时间上、能力上不大许可的战略任务，从而产生了对生产关系与上层建筑的进一步改革接连不断，产生了制定的国民经济发展的计划和指标过快过大过高。例如即使像1958年底党所作的以纠正左的偏差为目的之一的《关于农村人民公社的决议》，也仍然写道：只要“经历十五年、二十年或者更多一些时间”，在我国具体条件下，“就可以全面地实现社会主义全民所有制”，“建成具有高度发展的现代工业、现代农业和现代科学文化的伟大的社会主义国家”。更严重的是，把新创立的无产阶级专政下继续革命理论付诸实践，开展一个接一个的政治运动。众所周知，这些政治运动，都是把反对党内走资本主义道路的当权派、反对修正主义和“右倾路线”紧紧地结合在一起的。而1962年9月重新制定的贯穿整个社会主义历史阶段的，以阶级斗争为纲、继续革命的基本路线，又为上述反“资”反“修”反“右”的政治运动提供了理论依据。

其次，在党内政治生活和组织生活中，逐步形成了个人专断，党内的民主集中制受到了严重破坏。1959年8月召开的庐山会议，本来是反左，但临时改为反对右倾机会主义的斗争，转移了反左的方向；1966年6月，根本没有经过中央政治局和中央委员会的讨论通过，就绝然发动了史无前例的反对所谓党内“资产阶级司令部”的群众运动。当然更重要的是，混进党内的资产阶级野心家阴谋家康生、陈伯达、林彪、“四人帮”别有用心地利用这些反右的政治运动，使之扩大化，作为“荣升”和篡党夺权的跳板。特别是十年浩劫中，他们这种恶作剧更是登峰造极，就不足为奇了。

4．阶级的原因

正如列宁所正确地指出的，小资产阶级（主要是指小农——作者注）是一个站在十字路口的阶级。这就因为它的动摇不定的经济地位，决定了它在政治上的左右摇摆性。处于正在向资产阶级经济地位上爬的一部分，容易向右摆；处于贫困和走向破产地位的一部分，容易向左摆。这是各个国家的小资产阶级的共同本质特征。但是在考察我国的小资产阶级（主要指小农）的政治倾向时，就必须考察它的经济地位的特殊性，以及它与其他阶级相互联系的特点，因为唯物辩证法认为，事物的质是由事物内部矛盾的特殊性决定的，而它的质又在与别的事物发生关系时显示出多方面的属性来。因此，要确定我国小农小资产阶级的具体政治倾向，就必须具体分析它的经济地位的特殊性，以及它同无产阶级、资产阶级的相互关系。有比较才能有鉴别。在这里不妨把西欧特别是法国的小农同旧中国的小农作一比较。世界近代史表明，“小农经济的长期广泛的存在，是法国国民经济的重要特点”。19世纪后半期，法国小农经济（包括中农和贫农）在农业中“占绝对优势”，每户占地一至十公顷的中农为244万户；不到一公顷的贫农为220万户，但到20世纪初，小农经济“仍占绝大比重”。当然，法国小农也存在着两极分化的趋势，但相对地说，它比我国的小农经济要富裕些、稳固些。旧中国的小农（同样指中贫和贫农），占农村人口80%以上，其中经济上自给自足的中农占20%左右，就在这20%中，还有一部分“土地不足”，而且其“内部是在激烈地分化过程中”。再把苏联十月革命后同我国新中国成立后各自的小农经济地位的变化作一比较，由于各自国度的具体条件不同，前者比后者的改善就要迅速得多。俄国从1917年11月苏维埃政权诞生，到1919年3月，不到一年半时间，“由于实现著名的‘土地法令’的结果，农村已经一天天的变为中农了”。这时“中农已在农村人口中占多数”（即60%——作者注）。我国从1949年10月新中国成立到1955年7月，“富裕或比较富裕的农民只占全国农村人口的百分之二十到百分之三十”，“而仍然有困难不富裕的贫下中农占全国农村人口的百分之六十到七十”。不难明了，我们存在着的汪洋大海般的小农的这种长期贫困和比较贫困的地位，加上它所处的外部联系又具有下列特点：一方面，它受我国封建地主阶级的剥削的时间最漫长，在长期的斗争中，多次产生一种平均主义的农业社会主义的空想。这种根深蒂固的思想，又因为我国现代工业的落后，以致缺乏改变它的物质基础。另一方面，它在我国无产阶级及其先锋队的领导下，获得了政治上的彻底翻身和经济上、生活上的一定程度的改善，因而就决定了它一方面具有进一步要求迅速改善自己的比较困难的地位的强烈愿望；另一方面又决定了它从切身的政治经验中认为只要紧跟党的领导，就能把自己的愿望变为现实。以上情况，就决定了我国的小农、小资产阶级的政治倾向，与其说容易右，不如说最容易左。毫无疑义，如此广泛客观存在着的这种小农小资产阶级的左的情绪和平均主义的社会主义空想不能不反映到党内来，而我们党内的成员的绝大多数是从小生产者出身的，他们中的某些人也或多或少存在着小资产阶级的思想残余，因而就很难完全抵制上述影响和侵蚀。

此外，我国工人阶级终身受三重压迫，更富于革命彻底性。但是由于我国一穷二白，决定了我国工人阶级的文化水平远不如西欧的工人阶级高，学习马列著作的困难要大得多，因此对什么是科学社会主义、什么是空想社会主义、冒牌社会主义、科学的社会主义和科学的共产主义的联系和区别，都缺乏正确理解；反过来，混进党内的政治骗子，又罪恶地用贴上马克思主义标签的假社会主义对他们进行欺骗，这就难免一部分工人受骗上当。

最后必须强调指出，我国的封建主义思想还相当严重。一些妄图在我国建立封建社会主义统治的政治野心家，他们必然也只能通过左的形式来实现自己的目的，用马克思的话说，他们只好“把无产阶级的乞食袋当作旗帜来挥舞”。（《共产党宣言》）所有这些，就是产生我国长期反右不反左的思想的全部复杂的阶级根源。

5．历史的原因

众所周知，我党历史上曾多次出现过左的错误，这些左的错误，虽在政治上进行纠正，但并没有从思想上在全国范围内进行必要的彻底的清算。例如十年土地革命战争时期一再出现的左的路线，特别是王明长达四年之久的左倾路线统治，不仅在政治上军事上表现为左倾冒险，而且在党内斗争中，也实行一条“残酷斗争、无情打击”的左的方针，使许多的好同志受到迫害和杀害；1943年8月康生在“审查干部”的运动中所制造的“抢救运动”，大搞主观臆断、扩大打击面（少则50%，多则80%—90%）、大搞车轮战、假枪毙、严刑拷打等非人道手法，逼死人不少；1946年、1947年，在晋绥边区土改运动中，康生等制造的“搬石头”运动，残酷批斗贯彻执行党的正确路线的广大基层干部。显然这些左的错误都是极其严重的。大家知道，我党对土地革命时期三次左倾路线的错误，虽然后来在毛泽东同志所写的《关于若干历史问题的决议》中，正确地解剖了它的思想认识和阶级根源，但是没有进一步揭示王明在党内斗争中左的行径所包含着的封建主义残余的特点。而且还由于历史条件的限制，当时的批判只是在相对小的范围内进行，关于对“抢救运动”、“搬石头运动”中所犯的严重的左的错误，中央虽立即进行了纠正，但也未从思想上进行过认真地分析和批判；而犯这种错误的主要负责人康生，仍然得到继续重用，甚至后来爬上了权力的顶峰。再从新中国成立后我党对待左的错误的态度来考察，1953—1956年两度出现左的倾向和冒进情绪，虽一度在实践上得到纠正，也同样没有给予应有的批判，结果是1959年1月南宁会议后，倒把反冒进当作右倾保守主义来批；1958年出现严重的左的错误，虽在实践上进行了制止，也同样未曾分析批判它的实质及其产生的根源和危害，相反地，却把批评它的正确意见，当作右倾机会主义思潮在全国范围内进行讨伐，并把坚持正确意见的彭德怀等同志罢了官。所有这些，年久月深，就自然而然地在人们心目中形成了一种传统心理：左是方法和认识问题，是可以原谅的；右是阶级立场和政治问题，是不可饶恕的，因而只需反右，不必反左。综上所述，可见我国长期一味进行反右斗争，也是历史形成的偏见。

根据以上理论和历史相结合的分析，再清楚不过地阐明了这个基本事实，这就是路线斗争中的左和右的错误，其本质是完全一致的；其形式上的差别是无足轻重的；林彪、“四人帮”宣扬“左比右好”的种种论据，是极其荒谬和经不起一驳的；我国长时期以来只进行一条战线的斗争（反右），不是偶然的，它有着深刻的理论、思想、政治、阶级和历史根源，不能等闲视之，而资产阶级的野心家康生、林彪、“四人帮”正是利用了我们反右不反左的失误，披上左派的伪装，推行一种极左的路线，行篡党夺权之实，制造了一场史所罕见的民族大浩劫大灾难，这个教训是极其惨痛的，是够发人深省的。

为了避免上述历史悲剧的重演，当务之急，主要是对全党全民进行完整的准确的马列主义毛泽东思想科学体系的教育，进一步端正理论和政治是非，彻底肃清“左比右好”的流毒，坚持两条战线的斗争，恢复和发扬党内的民主集中制，建立健全社会主义民主与法制，同心同德，力争20世纪末把四个现代化变为现实。

四　科学创造性思维编

燕国桢教授关于“科学创造性思维”这一问题有创新特色的观点,集中体现在他所著《科学创造性思维探索》一书中。具体表现在：从人类思维发展角度，将其划分为思维（规范思维、理智思维）、科学思维、科学创造性思维三个基本层次与三个递进阶梯；提出并系统论证了映象思维、抽象思维与构象思维是人类思维的三种基本形式；对科学思维、科学创造性思维等概念作出了新的解释；提出创造性思维是一个过程，将其宏观分解为五个基本层次或类型；探索性地揭示了科学创造性思维遵循的规律；提出科学创造性思维与科学创造性实践操作多层次的对应性，在操作时必须力求同步促进等。此外，他关于科学方法论层次结构的考察，也有助于对科学创造性思维的理解。本编集存著作1部、论文1篇。

科学创造性思维探索

自 序

近年来，我国不少自认为知名度不高的专著作者，大都极力请有权威的学者作序对自己的新著进行介绍和评说，以期引起社会和读者的重视，我本想如法炮制，但由于种种原因，很难照此办理。联想到司马迁作千古不朽的《史记》时，曾首创写自序（说明自己写史记的意图和经过）之范例，在此我也不妨东施效颦写一简短自序，聊以表明写作本书的良苦用心与奢望。

自有文明史以来，人类必然和实际上在哲学世界观的指导之下诞生不可分割的三个大领域的大科学：自然科学、社会科学和思维科学。恩格斯曾明确指出，唯物辩证法是“关于自然、社会和思维运动发展最普遍规律的科学”。但是近一百多年来，国内外学术界对此缺乏应有的重视，更没有把思维科学摆在与自然科学、社会科学同等的地位。从严格的意义讲，只是到20世纪80年代，我国著名学者钱学森教授顺应历史发展的规律，适应当前整个世界形势的发展需要，率先倡导建立与自然科学和社会科学平起平坐的思维科学，并相继筹划和召开了一系列全国性的学术讨论会，出版了相当数量的论著。显然，思维科学还是“一门年轻的学科”，对它的研究只能说“刚刚起步”，“很需要有志于此的同志共同努力探讨”，“有更多的中青年科技工作者来参加这项攻关”。

必须指出，迄今人类对思维科学的基本问题——思维的基本形式，尽管从亚里士多德起直到近代和现代，已有少数思想家和较多的理论工作者对它进行了探索，但是由于历史条件的限制，特别是没有以科学的辩证的唯物主义认识论、真理论作指导，对它的揭示远没有达到科学的程度。钱学森教授于1984年8月初在北京召开的全国首届思维科学学术讨论会上指出："以前按我们习惯的称呼，把一个人的思维分为三种：抽象（逻辑）思维、形象（直感）思维和灵感（顿悟）思维。"1984年8月16—20日在山西太原召开全国思维科学专题讨论会，《会议纪要》中写道：会议首先对思维形式的划分问题进行了讨论，大部分同志认为四种思维（即：逻辑思维、形象思维、灵感思维和社会思维）是符合实际的。部分同志认为，社会思维是集团思维，就其规模和形式而言，很难与其他三种思维并列。有的同志认为，灵感思维不是一种单独的思维形式，但是一般说来，逻辑、形象、灵感三种思维是迄今大多数同志公认的三种基本思维形式。近几十年来，在阐述思维、科学思维、创造性思维的一些论著中，无不大同小异地确认这三种思维形式是人类思维的最基本的三种形式。然而，正是深谙真理发展辩证法的钱学森教授看到了上述三种基本形式的传统模式的有欠科学之处，明确指出："不排除将来进一步研究会发现这样划分不合适，或还有其他类型的、具有不同规律的思维。"与此同时，他还在同一发言中指出："形象思维是我们思维科学现在需要突破的，……多少年来，这个问题一直是隐隐约约的。……现在还没法讲清楚。如果将来我们说能讲清楚了，哪怕只讲清楚了一点儿，也不是小事，我想那将是人类历史上又一次科学革命。"1995年11月7日，钱学森教授在给我的回信中说（11月2日我写信给他，汇报我正在写《科学创造性思维探索》一书）："您写《科学创造性思维探索》是以马克思主义哲学——辩证唯物主义为指导，对此我非常拥护。所以我等待着能早日读到全书。"

我长期从事自然科学（水利工程）、文学和哲学学习的经历，使我对理论界习惯于把形象思维、灵感思维视为人类思维的基本形式的观点一直持怀疑态度，对人们关于科学思维概念的认识，对创造性思维研究的现状等不甚满意，并逐渐萌发了尝试进行新的探索的念头和愿望。钱学森教授的上述独到见解、倡导和鼓励，对我的这项探索工作无疑起了巨大的推动和鞭策作用。

同时，在我以思维学作为招收研究生方向的准备过程中，深感揭示科学思维规律和方法，对提高现代人的思维水平，对向科学进军，都是极其重要的。于是我决定把“科学思维方法论”作为我招收研究生的方向。我这一想法和做法，立即得到了主管研究生工作的梅炽副校长的肯定和赏识，更引起了不少从北京、上海前来的同行的浓厚兴趣，报考本方向的学生特别踊跃，这种可喜情况的出现，自然使我大受鼓舞。

我毫不隐讳地说，在我多年进行思维、科学思维研究的过程中，深感理论界对科学思维的含义的解释、科学思维的规律和方法的揭示不够全面准确，特别是对科学思维的最重要形式——创造性思维的研究重视不够。当前，日美诸国的有关学者多把注意力集中于创造技法的创建上，即使是对创造性思维本身的研究，其对概念的解释主要停留于特征性的描述上，对其发展规律的揭示一般徘徊于传统的四阶段、五阶段等模式上。我认为，存在这种不尽如人意的情况，其要害在于研究者没有自觉地以唯物辩证法的认识论、真理论和历史唯物主义观点作指导。

有鉴于此，从1988年起，我决定力求自觉地以唯物辩证法、历史唯物论为指导，对上述诸课题进行全面系统地研究：以研究思维的基本形式作为突破口，研究科学思维作为跳板，探究创造性思维作为落脚点。据此便相应地把招收研究生的方向改为“科学创造性思维研究”。为了在这个当前重大前沿课题上尽快地取得富有创造性的成果，在研究方法上我采用符合辩证精神的两个基本方法：一是新思构想比较鉴别法（非难找岔求妥法）。这种方法与美国盛行的“头脑风暴法”有所不同，即我先将本人经过反复思考提出的新思路、新概念、新命题、新原理，邀请二至五个相关的专家、同好坐在一起，请他们从不同角度进行质疑、找岔子、非难和否定，在这个过程中我一般不申辩，只倾听他们的意见，在吸取他们的相反意见激发的有利修正或加深的智慧火花后，记下我的新的想法，会后我再重新思考、提炼、论证。二是自我相关显意识与潜意识交替发生作用法。这种方法与传统采用的消极的“用笔不灵看燕舞”方法有所不同。即在我反复思考提出新思路、新概念、新命题、新原理遇到困难后，有意识地暂时搁置下来，同时进一步了解有关新知识，浏览已读过的有关的重要论著，经过一段时间后，头脑中储备的有关潜意识会自发地在半夜或清晨突然迸发出原来未想到的新的思想火花，使问题得到比较满意的回答。

本书初稿大体完成于1991年冬，我1992年初步联系了公开出版的问题。恰恰在此时，省委党校主管教学的刘普生教授邀请我去该校就科学创造性思维进行专题讲授（24小时），迫使我把全稿仔细通读。这期间，我发现书稿远未达到我立意撰写本书的期望值，不够理想，于是我决定集中时间和精力，辞去部分工作，进一步采用前述两种研究方法，对原稿的题目、提纲，从篇章节结构到内容重新进行设计、调整和大幅度改写，把20万字的原稿压缩到16万字左右，至1995年初完成了修改任务，终于获得了今天呈现在读者面前的这个我自认为在此领域有所突破有所创新的新著。

1995年12月

目录

引 言

思维是地球上最美的花朵。正是它，把原始人与动物区别开来，使人成为万物之灵。而是否能进行科学思维和科学创造性思维，又成为文明人特别是现代人的主要标志。正是仰仗它指导社会实践，创造了人类灿烂的物质文明和精神文明，使人类离动物越来越远，从必然王国向自由王国的飞跃愈来愈加速。因此，我们要揭示人类进步发展的奥秘之一，就要从研究思维开始，就要以研究科学思维特别是以超常超前思维为根本特征的科学创造性思维为目标和主要任务。

当代世界多元化的经济政治文化的竞争愈演愈烈，以人工智能为标志的高新尖科学技术的发展突飞猛进，党提出的面向世界、面向现代化、面向未来的号召，建设有中国特色的社会主义的历史使命，制定超前决策和长期远景规划的需要，更使得这种研究具有紧迫性。

人脑思维创造了科学和哲学，科学和哲学的发展，特别是当代科学的唯物辩证法哲学的深化，脑科学、创造心理学、人工智能学、系统科学、未来学等自然科学、思维科学和社会科学取得的惊人成就，也一定能反过来帮助人们正确地揭示科学思维特别是科学创造性思维的奥秘。

迄今为止，中外古今不少先哲和专家学者，从不同角度和不同层次，对如何实现科学的创造性思维问题，进行了可贵的探索，其中不乏思想的闪光和真理的颗粒。

我国南朝刘勰随晋代陆机的《文赋》之后撰写的《文心雕龙》，是集我国古代灵感学之大成的瑰宝。近代王国维关于创造过程的“三境”说，是我国创造性思维过程认识的又一个里程碑。钱学森倡导召开的全国思维科学讨论会及其在大会上的长篇指导性讲话，第一次把思维科学提到独立学科的地位，其贡献尤著。其他如周昌忠的《科学思维学》、荣开明等的《现代思维方式探略》、陶伯华等的《灵感学引论》、岳海等的《灵感奥秘试探》及其他众多的有关论文，主要从词义学、心理学、逻辑学、认识论以及系统论等方面，侧重从思辨角度对科学思维和创造性思维问题进行了自己的阐发，无疑作出了不同程度的贡献。

在国外，欧洲近代史上的经验论、唯理论或从唯心主义或从唯物主义角度，阐明了直觉思维的特点、功能和意义。20世纪70年代和80年代，从事这方面的研究的著名学者不乏其人：《创造的秘密》的作者、美国的西尔瓦诺·阿瑞提，《论灵感》的作者、英国的赫罗特·奥斯本，《创造性思维》的作者、德国的韦特海默，特别是《分离大脑半球的一些结果》的作者、诺贝尔奖金获得者、美国神经生理学家斯佩里，其他如吉尔福德、马斯罗、戈登、菲列普斯、帕内斯等。在东方，有专讲科学技术中的创造性思维的《创造工程》作者、日本创造学先驱市龟久弥，专讲一般创造性思维方法的《怎样进行创造性思维》的作者、日本的高桥浩以及汤川秀树、角田等。他们主要从脑生理学、潜意识学、创造工程学、心理学等方面，侧重从实证角度进行了探索。其新贡献是提出了新的灵感论，并设置了验证的标准等。

总之，西方、日本和我国七八十年代关于这个方面的研究已跃进到一个新水平，即从过去的神秘性、模糊性、主观片面性逐步过渡到现代科学基础之上。但是我认为，迄今的探讨有一个共同的重大缺陷，这就是他们没有明确地自觉地把唯物辩证法引入思维学和创造性思维学，因而难免存在这样或那样的新的神秘性、片面性、混乱性和自相矛盾性；另一个缺陷是在阐发思维主体与思维发展时，很少自觉地运用历史唯物论作指导，因而难免出现唯心史观的天才论、决定论、偶然性起支配作用论。本书的最大特色就在于自觉地明确地把唯物辩证法系统地引入当代思维学、创造思维学，使之成为思维学、创造思维学的灵魂，同时在阐明思维主体和思维发展时，力求以历史唯物论作指导，使之成为论述思维主体和思维历史发展的立足点，以此实现人类梦寐以求的科学创造性思维。

本书坚持批判继承与创新、历史与逻辑相统一，学术性与实用性、系统性与重点突出性相结合的原则；在叙述上，以理智思维为逻辑起点，以唯物辩证法为贯穿全书的主线和红线，以科学创造性思维与科学创造性实践多层次对应性的辩证统一为逻辑终点，辅以系统层次观点解释其概念、规律并组织其整体结构。

全书分八章，由四部分组成：

第一部分（第一章）：提出并论证科学创造性思维研究的时代紧迫性；

第二部分（第二、三章）：阐发科学创造性思维的生长点与基石，为后面的探讨进行铺垫；

第三部分（第四至七章）：全方位剖析科学创造性思维新概念所包含的丰富思想；

第四部分（第八章）：探索科学创造性思维与科学创造性实践多层次对应性的辩证统一和同步促进关系，以此作为全书的逻辑终点与归宿。

在本书写作中，除了尽可能综合我所了解的前人和同行们的成果外，同时力求独立地提出和阐发自己的新见解。其主要有：

在第一章中，根据历史唯物主义关于社会实践、历史、科学发展与思维发展水平基本适应同步原则，把人类思维发展划分为思维（规范思维、理智思维）、科学思维、科学创造性思维三个基本层次和高度，把人类思维发展轨迹展示为思维、科学思维、科学创造性思维三个递进阶梯。

在第二章中，冲破千百年来哲学家、教育家、思维学家等关于思维基本形式是形象思维、逻辑思维（或抽象思维）、灵感思维以及与此大同小异的一些看法的框框，坚持并创造性地运用辩证唯物主义能动的反映论原则，另辟蹊径独立提出并系统论证了映象思维、抽象思维和构象思维是人类思维的三种基本形式，直觉思维只是其特殊表现。其科学性就在于：把联系主、客体的及物动词作为思维基本形式的核心概念，既坚持反映论，又突出了能动性的作用。在此，我并没有取消形象思维，但只有当形象存在于映象之内时它才能成为思维形式发挥思维功能，因为形象本质上是客观的，它的含义大于映象，没进入映象的形象是不能思维的；我也没有取消直觉，但它只是映象、抽象、构象思维形式的一种浓缩的快速联想、推理和直接切入表现出的特殊形式，而且具有一定的模糊性；同样我也没有取消灵感（指唯物主义的），但灵感不具备思维要素，不可操作，它只是创造性思维过程（含直觉思维）中思维主体的潜意识转化为显意识活动瞬间迸发出的闪光的特殊心理活动现象。

在第三章中，自觉地把唯物辩证法以及唯物辩证的真理论、多层次逻辑学运用于建立在脑科学等现代科学基础上的思维学，对科学思维概念作出新解释。

在第四章中，自觉地把辩证法以及历史唯物论和多层次逻辑学引入建立在脑科学和正在兴起的潜科学等现代科学基础上的创造思维学，实行科学思维与创造性思维交接，提出、阐明科学创造性思维新概念。

在第五章中，以唯物辩证法、历史唯物论作指导，提出、论证了思维主体纵向连接链和横向组合群、思维坐标系的“四两结构”：以创造为圆心，组成“创造与幻想（含理想、假设）”、“创造与现实”、“创造与时空”、“创造与超常”四对依次递进的对偶性范畴系列，并提出和论证了可供具体选择的12个着力点方位：着眼五个新立度，寻找、填补四个方面的空白，追逐三个方面的模仿超越。

在第六章中，立足于创造性思维是一个过程的观点，把创造性思维宏观分解为启迪性、探索性、开拓性、突破性和验证性等五个基本层次（或类型）。

在第七章中，把科学创造性思维的客观过程同科学创造性思维自觉活动的一般规律区别开来，并探索性地揭示了后者遵循的规律。

在第八章中，探索性地把实践区分为实践的物质活动与非实践的物质活动、直接间接指导实践的精神活动与直接间接指导非实践的精神活动，指出在重视揭示实践的物质活动（主要是物质生产）和实践的精神活动（主要是精神生产）的前提下，把研究非实践的物质活动与非直接间接指导实践的精神活动提到人类不可分割的整体中即大活动现象中进行必要的研究，以利人类主导活动——创造性活动功能的最大限度的发挥。同时提出科学创造性思维与科学创造性实践存在多层次的对应性，在推进两者的辩证统一时，要力求同步促进，力避把一方空想地超前或人为地滞后。

此外，在每章中，还对某些问题表述了自己的一孔之见。必须强调指出，凡本著作中提出和阐发的大大小小的新见解，仅仅是探索性的，显然需要作者作进一步的艰苦的创造性研究，更有赖同行专家学者与广大读者的关注和帮助。

第一章 科学创造性思维在当代的重要地位和意义

第一节 思维是人类特有的财富

一、思维的骄傲

思维是人脑进行抽象、分析、综合、判断、推理、构想、思想实验等的能力，其成果是人类特有的精神财富。

人类因拥有思维而远超动物，主宰世界。

思维的智慧能帮助人类认识对象和自身的本质和规律；思维的翅膀能帮助人类的认识超越无限的空间跨度和时间跨度；思维本性的至上性能指导人类实践能动地改造整个世界。正因为如此，恩格斯曾这样高度地赞扬人类思维的贡献，他说："迅速前进的文明完全被归功于头脑，归功于脑髓的发展和活动。"据此，有理由逻辑地推断世界美好未来的创造，更有待于人们的科学创造性思维和实践。

思维特别是创造性思维对人类社会实践及其发展具有头等重要的地位和意义，这已为人类几千年的文明史所证明。一个富有创造性思维的民族，总是走在世界的前列。反之，必然落得被动挨打甚至被淘汰的结局。

二、思维产生发展的机制及其动力

我们这本书中所讲的思维是指文明人的思维。这种思维是历史的产物，是动物心理、原始思维相继发生质的飞跃而产生的。揭示它产生的由来与前提，有利于把握它进一步发展的条件，从而自觉地推动它更快地向前发展。

众所周知，人的思维的产生、发展经历了一个漫长的过程。从物理化学反映特性，到低级生物的刺激感应性，而进到动物心理，动物心理具有判别事物现象的低级意识。但在这种心理指导下的动物本能活动，不能给自然界打下自己意志的印记。因此，动物主要依靠适者生存规律保持生存权利和延续后代。鱼类只是具有符合流体力学的流线型的躯体才能在水中游泳和猎食；鸟类只是具有符合空气动力学原理的舒展的翅膀才能在空中翱翔和捕获食物。在高等动物中，由于发展的不平衡性是绝对规律，其中有一种类人猿，不满足于仅仅适应自然的生存条件，从树上高山上转移到平地，为了扩大视野，后两肢逐步学会直立；又经历了漫长的岁月，在运用天然工具和制造人造工具的过程中，前两肢逐步变成了灵活的双手。于是产生两个变化：一是直立后，获取的信息比匍匐在地上行走时多得多；二是灵活的双手有利于掌握天然工具和制造工具，进行有效的劳动。而劳动只能结成一定的社会关系来进行。在结成一定社会关系进行劳动的过程中，必须相互交流思想，这样，在长期的互相的呼唤与交换思想的过程中，慢慢地产生了原始语言，语言为思维提供了元素和部分软件，提供了间接信息，自然会进一步促进人类思维的发展。这样，高等动物的类人猿就过渡到原始人，产生了原始思维。而原始人的思维毕竟是一种低级的综合思维，它与原始语言、原始逻辑不可分离，其主要特点是：集体表象性、不连续性、弥漫性、情感性，等等。它长于形象记忆，这种能力竟为现代人望尘莫及，原始史诗就是通过代代传唱而流传的。

随着原始人社会实践的不断扩大和加深，一方面，表达语言的符号——文字被发明出来。文字的发明和运用于文献，使人类获得的储存信息与传授的信息扩大许多倍，人们从而有可能在前人和他人思维成果上进一步进行思维，自然也就提高了思维水平；另一方面，人类学会了取火，用火熟食，不仅扩大了食物来源，而且加速了人类对蛋白质的消化和吸收，使思维的物质器官——人脑的营养得到了提高。

人类思维产生、发展的历程，表明了马克思揭示的一个真理：人类社会生活，本质上是实践的。即是说，人与自然的关系，不仅仅是适应与被适应的关系，更重要的是改造与被改造的关系，而在这种关系中，人需要正确认识事物的本质和规律，才能对自然作出能动的革命的改造，这也就产生了对更高的思维能力和水平的需要，从而促进人类思维的发展。这说明了一个道理：社会实践与思维之间的矛盾，特别是创造性实践与创造性思维之间的矛盾，是思维不断发展的根本动力。其相互作用就构成思维发展的内在机制。

具体表现在：

其一，随着社会实践的不断发展深化，语言文字的日益丰富及其运用，成倍增长的自然信息社会信息及历史提出的更高的要求与人脑原有的信息储存、运算、输出能力不免产生尖锐的矛盾，迫切需要促进思维水平的提高。正如恩格斯所说，人的智力是按照人如何学会改变自然界而发展的。

其二，人脑是一个信息处理的自组织系统，是一个自反馈自催化过程。在它处理外界新信息过程中，其思维结构（思维模式）产生的内化（消化新信息）与外化（为了适应新信息而部分或全部改造原有结构模式）的矛盾，都从不同角度不同程度地对思维发展起推动作用。前者使原有思维结构得到量的增加、扩大，使之得到加强；后者使原有思维结构发生部分质的改变，使之得到质的飞跃。

其三，劳动成果和文化科学的物化成果的日益优质化与原有的大脑劳动的需要水平不平衡；反之，日益科学化的艰苦劳动的需要与原有水平的物质营养水平也不相适应。两者之间的矛盾的产生与解决，必然推动思维的物质器官——大脑及其机能（思维能力）得到进一步发展。

上述三个方面的矛盾的相互作用，构成了思维产生、发展的动力和内在机制。而归根结底，社会实践与思维之间的矛盾，特别是创造性实践与创造性思维之间的矛盾是推动思维产生发展的根本动力。对这个问题后面还有专章探讨。

三、思维发展科学水平的三个基本层次和高度

纵观人类文明的历史，推断其未来，不难看到，思维发展的科学水平明显地表现出由低而高的三个基本层次。这里有一个前提：我们所讲的思维是指具有一定文化素养的人的自觉思维，来源于社会实践但又高于并指导社会实践。那些自发的、个人的、零碎的、重复的日常思维不包含在内。

那么，思维的发展表现出怎样的三个不同层次呢？

有一种观点，把形象思维、逻辑思维（传统观点认为形式逻辑思维就是科学思维）、创造性思维（不少人将其与直觉思维或灵感思维画等号）视为人类思维水平发展由低到高的三个标志或高度。诚然，这种排列在一定意义上表明了它们占主导地位的历史顺序，然而很难说明具有跨越性的直觉思维或灵感思维就一定高于逻辑思维。侧重于直觉思维、形象思维的整体意识创造的中国古代灿烂文化与侧重于传统逻辑思维而创造的古希腊文化就难分高下。艺术家的形象思维也不见得比传统的逻辑思维低一个层次。传统逻辑思维固然能推动人类认识事物的本质和发展规律，但正如毛泽东指出的，光靠形式逻辑思维是推不出多少真理的。至于创造性思维本身的内在机制直到现在还是一个未解之谜。须知，这种思维成果，无论在形象思维、逻辑思维，还是在直觉思维的过程中，都是可以获得的。因此，以不同时期不同民族占主导地位的和并存的几种思维形式作为标志，人类思维发展水平的三个标志、三个高度的划分方法显然是不合适的。

在作者看来，划分思维的科学水平的不同层次和高度应以如下几个标志为依据。一是包含人类几种基本思维形式（及它们的综合）；二是与划时代的

哲学世界观及划时代的自然科学发展水平相联系；三是与思维的突出的能动作用——创造功能的发挥发生飞跃相联系；四是与思维的物质器官及工具的揭示程度发生的重大突破大体一致。据此作者认为，人类思维发展的科学水平必然存在三个不同的基本层次或高度。

第一个基本层次或高度是理智思维，它是文明人思维的起点，其主要标志是：把朴素辩证法和形式逻辑应用于思维，借助于语言、逻辑概念遵循一定的程序或形式逻辑规律进行思维，提供的是对思维对象的本质规律的认识。显然，这个基本层次或高度的思维是与语言学、自然科学、艺术等的产生相联系的。

第二个基本层次或高度是科学思维即科学化的思维。这是从认识论真理论的角度着眼的，其主要标志是以自觉辩证法（系统化理论化哲学辩证法）和早期马克思主义唯物辩证法作指导，把形式逻辑、辩证逻辑、数理逻辑和系统逻辑应用于近代和现代思维学，提供的是对思维对象的真理性、精确性、高效性的正确认识。显然，它与科学观察、实验科学、脑科学、心理学、思维科学的产生发展相联系。

第三个基本层次或高度是科学创造性思维，也可名之曰自觉科学创造性思维，即指自觉地遵循科学创造性思维固有的客观规律进行的创造性思维。其主要标志是：高度自觉地把唯物辩证法及辩证逻辑、系统逻辑应用于现代和未来的创造性思维学，提供的是对思维对象的自觉的突破性、超前性、预见性的认识。从某种意义上说，这个基本层次或高度，是人类正在奋力攀登的目标，总有一天，人类会把这种可能变成现实，显然，它是与现代和未来的脑科学取得的一个又一个具有决定意义的突破，人工智能学、系统科学、创造性心理学等学科发生划时代的深化，以及唯物辩证法、辩证逻辑的进一步发展相联系的。

必须强调，上述三个思维发展科学水平的基本层次或高度的划分不是绝对的，而是相互渗透的。每一个基本层次还可以区分为若干子层次。在每一个时期内，思维的上述三个基本层次或高度都会或多或少地存在于人们的思维中，不过占主导地位的层次不同罢了。

作者把人类思维发展的科学水平作上述划分，既是尊重思维史发展的实际，又是向人们指明攀登它的第三个高度的极端重要性和紧迫性。

第二节　科学创造性思维是社会发展的要求

一、以电子技术为基础、人工智能为标志的科学技术革命引起的当今世界竞争的显著特点

1．竞争、对抗领域的全方位性、多层次性

当前世界的激烈竞争不仅表现在经济、政治、军事、科学技术、文化、教育、体育卫生以及争夺公海资源、问鼎南极等方面，而且已扩展到微观结构和宇观、超宇观的揭秘。从对客体的研究扩展到对主体大脑的结构及其生理机制的发掘；从有形实力的较量到无形的心理战；从物质的争夺到人才的竞争，等等，竞争、对抗是全方位的。从层次来说，以军事武器的竞争为例，由一般常规的争先更新到核武器的不断换代，再到电子战的投入实战，乃至星球大战的积极准备，层次之多是前所未有的。

2．高科技竞争走在前面并不断向纵深和横向拓宽

20世纪是高科技的世纪，这一特性是由以电子技术为基础、人工智能为标志的新科学技术革命赋予的。当代高科技是以信息技术、生物技术、新材料技术、新能源技术、空间技术和海洋开发技术等为标志的现代科学技术。更令人注目的当前正在兴起的三大高新技术——超导技术、光电子技术、人体工程科学技术将对人类产生难以想象的深远影响。这一切无疑会给人类打开前所未有的新视野，提出更高的要求。

3．科学技术转化为现实的直接生产力的时间空前缩短

现代高科技的理论运用于生产实际的时间空前缩短。例如，瓦特的蒸汽机的发明运用于实际生产经历了70年，而激光理论运用于生产只用了半年时间。

4．发展速度呈几何级数加快

首先，从知识的增长方面来说，根据苏联的一份科学杂志的统计，处在信息时代的今天，平均每40秒钟就能得到一份内容像英国大百科全书那样丰富的信息情报。英国的技术预测专家曾作过一个测算，19世纪人类的知识总量是50年翻一番，而20世纪初这一周期缩减为10年，到70年代仅需5年，80年代是每3年翻一番，90年代就可想而知了。目前，平均每天发表包含新知识的论文为13 000—15000篇，每年登记的发明专利超过30万件。“从牛顿时代到现在300余年时间内，整个科学研究的规模增加了100万倍。”据专家预测，今天只为少数专家通晓的现代数学艰深理论到21世纪将变成中学的教学内容。

5．竞争走向以超前性为价值导向

当代各国进行全方位多层次的竞争时，不仅以世界性的最新成果为起点，而且进一步转向以将来可能出现的创新作为对手，从而把超越当代的更高的目标作为目标。从经济方面来说，发达的资本主义国家不仅保持已占优势或独占鳌头的产品，而且进一步把明天可能出现的超过自己的对手作为自己的对手。例如，美国贝尔电话公司总裁费尔作出的关系到公司命运的几个战略决策中，有一项公认的大手笔，即他为公司建立了当时企业界最为成功的科研机构——贝尔研究所。他为这个研究所拟定的宗旨不是维持“今天”，而是要摧毁“今天”，使“今天”成为过去，创造一个高于今天的“明天”。当时，贝尔电话公司是美国的一家垄断企业，并未面临着同业竞争的危险。按照当时各垄断企业所遵循的惯例，它的研究只需以延续“今天”为目的，重在防御。但费尔认为：像贝尔公司这样的垄断企业要永远保持其雄厚的竞争力，就必须不断革新；一个垄断企业虽然没有“对手”，但是它应该以“将来”作为“对手”。电讯工业以技术为最重要，它有无前途，就看其技术能否日新月异。贝尔研究

所就是基于这样一种认识而设立的。在军事方面，美国的许多新武器的设计、星球大战的筹划，都是以未来更强大的对手作为假想敌而进行的。与此相联系，各个国家的政府就必须制定相应的超前的国家决策以推动上述竞争。

6．竞争转向创造才智与创造性思维的开发

无论哪个方面的竞争，固然依靠对社会实践经验的科学总结，依靠劳动者的主动性、积极性的发挥，依靠领导者的合理组织管理，但是竞争能否取得胜利，关键在于智力的竞争，而智力竞争的核心是创造性思维，更确切地说是科学创造性思维。当前人类正经历着从体力劳动为主向智力劳动为主、从熟练劳动向创造性劳动的过渡，连球赛、体操、游泳等比赛的成败都取决于是否能突破和创新。当今世界正处于一个智力开发、智力竞赛、以创新对创新的时代。

美国学者依尔顿如下一段言论再明白不过地指明了这个转向特点的重要性，他说：我们深信，在不久的将来，我们国家的最高经济利益，将主要取决于我们同胞的创造才智，而不是取决于我们的自然资源，现在国际市场主要不再是以资源为主互通有无，以产品的优劣和多少进行竞争，而是依靠领先的科技成果转化为科技含量高的产品来战胜对手。众所周知，现在最有竞争力的是创新知识密集凝结的产品，而不是循常规思维的传统生产的产品。日本经过明治维新以后100年左右的“模仿时代”，已使从模仿到创造的转换变成了现实，迎来了创造活动的新时代。日本曾被认为是善于模仿的民族，现在，这已成为过去。1986年作为“创造元年”载入了日本的史册。在1968年，日本技术的自主度（即技术输出收入总额与技术输入支出总额之比）为10%；15年后的1983年其比值上升到86%，与英、法不相上下；到1986年，其比值上升为100%。作为头等经济大国的美国近几年来也已从管理型经济体系彻底地向创业型的经济体系转移。1986年其技术自主程度达1000%（即技术输出总额是技术输入总额的10倍）。

7．创造性人才的培养和争夺日趋走在竞争的前列

创造性思维的承担者是创造性人才，谁占有了更多的创造性人才，谁就能

取得更大的胜利。美国认为，得到一个第一流的数学家，比俘获10个师的德军要有价值得多。因此，当前培养和争夺创造性人才成为一切竞争之首。例如，美国、日本等国都十分重视创造性人才的培养与争夺。

在培养人才方面，美国麻省理工学院、卡内基梅隆大学和俄勒冈大学创立了三个“创新中心”。日本通产省发表的《80年代设想》指出：“80年代已有十万创造大军。”

在争夺人才方面，美国、日本一方面千方百计防止人才外流，另一方面采用重金或其他手段来抢夺高层次的创造性人才，特别是美国，更为突出。

美国早在20世纪三四十年代，就从德国获得作出了划时代贡献的相对论的创立者爱因斯坦和V—2火箭发明家冯·布劳恩，从意大利挖去了“氢弹之父”费米，从匈牙利攫取了电子计算机的奠基人诺曼恩等。

第二次世界大战后，美国采取了更加重视人才的争夺政策和措施。

1965年，美国颁布了“优惠制”的新移民法，每年专门留出数万个移民名额，用于来自世界各国的高级专门人才；还特别规定，凡著名学者、高级人才和具有某种专长的科技人员，可优先入境。新移民法实施当年，就有1．5万名外国科技人才涌进美国。1969年至1979年，美国共接纳了近50万名外国专业技术人员。

1949年至1961年，美国靠高薪、安逸和精良设备这三大“法宝”，从发展中国家挖走14．3万名高级专业技术人才。进入80年代，每年有30万左右留学生赴美学习，美国千方百计使其中相当一部分学成后留了下来。

在激烈的人才争夺中，日本人也不甘示弱。它正以其雄厚的经济实力，在全球范围内广招贤才。据报道，在日本的“人类新领域研究”中，1/3的科技人员准备从国外招聘。日本工业界在美国和西欧等地，建立了数百个研究开发基地，雇用研究人员已达数千人。日本还决定建立一个世界性的优秀科技人才中心，借以诱惑各国最优秀的专家。

必须进一步指出，1990年以来，美国、澳大利亚、加拿大、日本等国面对

21世纪即将出现的“人才老化”和“青年赤字”所造成的人才危机，正进一步加紧对发展中国家人才的吸引。主要是利用移民法的传统优势，确立人才优先的原则。例如，美国政府在1991年10月1日开始实行的新移民法中，明确规定无论是在移民类别上还是移民限额中，都采取向人才移民倾斜的政策。原移民法中对人才移民的限额每年只有5．4万人，而新移民法已将限额提高到14万人。澳大利亚也将包括人才移民在内的商业移民限额增加了50%。加拿大为了增加人才移民的限额，则取消了退休移民。

除了增加移民的限额外，许多发达资本主义国家还修改了移民类别，不仅加强了对拥有科技知识的人才的吸引，而且还加强了对拥有经济实力的人才的争夺。日本1990年实施的新入境管理法，将外国人入境后的居留资格由原来的18种增加到28种。其中新增设的10种和所调整的7种居留资格都是围绕人才入境居留而采取的。加拿大、澳大利亚也采取了类似措施，进一步大大拓展了1994年人才资源的范围。

当然，其他发达国家也不甘落后。

总之，当代世界竞争特点与发展大趋势，正强制着我国必须对科学创造性思维引起重视。

二、当代人工智能的产生发展推动人脑必须和可能转向科学创造性思维为主的活动

20世纪40年代以来，出现了一个崭新的边缘学科（电脑、思维模拟）。这一具有神话般的魅力的新成就，不仅表明科学技术的进步发生了划时代的飞跃，而且也标志着人类产生了“第二大脑”。

近代科学史、思维史告诉我们，实现人脑思维模拟正从两条途径进行。一条无疑是最理想的途径，即从模拟人脑的生理结构和思维的生理过程机制入手加以复制，实现人脑及其功能最大限度的物化，制造具有人脑全部功能的人工大脑。但是，人脑的生理结构及其思维生理机制极为复杂，它“是宇宙的第一

大奇迹”。1962年诺贝尔生物学/医学奖金获得者克里克指出，没有什么科学研究对人的重要性超过对自己脑的研究。而迄今科学对人脑的揭示，仅仅是打开了一些窗口，“仍然是人类知识中的一个未知数”。显然，要实现上述目标是非常艰巨的，在最近的将来还不具备现实的可能性。另一条途径却越来越变成了现实，这就是根据世界各种物质运动形式具有同一性的原理（人脑思维的高级形式与物理的化学的机械的物质运动形式具有同一性，在一定条件下可以互相转化），根据信息变换（包括信息接收、存储、控制、运算等）和信息反馈（包括输出与反馈）原理，采用与人脑及人体相对应的人造器官加以有机地组合，使之生命化，通过编制启发式程序和数理逻辑方法实现人脑部分功能在电机上的物化。由于它借助于数理二值逻辑，能够运用人工符号、语言表达思维的逻辑、结构和规律，通过电脉冲的显现，从而把人类思维的计算能力和逻辑推理能力（包括选择等）推到自动化阶段。而且由于它机械地按照传统的数理逻辑的格进行计算、判断和推理，因而极其迅速、极为准确，人脑1秒钟内只能同时处理几条指令，而迄今超级的人工智能，在1秒钟内可同时处理几亿条指令，进行3550亿至4000亿次浮点运算。同时由于它把语言和符号数学化、形式化和编辑各种程序，能从多要素多变量多层次的自然现象和社会现象中，提炼出规律性的东西和新的研究手段，使选择生产和科学实验以及其他社会生活选择最佳方案成为可能，从而使经济、文化、教育、军事等的社会管理达到系统化科学化的程度。如上所述，人工智能的产生发展大大地提高了人类改造世界的能力，甚至能代替人脑进行思维和做到许多人们难于做到的事情。现在美国的人工智能机每年完成的工作量已超过4000亿以上的人每年的工作量，显然，这就意味着人类从此可以从繁重的事务型的脑力劳动中解放出来。但是，这种从模拟人脑功能入手的途径产生的人工智能对不能形式化、数学化、多值化的形象思维与辩证思维是无能为力的，对创造性思维更是望洋兴叹。例如，它能证明四色定理，但不能代人购买称意的衣裳；它能准确控制阿波罗飞船登月，但不能驾车驶过闹市等。从以上分析看，人工智能的日益发展及其存在的局限性正鞭策着人脑把更多的精力转向创造性思维，而更高级的创造性思维的成果，又进一步增强和提高人工智能取代更多人脑功能的作用，加速人类改造整个世界的进程。

第三节　我国具体国情和建设有中国特色社会主义的事业更需要重视科学创造性思维

一、我国历史的社会存在遗留下来的束缚创造性思维的因素

1．半封闭式的大陆型社会地理环境形成的封闭内向型的思维模式

我国东临浩无边际的大海，北靠荒凉的蒙古草原和沙漠，西为阿尔卑斯山、喜马拉雅山所隔离，西南又为冈蒂斯山、横断山脉所阻挡，这就决定了我国处在一个半封闭式的大陆型社会地理环境。此种特殊的社会地理环境，加上当时低下的科学技术水平的限制，致使古人将“九州之外有九州”视为奇谈。社会地理环境的封闭性必然地导致一个民族思维的封闭内向性。

2．长达两千余年的自给自足的封建自然经济和中央集权的皇权统治形成的思想禁锢

社会存在决定社会意识，思想意识是为经济、政治服务的。我国长期自给自足的封建自然经济必然在一定程度上妨碍人们视野的扩展。春耕夏播秋收冬藏，年复一年；日出而作，日落而息，日复一日。这种重复的、循环的农业劳动必然在一定程度上导致人们习惯于重复性保守性思维。与我国长期的农业经济相适应而建立的统一的中央集权的皇权统治，又把皇帝至上化。在这种历史条件下，皇谕、天理、圣言是真理的化身，是金科玉律，不允许半点违背和逾

越。在宋朝，如有背离所谓天理者（即三纲五常等——作者），重则杀身，轻则流放。这已使人们在思想和言论上不敢稍越雷池。特别是元明清之际，大兴文字狱，更严重地禁锢了人们的思想。

3．占统治地位的儒家传统思想存在着一定的保守性倾向

马克思恩格斯指出："任何一个时代的统治思想始终都不过是统治阶级的思想。"无可讳言，曾在我国长达两千多年为封建统治服务的处主导地位的儒家思想，只能存在也确实存在严重的保守性的一面。先从儒家思想创始人孔子来说，他毕生奉行"好古"、"思无邪"、"述而不作"、"非礼勿言"等原则，这就决定了他的思想必然存在保守性的一面，也必然妨碍他本来具有的巨大创造才能更多地向积极方面发挥。降及汉代，汉朝统治者为了服从大统一的需要，汉武帝"罢黜百家，定儒术于一尊"，把儒学列为官学，而且上升到独尊的地位。当时的儒学权威董仲舒提出"天不变，道亦不变"的命题，并把儒学与天结合起来加以神学化。唐太宗虽然提倡儒、道、佛三教并尊，但实际上特别重视儒家思想，召集大批学者对《周易》、《尚书》、《毛诗》、《礼记》、《春秋》五部经书精心整理和作出统一解释（共180卷），并作为科举取士的钦定教科书。到北宋时，朱熹等理学家进一步对儒家经典（四书）进行了注释，取名曰《四书集注》，把它列为知识分子必修的教科书，不许逾越，否则即视为离经叛道。正由于长期以来把儒家有利于封建统治的传统思想至上化、教条化，以致产生"以孔子之是非为是非"，出现"我注六经"、"皓首穷经"的风气，从而使儒学在某种程度上具有独断的经学思辨模式（冯契）和抗变性的消极面，缺乏大胆怀疑和应有的批判创新精神。严复曾经较中肯地指出了这一点："西人之于学也，贵独立创新，而中国之士，力求古训。"

二、我国具体国情迫切需要进行科学创造性思维

我国的具体国情，可概述为以下三个方面：

第一，我国存在着底子薄、人口多、经济发展水平比较低、人均资源和收

入相对少的困难。

众所周知，我们接受国民党反动政府留下的物质遗产是极其薄弱的，其工业经济只占全部国民经济的17%，较之十月革命胜利接受的沙皇俄国留下的经济遗产还要少。尽管我国的面积有960万平方公里，居世界第三位，同美国、巴西差不多（美国为937万平方公里，巴西为850万平方公里），但我国人口有12亿，而美国只有2．6亿，巴西仅1亿多。因此，中国的人均资源相对少。另一方面，由于建设社会主义是一项前所未有的事业，在探索的过程中由于缺乏经验，难免出现偏差，从而使我国的社会主义建设发展速度缓慢，科学技术和生产力发展水平同发达的资本主义国家相比差距还很大。我国的人均资源和收入都不同程度地低于世界的平均值。我国人均耕地只有1．32亩，远低于世界平均值5．5亩的水平；森林覆盖率为12．98%，不足世界平均31．2%水平的一半；人均水资源量为2700立方米，不到世界平均值的1/4；人均矿产资源，也比世界平均值的一半还少。更严重的情况是我国现在每年净增人口1500多万，这就意味着我国计划新增的国民收入将有1/5被新增的人口吃掉，而且人均占有资源的相对量还将持续锐减。特别是近代，由于封建王朝的统治，我国科学技术的发展显得远远落后于西方。例如，世界近代11项重大发现，我国未占一项。显然，上述情况对我国的社会主义建设和赶超发达的资本主义国家的经济发展水平不能不说是一个巨大的困难。

第二，建设有中国特色的社会主义是一项富于创造性的事业。

众所周知，建立社会主义、共产主义制度，是人类历史前所未有的崭新事业，同时，革命导师创立的科学社会主义理论模式同各国具体的实践模式是不能等同的、有差别的。因此建设有中国特色的社会主义制度，实现我国社会主义现代化建设，乃是我国人民群众自己的创造性事业。照搬过去的和其他社会主义国家的经验是不行的，全盘西化更不对。它需要勇于创新，敢于试验，善于总结，不断探索前进。这就要求“干革命，搞建设，都要有一批勇于思考、勇于探索、勇于创新的闯将”。必须指出，当前我国进行的社会主义改革，从思维领域来说，本质上就是一场创新运动。对此，我们应有足够的认识。

第三，当今国际社会主义运动遭受了前所未有的挫折，我国担当着坚持高举社会主义旗帜的重任。

东欧剧变，苏联解体，国际共产主义运动处于极为困难的境地。作为社会主义大国的我国，所肩负的历史使命就更重大了。为了担当起这个伟大使命，更需要加快社会主义经济建设的步伐，为我国的社会主义政权提供巩固的经济基础，通过显示社会主义的巨大优越性，推动世界的社会主义革命。

要成功地建设具有中国特色的社会主义，赢得对资本主义制度的胜利，推动国际共产主义运动的继续发展，必须借助超过发达资本主义国家的创造性思维水平的科学创造性思维，发展高科技，“创造高于资本主义社会经济制度”的“劳动生产率”。显而易见，超前正确的路线的制定及其创造性的贯彻，超前科学技术发展的远景规划的确定及其创造性的实施，都需要依靠超越发达资本主义国家的创造性思维的科学创造性思维。只有做到这点，才有可能加快缩短与发达资本主义国家差距的步伐，才能够争取尽早在物质文明建设与精神文明建设方面赶超世界发达资本主义国家，才能成功地建设具有中国特色的社会主义。

三、中华民族具有长于创造性思维的特殊素质和优良传统

其一，中华民族具有长于创造性思维的特殊素质。

必须强调指出，中华民族是智力高度发展的民族。从理论上说，文化史是一部智力发展史，智力是深层文化的结晶。恩格斯指出：人的智力是随着人们改造自然而增长的。具有5000年文明史的中华民族在改造自然改造社会的漫长过程中，其智力必然随着实践的深入而日趋发达。而智力的核心和最高层次就是创造性思维的能力。中华民族具有丰富灿烂的历史文化遗产，必然决定着它具有超越一般民族的智慧。从实际考察，近代以前，我国的自然科学就走在世界的前列。近年来，美国有关人口专家认为，“中国人的智商大大超过欧洲

人、美国人、日本人。在建筑师、物理学家、博物学家中，智商都以美籍华人为高，美籍日本人次之，美国人最低。在其他十个行业智力测验中，也是八个行业的华人超过美国人的智商。只有律师、牧师两个专业略低”。并且进一步分析了其中的原因，继续说：“中国人的智力优势在于：一、中国儿童智力开发有极大潜力；二、中国汉字认识的独特方式比认识西方拼音字母有更多优越性；三、中国悠久文化传统对智力发展有重大影响；……”甚至在美国流行这样的口头禅：美国的财富在犹太人的口袋里，美国的智慧在华人的脑袋里。由此可见，中华民族是长于创造性思维的。

其二，我国古代占统治地位的以儒家为主体的传统思想具有开拓、创新的一面。

必须强调，对古代中国占统治地位的儒家传统思想，要作具体分析，不能只看到它的落后保守成分、消极的一面，而应当同时看到它具有开拓、创新的一面，这才是唯物辩证法的态度。众所周知，我国儒家文化对日本、南朝鲜以及新加坡、泰国的影响是很大的，但是这些国家的经济发展仍然很快。如果把旧中国的经济落后与新中国成立后我国经济发展速度不够理想，完全归咎于儒家传统思想的保守性是不符合实际的，这就颠倒了社会存在与社会意识的关系，缺乏一分为二的科学态度。作者认为，对我国古代儒家思想，必须从学派整体着眼，并把它放在一定历史的场合中进行具体地考察。这样，就会发现儒家思想同时存在开拓、创新的积极的一面。先从孔子本人来说，他十分强调“多闻阙疑”，“毋意、毋必、毋固、毋我”，重视“学而思”，“举一反三”，“三思而行”。他曾问礼于老子，认为“三人行，必有我师”。孔子死后其学分为八派，他们“各引一端、崇其所好”，互相批评。儒学大师之一的荀子还提出了与孔孟的“性善论”和“法先王”的主张相反的“性恶论”和“法后王”之说。荀子撰写了《非十二子》，阐述自己的一家之言，成为法家的开创人。汉代的儒学大师王充的代表作《论衡》，公开声明其宗旨是“疾虚妄”，其矛头是针对使儒学神学化的董仲舒的错误思想的。宋朝的儒学大师王安石，以“三不”为座右铭，创立了“新学”。明朝的李贽一反经学家注、疏、解、释经典的传统，叫自己的解经之作为“四书评”，指责程朱理学是“以理杀人”，甚至大胆地提出“孔子之是非为不足据”，公开反对以孔子之是非为是非。明末清初的方以智，自勉“且劈古今薪，冷灶自烧煮”，公开应用“通其故”的方法论，“炮”制庄子等。王夫之自勉“六经责我开生面”，公开提出“依人建极”进行思维。其同时代人黄宗羲，不顾个人安危所撰写的《明夷待访录》的“原君”、“原臣”、“原法”诸篇中，公开地表现了他的民主主义思想。他从多方面公开批判封建制度，主张把君主当作公仆看待，宣布君主为“屠毒者”、“敲剥者”、“天下之大害者”，对儒家传统的哲学、政治、伦理等思想，进行了重大的创新。所有这些，不能不说是对儒家传统思想的大胆突破。

此外，即使从儒家保守派代表人物而言，其学术实践本身，实质上也有冲破原模式的新的开拓，尽管这个开拓是消极的。例如，汉朝董仲舒就在儒学中补充了神学。宋朝的程、朱，就在儒学中补充了道学、佛学等。

其三，我国古代的巨大突破性成就表明中华民族是具有创造性思维优良传统的民族。

中华民族在漫长的改造自然改造社会的过程中获得了富于创造性思维的特殊素质，取得了多方面的足以傲视世界的巨大成就。我国古代的自然科学在许多方面都走在世界的前列。苏联著名的天文学家海尔指出，《周易》中提出的太阳核子说即“日中见斗，日中见沫”说，比西方最早提出的太阳核子说早2000年。公元前1100年，我国《墨经》中提出勾股弦定理，比公元前500年西方提出的毕达哥拉斯定理早600年，尽管在理论的概括性上比毕氏逊色一些。公元2世纪我国就有了用植物纤维造纸的事，经过东汉蔡伦改进，发明造纸术，公元8世纪才被欧洲引进。宋朝毕昇发明的活字板印刷比德国人谷腾堡的活字印刷早400年。公元9世纪我国发明的火药，北宋时已用于军事，13世纪才传入欧洲。至于指南针的发明就更早了。我国的冶铁在世界上领先了两千多年。公元前

1217年6月26日的甲骨文上就有日蚀记录，比古希腊泰利斯所记的日蚀早得多。汉代的张衡所绘制的星象图，改进和制造的浑天仪、地动仪和候风仪比西方同样的发明早1000—1700年。春秋战国时期李冰父子负责兴建的成都都江堰，是世界古代水利建设的一个奇迹。秦代修筑的广西林渠，比巴拿马运河（人工梯级运河）早2000年。南北朝数学家祖冲之是世界上第一个把圆周率的数值推算到小数点后7位的人，比法国阿尔卡西计算的相同值早1000年。宋代秦九韶创立的“中国剩余定理”，在世界数坛上领先五百多年。明朝郑和七下西洋，最远到达非洲索马里，比哥伦布到达美洲早半个世纪。1972年长沙马王堆汉墓中挖出的保存完好的女尸及其陪葬品彩色帛画，令世人惊叹。唐代高僧无际禅师的肉身，历千多年而迄今保存完好，被学术界视为“世界唯一奇迹”。可惜这一国家级的文物现在却不在中国，而在日本 。可以说，西方近代自然科学的发展，在一定程度是受启于我国古代的文化及发明创造的。耗散结构理论的创立者普里高津曾说，中国文化是欧洲科学灵感的源泉。有些西方学者说，没有量子理论的建立就没有人类近代物质文明。然而，量子理论的创建者尼·玻尔正是从中国古代阴阳思想的启示中获得关于事物互补性的认识的，所以当他从瑞典国王手中接过诺贝尔奖金时，把阴阳符号作为自己的标志。现代生产所依赖的发电机、电动机及国防事业中所用的雷达，正是在中国指南针这一发明的基础上研制成功的。

再从人文社会科学来说，我国古代也产生了许多超越同时代人、取得创造性思维成果的杰出人物。

春秋时期伟大的思想家孔子，在古代世界思想史上进行了具有世界意义的两大突破和创新。

第一，率先创立了较系统化、理论化的相对完整的政治伦理人生哲学体系。在哲学对象及其基本问题上，孔子既没有沿用那个时代盛行的神学本体论模式，又撇开了不可捉摸的、抽象化的纯思辨范畴“道”、“理念”、“实体”等，也不遵循直观的某一种或几种物质形态——“五行”、“阴阳”、

“气”等衍生万物的思路，而是独创性地把看得见、体会得到的存在于人际之间的相爱关系，概括为最高范畴“仁”，以此作为其哲学思想的核心，并从这个核心思想出发，提出孝、悌两个范畴作为维持现有统治秩序的纵向横向关系的纽带。为了使不同阶级不同等级的人们正确处理上下左右以及更广泛的社会关系，孔子进一步提出了包含折中、调和、妥协含义的“中庸”概念，把它作为最高的社会道德标准和行为准则，认为表明这种道德标准和行为准则的标志是和睦相处，于是提出了“和”的概念。为了使“和”在质上体现出正当，在量上体现出恰当，以服从剥削统治阶级的需要，又进一步提出“义”与“权”等概念（当然在每一概念的层次上，还提出了同义的、补充的以及对立的概念，如“德”、“忠”、“恕”、“乐”、“正名”、“君子”、“小人”等），最后落脚于“礼”（即现存统治阶级政治法律典章制度）的巩固或孔子的“道”的推行。通过上述多层次的概念群的演进，形成了为统治阶级的统治秩序服务的以“仁”为本的政治伦理人生哲学的庞大思想体系。

第二，孔子把哲学世界观与哲学人生观融合为一体，把理论哲学落实到主观自觉的各种社会实践中。前者表现在：“仁”既是其哲学世界观的核心，又是其人生价值观的最高追求；“中庸”既是其政治伦理哲学的最高标准，又是其人生行为哲学的根本原则；后者表现为把其哲学和人生信仰落实到人们的主观自觉活动中，所谓“为仁由己”，“我欲仁，斯仁至矣”，“我未见力不足者”。孔子强调：把“中庸”落实到思考问题时，要做到“九思”；落实到行为上，要做到“温、良、恭、俭、让”。更可贵的是，孔子对统治阶级的政治统治，也提出了客观上具有进步意义的新见解，如“政者正矣，其身正，不令而行，其身不正，虽令不行”，“节用而爱人，使民以时”，“举直错诸枉，则民服”，等等。孔子的这些思想，远远高于同时代的思想家。正因为此，在最近英国出版的《世界十大名人传略》中，孔子被排在第一位。

春秋时期伟大的军事理论家孙武所著兵经——《孙子兵法》，不仅仅是“春秋末期及其以前的战争经验”的总结，也不仅仅是“一般理性思维”或

“原始辩证思维”的产物，更重要的，它还是那个时代所能够产生的军事创造性思维的最高结晶。

孙武在揭示战争实践的特点方面，独具慧眼，极其科学地概括为“变”、“诡”、“诈”、“奇”、“速”等。他更提出“巧能成事”，要求自己的兵法必须在处理“变”、“诡”、“诈”、“奇”、“速”等方面具有超人的创见（“巧”），要做到对战争事件的发展“可先知”，“使人用之必胜”。在权衡敌我力量对比时，孙武提出了以“五事”、“七计”作为标准的新见解；在作战思想上，提出“全国为上，破国次之……”，“不战而屈人之兵，善之善者也”，“上兵伐谋，其次伐交，其次伐兵，其下攻城……”等创见；在作战方针上，提出了“奇正相生”、“以正合，以奇胜”、“分合为变”、“任势”、“胜不可一”、“因敌而制胜”、“十则围之，五则攻之，倍则分之……”、“攻其所必救”、“以迂为直”、“知彼知己，百战不殆”、“先胜而救战”等新概念、新命题。

更可贵的是，《孙子兵法》形成了一个在思想内容上以斗争为核心，以作为主体的人和作为客体的人相互斗争的矛盾运动为基线，落脚于作为主体的人，根据具体情况，灵活机动地改变敌我力量的组合对比，从而达到以寡击众、以最少的代价夺取最后胜利的目的的军事辩证法思想体系；在形式上形成了由具有内在联系的13篇（前五篇主要讲战略思想，后八篇主要讲战术思想）构成的、比较完整地阐述战略战术思想的世界上最早的军事辩证法专著。历史证明，《孙子兵法》的理论和实践价值已远远超出了它所处的时代，超越了民族国家学科领域的跨度界限，成为我国和世界军事科学宝库中的一颗闪光的明珠。

即使是在我国古代封建社会最高统治者中，也有世界古代史上罕见的政治统治方法的创新，这种创新使我国封建割据的结束、大统一中央集权的封建国家的产生，比西方早一千余年，而且延续了两千多年。秦嬴政在公元前221年剪灭了六雄，统一了中国，断然废除了商周以来列国封侯世袭的分封制，实行中央集权的地方政权形式——郡县制，分全国为40郡。郡设郡守，郡下设县，县设县令，都由中央直接任免、调动，不能世袭，军事法令统由皇帝指挥、发布，把中央最高统治者定名为皇帝（取集三皇五帝的权威于一身之意），自称秦始皇，可以世袭。

为了加强中央对全国高度有效的统治，秦始皇采取了一系列创新措施：实行天下书同文（统一文字）、车同轨、行同伦、统一度量衡等重大改革，建立起有效的中央集权的大一统的封建国家，比西方类似的制度要早千余年。秦始皇统一中国，对中国历史的发展起了巨大的推动作用。秦虽速亡，却是“在于政，而不在于制”。也正因为这样，自汉迄清，基本上是承袭秦制。唐代进步的思想家柳宗元撰写了《封建论》，歌颂了秦始皇用郡县制取代分封制的伟大历史功绩；明朝李贽称赞柳宗元的《封建论》“卓且绝矣”，认为秦始皇是“千古一帝”。明末清初集我国古代哲学思想之大成者王夫之撰写《秦始皇》，更正确地肯定了秦始皇创建的郡县制的重大贡献，指出“秦以私天下之心而罢侯置守是天假其私，以行其大公”。

以上所述，足证中华民族在古代取得的创造性成果，走在世界的前列。对这一点，外国学者也是承认的。英国著名学者坦普尔曾作过如下的统计：“公元6世纪以前，世界的重要发明创造554项，中国占312项。公元前6世纪到公元1500年（明中叶），重要的发明创造中国占58%。”又指出：“现代世界赖以建立的基本的发明创造，可能有一半以上源自中国。”由此可见，中华民族是一个富有创造性思维传统的优秀民族，决非过誉。

其四，最近我国专家取得的具有世界性的成就也表明中华民族是富有创造性思维的民族。

革命就是解放生产力，特别是解放第一生产力。新中国取代旧中国，必然解放人们创造性思维的禁锢，使中华民族固有的聪明才智得到充分的发挥。这是不言自明的。众所周知，在新中国成立后短短的40年时间里，两弹一星、人工合成牛胰岛素、正负电子对撞等都是举世瞩目的成就。陈景润（“陈氏定理”）、郑伟安（“郑氏定理”）闻名全球。爱因斯坦提出的宇宙四维问题，长期未能在理论上得到证明，1994年才被我国华东化工学院李新洲教授证明了，这是宇宙研究的突破。国际著名科学家们在80年代久攻不下的物理难题，却被西北大学年仅30岁的周玉魁首先解决，受到杨振宁的称赞，李政道聘他为中国高科技中心成员，美国《数学评论》聘他为评论员。长春光机所范朝明发明“范氏快速台钳”，1989年在巴黎国际发明展览会上获金奖，法国专家认为“这是螺纹史上的革命，具有划时代意义”。我国全塑船制造技术居世界领先地位，其专利已被世界发达国家买走。对这一项目，西欧、日本研究十多年未成功，我国珠海陈先杰捷足先登。我国惠华高技术所魏俊奇攻关12年发明创造的新型脉冲数字温湿度计，被誉为中外科技史上的一朵奇葩。我国朱福成的研究成果“实数幻方论”成为这一领域的“世界之最”。

西方对现代中国人创造智慧所作的公正的肯定，也证明中华民族是最富有创造性思维的民族。1983年，美国出版的《美国华人的历史》有如下统计：在美国的华人有80余万，占美国总人口的0.5%，其中美国第一流科学家和工程师十二三万人中，中国血统的占3万人。据统计，美国著名大学中1／3的系主任是华人，阿波罗登月工程中1/3的高级工程师是华人，美国最大的计算机垄断企业IBM中高级工程师的1/3是华人。参加美国宇航事业的华人有400人。

联合国教科文组织发表的一份《美国大学外国人教授现状的报告》指出，1990年在美国各地大学任教的外国教授46479人，其中中国人为9110人，占总数的19.6%；其次为日本人4787人，占总数的10.3%；印度人为3207人，占6.9%；英国2649人，占5.7%；德国2510人，占5.4%，南朝鲜2091人，占4.5%。

再从近年两项具有国际水平的由成年学者与青年人分别参加的竞赛中，也可以窥见中华民族是富于智慧和创造性的。

1990年，国际中学生数学、物理、化学奥林匹克竞赛分别在中国的北京市、荷兰的哈尔林根市、法国的巴黎市举行。结果，中国队均获得优异成绩。在数学竞赛中，中国队以230分获第一名。在化学竞赛中，中国队的4名选手全部获得金牌，并以总分335.01分的成绩名列团体第一名。在物理竞赛中，中国代表队获团体亚军，总分与冠军只差0.35分。

1991年，被称为“诺贝尔热身赛”的美国西屋大奖赛举行50周年庆祝活动，从全美各地推出1573名参赛者，经过三轮淘汰，最后剩下10名优胜者，其中有4名是华人。

从国内的情况看，新中国成立后，中国人民掌握了自己的命运，物质生活条件不断改善，精神上得到了解放，并且获得了科学的世界观——辩证唯物主义历史唯物主义的理论指导。特别是党的十一届三中全会，排除了“左”的干扰，党的“双百”方针为人民的创造性的发挥提供了有利的政治和学术环境。中华儿女更有了充分显示自己的智慧和才华的天地。

上述种种告诉我们，当今世界，以电子技术为基础、人工智能为标志的新科学技术革命，所引起的全方位、多层次的日益激烈的竞争，正迫使每一个民族每一个国家增强超越自己、超越别人的竞争意识和能力。

对于正在从事建设有中国特色社会主义事业的我国来说，由于新中国成立前过分漫长的封建统治和半殖民地半封建统治，禁锢了人们的创造性思维，造成了经济文化科学技术十分落后的局面。在这种情况下，重视和进行超越发达资本主义国家创造性思维水平的思维——科学创造性思维，具有特别重大的意义。

第二章 科学创造性思维的生长点——思维

第一节 现行思维学关于基本思维形式功能及其与哲学思维关系的传统观点

一、关于基本思维形式功能的传统观念的局限性

当今国内外关于思维科学特别是创造性思维科学的研究，尚处于幼年时期，对许多问题存在着不同看法，是正常的。其中关于思维基础科学的构成要素问题，一般只限于某些基本思维形式，不包含主体（人脑）的思维生理机制学（指人脑特殊功能及其思维活动的生理机制）。其所以如此，一是受当代科学发展水平的限制，二是由于对当代思维形式、方法的不断拓宽和日益转向创造性思维认识不足，三是与当前人们对辩证唯物主义认识论缺乏科学的理解，忽视主体性在认识、思维中的作用有关。对这个现代科学研究的前沿问题，在下章思维科学体系专节中再作探讨。这里，先对迄今关于基本思维形式功能的传统观点提出异议。

长期以来，流行这么一种观点，认为只有抽象的逻辑思维，才能认识事物的本质和规律，才能揭示未知。诚然，采用抽象的逻辑思维的判断推理方法，能帮助人们揭示事物的内部联系与发展规律，有利于认识、改造世界，但是，如果把它说成是绝对的、唯一的，那是不符合辩证法、不符合实际的。

必须强调，任何事物不是孤立的，都是处于普遍联系之中；不是永恒的，

是在一定条件下发生转化的。新陈代谢是绝对规律。人类实践的不断发展与深化，对认识不断提出新的要求。而认识是通过思维活动进行的，相应的思维方法，也就不断拓宽、增加，这是不言自明的。千百年来，人类的思维基本形式大家认可的主要是以下三种：一种是一直占统治地位的传统逻辑思维；一种是被说得神乎其神的灵感、直觉；还有一种是存在争议的形象思维。直至今天，可说大多数人仍然把第一种思维形式视为认识事物本质规律的绝对权威，把第二种思维形式看作是探索新知的主要思维形式。

当前，不同领域、不同角度、不同层次的思维方法层出不穷，如表象方法、系统方法、信息方法、控制方法、模拟方法、数理方法、辩证方法、理想化方法、建构方法、优化组合方法、数理模型方法、黑箱辨析方法、探索演绎方法等。显然，这些新的方法同时也就是思维方法。而上述这些新方法的诞生本身表明，它们不仅能有成效地揭示事物的本质、规律，而且还能有成效地揭示未知的领域。特别是反映现代科学技术的学说如脑解剖学、神经生理学、人工智能学、宇宙学等的问世及其发展，使人们大开眼界。上述两种情况，迫切要求人们突破关于只有抽象的逻辑思维形式才能认识本质规律的传统观念，还要求对传统的灵感、直觉“思维形式”进行再认识和科学改造，把现在具有争议的形象思维置于科学基础之上，对上述各种新的思维方法进行科学的概括，在此基础上进而建构新的思维形式的基本类型，以适应现代人进行理智思维、科学思维、科学创造性思维的需要。

二、否定当今思维科学存在的对待哲学思维的片面性

现在的大多数思维科学工作者，在阐述思维活动时，对待哲学思维有两种截然相反的观点：一种是阐述思维基本形式时，把哲学思维纳入思维领域基本思维形式系统之内，与之并列，如包括哲学思维在内的思维方式类型的四要素说；另一种在阐述思维活动时，根本把哲学思维排斥在外，特别是不少艺术家、科学家谈到自己的创造思维方法时，只讲思维领域的直觉思维（大多是讲

灵感思维）、逻辑思维或抽象思维、形象思维，而把哲学思维置于视野之外。还有不少思维科学研究者谈到基本思维类型的作用时，一般只谈灵感、逻辑、形象三者构成的辩证关系与作用。产生上述这两种片面性的主要原因就在于，对哲学思维的特殊本质和特殊功能，对哲学与思维科学的隶属关系，缺乏正确认识。须知，哲学思维立足于世界观的高度，这就决定了它的层次高于思维领域的基本思维形式，两者不能并列；又规定了它对一般思维形式的运用和作用具有导向作用，不能把它放在视野之外。

哲学是关于世界观的学问，人类自身也是其认识对象。哲学又是一种自我反思的学说。就是说，哲学思维是从世界观的高度即从哲学的基本问题去把握世界，是人类思维的最高层次，其特点是联系主观性，追求客观性，用康德的话说，就是从普遍中把握特殊。再者，哲学思维是一种不断上升的反思运动，它在其他认识活动提供的新的信息的基础上，从获得的新信息出发，对已有的认识成果进行再思考，冯友兰称之为“对认识的认识”。哲学思维的特殊功能，表现在它从世界观的高度对思维活动的思路和倾向起指向和导向作用，甚至能为科学思维构成大致的框架。真正的哲学反思，必然获得新的意向性认识，指示科学认识的大致方向。

恩格斯说过，几千年前，在哲学中已经确定了的命题，在哲学中已被废弃的命题，却常常在理论的自然科学中表现为全新的智慧。德谟克里特的原子论比道尔顿的原子学说早几千年，伊壁鸠鲁比道尔顿早几千年按自己的方式了解了原子量和原子体积。恩格斯还强调指出：科学家的思维活动，必然受某种哲学方法的影响，是不以人的意志为转移的。并说：不管自然科学家采取什么样的态度，他们还是得受哲学的支配，问题只在于，他们是愿意受某种时髦哲学的支配，还是愿意受某一种建立在通晓思维的历史和成就基础上的哲学的支配。

科学史证明，凡是作出重大贡献的科学家，其成就要么是自发地，要么是不同程度地自觉地以唯物主义哲学作指导而取得的。

众所周知，被誉为近代科学之父的近代科学方法的奠基人伽利略，之所以能够在从亚里士多德的科学旧传统到近代科学新的思维与实践模式的转变过程中作出关键性的突破，就在于他自发地从实际出发，具有战斗的唯物主义思想，因而他受到了宗教裁判所的迫害。然而，由于他毕竟是自发的唯物的经验论者，因而不免在解释色、声、香、味等感觉能力时，又多方面陷入唯心主义。

在数学、光学、力学、天文学四大领域作出划时代贡献而为现代数学、现代光学、现代物理学、现代天文学奠定了基础的科学头等巨星牛顿，是一位经验论者，是在科学实践中具有自发的唯物主义倾向的科学家。但是因为他信仰上帝，到50岁左右，就埋首《圣经》，从而中断了他对人类的贡献。

被誉为量子论领袖的普朗克，他的量子概念的创立，就经历了徘徊与退缩，最终由于他遵循客观性原则而成功。

近代能比较自觉地以唯物主义认识论作指导的科学家不乏其人，其中以爱因斯坦最为突出，其成就也最显著。世人公认，爱因斯坦是继牛顿之后的又一颗科学巨星，被称为20世纪的牛顿。如果说牛顿是自然科学启蒙时期的“宠儿”，那么爱因斯坦就是世纪之交物理学革命时代的骄子。这个作出划时代贡献的伟大科学家正是得力于哲学的指导。爱因斯坦深有体会地反复强调说：“哲学是全部科学研究之母。”研究爱因斯坦颇有成就的朱亚宗教授认为：“爱因斯坦在科学活动实践中，他的思维时序结构是以哲学为首要环节，哲学在他的整个探索过程中，并不只具有解释功能，更重要的是具有引导功能。”必须特别强调如下一点：在科学实践过程中，爱因斯坦十分重视科学结论、成果的哲学思考。他曾如此评价自己：“与其说我是一个物理学者，倒不如说我是一个哲学家。”正是这位笃信唯物主义哲学指导的科学家提出了富有哲学色彩的“两面思维”新概念。纵观他一生的划时代的科学创造，不难领略其熠熠夺目的哲学思想的光辉。

20世纪另一个与爱因斯坦齐名的原子结构理论的创立者、哥本哈根学派的领袖波尔，之所以取得世界公认的辉煌成就，就在于他从小就对哲学有浓厚的兴趣，长时期听他父亲的朋友讲授的哲学课，并且是他父亲与朋友们进行哲学讨论时的旁听常客。他认为物理学的根本原理是哲学中的普遍性原理。与爱因斯坦一样，他特别重视把自己的科学结论、成果提到哲学高度进行思索。他从微观物理世界的对立现象的联系出发，提出了闪烁着哲学光芒的“互补原理”。

至于18世纪在化学、物理学、天文学等领域都作出了卓越贡献的罗蒙诺索夫，他本人就是俄近代唯物主义的奠基人。

我国现代取得巨大成就的自然科学家，同样也重视哲学对科学研究的指导作用。

我国著名的生物学家、实验胚胎学的主要创始人之一童第周，在进行开拓性的科学研究中，为了突出哲学对科学研究的指导作用，专门写了阐述生物与哲学关系的专著。他指出：只有用辩证唯物主义的观点去解释、去研究，才能正确地认识有机体发生的基本性质和基本规律。

我国现代控制论科学权威、思维科学的首创人、被誉为中国导弹之父的渊博学者钱学森，把唯物主义认识论置于思维科学体系的理论基础的地位。他这样来强调哲学的指导作用：辩证唯物主义历史唯物主义确是一件宝贝，是一件锐利的武器……如若丢弃这件宝贝不用，实在是太傻了。这充分显示了他对哲学唯物主义的指导作用的坚信不疑。经过许多年研究思考，钱学森教授于1994年初进一步提出了集古今中外的哲学、社会科学和自然科学之大成的“大成智慧学”，为科学界打开了一条新路。

大地构造及成矿学新理论——地洼学说（活化构造理论）的创立者、我国著名地质学家陈国达，之所以取得为苏联、日本及欧美许多国家地质学家公认的具有世界意义的卓越成就，是与他自觉地坚持以正确的哲学指导自己的科学实践分不开的。早在1956年，他以否定之否定规律的观点作指引，揭示岩石的转化问题。1960年，发表了《关于划分构造区的一些哲学观点和思维方法论问题》。1963年进一步发表了《大地构造的哲学问题》，1979年又发表了《大地构造与自然辩证法》，1981年进而发表了《地壳演化的辩证法》等。在他已经问世的250多篇（本）论著中，自始至终以唯物辩证法的哲学世界观和方法论作指导，从而在总结自己进行创造性思维和科学实践的经验的基础上，终于提出了“动定转化递进律”这个具有唯物辩证法哲学韵味的新概念。1994年，陈国达推陈出新地提出了“扬弃以创新”的辩证法精神新命题。

不妨顺带提一下，日本现代著名科学家坂田昌一、武谷三男、汤川秀树等，对自然哲学特别是唯物辩证法在自然科学研究中的指导作用的认识也是相当深刻、发人深省的。对此，作者在第八章中还要介绍。

上述关于哲学思维的特殊本质与特殊功能的理论分析与大量的实例引证表明，哲学思维与人类基本思维形式是不能平列的。不能把它纳入基本思维形式体系中，但在进行思维活动的过程中，又必须把它置于指导的地位，不能把它置于思维活动之外，这是毋庸异议的。

第二节 思维规定的多维性及思维本质特征的统一性

一、思维内涵新释

科学是有关概念的体系。要揭示思维科学，首先要弄清思维这个关键性概念的含义。怎样科学地理解思维，是哲学、心理学、逻辑学、语言学、人才学、人工智能学等学科都要作出回答的问题。那么，怎样理解思维的本质和特定含义呢?

“横看成岭侧成峰，远近高低各不同。”从不同的参考系、侧面、层次对对象进行了解，所得的印象、认识是有差别的。然而具体之所以为具体，它是许多规定的综合，所以，我们只有从多角度、多层次考察它的本质规定的多维性，然后，从思维学角度综合地具体地把握它的根本的规定的一维性或本质特征的统一性，进而科学地加以界说。

一般地说，思维与意识是同一概念，泛指与哲学上的最高概念——物质相对立的一切精神现象的概括，都是第二性的东西。恩格斯关于哲学基本问题的叙述就是这样着眼的。从严格意义上看，两者是有差异的，前者主要是指人的理性抽象活动及其产物，包含着人的全部思想活动及其结晶。具体地说，既可以从静态，也可以从动态，既可以从形式，也可从内容，既可从结构，也可从功能等不同角度去考察，得出各自的含义。费尔巴哈关于“意识是人脑的机能和对存在的反映”的见解，显然是从它的基本特点和本质内容来说的，强调了它的唯物主义实质；列宁关于“认识是思维对客体的永远的无终止的接近”的观点，显然是从动态角度了解的；毛泽东关于“认识的任务在于经过感觉而到达于思维”的论点，显然是从功能的角度把它理解为一种高度理性思维形式。恩格斯曾经指出思维是能的一种形式，这实质上是从物质运动角度着眼的。特别是恩格斯关于“终有一天，我们可以用实验的方法，把思维归结为脑中的分子运动……”的言论，是进一步以近代实证科学的新发展、新成果为依据，以马克思主义的科学世界观方法论为指导，对它作了彻底唯物主义的回答。有人从信息论的角度，把思维解释为人脑对获取的信息的选择与加工，这种看法自当别论。迄今我国理论界多数人认可的定义是：思维是人脑对客观事物间接的概括和反映。这种理解，显然体现了唯物辩证法的能动反映论原则。苏联大百科全书第三卷给思维所下的定义是：“思维是客观现实反映过程，这个过程构成了人类认识的高级阶段，思维是人类主观现实的特性、联系和关系的知识……”；罗森塔尔、尤金主编的《哲学词典》下的定义强调了反映“是一个能动过程”。诚然，我国和苏联理论界给思维下的定义基本上是一致的，是具有真理性的。但它们存在着共同缺陷：一是忽视了对思维所具有的创造性本质的了解和重视；二是忽视了对思维本质的全面性的综合辩证把握。

真理是全面的。不妨对它的质的多种规定性作一个综合的概括和界说。照作者看来，思维是人脑借助于表象、意象和概念，对客观事物进行理性分析、综合、推理或分解、组合、建构等能动性创造性活动的能力、形式、过程、产品。它是包含着极为丰富的内容的动名词概念。其主要特点和遵循的原则是：反映事物的方式具有不同层次的抽象性，认识事物的深度具有不同层次的抽象性，对事物的观念化具有不同程度的创造性。

总的来说，马克思主义对思维本质的解释，坚持唯物辩证的能动反映论与科学的创造性相统一的原则，坚持对思维的多种规定性的辩证综合，因而它既与客观唯物主义格格不入，又与机械唯物论的反映论有重大差别。

二、从思维与它同序列概念的比较中理解思维的特定的质

为了进一步理解和掌握思维概念的特殊本质，还必须把思维与思考、思维与思想、思维与意识、思维与心理的差异区别开来。准确地说，就是要了解思维与上述概念的联系与区别。

思维有反复思考、深思的意思，主要反映事物的活动过程。而思考含有专注之意。思想是指思考获得的内容，是思维的成果，“是头脑的机能跟某种对象相结合而产生的小孩”。意识是人脑的特殊机能，是人脑对存在的反映。意识既可作名词，又可作动词。从起源上讲，思维和意识是一致的。心理是感觉、知觉、记忆、思维、情感、意志、性格、能力等的总称。显然，弄清思维同上述系列概念的联系和区别，对人们理解和掌握思维是有裨益的。

第三节　思维的独特的物质器官和多要素的特殊工具

一、思维独特的物质器官——人脑

关于思维的生理基础的认识，经历了一个漫长的过程。这一过程大体可分为如下几个阶段：主体思维物质器官的确定——人脑结构——脑功能定位——思维活动与脑神经活动的生理过程的联系——不同基本思维形式与创造性思维活动的物质本体归属，等等。对这些问题的解答，由于不同时期历史条件的限制，都存在不同程度的这样或那样的局限甚至错误，即使现在，各个领域乃至同一领域中不同的科学家们仍然存在着分歧，而已统一认识的部分问题，也很难说是自觉地以唯物辩证法的辩证否定观点作指导，以系统论（含信息论、控制论及协同学、耗散结构理论等）观点作解剖刀，以现代脑科学（含脑解剖学、神经生理学等）成就为依据。作者本着一方面对不同历史时期的有关研究成果予以辩证的肯定和否定，另一方面对其加以辩证的综合，对某些迫切需要揭示的问题进行富有成果的探讨的宗旨，力图探索回答本节主要提出的问题，为下面的有关论题进行铺垫。

如前所述，思维是人类特有的能力和财富，那么人类（指文明人，下同）在社会实践活动过程中，依靠主体本身的什么特殊器官履行思维职能呢？即思维的物质器官是什么呢？对这个问题，自古以来人类就一直在探索、研究。在古代，无论西方还是东方，都有把心脏看作思维赖以进行的物质器官的观点。古希腊亚里士多德认为脑是无关重要的“无血器官”。我国古代孟子认为，心的职能是思维。到公元前四百多年前，古希腊医学家希波克拉特最早明确指出，脑是人类思维的物质器官，指出“由于脑，我们思维……”在我国，虽然由于儒家的“心之官则思”占据统治地位，没有明确肯定思维的物质器官是脑，但实际上在孟子之前已隐约地意识到了思维与脑的作用有关，如象形文字“思”，它的上半部分便是颅骨前囟的囟字。公元12世纪，金医学家张洁吉明确指出，人的感觉等都是脑的功能活动。当然，我国只是到了元、明时代，才明确提出“神不在心而在脑”，“脑为元神之府”，开始看到了人的精神意识活动是脑的功能。特别是清代王清任，通过多次亲自到义冢现场观察暴露的尸体，作解剖实验，历时42年，写成《医林改错》巨著，在“脑髓说”节中明确指出并系统阐发了“灵机记性，不在心在脑”。显然，这种对思维的物质器官是脑的确认，已使人类对思维的物质器官的揭示取得了里程碑式的进展。

人脑这个特殊物质器官之所以能承担思维的作用，必然在于它具有特殊的生理结构。关于此，有各种不同的观点。从宏观结构看，存在着两个层次的认识，即从整个人脑与大脑皮质的活动分别进行多层次考察。

首先，对整个大脑结构的揭示，主要有四说：

（一）三区说：布罗卡区（言语特区）、韦克区（理解特区）和联络区。联络区沟通上两区（人脑所特有）和大脑其他区的联系。

（二）三脑膜包裹说，即指人脑由硬脑膜、蛛网膜和软脂膜包裹着大脑半球，后两层脑膜之间的脑穴中充满着脑脊液，与大脑皮层及整个脑脊液相通，起滋润脑的作用，同时起防止脑震荡的作用。

（三）四脑说，即指人脑是由大脑、间脑、小脑和脑干四部分组成。大脑半球表面覆盖着一层灰质层的大脑皮层，主要由神经细胞的细胞体构成，是高级神经活动的中枢；间脑包埋在大脑半球内；脑干在脑下端，像大脑半球的两柄，故名为脑干。

（四）五脑构成说，即人脑由延脑、后脑（小脑和脑桥）、中脑、间脑（丘脑与下丘脑）和端脑（嗅脑、基底核、胼胝体和大脑皮层）构成，其中，延脑可以说是“生命中枢”，脑桥担负小脑和高级部位的信息联络，小脑专司运动平衡，大脑皮层负责思考活动。

以上所述四说，从不同的角度揭示人脑整体结构及其功能，都殊途同归地说明了大脑皮层是人脑的主要部分，它们互为补充，其中五脑构成说，较多学者认为比较科学。作者亦持此见解，因它的揭示比较符合实际。

其次，对大脑皮层结构的揭示，迄今也主要存在以下四说：

（一）大脑皮质构成四叶说，认为大脑皮层分为四叶，前面是额叶，中间为顶叶，后面为枕叶，下面为颞叶，其中额叶和颞叶占的面积最大。大脑皮层中有许多特殊区域调节人体的视听运动。

（二）大脑皮层四功能区构成说，认为大脑皮层由接受外界信息的感觉区、进行搜集整理的贮藏区、评价得到的新信息的判断区、按新方式把已有知识组合起来的想象区四个功能区构成。

（三）大脑皮层由三个含基本机能的“块”构成说（每一块就是一个基本系统或机能的联合区）。第一块（区），主要指网状结构等，它是中枢神经系统内一个具有广泛调整和整合作用的组织；第二块（区），由大脑皮质各感觉区（视觉区、听觉区、体觉区）的不同层次构成，形成第一、第二、第三级运动的皮质区；第三块（区），由大脑皮质运动区不同层次构成，对前面的信息进行加工。

（四）大脑皮层两球一桥说，认为大脑由左、右两半球构成，并由胼胝体连接，左右脑之间由2亿条神经纤维束——胼胝体连接沟通。胼胝体以每秒40亿个神经冲动的速度将信息传递于左右脑两半球之间。

上述关于大脑皮层的宏观构成的四种学说，说明大脑皮层是人脑最重要的部分。

上述各家学说从不同角度对此进行揭示，彼此互为补充，其中两半球一桥构造说，公认比前三说要科学得多。作者认为，此说是关于大脑皮层宏观构成认识的一个飞跃。

从微观结构考察，大脑两半球表面覆盖着一层灰质层的大脑皮层，表面呈现出许多弯曲的沟裂，凹处为脑沟，凸处为脑回，两半球面积约2250平方厘米，灰质层平均厚度为2．5毫米。大脑由140亿个、200多种类型的神经元（每平方厘米约有5×10^{6}个细胞，分六层，逐渐伸展，构成为神经网络等多种结构）和9000万个辅助细胞构成，每一个细胞跟1000多个其他神经细胞相连接，能从其他细胞的分枝接受上下约2000种联系。

大脑皮层的80％是胶质细胞，负责脑的供养责任，20％为神经细胞，为数约1000亿（10^{11}），负责接受刺激和传导冲动。这些神经细胞直径大的一百几十微米，小的只有几微米，由细胞体发出的轴突和树突组成，每个神经细胞的轴突末梢和另一些神经细胞的树突与细胞体接触，这个接触区称为突触。据苏联阿诺克欣（巴甫洛夫的学生）指出，一个普通的大脑拥有的突触连接和冲动，传递途径数目是1后面加上1000万公里长的标准打字机上的零。心理活动通过大脑皮层多区域之间的水平联系以及皮层与皮下中枢之间垂直联系的协同活动而实现。大脑皮层不仅负责与皮下各级神经中枢相沟通，同时又通过遍布全身的43对神经连接或间接与人体各个器官相联系。

脑功能定位的认识也取得了一定进展。19世纪以前的科学家以为大脑发挥它的各种功能是整体活动的结果。1870年德国青年医师费里茨和希齐希，首先提出“运动区”的概念，并发现在皮质运动区里还有更为精细的分工，有分管上肢、下肢、躯干的特定部位，此外，还有其他功能区域。

20世纪，加拿大医生彭菲尔德全面而详细地绘制出大脑皮质的分工图，而且发现，人的运动和感觉功能在大脑皮质上的投射是倒置的。法国生理学家根据对脑的解剖结构的认识，建立了脑功能定位原则。紧接着，法国医生布洛卡发现，右半身瘫痪的病人常伴有失语症，因此首先提出了“语言中枢”的概念，并把左半球称为“优势半球”。在苏联的人脑研究所，前后几代科学工作者潜心研究，试图解开构造复杂和功能神奇的人脑之谜。其学者指出，认为人的大脑细胞总量中只有百分之几得到有效利用，这是一种误解。人脑中不同的神经细胞每日每时都在发挥着指挥人体不同部分的功能，并指出人脑神经细胞由于人的衰老或用脑过于集中会发生大批死亡，但人脑细胞有惊人的恢复力，经常性的脑力活动会使人的大脑具有持久的活力。

70年代，美国神经生理学家罗杰·斯佩里和同事们作了裂脑手术——切断胼胝体，来治疗一些用药不能控制癫痫发作的病人，并做了许多非常精细的心理实验，结果发现大脑两半球有各自独立的功能。左脑主要具有言语、逻辑推理、抽象思维与计算功能，按照串行、继性方式处理信息；右脑主要有图形、音乐、情感、形象综合等功能，按照并行、空间因果性方式处理信息。左右脑之间由2亿条神经纤维束即胼胝体连接沟通，胼胝体以每秒40亿个神经冲动的速度将信息传递于左右脑两半球之间。在胼胝体完整无损的条件下，每个半球都从全部感官接收感觉材料，同时又通过胼胝体传递过来的另一个半球获得感觉材料，并与之比较和综合。一旦切断胼胝体，一个半球的信息，另一个半球就接收不到，使左右两半球的功能都受到极大的破坏性影响。如“裂脑人”虽然能够用言语报告他左半球获得的信息，却不能用言语报告右半球得到的信息，他们也不能说出提供给两个半球的两个刺激的异同。这说明，左右两半球在功能上既是对立的，又是互补的，既各司其职，又互相配合。

与此同时，美国加利福尼亚的奥恩斯坦教授也发现，如果一个人在使用大脑的一个“半脑”时，会或多或少地使另一“半脑”相对地表现出无能。不但如此，而且在那些特别需要用到同另一“半脑”很有关系的支配能力的情况下，如果对两“半脑”中的“未开垦处”给予刺激，激发它积极配合另一“半脑”的作用，结果大脑的总能力和效率会成倍的提高。即是说，一个“半脑”加上一个“半脑”远远大于一倍的效益。当一个“半脑”发挥作用时，加上另一个“半脑”的作用，产生的效果常常是5—10倍。美国人脑研究专家内德·赫尔曼也曾对7000人作过测试，以确定他们究竟用左半脑还是用右半脑思维。结果他发现，大脑半球的使用与一个人所从事的职业及学科有极为密切的联系。左半脑的定向学科通常是律师、作家、税务专家、医生等，主要涉及逻辑和语言文字方面的知识。而用右半脑的人大多是诗人、政治家、音乐工作者、建筑师、企业家和舞蹈演员等，擅长形象思维。赫尔曼还表明，在各行各业作出卓越成绩或获得巨大成功的大多是那些同时开动左右半脑的人。

最近，苏联生物学家在人脑皮质下结构中首次发现，负责思维活动的不仅有生物发育高级阶段出现的生成物——上述大脑两半球皮质，还有比较古老的皮质下结构。如果专家们过去把脑的活动看成输入和输出信息的“通道”的话，那么，现在由于发现大脑不同“层次”都参加心理活动，关于脑的工作概念变得更加复杂了，因此，人们对思维和人脑的研究可能亦变得更为复杂化。

日本东洋大学恩彰也持类似见解，但认为日本人大脑两半球的分工不如西方人明确。日本医生角田在1978年出版的《日本人的大脑》一书中指出：日本人的大脑的左半球集中了逻辑和性感，处理元音、辅音、自然音；右半球处理音乐、噪音。角田的见解与斯佩里等美国学者的发现基本上是一致的。从以上阐述中，不难发现，胼胝体起纽带核心作用，从而可以逻辑地引申出这么一个结论，集左右脑功能而进行的创造性想象、构想的能力，乃是胼胝体的特殊功能。

对人脑的思维活动与脑神经活动的生理过程的联系，不同基本思维形式与创造性思维活动的物质归属等问题的认识，已经或正在取得可喜的成果。

必须进一步指出，现代脑生理学通过实践表明，外界事物作用于人的感觉器官而引起的各种刺激，沿着神经纤维传达到大脑皮层专司不同职能的各个区域，在这个基础上形成复杂的意识过程。现代脑科学揭示，意识活动是伴随着人脑神经活动的生理过程的。人们进行思维活动时，大脑皮层的一定区域就发生放电、生化等复杂变化。当进行长期的用脑活动以后，大脑皮层中一定区域内脑细胞里的核糖核酸含量显著增加，突触的数目不断增加，并且生长出新轴突，同时在突触内出现电位的变化。美国加利福尼亚大学的精神病学家理查德·哈叶，在运用新的正电子层扫描技术分析人脑神经活动时发现，成绩优秀者做题时，在脑的断层照片上只显示了一些亮点；而成绩差者脑断层上一片明亮。这一结果反映了大脑皮层回路的工作效率。这个实验表明，思维活动程度与脑神经活动程度的关系是极为密切的。

二、思维的特殊工具——语言及其多种表现形式

人类之所以具有高于高等动物心理的思维能力和意识、思想，不仅因为它具有高度组织起来的极其复杂、高度完善的物质系统——人脑这个人类思维的物质器官，同时还因为它在社会实践中为了交流经验和思想，产生了语言这个人类思维的特殊工具。马克思说语言是思想的直接现实，高尔基说语言是思想的外衣，他们都说明语言与思想密切联系。语言分自然语言（发声语言）、人体语言、文字语言、符号语言等。自然语言是通过声音的信息反映事物的形式和内容的统一。亚里士多德是从分析语言的形式方面创立了形式逻辑，“奠定了科学语言的基础”。人类通过自然语言保存经验，代代相传。人类通过自然语言的传递，帮助自身进行思考。但必须指出，某些自然语言具有歧义性，不利于科学思维，这就需要人们进行鉴别和选择，加以具体确定。与自然语言存在的同时还有人体语言（无声语言），即通过动作和姿势表达思想，如以目示意，以点头表示同意或以摇头表示否定，用手势表示好、景仰、胜利、赞扬、真诚、允诺或反过来表示不好、憎恶、怀疑、愤怒，使用其他各种动作暗示自己的想法等。

自然语言和人体语言都受到时空的限制。文字是语言的特殊形式，也是语言表现的高级形式，它可以克服语言上述的缺陷，冲破时空限制。使用文字书写自己的思想给别人看，不仅能互通信息，更重要的是能传播知识，保存文化遗产。文字还有一种功能，可以写给自己看，帮助记忆和思考。人们把想到、看到或听到的重要事情用文字记录下来，以免忘记，并把他人的思想资料、思想成果记载下来，从而把人们有关的见解进行更高的抽象和综合的概括，从而推进人类思想和文化科学的向前发展。

原始符号可以说先于文字，最原始的文字实际上就是一种符号。文字是从原始符号发展来的，而高级的符号又是文字发展到较高阶段派生出来的一种特殊的表现文字含义的形式。代数就经历了文辞、缩写和符号三个阶段，

只是到16世纪，法国笛卡尔才全面地应用了符号。符号，特别是高级符号，是一种很重要的思维工具，它甚至在某些方面能起到语言和文字所不能起到的作用。例如，数学、物理、化学、逻辑学等都有自己的一套符号体系，没有它们，单靠言语文字，这些学科就无法发展。数学使用“+（加）、一（减）、×（乘）、÷（除）、=（等于）”，不仅书写十分简便，而且其意义非常明确醒目。利用符号构成公式，表述抽象的定律、定理，更能表达人们的深刻思想。还有不少符号可用来表示某种事物及其性质或状态，使人易于了解。如化学中化学元素都是用“O”、“H”等符号表示的，有利于人们认识化学诸元素及其内在联系。有些符号用于图解中，能表示某些有关事物及其相互关系。在地图上，常常用一些众所周知的符号标明城市、河流、山脉、铁路、公路等，使人一望而知其所处位置……

综上所述，可见语言及其各种表现形式是人类思维的重要工具。要进行思维，就必须全面地掌握它们，辩证、灵活、具体地运用它们。

第四节　思维基本形式类型及其结构的新构想

一、思维形式、方法、方式的联系和区别

人类怎样利用自己的物质器官——人脑进行思维呢？文明人类是利用人脑对事物的共性进行不同程度的抽象而得的语言（概念）符号及其系统构成的思维形式进行思维的。正是由于获得了一定的思维形式，产生一定的思维方法和思维方式，才能对对象进行有成效的思维。然而，对三者的界限，长期以来，许多人都感到困惑，直到现在，仍争论不休。因此有必要先说明思维形式、思维方法与思维方式的联系和区别。

必须指出，思维形式、思维方式和思维方法，都是人们表达思维的活动过程的同序列概念。从广义上说，它们是可以互通的。马克思、恩格斯对其就未严加区分。他们在讲到唯物辩证地理解思维时，有时说，辩证法是最重要的思维形式；有时说，唯物辩证法是彻底革命的思维方法；有时说，唯物辩证法是与形而上学相对立的思维方式。但从严格的意义上讲，三者是有区别的，同时又是有内在联系的。简单说来，把思维的诸要素统一起来的结构是思维形式，而思维形式主要是以语言（概念）系统为基本要素构成的。换句话说，思维形式是通过语言（概念）系统表现自己而实现的。

思维形式是思维的工具、手段，只要进行思维，就非使用思维形式不可；而思维形式的动态表现，就转化为思维方法。或者说，人脑对客观事物的本质规律进行思维的思路，就是思维方法。

运用一种或多种稳定的思维方法进行思维，进入相对稳定状态的特定形式或方法，包括思维的内容、思维形式和思维方法的统一，就是思维方式，它一旦形成，就以既定的规范形式和“逻辑的格”的制约力，规定人们的思维。思维在继续向前发展中，能够保持自身并深入到人们的心里，变成人们自觉的习惯性思维，就成为一种不易变更的思维定势，或者说它是人脑把握世界方式的一种内化，这种内化，制约着思维的立度，规定着思维定势、思维方向、逻辑进程。有人认为，只有思维方式才是思维的专属对象，是有一定道理的。

思维形式、方法是非总体性概念，主要是对思维过程中所运用的手段的概括，它只是从一方面来表示人们怎样思维。思维方式同思维形式、思维方法有不可分割的联系，但不等同于思维形式、思维方法；思维方式比思维形式、思维方法更广泛、丰富、稳定。从它们的关系来说，思维方式是对思维全过程的基本特点的概括，它从多方面全面地表现怎样思维的问题。似乎可以说，对思维概念而言，从其静态着眼，是思维形式；从其动态着眼，就是思维方法；从其动态和静态相统一讲，就是思维方式。而在思维过程中，归根结底，思维形式是立足点，是思维方法、思维方式赖以产生的基础。因此，研究思维，应以揭示思维形式为突破口，以揭示思维方式、方法为落脚点，以此为契机揭示思维的一般方法论。

下面先着重对思维形式进行剖析。

二、映象思维、抽象思维、构象思维是思维的基本形式，直觉思维是其特殊表现形式

如上所述，思维形式是思维的最基本工具或手段，是进行思维的基础条件，因此在人们进行多种多样的社会实践和思维活动中，运用的思维形式是多种多样的，多层次的，但其中必然有某些思维形式具有共同的思维本质和特征，这些具有共同思维本质和特征的形式就构成某一类型基本形式。正确划分思维形式的类型、方式，把人类思维形式归结为或上升为并存的几种类型基本思维形式，有利于从宏观上加以把握，这对人们理解、把握思维是大有益处的。早在古希腊时期，柏拉图把思维划分为抽象的、实践的和形象的三类，后来西方思维分类奠基人改造了柏拉图的学说，将思维划分为理论的、实践的、制造的（艺术的）三类。特别是最渊博的伟大思想家亚里士多德率先研究了语言与逻辑，而且对思维形式进行了探讨，从而推动了西方的逻辑思维远远走在东方的前面。

众所周知，西方大多数学者从思维实现的方式和途径着眼，把它划分为经验思维和抽象思维（理性）。黑格尔从思维抽象程度着眼，把它划分为表象思维、形式思维和概念思维。马克思从历史与逻辑的统一着眼，把它划分为艺术思维、宗教思维、实践—精神思维及辩证思维。当代我国思维科学的首创人钱学森教授，从思维规律的角度着眼，把它划分为抽象（逻辑）思维、形象（直感）思维和灵感（顿悟）思维，但钱学森教授同时也正确地指出，不排除将来进一步研究会发现这样划分不合适，或者还有其他类型的情况 。

在钱学森教授以真理是一个过程的论点为依据发表上述讲话后，在“双百”方针精神的指引下，近几年来，我国理论界不少同志对人类思维的基本形

式的类型划分各自提出了自己的观点，迄今为大多数学者公认的是“抽象（逻辑）思维、形象（直感）思维和灵感（顿悟）思维”的划分方法。另外还有如下几说。三类型说：直观型，想象型，逻辑型；古代思维方式，近代思维方式，现代思维方式；形象思维，逻辑思维，突变思维；抽象思维，情感思维，形象思维；等等。四类型说：即在形象思维、抽象思维（含逻辑）和灵感思维（含直觉）之外加社会思维。五类型说：经验思维，形式思维，形象思维，直觉思维，辩证思维或哲学思维等。

作者认为，上述不同类型的划分及其论证，都在不同程度上具有科学性。但作者认为，所有这些划分的思维方式类型，从现代思维学角度讲，都是可以商榷的。我将在后面作较详细的评析。此外，以钱学森教授为代表提出的把社会思维学归结为思维科学的基础的观点，是富有启迪意义的。但有同志把它与前三种类型平列似不太妥，因社会思维是指集团思维，非指思维形式本身而是就思维主体而言的。

下面重点阐明人类基本思维形式类型及其结构问题。作者认为，划分人类基本思维形式类型，应以马克思主义认识论的能动反映论为指导，以主、客体相互作用的观点作指引，从严格意义的思维学角度着眼。就是说，作为人类相对独立的基本思维方式的类型的划分，理应遵循以下三个标准：一是必须反映主体对客体进行思维活动的过程、规律、方式、方法；二是每种思维形式的核心概念必须是蕴含主体与客体相结合的及物动词；三是每一种思维形式同其他基本思维形式类型并存于整个文明人类思维活动中，但它们在某一具体历史时代、某一个具体思维过程中，所处的地位和重要性是不平衡的。据此，作者同意迄今大多数学者认可的把整个文明人类思维活动的形式划分为三种基本类型的意见，但不同意或部分不同意迄今进行划分的角度、根据、标准及其划分的类型。根据前面所谈到的三个方面的标准，我独立地提出如下三种类型：映象思维，抽象思维，构象思维。其中构象思维是人类思维能动性最突出的表现。直觉思维是上述三种基本思维形式的特殊表现形式。下面分别对这三种类型进行简要的阐明。

映象思维，也可解释为映象的形象思维，其思维元素为表象。个别表象是不能进行思维活动的，只有把表象联结起来，形成表象系统即形成形象，建立在映象基础上的形象才能真正发挥思维客观对象的功能。

建立在映象基础上的形象，包括实物形象，即直接具体的感性形象，如婀娜多姿的垂柳形象、人体的健美形象等；抽象形象，即间接的理性化形象，如宇宙模型、原子结构模型等；理想形象，即科学家在感性形象和抽象形象的认识基础上，凭想象力创造出来的形象，而这种理想化形象，从心理学角度讲，就是意象。意象是映象思维形式的高层次思维元素范畴，它是映象思维的高层次阶段（意象的物化就是图像）。亚里士多德说过，心灵若没有意象就永远没有思维。将映象中的形象进行对比联结、相似联结、相异互补联结、主辅联结，形成不同形象的具体联结系统。不同的形象结构系统，反映不同事物的特殊的质和功能。对不同的形象结构系统进行分析、判断、推理等思维活动，或使用经验抽象法，又叫表象蒸馏法，便可揭示思维对象的本质和规律。这就是说，正是采用映象中的形象思维才能发挥思维的功能。因此，从思维学活动讲，人类思维采用的基本形式之一——所谓形象思维，理应名之曰映象思维，显然，这种思维方式类型，主要依靠的是主体的观察思考力。

抽象思维，也可解释为抽象的逻辑思维，其思维元素为概念（逻辑概念）。但单个抽象概念不能进行思维活动。总的来说，只有把有关概念形成逻辑联系，按逻辑步骤进行逻辑思维，即运用同序列概念或对立概念进行各种判断、推理，进行二值和多值逻辑思维或辩证综合，从而获得对思维对象的本质和发展规律的认识，可见，人类借助的所谓逻辑思维是建立在内涵包含更广的抽象思维的基础之上的，但人类进行的抽象思维活动，除逻辑思维外，在外来条件下也存在跳跃式等非逻辑思维活动，因此从思维学角度讲，人类思维借助的基本形式之一的逻辑思维理应扩大、上升为抽象思维，这样更为科学。显然这种思维方式类型，主要依靠的是抽象概括力。

构象思维，又可以解释为构象的构想思维，其思维元素为表象、意象和概念（逻辑概念）。运用相关的表象、意象和概念进行联想——联想是想象的初级形态，联想有类比联想、相似联想、对立联想、因果联想、连锁联想（逐层、朔根联想）、预测联想等），在联想的推动下，进行丰富的想象。想象比构想丰富，是非定向的，它的思路可以是逻辑的，也可以是“非逻辑”的，具有多维的不定型的动态性、瞬息性。在想象的基础上，形成不同的科学幻想，幻想可分三个层次：狂想、多角幻想、科学幻想。在科学幻想的基础上，产生各种方案的构想，在不同的构想方案的基础上，产生一种或两种以上的科学假说，继而进行比较思想实验，最终获得优化的思维构象新成果。必须强调指出，从根本上说，人类的想象、幻想、构想等都有一定的理想化的具体目标。因此，作为上述人类基本思维类型的构想（只要不是胡思乱想），理应名之曰构象思维。显然这种基本思维方式类型的思维，主要是依靠想象创造力。必须指出，这种构象思维是在前两种基本思维形式基础之上产生的，是人最具有能动性的思维类型，原始社会编造的神话可说是这种思维方式类型的萌芽状态的产物。毋庸置疑，它对人类的思维创造性具有突出的重要意义。

必须指出，作者概括的人类思维形式的三种基本形式，是指人类可直接操作的思维活动形式而言的，至于人类存在着难以操作的直觉、灵感、顿悟现象，作者认为，它们不过是上述三者的特殊表现形式，不能作为与上述三者并列的思维基本形式。对这个问题，在后面再进行较详尽的阐述。

下面试进一步就新提出的三种基本思维方式类型的科学性和意义，进行具体剖析。

首先看用映象思维这一概念取代形象思维。作者认为，从马克思主义认识论和思维学角度看，笼统地把形象作为思维基本方式的类型或浓缩的核心概念是欠科学的。所谓形象，按《辞海》解释，即是指形状相貌。如文学用语言塑造形象，绘画用色彩、线条来构造形象，戏剧用语言和动作表现形象。即是说，形象是指可感知的客观事物处于静态和动态的表现，是人们感知的那一部分客观形象，因而，长期以来，一直把形象思维看成是艺术思维的形式，认为艺术家是用形象来思考（当然，这不全面，艺术家也用概念思考——作者），或者认为它是一种特殊的思维类型。在西方，尽管柏拉图模模糊糊地指出了艺术是人类思维形式之一，但长期得不到公认。

17世纪，莱布尼茨提出符号思维的见解，模模糊糊地意识到了形象思维的存在。别林斯基从艺术的角度提出“寓于形象”的思维概念，第一次把形象与思维联系起来，但没有认为形象思维是人类最一般、最普遍的思维形式。在我国，毛泽东提出形象思维概念，即提出了通过形象可以思维。我国当代最杰出的科学家钱学森基于思维学研究的现有认识，暂时也同意形象思维是思维形式类型之一，但现在理论界仍存在否定派、肯定派、保留派三派的分歧。其所以如此，作者认为，主要原因是由于人们认为思维的含义是人们头脑思考客观事物运动及其本质规律的活动。从形象本身整体说，它已超出了心理和思维。主观性并不是所有“形象”的共有属性。因为反映到人们的主观心理中的形象，只不过是整个形象中的极少的一部分。当代神经心理学实验表明，感官所接受的各种刺激中，大约有百分之一二变换为神经冲动传递到人脑。而在人脑中，对由神经冲动所携带的信息进行筛选，并将它与原先贮存在脑中的知识、经验进行比较，又只有大约百分之二三的信息造成主观的感觉、知觉、表象。而客观性才是形象的共有属性。机器识别形象正是以承认形象的客观性为前提的。

必须进一步指出，即使是为人脑所接受的那部分形象形成的映象，诚然其内容是客观的，但形式是主观的，显然也不能把它与客观存在的形象等同起来。这是因为，人们对客观事物形象的反映是能动的，不是简单地照相式的反映，而是包含主体的选择、组合，所以马克思主义认识论认为，反映是“客观世界的主观映象”，这就是说，人脑获得的形象概念已不是纯客观的再现，它或多或少包含有主观的成分参与。洛克的“白板说”是唯物主义的，它在反对贝克莱的主观唯心主义的“物质是感觉的复合”的错误观点的意义上是应该予以肯定的，是一个巨大贡献。但是须知，作为人的头脑特别是人类头脑整体，却具有远远高于动物心理的意识能力，而这种主观意识能力在反映具体客观形象时，不能设想不会产生任何影响。何况人类是一个代代相继的长链，一代一代人的认识能力不断发展，人的头脑不可能真如“白板”，所以，不能把人脑接受的那部分客观形象与主观映象完全等同起来。

还应指出，使用“形象思维”这个概念容易导致混乱，如将它理解为“用形象来思维”（法捷耶夫），即借助形象进行思维，还可能把它理解为对事物的形象进行思维，这固然是能成立的，但是由这个命题又容易产生另一些不合语法的似是而非的命题，例如，当前不少学者把对技术、人才、道德等进行的思维，直接取名曰技术思维、人才思维、道德思维。技术、人才、道德怎能作为主体进行思维呢？显然是关于技术的思维、关于人才的思维、关于道德的思维。

而映象思维这一概念，明显地表明它们是主体对客体进行的思考认识活动，其概念本身就是省略了主语与宾语的及物动词，明显地具有作为人类这类基本思维方式类型必须具备的首要条件和标志。

以上逐层次的分析充分表明，对人类这类基本思维方式类型的命题采用映象思维取代形象思维是更科学的，也是十分必要。它是把现代信息论引入马克思主义能动的反映论的必然产物。在此，必须强调，作者采用映象思维取代形象思维，并没有取消形象思维，而只是把形象思维置于映象思维的基础上，成为映象思维的思维元素和一个层次，从而把传统的形象思维置于科学基础之上。再看用抽象思维这一概念取代逻辑思维。作者认为，在运用概念思维层次方面，采用抽象思维取代逻辑思维作为人类基本思维方式类型之一，更科学，更符合实际。逻辑的含义是规律，逻辑思维的含义是指思维运动遵循逻辑步骤及其规律。人类运用抽象的概念进行正常的思维，一般说是表现为程度不同的逻辑思维（遵循形式逻辑的思维不一定都是科学的真理性的，这又当别论）。但是实际上人类的抽象思维活动，不少是“非逻辑”的，是跳跃式实现的（如想象、灵感等）。逻辑思维是建立在抽象思维基础之上，它只是抽象思维的大量表现形式，但毕竟不包含、不等于人类全部的抽象思维。如果将人类抽象思维用逻辑思维这一概念加以囊括，就会犯以偏概全的逻辑错误。当今确有少数学者用抽象思维作为这类基本思维方式类型的命题，但往往在它后面括弧内写上逻辑思维，这实际上是把逻辑思维与抽象思维画上等号，看不到两者既有联系，又有区别。钱学森教授曾指出，抽象概念比逻辑概念内涵要大，二者绝不可等同。

思维的本质特征是主体对客体的思考认识。抽象的概念思维活动同样存在主体与客体的相互联系。上面讲过，逻辑的含义是规律，但事物规律的运动却可以不联系客体。同理，思维的逻辑运动也可以只在思维形式本身展开。形式逻辑主要是研究思维的结构形式及其规律的科学，着重于阐明思维的结构形式规律（辩证逻辑比形式逻辑着重于联系人的思维所反映的客观内容——作者）。汪涤尘在他编写的《逻辑通讯》中甚至认为形式逻辑是撇开各种思维形式的具体内容，从许多具体的个别的思维形式中抽取出它的结构形式方面进行研究，揭示思维形式的规律。就是说，研究形式逻辑思维，可以撇开客观对象。从这个角度讲，逻辑思维并不意味着具有主体与客体相结合的蕴义和特征。可见，从思维学角度看，把逻辑思维作为人类这种基本思维方式类型的核心概念就难以体现人类思维运动是展现主体对客体思考、认识的本质特征，至少也难免有脱离客体之嫌，这就背离了思维的本质。而抽象或抽象思维概念的含义明显地表明它是主体对客体进行的思维认识活动，其概念本身就是省略了主语与宾语的及物动词，明显地具有作为人类这类基本思维方式类型必须具备的首要条件和标志。

根据以上多方面的分析，对人类这类思维基本方式类型命题采用抽象思维取代逻辑思维是有必要的。在此，作者并没有否定逻辑思维，而只是把逻辑思维置于抽象思维的基础上，仍把它视为抽象思维的一种重要表现形式。

再次，构象思维也是人类思维基本方式类型之一这一观点是作者首创。作者认为，构象思维是人类思维方式类型之一，而且是人类最具能动性最重要的思维基本方式类型，对此必须进行充分的揭示。

从训诂学讲，“象”的本义是指兽类之一的长着长鼻子的巨大动物。从现代语法讲，“象”一指事物的外表现象，如表象、现象、形象，一指事物的整体，如星象。同时，“象”也可指人的才能。我国古代《管子·七法》有“论材审用，不知象不可”语。显然，此处的“象”，不是指人的外在表现，而是指人的整个才能、素质。可见，把象只是理解为事物的外表是片面的。再看我国的《易经》，不少人称它为象数学、象数符号，正是这个“象”构成了《易经》，“以具体事物表达抽象概念”，就是说《易经》的“象”是对具体事物说的。对此《易经》本身就作了最好注脚，即它描述的乃是各种各样的大小不一的事物的变化，如《系辞》上说：“易与天地准，故能弥纶天地之道”，“范围天地之化而不过，曲成万物而不遗”。《易传》的作者认为《易经》的64卦384爻及其卦爻辞可代入万事万物的一切变化规律。可见，作者赋予“象”以包括事物的本质和现象的新义是完全能成立的。

构象概念，在近代的化学中早已有之，原意是指有机化合物分子中的空间排列形式构成不同的图像，如在乙烷分子中两个甲基相对旋转时，两个碳原子上的氢原子之间的相对位置改变，可产生一系列的构象。有化学常识的人均知道，氢原子之间相对位置结构的改变即成为具有不同的特殊本质的事物。前面曾经提到，近年来，也有同志在探讨思维形式时提出了构象概念，但只是把它看成是传统的形象思维的一个思维元或一个层次，这是不太合适的。作者认为必须把构象思维独立出来，把它列为人类基本思维方式类型之一。

迄今公认的人类基本思维方式类型中，没有包含突出体现人类思维能动性的构象思维类型，虽有个别同志提出过这个概念，但把它放在“形象思维”中，其言外之意，只能是所有形象的构造，这是不符合实际的。其实通常说的构象（或建构）是指整个事物，它既包括反映事物的表象的构象，也包括反映事物本质的构象，如绝对刚体、以太等。爱因斯坦的狭义相对论、广义相对论的提出，如果没有对光速本质的构象，是不可能创立的。

构象既包括对象的形象，又包括对象的本质，这样它才具有完全意义。构象思维是多维、多层次的，它包含整个对象。前面已指出过，任何想象、幻想、构想都是憧憬着一定的具体目标，而不是无具体目标的胡思乱想。显然，只有蕴含省略主语与宾语的及物动词——构象概念，才符合作者在前面提出的划分思维方式类型的标准，才有助于人们自觉地运用这种人类基本思维方式类型进行创造性思维。因此，必须把“构象思维”独立出来，同映象思维、抽象思维并列为人类最一般的基本思维形式类型，把三者组成为人类思维不可分割的基本思维方式类型整体，这样能更高效地、科学地全面揭示宇宙的秘密，创造出人间奇迹。作者认为，对人类思维基本思维方式类型的上述科学揭示，把关于人类思维基本方式类型的认识推到了一个新阶段。

必须进一步指出，作者关于人类思维基本方式类型体系的新构想的重大意义还表现在：它不仅彻底冲破了几千年来人们把灵感、顿悟与直觉神秘化的错误，而且冲破了几千年来把唯物主义直觉、直觉思维视为人类最主要思维形式的传统观念的束缚，第一次把建立在唯物辩证法基础上的直觉思维看成是上述三类基本思维方式类型的特殊表现形式，从而确立了它应有的地位。

早在两千多年前，古希腊的德谟克里特首先提出朴素唯物主义的灵感概念。古希腊唯心主义大师柏拉图利用思维表现的“奇特”、“奇异”性，使之神秘化，把它演变为“神灵说”的“灵感论”，后来被其他唯心主义者解释为“天赋说”的“灵感论”，这种灵感说长期成为神学的附庸。我国古代文献中所说的“感兴”、“兴会”、“神韵”、“灵机”、“顿悟”等词语，实际是“灵感”的同义词。我国隋、唐佛家认为人性本觉，惠能把它叫为“本觉”，实际上是唯心主义直觉的同义语。而今，唯心主义的灵感、顿悟、直觉，在今天已无多大市场。但唯物主义的灵感、顿悟、直觉，迄今也存在许多似是而非的观点。其中之一，认为灵感或顿悟或直觉是一种思维方式，近来，已有人认为这是值得商榷的。

作者认为灵感、顿悟同直觉不是同序列的概念，灵感现象是直觉思维激发出来的具有偶然性的表现，是诱发直觉思维创新的催生婆，但是直觉思维不一定都要有灵感诱发。顿悟是直觉思维的一种结果，直觉思维最后又必然表现出顿悟的特征。现在大多数学者公认灵感的特点是：从发生看，具有非预测的突发性、不重复性（含易逝性）、飘忽性；从过程看，具有非逻辑、非线性的突发性；从结果来看，具有非科学的突破性。显然，这种“率尔造极”、“来不可遏，去不可止”的极不稳定的偶然闪烁，固然可以打开新思路，但是人们却很难自觉地把握它。因此，它不可能成为人类思维的一种基本方式类型。

从现代思维学看，所谓灵感，实际上是定向显意识思维达到饱和程度，由于缺乏揭示追求目标需要的有关知识信息，以致有效的显意识思维停滞下来，原来沉淀在头脑中的有关潜意识就本能地从意识阀限之下跃进到意识阀限之上，浮现出揭示追求目标所需要的知识信息，重新打开了通往追求目标的思维逻辑通道，使问题的解决呈现现实可能性（不等于已经解决）。可见，灵感既不具备现实思维要素又不是思维主体可以能动把握的，因此，迄今仍盛行的灵感思维的说法和把灵感思维提高到人类基本思维方式类型的地位的观点，显然是悖理的，不符合实际的。

如果说灵感是表现思维探索走向创造性思维大门爆发的具有导向性的闪光的一个概念，那么顿悟就是表现思维探索产生突破性创造性思维的一种恍然领悟的成果。

必须看到，直觉与灵感、顿悟三个概念从字面上看，似乎是同义词，实际上它与前两者虽有联系，但有很大的差异，可以说前两者是思维活动表现的一种特殊现象，后者却是人类思维的基本方式类型的一种特殊表现形式——说到底，它是人类的经验特别是思维活动的一种浓缩的快速的判断推理。在直觉产生过程中，可出现灵感、顿悟现象，也可能不存在灵感、顿悟等现象。

关于直觉的概念，迄今为止公认有以下几个方面的特点：整体的综合性，整体的模糊性，不定性，直接切入性。其根本特点是表现为总体上模糊地然而是直接地洞察事物的本质。直觉，从思维学上说叫直觉思维，具体来说，是通过丰富的经验知识的积累与定向的多角度多层次的凝思进行长期思维沉淀后，形成若干潜意识信息块。这些潜意识块在人们自觉意识活动松弛时，便自发地跃上显意识领域或在外在信息作用参与下，产生一种快速的浓缩的联想、组合、概括与判断推理。正是在这个意义上，斯宾诺莎认为“直觉高于推理”。显然，直觉同样经历了一个过程，所不同的是，其获得对对象的本质的领悟异常迅速，但往往带有很大程度的模糊性，这种模糊性能给人以启发，为创新提供契机。爱因斯坦正是通过直觉获得相对论的构想的。然而从人类整体说，它完全是在人们的映象的形象思维、抽象的逻辑思维，特别是在构象的构象思维基础上产生的一种特殊表现形式，离开前三种类型，这种思维是不可能发生的。有人认为要么只要多读书，要么只要“凝思”（王国维），都会产生直觉、顿悟，这都是不符合辩证法和实际的。不然，为什么古今中外不少人读书很多却被讥讽为书呆子，为什么王阳明坐在竹院里格竹三天三晚毫无所获？这就是因为、前者不重视和不善于思考，后者不重视实践和获取实际知识，正如孔子所说的，“学而不思则罔，思而不学则殆”。

近来有人认为，如果一个人的头脑的信息块超过5万块，就会产生直觉，实现创新。对此我是不敢苟同的。信息块不是纯信息量无规律的堆砌，而是一个由多层次的表象群、意象群、概念群有规则地构成的。但是这种多层次的表象群、意象群、概念群成系统构成的信息块，只有通过长期定向思维推动，促使各信息块进行联结，才能产生直觉能力。可见，人类的基本思维方式类型，只应包括映象思维、抽象思维、构象思维，直觉思维不过是这三种思维方式运作过程中的一种特殊的表现形式。

有人会提出这样的问题：迄今有不少科学家、发明家、艺术家等都认为他们创造的成果是灵感的产物，或者说是通过灵感而实现的，这又作何解释呢？对此，作者认为在对灵感现象和灵感作用的认识上尚存在三个误区：一是把人们思维达到饱和处于高度激发状态的偶然闪烁，看成是所谓的灵感，并把它夸大成为一种灵感思维，甚至强调这种灵感思维是人类的最普遍的思维方式类型；二是把正常的思维活动遇到困难必然进行的一种必要的自然的自我转向和思路的调整所获得的创造思维成果，看成是所谓灵感思维的产物；三是把从根本上说是映象思维、抽象思维、构象思维最终必然产生的创造性思维成果，由于上述思维过程中碰上某种外在机遇激发的快速联想推导或在休息时相对静止的潜意识自发从意识阀限之下跃进意识阀限之上，补充、参与显意识活动，打开了揭示探索对象本质的通道，最终使问题得到了解决，而误以为是所谓灵感思维的独立的创造。此外，对历史上的某些重大发明创造的成因，也存在着偏见。例如，流传阿基米德由人躺进浴盆水往外溢的现象获得灵感，从而解决了皇冠含金量之谜。其实，虽然阿基米德是在入浴时获得灵感，但从这一偶然的机遇中所悟得的结果仍是通过逻辑判断推理所获得。再例如，许多人认为凯库勒发现苯环结构是“梦”的赏赐。其实，创立苯的六边形结构乃是几种思维形式共同作用的结果。早在1854年，有一次凯库勒乘坐马车，昏昏欲睡中，他似乎觉得碳原子都活跃起来了，跳跃中碳原子逐渐相连。回到家中，他把这些幻想的形象作了记录。到了1865年，他才在梦中受到蛇咬的启迪，提出了苯的六边形环式结构。他在近20年的时间里，一直在思考这个问题，在不断地进行推理、逻辑判断，苯环结构的发现就是这种不断的判断、推理的结果。

在过去，由于思维科学、脑神经生理学等科学不发达，不可能科学地解释“尽日觅不得，有时还自来”一类的现象，就很容易把人类正常创造思维的特殊表现形式——直觉以及灵感和顿悟，看成是人类思维的基本思维方式的类型。至于唯心主义者有意进行歪曲，那就更不用说了。柏拉图在《文艺对话录·史德若篇》中，说灵感是“神的诏语”，“诗神给人灵感”，“凡是高明的诗人，都有神依附着”等，这显然是荒唐的。历史上不少曾作出划时代贡献的发明家、科学家、艺术家等都能实事求是地、正确地理解自己的发明创造是怎样取得的。

一生发明正式登记达1328件的爱迪生，在谈到自己发明经历时说：我平生从来没有做过一次偶然的发明，我的一切发明都是深思熟虑和严格试验的结果。化学家道尔顿说：我在科学实验中，持续57年，做了2万多次的观察、实验，才从气体的压力、体积、扩散、溶解和物质的化学组成引出了原子学说。德国物理学家黑姆霍兹在他的70岁生日时不禁感叹："千淘万滤虽辛苦，吹尽寒沙拾到金。"鲁迅先生曾说："我的文章是挤出来的，而不是涌出来的。"沙俄大画家列宾更是一语破的，他说："灵感是对艰苦劳动的奖赏。"

况且，如前文已提到的那样，在人们进行创造性思维活动中，灵感现象的出现也不是绝对的。美国化学家普拉克和贝克调查了232位研究人员，结果只有33%的人说经常得力于灵感，50%的人说只是偶然出现灵感，17%的人说自己从未得力于灵感。日本高桥浩在《怎样进行创造性思维》中指出，在美国曾有人向一千多名学者提问："你在解决重要问题时有否借助过灵感？"结果有8%答曰有，20%答曰没有。1995年2月24日中央电视台播放的"东方时空"节目内，记者问当代著名画家韩美林："你画画是不是借助灵感？"韩答："我不信理论家讲的什么灵性，这个性，那个性。画家主要依靠的是生活经验丰富和观察细致。"

至于直觉思维，在人类思维活动中也同样不是普遍出现的。既然如此，那又怎能把灵感、直觉思维看成是人类思维普遍存在的基本思维方式的类型呢？

以上多角度、多层次的剖析和论证，足以证明映象思维、抽象思维、构象思维是思维的基本形式，直觉思维只是其特殊的表现形式。

三、关于现行具有代表性思维基本方式的类型的评析

当前，关于思维基本形式的类型已由过去从各自不同角度（包括学科角度、时间顺序、抽象化程度、思维实现方式和思维活动的不同理解等），逐渐统一于从思维学角度着眼进行划分，比较具有代表性的见解有四种。一是以思维规律为标准即从思维规律的角度去划分。这种理解及其划分是一个认识上的飞跃。钱学森教授同意这种划分的依据和标准。然而这种划分也没把握最根本、最本质的区分标准。因为思维活动不仅有规律，还有思维的性质、思维形

式和思维方式等。二是认为必须把具有共同特征的思维形式归于同一种类型。这种观点具有一定的科学性。诚然，凡同一类型的事物必然具有共同特征。但是，唯物辩证法认为有共同特征并不一定具有共同本质。人与动物都存在食欲、性欲等共同特征，就不能把两者划为同一类。只有具有共同本质特征才能归于同一个类型。三是有些同志把共同特征理解为具有共同的思维元素，共同的规律，共同的思维方式方法。这一般说来是可取的，但也有欠科学之处。且不说思维方式是多层次的，如果以此作为标准，既会把低于思维基本形式的具有精确性的数理逻辑和具有半思维、半智力因素的"情感"视为独立的基本思维形式的类型，而且还可能把高于思维的哲学思维、辩证思维划归于思维基本形式类型之内。四是个别同志把所谓"原料、过程、方法和产品"四要素作为划分基本思维形式类型的标准，显然，这个标准与物质生产（如工业生产等）的分类混淆了。事实上，提出这种分类方法的同志对根据其划分标准划分出的抽象思维、形象思维、情感思维及其解释，也是欠妥的。例如，在抽象思维中，把属于方法的范畴，名之曰"原料"，又取名为"新产品"，等等。在形象思维中，把"储存在脑中"的观念形象视为原材料，这就变成原料本身可思维。特别是其提出的情感思维中，把"美"、"恶"、"狂"、"欢"等多种表情形态、动作等也看成原料，把表情与艺术产品并列，实在令人难以理解。

此外，正由于对作为思维基本形式的概念必须具有及物动词的品格和特征缺乏理解，有的同志居然把思维质变的实现方式"突变"看成是思维的基本形式，这显然是不合适的。

第五节　思维与创造力、精神生产力

一、思维与创造力

社会生活本质是实践的。实践的主体——人类，本能地要求改进生产工具，节省劳动时间，增加更多更高质量的劳动产品，因而要求总结经验，认识对象的本质和规律，认识对象的内在的、外部的联系，进行有效的实践，为此，就需要人们运用语言进行思维，特别是进行创造性思维，在思维活动中增长自己的包括观察力、记忆力、注意力、思维力、想象力、表达力等在内的智力。为什么思维活动能增长创造力呢？这是因为思维的活动是通过进行联想、想象和组合等实现的。“寂然凝虑，思接千里。”只有思维的联想、想象等才能调动记忆中的观察事物所得，进行分析综合，进行优化组合，使认识达到质的飞跃。正是通过这种积极的思维活动，才能激发出远胜于动物的改造自然的能力，逐步实现征服自然改造自然的目的。恩格斯说过，鹰比人看得远得多，但是人的眼睛识别东西却远胜于鹰。至于现代人工制造的射电望远镜能看到120亿光年，更是鹰的眼力所不及万分之一的。

生物学家们揭示：青蛙的眼睛里有许多神经纤维，像几张感光的照相机胶片，能随时分析出行动中的动物体的方向而进行捕食。海洋中的水母，耳朵中有一块“听石”，能预知暴风雨的来临。狗的鼻子，嗅觉非常灵敏，它比人的嗅觉灵敏度超出100万倍，能分辨出两百多万种气味。但是，这些动物纵然有如此高超的感知功能，却只能用来保护和维持自身的生存，而人能进一步运用高级思维功能，不仅能对有关动物的特殊功能进行研究应用，以补人类感知器官功能的不足，而且能研制出人工“电子蛙眼”、“水母耳”、“电子鼻”等造福人类。丹麦警方于1990年利用狗的灵敏嗅觉，采用“味纹”破案，更显示出人类能创造性地利用动物的特殊功能。采用“味纹”破案的道理是这样的：每个人都会散发出互不相同的气味，当某个人离开某一地点后，此人的气味分子仍留在原来地点的空气中。据此，丹麦鹿特丹警方收集犯罪现场的空气，带回警察局化验，便得到了罪犯留在空气中的“味纹”，然后技术人员将这种“味纹”转移到一块清洁的无味的布上予以密封保存，供警犬辨别罪犯之用。审讯罪犯之前，警察先在审讯室设置一块直贡呢布屏风，让训练有素的警犬隐蔽在这块屏风后面，再令嫌疑犯排成一行，逐个经过一台正在运转的电风扇，这样，每个人的气味就被吹到屏风后警犬鼻子里，如果气味与“味纹”相同，警犬就会“汪汪”大叫地扑向罪犯。

由此可见，实践、思维和智力、创造力存在合乎逻辑的不可分离的联系。“人的智力是按照人如何学会改变自然界而发展的。”因此，勇于实践，勤于思考，就必然不断促进人智力的发达。实践出真知，思考出智慧。巴甫洛夫曾说，不停顿的思索，是取得成就的重要前提。拉普拉斯这样回答一位女士的提问：“靠想，多想有益。”在这个意义上，作者完全同意如下的结论：一万个一般的人都顶不上一个“连眼睛和肌肉都会思考”的爱因斯坦。

智力的发展与思维的活动有着极为密切的关系。先秦诸子百家所形成的大辩论、大争鸣局面，为我国思维科学的建立奠定了基础的事实就证明了这一点。这个时期，各种思维意识、思维理论、思维方法进行了激烈的大交锋、广泛的大交流，因而形成了各种思维意识理论的互相渗透、互相补充、互相融合，使中华民族的智力发展与思维的建设得到空前未有的发展，成为中华民族文化发展的黄金时代之一。

大脑生理学告诉我们，掌管思维的是脑前叶部分。人从10岁开始，前叶逐步发达起来，直至记忆力进入衰退的25岁前后，还不停地成长。而且，据说借助训练，甚至到了80岁上下，前叶也还会成长。富兰克林事实上也是在78岁的高龄发明了老花镜。有人经过研究表明：科学家取得创造性成绩第一高峰，出现于40—50岁；第二高峰，出现于50—60岁，个别的可出现在70—80岁。这充分说明，人到了老年仍能发挥创造力，条件是不使脑子停止适当的活动。不仅如此，据生理学家研究表明，人的脑子越用越发达，越用越灵活，越用越健壮，而且有益于健康长寿。我国古医书《内经》上说：聚精会神是养生大法。有人发现伟人中寿命最长的是发明家，平均为80岁：牛顿86岁，瓦特85岁，爱因斯坦77岁，爱迪生85岁。再如萧伯纳93岁时开始写剧本《臆想塔》，毕加索90岁照常作画，西班牙大提琴家卡萨尔斯88岁依然举行独奏音乐会，米开朗基罗在88岁也仍在勤奋地创作等。传统的关于随着年龄增长、大脑神经细胞将逐渐衰老的观点，最近受到美国两位科学家的“挑战”。他们解剖刚死去的病人的大脑发现：正常老年人的脑细胞的树突数、轴突数长度和分枝都无“老”的状态。他们认为，大脑的生长和衰老的来临，是同时存在的，随着年龄增长，某一些细胞必然走向自然衰老，而另一些则会兴旺起来，人们完全可以通过有效的健脑措施，使大脑延缓老化进度和程度。

也许有人说，人的智力与创造力发达与否，主要是天生的或遗传因素决定的。诚然，人的智商是有差别的，但这种差别不起决定性作用，犹如马克思指出的不过是“家犬和猎犬”之差别。固然，现代遗传学表明，人的聪明才智与遗传因素有关，某些少年确是少年得志，但也有不少智力平平的少年却由于他们勤奋学习，最后都大器晚成。智商高并不等于成就大，王安石曾写过《伤仲永》，感伤的正是仲永虽有高超的天赋，却因没能努力学习而终成平庸之辈。

辩证唯物主义认识论认为，人的才智、创造力主要在于后天，在于不安于重复性劳动的收获，在于能勤奋学习和进行创造性的思维。“古人学问无遗力，少壮功夫老始成”，正表达了智力来自后天的思考和实践。

二、思维与精神生产力

众所周知，人类之所以高于一般高等动物，就在于他能通过物质的实践活动进行物质生产，满足人类的物质生活的需要。但是，作为人类的生存与发展来说，更重要的是能通过精神的实践活动进行精神生产，满足人们的精神生活（含文化生活）的需要。特别是通过生产系统化、理论化的精神产品，指导人们的物质生产，又可获得比自发的物质生产数量大得多、质量高得多的产品。由此可见，正如马克思恩格斯指出的，人类生产存在着物质生产和精神生产两个方面。由此可逻辑地引申出人类必然存在两种生产力，即物质生产力与精神生产力，而且从某种意义上说，人类社会生产中，精神生产力比物质生产力更显得重要。长期以来，在我国，不仅在工人、农民群众中，甚至在党内，有不少同志片面强调物质生产和物质生产力的重要，而忽视了精神生产与精神生产力的重要性。其所以如此，固然是因为他们缺乏辩证观点，看不到两者之间存在互相转化关系，更重要的是由于他们对于知识抱有偏见，认为“知识生产不了粮食、衣服”，认为知识分子是“四体不勤，五谷不分”的书呆子，以致“文化大革命”中发展到把知识分子视为“臭老九”，其荒谬性是显而易见的。作者在这里必须强调指出如卜一点，人类创造的精神生产力是与人类进行理性思维、进行科学思维、特别是进行艰苦的创造性思维分不开的。试想，如果人类没有精神生产力进行精神生产，指导社会的物质的扩大再生产，那么日益丰富的物质财富的创造可能实现吗？据此，我们必须自觉地进行高效的理性思维活动，特别是进行科学思维与科学创造性思维活动，从而大大提高精神生产力和物质生产力，最大限度地加快人类社会前进的步伐。

第三章 科学创造性思维的基石——科学思维

第一节 对科学思维理解的误区

一、误区之一：科学思维仅仅是科学家的思维

多年来，理论界有些同志对科学思维的解释有一点是相同的，即“科学思维是思维主体即科学家进行的活动”；“科学思维是科学活动领域中的思维”；“人们在科学活动中达到对客观事物真理性认识的生理和心理的过程，就是科学思维的过程”。有的甚至认为只是自然科学家的思维才是科学思维。这种看法是狭隘的。第一，如果说只有科学家的思维才是科学思维，难道政治家、艺术家、军事家、思想家的思维就不算是科学思维吗？如果不是科学思维，他们的思维结果能取得成功吗？所以，上述见解不能解释非科学家的思维活动为什么能取得成功。反过来看，科学家的思维也并不都是科学的思维。错误往往是正确的先导，科学家在取得成功的过程中，总难避免或多或少的非科学的错误的思维，从而遭受挫折。作者认为，给科学思维下定义，应从整体上多角度去把握。科学思维应是人类在一切活动领域中导致了成功的思维。实际上，周昌忠同志在《科学思维学》中超越自己，已开始意识到了这一点，他说：“虽然科学思维以自然科学为其生长点，并在其中形成，走上独立之路且得到重大发展，但科学思维一旦独立形成自己的体系，成为一种独立的思维形式，就具有远远超出自然科学范围的普遍思维形式的意义。”

二、误区之二：把科学思维与形式逻辑思维画等号

长期以来，传统的观点把科学思维与形式逻辑等同起来，这是一种狭隘的看法。从逻辑角度看思维，我同意科学思维是逻辑性思维，但不同意把科学思维与形式逻辑思维等同。如果说在古代这种看法还有其存在的历史理由，那么到数理逻辑和辩证逻辑产生之后，仍然坚持这种观点就是错误的了。形式逻辑的局限性就在于它是把认识对象看成静态的来进行思维的。形式逻辑的三段推理，即使大前提是正确的，但由于归纳的命题总是有限及存在狭隘的一面，因而推断出来的结论不一定是正确的，这是众所周知的事实和道理。当然，我们并不排斥从逻辑角度来评定思维是否科学，但是这里所讲的逻辑并不仅仅限于形式逻辑。从根本上讲，客观事物的运动具有绝对性，静止只是相对的，对事物主要应从动态——变化发展之中去考察去认识去思维，换句话说，更应该从辩证逻辑去考察。从构成事物的重要要素的质和量来讲，对事物还应从数理逻辑去考察，使思维精确化。应该说，科学思维是一种逻辑性思维，而且也会采取形式逻辑的思维形式，但它并不等同于形式逻辑思维。

第二节 从唯物辩证法方法论和辩证唯物主义认识论的真理论高度理解科学思维

一、从唯物辩证法方法论高度理解科学思维

物质世界的普遍联系是唯物辩证法的立足点、出发点，唯物辩证法的方法是辩证地、全面地、发展地看问题，而辩证地、全面地、发展地看问题的方法，归根结底是用对立统一的观点看问题。据此，考察人们的思维科学与否的

首要标准，是否应用对立统一和两点论（含两点论和重点论）的思维方法思考问题。在作者看来，只有把唯物辩证法引入思维才能叫科学思维，把唯物辩证法引入思维学就是科学思维学。因为辩证思维才能符合客观事物辩证发展的规律。而只有当人们对事物的客观规律的认识在人头脑中转化为主观的思维法则时，才能做到思维方法与客观规律的辩证统一，从而实现正确地认识世界与能动地改造世界的目的。恩格斯说，唯物辩证法是“最高的思维形式”。显然，思维只有用这种科学思维形式作指导才能是科学的。可以说，是否运用唯物辩证法指导、支配思维活动，是鉴别思维是不是科学思维的关键和重要的标志。

二、从辩证唯物主义认识论的真理论的高度理解科学思维

作为科学思维的本质，必然是一种真理性的认识，否则，它的科学性就落不到实处。反过来说，对事物的正确认识其思维方法必然是真正科学的，只是有自觉与自发的区分罢了。据此，就应得出另一个结论，即把辩证唯物主义的真理论应用于思维，是思维的科学性不可缺少的重要标志。思维的科学性必须以辩证思维为前提，而辩证思维又必须以思维的科学性为归宿，两者的统一才赋予科学思维概念以完全意义。认为只有科学家的思维才是科学思维的观点是极偏狭的，科学思维应用的领域和天地十分广阔。

至于说符合逻辑思维原则也是科学思维的标志问题，在当前，除数理逻辑、形式逻辑外，其他如辩证逻辑、系统逻辑尚在建立过程中，而且其中最高最重要的逻辑——辩证逻辑，目前的探索成果还很难把它与唯物辩证法区别开来，基于此，可暂不把它作为衡量科学思维的标准进行重点讨论。

第三节 从科学思维与同它相关联的同序列概念的比较中理解科学思维

一、科学思维与传统逻辑思维的联系和区别

几千年来，理论界主要从静态着眼，把形式化的二值逻辑思维视为科学思维，似乎是无可怀疑的。众所周知，形式逻辑的演绎和归纳推理有很大的局限性，形式逻辑思维只有把事物视为绝对静止才是正确的，它对于处于动态和不断更新的事物是难以奏效的。毛泽东指出，光靠形式逻辑是得不到多少真理的。

显然，传统逻辑思维即使在它产生和占统治地位的时期，也还会有正确与非正确、科学和非科学的两重性；科学思维却只有正确科学的一维性，尽管它的科学性也是历史的、相对的。

二、科学思维与理性思维的联系与区别

古代哲学家把思维区分为知性和理性思维两个层次，康德、黑格尔对之更作了系统的阐述。不少思想家都把理性思维视为科学思维。资产阶级的哲学思想家把资产阶级的理性思维捧到天上，主张天赋的理性法庭可以裁判一切。莱布尼茨等唯心论者却认为理性思维不可能是科学的，虽然其中也还含有某些正确颗粒。康德则公开认为理性思维不能认识事物的本质。可见，理性思维有其缺陷。

应该说，科学思维是一种理性思维，但理性思维并不一定就是科学思维。二者不能等同。

三、科学思维与正确思维的联系和区别

正确思维意味着思维的方法对头，思维的功能能如实地反映对象的本质规律。但这种思维不计较费时多少、速度快慢、效率高低等。而科学思维除了有一个正确的结果之外，还有快捷、高效的特点。所以，科学思维高于正确思维。

四、科学思维与创造性思维的联系和区别

科学思维无疑包含有创造性思维成分，但其特质主要不是创新，创造性只是科学思维的一个因素。科学思维强调的是精确性、经济性和高效性，而创造性思维的本质功能在于突破创新。当然，科学思维是创造性思维的最低要求，因此两者不属于同一个层次。显然，创造性思维在质上高于科学思维。有人认为科学思维的要素有“想象”、“幻想”、“怀疑”、“好奇心”、“联想”等概念，这就把科学思维和创造性思维等同起来了，是不准确的。

第四节 从多角度的十种规定性的辩证统一理解科学思维的本质特征

一、思维指导的唯物辩证性

以唯物辩证法基本观念作指导，是科学思维最根本、最重要的本质特征，从这个本质特征出发，才能正确地引申出各种其他的本质规定。恩格斯说：“一个民族，要想站在科学的最高峰，就一刻也不能没有理论思维。要想进行正确的思维，必须从形而上学思维，复归于辩证思维。”这里，恩格斯所讲的

“正确的思维”，实质上是指科学思维；他所讲的辩证思维，联系前后文看，其本意是指唯物辩证思维。恩格斯曾说，唯物辩证法是“最高的”、“最重要”的思维形式。显然，作为科学思维必须以唯物辩证法作指导，否则，是谈不上科学的。

二、思维视觉的多角度综合性

从上述根本特征出发，首先逻辑地引申出来的一个规定性，必须是思维视觉具有多角度的综合性。这个规定性要求思维主体对客观事物的认识必须是全方位的系统的认识，从而要求思维主体的思维的视觉必须是多角度的，必须从客体动态的网络联系进行全方位的综合思考，只有这样，才可避免片面性。

三、思维方法的抽象性、逻辑性

科学思维的目的是从客观事物的现象入手，通过抽象概括方法，把握事物的本质和规律。马克思指出：为了在思维中把握具体对象，必须首先把完整的表象蒸发为抽象的规定。科学认识的升华，其主要标志之一就在于思维的日趋抽象，但这种抽象性与内容的确定性是一致的，因为科学的抽象是舍弃了偶然性和非本质的部分，而深刻地把握了事物内在的、本质的、必然的、稳固的部分。正如列宁曾指出的，科学的抽象不是远离真理，而是愈来愈接近真理。

科学思维的抽象性，必然表现为一系列的概念体系，展示为逻辑的推论。反过来说，科学思维必须运用概念范畴和多种逻辑形式来进行，因为不形成清晰的概念，科学思维就无立足点，就没有最基本的工具；不进行逻辑推论，就不能系统地、深刻地认识事物的本质和规律。爱因斯坦说：“科学家的目的是要得到关于自然界的一个逻辑上前后一贯的摹写。逻辑之对于他，有如比例和透视规律之对于画家一样。”因此抽象思维具有逻辑性，是科学思维的又一个显著特征。

四、思维思路最优化

事物内部的和外部的联系是极其错综复杂的、多变的，思维对象的本质与对象自身和外部事物的联系渠道是多种多样的。因此，要达到对思维对象的本质的认识，思路也是多种多样的，即所谓“条条道路通罗马”。但是，这些“路”有最佳、较佳或较差之分。同时，由于认识对象是不断变化发展的，这就要求人们的认识思路具有变通性，不仅要选择最佳的思路，而且又要不局限于现存的思路，要根据条件的变化和事物的发展将各种新的思路进行比较，灵活具体地选择使用。

五、思维内容的确定性和精确性

人的认识本身就是不确定性与确定性的统一，就是确定性不断排除不确定性的过程，是从不确定性到确定性的不断升华。德国物理学家曾指出，可以用可确定性来表达科学思维的基本法则。缺乏确定性的思维，自然不是科学思维。同时，作为科学思维，还必须具有精确性思维的品格。思维的精确性，是人类科学思维的一个很重要的标志，它是20世纪以来科学进步和人类思维方式变革的必然产物。思维的精确性，要求对认识对象的量的规定和质的规定都有非常明晰的把握。从辩证唯物论的认识论看来，人类思维的正确性，是来自主体和客体相互作用的过程中。应该看到，自从数理逻辑问世，特别是以电子技术为基础、人工智能为标志的现代科学技术革命，以系统论为核心的系统方法论的产生，已使思维的精确程度发生了新的飞跃，向纵向横向两方面进一步扩展和升华。

六、思维速度的敏捷性、快速化

科学的思维必然具有敏捷、快速的特质。所谓敏捷性，也就是敏锐性或敏感性，具体表现于思维主体能由一个问题迅速转到另一个问题。要求思维具备敏锐性，要求思维主体具有多方面的知识，同时，要具有深刻的分析能力，能够见微而知著，举一反三，问一以知十，触类旁通。思维的敏捷性和思维的快速化是紧密相连的，思维敏捷，必定能迅速作出果断的判决，提出正确解决问题的方案，采取可行的实践步骤。

七、思维活动的高效性

效果是指由行为产生的有效的结果，即具有功用的结果。思维不一定均有功用，但正确的思维必然有认识事物、指导实践的功能。科学的思维活动必然是高效率的。思维效率是这样一种涵义：在思维的一定单位时间内所得到的正确思想成分的数量和质量越多，效率就越高。科学思维要求在当时历史条件下最大限度地获得可能获得的真理性的认识，这即是高效性要求。人们对同样事物的思维，由于使用思维方式和方法不同以及其他原因，各自思维的效果不一样，但作为科学思维，高效性乃是其必具的特质之一。

八、思维形式、方式的现代化

任何思维方式，是一定生产方式的产物，它对所服务的经济基础起促进作用。现代思维方式是当代科学技术发展和社会生产力发展的要求和产物，因而，它反映新的科学技术和经济政治的发展，如系统思维方式、创造性思维方式等。现代思维方式是科学思维必须运用的重要思维方式。

九、思维语言概念的准确经济性

语言是思维的物质外壳，没有语言就不会有人类的思维。概念是构成科学的细胞，科学是有关概念的体系。因此，人类的思维要形成科学体系，必然要求有科学的语言、概念，而科学的语言、概念的一个基本要求是准确而又经济。

十、思维逻辑结构的严密性

科学思维使用的语言、概念准确而经济，诚然是科学思维一个很重要的标志，但是，仅仅这样是不够的，因为语言、概念要构成体系，才能表达一定的思想。因此，科学思维还进一步要求语言、概念、结构具有高度的严密性，具有严谨的逻辑结构。

第五节　唯物辩证地、综合地、具体地运用各种科学思维形式和方法

一、唯物辩证法的对立统一观点是科学思维方法的灵魂

以上给科学思维所下的定义和对其本质特征的概括，十分清楚地表明唯物辩证法在科学思维中占有突出的地位。从根本上说，唯物辩证法为科学思维提供了指导和理论基础。

恩格斯说："唯物辩证法本质上是最高的思维形式。"从科学思维活动的过程看，它贯穿近代现代科学思维活动横向的各个方面和纵向的全过程的各个阶段，它统率不同层次的各种正确思维形式、方法。显而易见，掌握唯物辩证法，是理解、把握科学思维本质及其多种思维形式、方法的钥匙。因此，可以说，唯物辩证法是科学思维的灵魂。

二、科学思维的几种重要的具体思维方法

1．动态性思维与静态性思维的辩证结合

任何事物是绝对运动与相对静止的统一，这就要求人们把动态思维与静

态思维辩证地结合起来。从两种思维方法结合运用入手，是人们认识事物的客观要求。所谓动态性思维，是指思维主体根据事物的不断发展变化，不断改变思维程序和方向，从而达到优化思维的目标，这种思维活动，即是动态思维的过程。换句话说，它是不断运动的择优的思维活动。展开点说，这种动态性思维主要表现在：思维随客观实际的变动而变动，并且围绕优化思维目标而变化。动态性思维的“变动”，是一种内外结合的双向的变动：一方面，思维要随客观事物的变动而变动，也就是外部事物的变动推动人脑内部思维的变动，这是思维的客观性的一面；另一方面，思维又反作用于客观事物，促进事物的变动，也就是思维内部的变动促进外部事物也相应变动，这又是思维的能动性的一面。动态性思维就是通过内外结合的双向的动态过程，达到优化的思维目标。然而，具体事物又是相对静止的，因而要求人们强调动态性思维的重要性时，不能否定静态性思维的作用。静态性思维是一种从固定的概念出发、循着固定的程序以达到固定的思维成果的思维过程。必须强调，任何事物是变动和稳定的辩证统一，作为反映客观事物的思维，也必然是动态和静态的辩证统一。否则，就成为不可理解的东西。所以，动态思维和静态思维是相互依存的。我们反对的不是这种相对静态思维，而是那种绝对化静态思维。静态性思维作为一种思维方式，有着动态性思维所没有的特点和优点。其特点是：固定性、重复性、程序性和排他性。静态性思维的这些特点，使它具有准确化、定型化、规范化的优点。这些优点，不仅使它能对相对稳定的思维对象取得较好的思维成果，而且使它可以模型化，可以实物化。现在存在的各种各样的模型，如实物模型、图式模型、数学模型等，各种人工智能机，如电子计算机、机器人等，都是某种静态思维的物化形式和形象表现。静态性思维的缺点是思维容易陷入僵化、死板、缺乏活力。显然，它已不适应新时代进一步提出的要求。动态性思维有不同于静态思维的特点和优点，即变动性、能动性、创新性。这些特点有利于克服静态思维表现出的僵化的缺陷。因此，人们在进行思维时，必须把动态性思维与静态性思维辩证地结合起来。

2．矛盾分析思维与矛盾综合思维的辩证结合

矛盾分析和矛盾综合是科学思维的一个重要方法。所谓分析，从辩证逻辑讲，是指在思维中把认识的对象整体分解为许多许多的简单要素、部分，并从中抽象出本质的东西（即构成这一事物的基础与本质的东西）的方法。所谓综合，是指在思维中把分析出来的表现本质的各个部分，按照其固有的相互联系有机地结合成统一整体的方法。分析和综合是辩证的统一。两者既相互区别，又相互依赖。一方面，分析离不开综合，分析要以某种综合的成果为指导，并且以得出新的综合为目的；另一方面，综合也离不开分析，分析是综合的基础，没有分析，认识就不能具体深入，就不能把握事物的各个部分、侧面和属性的具体规定性。《资本论》以及其他的科学理论体系的构成和发展告诉我们，在系统的分析过程中包含着综合，在系统的综合过程中也包含着分析。在人们活生生的具体认识过程和思维过程中，既没有纯粹的分析，也没有纯粹的综合。分析与综合总是互相交替、互相渗透的。分析的深入把我们的认识引向一个新的深度，从而把握事物更深层次的本质。综合的发展，则使我们的认识进入一个新的境界和高度，并能克服分析给人们视野带来的局限。因此，绝不能把两者截然分开，更不能只要一个而否定另一个。所以，恩格斯指出：“思维既把相互联系的要素联合为一个统一体，同样也把意识的对象分解为它们的要素，没有分析就没有综合。”又说：“以分解为主要研究形式的化学，如果没有它的对极，即综合，就什么也不是了。”分析的过程也是从具体到抽象的过程综合的过程也是从抽象到具体的过程。

3．系统思维与还原分析思维的辩证结合

现代科学认为，事物是以系统方式存在的，因此，我们认识和思维事物，还必须运用系统思维方法。系统方法，表现在它强调从整体上测定各种现象，从多角度观察现实，把对象看作是一个由多要素、多变量、多层次构成的整体或系统，并从多系统、多角度去考察一个大系统。它从系统存在论出发，侧重从共时性看世界；它从系统演化论出发，重视从历时性看问题。它对事物立体

动态进行揭示，强调从研究对象的内部复杂结构——垂直结构和水平结构以及它与周围环境的协调、相互作用中去把握系统的整体的性能和运动规律，从而促使人们对事物进行分析，避免过于抽象和简单化。它在思维方式上，把综合作为出发点和归宿，把分析与综合贯穿于过程的始终，坚持把认识重点放在整体结构上。它兼备多种认识功能，不能不说是人类思维方式的一个重大突破。再者，系统科学的方法论是和控制论、信息方法相联系，三者实际上是渗透在一起的，它揭示出：系统与系统以及系统内部各要素之间，都存在物质交换、能量转换、信息传递；而较复杂的系统，都有各种控制和反馈存在。这在方法论上就把事物之间相互作用的观点进一步具体化了。必须强调，运用系统思维方法的同时，还必须与运用还原性思维（即先分析后综合的思维方法）辩证地结合起来。

4．立体性思维与线面性思维的辩证结合

人类的思维活动，按照思维结构的不同，存在着立体性思维与线面性思维的对立统一。立体性思维存在于客体的立体结构和主体的多思路思考的相互关系之中。这是因为客观事物都具有多面性，客体之间的联系是纵横交错的网络状态，其存在是立体的存在。物质实体的这种立体形态的存在，为立体性思维提供了客观前提。立体性思维是历史发展的必然要求。科学史证明，科学发展是循着一条由封闭走向开放、从单一走向综合、从单维走向多维、从单值走向多值的路向的。到了现阶段，各门科学和各种科学方法已经达到相互渗透、相互融合、相互转化的水平。科学发展的这种趋向客观地向人们提出了这样一个要求：对于同一的科学研究对象再也无法进行单一的、定向的、平面的、线性的思考，而必须进行立体思考，否则，就难以把握和再现思维对象的内在的本质。现代许多边缘科学的产生，为立体性思维提供了有力论证。

立体思维的主要方法有三种。一是纵横相互交织的思维方法。为了使立体性思维正确运行，思维主体必须对思维对象的各个要素进行纵向和横向的考察，然后再把这两种考察综合在一起，依照思维对象本身所固有的发展层次，组成思维的网络，确定这个网上的纽结，再现客体的全貌，以及它与周围客体的纵横的复杂的联系等。二是多要素综合的思维方法。因为立体性思维本身是一个由多种要素组成的全方位的集合体，因此，一个正确的立体思维的模式，就必然要求人们在进行立体思维时，必须把思维对象的各种要素综合到思维内容自身之中。如果没有这样的综合，思维中就不能形成全方位的整体性，也就不会出现思维中的立体感。三是多层次相互贯通的思维方法。要正确地再现客体的立体结构，把主体结构中的各个侧面、要素作为有机整体在思维的结果中复制出来，就必须依次按客体固有的层次、环节、阶段，有序地组织、排列其思维内容。只有通过对这些层次的有序组织、排列，才有可能在思维中对思维对象的变换状态作出清晰的思考，从而深化其具体的运行过程以及把握它的总体结构和各个层次的特性，以更严密地表达思维的内容。

线、面性思维又称线形思维与平面思维。这种思维只是对思维对象在一条线上、一个平面上作单一定向的思考。它对思维对象的描述，或者表现为向着一定方向伸延开来的直线，或者表现为平面上的一个定点向四周的扩展，仅仅涉及某个侧面，而不涉及思维对象的诸多方位。因此，其特征之一是单一性，即思维是从某一个方面、某一个线面进行的。其特征之二是直线性。线、面性思维把对象世界的复杂因素加以简化、直线化，抓住其某一个方面，加以无限地直线地扩大和伸延，认为一切东西都是周而复始的机械重复。这就是线、面性思维的直线性的典型表现。诚然，线、面性思维不利于人们从多侧面来描述复杂的客观世界，不利于思维活动的多样化和全方位性，但是只要思维不把它加以绝对化，不限于其自身的片面性，而把它作为更高层次的立体性思维转化的一个环节，它就有存在的理由，是人类思维活动不可缺少的一种思维形式，有利于确定思维对象所处的位置的坐标。

可见，立体思维与线、面性思维是分不开的，必须将二者辩证结合，而其中立体思维是主导方面，是落脚点。

5．模糊性思维与精确性思维的辩证结合

人们在对对象进行思维时，常常存在着模糊性和精确性两重思维的对立统一。所谓模糊性思维，是指思维中关于客观事物相互联系和相互过渡时所显示出来的“亦此亦彼”的具有不确定性、不清晰性的思维现象。从字面上看，模糊性思维似乎是含混不清。实际上，这里只是借用“模糊”这个词，并无含混不清的意思。相反，模糊性思维有时比精确性思维还准确。低层的模糊性思维是比较容易进行的思维活动，而高层的模糊性思维则是相当艰难的思维活动。

模糊性思维有三个主要特点。其一，适应性。这是模糊性思维突出的特征。现实生活中的许多问题，一味追求精确是无法解决的，必须依靠人脑的模糊思维。例如在侦破案件时对疑犯的高矮、头发的稀少或浓密、脸型、个性、嗜好等的考虑，就是一种模糊思维。其二，敏捷性。模糊性思维反映的是事物突出的、主要的属性。这些属性对人们感官的作用比其他属性对人的感官的作用要迅速得多，因而引起的思维也敏捷得多。其三，整体性。这是建立在科学分析基础上的整体性。它反映的是事物的普遍联系和不断运动，反映的是事物之间的界限不是绝对的，而是相对的；不是非此即彼，而是亦此亦彼。模糊性思维的整体性是客观事物普遍联系和不断运动的反映。模糊性思维的整体性要求只能用非确定的量来表示事物的属性，如形容人的相貌就用非常美、很美、比较美或非常丑、很丑、比较丑等无确定的量的规定的词。这种非确定量和比较程度的描述，包含着两极的许多联系和过渡，从而显示出事物的整体性。模糊性思维有自己的对立面，构成一对科学思维的基本矛盾。人类思维能力不仅表现在形成和发展了模糊性思维的能力，而且表现在形成和发展了精确性思维的能力。精确性思维是指思维中关于思维对象的类属边界及其性态清晰、确定的一种思维方式。在思维活动中，如果思维对象的量的规定和质的规定十分明晰、十分确定，这样的思维就具有精确的规定性。要达到这种精确性，又有赖于定量分析与定性分析思维的辩证结合。而模糊性思维和精确性思维也不是截然割裂的，二者在思维过程中也是一种辩证结合的关系。

6．定量思维与定性思维的辩证结合

所谓定量思维方法，就是指思维主体从事物的量的属性的角度着眼，通过对客观对象各种量和量的变化以及量之间的关系的记录、运算、推导等手段去考察客观对象，以获得对事物本质更为精确、更为深刻的认识的一种思维方法。

定量思维方法是各种定量方法的总称。由于量的形式的多样性，所以定量思维方法也有多种表现形式，如定量观察、定量实验、定量分析等。各种定量思维方法的重心各有侧重，但它们都有以下共同的特点：它是从事物的量的属性的角度去认识事物，用数字化、符号化的语言系统地去揭示事物的质，从而使思维结果具有精确性和可靠性。

正是由于上述特点，决定了定量思维方法在科学认识活动中起到了其他思维方法所不能替代的作用。它已成为创立和发展新的科学理论的一个重要契机和杠杆。纵观自然科学的认识史，科学理论的建立很大程度上依赖于数学方法的提高及其广泛应用。从哥白尼的“太阳中心说”到开普勒阐明“行星运转规律”的数学形式；从伽利略定性描述的“自由落体运动”到牛顿的“三大运动定律”；从法拉第“场”的概念到麦克斯韦尔的“微分方程组”……我们可以看到由于定量思维方法的应用，天文学、经典力学、经典物理学等才能作为严格的科学理论体系而得以确立。现代生物学等科学也由于定量思维方法的渗透而成为更为精确的科学。定量思维方法的应用，有助于获得对客观事物的完整、准确的认识。孟德尔正是在遗传变异及其机制的研究中，广泛地运用数学分析、统计方法，才揭开了遗传变异现象的谜底。它的运用有助于对事物的认识作出预见，导致新理论的发现。随着对事物量的把握程度的加深，认识的“原本”与“副本”之间的弹性会逐渐减小。

所谓定性思维方法，即指思维主体从事物的质的属性的角度着眼，通过对客观对象各种质和质的变化以及质与质之间的关系的分析、综合、演绎、归纳、逻辑加工去考察客观对象，以获得对事物本质的非量化认识的一种思维方法。

定性思维方法是各种定性方法的总称。由于质的形式的多样性，所以定性思维方法也有多种表现形式，诸如定性观察、定性实验、定性分析等。各种定性思维方法的重心各有侧重，但它们都具有以下共同特点。首先，思维结果的非量化，它们都是从事物的质的属性的角度去定性地认识事物；其次，思维结果的模糊性；再次，具有思辨性和猜测性；最后，结果具有逻辑简单性。

正是由于上述特点决定了定性思维方法在科学认识活动中起到了非常重要的作用。翻开科学史册，伽利略的斜向实验就是一个很好的见证。根据斜向实验，运用定性思维方法，伽利略提出了惯性概念，从而实现了对亚里士多德的物理理论“保持物体以匀速运动是力的持久作用”的突破。尽管伽利略没有走完最后一步，但他却为牛顿第一运动定律的建立奠定了坚实的理论基础。它还适用于暂时不能进行定量思维的对象，特别是科学研究领域的两极分化——宏观向宇观的拓展，微观向渺观的深入，使得定性思维方法显得尤为重要。

由于一切事物都是质和量的统一体，因而定量思维方法与定性思维方法之间存在着必然的联系，存在着两者的互补性。随着科学认识领域的拓宽，思维方法的更新，尤其是现代科学的发展，定性思维方法和定量思维方法日益相互渗透，相互补充，从而促进了科学思维的深化。

7．发散思维与收敛思维的辩证结合

发散思维与收敛思维是进行科学思维过程中的两种对立统一的思维形式方法。发散思维是指对认识对象进行多角度、多层次的思考，探索多种不同可行性的解决方案。发散思维的起点是建立在强烈要求解决问题的意识和已有的背景知识的基础上，思维的方向是多样的和变化的。思维的终点是产生各种各样可能的解决问题的试验性方案或衍生出多种多样的结果。

发散思维实质上是一种“同中求异”（或相似中求相异）的非逻辑程序的思考问题的方式。这里的“同”就是所要解决的问题；这里的“异”就是解决问题的多样试验性方案或衍生出的多样性结果；而“求”是围绕所要解决的问题所产生的多样试验性方案或衍生出的多样性结果的动态过程。

关于发散思维，一般认为都具有流畅性、灵活性和独特性三个特征。所谓流畅性，就是指思维活动流利畅达，反应迅速和众多。它主要依赖于原有的背景知识，背景知识丰富才能保证思维活动的流畅。所谓灵活性，则是说一个人的思维能举一反三，触类旁通，随机应变，不受常规的、消极的心理定势所限制，因而有可能提出不同于一般人的各种新构想、新观念。所谓独特性，是指对事物表现出超乎寻常的独立见解，提出不同凡俗的新观念。发散思维的三个特征是相互关联的。发散思维以流畅性为基础，以灵活性为关键，以独特性为核心。但是必须指出，发散不是越多越好，也不是无止境的，它有一定的度。

所谓收敛思维，就是把发散思维所产生的多种多样的方案或结果加以挑选、组合，找到在当前条件下最佳的方案或结果的思维形式。收敛思维的起点就是发散思维的终点。其方向是一致的。其最终指向即终点，是解答问题的最佳方案。

收敛思维实质上是一种“异中求同”的逻辑程序的思维形式。这里的“异”也就是发散思维中的“异”；这里的“同”却并不是发散思维中的“同”，而是求得问题的唯一最佳方案或结果；“求”则是组合、挑选、判断、评价，找到解答问题的最佳方案。

收敛思维的特点是唯一性和最佳性的统一。就是说，收敛思维从发散思维所产生的多样性方案或结果这个前提条件出发，其所推得的结果或方案是唯一的且最佳的。我们知道，在严格的科学实验和工程技术设计等科技活动中，实验结果或设计方案具有唯一性和当前条件下的最佳性是一个极为重要的要求。否则，就不是严格科学的。

必须强调，发散思维能够创立新观念，收敛思维也能产生新观念，两者之间存在着密切的联系，互为基础，互为条件，反复交叉进行。收敛思维是发散思维的基础或条件，只有先进行收敛思维，综合问题提供的条件信息，导出发散点，然后才能从此点出发而进行发散思维；另一方面，发散思维又是收敛思维的基础或条件，只有先经过大量的发散，提出尽可能多的方案来，才有可能通过收敛思维最后导出最佳方案。而两者往往是由思维主体自觉进行以发挥其功能。

发散思维与收敛思维是辩证结合的。创造水平的高低取决于发散程度与收敛程序两者共同的作用。只有发散程度高、收敛选择好时，创造水平才会高。也就是说，在创造活动中，只有当一个人通过发散思维，尽可能提出更多的解决问题的方案来，然后又能通过收敛思维，确定唯一最佳方案，才会获得较高的创造水平。

三、唯物辩证地具体地运用各种科学思维方法

事物运动、发展的客观规律反映在思维主体中，转化为思维主体进行思维活动的规则，就形成了科学的思维方法。思维方法是思维主体进行思维活动的手段、工具。

任何事物处于普遍联系与发展之中，其内部外部存在着广泛的多角度、多侧面、多层次、多变量的错综复杂的联系。前面提到的各种科学思维方法是从不同角度、侧面、层次、变量反映事物的整体面貌，因此，一方面，每一种思维方法都有不同的适用范围和特定功能。进行思维活动时，必须把每一种科学思维方法恰当地运用到适用的场所。但是，由于每一种具体思维方法立足于某一个角度、侧面、层次等，都不免有其短处和局限性，因此，要认识对象，必须综合地运用上述各种主要科学思维方法，使其互补，才能从整体上把握思维的对象。牛顿、爱因斯坦、波尔等伟大的科学家在自己的科学创造中，无不自发地或较自觉地运用了各种科学思维方法。必须指出，综合运用不是均等地运用各种方法，当事物的某些方面的面貌已呈现得较清晰时，就只需重点地运用适用于其他呈现不清晰的方面、范围的方法。与此相联系，就有一个具体运用各种主要科学思维方法的程序问题。思维程序是各种主要科学思维方法相互作用的动态系统，它要求人们对思维不同对象及其不同发展阶段使用的思维方法

有所变化，因而思维具体目标的选择就成为相当重要的问题。从选择的目标出发，遵循一定的思维基本路线，先后具体运用下列几种主要科学思维方法：动态思维与静态思维辩证结合→矛盾分析思维与矛盾综合思维辩证结合→系统思维与还原性分析思维辩证结合→立体思维与线面思维辩证结合→模糊思维与精确思维辩证结合→定量分析思维与定性分析思维辩证结合→发散思维与收敛思维（含求异与求同、相异与相似、辐射与集中）辩证结合。此程序的优点是：先从对象的静态与动态入手，遵循从矛盾分析到矛盾综合，从整体到部分，又从模糊到精确，再到定量定性分析的路线，然后落脚于发散与收敛的思维的辩证结合，从而使科学、思维向创造性思维过渡。

第六节　科学思维与逻辑学

一、科学思维必定是系统性的逻辑思维

经验层次的科学思维，尚不是典型的具有完全意义的科学思维，理论层次的科学思维才算是典型的具有完全意义的科学思维。而这种典型的具有完全意义的科学思维，必须符合思维的逻辑规律，这是因为科学思维必须使用逻辑概念，运用判断、推理，遵循反映客观事物固有的客观规律的一定的逻辑规律。必须强调，任何科学思维运动，都遵循一定的逻辑规律，只是有显逻辑与潜逻辑之别。正是从这个观点出发，人们把科学思维与亚里士多德创立的形式逻辑（亦称传统逻辑）画上等号。当然，这样看不免有片面性的成分。从近代莱布尼兹创立数理逻辑（又称符号逻辑或现代逻辑）后，数理逻辑就完全作为科学思维的工具而形成和发展。从形式逻辑到数理逻辑的发展，反映科学思维的发展达到了更高的抽象性、形式性、理论性和精密性。19世纪，恩格斯正式提出

了辩证逻辑概念，认为它与形式逻辑是初等数学与高等数学的关系。但是恩格斯逝世后，辩证逻辑的系统建立尚在争论之中。我国以章沛、马佩等为代表构思的不尽相同的辩证逻辑体系的核心规律与基本规律，很难与辩证法的基本规律严格区别开来，现在看来，有别于唯物辩证法的科学辩证逻辑的建立，还需要时间。近来有人提出并阐明了系统逻辑的新概念。然而这种系统逻辑与现代系统方法及功能也很难区分开来，所以同样有待于进一步探讨。不管怎样，上述各种逻辑学的提出，对科学思维是大有裨益的。

二、几种主要逻辑学不同的立度、形式和功能特点

如上所述，依历史顺序排列，已经创立和正在创立过程中的主要逻辑学是：形式逻辑、数理逻辑、辩证逻辑和系统逻辑。其所处层次的排列顺序应是：形式逻辑、数理逻辑、系统逻辑、辩证逻辑。形式逻辑根源于规范思维和语言交流经验的总结；数理逻辑根源于对事物定量化的科学；系统逻辑根源于横断科学，模糊数学和运筹学等为它奠定了现代数学基础；辩证逻辑根源于辩证的哲学思辨。

形式逻辑主要着眼于静态，借助逻辑概念、判断、推理实现思维活动的全过程，要求思维符合同一律、矛盾律、排中律和充足理由律。

数理逻辑着眼于认识的精确，它主要表现在把数学方法引入逻辑学。其另一个特点是突破了传统逻辑的主—谓结构，引入了关系命题，提高了逻辑命题的能力和把握复杂事物的能力。它借助于符号化语言的涵括或拟化，揭示各种思维形式结构，构成符号化和形式化系统，用以实现思维的精确化和各种类型的推理论证，并用以建立同思维对象相应的数理模型。

系统逻辑除着眼于人的系统思维外，还着眼于人—机系统思维领域。它是借助多维的多层次的多变量的立体结构，实现其思维的全部过程。它要求思维活动构成形式系统——公理化。

辩证逻辑从事物的动态和辩证思维本身特有矛盾及其发展规律着眼，借助

于用肯定、否定构成其思维框架，实现其全部思维逻辑过程。它要求思维符合辩证法三个基本规律的思维律——对立统一思维律、质量互变思维律、否定之否定思维律和辩证的充足理由律。这些基本规律，统帅辩证思维各个方面的全过程。也有人认为辩证逻辑的思维律应是辩证矛盾律、具体同一律、发展转化律。辩证逻辑的立度是高于上述三种逻辑学的。

显而易见，上述四种逻辑学各有其特点和优点，人们必须从不同角度、不同层次使用它们，力求使自己的思维进一步科学化。

三、加强几种主要逻辑学的研究，促使科学思维进一步深化

逻辑学是研究思维领域一般规律及特殊规律的科学。要使人类思维科学化，就必须进一步揭示思维活动的特点和规律，而这种揭示的程度，总是受一定历史条件的制约。社会实践的不断发展，自然科学和社会科学的不断进步，人们研究思维科学的物质条件、精神条件相应提高，为逻辑学的进一步深化研究提供了可能。我们应在这一领域加倍努力，揭示出更多、更本质的规律，以促进人类的科学思维的进一步深化。

第七节　科学思维与思维科学

一、科学思维的产生、发展、成熟与思维科学的独立发展

前面已经谈到，科学思维是一种理性思维，具有精确性、经济性、高效性、真理性。这种思维是现代人类的一种高级思维形式，是人类思维水平发展到高层次的体现。它有一个产生、发展和不断深化的过程。古代文明人的思维是它的生长点，亚里士多德创立的形式逻辑的广泛应用，标志着它的初级形态

的形成。近代建立在实验科学基础上的归纳逻辑学和分析哲学、近代逻辑学、数理逻辑学、认知科学的相继问世，标志着这种思维的较高级形态（近代科学思维）的形成。随着近代黑格尔的辩证法、马克思的唯物辩证法的创立，以及现代系统方法论（含信息论、控制论、协同论、耗散结构理论、新突变论等）、脑科学（含脑神经生理学）、思维生理学、创造心理学、发生认识论等的相继问世，科学思维达到了一种较成熟的形态，相应的科学系统就达到了高级水平。当然，这里所讲的高级水平的含义也是相对的。达到这种高级水平，就为人类提供了把对现实世界的认识与改造从以科学思维为主导转向以科学创造性思维为主导的可能。很明显，科学思维的产生、发展、深化的过程，也就是关于思维、科学思维的研究不断发展深化的过程，在这样一个过程中，思维科学逐步从自然科学、社会科学中分离出来，成为一门独立的科学。人类在对自然界、社会认识的基础上，建立了自然科学和社会科学的体系。古代传统形式逻辑的创立，表明揭示思维形式的规律的科学已从古代的自然哲学体系中独立出来。到了近代，科学归纳法这一新的思维工具的创立，为近代欧洲伟大的复兴奠定了方法论的基础。笛卡尔的《方法谈》，又进一步推动了近代科学方法论的前进步伐。现在，有的科学家又吹响了反归纳主义的号角，而逻辑实证主义也从传统的归纳主义的立场上退下来，与现代科学发展的需要相适应，转向科学假设、想象、构想、直觉、灵感等。创造性思维方式的提倡，进一步推动了思维工具的转换，相应地也推动了对思维科学的研究。当今，思维科学的某些分支，取得了很大的发展，其中包括人工智能科学的诞生与成长，但远没有像自然科学和社会科学那样建立自己的科学体系。因此，尽快地建立思维科学的独立体系，已是摆在思维科学工作者面前的一项头等重要而迫切的任务。

思维，历来是马克思主义哲学研究的主要内容之一。恩格斯说：“辩证法不过是关于自然、人类社会和思维的运动和发展的普遍规律的科学。”在这里，恩格斯把思维、自然界、人类社会三大领域并列提出。毋庸置疑，在他们的视野里，思维科学与自然科学、社会科学处于并列的、同等的地位。关于思维科学的体系问题，列宁曾提出过若干萌芽思想。在《哲学笔记》中，他指出，构成认识论和辩证法的知识领域，必须有七个方面，即“哲学史；各门科学的历史＋儿童智力发展的历史；动物智力发展的历史；语言的历史；心理学＋感觉器官的生理学”。列宁的这个提纲明白无误地告诉人们，以思维、认识问题为对象的学科应该分化出来，独立成为思维科学。当然，在此列宁还没有明确使用“思维科学”这个词。

二、关于建立思维科学体系的思考

现在无论国外国内，不少科学家、哲学家和理论工作者都正在对思维科学体系的建立自觉或不自觉地进行可贵的探索。特别是20世纪80年代初，我国著名科学家钱学森教授倡导创建思维科学。当前，我国关于思维科学体系的探索取得了可喜的进展，但是仍然众说纷纭，尚未形成共识。思维科学是揭示思维的本质、规律和方法的科学。思维科学体系，严格地说，是指思维领域有关学科构成的具有内在联系的统一的理论体系。在此，我同意钱学森教授的意见，即不要把思维科学和人体科学（脑科学、神经学）混在一起，越过学科划分界限；也不要把应用思维科学放进来，因为思维科学的应用是思维科学理论的实际应用，不属于思维科学理论体系本身；更不要把相邻近的学科如美学等纳入其体系内，否则思维科学就变成了人类知识的大杂烩。同样，也不应把哲学世界观（含哲学史）放进较低一个层次的思维科学体系之内，把纯自然科学的学科也放进来，从而使思维科学体系变成古代的自然哲学。现在有一种倾向，把思维同某一具体对象混为一谈，如把对社会技术、道德、美学等的思维视为思维科学的一门具体学科，这是不对的。进一步说，思维科学体系有狭义、广义之分。但不论哪一种体系，都同辩证唯物主义世界观及其认识论存在着指导与被指导的关系，后者是前者的理论基础。从狭义来说，思维科学体系就是思维基础科学——思维学，它包括映象思维学（即映象的形象思维学）、抽象思维学（即抽象的逻辑思维学，包括形式逻辑、数理逻辑、系统逻辑和辩证逻辑）、构象思维学（即构象的构想思维学），以及包括反映上述三种基本思维方式类型的特殊表现形式——直觉思维、灵感、顿悟的有关理论。从广义来说，思维科学体系除上述三种思维形式及其包含的特殊表现形式外，还包括语言学、各层次的逻辑思维学、思维生理机制学、创造性心理学、发生认识学、科学思维方法论、人工智能学等。把思维科学区分为上述狭义、广义两个方面，有利于突出思维科学的特殊本质，使它与自然科学和社会科学一样，成为与之并列的独立的科学体系，同时有利于研究者集中精力揭示思维活动的内容、规律和方法，从而更快地取得成果。

三、重视思维科学的研究，实现思维工具上的新的超越

科学技术发展到今天，我们不能再照搬已不能反映现代科学成就、适应时代发展需要的古代亚里士多德的《工具论》和近代培根的《新工具》。在现代科学技术革命的猛烈冲击下，西方正处于从传统的归纳主义向更新的思维工具的交替过渡中。对我国来说，更新思维工具显得更为迫切。历史证明，经济上落后的民族也可以在哲学上拉第一把小提琴。由此也可以合乎逻辑地推断，在创造超越西方的主、客观条件的前提下，中国思维科学工作者有可能在现代新思维工具的探索与创建上都走在西方的前面。这是加快我国经济建设步伐的需要。

第四章 科学创造性思维概念的逻辑提出及其科学界定和特殊本质规定

第一节 关于创造性思维认识的几个误区

一、误区之一：将灵感与创造性思维简单等同

当前，流行这么一个观点，认为灵感与直觉是同质异构的思维方式，二者都属于创造性思维范畴，没有任何一种创造性行为能够脱离灵感和直觉思维活动，创造性是它们共同的本质属性。有些同志更把灵感与创造性思维简单等同起来，似乎没有灵感就没有任何创造。由此出发，更把许多本来由于抽象的逻辑思维、映象的形象思维、构象的构想思维相互作用而产生的创造发明，也说成纯是灵感的产物。这是一种误解。对此，本书第二章第四节已作了阐述。持这种观点的甚至有不少科学家、艺术家，他们受历史条件、自身科学知识的限制，不自觉地夸大了灵感在创造性思维中的作用。实际上，灵感不是思维形式，灵感与直觉有区别。这点已在第二章中阐明过，这里不再重复。灵感是创造性思维过程中产生飞跃的那一瞬间的心理现象。在创造性思维活动过程中，灵感这种瞬间呈现的综合心理现象状态是“稍纵即逝”，“神而不知，知而难道”的，人又怎能运用和操作呢？固然，它有可能接通中断的逻辑通道，但也不能直接进行创新，两者之间虽有联系，但它们的内涵区别很大。况且，不少

创造性思维成果产生过程中并没有灵感发生过。曾有研究者在美国就此问题向一千多名学者提问，至少有20%的人回答没有发生过灵感。

从实践的角度看，将灵感与创造性思维画等号的观点，容易起到消极作用，它会导致人们放弃艰苦的创造思维与实践，而消极地坐等灵感的到来，或者当“灵感”发生后，不再进行艰苦的创造性思维活动。

二、误区之二：创造性思维过程即逻辑思维→非逻辑思维→逻辑思维；显意识活动→潜意识活动→显意识活动

迄今，探索创造性思维活动基本过程的各种构想中，有下述两种模式是值得商榷的，尽管它们各自也包含有某些合理因素，但从总体上讲是应该否定的。

一是将创造性思维基本过程理解为逻辑思维→非逻辑思维→逻辑思维。其可取之处是明确指出创造性思维过程有非逻辑思维的参与，包括想象和非理性思维因素——意志、意向、情感、情绪、兴趣等的作用。但是这种模式存在着明显的缺陷：首先，“非逻辑思维”这一概念本身就不太确切。从思维活动来说，只存在潜逻辑，不存在无逻辑的情况，因为作为思维对象的客观事物和客观世界的存在发展是遵循一定规律的，那么反映客观事物和客观世界的思维必然也是表现出适应这种规律的一定的逻辑性的。至于非理性因素诸如情绪、兴趣等本身并不是思维形式、方式，它们只是同思维形式结合在一起时发挥促进思维作用的功能，怎能把逻辑思维与非理性要素截然分开呢？因此，可以说，这种模式有公式化倾向。创造性思维发展过程是辩证的复杂的，不能用“三部曲”公式限制它。事实上，创造性思维过程是多要素、多层次构成的创造性思维概念辩证发展的过程，用一个公式去概括它，未免太简单化了。

二是将创造性思维活动过程理解为显意识活动→潜意识活动→显意识活动。其可取之处是明确指出创造性思维过程中有潜意识因素的参与，但是这种模式的明显缺陷，就在于把显意识活动与潜意识活动截然分开，并进一步把潜

意识活动作为创造性思维过程的一个独立阶段，这在理论上说不通，在实际上也是不存在的。须知，在辩证法看来，潜意识并不是绝对静止的，而是处于相对活动状态。提出潜意识概念的弗洛伊德也认为，当显意识活动间断，潜意识就自发地本能地进行积极思维活动，补充显意识活动存在的不足。如果把这种潜意识活动作为创造性思维过程中一个独立的阶段，那么，它的思维主体就缺位了，无思维主体的思维阶段怎会存在呢？这种“三部曲”的公式化的方法，同样限制了客观存在的创造性思维过程的辩证性，是不利于人们揭示和遵循客观的创造性思维规律的。无疑，这种见解对人们的创造活动是有害的。

第二节 提出科学创造性思维新概念是时代发展的客观要求

一、传统创造性思维已日益不能适应现代创造性活动的要求

本书第一章已经阐述过，当代全方位的愈演愈烈的激烈竞争，人类第二个“脑”——电脑（人工智能）的产生及其不断的更新换代，正在推动人类加重思维活动中创造性思维的比重，并进而指导人类的创造性实践活动。然而，即使现在，人们对创造性思维的内在机制的了解，尚未从根本上超出描述和唯物主义的归纳水平。现行的创造性思维活动的显著缺陷，总的来说，一是缺乏科学理论方法的指导，探索性、盲目性大；二是对创造性思维本质规律的认识尚存在一定的模糊性；三是思维主体偏于个体承担，见效慢而小。上述缺陷，导致具体的创造性思维过程中反复大，曲折多，费时长。如果说爱迪生发明电灯，进行尝试性实验近百次，道尔顿发现原子论，进行观察实验达2万多次，这在当时的历史条件下是可以理解的话，那么，如果今天一项相当的发明创造，也同样需要那么多次的实验，就不适应时代的要求了；如果说清人王清任写

《医林改错》，实现医学上的一个重大突破——明确思维的物质器官是脑不是心，费时47年，《浮士德》这本富有创造性的巨著费时60年，这在当时是可以理解的话，那么，如果现在实现类似的创新，也需要同样长的时间，就不适应时代的要求了。要想改变这种状况，显然就需要有科学创造性思维作指导，做到少走弯路，减少实验的次数，减少创新所花的时间。为此，就必须探索科学创造性思维的本质、一般规律和方法，用科学创造性思维新方法取代传统的创造性思维模式。从我国的现实看，唯有如此，才能缩短赶超发达资本主义国家的经济发展水平的时间。所以，这种探索是有其深刻的现实意义的。

二、近现代国内外关于创造性思维本质规定的探索

世界文明发展的历史可说是人类创造性思维成果的展现史。在近现代，国内外对创造性思维的研究取得了可喜的成绩。1870年英国自然科学家高尔顿成为公认的创造学的始祖。19世纪中叶，关于创造性思维的研究已一度有人问津，但由于种种原因未进行下去。直到1945年，西方完形心理学派的创建者魏特海默首先出版从心理学角度着眼进行研究的专著《创造性思维》；20世纪中叶，赫奇森在分析了152篇有关论文的基础上，把创造性思维的特征概括为首创性、新颖性、流畅性、灵活性、精详性。这种见解，一直为迄今许多学者所沿用。

在我国，70年代以后，对创造性思维的探讨逐步展开和深入。张淑芬同志在《国内哲学动态》1982年第10期上发表了《创造性思维研究简介》一文，搜集有关资料，对创造性思维研究情况作了简要介绍；杨年同志较早集中地对“创造性思维的特征”一再发表了自己的看法；王凤仙同志在《国内哲学动态》1986年第6期发表《创造性思维探索》一文，把80年代以来散见于国内报刊关于创造性思维的研究见解，作了一个较详细的综合。围绕创造一性思维的实质和特征问题，王风仙同志概括了五种不同观点：1．创造性思维是“选择与建构的统一，其中选择是创造性思维的实质”。2．创造性思维“是开拓新领域的思维，它为社会提供首创的新颖的而且有积极社会意义的理论和产品”，具

有“积极的求异性”、“敏锐的洞察力”、“创造性的想象”、“独特的知识结构”、“灵活的灵感”和“新颖的表述”等特点。3．创造性思维是指那些第一次产生的、前所未有的、具有一定社会价值和一定社会意义的思维产物；其特征应该是：思维的高度概括性，思维的特别生动性，思维的非常新颖性，思维的极其深刻性，思维结果的可感性；创造性思维遵循的规律是：诸多因素综合律，纵横要素交汇律，各种层次贯通律。4．创造性思维“是以其能在一般人类思维的逻辑过程中，最终起领导和支配作用为特征的”，“灵感是不能作为创造性思维特征的”。5．“创造性思维的本质特征是‘突破’，即‘新的开拓’，它‘具有非逻辑性’”，常常“以突然降临的形式在人们的头脑中闪现”；也有同志认为创造性思维的本质特征是“创新，优质”。

综观上述关于创造性思维的含义的不同观点，显而易见，其中不少精辟之见，取得了新的历史性的进展，反映了人类对创造性思维的理解不断趋向正确，为取得对创造性思维的科学解释提供了可贵的思想材料。只要立足于现代科学的基础上以唯物辩证法作指导对它们进行综合、深化，就有可能对创造性思维概念的涵义作出科学的解释。当然，毋庸讳言，这些观点中有不少停留在词义学水平，甚至还有一些看法是错误的。之所以如此，就是由于它们存在着一个共同的带根本性的问题，即没有自觉运用唯物辩证法的方法论作指导。

三、近现代关于创造性思维过程、规律和方法的探索

在我国，清代王国维最早把创造性思维过程概括为三境说：悬念——苦索——顿悟。20世纪20年代，胡适把杜威关于人类思维五步骤模式——1．感到某种困难的存在；2．认清是什么问题；3．搜集资料，进行分类，并提出假说；4．接受或抛弃试验性的假说；5．得出结论并评价——概括为实质上是主观唯心主义的两步法：“大胆的假设，小心的求证”。

在西方，美国心理学家沃拉斯在总结生理学家赫尔姆霍茨和数学家彭加勒关于创造性思维过程的基础上，最早阐述了创造性思维的过程模式。他把创造

性思维分为准备、酝酿、明朗、验证四个阶段。法国数学家哈达马把创造性思维过程分为准备、酝酿、豁朗、完成四个阶段。帕特里克在《什么是创造性思维》一书中则把创造性思维的过程分为准备、酝酿、领悟、证实和修正五个步骤。苏联学者戈加内夫明确提出五阶段说：1．提出问题；2．努力解决；3．潜伏；4．顿悟；5．验证。加拿大内分泌专家、应力学说的创立者塞利尔把创造过程与生殖过程类比之后提出七阶段说：1．恋爱与情欲——强烈的愿望和热情；2．受胎——发现问题并确立研究课题及准备资料；3．怀孕——新思想的孕育或潜伏期，此时科学家并不一定意识到了；4．痛苦的产前阵痛——思想突破前的经常断路和暂时出现的黑暗，这种心理只有专注于创造的人才能体会到；5．分娩——使人愉快和满足的新思想产生出来，问题获得初步解决；6．查看与检查——像检查新生婴儿一样，使新思想受到逻辑与事实的验证；7．生活——确证后的新思想、新理论获得了独立生存、发展的权利。约瑟夫·罗斯曼用调查表的方式考察了710名发明者的创造过程，把沃拉斯的四阶段（准备、沉思、启迪和求证）扩展为七个步骤，这实质上是创造性思维的过程："（1）对一种需求或难点的观察；（2）对这种需求的分析；（3）对所有可利用的情况的通盘考虑；（4）对所有客观的解决方式的系统表达；（5）对这些解决方式之利弊的批评分析；（6）新意念的诞生——创造发明；（7）为找出最有希望的解决所进行的试验；用前面的某些阶段或全部阶段为最终的具体体现所进行的选择和完成。" 奥斯本也把创造过程分成七个阶段，尽管使用的术语与罗斯曼不同，实质上也是讲创造性思维过程。奥斯本提出的七个阶段为："（1）定向：强调某个问题；（2）准备：收集有关材料；（3）分析：把有关材料分类；（4）观念：用观念来进行各种各样的选择；（5）沉思：松弛，促使启迪；（6）综合：把各个部分结合在一起；（7）估价：判断所得到的思想成果。"

以上介绍的各家学说，大同小异，但也各有短长，对有关问题的科学解决提供了启示。

此外，苏联学者波诺马廖卡在《创造性思维心理学》一书中把创造性思维的过程分为意识活动——准备、无意识活动——成熟、无意识活动向意识活动过渡——灵感、意识活动——思想四个发展阶段。这种分法由于引进了无意识新概念，可说是一个新进展。美国著名心理学家西尔瓦诺·阿瑞提在代表作《创造的秘密》一书中，别开生面地把创造性思维分为三个主要过程：1．原发过程，即人类生而有之基于“相似而同一”的原则之上的思维活动，强调“双重联想”，即把两种不相容的内容同时联系在一起的任何心理活动，它是构成每一创造过程的基础；2．继发过程，概念活动是其主要内容，强调概念活动中相似性引起的重要作用；3．审美过程。阿瑞提认为这三者不可分割，人类最终的兴衰就是依赖于对相似性所作出的不同反应。应该说，阿瑞提的划分比前面提到的几家学说向前迈进了一步。

近年来，我国对于创造性思维活动的过程提出了各种模式，如三时期说：1．准备时期（属感性阶段）；2．创造时期（由感性阶段向理性阶段的飞跃），这一时期又可分为酝酿期与成熟期；3．整理时期。线型三阶段论：逻辑思维——非逻辑思维——逻辑思维。四阶段说：1．准备阶段；2．孕育阶段；3．明朗阶段；4．验证阶段。还有另一种四阶段说：1．提出问题；2．明确问题；3．提出假说；4．检验假说。七阶段说：1．提出问题；2．逐步分析；3．逐步综合；4．从回溯到向前推进；5．从对未来的研究到提出假说；6．从试验到证实；7．解决问题和确定新问题。另有一种七阶段说：1．决定方向；2．搜索材料；3．分析材料；4．产生构思；5．酝酿；6．综合，即把零碎的想法汇总，形成新的想法；7．证明阶段。

显然，近年来关于创造性思维的研究，正逐步从抽象走向具体化，从模糊、朴实走向科学化。这无疑是一个进步。

四、提出科学创造性思维新概念所需要的科学条件日益成熟

科学创造性思维，从词义学讲，应包括了这样的内容：能科学地解释创造

性思维的本质，自觉地掌握和运用创造性思维活动的一般规律和方法，在思维上产生创新的理论成果，把它转化为物质实践，对客观世界作出革命改造，在创造上有新发现、新发明，等等。可是直到现在，人们对创造性思维的认识尚未从根本上超越描述与归纳的水平。而从另一方面看，实现这种超越的客观条件已日益成熟。除前述人们关于创造性思维的研究成果提供了必要的思想材料外，一些不可缺少的科学条件也已具备：唯物辩证法的世界观方法论以及唯物辩证法的真理论不断丰富和深化；现代数理逻辑已发展到一个新的水平，特别是辩证逻辑和系统逻辑正在创建过程之中；揭示思维的生理机制的脑科学（脑解剖学和神经生理学等）取得空前进展；人工智能的产生及其不断更新换代；弗洛伊德等关于潜意识理论的提出和发展。所有这些对创造性思维的本质和一般规律、方法的揭示，可以说已成必然。

第三节 科学创造性思维的科学界定及其三个基本层次

一、科学创造性思维含义的科学界定

科学创造性思维的含义，从思维学角度理解就是指思维主体自觉地把唯物辩证法运用于建立在脑科学（脑解剖学、脑神经生理学）、创造心理学、潜意识学、数理逻辑、系统逻辑、辩证逻辑、人工智能等现代科学基础上的创造思维学，具体地说，是指思维主体能自觉地掌握和遵循创造性思维的固有规律和科学方法进行突破性思维。从文明人思维发展的层次看，它是思维发展的最高形式和层次。在这里，关键是自觉把唯物辩证法系统地始终地贯彻于现代创造思维学中。

二、科学创造性思维科学含义的三个基本层次

应该看到，科学创造性思维的含义可分为由低到高三个基本层次，三个基本层次不可等量齐观。

第一个基本层次是低层次，是指自觉地实现超越自我取得的新的认识或者是在前人成就的基础上取得部分突破，有所前进，有所创造。

第二个基本层次是高层次，指的是进行独立思考，实现创新，做到如刘勰所说的“窃意象以运斤”，成为“独照之匠”，具体表现于：自觉地实现认识上质的新飞跃，开拓新思路，提出新见解，建立新概念，制定新理论，产生新发现新发明，创造更大的新价值。辩证唯物主义的产生，就是传统哲学世界观的一个新飞跃；横断学科、边缘学科的产生，为人类的思维开拓了新思路。有人提出，直觉不同于自觉思维，两者有区别，可以说是一种新见解。宇观、超宇观、超导体、次声、社会主义初级阶段、经济特区等就是建立的新概念；血液循环说、科学原子论、化学元素周期律、现代遗传学、地质力学、地洼学说、第一代第二代第三代浮选剂结构定律等都是新的理论体系。在文学艺术方面，凡是经久不衰的传世之作，诗歌中的“代不数人”、“人不数语”之绝唱，均属于这个层次。

第三个基本层次是最高层次，是指在广度上能自觉地开辟一个新领域、新天地，在深度上能创造性地提出超过当代智力水平的划时代的新发现、新发明、新理论。西方德谟克里特等创立的原子论，亚里士多德的形式逻辑，哥白尼的太阳中心说，培根的归纳逻辑，牛顿在四个领域的新贡献，爱因斯坦的相对论，马克思的两大发现，中国孔子的政治伦理哲学以及《孙子兵法》等，皆属于这个层次。这些新发现、新发明、新理论在提出时大多超出同时代人的理解力而不被接受，爱因斯坦的相对论就是如此。

当然，上述三个基本层次的每个层次中又可划分出若干个层次，也不能把每一个分层次等量齐观。

第四节 科学创造性思维特殊本质的多种规定性

一、思维指导的自觉唯物辩证性

当人们在创造性思维领域中自觉运用唯物辩证法作指导时，就能消除创造性思维的神秘性，实现创造性思维的自觉性、主动性。如果说把唯物辩证法运用到社会历史领域引起了人类历史观的革命，那么当我们自觉地把唯物辩证法系统地运用于对创造思维的理解及其发展过程中，必将引起创造思维学质的飞跃——科学创造性思维学的诞生。唯物辩证法的这种指导作用，许多科学家都有切身体会。日本一个科学家说：“日本的物理学，现在在研究上处于最坏的条件下，但理论物理学决不比外国逊色，而是站在世界前列，其原因之一就在于有了正确方法论——唯物辩证法。”又说“有些自称为唯物主义者的哲学家，他们不懂实际的科学研究，却否定唯物辩证法在实际科学研究中的有效性。物理学家们根本不把这些人放在眼里，他们正有效地运用唯物辩证法，稳步而顺利地取得成就。”

二、思维本性具有积极的求异性

创造性思维之所以不同于重复性思维，就在于求异求新。求异绝不是表面上形式上的标新立异，更不是想入非非，而是发掘认识对象的未知，发掘事物之间的差异，不为关于认识对象的已有的经验和知识所束缚、所局限。

三、思维本质具有理论和实践的双重双向批判性

科学创造性思维不仅要求人们对待过去的理论成果采取唯物辩证的态度，批判继承以往的一切理论体系，创立新的理论体系，而且要求对自己的思维成果本身实行自我批判。恩格斯在《反杜林论》中说："今天被认为是合乎真理的认识，都有它隐蔽着的、以后会显露出来的错误方面。"同时还说，将来否定我们（指他本人与马克思——引者注）的错误比我们否定前人的还要多。自发地忠实于辩证法的指导的爱因斯坦也说过，他的"相对论"同样是一种过渡。科学创造性思维对实践采取批判的态度，甚至对处于萌芽状态的错误实践进行科学的批判。马克思对当时国际工人运动中刚刚暴露出来的错误实践，无不及时进行必要的批判。科学创造性思维具有的理论与实践的双重双向批判精神，乃是它的一种极其可贵的品质。

四、思维能力具有高度的敏捷性、敏感性

敏捷性是创造性思维的先驱，科学创造性思维注重将观察到的事物与已有的知识或假设联系起来加以全方位的思考，把事物之间的相关性、特异性进行比较，进而揭示出其内在联系，为作出新的发现和发明铺平道路。许多创造性重大成果，是由于科学家具有高度的敏感性，能从偶然现象或机遇中获得启示，进行研究，发现新事物。例如伦琴发现X射线，弗莱发现青霉素，柏琴等发现人工合成染料"苯胺紫"，威尔逊发现宇宙微波背景辐射等，就在于他们不让微小的变化、偶然现象、机遇在自己眼底下溜走。

五、思维方式具有综合统摄性

必须强调指出，创造性思维不是绝对独立的一种思维方式，而是多种思维方式的有机统一体，原因就在于创造性思维面临的是前人或他人尚未回答的难度很大的新课题，因而就必须和必然调动、使用各种思维形式和方法，从不同角度、侧面、层次对思维对象进行综合性研究，从而揭示其本质和规律。美国斯坦伯格和戴维森在《顿悟与智力》一文中指出：创造性思维具有综合特征。

高度综合利用和发展前人的思维成果，往往能取得超过前人的成就。高度综合是当代世界科技的发展趋势。

六、思维目标过程和规律具有预见性

思维的深度还表现在具有预见性。思维的广度深度与预见性互为条件，广度是深度的基础，深度是广度的纵向发展，预见又为思维广度深度开拓新天地。创造性思维如果没有预见性、超前性，思维就走得不远。科学的预见性，能够使人们在实践中明确事物发展的方向、进程、结果，为新事物顺利成长创造条件，对可能发生的阻力采取预防措施。

由于科学创造性思维自始至终贯穿着唯物辩证法的指导和运用，而唯物辩证法本身是科学地揭示自然、社会和人类思维最一般规律的理论体系，那么，思维运动、创造性思维运动就必然受唯物辩证法的普遍规律的支配。据此，创造性思维主体对创造性思维目标、过程和规律一般具有预见性，即对思维目标能有计划、有步骤、有规律地接近，避免盲目性和自发性。这种预见性是创新的向导。

七、思维步骤具有自觉有序性和跨越性

同科学思维一样，一般来说，科学创造性思维的进程中的逻辑步骤具有有序性，这是与客观事物的产生发展有其自身的客观规律相一致的。客观事物的产生发展是由低级走向高级，因而，人的认识思维特别是创造性思维必须遵循实践、认识，再实践、再认识，由低级向高级发展的一般规律。这就决定了创造性思维的运动具有有序性。另一方面，创造性思维又具有跨越性。跨越性是创造性思维的一个很重要的规定，这种规定性来自下述四个因素：一是创造性思维的成果，一般是经过了长期的沉思得来的。例如，爱因斯坦创立狭义相对论前，就有关问题思考了10年；四元素的解法问题在哈密的头脑中萦回了15年；凯库勒发现苯的结构呈蛇形，前后思考了13年；康德的一生，在哥尼斯堡

僻静的小道上踱方步，进行沉思，咀嚼枯燥的哲学概念。当沉淀到达饱和，必然转化为沉淀思维的对立面，从而实现跨越。二是创造性思维的翅膀是想象。想象的特点，具有超越客观现实和时空的自由度。三是创造性思维存在着自觉思维。本书前面曾说过，整体的自觉洞察，虽然是一种快速的联想和浓缩的推导，但是，在思维步骤上却能给人以跨越思维的印象，而且在实际上对当时的创造性思维过程来说，也实现了实质上的跨越。因此，创造性思维必然具有跨越性。

八、思维性质具有新颖性、超常性、独创性

通常，新颖性有下列两种含义：其一，对社会而言，是前所未有的；其二，对发明者自身来说是新奇的。我们这里所讲的新颖性是在第一种含义上讲的。科学创造性思维活跃于前人未涉足的新天地，引导科学家攀登常人不敢问津的险峰，专精于至今尚未攻克的难关。它内在地要求思维主体能够扬弃相关课题的信息资料，辨别现象和本质，遵从事物自身的发展逻辑，发微探幽，推己及彼，激发科学的创造力，因而，思维成果具有新颖性、超常性、独立性。

歌曲舞蹈，最为著名的是流传至今的大曲《霓裳羽衣》，既是一首大型交响乐曲，又是一首优美的大型舞曲。《霓裳羽衣》是唐代大曲中最典型的“道调法曲”（因夹杂道家神仙思想而得名），由“散序”、“中序”和“入破”三部分组成。“散序”采用独奏、轮奏手法，旋律舒畅悠扬；“中序”为清脆的抒情慢板；“入破”为全曲高潮，音乐如跳珠撼玉，急促有力。结束时，音乐突然转慢，奏出一个响亮舒扬的长音，是一个独到的艺术处理。这样的艺术创作，就具有新颖性、超常性、独立性，这就是一种创造性思维的成果。

九、思维成果具有超常价值性

价值的意义是人的需要同外部世界的一种关系。它表示一种事物对人的生存和发展是有益的。马克思说：“价值这个普遍概念是从人们对待满足他们需

要的外界物的关系中产生的。”创造性思维的一个重要标志是独特创新，这里的独特创新是指积极的创造思维活动，其成果必然具有超常的科学价值、社会价值。必须强调，对思维成果价值判断的标准，是看它能否正确地指导科学创造性实践。

第五章 科学创造性思维主体组合、思维坐标和创新着力点的自觉选择

第一节 科学创造性思维纵向主体联结链和横向主体组合群剖析

一、提出科学创造性思维的思维主体“链”和“群”的科学依据

把唯物辩证法和历史唯物论引入创造思维学，必然从思维主体概念引申出思维主体链与群的概念，试剖析如下。

思维主体，狭义地说是指进行思维的每个人的思维头脑；从广义来说本质上是社会主体，至少也是集体主体。准确地说，它包含了以思维个体为基础的思维主体链和群。为什么人类思维特别是创造性思维必定愈来愈表现出越是集体承担才能越快速优质地实现的倾向呢？概括地说，一方面这是由于思维客体本身具有多维性、多角度性、多层次性、多变动性等特点；另一方面，从思维主体来说，作为个人的思维优势和长处是有限的，每一代人的实践和知识都存在着历史的限制。特别是现代科学的发展呈现为既高度分化又高度综合的两种趋向，这两种趋向客观地要求科学研究主体向群体化、合作化方面发展。以诺贝尔奖金的获得者的个体、群体归属为例：头25年，通过协作，研究群体获得此奖的只占获奖总人数的41％；在第二个25年中，上升为65％；而现在进一步

占全体获奖者人数的79%。至于现代兴起的“大科学”，它的思维更非个体的思维主体所能承担，这自不待言了。

思维主体集体化具有互补性、共振性和系统效应性。信息不同于物质和科学，并不遵从守恒定律。信息可以无限增殖。科学思维的合作增强，不但表现为大小科研群体内部的合作互补，而且还表现为对别人、前人思维成果的吸收、继承和创新。无数事实证明：许多科学发现、发明特别是20世纪兴起的各门边缘科学，都是通过“智慧杂交”、“综合思维”而实现的。必须强调指出：文明社会特别是近现代社会产生的任何不同程度的创新，都意味着必定是也只能是思维主体“链”或“群”或这两者结合的产物，只不过这种集体化有的是自觉实现的，有的是不自觉实现的。思维主体做得越自觉，成就的取得就可能越快，成就也可能越大。马克思说：“如果有一部批判的工艺史，会证明18世纪的任何发现很少是属于某一个人的。”

科学史证明，巨大的发现往往是许多人前仆后继的产物。试想，如果没有伽利略关于物体下落的研究，没有惠更斯关于钟摆问题的研究，没有开普勒关于行星运动的三定律，就很难有牛顿的万有引力定律的发现。

爱因斯坦的相对论，破除了牛顿力学绝对时空的老观念，提出了物质运动和时间、空间密切联系的新理论，似乎两者之间没有继承性。但事实恰恰相反。爱因斯坦曾经强调说：要是没有牛顿的明晰的体系，我们就不可能有到现在为止所取得的收获。例如，现在我们使用的电灯，固然主要归功于爱迪生的发明，但其中也包含着其他科学家的贡献。这一点从白炽灯的发展史上可以得到证明。1879年美国爱迪生发明碳丝电灯泡代替油灯、汽灯，这在素材和结构上是一大革新，在人类历史上无疑是一大创造。然而，用碳丝发光，效率低，寿命短。1909年美国库里基发明用钨丝代替碳丝，这又是一大创新。钨丝怎样才能持久发光并提高亮度呢？这是当时急需研究的新课题。1913年美国米兰尔发明充氮气的电灯泡，成为白炽灯创造史上的重大革新，大大地提高了灯泡的发光效率并延长了其使用寿命。一般人认为，大陆漂移说是魏格曼个人创立的。其实在他提出大陆漂移说之前，奥地利的徐士发现了地球构造特征与古生物的相似性；法国施耐德1858年制作了世界第一张大陆拼合图，提出了大西洋西岸大陆原来是一个整体的观点。上述发现和结论后来成为魏格曼论证大陆漂移说的重要论据。魏格曼发现垂直运动不能充分说明问题时，就创造性地考虑了大陆的水平运动，终于成功地创立了大陆漂移说。

如果说19世纪中叶以前科学还可以由一个人从事自由研究，这种研究只需与前人发生纵向联系的话，那么到了19世纪70年代，许多科学技术问题单靠个别科学家自由研究的方式已很难解决了。因此，需要加强科学家之间的横向联系和建立最佳的智能组合。比如，70年代在奥地利建立的国际应用系统分析研究所，就有来自28个国家的各种专家140余人：其中系统分析专家10人，工程技术专家15人，物理学家14人，数学家16人，计算机专家15人，运筹学专家11人，经济学家15人，共同研究诸如环保、人口等一系列问题。第二次世界大战期间，以英国物理学家勃兰特为首的人才群体，就集中了数学家、理论物理学家、天文物理学家、生理学家和测量技师等11人。他们互相配合，从而成功地制出了雷达。第二次世界大战以后，社会的科学能力有了大幅度提高，世界上已有几百万科学家的队伍，集中了价值数百亿计的实验技术装备，加上数量激增的图书情报资料系统，这样便在全社会的范围内造成了一个层次分明、纵横交错的科学劳动结构。科学研究基本上摆脱了个体劳动方式，成为规模庞大的社会建制。美国1942年至1945年，动员了18万科技人员，耗资20亿美元，动用了全国1/3的电力，来制造原子弹，这就是所谓的“曼哈顿计划”。1958年美国组织全国性的大协作，制造“北极星导弹”。参加该项目的有8家总包公司，250家二包公司，近9000家三包公司，加上研究所及大学，共有1．1万多个单位参加。1961年美国又组织了为期11年的阿波罗登月计划，动员了42万人，2万家公司，120所大学，耗费资金300亿美元，其规模之大，超过历史上任何一个科研课题。

未来的巨大创造更必须依赖集体思维来进行。美国于1989年（即人类登月20周年）提出登陆火星的构想，计划于2019年以前实现这一人类的梦想。以前的登月计划由美国独力完成，此一火星计划则由世界多国共同参与。首先在三五年内，欧洲以法国为首，将一无人探测船送至火星表面。由于火星上白天与晚上气温不同，此一探测船在白天会随风飘浮于火星大气中，收集详细的气体资料。当夜晚来临时，探测船则降至火星表面，采集并分析各地的土壤及岩石成分。此一地毯式的采集资料，将为未来登陆火星作好准备。至于登陆火星，目前有两种可能的方式：一是循环渐进式，一是直接式。不论何种方式，目前均是由美国联合加拿大、欧洲及日本等国进行的。诺贝尔奖金的发放史也从侧面反映了这样一种联合的趋势。据统计，1901—1972年获得诺贝尔奖金的286人中，因协作研究获奖的人数，1901—1925年为40%，1926—1950年为65%，1951—1972年为70%，呈越来越增加的趋势。另外，这个时期在杂志上发表的多人合作的论文数分别为25%、51%、71%，也有不断增加的趋势。

所以，传统的把创新视作个人天才头脑的产物的观点是不符合事实的。也许有人要说，波尔为首的哥本哈根学派的量子力学是思维主体群的共同财富，是毋庸异议的，但是，相对论却完全是爱因斯坦个人的天才头脑的产物。事实上，这种看法也有简单化之嫌。爱因斯坦创立划时代的相对论，一定程度上也是在前人已有的成就的基础上进行的，在爱因斯坦之前，劳伦兹和麦克斯韦分别建立的劳伦兹交换和麦克斯韦方程，已经走到了相对论的门口。还应该看到，彭加勒是创立相对论的先驱。1895年他首先意识到了这个问题；1898年，他第一个讨论了假定光速对所有观察者都是常数的必要性，还讨论了用交换光信号确定两地同时性的问题；从1899年起，他参与了洛伦兹的电子论的创立，论证洛伦兹变换构成一个群，并实际使用了四维表达式。但由于他没有把从经验启示中得到的假设提高到普遍原理的高度，因而未能最终创立相对论。而且即使在爱因斯坦相对论创立的过程中，爱因斯坦的密友贝索也提供了帮助。把爱因斯坦命名为《论电动体的电动力学》的论文易名为“相对论”，就是贝索建议的。显然，以“相对论”为题，更能反映上述新发现和新成就所遵循的新思路和精神实质、本质特征。也许还有人会说，在科学史上，达尔文和华莱士几乎同时各自发现生物的进化现象；英国数学家哈代与德国医生魏伯几乎同时各自发现了群体稳定性规律；英国的牛顿和德国的莱布尼兹同时各自发明了微积分；焦耳和楞次同时分别发现了同一定律；德国的高斯、匈牙利的亚鲍耶和俄国的罗巴切夫斯基三位数学家在不同的国家里几乎同时提出非欧几何的设想……这岂不是说明只要科学家在所处的历史条件下获得了必要的思想材料，个人也可以分别独立地取得相同的巨大的科学成果吗？诚然，上述成就的取得是如此，但是，换一个角度来看，又正是当时的条件限制了上述科学家们。尽管生活在同一时代，但互相隔绝，不可能联系在一起，更不可能组成一个科学共同体来进行研究，因此，他们才会在同一个领域、为着得出同一个结论而重复耗费着精力和时间。否则，其成就更大。

在当代，各国的交往、学术的交流已十分发达，全世界已进入信息时代，我们更应强调通过思维主体群进行重大的科学课题的研究。这是时代的要求，是历史的必然。

二、关于科学创造性思维主体“链”和“群”的构想与简要剖析

思维纵向主体链是前人与后人的知识、创造力的超时空的链接、融合。展开来说，思维主体“链”指的是这样一种态势：以现实的创新承担者为核心，以非同时候的先行者的思维优势、长处为基础，并自觉地发挥其作用。这种构成要求做到以下两点：一是在批判先行者的成果的不足和缺陷的前提下从新角度吸取它有用的成果，包括从先行者的思维方法和成果中获得正反面启发。二是坚持双向怀疑或批判，既要从新角度科学地怀疑、批判先行者的缺陷，又要以先行者的角度和成果为立足点，怀疑、批判自己观点的不科学成分。坚持做到上述两点，实际上是替自己的创造性思维找到了有力的合作者，有利于减少主观性片面性。这就是牛顿所说的站在巨人肩上取得更大成就的秘密。

思维组合“群”是指由同志趣、同思维总目标、同时期的不同年龄、不同

层次而见解基本相同或相对立的单个思维主体组成的足智多谋的思维群体。

思维主体“群”的形式，有显型、潜型之分。显型的思维主体“群”以一种组织形式存在着，有的比较严密，有的比较松散。它是由具有共同的志趣和共同思维总目标、见解基本相同或相对立的同好而组合成的科学群体，一般常见的是科研课题组，包含有不同层次的各有所长、各有特点的人们，由其中一位学术造诣高、具有较高威望和具有组织才能的学术带头人担任组长，通过分工协作，通过独自钻研、互相探讨和争辩求得创造成果。其典型的高级的形式是科学哲学家库恩所说的“科学共同体”。科学共同体，又有狭义和广义之分。狭义的科学共同体指对某个学术问题具有共同志趣、见解基本相同或对立的学者共同组织研究所，既分工负责又集中集体智慧，创造性地解决科研课题。

这种严格意义的科学共同体，要求带头人（或组织者）能产生“亲和力”，使各个成员都自觉地为共同的目标尽心尽力；同时，带头人本身要具有善于集中成员智慧和创造并加以提炼上升达到新的更高的水平的能力。理论物理学的摇篮、哥本哈根派的玻尔就是这样的领袖的楷模。

广义的科学共同体的含义与学派、协会、研究会相类似，它不必集中在一起，容许成员分散在不同的地方或战线甚至不同的国家，但他们的志趣与研究目标是相同的。这种思维主体群主要靠学术组织者定期或不定期地组织专题讨论，进行科学思维。

潜型的思维主体群是指承担者在头脑中树立主体链和群的观念，自觉地默默地力求全面了解、科学批判借鉴先行者的成就，力求全面了解、批判地吸收、借鉴同时代同行的成果，从新的角度进行填补，实现超越，实现新的突破创新。

在对待思维主体链和思维主体群的关系上，必须把思维主体链摆在优先地位，同时重视思维主体群的配合作用。这样做，是遵循内因是根据、外因是条件，内外因相结合的唯物辩证法原理。也只有这样，在实践上才能发挥主体链和主体群进行创造性思维的协同作用。

第二节　科学创造性思维坐标系“四两结构”构想

一、参照系在科学发展中的重要性给创造性思维的启示

参照系最早是以坐标系的形式在数学和力学中出现，但两者不能简单等同。所谓参照系，是指为了确定物体的位置和描述其运动而选作标准的另一物体或另外几个相互保持静止的物体。同一物体的运动状态，从不同的参照系看来，并不相同。因此，思维主体选用的参照系不同，对思维客体的认识就有异，就会产生不同的理论体系。坐标系是为了确定空间一点在一定的参照系中的位置。按照规定方法，选取有次序的一组数，称为坐标。在某一问题中规定坐标的方法，便是此问题所用的坐标系（这在下一部分还要具体说明）。选定参照系，不仅在自然科学的定量研究中而且在社会科学乃至文学艺术中愈来愈具有普遍的重要意义。从严格意义上说，要相对稳定地全面地认识思维这一现象，我们必须选择稳定的相关的各个不同序列（每个序列就是参照系的一个维向）构成的整体（系统），作为参照物。因为对某个特定对象的把握不能简单地单纯从二元关系去着眼，它要求从客体的普遍联系中去考察，因此只有把某一特定物作为立足点（原点）构成相应序列，由这些系列构成系统，才能在这一个系统中对它作出把握。参照系的选定，说到底乃是认识思维主体与认识思维客体的关系，只有通过反映两者相互关系的参照系的界定，客体才成为对象化的客体，进入人的认识范围。事实上找不到不要任何参照系的绝对实在，也找不到跨越任何参照系的绝对经验。人们只能把握参照系界定的对象的认识范围，进而把握参照系的界定的对象世界。

可以说物理学的每一重大进展，都意味着参照系的改变。爱因斯坦说：

"地心说与日心说这两种说法只是两个不同参照系（有人翻译成坐标系——作者）的两种不同说法而已……"并指出上述两大体系（地心说与日心说）争论的关键，即参照系原点的不同。牛顿力学的建立，是在更深更广阔的意义上建构了力学参照系，进而在此基础上建立了力学的理论体系。科学史证明，托勒密的地心说是在选定地球作为原点的参照系创立的；哥白尼的日心说是选择了太阳作为原点的参照系创立的，从而实现了对托勒密的地心说体系的超越。不仅定量化的自然科学，而且社会科学乃至文学艺术的不断前进，也要遵循选定新的参照系扬弃前人依据有关的各种参照系建立的理论体系而实现超越这样一个轨迹。但是，有一点必须指出，参照系的上述相对性、封闭性及其存在的开放性、可变换性，是由物质世界客观存在的相对静止与绝对运动的两重性决定的。不能以此为理由，片面夸大思维主体在认识活动中的作用，从而背离辩证唯物主义的反映论原则。

如上所述，选取一定的参照系对认识客观对象具有重要的意义。这就给人们以启示：在进行科学认识、思维，特别是进行科学创造性思维时，也要选定坐标系，用以制约自己思维运动的范围和轨迹。

二、提出科学创造性思维坐标系"四两结构"的直接理论

依据上面关于参照系对科学发展具有的认识论上的指导意义，无疑深刻地启迪了人们在进行认识、思维，特别是进行创造性思维时，必须从思维的坐标系出发，那么，作者提出"四两结构"坐标的直接理论依据又是什么呢？现阐明如下：

人对于外界事物的认识与实践活动是双向的统一，既要服从客观事物的必然性和规律，又要超越客观事物对人自身的限制。人类通过实践，有可能利用自然、社会的规律，最大限度地满足自己的现实要求。这是人类正确看待客观世界的根本立足点。基于这个根本观点，作者不能同意所谓人是思维的坐标的提法。显然，这种看法，是古希腊智者派把人的主观能动性绝对化，强调"人

是万物的尺度”的观点的翻版。根据辩证唯物主义认识论观点，思维坐标系即是主体与客体的多侧度的结合点的系列。关于思维主体结构问题，作者在思维主体群与链的阐述中已经谈过了。这里着重阐明主体进行科学创造性思维必须建立坐标系的问题。

众所周知，世界是普遍联系的整体，处于交互联系和不断发展之中，任何事物都不是孤立的和永恒存在的。要科学地认识和改造它，就必须在这种普遍联系和发展之中去把握它。列宁曾这样指出过：唯物辩证法的两点论，从一定意义上讲，就是两个坐标系。要做到看问题比较全面科学，如否定其中的一点，就会犯形而上学的一点论、绝对化的错误。一切以时间、地点、条件为转移，这是大多数人都具有的常识。这实质上就是三个坐标构成的坐标系。然而，上面谈了任何事物都是处于错综复杂的联系与发展之中，人们必须从多种多样的联系和运动发展中去把握它，才能创造性地科学地认识它、改造它。

迄今，对重大社会问题的思考和处理，其正确者必定是全方位的思考的综合。本位主义、短期行为、唯意志论、宿命论、片面性、绝对化，都是注定要失败的。

近代自然科学告诉我们，为了确定物体的位置和描述其运动，我们必须选定物体或另几个相互之间保持相对静止的物体作为参照系。同一物体的运动状态，从不同的参照系看来并不是相同的。认识行星运动，就要以太阳及几个选定的恒星作为参照系。

作者以唯物辩证法的上述基本观点为生长点，以古今中外无数社会决策的经验教训为借鉴，采取数学上关于空间直角坐标取一点O为原点，从O引申出互相垂直的三条直线OX、OY、OZ作为坐标轴来确定某物的位置的方法，尝试性地提出思维主体对自然客体和社会客体进行的思维，特别是创造性思维，理应以几个主要相关的不同角度的综合作为坐标系去进行考察的观点。早在1990年，作者在《正确认识马克思主义的主要本质特征》一文中就强调过：“要揭示马克思主义整体的主要特征，必须以实践为基础、为立足点，从三个主要不同的角度、侧面——三个坐标构成的三个序列综合而成的坐标系进行考察。”作者认为，作为思维主体，特别是科学创造性思维主体，其科学创造性思维的运行轨迹只能存在于这“四两”构成的坐标系提供的自由度之内。

三、科学创造性思维坐标系“四两结构”的构想

管窥自然科学和社会科学发展史，从根本上说是创造性思维和创造性实践不断向前发展的历史。因此，对科学创造性思维进行进一步深入的探索，有利于促进自然科学和社会科学更快地发展。为此，作者尝试着提出了以创造为圆心组成四两对偶范畴演进序列构成的系统作为坐标系的观点。这个坐标系，实质上是唯物辩证法的一切以时间、地点、条件为转移的观点的应用、扩展、升华与具体化。试简要阐述如下：

（一）幻想（或理想）。这是要求立意要高，其中包括猜测性幻想、假说甚至奇想与怪想，但又力求是具有一定根据的科学幻想和科学假设。思维主体要有高于现实又符合客观规律的合理想象和追求，即要有理想。这种理想从层次分，可分为高尚理想和崇高理想；从时间上分，有长远理想与近期（含短期）理想；从领域分，有政治理想、经济理想、生活理想、职业理想、道德理想；从主体分，有个人理想、集团和阶级理想、全人类理想等。作为思维主体，应根据具体条件选定理想目标，并树立起实现理想的雄心壮志。树立理想是思维主体取得创造性思维成果的第一步。

（二）现实。这是要求立足点要“实”。就是说，进行科学创造性思维活动时，诚然必须敢于幻想，树立理想目标。但这并不是说可以漫无边际、不切实际。相反，必须立足现实，从现实出发。所谓现实，是指现在存在的具有客观必然性的事物或现象。它与现存范畴有联系又有区别。判断现存的标准是现在是否存在；判断现实的根据，不仅视其现在是否已经存在，而且还要看它是否具备必然性。现存的外延大于现实，现实是现存的一部分，又高于现存。恩格斯说：“凡是现存的决非无条件地也是现实的。”列宁也指出：“现实高于

存在和实存。” 思维主体立足现实，又必须对现实进行具体分析，为此，要区分当前的现实可能性与未来的现实可能性。前者是指当前条件下，已有了实现的充分依据；后者是指当前条件下，还没有充分的依据能转化为现实，它只是将来才能够实现的问题。对此，科学创造性思维主体就要分两步走：首先从当前的现实性出发进行开拓、创新；其次，又要着眼于未来的现实可能性，即通过积极创造条件争取将来取得突破，把未来的现实可能性转化为现实。

（三）时空。这是说着眼要全面。具体的现实是存在于一定的时空之中，即存在于一定的时间跨度与空间跨度的上限与下限所包含的“度”之内。一般具有两个基本层次：从时间上说，有近期（含短期）与长期之分；从空间上说，可区分为微观与宏观。当然，近期与长期、微观与宏观虽然有别，但它们各自之间又是互相依存、互相渗透，并在一定条件下互相转化的。确定具体创造性思维活动的近期与长期、微观与宏观，只能以具体创造性思维的任务和目标为依据。在进行创造性思维时，特别是社会领域的具体创造、创新，必须用唯物辩证法的两点论把握两者的统一，不可偏废。从时间上说，既要从近期具备的具体条件、需要、可能及效益出发，又要从长期的具体条件、需要和效益着眼。在时间上，如果只盯着眼前、近期，就会急功近利，不但效益短，而且可能产生长期的消极的负面效果；反之，跨越当前、近期，一味从远期、长期着眼，就会丢掉现实基础，流于空想。在空间上，既要从微观的具体条件、需要、可能及效益着手，又要从宏观的具体条件、需要、可能及效益着眼。如果只讲微观，不看宏观，就会使人眼光狭小；反之，无视微观，只看宏观，又会使宏观落空，因为宏观是由若干微观构成的。从全国范围来说，如果中央创造性地制定正确的路线和政策，而各个省、市、自治区直至县、乡，却不能结合本地区的具体条件创造性地加以贯彻，那么再好的创新理论、路线、政策都无用。因为宏观的创造，必须通过微观的创造加以落实、具体化才能实现。对社会领域来说，把时间与空间结合起来，就是要处理好全局与局部的关系，“凡是带有要照顾各方面和各阶段的性质的，都是战争的全局”。这就是说，事物的整体及其全过程就是全局。在处理全局时，既要求在横向方面、空间上把握构成它的各个方面，还要求在纵向方面把握它的过去和将来。这样的分析方法同样适用于局部概念。

自然领域的创新，同样要求辩证地既从宏观、又从微观着眼。爱因斯坦从宇观（宇宙）领域创立狭义、广义相对论，同样是以从宏观领域（地球）创立的牛顿经典力学作对立面而构思的；罗巴切夫斯基创立非欧几何是立足于宇观（宇宙）的，但也是以欧几里得的立足于宏观（地球）创立的平面几何为对立面而构思的。毫无疑义，许多伟大的自然科学家的创造，无一不是既从宏观地球出发又着眼于宏观宇宙的。

（四）超常（含超前）。这是要求落脚要新。如果说幻想（或理想）是创造的推动力，现实与时空是创造的立足点和轨迹，那么超常（含超前）就是创造要达到的目标。它是创造成果的价值所在。所谓创造，就是开拓、突破、创新。实现这样的创新，首先要求思路新，不人云亦云，而是从新高度、新角度另辟蹊径，来摘取更新更大的成果。为此，首先必须了解前人和他人的有关思路及成果的价值和历史局限性，并从中寻求新启迪。其次要求命题新。古人说："作诗非难，命题为难；题高则诗高，题矮则诗矮。"要做到命题新，就要了解前人和他人在这方面已达到的最高成就，否则就新不起来。最后成果新，这是创造的实质与根本特征，为此就要求一是创造成果超常，即超越前人与他人在这个领域已有的成就，"一览众山

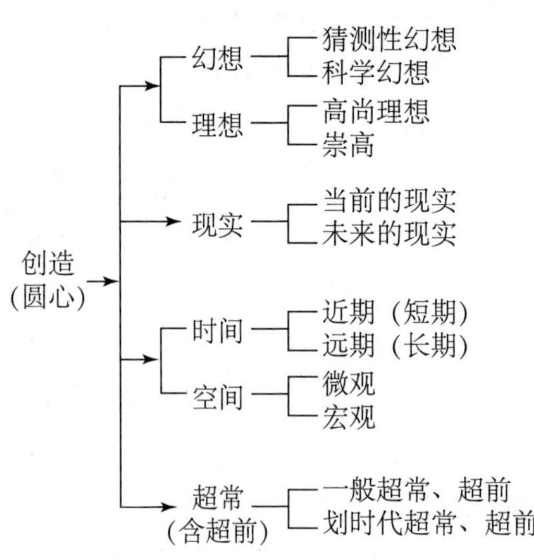

小”，使其科学价值和实用价值超越地区、民族、国家的界限；二是创造时间超前，比一般人提早几十年甚至几百年，其科学价值、实用价值越留存久远越好。显然要取得如此经得起社会实践与历史检验的创新成果，归根结底，必须立足历史唯物论，运用唯物辩证法关于世界物质多样性的统一与不同物质存在形式相互转化的原理，关于矛盾双方既对立又统一并相互转化、永恒发展的原理，关于事物的普遍本质（共性）与特殊本质（个性）辩证统一的原理以及创造思维学、创造心理学，才有可能实现这个目标。自然科学领域的狭义、广义相对论、人工智能等划时代创新成果的问世，社会科学领域的剩余价值学说、历史唯物论等划时代理论的创立，都是自觉或不自觉地遵循上述原理而获得成功的。

如上所述，以创造为圆心（原点）、为核心构成的“四两结构”的创造性思维坐标，是一个不可分割的整体、系统。表现在横向方面，其任何一个部分都是不可缺少的要素；表现在纵向方面，它们形成递进式的不断前进、深化的轨迹。

第三节 科学创造性思维矢向（着力点）的自觉选择

一、科学创造性思维必须自觉具体选择着力点的理论根据

首先，这是因为任何事物、对象都具有多要素、多层次的复杂结构，都是处于纵向横向、直接间接的错综复杂的普遍联系和不同的量变质变发展阶段之中，并可以在一定条件下发生转化。因此，要认识某个对象，就必须在微观上从不同的方面、不同的角度、不同的层次并在宏观上从它与其他事物的直接和间接、本质和非本质、必然和偶然的联系、发展中具体地去认识它，去揭示它的本质与发展规律。

其次，这是因为人类对事物的认识的深度与广度，由于具体历史条件和主客观条件的限制，每一代人已取得的认识成果是不平衡的，而且总是有局限的，因而，必然存在着薄弱环节，甚至存在一些空白点。

再次，这是因为人类对客观世界的认识和改造是无止境的。众所周知，客观世界是永恒向前发展的，每一代人都不可能完全完成认识客观世界的任务，不能够穷竭真理，只能够从相对真理逼近绝对真理，就是说，实践和时代向前发展，就必然提出更高的认识任务并提供认识所需要的新条件。

最后，这是因为每个人或每个思维共同体都只能根据自己特有的条件和迫切需要解决的任务，进行自己力所能及的创造性思维和实践。

由此可见，任何思维主体必须和只能选择一定的矢向或着力点，发挥自己的优势和长处，进行探索和开拓。

二、可供自觉具体选择着力点的五、四、三方位构想

以唯物辩证法的科学世界观和方法论作指导，综合概括科学创造史的历史经验，在作者看来，人类进行创造性思维最少或者说主要有12个带方向性的方位或着力点，可概括为三句话：着眼立足于五个“新立度”：新高度、新角度（含新侧度、新侧面）、新深度（即新层次）、新广度（即新拓宽）、新序度（含新组合、新杂交）。寻找填补四个方面的空白：寻找填补已知事物的未知对立面（含反面、逆向）；寻找填补已知截然不同事物的未知的内在联系或更高一层次的综合；寻找填补已知对立或相关事物之间的中间环节、空白区或夹缝；寻找填补各种不同思路的交叉点、结合点（含联接点）。追逐三个仿超：仿生模拟超越创新；顺应物理模拟超越创新；模仿他人创造超越创新。

三、科学创造性思维对创新着力点五、四、三结构的自觉具体选择与实践

其一，着眼于五个“新立度”。

一是从新高度着眼。所谓新高度就是超越传统的高度发展的新创造、新发现、新发明的立足点，从整个科学发展出现的新水平新高度的总体上去揭示有关对象的本质。创造性实践证明，进行创造性思维，如果立足于新的高度，就可以创造比前人更高的理论成果。两千多年前，亚里士多德的《工具论》，以直观与思辨为基础，创立了演绎推理思维方式，在科学的摇篮时代，对古希腊文明起过重大指导作用。而培根的《新工具》，从以实验科学为基础的新高度进行归纳推理，用科学的实验归纳方法取代传统的思辨推理，推动了近代科学的发展，促使复兴的西方文明远远超过了古老的东方文明。

二是从新角度着眼。任何认识对象，都表现出多角度或多侧度。角度不同，看法也就各异。从不同的新角度新侧度去认识事物，都会产生新的看法，而对事物的整体和全貌的认识，正是通过多角度、侧度的揭示实现的。例如对森林，从不同角度去认识它，就产生了多种多样的见解。森林是什么？人类学家说，森林是人类的摇篮；历史学家说，森林是历史兴衰的象征；经济学家说，森林是绿色的金库；生态学家说，森林是生物的制氧机；物理学家说，森林是太阳能的储存器；土壤学家说，森林是土壤的保育员；水利学家说，森林是天然的蓄水池；能源学家说，森林是煤炭的始祖；灾害学家说，森林是防风沙的长城；环境学家说，森林是环境的美容师；地球物理学家说，森林是地球的肺脏。这样从多个角度去考察一个事物，才能对该事物形成全面的认识。

三是从新深度（即新层次）着眼。对事物的认识永远是不可能穷尽的，只能从现象到本质，从第一本质到第二、三本质，即是说，要获得对认识对象的创新认识，其途径之一在于从新的深度（更深的层次）去揭示它。例如，从宏观到微观，从微观到超微观，这样不断深入，才会得到新的发现。

四是从新广度（即拓宽）着眼。任何事物的存在发展是与其他事物的存在发展互相联系的，同时又是不断变化发展的。人类在一定阶段上对某一事物的认识，必然存在历史局限性。如果从新广度着眼，即拓宽认识视野，则必然获得新认识。例如对唯物辩证法，如果在中外哲学界关于其思想渊源、理论体系、应用功能等方面已取得的认识成果的基础上，进一步拓宽认识视野，就可以在这些方面取得更进一步的认识。另一种情况是从一定空间（广度）着眼的，如果从新的更大空间去考察，也会获得新的认识。关于宇宙中心的认识，即因立足不同的空间背景而不同。

五是从新序度（新组合、新杂交）着眼。根据现代系统论观点，任何事物都是由其自系统性、自组织性的结构整体而存在。众所周知，从无生物到生物，都是由一百多种元素组合而成，生物除低级的以外，都是由细胞组合而成。唯物辩证法告诉我们，不仅量变引起质变，而且结构的变化也能产生质变，事物构成要素的新的优化结构组合也能产生质的飞跃。同理，思维概念的优化组合同样也能创新。创造性思维的特点和优势就在于它能寻求和获得新的组合方式，把各种思维的精华进行重新组合，产生新的思维成果，从而提出新假设，作出新判断，开辟新领域。晶体管的发明者肖克莱说，所谓创造即是把以前独立的发明组合起来变成新发明。众所周知，近现代科学三次大组合产生了三次大创造：第一次，牛顿组合了开普勒的天体运行三定律和伽利略的物体垂直运动规律、水平运动规律，创造了经典力学体系，引起了以蒸汽机为标志的技术革命；第二次，麦克斯韦组合了法拉第的电磁感应理论和拉格朗日、哈密顿的数学方法，创造了进一步完备的电磁理论，引起了以发电机、电动机为标志的技术革命；第三次大组合是狄拉克组合爱因斯坦的相对论和薛定谔方程，创造了相对论量子力学，引起了以原子技术和电子计算机为标志的新技术革命。

现代科学实践表明，对现有的元素、要素、素材等进行新的组合，就能创造出具有新功能的新事物，人造同分异构体、同素异形体、人造尿素、人造牛胰岛素等就是这样产生的。阿波罗飞船，从单项技术看，都是现有的技术，没有新的发明，没有新的功能，但组成飞船后，具备了能够飞向月宫的奇异功能；核聚变中一公斤氢聚变可产生3500万瓦／小时的能量，成为人间一大奇迹。人造生命，也就奇在把二十多种不同的氨基酸组成蛋白质，再将多种不同的蛋白质和核酸进行特殊的组合而成。遗传工程就是将遗传物质DNA进行转移和重新组合成人造生物新类型的一种新技术。从思维特点来说，这里的创造性落点在“重组”。

日本电磁试验所取得磁半导体研制成果后，得出这样的结论：发明有两条道理：一是全新的发现；二是把前人的发明进行组合。人类的创造、发现、发明，除了自然探秘获得的那部分外，用美国一名宇宙飞船总设计师的话说，今天世界上没有什么新东西不是通过组合、综合而创造的。宇宙飞船登月舱的每样东西都是原来就有的，但创造出的登月舱是新的。日本是靠三分组合欧洲技术、七分组合美国技术而成为创新的日本技术。

“杂交”就是原来没有接触过的东西，在新的条件下，结合在一起产生新的功能、新的生命的一种创造型方法。杂交方式有双边杂交，有多边杂交，还有杂交背后的杂交。例如，杂交水稻、杂交鲁棉、杂交奶牛、杂交猪、杂交金鱼、杂交鲫鱼等。骡子是马和驴子的杂交后代，它有马的耐性，又有驴子的犟性。至于化合物中的“杂交”更多。现在各色各样的合金钢和复合材料在功能和用途方面，非常广泛。技术方面的杂交在世界上生产力发达的国家更是日新月异。杂交方法，能克服原来单方面的局限性，扬长避短，互相促进。例如，船用液力耦合器本来用在舰只的螺旋浆的变速上；近年来为了节约能源，在炼钢炉鼓风机中杂交使用，进一步提高了劳动生产率。

其二是“四填补”。

一是填补已知事物的未知对立面。任何事物都不是孤立的，都有它的对立面（含反面、逆向），区别只在于已经发现和尚未发现。例如，在数学史上，虚数配对于实数而出现，非欧几何配对于欧氏几何而出现，变量数学——微积分配对于常量数学而出现，模糊数学配对于精确数学而出现，都是开拓性地从对立面上寻找填补的产物。又如，微观物理学先发现中子、质子、光子等微观粒子，后来物理学家们自发或比较自觉地从它们存在对立面的思路去进一步进行反复科学实验，终于发现了反中子、反质子、反光子。又如，千百年来，人类为白蚁所苦，“千里之堤，毁于蚁穴”，其罪魁祸首为白蚁。人们使用各种先进仪器探测四通八达的蚁穴，都收效甚微，但研究者们终于发现白蚁的对立面——天敌穿山甲。现在我国江西等省正使用这种“生物武器”进行试验。如果穿山甲打洞，就必然有白蚁，其准确率达100%。这种寻找对立面的思维在社会领域是同样适用的。以权力而言，一般常识只将看得见的决策权、用人权、惩罚权、奖赏权、指挥权等强制性的权力才视作权力，认为这种权力做领导的一定要牢牢掌握才有权威。事实上，这种权力仅仅是一种“硬权力”，它还存在着一个对立面——“软权力”。“软权力”主要包括领导者的思想、政治素质和工作才干。领导好自己权限内的工作，除了要恰当地运用“硬权力”外，“软权力”的运用更能将下属吸引在自己周围，从而收到更好的工作成效。

二是寻找填补已知的截然不同的事物之间的未知内在联系或更高层次的综合。根据唯物辩证法的观点，不同事物之间存在着直接或间接、本质和非本质、必然和偶然的联系，有些是可一目了然的或已被科学家揭示出来，有些还没有被发现，而有些看起来截然不同的事物，通过创造一定的条件也可发生联系。两个对立或相关的事物不管如何互不相容，都可根据矛盾的同一性原理把两者作更高层次的综合而使之成为更高的事物。例如，欧几里得几何学以及非欧几何学与16世纪诞生的物理学，在三百余年里，看不出有什么联系。19世纪初，爱因斯坦发现几何学与物理学中的引力场干系甚大。引力场中的许多物理量，都可以在黎曼几何中找到相应的几何量。引力场理论同黎曼几何，在爱因斯坦那里成了一对难分难离的好友。二者相互结合，产生了广义相对论。我国青年数学家杨乐、张广厚，就是因为发现了函数值分布论中的两个主要概念——亏值和奇异方向之间的具体联系，使函数值分布理论有了新的内容。牛顿微粒论与惠更斯波动说争论了数百年，但后来普朗克提出了把二者综合起来的包含波粒二性的量子论假说。爱因斯坦又进一步根据普朗克的上述假说，提出了具有波粒二象性的光子量子论。

另一种情况是从事物发展过程的角度把两个已知不同阶段的概念作为对立

面，进行辩证的综合，实质是进行否定之否定，提出概括前两个阶段又高于前两个阶段的新阶段的新概念。例如，关于地球（现阶段主要为地球硬壳）的演化和运动，地质学专家先提出了地槽说和地台说概念，20世纪50年代前，地质学界一直受“非槽即台、非台即槽”的观念的束缚，但是用这两种学说都解释不了中国东部2亿年前就出现了的一些地质片断，当时许多地质学者就把它看作准地槽或准地台。世界当代著名的地质学家陈国达从自然界总是不断向前发展的观点出发，提出这个新型活动区是地槽区地台区以外的更高形态的第三构造单元——地洼区。经过继续搜集资料，进行艰苦探索，陈国达终于提出了有别于地槽说与地台说并为当代地质学界所公认的地洼说新概念。

上述科学史实有力地证明：在已知的对立或相关事物之间寻找内在联系或进行更高层次的综合，是进行创新的一个重要途径。

三是寻找、填补已知的对立或相关事物之间的中间地带、空白区或夹缝。人类面对的客观事物都处于普遍联系之中，任何事物内部外部都存在互相依存、互相渗透的关系。非此即彼或非彼即此的看法是形而上学的。恩格斯说：“一切对立都经过中间环节而互相过渡。”一切对立都存在中介事物。这类中间环节有些已经被揭示了解，有些因为人类认识水平的历史限制尚未被揭示，有些是事物的变化发展尚未到达出现能明显表明联系的中间环节的阶段，因此，人们对客观事物的认识也必然存在着中间地带、空白区或夹缝。辩证法奠基人之一的古希腊哲学家芝诺曾给学生打了一个比方，对人们进行创造性思维很有启发作用。芝诺说，大圆圈的面积好比是我的知识，小圆圈的面积好比是你们的知识。大圆圈的周长比小圆圈要长，所以我无知的范围比你们大。从芝诺对他的学生的这段讲话可以看到，知识越多，同未知面的接触也越大。现代美国数学家、控制论创始人维纳说过：在科学发展上可以得到最大收获的领域，是各种已建立起来的部门之间的被人忽视的无人区。自然科学史表明，古代最先建立起来的是数学、几何学、力学等少数几门自然科学，而且它们是较粗糙的，其他自然科学的学科，基本上是空白区，甚至到18世纪，在“所有的自然科学中，达到了某种完善地步的只有力学，而且只有（天体的和地上的）固体力学，简言之，即重力的力学。化学还处于幼稚形态，它还奉行元素说。生物学尚处襁褓之中……康德的太阳系发生说，当时才刚刚出现，看来还只有一种奇谈。地球发展史，即地质学，还是完全不知道的”。恩格斯对自然科学的发展史的简短阐述表明现代自然科学的众多学科，都是由一代一代自然科学家不断填补起来的。据此，可以推断，在这些领域，还会有更多有待填补的空白。

四是寻找填补不同事物联系的交叉点、结合点、汇合点。前面已多次说过，人们面对的世界是一个普遍联系、永恒发展的整体，它不仅是一个运动着的物质世界，而且是无数事物现象纵横向错综交互联系、呈现为立体网络动态式的活生生的物质世界。这决定了不同事物之间的联系必然存在着交叉点和结合点、汇合点，由此也决定了人们认识这些交叉点、结合点、汇合点的思路有所不同。反过来说，人们对事物认识的思路也必然产生交叉点、结合点和汇合点，为此，在进行创造性思维时就存在着寻找、填补事物的交叉点、结合点和汇合点的问题，自然也存在着寻找、填补不同学科思路的交叉点、结合点和汇合点的问题。正是这两种情况决定了科学的发展既愈来愈高度分化又愈来愈高度综合两种趋势，显然，这是获得新发现的又一个重要途径。

欧洲16世纪林耐分类科学建立，自然科学出现了界限严格分明的各种学科：力学、物理学、化学、生物学等。在这个时期，各个学科之间出现了互不过问的空白区，关于电花对于化学分解和重新化合存在影响的问题，物理学家和化学家都认为不是自己领域内的问题。恩格斯曾在《自然辩证法》中预言：“在分子科学与原子科学的接触点上，双方都宣称与己无关，但是恰恰在这一点上可望得到最大的成果。”不久，作为一门边缘科学的电化学便产生了。后来，自然科学领域的边缘学科如物理化学、化学物理、生物化学、生物物理、生物力学等如雨后春笋般地兴起。研究者们将思路进一步放开，进而发现自然科学与社会科学、自然科学与技术科学之间也同样存在交叉点。人们先后创立了如数学经济学、技术经济学、计量社会学、计量技术学、宇宙物理学、生物星际航行学等边缘学科。不仅已知学科之间，甚至同一学科之内也同样存在着尚未被揭示的交叉点，给人们以填补创新的机会。

了解科学史的人都知道，英国的克里克同美国的沃森合作建立的DNA分子双螺旋结构模型，便是英国的结构学派和美国的信息学派两条思路相交叉的产物，也是生物化学与遗传学两条思路相交叉的产物。

现代科学史表明，横断学科、综合学科就是综合各种不同学科、寻找不同思路的结合点而产生的。

其三是“三仿超”。

一是仿生模拟超越创新。

仿生超越创新思维即分析研究某一生态的某种特殊功能的原因和奥秘后，进行超前创新，特别是利用现代新科技，不仅能模仿具有特异功能的生态，而且还能人工制造比天然生态程度更高的事物，这正体现了人类思维突出的能动性。我们不妨看看现实中运用仿生超越创新思维成功的一些事例。

第一次世界大战期间，德军在比利时的伊普雷战役中使用了180吨的液态氯气攻击对方阵地，致使英法联军的150000人中毒，5000多人丧命。同样，大量野生动物也相继中毒而亡。但令人惊奇的是，唯有野猪安然无恙。这一现象引起了英法联军的重视。他们派出最优秀的化学家深入实地考察研究。通过反复调查，化学家们发现野猪特别喜欢用嘴巴拱地，当它们嗅到强烈的刺激味时，常用拱地来躲避刺激。后经过进一步分析发现：正由于野猪在拱地时，松软的土壤颗粒吸附和过滤了毒气，才得以幸免于难。于是化学家们从中受到很大的启发，根据这一原理首先找到了既有吸附、过滤功能，又能保持空气流畅的木炭，而后很快设计制造了世界上首批防毒面具。

近年来，德国飞机制造商从身体表面粗糙的鲨鱼却是游泳高手的事实得到启发，经过一系列的流体试验发现，鲨鱼游水时阻力小，原因是鲨鱼皮肤上布满了又细又密的沟纹，水从这些沟纹中流过不形成漩涡。德国飞机制造商经过试验证实：使用像鲨鱼皮肤一样有细密沟纹的材料做飞机机身，能节省燃料8%，用同样多的燃料可使飞机飞得更远更快。

从七彩蝴蝶得到启示制造人造卫星也是一例。人造卫星进入太空之后，立刻就失去了大气层的保护。如卫星在离地球300公里高的轨道上运行时，在太阳光的强烈辐射下，卫星的温度可剧升到一二百摄氏度，影响仪器的正常使用；卫星在地球的阴影区时，温度又会陡降至零下一二百度。如何对卫星采取有效的控温措施，科学家设计了种种方案，均不理想。此时，一种七彩蝴蝶使人们茅塞顿开。这种蝴蝶具有奇妙的调温功能：它的体表覆盖着一层细小的鳞片，气温升高，鳞片会自动张开，减小太阳光照射的角度。气温下降，鳞片会紧贴在身体表面，让阳光直射在鳞片上以吸收更多的太阳能。这样，蝴蝶的体温得以始终保持在一个正常的范围之内。据此，科学家研制成一种巧妙的控温装置。它的外形像百叶窗，每扇叶片两个表面的辐射散热能力相距甚远。百叶窗的转动部位装有一种敏感的金属丝。温度超过标准时，金属丝膨胀，叶片张开，使辐射散热能力大的那个表面朝向太空；温度迅速下降时，金属丝冷却，使每扇叶片闭合，让辐射散热能力小的那个表面暴露在太空，抑制卫星的散热。这样，控温难题得到了圆满的解决。

仿生模拟超越创新思维必然推动人们获得许多前所未有的创造成果造福人类。例如，对动物的自然探秘为人类节能打开了新天地：乌龟两年不吃东西仍然会抬头观望；鳄鱼700天滴水不进，安然无恙；青蛙400天不吃不喝，还有“起死回生”的希望；蛇经过150多天的冬眠，体重仅下降2%；形如马蜂的蜂鸟，双翅每分钟能扇动500多次，靠翅膀的震动，可以留在空中吸食花蜜，长时间工作所消耗的能量却不多……对于动物形形色色的节能术，科学家们展开了一系列的研究，目前正在进行各种模拟实验，探讨其中奥秘。一旦谜底被揭开，那么，当今世界上令人头痛的节能问题，将有新的突破。

又如，医生从狗鼻能识癌气味得到启示进行防癌治癌的新创造。1993年6月，英国一家医学周刊报道：一位英国妇女靠她的爱犬的灵敏鼻子挽救了生命。这只爱犬每天用鼻子嗅女主人脚上的一颗痣，引起女主人的不安，于是前往医院检查，竟然发现那颗痣含有癌细胞。由于发现及时，得以治愈。英国医学界由此受到启示：癌细胞可能会发出一种特别的气味。于是他们尝试着用狗的灵敏鼻子，协助自己诊断病人是否患有癌症。再如，建筑师从蜜蜂营造的蜂窝得到启示，探寻建造既省料又结构坚固、精巧的建筑物的奥秘。建筑师从挺拔不动的大树的结构得到启发，构想建筑悬挂大楼。目前高层和超高层建筑越来越多，它们承受的风力大，地震时容易倒塌，加之楼房也容易下沉，这都是一些建筑上的难题。建筑师从大树的结构中受到启发：大树之所以不怕狂风暴雨和地震的威胁，主要是因为它具有深深固定在泥土中的庞大的根系、坚固的树干和披挂于枝条上的树叶。因而建筑师设想：把房子的垂直结构建筑成坚固的“树干”，并同时使它深深地“扎根”于土壤、岩石中，楼梯、电梯等安装在“树干”内，作为上下通道，在“树干”上安置很多根挑梁，像树枝那样伸展出去，一只只用轻质材料冲压而成的房间，像树叶那样悬挂于挑梁上。这样，新型的悬挂建筑诞生了。这种悬挂建筑具有优良的抗风、抗震性能。建造时，每个房间可在工厂冲压成形，再用吊车或直升机把它们挂在挑梁上。这种房子还有通风好、房间位置可任意调换的优点。谁家的房间出了毛病，可以单独检修，对其他居民以及整个建筑无影响。搬家时把悬挂的房间取下，运到新的树干处再挂起来，人们就有了新居。

建筑师也从长得比本身直径高200—300倍的某些植物得到启示，使现代建筑物的高度从过去最多只有直径的20—30倍增加到现在200—300倍。对这些植物的负荷力学的分析，促使建筑学家进一步优化材料的选择和结构的设计，使现代的建筑物的面目大为改观。

最近，生物学家发现小小的蚂蚁能承受相当于自身400倍的重量，拉重1700倍，那么只要对蚂蚁的构造成分进行分析，进而依据动物能量、含量效应原理，人工制造出具有同蚂蚁一样的承受力、载重力的工具来，或者将其构造成分制成营养品，供人食用，也会成百成千倍地增加人的承受力和拉重力。

二是顺应物理模仿超越创新。

这里讲的物理，是指自然现象事物本身固有的规律，一般是不能逆向思维的，只能顺应其规律进行模拟创造。遵循这个途径可以展开创造性思维的翅膀，创造出许多奇迹来。水往下流，是水的本性，水往下流就有势能，人们可以顺应水的这个物理特性筑坝建立发电站；热核反应堆电站，就是顺应核爆炸释放高度能量的物理性质进行建造的；阴电、阳电相遇会发生中和现象，人们顺应这个规律创造了避雷针，等等。

三是模仿他人创造超越创新。

在第一章第二节第一目中，作者已经谈到日本经历明治维新100年左右时间的“模仿时代”，过渡到“创造活动”的新时代。最近，日本的科学家指出，单靠模仿是不能独立创新的，它只能使日本成为次等地位的经济大国。这似乎说明，模仿他人创造不是创造最佳的选择，但是作者认为不能否认模仿的创新功能。当然，如果是停止于模仿他人的创造水平上，是没有创造意义的，但如果是在别人创造成果的基础上，进一步加以改进、革新，往往也会实现对先行者的超越。许多工业上使用的机器、军事武器等，一次一次地得到改进，就是走的这条道路。必须特别强调指出，这里所讲的模仿他人创造超越创新的概念，是从广义上讲的，它包括创造的着力点的思路、方法等，比如从他人创造的成果中，得到有益的启示，创造比先行者更高、更新、更独特的成果。从人类历史上看，各个领域、各条战线不少发明创造都是遵循这条途径。例如我国儒家的子思，遵循孔子提倡中庸的立足点和思路，创立了比较完整、独立的中庸学说体系。其他领域、战线类似这样的创造也不少。

第六章 科学创造性思维的纵向宏观分解

第一节 对科学创造性思维进行纵向宏观分解的根据及其重大意义

一、对创造性思维进行宏观分解的科学依据

第四章第一节中已经谈到，迄今对于科学的创造性思维的本质特征究竟是哪几个方面，众说不一。其中不少见解具有一定的真理性，它们都在对创造性思维的认识进程中迈出了程度不同的一步。但提出这些见解的研究者们都是从自己的角度接触创造性思维的某个层次。他们大多都未自觉地运用唯物辩证法和历史唯物主义来指导自己的研究，因而不能准确地理解创造性思维的本质特征、发展规律和方法。必须把创造性思维从纵向宏观分解为启迪性创造性思维、探索性创造性思维、开拓性创造性思维、突破性创造性思维、验证性创造性思维五个基本层次，然后加以综合，才能完整地、准确地把握它。这是因为:

第一，创造性思维本身是一个活动过程。唯物辩证法告诉我们，任何过程（包括思维现象）必然表现出若干具有特殊的质的不同阶段。相应地，与每个特殊阶段相适应，必然有相应的科学创造性思维形式和方法。这种反映不同阶段的创造性思维的形式和方法，前后相继、不可分割，最终为人们实现完全意义上的创新。

第二，从思维科学角度讲，创造性思维是指在认识上有完整意义的开创，即具有根本性的质的飞跃的突破创新，而这种突破与创新是经过逻辑论证、思想实验或物质实践证实了的，既不是那种尝试性的突破，也不仅仅是一种新思路的开拓，同样也不只是获得一个突破口或那种表面上、形式上的超越。显然，要获得这种完全意义上的创造性思维的成果，绝不是靠某一层次的创造性思维形式方法能达到的。

第三，思维的产生发展固然存在自身的特点和特殊的规律，然而，思维是服从认识世界改造世界的需要进行的。人的思维产生发展是与人的认识产生发展密切联系的。世界是普遍联系和发展的，任何事物不是孤立的、静止的、永存的。它们都是多要素、多变量、多层次、垂直的、水平的、交叉的系统结构，都是不断变化发展的，这决定了人的认识只能是在收集经验、材料的基础上去粗取精、去伪存真，由此及彼、由表及里进行抽象，使认识从部分的质变到根本的质变，从初级的本质到高级的本质，多途径地逼近认识的绝对真理。而且事物变化发展的无限性，又决定了人的认识不可能停留在某个“终点”上。

第四，人类历史证明，作为思维主体的个人的禀赋、经验、知识，进行创造性思维的优势等都不是雷同的。我国三国时魏人刘劭撰写了一部以品鉴人物的才能和性情为内容的作品《人物志》，其中，把人的才能在划分为“三材”的基础上划分为八种类型，进而又划分出12种类型，其中特别指出大部分人只具有某方面的才能（“偏才”）。这对于我们了解具有创造性思维才能的人也是适用的。有的人长于提出问题，打破砂锅问到底；有的人长于回答问题，对问题作出各种探索性的解释；有的人善于开拓解决问题的新思路；有的人长于抓住问题的关键，把握事物的本质和要领；有的人长于作科学验证，辨别原有构想是否科学。

第五，一个重大创新成果，往往都是许多思想家、科学家共同作出的，是几代人前仆后继的产物。上章谈到的大陆漂移说，就是奥地利的徐士、美国的贝克、法国的施耐德、德国的魏格曼等科学家前仆后继共同创立的。即使是以个人独立思考见长并闻名于世的爱因斯坦创立相对论，也不例外。这一点已在前面第五章谈及辩证思维主体纵向联结链时说明了，在此不必重述。

第六，认识规律与思维规律既有联系又有区别。众所周知，人类的思维既然是服从认识世界、改造世界的目的，就必然地受实践——认识——再实践——再认识，循环往复以至无穷这一认识的一般规律的制约。但是，认识规律与思维规律不能等同。思维的发生发展，有其自身的特点和特殊规律，而这种特点和特殊规律既以认识规律为前提，又是认识规律实现的特殊的重要途径和方法。须知，思维活动虽然最终要与历史大体上相一致，但是它的活动又容许具有较大的自由度，在认识事物本质和获得新发现之前，需要和容许它进行联想、想象、构想或发散、求异、模拟、思想实验甚至直觉突破。换句话说，作为思维，特别是创造性思维，其本身是无禁区的。它跨越时空限制，连接千载万里，它需要和容许思维主体主动地从原物获得启迪，或创造性地提出千奇百怪的问题激发思考，对创造性思维的对象进行多向性、尝试性、探索性的思考。在思维活动中，在各种尝试性、探索性思维的基础上，或慢或快地通过比较分析，创造性地提出具有新高度、新层次、新广度（含新领域）的见解。在取得宏观的开拓性认识的基础上，经过进一步定向沉思、联想、构想、思想实验等过程，便会产生思维上的突破、创新，从而把创造性思维的能动性充分显示出来。

第七，科学创造史提供了将创造性思维分解为五个基本层次的论据。在科学创造史上，一般说来，重大的发现、发明、创造都是许多思想家、科学家、艺术家分别担负其中某一基本层次或者其中某一独立部分的创造性思维工作而共同完成的。因为任何具体的创造，从历史的长河来说，它只是整个创造的一部分或一个阶段。人类对任何领域、任何方面的创造是无止境的。屈原作《天问》，柳宗元作《天对》，即是显著实例之一。

综上所述，可见，把创造性思维尝试性地划分为启迪性创造性思维、探索性创造性思维、开拓性创造性思维、突破性创造性思维和验证性创造性思维五个基本层次，是有充分根据的。

二、创造性思维宏观分解的五个基本层次及其主要方法的相对性、统一性

首先，五种创造性思维基本层次的独立存在具有相对性。前面，我们强调了把创造性思维过程划分为五个基本层次的客观依据和必要性，但另一方面又必须指出，这五个基本层次的独立性只是相对的，它们之间还存在着同一性。这是因为：第一，它们是一个不可分割的一环套一环的链条整体，它们中的任何一个基本层次都不可能独立完成重大创造。第二，每一种基本层次常常具有两重性，对某一种创造思维是启迪，而对另一种创造性思维来说又是探索，甚至是开拓、突破；反过来说，某种具体的探索性创造性思维对另一种创造性思维来说却变成了启迪性的思维。其他环节也莫不如此。第三，五种创造性思维基本层次的运用往往是交错的，甚至是倒置联结的。例如，探索性的启迪，开拓性的探索，突破性的开拓和验证性的探索、开拓、突破，等等。据此，人们在进行创造性思维过程中，必须灵活具体地运用它们。

其次，五个基本层次的主要方法具有相对性。创造性思维宏观基本层次又具有若干主要方法，主要是纵向多层次逐步推进与横向多角度全方位深化两个方面的方法。但它们的区分及其所处位置具有相对性，没有绝对意义。其中不少方法具有两重性，因而常常在不同基本层次中同时出现，对此，一是要全面地把握，二是要灵活具体运用。

当然，每一种主要方法又可进一步进行划分。例如，优选组合方法，至少包含下列三种方法：一是要素重新组合法，即适应新的变化，按照新的准则进行重新组合；二是变换各要素的排列顺序方法，同样的要素，由于排列组合的顺序不同，就具有不同的质和特殊功能；三是转变结构类型方法，它包括要素的重组、序列的易位和要素之间的关系的调整，通过对不同组合方式的比较，选择一种最有利于实现目的的最优化的组合结构形式；把系统或整体各部分的

有益功能发挥到最高限度。显然，上述五种宏观基本层次及其主要方法的相对性，决定了它们具有不可分割的统一性。

三、对创造性思维进行宏观分解的重大意义

把传统的创造性思维分解为启迪、探索、开拓、突破和验证五个基本层次或类型，这是把辩证法、历史唯物论及系统论的观点引入创造思维学的必然结论，也是许多年来对创造性思维的经验的总结和理性认识的产物。

首先，它在认识论上具有重大意义。它揭示了这样一些真理：人们的创造性思维是由酝酿、萌芽、产生、发展、完善等不同阶段构成的一个完整过程，不论是以怎样的形式出现，都需要付出艰苦的脑力劳动，绝非神赐或与生俱来的灵感、顿悟给予的；创造性思维是许多个别思维形态的不同方面创造优势的共同结晶，这并不否认有的个人在整个创造中作出的贡献要大一些，这正体现了创造性思维存在着突出的互补性、共振性、系统效应的显著特点。总的说来，对创造性思维进行宏观分解，就在创造性思维领域具体深化了唯物辩证法、历史唯物论和系统论的理论。

其次，它在实践上同样具有重大意义。具体表现在：它促使思维主体既要求自身勤奋思考，又强化正确吸取前人各个不同侧面的成果的自觉性和主动寻求同行专家的合作并虚心听取其正面、反面的意见、建议的自觉性，力求尽可能地减少创造思维过程的盲目性、曲折性，从而大大增强克服创造性思维过程中的困难和阻力的潜力，大大地提高创造性思维的整体创新活力，加快取得创造性思维成果的速度和进程，特别是加快当代大科学前沿学科取得前所未有的成就的速度和进程。

第二节　科学创造性思维宏观分解的第一个基本层次——启迪性创造性思维

一、提出启迪性创造性思维的根据

所谓启迪性创造性思维，即具有超常的诱导、催化人们进行创造性思维的作用，推动人们进行创造性的探索、开拓、突破的创新思维，其本身不能直接进行创造性的探索、开拓、突破。作者之所以提出启迪性创造性思维，是因为任何事物都处在与他事物的普遍联系之中。每个事物本身有其特殊的本质和内在规定性，所以它区别于别的事物；但是同时每个事物与他事物存在着不同程度的直接或间接的联系，存在着同一性和相似性，这就决定了人们通过联想、假设可以在它们之间架起一座相互沟通的桥梁。著名的美国奥斯本的头脑风暴法（简称BS法）、美国戈顿的创意诱导法（又名综摄法）、日本石川龟久弥的等价变换理论等创造技法，就是强调首先调动启迪性创造性思维的作用，促进互相启发，共同探索，从而获得对问题的创造性的解决。奥斯本的头脑风暴法的实施一般只有五六个人参加，多则十余人。会议时间不宜太长，否则会使参加者疲劳，不利于产生新思想。奥斯本给这种会议作了四条规定:

（1）不允许对他人的意见进行反驳，也不能作结论；

（2）欢迎自由奔放地思考，思路越广越新则越好；

（3）设想的方案数量越多越好；

（4）寻求对他人设想的改进和联合。

从这几条规矩中可以看出这种会议与一般会议不同，其基本精神是强调自由思考，不受约束，因而只会激励而不会压抑创造性的发挥。同时由于在会上可以互相启发，增加联想的机会，使创造性思维产生共振和连锁反应，从而会诱发出更多的创新设想。至于戈顿的创意诱导法、石川龟久弥的等价变换理论等，本质上都是头脑风暴法的承袭和发展，因而不再介绍。

列宁、爱因斯坦都先后多次指出，提出问题往往比解决问题更为重要。海森堡在他撰写的《物理学和哲学》中强调："提出正确的问题往往等于解决了问题的大半。"这个观点蕴含了两层意思：第一，所谓提出问题是指创造性地提出问题，即提出别人从没有想到过的问题；第二，创造性地提出问题就会启发、鞭策许多人进行探索、开拓等创造性思维，从而对问题加以解决。自然，只要许多人认识到所提出的问题的重要性，自觉地去进行创造性思维，最终会使问题得到解决。由此，可以自然地得到这样的结论：超常、超前、创造性地提出问题是创造性思维的先驱，它理应是构成创造性思维过程的不可缺少的必要的第一个环节。

二、启迪性创造性思维的主要方法

从纵向多层次推进方面来说，启迪性创造性思维的主要方法有：

1. 观察奇异原物联想法；

2. 人我多种新奇提问促进方法（含提出理想化目标）；

3. 多种预测解决方案启迪方法。

从横向多角度独立方法来说，启迪性创造性思维的方法主要有头脑风暴法，含创造性正面、侧面诱导方法和反面激发方法。

观察奇异原物联想法能促使人产生联想、创造性想象，进而进行仿生模拟；人我多种新奇提问促进方法和多种预测解决方案启迪方法的特点和优点就在于它能创造性地启发思维主体寻找正确的思路。

横向多角度独立方法的主要特点和优点就在于它能由前人、他人富有启发性的言论、观点激发联想、想象、反思和构想。

第三节　科学创造性思维宏观分解的第二个基本层次——探索性创造性思维

一、提出探索性创造性思维的根据

所谓探索性创造性思维是指这种创造性思维具有创造性的猜测、探测、求索等特点。一般说来，它是通向创新的必经的桥梁。质言之，探索性创造性思维是人们对追求目标的认识有一种模糊的信念和概略的了解，而又没有把握时进行的尝试性的多方位、多渠道、多角度、多层次的思维摸索活动。它在本质上具有敏捷性、多变性、尝试性等特征，因而不墨守成规，不满足于现有成果，不怕挫折和失败，蕴含着丰富的探求精神。提出这种类型的创造性思维的根据之一在于：任何具体事物都是与他事物处于纵向横向交互联系的错综复杂的系统之中，事物的本质与现象存在着对立性和差别性，而现象是多种多样的，既有真象也有假象，有时同样的现象却反映不同的本质。马克思说过：如果现象与本质直接统一，那么科学就成为多余的了。一切事物往往是由多要素在不同的时间空间组合的，因此在追求新发现中就要注意换元，在新的时间空间和条件下进行新的组合，即使是取得了初步的成功，也要力求作进一步的探索，实现更高的创新。这就决定了人们的思维必须依靠探索性的创造性思维架设获得新开拓新发现的桥梁。

古典力学的创始人牛顿说过，没有大胆的推测就不可能有伟大的发现。既然是探索，就具有尝试的性质，这种尝试性很难做到百分之百正确，发生错误的可能性是存在的，但是错误往往是正确的先导。李政道曾这样说过：“在科学上要得到正确的东西，总要先犯很多错误；如果你能把所有的错误都犯过了之后，那最后得到的就是正确的结果了。”显然，李政道教授的这段话就是鼓励人们敢于进行探索性的思维和实践。科学创造史证明：一个伟大的发现，在它前面必定有无数先行者和同辈人进行过千百万次的“失败”的探索，这些探索留给后人和他人以启迪和教益。一部科学史，就是由许多科学家不断探索、开拓，反复修正错误，最终逼近真理的历史。

二、探索性创造性思维的主要方法

从纵向多层次逐步推进方面来说，主要方法有：

1．多方位（含角度）探索；2．定向探索；3．定位探索；4．定点探索。

从横向多角度探索方面来说，主要方法有：

1．发散、求异方法；2．多种假设方法；3．类比推理方法；4．探索性演绎法；5．比较“思想实验”方法。

循纵向多层次逐步推进的方法，探索的对象逐渐由大范围缩小到小范围，这样，其探索的可靠性、准确性愈来愈大，愈来愈接近新的突破。

横向多角度的各个独立思维方法，均有取得探索性开拓成果的因素和现实可能性存在。

关于发散思维、求异思维，已分别在第三章第五节第二目和第四章第四节第二目中阐明，此处不再重述。

关于多种假设方法，众所周知，假设带有想象、推测成分，具有或然性，因而它在科学理论形成发展中能起桥梁作用。提出多种假设，等于架起了多座桥梁。

类比推理方法，即是指当人们观察到两个或两类事物的许多属性相同，便推导出它们在其他属性上也相同，从而得出新假说。类比法的可靠程度决定于两个或两类事物的相同属性与推出的那个属性之间的相关性。相关度愈高，类比法的可靠性就愈大。一般地说，类比推理方法的可靠性程度不高，但仍是一种可选择的探索性方法。

探索性演绎方法是一种自觉发掘原理、演绎推导结论的方法，与斯宾诺莎、莱布尼兹和笛卡尔的演绎方法有所不同。它强调的是探索性，不要求从已知的公理出发，而要求提出新的普遍性假说，所以这种方法具有明显的猜测、尝试、摸索的特点。

思想实验方法，又可说是理想实验、假想实验。这种方法不是在实验室中进行的，不需要物质仪器、设备。它是在思维主体的大脑中进行的，需要的是科学家的创造性的想象力、直觉力，同时它还需要严格的逻辑思维和严密的数学推导。必须指出，思想实验不是幻想实验或臆想实验，它有其客观的物质基础。它是一种探索新开拓的方法。

第四节　科学创造性思维宏观分解的第三个基本层次——开拓性创造性思维

一、提出开拓性创造性思维的根据

开拓的本义是指开辟扩展。开拓性创造性思维是指这种创造性思维为创新打开新的思路，它能越过旧的现存的思维框架、思维模式的禁锢和局限，使人大开眼界，获得新的天地。显然它高于发散、求异或辐射思维、思想试验等。本质上，它属于探索性创造性思维的一种思维形式，是前者的必然产物，或者说它是探索性创造性思维最终的必然报偿，又是突破性创造性思维的必经阶段。一个人的思维不具备开拓性的能力，就谈不到具有真正的突破与创新。

提出开拓性创造性思维的重要根据在于，事物的特殊本质，不仅是多方面的多层次的，需要从不同角度不同层次去探索，而且其特殊的质因不同的条件又有所变化，因此就需要开拓新的思路来获得对它的特殊质的本来面目的认识。显然，开拓性创造性思维能使人获得新的视野，打开逻辑通道，进行新的认识。科学创造史证明，一个伟大的理论发现和技术发明及其他创造的问世，在其前面必然有许多思想家、科学家等进行了一系列的大大小小的开拓，为它开辟了道路。

二、开拓性创造性思维的主要方法

从纵向多层次逐步推进方面来说，主要方法有：1．立足新高度方法；2．立足新角度方法；3．立足深层次方法；4．优选组合建构方法；5．填补事物间的空白点、空白区、交叉点、结合点方法；6．仿生模拟方法。

从横向多角度独立方法方面来说，主要有：1．科学假设、收敛方法；2．同中求异、异中求同法；等等。

上述两个方面的方法除科学假设外，均已在本书的有关章节中一一阐明，在此只对科学假设作简明介绍。

科学假说高于一般假说，它具有科学性、推测性、预见性、变动性等多种因素，如果对科学假说进行纯化，即在被基本肯定的前提下，淘汰错误成分，达到最后纯粹化——提高假说的可靠性，就可发展成为具有突破、创新意义的一种开拓。

第五节　科学创造性思维宏观分解的第四个基本层次——突破性创造性思维

一、提出突破性创造性思维的根据

所谓突破性创造性思维是指这种创造性思维能取得突破性新成果。这里所讲的突破不是传统的狭义的对原有的思维水平的界限或禁锢的冲破，也不是平常人们所讲的突破口。突破口只是取得突破的先导，两者有联系但有重大区别。这里所讲的突破也不是指表面上的暂时的突破，更不能把这里的“突破”与形而上学、机械论理解的“破”混同。在形而上学机械论看来，破与立不能同时并存，只有先破旧的然后才能立新的，像在旧房屋的基地上建立新房屋一样，只有先拆掉旧建筑物然后才能营造新建筑。在辩证法看来，破与立是不可分割的，而且只有创立新的取代旧的，才能谈得上真正的破。突破的含义本质上是扬弃，它意味着质的飞跃，包含有两层意思：

1. 对传统观念、原有框框取得部分突破，一般称为突破口，它是取得突破的先行环节；

2. 对传统观念、原有框框全面突破，这种突破必然意味着冲破新观念、新思维模式诞生时所碰到的重重障碍和层层迷雾，而且意味着创造了新思维产生所必备的条件，即是说思维上的突破在很大程度上就意味着新思想的基本产生。从这个意义上说，思维上所讲的突破与创新基本是一致的。

显然，突破性创造性思维是开拓性创造性思维逻辑发展的必然产物。

二、突破性创造性思维的主要方法

上面关于突破性创造性概念的剖析已清楚地表明：从实质上说，突破就是不同程度的创新或多层次的创新。只因为没有经过验证，还不是完全意义的创新，因而还不能与直接的、完全意义的创新等同。然而无论从突破口、突破面，还是从整体突破上讲，思维主体实际上运用的主要方法只能是实现部分质变、突变、飞跃和根本质变的创新方法。可见，实现创新的一系列方法也就是突破采用的方法。

因此，关于突破性创造性思维的主要方法从纵向多层次推进方面来说，主要有：

1．演绎推理方法；2．辩证的否定方法；3．科学思想实验方法；4．新质优选组合建构方法；5．创造性仿生；6．模拟方法；7．直觉方法；等等。

从横向多角度独立方法方面来说，可一一采用或具体选用上述方法。在上面所列出的各种方法中，有几种方法已在第五章第三节中介绍过，这里只对演绎推理方法、辩证的否定方法、直觉方法作一简要说明。

逻辑学家把推理分为演绎、归纳和类比三种。类比推理可靠性不强。所谓演绎推理，即是指前提与结论之间有必然联系的推理，这种方法可以从已知探索新知。关键是大前提必须正确。在数学中，由于大前提一般是确定的，经过多层次的推理，就能形成一个科学体系。欧几里得几何学体系就是从三角之和等于180^0等几条公理出发，经过严密的逻辑推理而创立的。演绎推理在物理、化学领域的一些学说建构过程中也常被运用。但是，在社会领域，由于情况的特殊复杂性，演绎推理就不那么可靠了。

辩证否定方法，是指任何事物内部都存在肯定与否定两种倾向的对立统一。否定的实质就是“扬弃”——既克服，又保留。首先是克服，既对已经或行将失去现实性的事物的质和消极因素作根本否定，同时又根据新事物产生、发展的需要，保留旧事物在新条件下对即将产生的新事物有用的因素。但是保留不是全盘接受，而是批判地继承、改造，并进一步丰富和提高。

关于直觉方法，即整体直觉方法，已在第二章第四节第二目中阐明过。这里要进一步说明的是，整体直觉方法在运用上是不可直接操作的，但由于它是一种快速的联想与浓缩的推理的直接切入、洞察，可打开获得创新的通道，为思维主体开创一条跳跃障碍的新路。但是，它不能直接达到新的创造，因而往往还需要继续进行艰辛的劳动。例如，普朗克产生量子论的直觉以后，还花了6年时间，才推导出辐射公式；爱因斯坦对狭义相对论在卧床上产生了直觉之后，还进行了5个星期夜以继日的艰苦思考和写作，才写成了《论动体的电动力学——相对论》。还有一些直觉是经不起实践检验的，事实上不能称为创造性思维的方法。

第六节 科学创造性思维宏观分解的第五个基本层次——验证性创造性思维

一、提出验证性创造性思维的根据

所谓验证性创造性思维，一是对具有准完全意义的突破性创造性思维进行逻辑论证，看它是否符合各种逻辑原则的要求，否则，就要加以纠正、补充；二是对具有准完全意义的突破性创造性思维进行科学思想实验，看其是否能够成立；三是对具有准完全意义的突破性创造性思维进行物质实践，看它是否能够取得成功，从而决定是否对其进行修正或否定或者加以补充、完善。验证性创造性思维是人们获得创新思维不可缺少的一个步骤、一个环节。这里将验证性创造性思维作为一个层次独立地提出，是因为任何创新思维不经过验证就不能够说是成立的。逻辑论证与实验、实践是具体的、多样的，不能照搬一个模式，其本身就必须创造性地进行。所以，验证性创造性思维就可以从整个创造性思维过程中分割出来，成为一个相对独立的类型和层次。对于一个重大的发现和创造而言，这种验证性创造性思维就成为整个创造性思维过程的一个组成部分。众所周知，英国哈维创造性地提出了血液循环说，以取代传统的肝脏造血的学说。这个伟大学说只有在1660年意大利科学家马尔皮基用显微镜看到了青蛙肺里的毛细血管和1688年荷兰科学家列文虎克用自制的精密显微镜观察蝌蚪尾巴发现静脉和动脉实际上是连在一起的毛细血管之后方被世人所接受。马尔皮基、列文虎克通过科学仪器的帮助证实了哈维的血液循环理论的正确，这一创造性思维过程才算最终完成。爱因斯坦继创立狭义相对论之后，于1916年创立的广义相对论关于光线弯曲的理论，后来是经过英国的天文台在好望角观察罕见的天文现象得到证实的。杨振宁、李政道发现宇称不守恒定律，后来是经过吴健雄进一步的实验得到证实的。在科学创造史上，这类例子是非常多的。

可见从创造性思维分解出验证性创造性思维类型，是有根据的。

二、验证性创造性思维的主要方法

从纵向多层次逐步推进方面来说，主要方法有：

1. 逻辑论证：演绎论证和归纳论证；直接论证和间接论证；2. 观察证实；3. 思想实验；4. 物质实验。从横断多角度独立方法方面来说，可同时采用或灵活具体运用上述几种主要验证方法。

第七章　科学创造性思维活动的基本条件及其自觉活动的一般规律

第一节　科学创造性思维活动的主观条件

一、科学世界观和科学思维方法论的统一

哲学是关于自然科学和社会科学、思维科学知识的概括和总结，因此作为哲学世界观反过来就具有导向作用。在科学实践过程中，不管你愿不愿意，你都会要么是自发的、要么是自觉地接受某一种世界观的指导和支配，不管这种世界观是正确的还是错误的。进行科学创造性思维，必须有正确的世界观的指导，也就是必须自觉地运用唯物辩证法作指导。但必须看到，科学的世界观本身不等于科学方法论。世界观转化为方法论是哲学发展史的一个重要问题。哲学理论的指导作用是通过科学的思想方法这个“伟大的认识工具”实现的。认识世界与改造世界具有同一性，决定了科学世界观与科学方法论具有同一性，但不是简单的直接的同一。科学世界观与科学方法论的统一是具体的历史的统一，是多层次的统一。科学世界观必须根据一定的条件、遵循一定的途径，才能转化为一定的科学方法论，从而实现两者的同一。这就要求人们全面把握事物的一般规律和特殊规律，找出实践的一般方法与手段，从全局上概括出行之有效的具体方法，在更高层次上把它上升为最一般的方法论，并在全局中概括

出的一般方法指导下，把握认识实践对象的特殊本质、特定意义和获得的实践经验，找出进一步改造客观对象的具体方法和手段。

二、怀疑意识与创新意识的统一

怀疑通常是指否定或不满意、不相信；作为思维方法的怀疑，是指对传统观念、现有理论和学说表示不信任，有根据地提出本质上与之相对立的新假说，是使科学得到革命性发展的一种手段。主观主义的怀疑论与实事求是的怀疑论有本质上的区别，实事求是的怀疑不是否定一切，而是辩证的否定。黑格尔从积极的意义上把怀疑解释为："寻求"、"研究"。怀疑是人们一种理性思维活动，是一种应当重视的思维方法；怀疑的范围存在下列不同情况：对原见解本身的正确性表示不信任；对它的普遍意义产生怀疑；对它在新情况下的作用产生怀疑。哲学史上，任何一个哲学家在建立他的哲学体系时，首先使用怀疑手段，对前人或他人的哲学观点提出质疑，然后确立自己的哲学思想。亚里士多德说过，要想进行研究而不首先提出疑难，就好像要旅行却不知到哪里去一样。亚里士多德的实体学说就是从对柏拉图"理念论"的批判中建立起来的。培根也曾说过，每一个研究自然的人都应当把这一条当作规则，即凡是他以一种特别满意的心情去抓住不放的东西，都应当加以怀疑。他在对经院哲学的那种文字游戏或观念上的思辨提出怀疑后，提出了自己的哲学研究对象——自然。欧洲文艺复兴时期的人文主义哲学家和自然哲学家蒙台涅、布鲁诺等，也是以怀疑作武器来反对中世纪的基督教神学的。

哲学史上，笛卡尔第一次把怀疑提到方法论高度，不仅揭示了人类认识发展过程的一个必然环节，而且其本身包含着现代系统方法的萌芽。

笛卡尔认为，他的怀疑是一种扫除因袭、偏见，达到科学认识的方法。他并没有把他所怀疑的东西一概否定、抛弃，他只是在摧毁他认为基础不巩固的那些意见时作了各种观察，并且得到了许多经验，这些经验他在建立更确切的意见的时候都用上了。在他看来，一个人的认识发展必须要经过深刻的怀疑阶段。笛卡尔还揭示了怀疑往往在旧东西即将被新东西取代而又尚未被新东西取代亦即新旧交替之时发生的规律。他进一步指出，他只是在“专门研究真理”时才使用怀疑手段，而在立身行事方面则不能抱任何怀疑态度的。因此，笛卡尔的怀疑论同一般怀疑论有着根本的区别。关于他的怀疑论方法，许多著名哲学家都作过肯定的评价。其中，费尔巴哈说过：“笛卡尔的怀疑不是一种主观随意的怀疑，不是既可以从它开始，也可以不从它开始，它是一种从他的哲学原理中必然产生出来的方法。”

近代和现代自然科学发展史表明：每一项重大的科学发现，每一次重大的理论突破，每一门新学科的开拓建立，常常是以怀疑作先导。爱因斯坦曾说：相对论的创立乃是经过无尽的辛劳和“痛苦的怀疑”所致。马克思的座右铭是“怀疑一切”。马克思、恩格斯在实践中也自觉运用了怀疑方法。列宁在谈到马克思如何从事科学研究时曾指出：“凡是人类社会所创造的一切，他都用批判的态度加以审查，任何一点也没有忽略过去；凡是人类思想所建树的一切，他都重新探讨过、批判过，在工人运动中检验过。”

巨大发现是在巨大的怀疑和创新意识的鞭策下取得的。牛顿打破亚里士多德的教条，创立了万有引力论；爱因斯坦打破牛顿的绝对时空论，创立了相对论；普朗克打破经典力学连续性的教条，创立了量子论。

不敢怀疑权威，不敢抛弃教条，不敢打破旧框框，就难以创新。当斯特拉斯曼用中子照射铀时已经发现了裂变现象，由于他迷信当时核物理学家梅特纳的权威，否认了自己的发现，可是短短的两年后，哈恩迅速发现了铀核裂变反应，使斯特拉斯曼丧失了取得一个重大科学发现的机会。

当然，我们在运用怀疑方法时，一要以事实为基础，二要注意怀疑的范围和程度，并且确信，怀疑是否正确，要由实践来检验。

怀疑意识与创新意识是不可分离的统一体。怀疑意识产生的土壤是原有理论本身呈现破绽或在新的条件下表现出缺陷。但如果没有创新意识，没有新的理论取代原有理论，原有的理论的卫道士或者把原有理论的破绽加以修补，或者根本不理睬他人的怀疑而把原有的理论标榜为唯一正确，甚至对新的挑战进行诬蔑，从而阻碍真理的发展。

所谓创新意识即指人们头脑中长期形成的锐意创新的冲动——这种创新冲动产生的主观基础是冲动思维主体具有对宇宙、人生奥秘的好奇心；自发地或自觉地接受唯物辩证的世界观和方法论指导，懂得任何真理是一个过程；具有丰富的有关知识特别是新知识；具有创造性想象、科学假设、构想、分析、判断、预测、优选、优化组合或建构、思想实验等创造性探索的能力；具有为追求新的真理而作出自我牺牲的精神。换句话说，这五个基本要素构成了人们的创新意识。科学创造史证明，怀疑意识与创新意识的结合特别是自觉地实现两者的统一，就一定能较快地创造性地产生新的思维成果。这是一条被科学史和人类社会思维发展史反复证明过的真理。

三、广博知识和创造力的统一

对于创造活动来说，兴趣愈广泛，接触面愈宽阔，获得的信息量就愈大，创新的机遇就愈多。我国古代做学问的人就强调注重“养兴”——长期地积累知识。一般地说，从事科学研究的人，过早地专门化就会陷入狭窄的某一科学领域，往往失去类比的源泉，易于缩短创造寿命。贝弗里奇说：有重要的独创性的人，常常是兴趣广泛的人，或是研究过专业学科之外的知识的人。泰勒说：具有丰富知识和经验的人，比具有一种知识和经验的人要容易产生新的思想和独特的见解。其原因就在于，有了广博的知识，就能触类旁通，举一反三，闻一知十，并且临渴逢源，绝处逢生，为联想提供了广阔的新天地。中松义郎是日本著名的发明大王。他特别强调科学知识的重要性。他在其“发明十步法”的第三步中这样写道：要有一定的科学理论基础，掌握与发明对象有关的科学知识。一个发明家应具有各种机械概念，即掌握各种边缘科学知识，做到融会贯通，同时还应有文化修养，这样才能深刻理解科学理论，在探求深奥的科学知识时畅通无阻，当发现自己的发明不符合科学原理时，就不会死钻牛角尖而浪费时间和精力。

中松义郎的经验，至少向我们指出了，知识是创造发明的基础，是思路流畅的保证和调整思路的方向盘。

1608年，荷兰磨眼镜的学徒工洌斯创造了望远镜，但他却不了解这个意外发现的科学价值。伽利略知道后，凭着他多年的学问积累和远见卓识，马上意识到望远镜在天文学上的巨大意义，他根据它的原理造出了放大倍数达30倍的望远镜，用来观察星空，发现了许多新的天文事实。这些事实成为哥白尼学说极为重要的证明。

牛顿之所以能解开物质相互吸引之谜，从而发现了万有引力定律，是得力于数学。在牛顿之前，有一位科学家胡克也发现物质相互吸引现象，由于他数学知识不足，因此未能在万有引力定律的确立过程中作出贡献。牛顿之所以成为举世闻名的大科学家，就在于他具备了天文学、物理学、数学等方面的广博精深的科学知识。

历史上，凡是有重大成就的人，常常是兴趣广泛的人。革命导师马克思在工作之余，喜爱演算数学题以自娱。达·芬奇既是世界著名的大画家，而且也是数学家、力学家和工程师。恩格斯谈到巴尔扎克在《人间喜剧》中阐明的许多经济细节，胜过了那个时代所有专家——历史学家、经济学家、统计学家——加在一起写的书籍。

美国曾对11位科学家进行调查，发现有成就的科学家很少是“专才”，大部分系“通才”。日本人通过调查也证实了这个结论。亚里士多德、牛顿都是通才。美国研制原子弹工程（“曼哈顿工程”）的总指挥奥本海默知识渊博，对从古诗到收集岩石标本、物理、化学都有浓厚的兴趣。美国提出培养“百科全书式”的人才。在他们看来，只有博学多才的人才能进行宏观、微观结合的全息思维。因为通才思维的能力大大超过单打一的人。

第二次世界大战以后，现代科学走向既高度分化又高度综合，科学和技术之间自然科学和社会科学之间互相交叉、渗透、贯通，出现了科学一体化的趋势。当代最富有创造性的思维方式，一般是出现在自然科学和社会科学的交叉点上。要想在科学研究上有创新，必须有广泛的兴趣和多方面的知识、才能，建立合理的知识结构。我国儒家的创始人孔子对此曾深有体会地说："知之者不如好之者，好之者不如乐之者。"爱因斯坦对此说得更通俗明白，他说："有许多人所以爱好科学，是因为科学给他们以超乎常人的智力上的快感。科学是自己的特殊的娱乐，他们在这种娱乐中，寻找生动活泼的经验和雄心壮志的满足。"我国伟大的科学家钱学森不仅精通系统论等前沿科学，同时在科学史、思维学等方面也具备精深的知识。继茅以升之后成为中国第二位获得美国工程科学院院士称号的选矿专家王淀佐，不仅通晓矿物工程、具备自然科学领域的广泛的知识，同时在人文科学和史学、文学甚至戏剧等方面的知识也令人感到吃惊。

以上事例充分说明，兴趣广泛，具有开阔的视野，能够从多方面得到启发，从而促进创造性思维的焕发，获得更大的创造成果。必须指出，在注意兴趣广泛性的同时，还应在广泛的兴趣中选择一个中心兴趣，使在广泛的兴趣活动中所获得的知识、经验以及各种信息聚合起来为中心兴趣服务，形成一个具有突破性的创造力量。我国古代儒家积千百年的丰富治学经验，早已有"儒雅博通，专精一思"之说。

关于创造力的含义，在第二章第七节已作过剖析。从生理学角度讲，创造力就是指人脑两半球之间联系的一种特殊功能。这里只集中谈一下创造力与知识的辩证统一关系，特别是创造力与创造性思维的辩证统一关系。

当前，不少教育心理学家把创造力的主要特征独创性、流畅性、灵活性等与创造性思维的主要特征等同起来，这是欠妥的。前者指的是创造性思维能力，后者讲的是创造性思维本质。只有用创造力驾驭广博的知识，才能产生创造思维新成果，否则只能是知识的堆积。我国古代不少人"学富五车"、"才高八斗"，"皓首穷经"，但不能"酌理"，结果一事无成，因为知识本身并不等于智慧。我国古代刘勰在《文心雕龙·神思》中指出“积学以储宝，酌理以富才”。所谓“酌理富才”就是揭示知识的内部联系和本质规律。

1981年我国赵红州提出了“知识单元”新概念。他认为创造力在某种意义上讲，就是调动“知识单元”重新组合的能力。科学家的创造能力就具体表现于他能在科学创造的前沿，创造性地进行新的组合，获得新的发现。在这里，创造力与丰富的知识的内在联系被表述得更清楚更具体，对人们思考两者的关系具有启迪意义。

四、追求真理的热情与坚强的意志毅力的统一

追求真理的热情与坚强的意志毅力必须统一，这是做任何有价值的事业必备的条件。

所谓热情，它包含着高尚的动机、浓厚的兴趣、情感、意向和始终如一的追求等心理因素或非智力因素；所谓坚强的意志和毅力，指的是百折不挠、不达目的绝不终止，“衣带渐宽终不悔，为伊消得人憔悴”的精神。两者是不可分割、互为条件的。丁肇中说：“兴趣比天才重要”；巴甫洛夫说：“不停顿的思考是取得重大成就的前提”。研究者对所研究的问题产生了浓厚的兴趣，能够培养其自身坚强的意志力。因为兴趣“发乎其内”，具有自觉的主动性和稳定的持久性。反过来说，在坚强的意志的支撑下逐步取得成果，又可以提高研究者的兴趣、热情。孟子说：“意不强者智不达。”在文学艺术史上，能够终年“劳心灵、御声气，连朝接夕，不自知其苦”的作者不乏其人。世界名著《红楼梦》的作者曹雪芹在写完《红楼梦》后感叹地说：“回首字字都是血，十年辛苦不寻常。”在哲学史上，欧洲文艺复兴时期意大利出生的布鲁诺为了捍卫和发展自然科学与唯物主义自然哲学观，与中世纪宗教神学进行了不屈不挠的斗争。布鲁诺幼年家境贫寒，青年时期酷爱科学，不满基督教的教义，因而被教会指控为“异端”，被迫流亡瑞士、法国、英国、德国15年后，被骗回意大利，‘并被宗教裁判所投进监狱。在狱中他受尽了各种严刑拷打和折磨。

当烧得沸腾的油浇在他身上时，他坚定地说："高加索的冰川，也不能够冷却我心头的火炬。"后来，宗教法庭判处他死刑。当火刑柱上的烈火在他身上燃起时，他坚定地高呼："火并不能把我征服，未来的世纪会了解我，知道我的价值的。"结果被活活烧死在罗马广场上。布鲁诺之所以能宁死不屈，就是由于他有追求真理的热情和坚强的意志。17世纪荷兰著名唯物主义哲学家和伦理学家斯宾诺莎，青年时就能独立思考，从不盲从。尽管教会对他进行百般威胁和利诱，都没有使他放弃自己的观点。在种种迫害和压力下，他先后迁居莱登和海牙附近的乡村，以磨光学镜片为生，过着清贫的生活，但他从未放弃哲学和科学的研究与著述，终于成为近代哲学史上著名的唯物主义唯理论的权威。

必须特别强调，进行理论上的创造性思维，对上述两者的统一具有更高的要求。其所以如此，一是因为长期以来创造性思维本身在人们心目中是一个难解的"斯芬克斯之谜"。二是从人为的障碍来说，一个新的理论往往会受到传统观念或相异观点的百般非难，更需要思维主体有"抗压性因子"和敢于与传统抗争以及敢于超越传统的精神。

上述四个基本条件互相依存、互相渗透、互相转化和协同作用，构成进行科学创造性思维活动的整体合力。

至于科学创造性思维活动的客观条件，不属本书范围，故在此不作讨论。

第二节 科学创造性思维自觉活动的一般规律≠一般创造性思维的客观基本过程

一、一般创造性思维基本过程遵循科学研究的客观过程轨迹

创造性思维是人类思维能动性表现得最突出的思维活动。乍看起来，似

乎它有很大程度的主观性，甚至存在很大的偶然性、神秘性（如含灵感、顿悟等），其实不然。作为一般创造性思维活动，其显著特点是具有客观性，即能自发遵循实事求是的思维路线，经过一次又一次的反复、曲折，在摸索中一步一步接近目标。就是说，人们的具体的创造性思维活动过程，尽管各有其特点，但是基本说来是大体相同的。

自发地坚持创造性思维过程的客观性，就是自发地坚持创造性思维的唯物论导向。正因为如此，所以国内外概括的创造性思维过程，就出现了大同小异的“三阶段”、“四阶段”、“五阶段”，甚至“七阶段”论或“两步法”、“三步法”乃至“十步法”，其实都表明创造性思维不能脱离准备、酝酿、领悟、验证或提出问题、明确问题、提出假说、验证假说等基本的客观逻辑过程。说到底，一般创造性思维过程是从事具体科学研究的必由之路。简单说来，确立研究课题或科学假设（即根据社会需要、他人已有成果、思维主体优势和热爱，提出创造性研究课题或科学假设），搜集有关资料，进行分析、综合、推理，或反复进行思想酝酿、思想试验，优选优质建构组合，初步提出新观点、新见解、新理论，然后经反复的逻辑论证、思想实验和物质实验加以验证。反过来说，人们进行的任何具体科学研究的思维过程，不管它取得的成果大小，价值如何，本质上都是一种创造性思维活动。从这种角度考察，科学研究过程与一般创造思维过程是基本一致的。但是这种自发地遵循唯物论进行的创造性思维或科学研究，其成果的取得不但缓慢，相对的小，而且常因缺乏预见性，遭到意外的失败，结果徒劳无功。

二、科学创造性思维活动具有高度的自觉能动性特点

作为科学创造性思维，重视创造性思维活动的客观性是一个前提，但是，它还有一个突出特点，即高度的自觉能动性。这具体表现在：1. 科学创造性思维立足于以人脑解剖学、神经生理学、人工智能学理论、潜意识学成就为基础

的现代创造学高度；2．它自始至终地坚持以唯物辩证法和历史唯物论作指导；3．它自觉、灵活、具体地调动各种宏观、微观创造性思维形式和方法，按照预期的规律和进程快速地清晰地有步骤地或者跳跃式地进行高效优质的创新。当然，这种优越性也只是相对的。肯定科学创造性思维的优越性，并不等于说科学创造性思维就一帆风顺，就没有一点盲目性、模糊性、曲折性，但是它同仅仅是自发地遵循朴素的唯物主义和辩证法、朴素的历史唯物论进行创造性思维或科学研究比较起来，就具有不可比拟的优越性，而且这种优势是随着实践、认识的逐步深化以及其他条件的发展与完善而不断提高的。

第三节　科学创造性思维自觉活动的一般规律

一、依靠辩证唯物主义作导向，怀疑与创新意识作起飞板，联想、想象、幻想、构想作翅膀

进行科学创造性思维，必须自觉地以辩证唯物主义哲学思维作导向。任何重大的突破创新或是对自然现象本质的揭示，或是对现存的要素进行理想化的组合以构建新事物，都必定受一种本质上是革命的宇宙观的支配。唯物辩证法就是一种具有革命性、批判性品质的世界观，它启迪、鞭策、推动人们不迷信已发掘的真理，而是不断追求新的发现。在这样一种哲学世界观指导下，思维主体必然具有怀疑意识（怀疑因子）和创新意识。所谓意识，是指长期形成的沉淀在大脑皮层下的思维块（潜意识块）。这种潜沉脑下的思维块不是绝对静止的，在两种情况下会迸发出来：一是显意识活动中断；二是遇上激发因子即具有启发性的现象。这时，被调动起来的潜意识块就会进行活动，补充现存的显意识思维信息的不足，接通已中断的显意识逻辑通道，发掘出具有创新意识

的思维成果。

怀疑意识与创新意识都不可能独立存在。两者互为条件，互相依存，并在一定条件下互相转化。关键在于自觉地把两者统一起来。怀疑意识的生命力，不仅表现在它怀疑思维客体、批判客体、超越客体，还表现于它怀疑思维主体自己，批判自己，超越自我。只有能不断地对思维对象与思维主体自身进行双重的怀疑和批判，以此作为创造性思维的起飞板，才可能获得超越历史、超越时空的新成就。但是，具备怀疑意识和创新意识只是取得创造性思维成果的必要条件，而不是充分条件。思维主体还应自觉地调动联想、想象、幻想、构想四翼作翅膀，形成创造性思维的递进链条轨迹。

联想是由某一事物扩展到另一事物的心理活动过程和思维活动过程。发挥联想作用是创造性思维活动的起步，也是直觉思维的逻辑起点，它依赖于经验知识的积累。其理论依据就在于客观事物处于普遍联系之中，即处于多要素、多层次、多变量的垂直或水平或交互结构，直接或间接的本质的或非本质的错综复杂的联系之中。因此，联想是从已知探索未知的必由之路，也是记忆的一种重要方法。发挥联想的功能，就要求思维主体在看到多种多样的联系后，立即自觉地从纵向、横向、顺向、逆向进行全方位思考和连动思维，向纵深发展，向对立面和四面八方扩展。

科学创造史为我们提供了大量事实，证明联想在创造性思维过程中的作用。莱特兄弟在童年时代看见鸟飞就联想到人能否像鸟一样飞上天空的问题。正是这样一种联想，驱动他们反复探索、实验，终于发明了世界上第一架飞机。细胞学说的创立，联想起了巨大作用。德国植物学家施莱登在前人研究的基础上，加上自己多年积累的资料，在植物细胞中发现了细胞核。当施莱登把他这一重要发现告诉动物学家施旺时，施旺由此联想到动物有机体也是一种细胞结构。如果动物、植物有机体的这种相似不是表面而是实质的话，那么就应肯定动物细胞中也应该有细胞核。后来通过科学实验的检验，果然在动物细胞中发现了细胞核。施莱登和施旺两人，一个精通植物学，一个精通动物学，两人合作创立细胞学说，为生物学的发展和辩证唯物主义自然观的创立奠定了重要的科学基础。同样，现代原子有核结构模型的建立，联想也起了推动作用。英国物理学家卢瑟福在研究原子时，由太阳系的结构产生了类似联想。他将太阳系的结构和原子内部的情况进行类比，于1911年提出了原子核好像太阳、电子好像行星的原子有核结构模型。后来的科学实验也证实了这个联想的正确性。卢瑟福将宏观和微观两个不同的领域通过联想巧妙地联系起来，揭开了原子世界的奥秘。

想象也是一种心理活动过程和思维活动过程。如果说联想的特点是思维主体从一事物逻辑地扩展到另一个已经感知过的事物和可能出现的事物，那么想象是以表象、意象或语词（概念）、抽象符号为基本材料，却不是表象、意象、语词（概念）、抽象符号的简单再现。它是思维主体在头脑中对已有的表象、意象、语词（概念）、抽象符号进行积极的加工改造、重新组合，使之加入新的联系之中；它也可以根据推测、猜测、设想，想象出从未感知过甚至实际上不存在的事物。其运行机制是首先将表象、意象、语词（概念）、抽象符号等幻化为相应的图像，再借助于这些图像进行意想的组合，进而获得理论假说。典型的事例如麦克斯韦把法拉第电磁场思想幻化为流体旋涡流磁管最后建立起电磁场的结构方程。想象的特点是具有无拘无束的自由度，可以打破事物的原有联系，超越客观现实，可以放射性地跨越时空，进行海阔天空的浮想。所谓寂然凝思，思接千载，悄然动容，视通万里，描绘的就是想象。联想与想象的辩证关系是：联想为想象提供起飞翅膀，想象为联想拓宽了天地。想象一般可分为再造性想象与创造性想象。后者占主导地位，更有价值。它能促使人们从新的角度去看待事物，有利于开拓新思路。

马克思说：“想象是产生原始口头文字的动因。”想象对人类发展发挥过巨大作用。产生于想象的神话、传奇和传说等未记载的文学，业已给予人类以有力的影响。

亚里士多德早就说过，没有想象，理智活动是不可能的。爱因斯坦也指出，想象力比知识更重要，因为知识是有限的，而想象则可扩展到未知的世界。

科学创造史充分证明，想象在创造性思维中发挥了重要的促进作用。分子结构、原子结构、DNA双螺旋结构及狭义相对论中的洛伦兹变换等理论、模型的建立，都是通过想象方法，建立起清晰的形象后，才被人们所理解和接受。凯库勒基于长时间的思索、想象，终于在睡意朦胧中，觉得苯的原子排着队在他的眼前跳起舞来，开始时它们排成一字长蛇阵，在火焰里来回穿梭跳跃，一会儿弯曲，一会儿翻卷。忽然，这条一字长蛇阵变化了阵势，排头的原子一下子咬住了排尾原子的尾巴，形成了一个圆圈，并且不住地旋转起来。他由此从这个打圆圈圈的原子蛇舞得到启示，提出了用六角形环状结构表示苯分子结构的构想。

幻想是一种从思维主体的主观愿望出发、指向未来的特殊想象。其特点是放任不羁、自由奔放、充满浪漫色彩。它与前两者比较，又前进了一步。幻想一般划分为科学幻想与空想两种。前者符合现实生活发展的要求，比较切合实际，后者相反。科学的幻想，可以激发人们对未来的展望，可以鼓舞人们的勇气。

有人认为只有诗人才有幻想，这是没有理由的。“甚至在数学上也是需要幻想的，如果没有幻想，就不可能发明微积分。”幻想对艺术家和科学家都同样重要。

由联想到想象，由想象到幻想，思维主体的因素和功能就达到了顶端，从此必然走向思维主体与思维客体的统一——构想。

构想可以说是对前三者的扬弃。具体地说，构想是思维主体对联想、想象、幻想作出评估，进行筛选，在现实可能性（包括未来现实可能性）的基础上，把各种具有特点、优势的成分要素进行思维组合、建构。它是人类思维能动性最突出的表现形式。18世纪初，当人们对电的种种现象还没有理出一个头绪时，富兰克林便通过想象产生对电的构想。他把电构想成一种流体。这种构想对电学的发展产生了巨大影响。通过构想，可以获得似乎是离奇古怪的东西。在天体物理学中，人们把黑暗与无底洞的现象组合在一起，构想出“黑洞”这个新概念。20世纪，最伟大的科学发明之一——激光，就是戈登·古尔德通过构想而发明的。联想、想象、幻想，如果没有向前发展到构想，它们的创造思维功能就大为减色，就会失去其应有的那部分重要意义。1958年，美国科学家凡尔纳发表的《从地球到月亮》，是一部地地道道的科学幻想小说，后来成为构想1969年发射成功的“阿波罗”宇宙飞船的思维推动力，这是通过构想把幻想变成现实的典型例子。

二、从五立度、四填补、三仿超选择创新目标，确立思维具体的四两结构坐标系

科学创造性思维活动的逻辑起点，就不能像一般创造性思维活动那样，在确立创新目标过程中或长时间方向不明，犹豫不决；或在偶然事件刺激诱导之下率尔确定目标，依据的思维坐标片面僵化。科学创造性思维应从以下12个主要着力点方位，即从五个新立度——新高度、新角度（含新侧度、新侧面）、新深度（即新层次）、新广度（即新拓宽）、新序度（含新组合、新杂交），四个填补——填补已知事物的未知对立面，填补已知的截然不同的事物之间的未知内在联系或更高层次的综合，填补事物之间隙缝和发展的中间环节，填补各种不同思路的交叉点、联接点，三个仿超——仿生超越、顺应物理超越、模仿他人创造超越，根据时代的要求与提供的条件，根据思维主体（含思维主体链和群）的优势与追求，自觉具体选择自己的创新目标。

确立了创新目标，进而就是确定必须遵循的具体四两结构坐标系，即以创造为圆心O，组成创造与幻想（或理想）、创造与现实、创造与时空、创造与超常的四两结构坐标系，并高度自觉地辩证把握四两结构坐标的具体历史统一和思维运行轨迹（步骤）的自由度，预断和规定自己的创新，力求达到可能的目标高度。

上述四两结构坐标的进一步概括，即是创造性思维主体与创造性思维客体的两结构坐标。从宏观上也可以说它是独一无二的最高坐标，上述四两结构坐标只是它的具体化。因此，任何创造必须以它为最高坐标，立足于这个最高坐标。与一般认识活动一样，任何创新的实现都必须服从主客体相统一的原则，思维主客体的统一是支配四两结构坐标的钥匙。在此，关键是自觉运用唯物辩证法的全面发展观点、两点论的重点论，辩证把握四两结构坐标的内在联系。从创造思维来说，首先必须以幻想或理想为坐标，幻想又分科学幻想与非科学幻想（实际上是永远不能实现的空想），理想有最高理想和最低理想之别，对此必须进行科学分析，加以确立。但无论哪种理想，又要把握它是否具有现实性，即是否符合事物发展规律，是否必然能够实现。而现实又分两种，一是现在经过主观努力即可实现的现实性，还有是未来才有可能实现的现实性。对此，同样要求结合主客体具体条件加以科学分析，进行确定。确立自己的追求不要过高也不要过低。而具有现实性的创造，又只能是在一定的具体时间空间内进行。时间分长期与近期，空间有微观与宏观，进行独创，必须既从近期各种现实出发，又考虑与长期实现的联系，照顾长期实现的需要，考虑它们之间的先后顺序。当然，在运用两点论过程中，又要坚持重点论，不能搞折衷主义，否则就会限于片面，或产生负面效应，或留下后患。最后，以上述坐标为立足点，确定创造性思维的超常的度，然后力争在较短时间内取得成功。概而言之，在横向上，必须全面把握理想、现实、时空、超常的统一；在纵向上，运行的轨迹应遵循理想→现实→时空→超常的顺序。

从总体上说，要实现任何伟大的理论创造，都应遵循上述要求，确立思维目标与思维运行路线。区别只在于自发还是自觉。创造性思维是建立在现代脑科学、神经生理学、人工智能学、潜意识学、多层次逻辑学等现代科学基础上的，在选择思维目标和确定思维坐标时，思维主体必须高度自觉地运用唯物辩证法和历史唯物论观点作指导，这样才能比较顺利地高效优质地实现创新。

三、调动思维主体“链和群”积极思维，自觉放松，活动转移，休息，促潜意识活跃

在具体选定创造性思维目标，确立具体的思维坐标系之后，紧接着必须以历史唯物论作指导，最大限度地调动思维主体链和群的积极思维，发挥它们的合力，使之要么进行逻辑推理思维，要么进行潜逻辑创造性想象、构想、科学假设、思想试验，或专注沉思、遐想、追根溯因、预测，或翻滚浮思，寻找思维对象的内在联系、本质和新的组合的最佳选择，力求尽快揭示自然之谜和人工新组合之最佳度，从而获得新的创造、新的发现、新的发明。然而由于思维对象目标的内部、外部联系极其错综复杂，变化莫测，思维主体链和群的有关知识往往是不够的，特别是长时间的紧张思维会导致思维迟钝、疲乏、停止，以致逻辑通路中断。所以，思维主体要适时地、自觉地进行自我放松，放慢思维速度，转移思维活动目标，或者改变活动性质（用体力劳动取代），缓解原有兴奋点。最好是进行包括睡觉在内的各种不同程度的休息，使整个大脑皮层停止显意识的活动，推动潜意识的活跃，促使潜意识向显意识活动转化（如有某一刺激因素，就更容易发生这种转化），增加需要的信息量，或把潜意识与显意识联结起来，接通思维逻辑通道，甚至获得大量的潜意识的信息块，向显意识活动转化，产生浓缩快速的推导——直觉，直接切入思维对象的本质，从而获得预期的甚至意外的突破创新。

在创造史上，一般的传统的创造性思维活动，常常是自发地、被动地遵循着这样一个过程，这就是因为思维主体缺乏唯物辩证法观点的指导，缺乏现代脑科学、神经生理学、潜意识学等前沿科学的知识。作为进行科学创造性思维活动的当代思维主体，应改变这种自发被动状态，自觉地掌握上述创造性思维活动的内在机制和规律。

四、自觉地依次、反复、交叉运用各种宏观类型及微观主要方法，进行创新启动、探索、开拓、突破、验证

必须再一次强调，重大的未知对象，无不处在客观世界错综复杂的多种多样的普遍联系之中，无不深藏在形形色色、千奇百怪、变幻莫测的现象的背后，因此思维主体必须进一步自觉地依次、反复、交叉、灵活具体地运用创造性思维的各种主要宏观类型和微观方法，进行反复启动，多方探索，新思路开拓，纵深横断突破、扩展和各种科学验证，这是科学创造性思维辩证发展极其重要的普遍规律。为此，必须自觉辩证地运用创造性思维的各种宏观类型及其微观的主要方法。

首先，应该从各种宏观类型及其主要方法出发，运用各种相对独立的宏观基本层次的主要方法。

从启迪性创造性思维宏观基本层次的主要方法来说，在纵向多层次推进方面，可一一使用或具体选用观察奇异原物联想法、人我多种新奇提问促进方法（含提出理想化目标）、多种预测解决方案启迪方法等；在横断多角度独立方法方面，可一一使用或具体选用头脑风暴法（含创造性正面、侧面引导方法）和反面激发方法。

从探索性创造性思维宏观基本层次的主要方法来说，在纵向多层次推进方面，可一一使用或具体选用多方位（含角度）探索、定向探索、定位探索、定点探索等方法；在横断多角度独立方法方面，可一一使用或具体选用发散、求异方法、多种假设方法、类比推理方法、探索性演绎法、比较思想实验方法等。

从开拓性创造性思维宏观基本层次的主要方法来说，在纵向多层次推进方面，可一一采用或具体选用立足新高度方法，立足新角度方法，立足深层次方法，优选组合建构方法，填补事物间的空白点、区、交叉点、结合点方法，仿生模拟方法等；在横断多角度独立方法方面，可一一使用或具体选用科学假

设、收敛方法，同中求异、异中求同法等。

从突破性创造性思维的宏观基本层次的主要方法来说，在纵向多层次推进方面，可一一使用或具体选用演绎推理方法，辩证的否定方法，科学思想实验方法，新质优选组合建构方法，直觉方法，创造性仿生、模拟方法等；在横向多角度独立方法方面，可一一采用或具体选用上述方法。

从验证性创造性思维宏观基本层次的主要方法来说，在纵向多层次推进方面，可一一采用或具体选用逻辑论证、演绎论证和归纳论证，直接论证和间接论证，观察证实，思想实验，物质实验等方法；在横断多角度独立方法方面，可同时采用或灵活具体采用上述几种主要验证方法等。

与此同时，又要从上述创造性思维的各种宏观基本层次及其主要方法相互联系、相互渗透、相互转化出发，在运用各种宏观基本层次的类型和主要方法时，一般地说，在纵向方面，依次运用一系列的启迪→一系列的探索→一系列的开拓→一系列的突破→一系列的验证方法，但是由于事物的本质的暴露有一个曲折的漫长过程，也由于各种宏观基本层次及其主要方法本身也是多层次的，从而又决定了思维主体必须反复地、交叉地、倒叙甚至跨越地、辩证地使用上述各种方法，如探索性的启迪、开拓性的探索、突破性的探索、突破性的开拓和探索性的突破、开拓性的验证、直觉开拓、直觉突破等。

在此还必须指出，前面已经阐述过，由于上述各种宏观基本层次、类型及其主要方法是互相渗透的，因此，不排斥某些方法具有两重性，在不同的宏观基本层次类型中，其主要方法会重复出现。

可见，要实现比较顺利的高效、快速、优质的创新，就必须自觉地以唯物辩证法作指导，全面地、具体地运用上述各种宏观基本层次、类型及其主要方法，这是科学创造史与科学的哲学世界观和方法论作出的科学结论。

第八章 科学创造性思维与科学创造性实践多层次对应性的辩证统一关系

第一节 人类活动存在物质活动与精神活动的对立统一

一、人类活动存在物质活动两个方面与精神活动两个方面的对立统一

众所周知，人类活动尽管多种多样，千变万化，但高度概括起来，就是物质活动与精神活动。活动与实践两个概念不能等同，从狭义的严格意义讲，实践是指有目的的直接或间接地改造客观世界的感性物质活动；从一般和广义上讲（或者说从另一种意义上说），实践也包括有目的地改造发展主体意识的活动，前者主要表现为物质生产、社会斗争、科学实验，后者主要表现为精神生产（含思想实验）。马克思早就指出人类存在物质生产和精神生产，这是人类成为万物之灵的主要条件。然而就人类的活动来说，还有比上述两种实践更为宽广的两个概念——物质活动与精神活动。物质活动包括两个方面的内容。一种是有目的地直接改造世界的实践物质活动——生产实践、社会斗争、科学实验，它物化为物质生产力，为人类所独有，是人类高于一般动物的标志之一。此外还有一类诸如饮食、体育运动、文娱活动以及休息、睡觉等感性的、目的不在改造世界的物质活动（从唯物辩证法讲，休息、睡觉只是运动的一种特殊表现形式），这种活动动物也具有，只是动物是出于本能而进行的。人类的另

一种活动是精神活动，它也包含了两个方面的内容。一类是指人类头脑本身的思维活动，主要是指直接地或间接地指导物质实践活动的理智思维，含思想实验。这种活动实际展示为精神生产力，是人类高于动物的另一个重要标志。此外，还有一类诸如情感、情欲、情绪、情趣、个性等出自本能的精神活动。物质与精神各自两个方面的活动存在着辩证统一、互相依存、互相制约的关系，从而构成人类活动的整体。

二、重视研究非实践的物质活动和非指导物质实践活动的精神活动的重要意义

古今中外的哲学家、思想家无不重视研究物质实践活动的产生发展及其与人类认识、思维的辩证统一关系，也较重视直接或间接指导物质实践的精神活动（精神生产）及其与人类认识、思维的关系。但是对非实践的物质活动——饮食、体育运动、文娱活动和休息、睡觉等和非直接或间接指导物质实践的精神活动——情感、情欲、情绪、情趣、个性等心理活动在人类整个活动中应有的地位及其对人类物质生产、精神生产的作用和意义的研究明显不足。在体育活动、文娱活动方面大都着眼于它对健康的作用的揭示，例如，提出“生命在于运动”的命题，得出“不计速度轻松的慢跑有益于长寿”、“运动使人返老还童”、“搓脚心防百病”等结论，而对休息、睡眠在人类整个活动中的地位及其对物质生产、精神生产所起的作用的研讨则更为逊色。近年来国外有些学者已开始注意进行这种研究，例如，美国睡眠学家丹皮指出，人“每四小时打开一次睡眠窗口”，睡觉25分钟，那么每天睡两个半小时就可以保持充沛的工作精力。法国一教授研究人体后得出，如在中午睡2小时甚至一刻钟，工效就可提高近三倍。但是整个说来，人类对这部分活动与物质实践、精神实践的辩证统一、互相促进的关系的研究，是远远不够的。其所以如此，主要原因在于人们没有用辩证的眼光去看待这种关系。须知，随着人类社会物质生产与精神生产日新月异地向前发展，人们在非物质生产与精神生产方面的活动会逐步相对

增加，所以，有必要把非实践的物质活动、精神活动放到人类的整体活动中去考察、去探讨，这是人类历史发展提出的现实课题。

第二节　人类主导活动是创造性思维和实践与重复性思维和实践的二链依存和转化

一、创造性思维与创造性实践的对立统一

创造性思维主要是指在非自觉的情形下运用唯物辩证法和历史唯物主义观点作指导而进行的创新思维，其本质是实现思维上的突破、创新。其思维活动的机制是假设——逻辑推导和构想——思想试验——理论创新。

创造性实践主要是指在非自觉的情形下运用唯物辩证法和历史唯物论观点作指导而进行的具有开拓性、突破性的实践。它高于自发性实践、习常性实践和重复性实践，其活动的机制是物质试验（广义上包括观察，观察与试验是分不开的）——物质生产实践、社会斗争实践。

创造性思维与创造性实践存在着对立统一关系。

总的来说，实践是动力、是基础，因为从根本上说，社会生活本质上是实践的，而社会实践本质上又是创造性的。这是因为社会实践本身需要节省劳力耗损和节省时间，提高产品的数量和质量，这就决定了它必须改进工具、手段和方法。另一方面，由于任何社会实践是具体的、发展的，这又决定了社会实践过程必然为人们改进生产工具、手段和方法积累经验和智慧。实践远比理论丰富。因此，社会实践本身必然蕴藏着创造性因素、潜力，区别只在于是自发性实现，还是自觉进行。但从具体的创造性思维和创造性实践来说，创造性思维又必然走在前面，因为人类是行为受意识支配的动物。

两者的辩证统一关系，一般存在着两种情况：社会科学领域对创造性思维的正确指导作用的要求要高一些，其指导要力求正确，因为在社会领域不容许有过多的反复试验、反复失败，更不容许把错误的理论付诸广大群众的实践，否则遭受的损失就太大了。因此，制定指导性的理论、路线、方针、政策，一定要进行充分的科学论证，进行深入的社会试验，取得经验，然后逐步推广。反过来，群众性的积极的实践，必然产生新的甚至带方向性的朴素创造，这就需要领导敏于发现，及时总结，把它上升到理性高度，提出新概念、新命题，进行理论创新。自然科学领域对指导实践的创造性思维的正确性要求较低一些，一般只力求具有较正确的思路指引，进行科学假设和物质试验，因为这个科学领域可容许通过反复的物质试验，经过反复的失败的摸索，经过曲折的、较长的道路，最后取得成功。如606杀虫剂在研制成功之前，就有605次失败的记录；爱迪生发明电灯，就经历了屡次的组合失败（下面还要评说）；近现代的许多重大的科学发明，几乎都经历了不同次数的试验、失败、再试验、再失败，多次反复直至成功的过程。而且自然科学的试验或实验不少可直接获得新发现。在近现代自然科学史上，众多的发明，都是主要通过科学试验、实验获得的。公认的近现代的11项重大发现为：1．哈维1628年发现血液循环。2．哥白尼1543年创立“日心说”。3．牛顿1687年发现“万有引力定律”。4．琴纳1796年发现种痘免疫。5．富兰克林1752年发现雷中带电。6．巴斯德1881年发现狂犬病疫苗。7．达尔文1858年发现“生物进化规律”，创立“进化论”。8．伦琴1895年发现X射线。9．居里夫妇1898年发现镭。10．爱因斯坦1905年和1915年发现空间、物质、运动的统一关系，分别创立“狭义相对论”和“广义相对论”。11．玻尔1918年创立原子结构理论。其中除爱因斯坦创立的“狭义相对论”，主要是依靠他构想的著名的“列车”思想实验，并利用直觉方法获得光速不变原理，经过逻辑演绎而最后完成的，他创立的“广义相对论”，主要是通过他设想的“升降机”思想实验，得出“广义相对论”的“引力质量和惯性质量等效原理”，并提出一束光在引力场中会由于引力的作用而弯曲的预言，后来被英国设在好望角的天文台的天文观察所证实，其他的重大发现，可以说主要是通过物质实验加上运用必要的思维方法直接获得的。以理论物理研究著名于世的设在丹麦哥本哈根的玻尔研究所，与其说是一个理论研究中心，不如说是一个实验中心。大家知道，现代关于脑的结构及意识活动的功能、生理机制的逐步揭示，几乎全是通过几代脑科学、神经生理学家进行脑解剖实验而不断取得进展的。再如，微观粒子遗传工程、超微技术、光电子技术、超导技术等前沿学科的巨大进展，无不是主要得益于科学试验和实验。而从当代或最近较重大的发现来看，大的如最近美国抗衰老研究所利用遗传工程技术制取的细胞注入试验鼠大脑，治愈了实验鼠的脑肿瘤，并使之免于复发（过去治愈后的复发率高达100%）；巴西坎皮纳斯大学电子工程学院半导体的实验室受用甲烷制造金刚石的原理的启示，通过实验，用甘蔗醇制造人造金刚石，取得成功；美国麻省剑桥底韦赫生物医学研究院经过多年实验和研究，发现了是否存在TDF（睾丸遗传因子）是决定人的性别是男是女的因素。小的如最近美国医学家在几个研究中心以老鼠作试验，给老鼠喝茶，证实绿茶和红茶的叶子里有一种物质可以防止癌扩散。而且，自然科学的试验、实验，除了纵向不断进行的方式外，同时性比较试验、实验和把同一试验、实验用不同方法在不同对象身上进行的方式被愈来愈多地采用，这样，取得试验、实验的结果更快。

总之，不管社会科学领域还是自然科学领域，创造性思维与创造性实践是互相依存、互相转化、互相促进的。关于这点，在下目将作比较详细的阐述。

二、创造性思维与创造性实践存在多层次对应性的相互转他和促进

一部人类历史，从一定意义上说，是一部创造活动的历史，因为在人类活动中，创造活动占主导地位。人类创造活动包括创造性思维与创造性实践两部分，即“思”与“行”两部分。上面已经指出过，这两部分的关系是互相依存、互相转化、互相促进的关系。

首先，创造性思维和创造性实践都不能各自孤立地存在。恩格斯说过，

如果人的脑不随着手，不和手一起，不部分地借助于手相应地发展起来的话，那么，单靠手是永远造不出蒸汽机来的。可见，科学创造既要“动手”，更要“动脑”。我国著名的教育家陶行知写的强调手脑结合的一首诗，非常形象地说明了这个问题：人生两个宝，双手和大脑。用脑不用手，百事办不好；用手不用脑，是个大草包。手脑相结合，发明又创造。从创造活动来说，正确的创造性思维的指导，无疑是具有决定意义的，但是，思想本身不能实现什么东西，为了实现思想，就要将思想付诸实践。因此，人类的创造活动是落实在创造性实践上的。

其次，创造性思维与创造性实践互相转化、互相促进的关系，具体表现于创造性思维通过实践的人将其物化为工具手段，转化为新的创造性实践；反之，创造性实践不断扩大、深化，经过总结、抽象，又会转化为新的创造性思维成果。当然，两者的转化需要一定的时间，需要付出巨大的努力。两者的相互转化，实际上就是相互促进。总的说来，互相促进存在三种情况，即同步、超前、滞后。两者同步有利于形成创造性思维与创造性实践互相促进的良性循环，不断推动两者的发展、深化，而每一循环就会使两者进入新的更高的层次，形成由低级到高级的递进阶梯。而任何一方超常或滞后，就会破坏两者的互相依存和具体的历史的统一，使两者分离，从而阻碍创造性思维与创造性实践变成现实，甚至会使原来的创造性思维与创造性实践滑坡乃至倒退。作为创造性思维和创造性实践的主体，必须尽量实现创造性思维和创造性实践的同步，避免其任何一方超前或滞后。在社会科学领域尤应如此。

在此必须特别强调的是，创造性思维与创造性实践的对应是多层次的。作者已在第六章中剖析过，创造性思维从宏观上可划分为启迪、探索、开拓、突破、验证等层次，与之相对应的创造性实践，也存在启迪、探索、开拓、突破、验证等层次，这些相对应的层次是互相对应和相互促进的，不能造成人为的错位。比如，在探索性创造思维的指导下，只能进行探索性实践，即进行比较实验，进行多途求索、探测，千万不能在没获得验证之前，就把它当作新开拓新突破付诸社会实践。在社会科学领域尤应注意。须知，每一创造性思维宏观分解的类型层次，必须在纵向横向有一系列的开展才能实现，具体地说，探索、开拓、突破必须是全方位的、一系列的、反复多次的。不能把某一成功的探索当作开拓，把某一方面的开拓视为整个开拓，把突破口或形式表面上的突破看作真正的突破创新，把没经过验证的突破看成具有完全意义的成熟创新，而付诸广大社会实践。也不能在已经取得真正的开始、突破创新的思维成果后，仍然把它束缚在试验范围或狭小的实践范围内，听任过时的理论与实践模式继续下去。

三、人类创造性活动存在创造性思维和创造性实践与重复性思维和重复性实践二链结构

必须指出，创造性思维和创造性实践特别是较大和重大的创造性思维和创造性实践，不是每时每地产生的，它们向更高层次的创造性思维和创造性实践的转化、过渡，需要更多的时间和时代提供的更高条件，才能实现由量变到部分质变最后到质变。同时即使是更高的创新理论或发现发明产生后，它转化为现实生产力，转化为社会实践，也需要一定时间，而且新的创造性思维和实践取代旧的，因具体地方、条件不同而会出现发展不平衡的情况。因此，从人类的创造活动的历史长河来说，事实上除了创造性思维与创造性实践相互转化的演进“链”外，还必然存在重复性思维与重复性实践不断相互转化的演进链条，这就决定了人类的创造活动过程事实上包含着创造性思维和创造性实践与重复性思维和重复性实践的“二链结构”，其中前一链条是主要的。每一链条中的“思与行”不是处于同等地位。从总体上说，实践先于思维，但从具体创造活动来说，却是“思”先于“行”。爱因斯坦根据切身的体验纠正别人对他创立一系列划时代成就的误解，意味深长地剀切地指出，我平生以来没有做出一次偶然性的发明，我的一切发明都是经过深思熟虑的严格试验的结果。他在晚年所写的《自述》中，就把思维放在首要的位置上。

上述二链的转化快慢取决于所处的具体历史条件。例如，在专制、封闭、停滞的封建社会制度下，创造性思维受到极大压制，因此农民的生产总是周而复始地进行，春播、夏耘、秋收、冬藏的重复性思维和重复性实践，年复一年，在我国就徘徊了两千多年。然而在推翻了封建专制统治的比较自由、民主、开放的资本主义制度下，特别是在社会主义制度下，创造性思维理论成果、发现、发明向现实生产力的转化和上述二链的转化就快得多，需用的时间愈来愈缩短。例如，蒸汽机转化为现实生产力花了70年，而激光投入生产只用了半年时间，以电子技术为基础、人工智能为标志的新科学技术革命的创造性思维和创造性实践取代以前的思维和实践的过程，比以往任何一次取代，在时间上要快得多（当然也不排斥二链并存现象）。相应地，现代农民的思维与实践也正在发生封建制度下不可想象的日新月异的变化，这是众所周知的，无须详加论证。

四、人类自觉创造活动存在科学创造性思维和实践与重复科学创造性思维与实践二链结构

在人类自觉创造活动时代，也存在科学创造性思维和科学创造性实践与重复科学创造性思维和重复科学创造性实践的二链结构。这里讲的自觉科学创造性时代，是这样一个时代：自然科学技术发展有了质的飞跃（含宇宙学），特别是脑科学（脑解剖学、神经生理学等）、人工智能、潜科学等前沿科学已经进一步大大发展，人类较多的脑力活动已由人工智能所取代，同时，人类的哲学、社会科学和自然科学、思维科学也有了重大进展。特别是唯物辩证法与历史唯物论以及多层次逻辑学进一步深化。在社会领域，经济上不存在人剥削人，政治上不存在人压迫人，文化教育得到大大提高，即经济生活优裕，政治生活舒畅，文化生活充实。这样，人类在各方面已获得了较充分的条件，能够进行有计划的、预期的、高速高效优质的科学创造性思维和科学创造性实践。显然，在这个时代，人类各方面的发展更是日新月异，速度极快。即使这样，

科学创造性思维和科学创造性实践的更新换代，也需一定的条件和时间。因为，各个民族、各个国家、各个阶层和各人所获得的上述各方面的条件是不平衡的，能率先进行科学创造性思维和实践的人总是少数，有先有后，不可能人人都同时实现科学创造性思维和实践的更新；因此，重复性思维和实践仍是存在的。当然，在这样一个时代，科学的创造性思维和实践同重复性的思维和实践相互转化，相对地说要快得多，这是可以肯定的。关于这个问题，在本章第四节中将进一步进行比较详尽的阐述。

第三节　创造性思维与创造性实践及其相互转化、相互促进的特点和缺陷

一、创造性思维和创造性实践存在自发性

这里的创造性思维和创造性实践是相对科学创造性思维和科学创造性实践而言的。这里所说的自发性主要是指思维主体——科学家、思想家、政治家、艺术家以及一般科学和实践主体在从事创造的过程中，是自发地坚持从实际出发取得成果的，即他们是从忠实于自己的创造性实践出发，不自觉地运用了朴素的辩证法和朴素的唯物论的某些观点指导自己的创造活动。近代科学之父伽利略、科学泰斗牛顿就是其代表人物。世纪之交的科学巨星爱因斯坦、玻尔等，不仅在很大程度上不自觉地掌握了唯物辩证法的基本观点作为导向，甚至提炼出了具有辩证法韵味的“两面神思维”方法和“互补方法”等新概念。但归根结底，他们不是自始至终自觉地运用唯物辩证法指导自己的科学创造活动。当然，也有一些特殊的个例。日本的坂田昌一撰写了赞赏唯物辩证法的著作《我所遵循的经典——恩格斯的自然辩证法》，认为真正有益于科学发展的

唯一哲学就是唯物辩证法；武谷三男已看到“探讨现代物理学的根本问题，只有唯物辩证法才能给予解决”；汤川秀树明确指出：“发展理论物理学的是辩证法，其立足点是唯物论。”至于近代西方资产阶级思想家狄德罗、我国明末清初的思想家王夫之，已分别比较系统地阐述了朴素的唯物论和朴素辩证法的思想；19世纪初的德国哲学家黑格尔，更是在唯心主义基础上，系统地阐明了概念的辩证法；现代系统论创立者美国人贝塔朗菲、耗散结构理论的创立者比利时人普列高津阐发的思想，实际上把唯物辩证法进一步具体化和丰富化了。但是，整个说来，有产阶级的绝大部分思想家、科学家是受形而上学和唯心史观的支配的。如果说他们的创造活动运用了唯物论和辩证法作指导，那也是不自觉的、自发的。

二、思想实验、物质实验，成功率低，次数相对多

思想实验、物质试验、实验，前面已经谈过，是取得创造性思维和创造性实践成果的重要途径、手段、方法。近代西方科学技术一跃而远远超过原来领先的东方，是与16世纪英国培根创立实验科学的归纳法、重视实验分不开的。世纪之交，美国詹姆士、杜威创立的实用主义哲学在客观上起了一些推动作用。当代，西方仍然把科学试验、实验放在极重要地位。但是，由于他们没有自觉地运用科学的唯物辩证法和科学的唯物史观作指导，科学家们的试验、实验基本上处在一种盲目的、自发的状态，经过一次又一次尝试、摸索性的试验、实验才能取得成功。即使是伟大的科学家法拉第、伟大的发明家爱迪生，基本上也是走的这条路。例如，法拉第将磁能转化为电，曾经过了“数百次试验”，才发现了由磁感应的电流，把人类带进了一个电的世纪。爱迪生为发明电灯，探索性地试验了一千一百多种耐热材料、六千多种植物纤维，屡屡组合失败。当试验碳丝玻璃泡时，突然想到也许因为里面有空气的缘故（空气中的氧是助燃的），于是他把空气抽尽，再进行试验，灯丝亮度果然提高好几倍。当他在试验中发现熔点为华氏3191度的白金也会被熔掉时，猛然想到必须在电灯的结构

上想办法，于是设计了一种新的导电装置调节器，这一新的创造设计大大提高了灯丝的寿命。但因白金太贵，又找到竹丝材料取而代之，使用了几十年，后来有人进一步改进，用钨丝取代之并在灯泡内充进氩类惰性气体，这才产生今天的电灯。即使是现代西方的科学家的许多新发现，例如，斯佩里等人发现的脑两半球功能分工说，也主要是依靠实验、观察取得的。类似的实例，是不胜枚举的。

三、重复性思维和重复性实践具有相对长期性

传统的创造性思维与创造性实践存在的自发性、摸索性决定了其重复性思维与重复性实践的时间具有相对长期性。此处所讲的重复性思维与重复性实践的相对长期性是从总体上说的，即是就人类占主导地位的大多数人的思维和实践模式而言。之所以存在相对长期性，是因为：第一，由于它是自发摸索前进的，达到新的创造性思维及其实践需要相对长的时间。第二，由于旧的传统思维模式、实践模式的消极影响，新的创造性思维模式、实践模式更难较快地产生和推广，资产阶级固然有重视科学民主的一面，但同时又有排斥新创造对旧创造的取代的一面，不少新创造、新发现、新发明在一定程度上都受到人为压制而难以顺利产生。即使在社会主义制度下，也难以完全避免传统思维模式、实践模式对新的创造性思维方式和实践方式产生的阻碍。第三，要使少数人的新的创造性思维和实践方式为广大群众所接受，远非一日之功。由于后者的文化水平的限制，很难设想在短期内能使新的创造性思维方式及其实践方式得到普遍运用。上述几方面的因素，决定了人们的重复性思维和重复性实践占主导地位的时间相对长一些。

在我国两千多年的封建社会中由于儒家思想占统治地位，其保守的一面在中国农民的思想中打下了深深的烙印。在两千多年里，农民的思维模式和实践模式总不外是春播、夏耘、秋收、冬藏，年复一年，周而复始，少有变化、发展。欧洲中世纪，由于神学占统治地位，科学、民主受到残酷摧残，因而出现了一个长达千年的黑暗期，思想和行动都是重复，整个社会发展极其缓慢。近

现代资产阶级科学家自发地或比较自觉地重视创造性思维和实践，甚至自发地运用了黑格尔的唯心辩证法、狄德罗的朴素唯物辩证法，但由于资产阶级科学家没有自始至终自觉地以唯物辩证法和历史唯物论作指导，因而他们在创造性思维和创造性实践上虽较古代有很大进步，但上述种种原因及人为因素的消极影响，也限制了这个时期的创造性思维和创造性实践向新的创造性思维和创造性实践的转化，仍然难免一个“慢”字。

四、多层次对应促进常常存在双向相对滞后性

滞后，是指停滞不前或落在后面。传统的创造性思维和实践的自发性不仅决定了人类思想实验、物质实验成功率低、次数相对多和重复性思维、重复性实践时间相对长，而且也逻辑地决定了传统的创造性思维和实践的多层次对应存在着双向相对滞后性。这是由于人们没有自觉地用唯物辩证法的对立统一观点对待和处理创造性思维和实践的多层次对应及相互促进的辩证统一关系的缘故。这种双向相对滞后性主要表现于两者在相互促进方面的滞后。当然，这种滞后是随着社会发展而在程度上渐渐减轻、在时间上渐渐缩短的。例如，原始社会中期就发现了机械能转化为热能，发明了钻木取火。然而，原始人在生活上从茹毛饮血过渡到普遍熟食，在生产上从石制、木头等自然工具过渡到刀耕火种，经历了长达几十万年的时间。而到了近代，从瓦特发明蒸汽机到蒸汽机被用于生活和生产实践，其间只花了70年时间。到了现代，这种创造性思维和创造性实践的多层次对应促进存在的双向相对滞后性更是日趋减轻减少。正因为如此，资产阶级社会在其不到100年的阶级统治中所创造的生产力比过去一切时代所创造的全部生产力还要多。但是，资本主义社会固然有其打破封建闭关自守、行业垄断而提倡民主科学、重视科学实验和发明创造的一面，但是由于其物质精神财富集中在少数人手中，而且各个垄断集团之间利益互相冲突，因而不少发明创造成果被封锁，其向社会实践的转化常常限于某个或某些集团或狭小的范围之内。这样，它向广泛的社会实践的转化就出现了滞后的倾向，

而且这种滞后是人为的。从世界范围来说，这种情形更为突出，近代现代的非洲、亚洲、拉丁美洲广大地区的广大人民的生活和生产实践相对于近现代科学创造发明成果的严重滞后的事实就说明了这一点。

在我国，由于实行改革开放，这种双向滞后的情形得到了很大程度的改变，因而出现了经济持续高速发展、人民生活水平普遍提高的新局面。然而，由于我国在进行改革开放和建设有中国特色社会主义的实践中经验不足、旧社会遗留下来的消极影响一时难以消除等方面的原因，这种相对滞后性仍在某种程度上存在，要完全消除，还有一个漫长的过程。这需要我国人民共同付出努力。

第四节 科学创造性思维和科学创造性实践及其相互转化、相互促进的主要特点和优越性

一、科学创造性思维与科学创造性实践具有自觉性

这里所说的自觉性不是指一般思维主体抱着明确目的进行思维和实践，而是指思维主体自觉地运用唯物辩证法、历史唯物论以及创造思维学、创造心理学、不同层次的逻辑学等科学进行自己的全部创造活动。这种自觉性的标志主要是系统地、自始至终地遵循创造性思维和创造性实践的客观规律，最快、最大限度地取得在当时历史条件下可能获得的创新（个别的还可超越当时历史条件的限制，这又当别论）。在此必须强调三点：一是思维主体掌握的唯物辩证法、历史唯物论以及创造思维学、创造心理学，不是零碎的，而是系统的理论形态，而这种系统理论形态是现代化形态，它是相对的、不断发展的。二是思维主体对它们的运用是建立在自觉的基础之上，在其整个创造活动过程中都是以它们作指导。三是这种自觉也具有相对性。由于创造对象本质的暴露不是短

时间内实现的，其本身发展过程的渐进性和所处历史条件的制约（含限制）也使思维主体不可能做到绝对自觉。但随着实践的不断发展，这种自觉性会愈来愈趋于彻底。换言之，这种创造性思维、创造性实践的自觉性只是一个由相对逐步逼近绝对的无限过程。

二、思想实验、物质实验成功率高，次数相对减少

前面已提到，人类历史上进行的思想实验、物质实验一般成功率低，反复次数相对地多，其根本原因在于缺乏唯物辩证法、历史唯物论、科学创造思维学、心理学等科学的指导。科学创造性思维和科学创造性实践就克服了这些缺陷。这是因为，在思想试验和物质实践中由于有唯物辩证法、唯物史观和科学创造思维学、心理学的指导，大大减少了摸索尝试的成分（当然，由于研究对象复杂多变，偶然因素参与难以逆料，一次成功的可能性很小），成功率就会大大提高，因而试验、实验的次数就自然会大大减少。

三、重复性思维和重复性实践时间相对缩短

在传统创造性思维占主导地位的时代，大多数人进行的基本上都是实质上的重复性思维和重复性的实践。而当主客观条件发生根本变化后，科学家、思想家、政治家、艺术家以及一般科学工作者和实际工作者就会自觉进行科学创造性思维和科学创造性实践，这时重大的创新就会层不穷，甚至很快实现层次性的更新换代。随着广大人民群众文化水平的大幅度提高，其他不利条件的逐渐相对消失，人们对更新更高的精神生活和物质生活的追求必定会促使人们极力减少重复性思维和重复性实践。当前民用、军用生产技术的迅速创新，产品频繁的更新换代，从某种意义说，实质上也预示了这样一个包含质的飞跃的前景。但是必须强调，即使到了这时，人们重复性思维和重复性实践的减少也只能是相对的。这是因为：第一，取代原来的创造性思维成果的更新、更高一代的新成果的产生，需要一定的时间，不可一蹴而就；第二，一种创造性思维成

果，总会在一定时间内有其存在价值，人们也不会轻易地舍弃它。

四、多层次对应促进具有同步递进性

科学创造性思维和科学创造性实践是一对既对立又不可分割的范畴。其科学的特质决定了无论哪一方都既不会人为地滞后，也不会人为地超前，它们都要求及时互补、互相促进。总的说来，实践在前，思维在后，创造性思维在前，创造性实践在后，但创造性思维成果是要在总结实践经验的基础上，用辩证唯物主义的认识论、方法论作指导，把它上升到理论高度，或进行科学的推论，或从新的高度进行新的建构、组合，从而获得新的概念、命题、理论和发明或发现，才会产生的。当然，这种创新需要一定的主客观条件才能实现，但它一旦产生后，人们就会自觉地转变原来的思维观念、思维模式，用更新的去取代；反之，人们在不断进行创造性实践的过程中，又必然会产生许多新的经验，反过来促进新的创造性思维成果的产生。这两方面的相互作用必然不断形成递进式的、互相同步促进的良性循环，推动社会更快地发展。

五、实现科学创造性思维和科学创造性实践是现代人的自然与必然要求

人类本质上是创造性思维和创造性实践的动物，所以能能动地改造世界，创造日益丰富的物质财富和精神财富，使自己高出动物愈来愈多。但是在以往漫长的历史时期里，这种创造性思维和实践对大多数人来说，基本上是自发进行的，这是与不十分发达的生产力状况以及与之适应的经济、政治、文化、思想等条件的限制分不开的。但是当上述历史条件改变，特别是当大部分思维和实践能由人工智能承担，科学发展、社会进步的内在规律就会促使人们自觉地在唯物辩证法、历史唯物论以及创造思维学、心理学等指导之下进行科学的创造性思维和实践，从而大大加快人类的发展速度。按照马克思主义的基本观点，劳动是正常人的自然要求，是正常人的第一需要。据此可以推断，进行科学创造性思维和科学创造性实践也是人类的自然要求和必然要求。

后 记

这本经过多年沉思、构想、反复琢磨、推敲、一再自我肯定又否定，对一个崭新领域进行大胆探索的新作，终于脱稿了，我不禁有从“精神折磨”中解放出来之感。

这本新作所以能够与读者见面，除了由于我的座右铭“最大的乐趣——探索与创造”支持我利用一切业余时间熬过多少半眠、不眠之夜，忍受多次因脑供血不足引起短暂昏厥无法继续思维的痛苦外，如果没有下列有关领导同志、专家、学者、友好、同好者的热情关怀与鼎力支持，我的愿望也是不可能实现的。湖南出版社编审黄治正先生和现任社长熊治祁先生对本书的出版给予了极大的关切与扶持。责任编辑彭兆平同志对本书的出版，不仅始终如一关心备至，而且耗费了大量心血对书稿从篇章结构、标题设置到内容文字进行仔细修改。副社长李建国同志对本书的出版也给予了宝贵的支持。我深深地懂得，如果没有湖南出版社的同志对力求有所创新之作怀有难得的特殊感情而慷慨襄助，本书的问世是不可能设想的。

在近代自然科学史方面著述甚丰的朱亚宗教授从国防科大光临中南工业大学，帮助我一同思考写作中存在的疑点。中南工大教育学、心理学教授曾力生热情地对我构想的某些新概念提出了富有启发的建议。湖南师大教育系胡淑珍教授从心理学角度对本书第二章第三节——人脑和语言部分进行了审阅，湖大陈竹书副教授从思维学角度审阅了本书的大部分章节，他俩分别对本书上述部分的修改提出了大有裨益的意见。中南工大社科系胡光华讲师不仅在立题谋篇和“引言”等部分的文字精练方面协助我斟酌、推敲，而且还协助我校对了全书的清样等，给予了我巨大的帮助。

中国人民解放军广州军体学院政治教研室蔡祖顺讲师为本书第三章第五节第二目中的《发散思维与收敛思维的辩证结合》提供了初稿。江西南昌有色金属设计院宣传部胡长生同志为本书第三章第五节第二目中的《定量思维与定性思维的辩证结合》提供了初稿。

湖南财经学院离休干部肖岳同志，湖南师大教育系燕良轼副教授，同好李勇、彭旭明、孟杰等，以及听过我讲授本课题的许多研究生，曾多次参加本书“新思构想小型座谈会”，他们或从反面或从正面推动我进一步去思考，给予了我有益的启示。

中南工大学生杨志勇、刘志权、何应、汪志勇等先后为我誊写了一再修改的全书书稿，付出了辛勤的劳动。

在此，特向以上有关主管领导、专家、学者和同好及所有参加者表示衷心的感谢。

1995年12月15日

（本书由湖南出版社于1996年9月出版）

关于科学方法论的层次结构问题

关于方法论的层次，学术界曾有下列几种划分意见：或区分为一般、特殊和个别；或区分为哲学、逻辑学（形式逻辑、辩证逻辑、数理逻辑等等）和部门科学；或区分为哲学、一般科学和具体科学等。显而易见，上述几种区分，都是以方法论范畴抽象程度的离低和适用范围的宽窄为依据的，大同而小异，没有实质性的区别．在他们看来，哲学方法论（一般方法论）属于最高层次，对后起指导作用，逻辑学方法或一般科学方法论是哲学方法论的实际体现或应用，部门或个别方法论又是一般科学方法论的进一步具体化。按照上述看法，有几个问题不好解释。例如，辩证逻辑，从某种意义讲，也就是辩证法，它仍然是哲学层次的方法。再看逻辑的科学思维方法，实际上也是认识论的组成部分。在上述三个阶梯式的层次结构中，有的用逻辑学代替一般科学方法论是欠准确的，有的把自然辩证法、社会历史辩证法与一般科学方法论等同起来是不科学的。更有甚者，上述各种区分，很容易把认识方法（思想方法）与实践方法（工作方法）混同起来。因此，关于方法论存在的多层次性的区分，不妨同时从其他依据和途径找出路。

作者认为，从认识世界和改造世界又区别又联系着眼，从方法论本身的功能的多样性与统一性着眼，科学方法论的层次性主要表现为两层结构，即区分为一般方法与特殊方法（或区分为哲学方法与科学实践方法）两个层次。其中一般方法又区分为最一般的哲学的方法与低一个层次的哲学方法（如自然科学的一般方法，社会历史的一般方法，思维科学的一般方法），两者的结合，构成为一般的理论的认识方法或思想方法；而特殊方法又区分为关于特殊类别事物的具体处理方法与关于特殊个别（任何个别都是特殊的）事物的具体处理方法两个层次，两者的结合，就构成为特殊的应用的实践方法或工作方法。上述一般方法与特殊方法的统一，就构成为人们认识世界改造世界的科学方法论，从而实现认识世界与改造世界的统一。

第一个大的层次存在的根据是：任何事物都是普遍联系的，具有共同本质和共同规律。从整个世界讲，就存在着共同的唯物本质和共同的辩证发展规律。运用普遍联系和发展的观点来考察世界的，就是唯物辩证法，它是最一般的哲学方法。再从世界的三大领域（自然、社会、思维）讲，又都各存在自己的共同本质和共同规律，运用上述三种共同本质和共同规律去考察各个领域，就成为各个领域的哲学方法。因此，作为最一般的哲学方法的主要特征是，不受时空的限制，具有普适性，而作为低一层次的哲学方法，在本领域内也是不受时空的限制的。由于它们具有高度概括性抽象性的特点，因而它们在本质上主要是属于认识方法。如从最一般的哲学方法讲，有实事求是方法、矛盾分析方法、综合分析方法、质量分析方法，肯定否定分析方法、系统方法等；从低一层次的哲学方法论讲，有自然科学的观察，实验、分析、综合、归纳、演绎等方法，有社会科学使用“抽象力”（马克思）进行社会基本矛盾分析的方法，有思维科学的运用概念、判断、推理的方法。

第二个大的层次存在的根据是：任何事物都存在自己的特殊本质和特殊规律。因此，对特殊类别和个别事物，必须分别采取具体的特殊的处理方法。作为这种特殊的方法的主要特征，是受时空的限制，因为人的具体科学实践是对某一类别对象或某一个别对象直接进行的，并且总是在具体的时空中进行的。从处理特殊类别事物的方法讲，如在高能物理中，则采用回旋加速器的方法，从而揭示基本粒子的运动规律；在化学中，则采用化学催化剂的方法，加快化学反应的速度，从而了解原子的运动规律等；对阶级社会现象，则采用阶级分析的方法，从而揭示阶级社会的本质和运动规律；等等。至于对个别具体事物的内部联系，则必须采用更具体的科学实践方法。以处理一个具体社会问题的方法为例：如采取调查研究的方法，一般和个别相结合的方法，以点带面方法，抓住中心环节以带动其他的方法，实行全国一盘棋的方法，争取最好的实现准备最坏的到来的方法，注意一种倾向的同时防止另一种倾向发生的方法，等等。

上述方法论层次性的两两结构，是互为前提、互相渗透的。一般的哲学的方法，是从许许多多的特殊的科学实践方法中抽象出来的。从这个意义上说，特殊中有一般。因此，人们在直接的科学实践中，应自觉地把具体科学实践方法上升到哲学的高度，作出理论的概括。反之，许许多多的特殊的科学实践方法，乃是一般的哲学方法的具体运用、体现和实际发展。从这个意义上说，一般指导特殊、表现为特殊。因此，人们在直接的科学实践中，必须自觉地学习马克思主义哲学，包括最高层次的一般方法——唯物辩证法和低一层次的哲学——自然辩证法、历史辩证法、思维辩证法，帮助自己取得正确的科学方法，对世界作出有效的革命改造。凡是具有科学性的富有成效的方法论，必然是上述两两结构的具体统一。毛泽东在《论中国革命战争的战略问题》和《论持久战》中，运用唯物辩证法和社会历史辩证法等一般方法，对实际作战经验进行总结，从而进一步揭示了战争特别是中国革命战争与抗日战争的特殊本质和规律，提出了进行中国革命战争和抗日战争的科学方法论。例如，在《中国革命战争的战略问题》中，提出了“战略上以一当十，战术上以十当一”的原则，“集中兵力”打“运动战”、“速决战”、“歼灭战”等的作战方法；在《论持久战》中，提出了对日寇实行“防御中的进攻，持久中的速决，内线中的外线”等作战方法；到解放战争时期，更进一步总结为著名的“十大军事原则”——实际上是我国人民解放战争作战的根本方法。

显而易见，上述我军作战的方法，充分实现了一般哲学的方法与特殊的具体科学实战方法高度的结合和统一，实现了认识世界与改造世界的一致。

（本文原载于《江汉论坛》1988年第5期。）

五　中国哲学发展史编

中国是一个历史悠久、文化灿烂的国家。在汗牛充栋的经、史、子、集四大类之典籍中，蕴藏有极其丰富的哲学思想。燕国桢教授对之有相当浓厚的兴趣。在此种学习与研究兴趣的激励下，他发表了几篇相关的学术论文，还草拟了一份《中国古代朴素辩证法思想产生发展史略》（或名《中国古代朴素辩证法史》）的编写提纲。由“提纲”看，全书除“绪论”与“小结”外，由三篇（先秦、两汉魏晋隋唐、两宋明清）共11章组成。他还开设过这门课程。归纳起来，他在中国哲学史方面的研究成果主要有：宏观上讨论哲学的发展规律，以及如何判定古代思想家的路线功过问题；对中国古代辩证法史进行了全面而系统的思考；分别考察了孙子、柳宗元、王夫之的哲学思想等。本编集存论文5篇。

从研究范畴的演进入手揭示哲学史发展的规律

真理是一个过程，对事物的本质和发展规律的正确认识，只能遵循由片面到全面、由浅入深的辩证法。关于人类哲学史本来面目的了解，也只能遵循这个规律。列宁说：哲学史“简略地说，就是一般认识的历史”，也是“从逻辑的一般概念与范畴发展与运用的观点出发的思想史”。重温列宁的这些教导，使我们越来越深信：研究哲学史必须打破传统观念的局限，克服以往那种以人为中心，把历史上错综复杂的哲学斗争仅仅归结为唯物主义同唯心主义的绝对对立和斗争的简单化倾向，应该进一步采取新的科学方法，即从研究哲学范畴的演进入手，揭示哲学史发展的规律，从人类认识的长河中，吸取理论思维的经验教训。

范畴是反映客观事物普遍本质联系的基本逻辑概念，科学就是有关范畴的体系。科学史的发展，就其内容来说，也就是科学范畴不断提出、精确、丰富和相互替代向前演进的历史。哲学范畴是反映整个世界最普遍最本质联系的最一般的逻辑概念，是人类关于认识成果的最高概括。由于哲学是从世界观的高度对自然、社会和思维科学的进一步抽象，因而决定了它比任何具体科学都更直接地从思维形式上把握自己的对象。同样，哲学就是哲学范畴的体系。哲学史就是哲学范畴不断提出、精确、丰富和相互替代向前演进的历史。

从辩证唯物主义观点来看，一切“郑重的、非瞎说的”范畴包括哲学范畴，都具有客观性，都是社会实践的产物。它们体现着人类认识的一个小阶段，重大的哲学范畴更是标示着人类认识的一个飞跃或较大的阶段，它们的演进构成了人类认识发展的一连串阶梯。范畴又是具体的、灵活的。它随着社会实践与认识的继续而发展，其中大多数范畴得到深化，个别范畴会被淘汰，新的范畴会不断产生并取代或补充原有的范畴。这种替代或补充，既表现在同质范畴方面，也表现在本质对立的范畴之间。（唯物论、辩证法的有关范畴，分别历史地取代唯心论、形而上学相对应的范畴，固然如此，相反也是一样。）晚出的范畴历史地取代前面的范畴所以变成现实性，归根结底，是由于被替代或被补充的范畴存在着某些不完备和局限性，还不能完满地解答社会实践中提出的新的挑战，因而后者就要从前者存在着的不足的一面加以强调。如果这种“强调”过分夸大了，引向到极端，便陷入唯心论或形而上学。所以列宁曾经指出，唯心主义并不完全是胡说八道，“哲学唯心主义是把认识的某一个特征，方面、部分片面地、夸大地……发展（膨胀、扩大）为脱离了物质，脱离了自然的，神化了的绝对”。可见，如果我们撇开唯心主义过分夸大的部分，仅就其重视与阐发了“认识的某一个特征、方面”来说，是有认识论意义的。因此，无论是同质哲学范畴，还是本质对立哲学范畴之间的相互替代与演变的延续，都会体现着人类认识的或多或少的深化，体现着哲学史的发展规律。

马克思对资本主义发展规律的揭示，从某种意义上讲，正是通过对资本主义制度的重要经济范畴之间的辩证联系与演进的考察而实现的。关于这一点，马克思说得很清楚。他说：写《资本论》的“最终目的，是揭露近代社会的经济运动规律。……这里考察的人（指资本家和地主——作者），都不过是经济范畴的人格化，……我的观点，是把经济社会形态的发展，理解为一个自然历史过程”。众所周知，马克思考察资本主义社会时，首先就是从分析这个社会最简单最普遍最基本最常见的细胞形态——商品入手，揭露出隐藏在它内部的一系列矛盾，追索其相互之间的联系和发展。易言之，即把商品范畴作为逻辑分析的起点，然后遵循从抽象到具体、从简单到复杂，依次揭露这个社会先后相继产生的重大经济范畴的内在联系与逻辑演变。

其顺序是：从商品到货币；从货币到资本；从资本到剩余价值；从剩余价值到工资；从工资到资本积累；从资本积累到无产阶级贫困化；从无产阶级贫困化到经济危机；从无产阶级革命到资本主义灭亡。从而科学地揭示了资本主义产生发展和灭亡的客观规律。显然，上述范畴衍变的链条，表明了逻辑的和历史的辩证统一。一方面，逻辑的东西不是对历史的东西机械地照相或简单的复制，亦步亦趋地处处随着历史，而是对历史进行修正了的；另一方面，逻辑的东西又是以承认历史本身的发展规律为前提的（依据历史进程的基本方向和线索）。因此，直线性、循环式与哲学史是无共同之处的。

列宁关于如何把握哲学史发展规律的卓越贡献，就在于他提出哲学史的发展近似一串无限的非封闭的圆圈，近似一条螺旋形的曲线的光辉思想。他指出，哲学史发展的非封闭圆圈的划分，只能以哲学范畴本身的替代与推演为依据。不能以哲学史人物的年代先后为顺序。在列宁看来，一定的哲学思想是一定的社会思潮的升华，是时代的产物，是许多哲学家共同努力的成果，而不单纯是某个人的创造。如果把哲学范畴看成是纯属个别人的创造，就必然按照历史年代顺序，把同时代双方的代表人物进行简单对比，从而就会把哲学史变成为某些哲学的思想观点的对照展览，很难看到它们之间的互相渗透和互相转化的辩证联系，更难于揭示哲学思想发展过程的复杂性、曲折性。列宁深刻理解单从哲学人物研究哲学史发展规律的局限性，因此特别强调必须根据哲学范畴的客观推演来揭示哲学史的发展规律。坚持这一点，列宁是经过了深思熟虑的。当他哲学史的发展比作近似一串非封闭圆圈的时候，曾给自己提出："哲学上的圆圈是否以人物的年代先后为序呢？"紧接着斩钉截铁地回答说"不"。并指出："古代从德谟克利特到柏拉图以及赫拉克利特的辩证法"。显然，列宁所作的这种排列，是与这三个哲学家生卒年代的先后顺序不相同的。按照他们本来的生卒年代，赫拉克利特在前，德谟克利特居中，柏拉图居后。为什么列宁毅然作此改变呢？就是因为这三个人物是代表三个不同的哲学派别，也是代表三个不同的哲学范畴：即"存在"——"非存在"——"变易”。而每一个派别的思想或范畴，都有一个发展的过程，绝不是某一个人的功劳，他们只不过是代表人物罢了。而哲学范畴的演进，首先只能是朴素的唯物论，接着被唯心的辩证法所否定，然后经过再次否定，就产生了朴素的唯物论辩证法。从这个角度着眼，列宁就断然般地作了上述的改变。这是合乎逻辑的，是历史的辩证统一的观点的。这种做法，清楚地表明了列宁要求哲学史工作者要重视哲学范畴演变的研究，以揭示哲学发展史的真实面目。

马克思、恩格斯、列宁关于黑格尔的哲学史思想的评价，从另一个方面说明了研究范畴演进的意义。

不妨首先考察一下黑格尔在《哲学史讲演录》和《小逻辑》等书中关于哲学范畴与哲学史密切相连的基本思想。

黑格尔十分强调范畴的辩证联系与人类认识的大体一致。他认为个别范畴不足以把握真理，真理是在于范畴的推演之中，在于整个范畴系统之中，并把“概念、范畴的自己发展和全部哲学史联系起来了”。甚至认为，“逻辑开始之处实即真正的哲学史开始之处”。

黑格尔是怎样把范畴的辩证联系和哲学史联系起来的呢？他说：可以把每一个哲学体系概括为一个哲学范畴，就是互相对立的哲学体系，只要去掉其外在形式及属于其局部应用范围等的东西，就能把握哲学的基本概念，就能把握哲学的逻辑发展。它们之间的相互关系是：最早的哲学体系，就是最初的哲学范畴。它常常是抽象的、贫乏的。早期的体系或范畴为后来的体系或范畴所取代，并不是完全被推翻，置诸一旁。这种取代，仅仅是一种扬弃，仅仅是超越前者的限制，并将前者包容于后者的自身之内，把前者的“特定原则降为较完备的体系中的一个环节”。凡具有哲学史常识的人都知道，思想史、哲学史上的集大成者，如中国的荀子、王夫之，对他们前面的传统思想的各个派别；18世纪法国唯物主义者，对西欧近代哲学的各个派别，无不采取这种态度。至于马克思主义哲学更是批判地总结了人类一切文化思想成果于自身之内，那就更不必说了。不仅如此，黑格尔还从上述观点出发，把哲学的每一部分都看成是一个自身完成的圆圈，并把哲学史的发展看成是一连串具有必然联系的圆圈。从这里不难看出，黑格尔的哲学史，是建立在哲学范畴的相互联系、相互替代和向前演进的基础之上的。当然，这不等于说，他由此出发已建立了真正的科学哲学史观。黑格尔不同意唯物主义是哲学，而把“绝对观念”作为哲学研究的对象，把哲学发展史看成是“绝对观念”的自我认识过程，从而充分暴露了它的反科学性。然而如果把它头足倒置的唯心辩证法的哲学史重新颠倒过来，那么他这种把概念范畴的演进与哲学史的发展联系起来的想法和做法是有价值的。下面请看革命导师对他的《哲学史讲演录》等书的评价。在一定意义上，反映了革命导师对黑格尔上述见解的重视。

马克思早在1841年所写的博士论文中曾这样提出：“哲学史是从黑格尔开始的。”马克思还在给恩格斯的信中，指出《哲学史讲演录》“比黑格尔以前一切资产阶级哲学的著作高得多”。恩格斯更赞扬这本书“是一部天才的著作”。列宁读到该书“哲学史导言”关于哲学体系在历史中的次序同观念的逻辑规定在推演中的次序是一样的观点时批道：“注意”。即表示应重视。列宁还肯定了黑格尔关于古希腊哲学史上三个派别（爱利亚派、赫拉克利特派、留基伯和德谟克利特派）分别代表“存在”——“变易”——“自为的存在”三个哲学范畴是正确的。列宁指出，黑格尔把哲学史比作圆圈——这个圆圈的边缘又有许多圆圈……是“一个非常深刻而确切的比喻！”显而易见，革命导师所作的这些肯定，其中就包括了肯定黑格尔把范畴推演的观点引进哲学史的正确做法。

从范畴演进来研究哲学史的具体途径和方法，无疑有待广大哲学史工作者的共同探索。管见所及，指导思想应该是：不以哲学史人物为主要对象（当然不是也不需完全撇开哲学史人物），而是以重大哲学范畴、范畴体系和对立范畴、范畴体系本身演进为线索；评定得失，不以范畴、范畴体系属于哪个阵营为准绳，而是以范畴、范畴体系和对立范畴、范畴体系之间的相互替代所表现的局限和贡献为依据；坚持以辩证唯物主义和历史唯物主义作指导，从社会生产、自然科学和政治、经济、文化诸因素对它的制约中，从整个范畴体系的内部联系中，从外部对立范畴或范畴体系对它的作用中，就本体论、方法论、认识论和历史观诸方面的重大范畴，作纵断和横断两方面的考察。前者要求对上述诸方面的重大范畴、范畴体系和对立范畴、范畴体系之间的替代和演进，进行具体的历史的探讨，找出它们的联系和区别、局限和贡献，从而揭示整个哲学史的曲折发展规律；后者要求对同一时期或不同时期的相互雷同或相近似的中外重要哲学范畴，进行比较研究，弄清它们的具体特点和发展水平的差异以及产生这些特点和差异的原因，从而揭示并展望中外哲学史发展的一般的和特殊的规律。

从纵断研究来说，主要把握两个方面或两条线的推移运动。

一是关于本质相同，实质是同一范畴、范畴体系的历史发展。从本体论说，中国古代哲学史的一个特色，是两千多年来，许多具有唯物倾向的思想家，都先后提出了“气”是世界本原。从战国宋尹学派如荀子为代表的“精气论”，东汉王充为代表的“元气自然论”到刘禹锡、柳宗元为代表的“元气阴阳说”，北宋张载、明末清初王夫之为代表的“太虚即气论”，乃至清中叶戴震为代表的“气化流行说”等，无不对“气”作了自己的解释，但绝不是简单的重复。

西欧传统哲学史的一个显著特色是，近三千年来，许多具有唯物倾向的思想家，都先后把物质实体看成世界的本原。从古希腊早期奴隶制伊奥尼亚学派为代表的“始基变化说”（包括“水”、“空气”、“无限”、“火”和“四元素”说等），奴隶制中晚期留基柏、德谟克利特等为代表的“原子结构论”（包括其先驱者阿那克萨哥拉的“种子说”和同时期的亚里士多德的“第一实体说力”，乃至以狄德罗为代表的近代机械唯物主义的“原子说”（包括“分子说”、“异质分子说”、“实体说”、“广袤说”）等，不仅各自的解释有所差异，而且赋予这个范畴的名称也有所不同。

与此同时，中国许多具有唯心倾向的思想家又先后都把“天”作为世界的本原。从先秦儒家思孟学派的“天”，到西汉董仲舒的“天”，直到唐朝韩愈的“天”，无可否认，这几个“天”之间存在着一定的联系和差别。在西欧，许多具有唯心倾向的思想家先后都把“理念”看成世界的本原。从柏拉图的“理念说”到莱布尼茨的“单子论”，直至黑格尔的“绝对观念”，同样，它们之间也存在不可分割的联系和某些差别等。

二是关于本质对立范畴、范畴体系相互渗透、相互替代的演进。如中国哲学史上的“神与形”、“道与器”、“有与无”、“理与气”、“心与物”等；西欧哲学史上的“实体与理念”、“物质与精神”、“存在与思维”等，都属于这种情况。

从横断研究来说，既可作断代考察，也可作跨越时代的比较。前者即将大体处于同一历史时期相同或相似的中外哲学范畴加以比较，从本体论说，如中国先秦的“五行说”与古希腊的“四元素说”；中国先秦的管子的《水地篇》与古希腊泰勒斯为代表的关于“水”的观点，就可进行这种研究。后者即不局限于同一时代，把不同时代相同或相似的范畴、范畴体系加以比较，从本体论说，可将朱熹的“理”与黑格尔的“绝对观念”比较。甚至将不同时代的相似的哲学人物，如将王夫之与费尔巴哈进行比较考察，揭示他们在哲学史发展中的历史地位的高低。

必须指出，上述两种研究方法，不是平行线，而是相互交叉、互相渗透的。

在进行纵断研究时，也可以对同时期同序列的重大范畴，如先秦反映世界本原的“气”、“自然”、“形”、“器”等同质范畴，关于“天”、“道”、“无”、“理”等同质的范畴，分别一一进行比较研究，考察哪个范畴更能反映时代的水平和特点。

在进行横断研究时，也可对具体范畴、范畴体系，如程朱的“理”、王夫之的“器”作纵向考察，揭示其来龙去脉。

关于方法论、认识论、历史观的重大范畴、范畴体系的演进，同样也可作类似的探讨，这是不言自明、无须赘述的。

遵循上述研究的途径和方法的意义是显而易见的。

这种途径和方法，既可以一般地把握哲学史的全部基本矛盾及其相互制约构成的合力所起的总的动力作用（其中唯物论与唯心论的同一和斗争起着中心轴线的作用），又可以特殊地把握发展过程的每一阶段由于发展的不平衡性产生的主要矛盾所起的主导作用，从而全面地揭示哲学史的整个过程与每个具体阶段的动力构成问题。这种研究的结果，必然使我们更深刻地了解，推动哲学史发展的是“经济发展”起着“最终的支配作用”。这种作用，“就是各种经济影响（这些经济影响多半又只是在它的政治等的外衣下起作用）对先驱者所提供的现有哲学资料发生的作用”。当代对立的经济、政治、文化思想（特别是自然科学的发展）的同一和斗争是决定力量，它们给哲学的发展提出了需要，也提供了可靠的思想材料。哲学史的各种基本矛盾特别是唯物主义与唯心主义的矛盾，又是最直接的动力，这些基本矛盾及其相互间的互相依存、利用、克服和超越，更直接地推动着哲学史的发展。这样辩证地加以把握，就克服了过去关于发展动力的研究工作中长期存在的简单化倾向。

这种途径和方法，就能唯物辩证地揭示哲学史发展过程表现为曲折性与前进性的统一，表现为螺旋形的上升前进和一连串的无限大小圆圈的本来面目，从而就能克服长期以来把哲学史的发展过程了解为直线性的错误倾向。

这种途径和方法，有利于对在哲学史发展的大小圆圈上作出了贡献的各个思想家以恰当的评价，从而克服过去评价时存在着的形而上学性和历史唯心论的倾向。

这种途径和方法，还能更好地把无产阶级的哲学史的科学性与党派性结合起来，进一步端正对待哲学遗产的态度。无产阶级的科学性与党派性（革命性）是辩证的统一。但革命性是建立在科学性的基础之上的。而哲学史的科学性在一定程度上是建立在对哲学史上各种哲学流派的观点和材料采取实事求是的批判继承的态度。这种方法的辩证性，恰恰纠正了过去哲学史研究工作中割裂科学性与党派性以及对待哲学遗产的复古主义或虚无主义的错误倾向，有利于我们从整个人类的认识历史中吸取真正的理论思维的经验教训。

（本文原载于《求索》1982年第5期。）

关于古代思想家的路线功过判定问题商榷

一

怎样了解哲学史及其发展规律？众所周知，长期以来，在日丹诺夫关于哲学史的定义的影响下，几乎所有这方面的著作，都把古代奴隶社会的中外形形色色的思想家（诸子百家），简单地定性为唯物主义者或唯心主义者，并据此以判定其是非功过，把一部极其复杂、极其丰富的人类思想史哲学史，仅仅归结为唯物主义与唯心主义的斗争，并把这种斗争说成是推动哲学史发展的唯一杠杆。

诚然，这种做法，它正确地把握了哲学史内部的基本矛盾之一，甚至是最本质的基本矛盾，但不是基本矛盾的全部。可知论与不可知论、二元论或“第三派哲学”与唯物主义、主观唯心主义与客观唯心主义等的斗争，也是同样贯穿哲学史整个过程的。它正确地看到了唯物论与唯心论相互斗争的历史作用，却抹杀了两者相互同一的积极意义。历史证明：唯物论与唯心论的相互依存、渗透和转化，也是哲学史发展的动力之一。它正确地注视了每个阵营本身在理论上的历史继承关系，却无视对立阵营之间或多或少存在的这种历史的批判继承关系。在理论继承问题上，把两者描绘成为两条平等线（在方法论上例外），殊不知每个阵营先后出现的思想体系，不仅是从自己的母体中诞生并吸取其营养，而且也会从历史上的对立思想体系中摄取有用的理论成分，经过批判和消化转化为自己的营养补充。朱熹在“理”之后加上“气”，即“吸收了张载关于‘气’的学说”（任继愈主编《中国哲学史》），建立自己的唯心主义体系，便是例证之一。它正确地抓住了哲学反映经济基础和阶级斗争的一面，却忽视了哲学这种特殊意识形态悬浮于空中和远离经济基础，通过一系列的中间环节与经济基础、阶级结构相联系，具有显著的历史继承性、同经济发展水平不平衡等相对独立性的特点。

应该指出的是：上述简单化的做法，更无形中抹杀了两个基本事实：其一是说，忽视了作为整个人类的系统化的世界观存在着幼年（童年）与成年、未定型与定型之分，即使从人类的成年定型了的系统化的世界观来源，其抽象信念，与它从难以回答的实际问题或顽强的实际出发所构成的某些观点之间，存在着不可回避的矜持。其二是说，它忽视了革命导师特别是列宁关于逻辑范畴的辨证联系及其发展与人类的认识史相一致，以及由此作出的对哲学史的一系列指示精神。

思维对存在的关系问题是哲学的最高问题，哲学家依照他们对这种关系的不同回答组成唯物主义与唯心主义的两大军营，一般地说，这在理论上无疑是正确的，但是作为人类定型的系统化的世界观，正像任何个人的世界观形成一样，有一个从幼年（未定型）到成年（定型）的发展过程，不能超越历史，把人类世界观尚处于幼年和未定型的阶段的古代奴隶社会的思想家，过早地一律说成是唯物主义者或唯心主义者。在这个时期，人类对世界的本质及对人类与客观世界的关系的认识，总的说来，还是很模糊的动摇的，具有“童年”的“稚气”的（马克思《政治经济学批判导言》）。作为时代精神的升华的哲学，自然也不能例外。从我国古代奴隶社会思想家来说，他们的一个显著特点，就是着眼于现实问题，侧重人道观的研究（子产：“天道远，人道迩”），尤其重视并伦理道德的阐发。可以说，大多思想家很少直接回答本体论问题（荀子、老子等例外），以及由此出发建立自己的一元观体系，在形式上缺乏系统（内容上是有系统的）。从先秦的儒、道、墨三大学派来说，众所周知，孔子的学说以仁为核心，只能说他通过政治伦理的折射反映对世界本质的看法，实际上他对待本体论问题，一般是采取回避的暧昧态度，如果说“子不语怪、力、乱、神”，强调“未知生，焉知死”，“敬鬼神而远之”等，只能表明他不过是个神的怀疑论这的话，那么“子罕言天道”，连门人“亦不得而闻也”的事实，就足以佐证了，说他是个伟大的思想家、教育家、甚至是政治伦理哲学家，是比较恰当的，简单地封他为唯物或唯心主义一元论的哲学家，未免过于牵强了。

老聃主张“贵道虚无”（《吕氏春秋》），算是直接探讨了本体论或天道观问题，但道是什么，他自己也不太明确，只是“强为之名”。在解释时，前后截然不同。在一个思想开放、百家争鸣时代，把它说得玄之又玄，甚至采用“恍兮冥兮”、“寂兮寥兮”、“窍兮冥兮”等微妙至极之词来表述，使人无法捉摸，连后来赞同他的天道观的王充，也责怪他讲的过于笼统，以致直到今天，对他的思想究竟属于哪个阵营，比谁都争论多、反复大，因此说他是个长于思辨、富于猜想的伟大思想家，是比较恰当的（他的朴素的辩证法是有贡献的，但这不过是从社会现象直观得来的），简单地封他为唯物主义或唯心主义者，未免过誉了。

墨翟尚“兼爱”，一方面，他通过“尊天”、“明鬼”支持自己的“兼爱”学说，可以说他是宗教信仰的维护者；另一方面，他又强调“非命”，强调人力改变自然环境，因而深陷于“尊天”、“明鬼”、与“非命”的矛盾中而不能自拔，常常不能自圆其说。墨学的逐渐失传本身就证明了它的缺乏生命力（当然，墨子在认识论上、逻辑学上有所突破，又当别论），说他是个宗教哲学化的伟大思想家、逻辑家是比较恰当的，简单地封他为定型的唯心主义或唯物主义一元论者，毋乃过分了。

反过来，从直接地提出了本体论问题的屈原来说（作《天问》），由于他不曾进行回答（直到柳宗元作《天对》、王廷相作《答天问》给他进行了回答），因而哲学史上从未把他列为哲学家，也从未把他划到唯物主义或唯心主义阵营中去。同样，哲学史也不应把前者定为唯心主义或唯物主义哲学家，因为这两者在认识上表现出来的幼年性，只是形式的不同，而且恰恰是互为补充的。

从古希腊奴隶社会的思想家来说，他们的显著特点之一，是侧重广泛天道观的研究，其中大多数思想家本身就是自然科学家，因而都直接明确回答了本体论问题。而且从柏拉图、亚里士多德起，在形式上已有了系统，甚至在他们的“多种多样的形式中，差不多可以找到以后各种观点的胚胎、萌芽”（《自然辩证法》）。然而必须看到，这种情况之所以发生，不仅因为古希腊文明像马克思所指出的是一个“正常的儿童”，而且还因为这个“正常的儿童”又是早慧，从而赢得了他们的无所不包的才能与活动，保证了他们“在人类发展史上为其他任何民族所不能的企求的地位”。但毕竟由于当时历史条件的限制，也不免具有人类童年的“稚气”。显然这种建立在直观与猜想的基础上的学说，不可能成为名副其实的唯物主义或唯心主义者。众所周知，被“称为不信神的人”的泰勒斯，还承认自然现象都有灵魂；被公认为最早具有系统的思想家柏拉图的“理念”思想不过是“野蛮的、骇人听闻的（确切些说：幼稚的）、荒谬的”货色。（《亚里士多德形而上学一书摘要》）。其余就不必说了。

由此可见，不顾古代奴隶社会生产、自然科学和人类思维能力的低下，以及由此所决定的世界观尚处于幼年时期的事实，硬把这个时期的人类思想，说成是具有了定型的世界观，显然是欠妥当的。当然也不是说上述思想家不较多地存在唯心或唯物的倾向，或者两者兼而有之。

必须指出，上述论断，恰恰是和恩格斯关于一切哲学问题特别是近代哲学上最重大的根本问题，乃是思维对存在的关系问题的指示相符合的。恩格斯为什么强调“近代”呢？这就因为，在他看来，哲学的基本问题在远古的蒙昧时代，已经以灵魂对肉体的关系而实质存在，但尚未上升到世界观的高度加以理解。中世纪的欧洲，神学处于绝对统治地位，自然科学、哲学降为它的附属品。这个时期，关于思维对存在的关系问题，不可能被明确地尖锐地提出来。只有到封建社会末期，出现了资本主义萌芽，人类思维能力有了进一步提高，生产力和自然科学得到了迅速发展。这时候，也只有在这个时候，思维对存在的关系问题，才以直接明显的方式在“完全的意义上”上（《费尔巴哈与德国古典哲学的终结》）被提出来，因此恩格斯强调了“近代”一词。从这里不难得出结论，恩格斯关于哲学家依照他们如何回答这个问题（指思维对存在——作者）而分成两大阵营的看法，在近代以前，只有实质意义，还不是现实本身。我们不能错误地理解恩格斯的原意，把非恩格斯强加给恩格斯。

同时还必须指出，上述论断，也并不违反列宁关于两千年来“唯心主义与唯物主义的斗争难道会陈腐吗”的指示（《唯物主义与经验批判主义》）。为什么呢？正如前面已指出的，否定过早把古代思想家说成是唯心主义或唯物主义的倾向和相互之间的斗争。因此列宁紧接着说：“哲学上的柏拉图和德谟克利特的倾向或路线的斗争难道会陈腐吗”？请看，列宁首先就采用了倾向二字，然而承认这种斗争也不能由此得出结论：唯心主义或唯物主义的矛盾是两千年来整个哲学史上的自始至终的主要矛盾，存在这种矛盾斗争与这种矛盾斗争是整个哲学史的主要矛盾的含义并不是一回事。

诚然，当人类进入封建社会乃至近代（指马克思主义产生前），即人类由幼年期逐步进入成年时期，作为这个时期人类定型的系统化的世界观，要么已经是唯物主义一元观了，要么已经是唯心主义一元观了，是否从此就可以据以判其是非功过？我们的回答：也不能完全这样说。因为这个时期的哲学家，受生产规模狭小、自然科学不甚发达和阶级地位等条件的局限，也不可能把自己的唯物论或唯心论信念，全面地落实到具体观点中去。从唯物主义哲学家来说，迫于对某些自然现象特别是历史现象迷惑不解，对这些现象，不能不自觉地离开自己的唯物论的信念，作出唯心的解释。被视为战斗唯物主义者王充，他具有“自然宿命论”是众所周知的，不仅如此，他一方面正确地批判董仲舒的“天人感应论”的“虚妄”的做法；另一方面却又错误地认为桓谭非难董仲舒的“土龙致雨”的做法，荀子《非相篇》揭露了“相而术”的唯心主义本质，王充却因袭“相而术”写了《骨相》篇。此外，他还写了《符瑞》等大量唯心的东西，以歌颂汉王朝。就近代言，西欧最进步的法国唯物主义领袖人物狄德罗，其历史观也是唯心的，是半截唯物论，而且在认识论上他竟认为石头、分子、原子等无机物具有情欲和思维能力等实质是唯心的观点。至于两人同时期的其他唯物主义者，就可想而知了。

从唯心主义者来说，迫于面对的某些顽强实际，同样也很难贯彻自己的唯心解释。对这些客观存在，也不可能不自觉地背离自己的唯心论信念，而赋于唯物的猜测，连最彻底的唯心主义者黑格尔也不例外，他说：“真正的思维是这样思想的，就是它的内容，不是主观的，而是客观的。”（《哲学史讲演录》）诸如此类的说法，是屡见不鲜的。正因为如此，恩格斯曾经指出：“黑格尔的体系只是一种就方法和内容来说唯心主义地倒置过来的唯物主义。”（《费尔巴哈与德国古典哲学的终结》）列宁也强调指出：“黑格尔是唯心主义体系，充满了唯物主义内容。”“在黑格尔这部最唯心的著作中（指《逻辑学》——作者）唯心主义最少，唯物主义最多。”甚至说：“聪明的唯心主义比愚蠢的唯物主义更接近于聪明的唯物主义。”（《黑格尔逻辑学一书摘要》）。

特别应强调指出：当一个唯心主义派别与另一个唯心主义派别竞长争高时，包括冒充“第三派哲学”的“中派”哲学在内，靠荒唐是不能制胜荒唐的。它必须不太勉强地偷运唯物主义。恩格斯曾讽刺这是一种前门当众拒绝而从后门请进来的卑怯行为。列宁在《唯物主义与经验批判主义》一书中，曾一针见血反复地揭露了这个事实，同时列宁认为，当一个唯心主义者批判另一个唯心主义者的唯心主义基础时，常常有利于唯物主义。并且说：“黑格尔否定了主观唯心主义接近了唯物主义，甚至部分地变成了唯物主义。”（《黑格尔逻辑学一书摘要》）。

综观上述，充分说明，即使社会历史进入近代（马克思主义哲学产生前），整个人类的系统化世界观已经定型时，作为这个时期的哲学家也不可能是彻底的唯物论或唯心论的一元论。如果即据此判定其是非功过，或据此否定唯物论与唯心论的相互同一的积极意义，否定主观唯心主义与客观唯心主义、不可知论与可知论之间等的斗争的动力作用，显然同样是欠妥当的。

（本文难以确定写于何年，为打印搞。）

从思维发展水平三个基本层次看《孙子兵法》的产生

“兵圣”孙武所著“兵经”（包括1972年山东临沂银雀山汉墓挖掘出土的5篇在内，下同），随着社会实践的延续和不断深化，它具有的科学价值和实用价值，愈来愈超越时代、民族、国家、学科领域的跨度和界限，不仅表明它是我国古代军事理论和文化思想的一颗闪光明珠，而且也表明它是全世界军事科学和文化宝库中的一块稀世瑰宝。

综合我国各种书目编写的《历代兵书目录》，兵书总数为1304部，存者288部，“而观诸兵书，无出孙武”。

长期以来，在经久不衰的“孙子热”中，大多数《孙子兵法》研究者，都把它看成是我国“春秋末期及其以前的战争经验”的总结，个别研究者认为它已有“原始辩证法的思想”。但照作者看来，仅仅停止于上述认识，是远远不够的，必须从新的角度、高度去考察它，才能从更深层次去了解它，汲取里面的精华，古为今用。

必须指出，文明人思维的逻辑发展水平，一般可以概括为三个基本层次或高度。第一个基本层次或高度是理性思维，即把概念、判断、推理应用于思维，提供的是对事物本质规律的认识；第二个基本层次或高度是科学思维，即把唯物辩证法应用于抽象思维，提供的是精确性高效性的正确认识；第三个基本层次或高度是科学创造性思维，即把唯物辩证法应用于创造性思维，提供的是突破性超前的科学认识。当然，这三个基本层次或高度的确定，有朴素和科学之分，三者的划分也不是绝对的，是相互渗透的。《孙子兵法》最少包含上述三个基本层次或高度的思维成分，然而，对这一点迄今却被人们忽视了。

一

首先应该肯定，《孙子兵法》同任何科学理论一样，是社会实践直接、间接经验的总结，不承认这一点，就不是唯物主义者。众所周知，战争是阶级斗争的最高形式。我国原始公社末期部落之间就进行了“打猎的工具和捕鱼的工具，而前者同时又是武器” 的原始战争。黄帝就是通过一系列战争而消灭“四帝”的。三代之际，战争在较高级的水平上进行，大的有商汤王采取设伏诱敌大败夏桀的鸣条之争，周武王使用离间、佯攻正面、迂回侧翼等战术灭亡商纣的牧野之战。与此相适应，记载、总结其经验的早期兵书也先后产生。在甲骨文、金文中，有关这方面的内容就不少，例如：《黄帝兵法》、《伊尹兵法》等为人所知。《易经》、《尚书》乃至《诗经》均有言兵篇章。在《易经》中，写战争的专卦，有《师》、《同人》、《离》、《晋》四个；在《尚书》中，专门记载军事的有《甘誓》、《汤誓》、《牧誓》、《费誓》、《秦誓》；在《诗经》中，写军事的诗篇有33篇。到我国由奴隶社会转变为封建社会的大转变大动荡的春秋战国时期，征战讨伐，兼并争霸，愈演愈烈。西周时，黄河长江流域有国1800余个，而到春秋时，兼并为100多个。在春秋时期的242年中，“列国间的军事行动，凡483次”，尚不包括华族与“东夷”、“西戎”、“南蛮”、“北狄”之间的战争，其中不少战争，投入的战斗兵力多达几万至10万余。公元前787年，郑国以正面迎敌、背后偷袭的战术大败燕军之战；公元前684年，鲁国于长勺采用“避其锐气、击其惰归”的战法大败各师；

公元前656年，齐桓公以强大的实力相威胁迫使楚屈完接受其盟约，不战而屈人之兵；公元前632年，晋文公在城濮以激将佯败、避实就虚的战法大败楚师；公元前645年，晋在韩原不晓地形陷于泥泞为秦所败。再如，当晋、秦联军围困郑都危机之时，郑老臣烛之武夜缒出城见秦伯，以片言分化秦、晋，解郑围，等等。同样与此相适应，总结这些战争经验的著述自然更多更丰富了：《管仲兵法》涉及整个军事经济思想；老子《德篇》专讲兵法的“俭武”，《偃武》、《配天》、《元用》中，涉及军事、政治等的相互关系，并有了哲学思辨的成分；墨子53篇中有13篇讲军事问题，其中一篇从防御角度具体论述了攻守城池的战法；不少人认为《左传》就是一部兵法，其特点表现于它从政治、经济、军事等各个方面的相互联系上进行了简洁的记载和总结，发人深省。

毋庸置疑，作为出身军事世家而立志著述“用之必胜”兵书的孙武，对上述文献中的经验，必然十分重视和汲取。例如，在《孙子兵法》中，“昔之善战者”，“古之用兵者”等词句，到处可见；《孙子兵法》中不少见解都表明是前人经验的概括和具体发挥，例如，“上下同欲者胜”，把战地分为九类，把火攻、用间各分为五种情形，其中不少见解还直截了当地指出其历史依据，例如，在《行军篇》中写道：“凡此四者（指书中所讲的山、水、斥泽、平陆四种——作者）之利，黄帝之所以胜四帝也。”在《用间篇》中写道：“昔殷之兴也，伊挚在夏；周之兴也，吕牙在殷。”在《黄帝伐赤帝》中，甚至概述了黄帝讨伐“四帝”、汤王伐桀、武王伐纣的基本过程和经验等。显而易见，《孙子兵法》还明显地表现出了它对殷周特别是春秋战国重视战争与政治、经济的制约关系，重视车战、地战的特征。然而，公认《孙子兵法》比我国古代其他兵书要高出一大截，这是为什么呢？照作者看来，这是由于《孙子兵法》并未停止于对战争经验的简单综合，而是从理性的高度加以认识和概括。主要表现在如下两个方面。从第一个方面来说，《孙子兵法》13篇的大部分篇名，是第一次提出来的新概念，如《计》、《谋攻》、《形》、《势》、《虚实》、《军争》、《九变》、《九地》、《用间》等，再如提出了伐谋、伐交、伐兵以及度、量、数、称等具有内在从属联系关系的同序列新概念。从第二个方面来说，孙武把其兵法分立为具有相对独立性的13篇，又使之构成具有内在逻辑联系的完整体系。这都充分显示了它的成书进到了较高的理性思维．超出了“经验的”“逻辑思维”水平的高度。据此，作者同意“黄帝为我国原始兵法之祖，而严格意义的兵书，萌芽于殷、商，形成于西周，成熟于春秋”之说，显然，《孙子兵法》是最成熟之作。其成熟之标志之一，就在于它首先是理性思维的产物。

二

《孙子兵法》成熟的标志，还在于它是朴素的唯物辩证法思维即朴素的科学思维的产物。对这一点，迄今的《孙子兵法》的研究者进行的揭示是很不够的。其中一个重要原因就在于他们忽视了从一般方法论的角度去考察它。须知我国古代哲学在明末清初王夫之以前，缺乏“独立的形式”，大多是与政治、伦理、文学、历史学融合在一起。西欧古代哲学则不同，虽然其哲学先后与自然科学、神学结合在一起，但有相当一部分哲学思想，早在古希腊罗马时期就获得了“独立的形式”。而标志我国哲学原点的《周易》，无论从表面形式，还是从内容来看，基本上是一本筮法的卦书；被誉为我国古代第一部阐述朴素辩证法的《老子》，从某种意义上讲，是一本包容政治、经济、文化、军事、人生观等的杂书，其辩证法思想很难说构成了完整的体系和具有逻辑结构，因而使读者难以捉摸。我国哲学界考察我国古代哲学产生、发展时，常把《周易》、《老子》视为我国古代辩证法的代表作，可是对阐述军事思想包含着丰富的朴素的辩证法思想的《孙子兵法》，却未一视同仁，明显地厚于彼而薄于此，毋乃太不科学、太不公平了。作者根据多年给研究生讲授中国辩证法思想史并反复研读该著作的认识，深感它与《周易》、《老子》同样具有丰富的朴素辩证法思想的内容，从而把它列为学习我国古代辨证法思想的三本典型著作之一。

我的上述认识，主要依据如下：

首先，《孙子兵法》具有运用唯物、全面、发展看问题和处理问题的朴素唯物辩证方法。唯物地、全面地、发展地看问题，是唯物辩证法最基本的观点和方法。《孙子兵法》在阐述战争实践时，强调“不可取于鬼神，不可象于事……”明显地表明它同当时历史条件盛行的迷信思想唯心观念实行决裂。更重要的是，它把全面发展的观点和方法运用到不同场合，如在权衡敌我力量双方对比时，要求从“五事”、“七计”进行全面的比较；在进行军事活动时，要求战争指挥者，“必杂于利害”，特别是提出了具有理论与实践意义的“知彼知己，百战不殆”这个显示辩证法方法光芒的新命题。它还采用“兵无常势，水无常形”这个形象的比喻，要求人们运用变化发展的观点对待战争的千变万化，并进而要求在实际作战时必须采取因势利导，“以分合为变”的作战方法等。

其次，它提出了一系列上升到哲学世界观高度的体现辩证法核心——对立统一思想的对偶概念，并对每一对概念之间，乃至有关对偶概念之间在一定条件下存在的相互对立、相互依存、相互渗透和相互转化的关系作了精辟的阐述，限于篇幅，这里就不一一引证了。其提出的对立概念主要有：奇与正、虚与实、迂与直、强与弱、寡与众、害与利、守与攻、负与胜、后与先、死与生、乱与治等。而孙武对这些概念之间关系的阐述的精密，较之古希腊辩证法创始人之一赫拉克利特提出“对立统一规律是辩证法的基本规律之一”的见解，是能够媲美的，较之《老子》提出的许多对立概念之间相互转化关系的阐述（自然转化），要科学得多。

再次，《孙子兵法》运用了相对成熟的辩证分析方法，特别是从多角度、多层次地进行具体分析的方法，更是古希腊和我国先秦哲学很少见到的。

在《孙子兵法》中，虽没有明确提出分析方法、具体分析具体的问题等概念，但是它强调“战胜不复”“因敌而制胜”。更可贵的，它对战争的解剖，实际上采用了多角度、多层次的具体分析方法，应该说这是古代理性思维的一个大突破，例如，对地形的分析就是一个典型的例子。首先从地形的本身特点及其对作战产生的制约的双重意义和角度，把地形划分为通、挂、支、隘、险、远六类，继而从作战的地理位置对军事行动的影响的角度，把地形分为散地、轻地、争地、交地、衢地、重地、圮地、围地、死地九类，接着根据对上述九类地形特点的分析，提出了不同的、具体的对策和方法，指出在散地就不宜作战；在轻地不要停留；遇争地应先敌占领，如果敌人先占领就不可强攻；在交地则各部要互相联结，防敌阻隔；在衢地就应结交邻国；在重地就应夺取物质就地补给；在圮地则应迅速通过；在围地则应巧设奇谋；在死地则要迅猛奋战，死中求生。然而，孙武并不就此止步，还从进入敌国作战的角度，对上述九种地形的概念作了新的解释，提出了新的作战方法。为了证明这点，不妨将《九地篇》第六段全文摘引：“凡为客之道（指深入敌境——作者），深则专，浅则散。去国越境而师者，绝地也；四达者，衢地也；入深者，重地也；入浅者，轻地也；背固前隘者，围地也；无所往者，死地也。是故散地，吾将一其志；轻地，吾将使之属；争地，吾将趋其后；交地，吾将谨其守；衢地，吾将固其结；重地，吾将继其食；圮地，吾将进其涂；围地，吾将塞其阙；死地，吾将示之以不活。故兵之情，围则御，不得已则斗，过则从。”在《火攻篇》、《用间篇》中，也同样采用了多角度、多层次一一具体分析方法和处理方法。

又次，《孙子兵法》在军事活动领域揭示了客观规律与主观能动性的辩证统一关系，强调最大限度地发挥作为主体的人的主观能动性作用。

通览全书，不难发现，孙武既强调“善战者，求之于势，不责于人”即重视进行战争对经济、政治、地理等客观因素的依赖关系，但同时又强调“择人而任势” 等尽可能发挥主观能动性作用的因素，并顺理成章地进一步要求在实际作战时要做到“我专而敌分”、“顺敌而制胜”等灵活机动的力争主动克敌制胜的战术方针。

最后，《孙子兵法》实际上已形成为一个相当成熟的军事辩证法的思想理论体系。

必须特别强调指出，《孙子兵法》已形成为一部在思想内容上以斗争为核心，以作为主体的人和以作为客体的人相互斗争的矛盾运动为基线，落脚于作为主体的人，根据具体情况，灵活机动地改变敌我力量的组合对比，从而达到以众击寡、以最少的代价夺取最后胜利的目的的军事辩证法思想体系；在形式上形成了由具有内在联系的13篇（前5篇主要讲战略思想，后8篇主要讲战术思想），比较完整地阐述战略战术思想的世界上最早的军事辩证法专著。

恩格斯说，辩证法本质上“是最重要的思维形式”、“最高的思维形式”。基于上述认识，《孙子兵法》的成书，显然已达到了成熟的朴素的辩证思维的水平和高度，即初级的科学思维的水平和高度，决非过誉。

三

对《孙子兵法》产生的认识也不能停止于上述理解，而要从创造性思维角度去理解。须知，《孙子兵法》的价值之所以能跨越时代、民族、国家及学科领域，归根结底，就在于它是人类思维发展第三个基本层次——科学创造性思维的初级形式——朴素的科学创造性思维的产物。

众所周知，创造性思维的本质是开拓、突破、创新，是以超常、超前思维为根本特征的。当然，从某种意义讲，辩证理论思维必然包含创造性思维成分。正因为如此，当今有的思维科学工作者把辩证思维理解为创造性思维，事实上作者在上面关于《孙子兵法》是朴素唯物辩证思维的产物的论述中已提及的一些概念、命题，如“五事”、“七计”、“知彼知己，百战不殆”、“分与合”、“虚与实”、“迂与直”、“因敌而制胜”等，就具有明显的独创性。但辩证思维的科学性，并不一定都具有创造性，这是因为创造性思维成果的产生，是人们自觉地从新的实践、角度、高度，通过多次反复批判、吸取、借鉴——推理、想象（含联想、科学幻想）、构象（即构想含组合）——多种假说选择——实验等探索性思维过程对事物获得更深层次的普遍本质和一般规律的认识。具体表现为：开拓新思路、提出新见解、建立新概念、构造新理论、获得新发现、产生新发明、创造新价值等。而最高创造性思维，在广度上能开辟新领域、新天地；在深度上能提出超过当时智力水平的划时代的新发现、新发明、新理论。作者认为，《孙子兵法》在一定程度上达到了上述两个层次的创造性思维水平的高度。

先从《孙子兵法》成书的出发点说，孙武以前的原始兵书——《黄帝兵书》、《伊尹兵书》以及散见在《尚书》、《易经》、《诗经》、《左传》等古籍的言兵篇章，基本上是停留于对战争过程的描述或对战争经验的朴素（非系统化理论化）总结，不曾见是以“可先知”而自命的。而孙武大大超过前人和同辈人的地方，就在于他独具慧眼深刻认识到战争实践具有“变”、“诡”、“诈”、“奇”、“速”等特点，但又认为，可以做到“巧能成事”，从而要求自己的《兵法》必须在“变”、“诡”、“诈”、“奇”、“速”等方面具有超人创见（巧），“使人用之必胜”。即是说，孙武写作《孙子兵法》，就是以在思维上要求有超人的突破、创新为出发点、为宗旨、为己任的，显然，这就决定了他写作《孙子兵法》，必须作出自觉进行创造性思维的选择。

从《孙子兵法》内容说，它提出的系统化理论化的创见，可说达到了中外古代兵法史上无人可与伦比的高度。

春秋前直至战国，言兵者谈到取胜条件时，诚然先后提出了“德”、

"道"、"足食足兵"、"师直为壮曲为老"、"天时、地利、人和"等因素，但不免存在这样那样的片面性，至于存在唯心的迷信的偏见就更不用说了。只是孙武第一次指出决定战争最后胜负的，是双方客、主观各种条件的总和，或综合国力的较量。为此他破天荒提出了著名的"五事"、"七计" 进行比较的新见解，并逻辑地引申出要"知彼知己"、"主不可怒而兴师，将不可愠而致战"的告诫。

春秋以前直至战国，言兵者都是认为战争就是以武力攻占城池，夺取土地，歼灭敌人为上策，因而出现了孟子所说的"争城以战，杀人盈城"、"争地以战，杀人盈野"，以及守城者宁肯"拆骸以炊，易子而食"，也不肯放弃城池的局面。只是孙武，在战略着眼上，另辟思路，第一个把谋略（斗智）摆在第一位，把外交摆在优先地位，把以"不战而胜"作为上策来考虑，提出"上兵伐谋，其次伐交，其次伐兵，其下攻城"和"全国为上，破国次之；全军为上，破军次之；……不战而屈人之兵"等高瞻远瞩的超时代创见。

春秋以前直至战国，即使是思辨性哲理性较高的《老子》，也只是抽象地提出"以正治国，以奇治兵"的命题。只是孙武，第一个在战术思想上迈进一大步，提出新人耳目的"战势不过奇正"、"奇正相生"、"以正合，以奇胜"、"以迂为直，以患为利"、"以分合为变"、"兵因敌而制胜"、"能因敌变化而取胜"、"我专而敌分"、"十则围之，五则攻之，倍则分之……"、"攻其所必救"、"趋其所不意"、"以逸待劳"、"避其锐气，击其惰归"、"兵之情主速"等对战争具有普遍意义的一系列新概念新命题，甚至提出了"知胜有五" 这个具有纲领指导性的准则，谱写了一曲兵法的千古绝唱。

必须指出，《孙子兵法》中更展示了闪光的创造性思想，这就是它居然已意识到具体事物的质是多种规定性的综合。尽管当时他还不能像黑格尔、马克思那样明确提出"具体之所以为具体，它是多种规定的综合"的命题。但是，孙武在2500年前已接近这一点。他认为一个好的将领是集"智、信、仁、勇、严”于一身。须知，这种认识，就使《孙子兵法》不自觉地从人类对事物的感性具体的认识水平上升到对事物理性具体认识的水平高度，尽管他的这种创造性认识只是模模糊糊的。

最后，从《孙子兵法》的“形式”说，前面讲过，春秋以前直至战国，没有一部较系统化理论化的兵书，只是孙武，第一次超出对战争过程的描述和战争经验的朴素总结，而从文明人思维发展的三个基本层次或高度，对战争的横向和纵向发展的普遍规律进行了创造性的揭示。它在“形式”上实现的超越不仅仅是使《孙子兵法》系统化理论化，而且使《孙子兵法》哲学化，进到了军事哲学（或战争哲学——作者）的高度。《汉书·艺文志》说《孙子兵法》有82篇，由于年久散失，曹操首定本为13篇，经银雀山挖掘出1000余字的《孙子兵法》残简对证，迄今保存下来的13篇是可信的（银雀山出土的残简还有曹本13篇之外的《吴问》、《黄帝伐赤帝》等4篇）。仅从保全到今的13篇看，就约有5000余字（一说5913字），但其军事思想之丰富和系统，其理论之深邃和新颖，达到了中外古今罕见的程度。可以无愧地说，它成了中外军事史上第一本光芒四射的军事哲学著作、一部活的军事辩证法专著，可与近代西方著名军事著作家普鲁士的克劳塞维茨所写的《战争论》相媲美。如上所述，《孙子兵法》是朴素科学创造性思维的产物是不为过的。

当然，孙武由于所属阶级所处时代的限制，还存在某些局限，甚至错误，但是瑕不掩瑜，《孙子兵法》仍不失为中外古代兵法首屈一指之作。

四

关于孙武故里乐安今何在，目前主要存在惠民说与广饶说之争，似乎难以肯定下来，其实不然。作者认为，依据并继续进行地下挖掘和考证，从孕育孙武思想的必需条件、先秦赏赐采邑的原则、词义学去考察，也不难裁夺。

从本文对孙武思想的剖析与评价中，可以说明其伟大思想的孕育、诞生，除深受其军事世家的思想熏陶外，最少必须具备以下基本条件：饱读前人及同代人关于战争的丰富文献资料，耳濡目染甚至参与当时的重大军事斗争；同智力相当的同辈人的交往过从，商讨论争，即是说，它必须以广博的间接、直接经验知识为基础，以长期的显意识潜意识活动的思想沉淀为铺垫，以和同好思想的切磋或敌对思想的碰撞为契机，否则只能归结为“良知良能”的所谓天才头脑产物的唯心解释。显然上述必备条件，只能在当时经济、政治、文化、交通等发达的齐国国都及其附近地区才能具备。在地理环境对人类历史发展尚起一定决定作用的先秦古代，平坦肥沃、交通方便的黄河中下游成为我国古代灿烂文化的摇篮，而齐鲁文化更是这摇篮里的婴儿。

众所周知，迫于先秦所处古代历史条件的限制，当时盛行将地理等条件较好之地作为赏赐功臣食禄的采邑，而将遥远穷苦之地作为惩罚、放逐贰臣或失职犯法官吏的场所。孙武祖辈是齐国有功的军事世家，其被赏赐的采邑，怎么也不会是远离齐都三四百里之遥、地处黄河出海口泥沙淤积荒凉贫瘠之地——今惠民。至于1980年文物考古部门在广饶草桥村地表2—3米深处发掘出了大量汉砖、汉瓦和先秦时期的陶器、青铜器等，至少证明草桥村是前汉一城市遗址。同年发现离草桥村8里的古柏寝台（亦称桓公台）。据《青州府志》载“乐安地，以柏寝台征之或当然也”，从而证明齐乐安在柏寝台周围——今广饶县境。

从字义学考究，乐安的含义，望文主义，即安居乐业之意，在春秋古代历史条件下，这样的地方，只能是土地富饶、社会治安好、人民丰衣足食之地；广饶的含义，顾名思义，即广阔富饶之地，两者的内涵，在一定程度上是相近的。因此，没有任何理由证明对齐有重大贡献的军事世家孙武先祖受封的食邑（采邑）是远在离国都300里以外的黄河与渤海衔接的不稳定的泥沙淤积之地，否则怎能设想武圣人孙武及其哲理化的兵法思想的诞生应必具的基本前提条件呢？显然是背离社会存在决定社会意识的历史唯物主义基本原理的。

根据以上角度的分析，有充分理由断定春秋时期孙武先祖受封的采邑——乐安，即系今日地处山东北部大平原靠近春秋齐之旧都临淄西北角的广饶，是孕育产生孙武思想的故里。这是无可怀疑的。

广饶既是兵圣孙武及其思想诞生的故里，整个山东是其思想诞生的大故乡，据此我们就应把广饶建立成为研究孙子思想与齐鲁文化的中心，古为今用，使它在建设有中国特色的社会主义社会进程中发挥积极的作用。

（本文原载于《孙子与齐文化——海峡两岸孙子与齐文化学会讨论会文萃》，石油大学出版社1993年版。）

略论柳宗元对中国古代元气本体论范畴的划时代贡献

构成中国古代哲学史唯物主义本体论范畴的历史链条是：“五行”→“阴阳”→“精气论”→“元气自然论”→“水”→“有”→“元气阴阳说”→“太虚即气论”→“气化流行说”。而其中大部分是同一个“气”这个本体论范畴层次性的衍变。必须强调，在它们的历史演进中，柳宗元（同刘禹锡一起）作出的突出的贡献是标志着元气本体论范畴演进和深化的一个里程碑。

一

“五行”是中国殷、周之际较原始的唯物论本体论范畴，始见于《尚书·洪范》。

与“五行说”几乎同时产生了阴阳范畴或“阴阳交感”说，始见于《周易》，比“五行说”具有更高的概括性、思辨性。可以说他是中国第一个哲学的真正的思想范畴。

战国时期宋尹学派进一步提出了“精气论”这个崭新的范畴。从它对这个范畴的阐述看，可以说是从唯物的原则出发，走到了唯心主义，但它又是通向更高的唯物本体论范畴“元气自然论”的桥梁。

荀子哲学中的“气”，又是从宋尹学派的“精气论”走向王充的“元气自然论”范畴的阶梯。从严格意义来讲，荀子的“气”并未形成一个独立的新本体论范畴。

西汉时期的《淮南子》、《太平御览》都指明了“气”是万物之本，甚至提出了比普通的气更为概括的“元气”概念。董仲舒在《春秋繁露》中也强调了“气”的作用，但是前两者都把“元气”放在“道”、“太虚”之后，并未把它明确说成是构成万物的最后根本，给人一种似是而非的印象，好像“气”之前还有一个先于“气”的混沌难辨的阶段。后者同庄子一样，只是把“气”看作构成事物的材料。

东汉王充突破了上述诸家的限制，进一步指明阴阳二气未分的混沌实体是元气——一种物质性的具有必然运动的实在，它是构成宇宙万物的本原，即提出了“元气自然论”的新范畴，并进行了广泛的论证。其新贡献是：第一次对“元气”概念增加了纯物理的内容。但是由于时代条件的局限，王充在论证时，未能首尾一贯。更严重的是，由于他缺乏辩证法，以致他从唯物的本体论出发，作出了“自然宿命论”的唯心结论。这种局限性，必然推动哲学史向两个方面发展：一方面是唯心主义者在新的历史条件下采用新的范畴去取代它；另一方面又推动唯物主义者进一步寻找它背后的本根。作为前者的表现，是汉代经学、魏晋玄学、隋唐佛学、宋明理学长期占据思想统地位；作为后者的表现，是三国时期的吴人提出了“水”是“气”的本原、魏晋的裴頠提出了“有”是世界本原问题的探讨。前者比“气”在形式上是一种倒退，而在思维发展上是一种进步。后者在形式上冲破了“从某种具有固定形体的东西中，在某种特殊的东西中去寻找世界的统一”的限制。它的认识价值就在于，诱发了人们去进一步探讨世界的本原问题，探讨这种本原怎样构成世界的多样性的问题。

二

中国封建社会长期积累起来的关于“阴阳”、“元气”说范畴的丰富的思想材料，决定了中国封建经济高度发展的盛唐中期的唯物主义者柳宗元（包括刘禹锡，后同）继续把它推向更高的层次，即把先秦的“阴阳交感说”与汉代的“元气自然论”在更高的基础上进行辩证的综合，提出了“元气阴阳说”。质言之，这就是从“阴阳交感说”（肯定）经过“精气论”、“气”论等范畴的过渡阶段，到“元气自然论”（否定），再经过“水”、“有”等另一类型新范畴进行新的探索阶段，到“元气阴阳说”（否定之否定）。必须指出，这关于“气”的新概括，实质上是以统一的物质元气为本原的一元观与以阴阳的对立统一为动力的发展观相结合的新的范畴体系，标志着中国传统的“气”这个实体范畴衍变的一个飞跃，意味着它成了中国古代以气为本的朴素的辩证唯物主义范畴体系的雏形。

王充以后，自魏、晋、南北朝直至隋和唐中叶，思想界是玄学、佛学唯心主义占据统治地位。韩愈、李翱在进行排佛的同时，又祭起了“天命论”和“神学目的论”的亡灵。柳宗元在上述历史背景下，重新提出和恢复较科学的物质性的元气本体论的权威，从具体历史的观点看，不能说不是一种巨大的贡献。尽管柳宗元的元气本体论范畴不及费尔巴哈的唯物主义范畴先进，但是柳宗元以气为本的唯物主义范畴却具有费尔巴哈的唯物主义所欠缺的辩证性。

柳宗元超越其前辈的地方，也在于别开生面地把物质性的元气和阴阳两个矛盾着的方面有机地联系起来了，提出了“元气阴阳说”这个具有辩证唯物主义本体范畴胚胎的新概念。元气的阴阳两种势力交互作用，形成了物质世界的多样性。坚持物质性的元气的存在的根源是由于其内部本身的同一和对立，因而物质性元气既不可人为地创造，也不能人为地消灭。这种观点，必然逻辑地得出元气阴阳的存在具有普遍性、无限性，得出宇宙在时间上无始无终，在空间上无边无际的结论。柳宗元所作的特殊贡献之一，也在于他较任何一个前人更注意和阐明宇宙的无限性。恩格斯曾经指出过，如果说宇宙是有限的，那么有限以外只能给神的天国留下地盘。由此就应得出结论，柳宗元关于物质世界是无限的思想就无形中否定了超物质性的天的存在。此其一。

其二是：柳宗元对中国古代哲学关于自然与社会的关系（天人关系）的认识进行了质的深化。他把思孟学派的“天人合一说”（肯定）与荀子的“天人相分说”（否定），在更高的基础上进行了辩证的综合，提出了天人“各行不相预”（《天说》）、“顺人顺道”（《答刘禹锡天论书》）和“天人交相胜”、“还相用”（刘禹锡《天论》）等新命题（否定之否定）。这种关于天人关系所作的新概括，是对中国古代的哲学关于古老的天人关系范畴演变的一个飞跃。

思孟学派（包括汉代的董仲舒）提出和坚持的“天人合一说”命题，如果是指自然界与人类有同一性的含义的话，是有进步意义的，就可说是这个方面认识的肯定阶段。当然，其实质是宣扬莫须有的天命决定人事，推销反动的“君权神授”说。后来，荀子对前者进行了否定，首先把天解释为物质性的天，提出了新的“天人相分说”。一方面，指明自然现象有自己的变化规律，“不为尧存，不为桀亡”；另一方面，又强调“制天命而用之”等戡天思想。在古代天命论长期盛行的历史条件下，上述强调人的主观能动性的思想，是极其可贵的。但是荀子忽视了自然和人类各有各的特殊性，抹杀了自然规律不能违背的简明真理。柳宗元破天荒第一次意识到自然界与人类社会各有其特点和自己的规律，不可以混同。他说：“生植与灾荒天也；法则与悖乱皆人也。二之而已矣。其事各行不相预，而凶丰理乱出焉。”（《答刘禹锡天论书》但他并未到此止步，还进一步提出了“顺人顺道”的命题，指明社会规律与自然规律虽然不同，但政治措施要遵循人类社会发展的要求。对这个问题，刘禹锡更明确地把“天人合一说”与“天人相分说”进行了辩证的综合，提出“天人交相胜”这个具有质的飞跃的新命题。并解释说：“天之道在生植，其用在强弱；人之遭在法制，其用在是非。”（《天论》）就是说：自然界特别是动物遵循的是生存竞争、弱肉强食的规律，而人类社会遵循的是反映人类的所谓“共同”利益的法制而求得自己的发展的。并且由此前进，提出了“理”、“数”、“势”一系列的新概念，从而使我国古代对天人关系的认识产生了新的飞跃。

其三是：在历史观方面，柳宗元把春秋战国重“人”、重“民”重“耕”、强调进化的朴素唯物观点（肯定）和重“神”、重“天才人物”、强调复古倒退的天理史观（否定），在更高的基础上进行了辩证的综合（否定之否定），提出了表明社会历史存在着客观必然性的“势”的新概念，以及提出了“生人之意”的新命提（否定之否定）。从某种意义上说，它孕育着朴素的辩证唯物主义历史观的萌芽。

早在西周，就自发地产生了重“民”思想。荀子已懂得从物质生活的要求中寻找历史、政治发展的原因，提出了“法后王”，向前看的政治口号；韩非更进一步明确了进化的历史观。另一方面，孟子、董仲舒则极力推行天命史观、天才史观。柳宗元把上述两个方面在更高的基础上进行了辩证的综合，他在旨在论证郡县制必然代替封建制的专著《封建论》中，提出了社会历史存在着像自然现象一样的必然性、不以人们的意志为转移的“势”的新概念，强调过去实行过的“封建，非圣人意也，势也”，指出秦朝的灭亡，“失在于政，不在于制”，就是说，秦之速亡不是因为郡县制度本身不比前者优越的缘故。不仅如此，柳宗元还进一步创立了“以‘生人之意’为历史前进动力的新学说”，因而进一步“把盘踞在历史领域的神学思想及备种宗教迷信观念驱除出去”。毋庸置疑，柳宗元在历史观方面的这些光辉思想，对后来王夫之的“理势合一”、“势之必然处见理”、“趋时更新”等更进步历史观的产生起了积极的诱发作用。综上所述，柳宗元在上述自然哲学、天人关系、历史哲学等三个方面所取得的继往开来的成就（我认为如果没有柳宗元的“元气阴阳说”，就很难有像后来那样有成就的王夫之的“太虚即气论”与戴震的“气化流行说”），可以毫不夸大地说，它对中国古代哲学以元气为本的唯物主义一元观的范畴体系的发展，作出的贡献是划时代的。

三

作者认为，任继愈同志主编的《中国哲学史》以“天退居次要的地位”作全部论据，笼统地认为“柳宗元、刘禹锡在中国哲学史上的唯物主义地位赶不上老子、荀子、王充和范缜等人那样重要”，是有待商榷的。

首先，这就由于马克思主义认为，哲学就是认识论。唯物主义不单纯是一个词，而是一个范畴体系。任本将表系本体论的“天”这个范畴，看成是整个唯物主义的范畴体系，并以它“退出次要的地位”作为评价唯物主义哲学家的地位的标准，显然是不客观的。就是从当时看，宣扬“天”的唯心主义仍然是很盛的，韩愈、李翱在进行排佛的同时，又祭起了“天命论”和“神学目的论”的亡灵，因此，当时，柳宗元写了《天说》、《天对》，刘禹锡写了《天论》三篇进行批判，并进一步阐明“天与人”的相互关系。从一定的意义讲，柳、刘哲学的社会作用，更直接更重大，这决非人为的拔高。

至于老子与范缜，作者认为，他们在中国哲学史上的唯物主义地位，不仅不超过柳、刘，而事实是恰恰相反。先说老子吧。他主张“遗道虚无”（《吕氏春秋》），算是直接探讨了本体论或天道观问题。但“道”是什么，他自己也不太明确，只是“强为之名”。《老子》的所谓道，仍应解释为最高原理，也就是绝对观念之类，所以《老子》的哲学应是一种客观唯心主义。但《老子》提出的“自然”观念，对于以后唯物主义的发展却起了积极的作用。作者对此极 表赞同，因此就不存在老子与柳、刘在中国唯物主义的历史地位孰高孰低的问题，只能说《老子》在本体论上是错误的。

再说范缜吧，他的代表作是《神灭论》，其历史功绩是他大胆地批驳了佛教关于灵魂不灭和轮回因果报应之说，在神形关系上坚持了唯物主义观点，这对间接维护古代唯物主义的传统是有巨大贡献的。但必须指出，形神关系仅仅是思维和存在关系的一种不成熟的表现形式，对哲学世界观或哲学的基本问题来说，还不具“完全”的意义。由此可见，范缜在中国哲学史上的唯物主义地位，比旗帜鲜明地站在唯物主义的立场上同佛学和韩愈、李翱的客观主观唯心主义作斗争，并大大地把唯物主义的元气本体论范畴推向前进的柳、刘相比是有逊色的。

柳宗元、刘禹锡由于所处的历史条件、阶级地位及其向佛学作让步等的限制，存在着这样那样的局限性（荀子、王充同样也有类似的局限性），在某些方面赶不上荀子、王充以及老子范缜的成就，是不足为怪的。但是从总体上来说，从其产生的深远意义来说，柳宗元、刘禹锡两人在哲学上所作的贡献及其地位，至少是与荀子、王充不相上下，甚至还超过了老子、范缜等人，这是历史的结论。

（本文原载于《柳宗元哲学思想讨论文集》（上册），广西社会科学院哲学研究所、广西中国哲学史研究会出版，1983年11月。）

王夫之与宋明理学的终结

思想的历史证明，精神生产是伴随着物质的生产而生产，伴随着物质生产的改造而改造。考察一个具体的思想体系的生产、发展和终结，不能离开它所赖以产生、发展和终结的经济前提和社会基础；考察它的性质和作用时，必须依据它所服务的经济基础的性质及贡献大小，也绝不能脱离他所处的时代和代表的阶级对他的制约和设置的界限。

宋明理学的产生、发展和终结，以王夫之为代表的启蒙思想的诞生，都不是偶然的。它是我国封建社会发展到由盛转衰、走向灭亡前的特定时期两个矛盾（封建社会的经济政治的固有矛盾和宋明理学自身的矛盾）的发展，两个方面的解体（封建经济的解体和“理学”、“心学”的相继解体）的必然结果，上述情况，既决定了力图维护旧统治的吃人“理学”的反动性过时性；又决定了反映历史转折和变革要求的新的启蒙思想对包括前者在内的中国古代传统思想进行“别开生面”的终结变成了现实性。诚然，从本质上说，宋明理学在思想内容上是反动的；但它在思想形式上，却扮演了“逻辑的泛神论”和“心灵的泛神论”的角色，从而使它成为人类认识发展史上的一个中间环节，即把创世主从天国搬到物质世界、从天上搬到地上、从人格的神下降到人间的过渡阶梯。同时，由于下列三个主要特定因素：中国封建社会的过分漫长所造成的社会生产力和自然科学的落后；后期缓慢产生的不同形式不同程度的资本主义萌芽，不仅十分脆弱，而且在落后民族的两度统治时一再被斩断；儒家传统思想在思想界形成的根深蒂固，造成了以王夫之为代表的启蒙思想体系中保留着过多的旧时代的痕迹，它成了启蒙思想的早产儿和流产儿，从而决定了本已失去现实性的宋明理学在清代又一度恢复统治地位，新的启蒙思潮在19世纪末（光绪年间）和20世纪初叶（五四运动时期）又一再表现出来。

王夫之思想的产生是宋明理学发展的必然结果，但后者对前者并未进行真正地终结。马列主义、毛泽东思想是宋明理学终结的真正承担者。

下面我们进一步进行具体的剖析。

一、北宋中国封建社会内在矛盾的发展及其解体，宋明理学的诞生及其矛盾的发展

大一统的隋唐统治是中国封建社会的极盛时期，在这种极盛的背后，隐藏着新的矛盾和危机，黄巢空前规模的大起义，把中国封建社会向后期推进。北宋的统治是这一转变的过渡阶段。唐朝的覆没、北宋的兴起，意味着中国的封建经济由计口授田、农民成为“部曲”、“徒附”的地主庄园的农奴制过渡到土地自由买卖、农民成为佃客（客户）的实物地租佃制。与上述经济的新变化相适应，总结前代的统治的经验教训，宋王朝建立了高度集中的中央集权制，这种仍然因袭秦汉衣钵的剥削形式，迅速地导致了土地的高度集中和农民的极端贫困，国家的“极弱极贫”，促使了宋王朝与人民群众的矛盾日益尖锐化，以王小波等为首的农民起义不断发生，北方落后少数民族的入侵，迫使宋王朝必须采用比宋代以前更为有效的思想统治工具。宋王朝中央集权政府深感单独的传统儒学或佛学、道学，都不能满足自己的要求，竭力推行儒、道、释三派合流的主张。宋代的封建主义知识分子为了适应上述需要，千方百计把儒学的缺陷加以修补，使之更加完整化、精致化、圆滑化，即以儒家的伦理观为核心，偷运道家的宇宙生成、万物化生的本体论，摘取佛家的思辨哲学的思想材料，整合成标榜继承孔孟传统的理学或道学。所谓宋明理学，是由韩、李开启先河、宋初三先生（胡瑗、孙复、石介）加以酝酿、到北宋五子（周敦

颐、二程、绍雍、张载）正式创立，南宋朱熹集其大成，是宋明特定时期长期占据统治思想地们的钦定官方哲学（既不应包括王安石的唯物主义“新学”，也不应包括二苏的唯心主义的“蜀学”）。其共同特征是：从孔孟的伦理道德观出发，围绕着“理气”、“道器”、“心物”、“性命”等关系为核心展开自己的思想体系；从不同的本体论角度，论证封建道德的永恒性，为封建统治秩序提供理论依据；从入世的人生观入手，强调在现实生活中通过“去欲存理”、“尽性知命”达到一个崇高的精神境界。从上述原则出发，否认有人格神和上帝的存在，不承认有不灭的灵魂，反对“三轮回说”，并对佛学道学进行批判。理学一开始就不是一个绝对的统一体，它分裂为以“气”为本的左派（张载的“关学”）与以“理”或“心”为本的右派（程颢、程颐为代表的“洛学”）。左派张载的思想，经历着由唯心到唯物的发展进程。他同样是从论证孔孟的伦理道德观、修补儒家的思想体系出发，建立了以“气”为本的本体论、方法论。但是由于他的落脚点是孔孟的伦理观、人生观、政治观，因而在人性论上提出了唯心论的“本原之性”的命题（从张载起，才建立了比较完整的地主阶级的人性论）；在认识论上具有唯心论的倾向，在历史观上提出了复古主义的历史观。这种唯心的观点同他的“太虚即气”的本体论、“一物两端”的方法论，是互相矛盾的。因此，从哲学的基本问题讲，张载哲学是唯物的、辩证的；从他的落脚点来说，又是唯心的形而上学的。按照他的思想发展逻辑，只要向前跨进一步，就可以在各方面演绎为朴素的辩证唯物主义思想，但由于他的过早去世，并没有做到这一点。事实上由于历史条件不成熟，他也不可能做到这一点。相反，在他逝世后，“关学”的右派张载却膨胀了他学说的唯心的一面，歪曲利用了他的唯心的体系，把“关学”和“洛学”合流，从而把“关学”的内在矛盾错误地暂时地解决了。张载哲学自身存在的矛盾，决定了它既能受到封建统治者的青睐，又能受到理学右派的非议；既为后来集理学之大成的朱熹所推崇，又受到了集古代传统哲学之大成的王夫之的赞誉。

周、程为代表的理学右派，无疑是从论证孟子的伦理道德观修补儒家的思想体系的缺陷（本体论欠缺）出发，逐步建立和巩固以不变的“理”为本的思想体系。探讨人性问题，是儒家论证封建秩序不可动摇的重要的精神支柱（首先是天命论或天理），同样也是理学的基石之一。二程提出了“性即是理”的命题，建立了“生性”与“气禀”对立的人性论，以论证“存天理灭人欲”的合理性。为了适应已经有所变化的封建统治秩序的需要，他们还必须用辩证的方法展开自己的体系各方面的论证，从而在方法论上具有辩证法的因素。这两者之间就自然陷入自我矛盾。由于他们的唯心的体系的重压，他们的辩证的方法没有得到更多的发展。随着落后民族的侵占中原，出现了南宋偏安的局面，国土的减半缩小，纳贡的成倍增加，阶级矛盾、民族矛盾的更加尖锐，“不事神、佛、祖先”口号的流行（即儒、释、道——作者），迫切需要把程朱理学这个思想统治工具进一步加以精致化、完整化，使之更富有欺骗性。朱熹思想别出心裁、超越他的先辈的地方就在于：利用千百年来封建王朝灌输给人民的崇孔心理，抛出《四书集注》、实行“六经注我”、“曲圣言以伸己意”的手法，集古代形形色色唯心主义之大成，并偷运唯物主义的思想材料，从论证封建的伦理道德出发，围绕着“理气”、“道器”关系，采用颠倒思维和存在，一般和个别的关系、混淆同一和差别的界限的手法，阐明一系列有关范畴，多层次的相互关系，通过这些有关逻辑范畴的人为的辩证运动，构成自己的“理”——“气”——“物”——“理”的思想逻辑结构，并在这个逻辑结构中，颠倒地展开“动静观”、“认识论”、“人性论”和“历史观”等的论证。他巧妙地把气比作马，把“天理”比作骑马人，辩护“天理”实际上是不动的怪论；他以似是而非的“格物穷理”的认识方法，得出神秘主义的“顿悟”说；他以折衷的手法，维护二程的“知先行后”说；在人性论上，董仲舒的“性三品”与韩愈的性情分开的各三品的衣钵，利用张载在人性论上的错误，把人性区分为本原之性（天命之性）与气质之性，并演绎出“道心”与“人心”、“天理”与“人欲”的对立，强调解决这个矛盾的办法是改变气质之性以恢复本原之性或天命之性，灭人欲以存天理，从而达到诱骗被剥削者甘心忍受被奴役地位的目的。在历史观方面更精心地宣扬倒退的天理史观。以此种种把自己对这些问题的唯心解释，提到宇宙观的高度。这种借助逻辑范畴的人为运动建立的思想体系，实质上是一种“逻辑的泛神论”，或者说是倒立过来的布鲁诺的泛神论中的“单子论”。它赋予“理”或“道”以唯心的形而上学的解释的本体和赋予“气”、“物”的辩证解释的方法论之间，便陷入了自相矛盾。但迫于他的哲学的出发点——论证封建伦理道德的绝对化的需要，只好把自己的基本正确的方法论服从极端错误的唯心的本体论，居然把“天理”与“人欲”绝对对立起来，做出了“存天理、灭人欲”的荒谬结论，使他的哲学在思想内容上更加反动。另一方面，从思辨形式来说，由于他“对许多哲学范畴、命题作了辨析、周详、精致论究”（黄宗羲语），他提出“凡事无不相反相成”（《朱子语类》卷62）“动静无端，阴阳无始”的（《朱子语类》卷94），以及事物的“一分为二、节节如此，以至无穷”（《朱子语类》卷67）等精辟见解，大大地发展了前人（包括张载）的这一思想。他为了修补二程的先验主义的“知先行后说”提出的“知行两须发”的命题，如果清除赋予它的“三纲五常”的伦理道德杂质外，这个命题本身是包含有合理的因素的：他把二程的“知先行后说”从不同的角度具体解释为“论先后，知为先；论轻重，行为重”（《朱子语类》卷9），这就比二程的笼统提法“高明”得多，从一定意义一定程度上，猜到了知与行在整个人类活动过程中的地位；他指出“无知的行是冥行”，这个概念接近了盲目实践的意思。他所强调的“知之愈明，行之愈笃；行之愈笃，则知之愈明”和“知之浅，行之小；知之深，行之大”（《朱子语类》卷14），就十分接近猜到了两者存在着互相依存、渗透和转化的思想；他关于“知待行定而后验其知否”（《朱子语类》卷15）的观点，模模糊糊地触及了行是检验知的正确标准。当然，朱熹进行的这些修正，归根结底并不能改变他仍属于二程的“知先行后说”的范畴体系的本质。他把知与行比作“两足”关系，“分知行为两事”，更是错误的。所有这些，从而把我国古代的思辨哲学提高到一个新的阶段。但由于他本身存在着上述唯心的体系与辩证方法的内在矛盾，使它愈发展就愈走向解体。朱熹晚年提出了“心包万里，万里具于一心”的命题，强调神秘的自觉等，已表明了他从客观唯心主义向主观唯心主义方面的动摇，愈来愈反动。

作为程朱理学解体的先行者，陆九渊“心学”的创立，是对程朱理学的一大反动。它是南宋封建王朝当客观唯心主义理学的欺骗失去生命力时，转而采用的一种简易速成的思想武器。程朱理学不仅在理论上是荒唐的，政治上是反动的，而且在实践上造成了束缚人们思想的恶劣后果，造成了以孔了（实际上是程朱）之是非为是非，以抄语录、背语录为时髦，以致出现了“矮子观场，人好亦好；瞎子随笑，所笑不差”（傅山《霜红龛集·杂寄》）的可笑局面。封建知识分子陆九渊深感烦琐的“理学”的作用的局限性。为了适应抗金、“改革”和镇压农民运动的需要，强调必须发挥人们的主观能动性，因而独立地建立了人们容易掌握的主观唯心主义学，宣扬人的本性本来具有一切善和美的道德，“心即理也”，要求人们“向内求”“而不假外求”，提了“吾心即是宇宙，宇宙即是吾心”的命题，勉励人们通过“存心”、“养心”去掉蒙蔽人心的物欲（邪说），实现穷理的目的。朱、陆在认识论和世界观上发生的两起争论，是争夺儒家的正统地位，两者的差异只是黄色的鬼和蓝色的鬼的区别，实质“同植纲常、同扶名教、同宗孔孟”（《宋元学案》卷58《象山学案》）。陆九渊的心学，较朱熹的理学有所前进，它构成了程朱理学向王阳的心学过渡的桥梁。

二、明王朝的建立，中国封建社会矛盾的继续发展及其解体，程朱理学的最后解体，王阳明心学的诞生及其固有矛盾的发展

朱元璋建立了统一的封建政权后，“往年大姓家存在者无八九”（《一山文集》）。原来蒙古的奴隶主贵族与汉族大地主的土地成为“无主”的荒田，其中部分回归农民手中。曾沦为蒙古奴隶主的“驱人”摆脱了人身束缚。明王朝也实行了一些恢复农业生产的措施，耕地面积大大增加，农民的积极性有所

提高，生产力有所发展。明王朝的土地占有的封建本质，导致了它通过授予皇族特权、土地的自由买卖、实物地租制的推行、设立皇庄等措施，疯狂地掠夺和兼并土地，出现了“一亩官田七斗收，先将六斗送皇祖”的惨无人道的剥削现象，明王朝统治的显著特点之一，表现于：集一切大权于皇帝一人之手（宋是集大权于皇帝为首的中央政府），实行极端专制的特务统治；设立锦衣卫、东厂、西厂、内行厂等多方面多层次的特务机构，专司搜捕镇压“妖人”的职能。经济上的无止境的掠夺，政治上骇人听闻的高压，迅速导致阶级矛盾的日益加深。14世纪到15世纪初叶，河北、浙江、广东等地农民起义连绵不断。“山中贼”层出不穷，“天下势如沉疴积痿”，已到了“病革”、“临绝”（王阳明语）关头；另一方面，明王朝宗室本身存在着类似晋王室的致命弱点，分封各地的王藩先后不断起兵反对中央政权，不断削弱明王朝本身的统治和镇压力量。

明王朝的经济、政治和民族等矛盾的日益尖锐化，迫切要求建立“破心中贼”的新的思想统治工具。在这种背景下，朱熹理学必然走向进一步解体。原来朱熹理学的信徒王阳明，从理学中分化出来，甘然“冒天下人的反对讥笑，为陆学辨诬”（《答徐成之》）。

王阳明“心学”是为了破广大劳动人民“心中贼”而建立的，本质上是反动的。但它也反映了商品经济发展的需要，在客观上具有进步性。王阳明“心学”的政治目的，强调他集古代唯心主义之大成，热衷陆九渊的简易速成的“心学”，并使之更加精致化、完整化，诱导广大劳动人民“反求诸已”，“去人欲”，保存封建伦理道德之“理”。王阳明的“心学”同样是从论证孔孟的伦理道德，维护封建统治出发，以“心物”关系为核心。围绕着“心”与“理”，“物”、“知和行”或“良知”与“格物”的关系，展开自己的以“心”为本的思想体系。它采用颠倒主体与客体的关系，混淆人的生理功能与人的道德观念的区别等诡辩手法，把陆九渊的“吾心即是宇宙，宇宙即是吾心”的命题修正为“心外无理，心外无物”的新命题，鼓吹“我的灵明便是天地鬼神的主宰”（《传习录下》），进一步走向了唯我论。王阳明的“心学”独到的圆滑之处就在于：他通过“心”、“意”、“物”、“伦理”等范畴之间的人为联结，把“心”与封建伦理道德直接联系起来，作出了“心之所发便是意，意之所在便是物”、“意在于事亲，即事亲便是一切，意在于事君，即事君便是一切”等荒唐的谬论。他还通过宣扬“满街都是圣人”、“圣凡同心”、“个个人心中有仲尼，区别在于有无思欲的蒙蔽”的说教，推动劳动人民自觉地维护封建统治秩序。王阳明为了达到“求理于吾心”的目的，在强调“贵在神秘的直觉”的同时提出了“知行合一”的新命题，以此推动人们从身体力行入手，去维护封建伦理道德及其政治统治。必须指出，这种“知行合一说”，如果从纯粹思维逻辑着眼，它是包含有合理因素的：如把朱熹的“知行两须发说”的命题衍变为“知行合一说”，就更能明确说明两者存在着不可分割的联系，对后世注重实践、注重经世致用的实学有启迪作用，无疑是一个进步。他关于“知之发动处便是意，意之发动处便是行”的观点，实质上猜到了意到事、认识到实践的这个认识过程，也客观上接近猜到了人们的主观能动性作用。但是王阳明建立在直觉心理上的“知行合一说”，采用融合的手法把知看成行，抹杀两者的差别，无形中就把人的生理功能与社会意识、把认识范畴与实践范畴都混同起来了，同时也否定了知到行存在着的转化过程，用知融化了行，用主观吞掉了客观。显然，这种强调“知之真切处便是行”的“知行合一说”，仍然是万变不离其宗的“知先行后说”。

王阳明“心学”不管如何乔装打扮，但存在着不可克服的矛盾，具体表现于：它关于人人具有“良知”、“良能”的本体论，与它所维护的封建统治秩序恰恰是不相容的；它强调人人具有“致良知”、“做圣人”、“堂堂地做个人”的主观能动性，与它强调的良知之水天上来、良知之根天来栽的观点是背道而驰的。这种矛盾的发展，客观上必然会提高人们对自身地位、尊严和主观能动性的认识，诱发人们去冲破封建统治秩序的束缚，并启发了人们进一步打破程朱理学教条的束缚，萌发了后一代的觉醒者和新一代“异端”人物的出现，走到了王阳明“心学”的出发点的反面。

朱熹理学所具有的“逻辑的泛神论”的特征和王阳明心学具有“心灵的泛神论”的特征，乃是我国思维形式在宋明特定历史时期的必然产物，它比古代的人格化的“神学目的论”前进了一大步，又是向机械唯物论、辩证唯物论前进的踏脚石。

三、16、17世纪是我国历史的伟大转变时期，即“天崩地解”和“暴风雨降临”时期，进行自我总批判和“天工开物”的时期

明朝中叶，封建经济政治、阶级矛盾，进一步发展和解体，封建土地由“分成地租”、“定额地租”开始向“货币地租”过渡。这种地租形态是地租的解体形态。1600年，列宁所指的资本主义形成的第二阶段——工场手工业正在兴起：苏州已有“机户出机、机工出力”的雇佣工人约万人左右；全国出现了三十多座较大城市；明末出现了“均田免税”、“平买平卖”等反映农民的初期的民主主义要求的李自成大起义；荆州、苏州、景德镇等城市发生了商民罢市或市民暴动，提出自由结社、自由讲学的“东林学派”的诞生。

一切伟大的社会变革到来之前，必然要求一场思想运动为它起振耳发聩的作用，需要产生“在思想能力上热情上多才多艺上和学识广博上的巨人”（《自然辩证法》导言）出来进行总结和指导，适应上述客观要求的启蒙思潮和伟大人物不断地涌现出来：黄宗羲的《明夷待访录》、顾亭林的《日知录》、徐光启的《农政全书》、宋应星的《天工开物》、李时珍的《本草纲目》等，或从政治上、或从经济上、或从自然科学、医学上进行了总结。王夫之更从哲学的高度进行了深刻的全面的总结和批判。

王夫之否定宋明理学超过其先驱者的地方，就在于把中国唯物主义传统哲学关于元气本体论的成果“元气自然论”、“元气阴阳说”，与魏晋时期提出的在思维发展上具在更高的抽象意义的另一类型的“崇有论”，进行了综合和深化，提出了“太虚即气论”的命题。从字面看，似乎其贡献是比较狭窄的，

然而从他对这个命题所作的解释的论证看，其所作的新发展，达到了前所未有的程度。可以概括于下：他依据当时科学哲学所达到的水平，从与理学家作斗争的需要出发，自觉不自觉地围绕着“太虚即气论”阐发了以“元气”为本的朴素的辩证唯物主义的一元观。具体表现于：他敏锐地把握了物质（元气）是运动着的物质的本质特点。首先从太虚入手，提出“阴阳异撰，而絪緼于太虚之中”《正蒙注·太和篇》的命题，甚至明确地指出，“两仪是太极中所具足之阴阳”，不是“太极为父，两仪为子”（《周易外传》），也不是“太极为人，气为马”，进而提出了“太虚本动者也”、“动而依物起”（《尚书引义》卷一）等观点，阐明无论是“太虚”、“天象”、“地形”等，都是元气内部矛盾着的两个方面——阴与阳相互“摩荡”构成的不同的物质形态，从而就更有力地证明了物质（元气）的存在的无限的普遍性，克服了直到五代谭峭在《化虚》中所宣扬的“虚化神”、“神化气”（即虚霩太虚是气之体）的错误见解，击中了理学家推行的“理在气先”的要害。

他还进一步提出了“散入无形而适得气之体，聚而有形而不失气之常”（《太和篇》）的观点，指明“气”的具体形态有“屈伸”、“聚散”、“荣枯”、“幽明”等的变化，但是作为世界之根本的元气，是“不生不灭”、“生非创有”、“死非消灭”（《周易内卷》卷一）的，猜测到了“物质守恒”、物质不可创造不可消灭具有无始无终的永恒性的简明真理，这样就彻底地否定了理学家（客观唯心主义）鼓吹的“凡物之散，其气遂尽”的谎言。

他提出了“目所不见，非无色也，耳所不闻，非无声也……”（《思问录内篇》）的见解，强调物质是独立于人的感觉之外的客观存在，批判了陆、王主观唯心主义散布的“心外无物”的说教。更可贵的，他在纠正《中庸》对“诚”的歪曲的过程中，从物质（元气）存在的客观性、普遍性、永恒性前进一步，逻辑地把这种物质性元气的存在解释为“实有”，使唯物主义的元气本体范畴脱离了具体物质形态，而进到高度抽象思维范畴，并从体用关系、事物的相互依存关系，论证了客观世界的实有性质，并进而提出“有而实有”、

“有而日新”等派生命题，深刻地阐明了物质的多样丰富性与变化翻新的特点。

他还在自己的体系中继承和发展了罗钦顺等关于“理不离气，理是气之理”的辉煌思想，阐明了物质运动和规律的关系。

此外，他从“道器”关系上提出了“道不离器”、“道依于器”、“天下惟器”等一系列命题，强调物质的东西决定着精神的东西，甚至提出“天地在先”、“人心在后”、“一切皆物”的新见解，竟然猜到了人是自然界的产物，人的意识“心”是物质的一种表现形态。

综上所述，可见王夫之的元气本体论范畴或“太虚即气”的命题，已比较逼近科学的物质概念，比较趋近辩证唯物主义的世界统一观。

必须指出，王夫之在元气本体论的上述诸方面阐明新的观点，主要是为了和宋明理学家相对立而提出的。其论证基本上是以直观的经济材料为依据的。由于当时历史条件的限制，其论证毕竟是欠科学性的。加上他们深受儒家传统思想的影响，这就不免保留着视天命为“于夺”的有神论，保存着唯心论者附加的形而上学的神学目的论或道德论的杂质。

王夫之从朴素的实证唯物的元气一元论出发，否定了周敦颐关于天理无对、绝对静止等形而上学观点，也否定了朱熹把一分为二理解为一生二、一高于二、二本于一和把两者地位固化的错误，批判继承了《周易》、道学、佛学、王安石、邵雍、二程、朱熹特别是张载、方以智的辩证方法论，在下列三个方面作出了新的突破：提出了事物的内部矛盾对立失去引起发展的“絪緼生化论”，猜到了对立面的同一和斗争的无限普遍性；提出了表明运动与静止互相渗透“静即含动，动不舍静”的光辉命题，猜到了运动的绝对性和静止的相对性；从物体的结构或表里关系（不是从宇宙生成和事物发展的一般规律）着眼，把“一分为二”理解为“分一为二”，把“合二为一”理解为“合二以一”，指出两者的合成一体是事物“所固有矣”（《周易外传》卷五）。这对深化辩证法与主化起了新的推动作用，他又提出“物物相依”、“日新富有”

等命题，也是一种创见卓识。

朴素的唯物辩证法，也就是相互唯物的认识论。王夫之自发地坚持了两者的一致性，他批判程朱宣扬的神秘的“顿悟”说，更对王阳明宣扬的表述为“四句数”——“无善无恶是心之体，有善有恶是意之动，知善知恶是良知，为善去恶是格物”（《传习录下》）的神秘“致良知”说痛加驳斥，他提出了形也、神也、物也“三相遇而知觉乃发”（《张子正蒙注》）的反映论原则；甚至得出了“因所以发能、能必副其所”的命题，以及竟然吐出了“虽失理之气并在理中”的辉煌思想，猜中了错误也是认识的一个阶段。他看到并十分强调感性认识与理性认识“二者相济”不可偏废的统一关系。在知行关系问题上，他对二程“知先行后说”进行了否定，指斥朱熹、王阳明玩弄的“两发说”、“合一说”的实质是“销行以归知”（《尚书引义》卷三《说命中二》），建立了以行为基础“知行相资以为用”的“知行统一观”，即“行先知后说”，这是一种朴素辩证唯物主义知行观的理论体系。王夫之不仅总结了前人的知行观的积极成果，并向前推进了；更重要的是，他在唯物论的基础上迸发出了许多闪光的思想。他把知行观与主观见之于客观的概念综合起来（过去一直把知行理解为学习与履行伦理道德的含义），他强调“即物穷理，唯质测得之……”（《骚首问》），居然把自然科学实验看作是重要的认识活动的内容；他反复地明确指出：“行可兼知，知不可兼行”，“行焉可以得知之效也，知焉未可行之效也”（《尚书引义》卷三《说命中二》）等，强调“行高于知”的观点，猜到了实践出真知，实践高于认识的简明真理。在两者的辩证关系中，王夫之把“知行两须发说”、“知行合一说”加以扬弃，把它们衍变为“知行相资以为用”的命题，既反对朱熹把两者割裂，也反对王阳明把两者融合为一，并加进了“行先于知，行是知的基础”（《尚书引义》卷三《由行而行则知》），知可指导行（“由知而知所行”），知有预见（“预立”）作用的灼见。甚至提出了“天道无为，人道有为”的命题，已十分接近明确提出了人的主观能动性作用。他还指明知和行不是平等的关系等。必须特别强调的，王夫之不自觉地用辩证法考察认识发展过程，居然提出了认识是一个“日进于高明而不穷”的运动，猜到了认识是一个循环往复前进上升的过程。显然，所有这些，表明了王夫之的知行观比他的所有前辈都高很多。但是王夫之的知行观，也存在着他明显的局限性。我们只需举下列一点就可概见了，例如他认为“行”仅仅是圣人君子之事，把劳动者的谋生排斥在“行”之外，也缺乏革命实践的内容，这就大大地损害了他的知行观的认识和实践意义，至于他尚未能把实践和主观能动性提到认识论高度，那就更不必说了。

王夫之关于人性论的见解，有一个发展过程，他首先是强调人与动物一样具有自然的本质——生物学的本质。他说：“饮食男女之欲，从之大共也。”（《诗广传》卷二）即指出凡是人类均有生理要求。同时认为这种生理要求是与动物界相同的，所谓“人之性”犹牛犬“之性”（《周易外传》卷五）。在这里，他把性与气联系起来，批判了更深的“本原之性”（“天命之性”）。但他并不到此止步，还进一步强调了人具有社会属性的特殊性——人之“独”，即“明伦”、“诚仁”、“诚勇”、“知耻”等。在这一点上，从某种意义上说，比近代德国的费尔巴哈还要高明。乍看起来，它似乎与理学的一些说法无多大差别，实则不然，前者认为这种社会属性是“理”决定的，朱熹认为是“理”与气“相杂”的混血儿，说穿来仍是“理”所产生的，不过可改变而已，改变的出路是复归“天理”；后者认为这种“独”是物质的气所决定的。王夫之超越先辈的地方，还在于他把唯物论与辩证法应用于人性的产生和发展，他把“性”与“习”统一起来，强调后天环境的作用，提出了“习与性成”、“气日升故性亦升”以及“理欲合性”、“理寓于欲中”、“理欲相变”等这些针对理学家的“灭人欲”的反命题（侯外庐《中国早期启蒙思想史》第五卷）。他还看到人性的自然属性与社会属性是“互为体”的，并强调社会属性是人性的主导方面，借用孟子的话指出社会属性是“人之所以异于禽兽”之所在。还用质问的语气说“然则……牛之性犹从之性与？”当然，王夫之的人性论仍然是抽象的人性，更不理解阶级社会的人性寓于阶级性之中等缺陷，这是不能苛求于古人的。但他的人性论，毕竟是服从剥削阶级的需要的。

王夫之作出的又一个突破，是进一步从朴素的辩证唯物的元气一元观出发，批判了朱熹强调“心术”和“退化”的天理史观，发展了柳宗元的关于“势”的历史概念，提出了“理势合一”、“势之必然处见理”、“趋时更新”等命题，猜到了历史也不是以人们意志为转移的客观存在，猜到了社会历史现象背后存在着的物质原因。尽管在总体上仍是唯心史观。

从上述历史观出发，在社会政治观上，他甚至发出了“天下非一姓之私”、“大贾商民”“国之司命”、“惩墨吏”、“舒富民”等初步民主主义的思想。

总起来说，王夫之的伟大历史功绩就在于：对中国整个封建社会进行了总的回顾和总结，采用有区别的批判继承手法，集我国古代传统哲学（既包括唯物，也包括唯心）之大成（特别是把宋明理学的头足倒置过来了）。并运用“新故相资而新其故”的推陈出新方法，在综合前人成果的基础上，进行了富有成果的新的探索，使我国的传统思想别开了生面，终于实现了在我国古代哲学史上第一个把朴素的唯物论、辩证法、唯物辩证的认识论和进化的历史观统一在一个思想体系中，从而把我国古代的朴素的唯物主义辩证法认识论推到了顶峰。从某种意义上说，即建立了朴素的辩证唯物主义，似乎接近“农奴制俄国”革命民主主义者赫尔岑的思想，“走到了辩证唯物主义跟前，在历史唯物主义门前停步了”（列宁）。王夫之仅仅是旧营垒的觉醒者，他只是力图在旧体系的罅隙中发现新天地，在旧的机体上寻求新生机，他的思想还尚未成为新时代的理论旗帜，但他（包括黄、顾）毕竟是新时代的先行的早熟的启蒙思想家，他们所具有的“明显的民主主义思想著作”，不愧“是清末维新运动进步青年必读之书”（梁启超《中国近三百年学术史》）。

王夫之的历史局限性，决定了他不可能真正终结宋明理学的统治。从他本身主观条件来说，由于时代和阶级的限制，存在着明显的不彻底性和幼稚性：在坚持唯物的本体论时，却保留着天命论、有神论的地位；在坚持正确的方法论时，却存在着“均衡论”、“调和论”倾向；在坚持较科学的知行统一观时，却看不到生产斗争的实践等错误观点。从客观条件来说，当时资本主义萌芽的发展被清朝统治者的中途斩断，他远离社会孤独的山洞生活环境，也很难促使他的思想继续向前发展，他长达800万字的著作，大部分在当时并未入世，产生实际的社会作用。

以王夫之为代表的启蒙思想的幼芽的夭折，在中国当时的历史条件下是难以避免的，因而他就不可能真正担负起终结宋明理学的任务，只是为后来的康梁的维新运动提供了宝贵的思想材料。历史将证明，科学地总结包括宋明理学在内的整个中国文化遗产的重任，历史地落到了中国无产阶级的肩上。

（本文与王玉錩合写，于1992年8月30日定稿，为打印本。）

六　思想道德教育观编

我国高校政治教师关心青年一代的思想道德教育，乃是其应有之义。燕国桢教授在这方面表现得相当积极。早在20世纪80年代中期，他就注意到了要对青年一代进行世界观、人生价值观的教育，其所撰写的“《马克思主义原理》结束语：共产主义理想与共产主义世界观人生观”即充分地表明了这一点。他密切关注新时期的道德滑坡现象，并分析其原因，提出相应的对策。本编集存论文3篇（其中1篇为“发言提纲”）。

教育当代大学生树立正确的世界观、人生价值观必须遵循的重要原则与主要途径

当代无产阶级与资产阶级的对立和斗争，从意识形态领域来说，归根结底，就是两种本质不同的世界观、人生观的对立和斗争。说到底，就是两种不同的价值观念的较量和谁胜谁负的问题。在此，首先就提出这么一个问题，必须正确认识世界观、人生观的科学含义和重大意义及如何正确对待现实生活中特别是青年大学生中存在的各种各样的世界观、人生价值观问题。

世界观是人们关于整个世界（自然、社会、思维）的总看法和根本观点。人生观是人们关于人生的总看法和根本观点，因此，世界和人生观是人生道路的定向器，主要言行的总开关。它关系到人们持什么态度对待客观世界和自身以及事业成败，特别是，科学的世界观和革命的人生观更是关系到人们如何正确认识和对待社会主义、共产主义。人们关于全世界都要或迟或早必然实现共产主义理想的看法或根本观点，就是共产主义世界观。其科学形态是马克思主义的完整的科学理论体系。革命人生观的本质是强调人生价值是从无产阶级和人民群众的集体利益出发，为社会主义事业服务。共产主义人生观是把实现共产主义作为人生最高目的，以革命乐观主义精神全心全意为人民服务。这是一种最崇高的人生观。

虽然，上述科学的世界观和革命的人生观一旦确立，就可以抑制国内外敌对势力贩卖的资产阶级的世界观和人生价值观及其从属于它的政治观、人道观等的侵蚀，阻止和粉碎其进攻。对世界观、人生观正在形成之中的大学生来

说，更是资产阶级与无产阶级的对立的世界观、人生价值观争夺的对象。因此，怎样促使他们树立正确的世界观与人生价值观，更显得十分突出和紧迫，列宁在《关于对待青年学生的态度问题》的发言中强调说：我们的目的是锻炼严谨的革命人生观。

在我国社会主义初级阶段，要建立社会市场经济体制，对内实行深化改革，对外扩大开放，必然存在着以公有制为主体的多种经济成分。与此相适应，必然存在无产阶级和资产阶级、小资产阶级的思想意识形态，以及封建残余的意识形态。据此，就要求对大学生树立的世界观和人生观不能强求一律。反过来，党对上述不同的世界观、人生观的态度也应该有所区别。现阶段在确立和对待世界观人生观的问题上，应该遵循以下三个重要原则：

其一，容许世界观、人生观的多元化，坚持世界观人生观导向的一元化原则。

必须指出，在社会主义初级阶段，除存在社会主义公有制外，既然容许存在着非社会主义的经济成分，旧社会遗留下来的旧意识形态还残存着，就必然同时存在非无产阶级的世界观、人生观，其中主要是资产阶级的世界观和人生价值观。面临这两种截然对立的世界观、人生观，我们应该采取不同的态度对待，对资产阶级的世界观、人生价值观可以容许其暂时并存，但对它的极端个人主义的世界观人生观，拜金主义，享乐主义，穷奢极欲、腐化堕落的人生价值观，更不能听任其公开宣扬；对无产阶级的科学世界观、人生观，就应该加以提倡和广为宣传。在实际生活中，承认世界观、人生观的多元化，但在价值导向上，只能坚持科学世界观、人生观的一元化，绝不能迁就落后。

其二，把科学世界观、人生观区分为两个层次的原则。

科学世界观革命人生观最少存在两个基本层次。从低层次说，是辩证唯物语言、历史唯物主义的世界观和自觉为社会主义服务的革命人生观；从高层次来说，共产主义世界观是指树立科学社会主义一定能实现的根本观点，共产主义人生观是指树立全心全意为人民服务，为共产主义在全世界实现而奋斗的人生价值观，对广大大学生来说，主要要求树立科学的世界观与革命的人生观；对共产人和要求加入党的积极分子来说，要求树立共产主义的世界观和人生观。

其三，坚持把世界观、人生观在理论上的是非和政治上的分歧区别开来的原则。

在实际生活中，资产阶级的世界观和人生价值的理论观点，往往是难以确定的。例如，资产阶级的人生观是以个人主义为核心，但是，以集体主义为核心的无产阶级世界也允许个人利益存在。个人主义与个人利益是有区别的，这就要进行具体的分析，允许相互探讨。但是对抱着政治目的宣扬资产阶级的世界观、人生观，特别是它的腐朽成分，就必须加以揭露和挑战。

确立科学的或共产主义世界观与革命的或共产主义的人生观遵循的途径和规律主要是如下三条。（当然，这三条途径是互相依存不可分割的。）

首先，为了建立理论化的科学世界观革命人生观，就必须广泛学习知识，特别是学习马克思主义的基本原理和基本观点。在当前，特别是学习邓小平同志的建设有中国特色的社会主义理论，学习社会主义从空想到科学发展的历史、中国近代史、社会发展史等。列宁指出："……我们需要用整个事实的知识来发展和增进每个学习者的思考力。因为，不把学习的全部知识融会贯通，共产主义便会变成空中楼阁，就会成为一块招牌，共产主义者只会是一些吹牛家。"拉法格回忆马克思之所以成为共产主义革命者原因时写道："马克思虽然深切同情工人阶级的痛苦，但引导他信仰共产主义观点的，并不是感情上的原因，而是研究历史和政治经济学的结果。他确信，每一个不为资产阶级利益影响，不为资产阶级偏见所蒙蔽的公正人士，必然会得出同样的结论。"当然，不是任何知识、观点都能构成科学的或共产主义世界观与革命的或共产主义人生观的。它必须是那些正确而又系统的知识和观点。不正确的知识、观点，只能把人引入歧途，为形成错误的世界观、人生观提供营养。因此，大学生学习知识必须以马克思主义作指导。

其次，积极参加革命实践，尤其是投身现代化建设实践。只要尊重事实，按照客观世界本来面目认识世界、改造世界，那么就会自发形成朴素的唯物的、辩证的世界观。列宁在《论统一的经济计划》一文中指出：“工程师承认共产主义所经历的途径……是通过自己研究的那门科学所达到的实际成果来承认共产主义的。”科学的或共产主义世界观与革命的或共产主义人生观的形成，有赖于亲身参加社会实践的体验。一个长期深入工农群众，与广大工农群众共同生活、共同战斗，同呼吸、共命运的人，比较容易清除资产阶级偏见的影响，逐步树立全心全意为人民服务的共产主义人生观，就可以进一步理解知识分子（包括大学生）走与工农相结合的道路是有重要意义的。

再次，帮助大学生自觉抵制清除资产阶级封建残余世界观、人生价值观的侵蚀。上面指出过，目前，我国社会主义时期，不仅存在公有制为主体的多种经济成分，同时，也存在剥削阶级的思想意识形态残余，特别是资产阶级的思想意识形态，必须强调指出，其核心思想是资产阶级的世界观与人生观。它们同无产阶级的科学的或共产主义世界观与革命的或共产主义人生观是格格不入的。人脑不是真空，不是前者占统治地位，就是后者占统治地位。因而，作为社会主义国家的大学生，必须自觉清除非无产阶级世界观、人生观的影响，抵制资产阶级世界观、人生观的侵蚀。马克思恩格斯早在《德意志意识形态》中指出：“无论是为了使共产主义意识普遍地产生还是为达到目的本身，都必须使人们普遍地发生变化；这种变化只有在实际运动中，在革命中才有可能实现。因此革命之所以成为必需，不仅是因为没有任何其他的办法能推翻统治阶级，而且还因为推翻统治阶级的那个阶级，只有在革命中才能抛掉自己身上的一切陈旧肮脏东西，才能建立社会的新基础。”

（本文为“全国高校第四届《马克思主义原理》暨第十二届马克思主义哲学教学研讨会”论文，打印稿，写于1993年6月末至7月初。）

我国新时期道德滑坡的主要原因及其对策

（发言提纲）

一、我国社会主义市场经济初期，道德严重失范、社会主义道德被严重扭曲，道德与非道德严重错位，如果任其发展，必将埋葬我国社会主义事业。

二、我国社会主义市场经济初期，不少人社会道德滑坡，行径丑恶，有着多方面的原因：物资财富不充足、贫富悬殊拉大、消费不公，以社会主义公有制为主体的生产资料占有者的多元化导致道德标准的多元化，过时的旧的道德残余的复活，对外开放中资产阶级极端的个人利己主义和穷奢极欲的享乐主义腐蚀思想的侵蚀，错位的道德受到错位的对待，以马克思主义为指导的世界观、人生观、价值观、道德观的教育不力，惩治腐败和犯罪不彻底，以及社会主义市场经济体制模式不完善并被误解，等等。除后者外，前面的多种原因都起了不同程度的影响作用是不言而喻的。对它们的影响作用不能等量齐观，既要全面把握，又要抓住主要（重点），采用相应的解决措施。

三、建立市场经济是人类发展必然经过的历史时期。资本主义市场经济初期是从中世纪黑暗的、野蛮的历史背景基础上建立的，必然普遍出现使用“野蛮、兽性般的”（马克思）手段——不符合公认道德的现象。社会主义市场经济是社会主义身身发展不可逾越的一个历史阶段，社会主义市场经济与前者具有共同点又有本质差别，它承认不同利益主体存在和追求有差别的利益和利润，决定了它具有损人利己性、贪婪性、欺诈性等“恶”、无道德和负值的一面性，它又承认等价交换、自由竞争、公平交易等，又决定了它具有驱动人们的主动性、提高生产力、发展经济等“善”、道德和正值的一面。我国社会主义市场经济初期的显著特点：在政治上是以马克思主义政党为领导，经济上是以公有制为主体、按劳分配为主导的分配形式，它是在新中国建立40年后具有较丰富的物质基础和良好的思想道德风气的基础上起步的。在理论上，不能把它与当前的道德滑坡、道德与不道德的严重错位直接联系或等同起来。

四、我国社会主义市场经济初期道德滑坡、道德与不道德错位的根本原因：1．从物资方面来说，生产力不够发展，物资产品尚不够丰富，“衣食足而知荣辱，仓廪实而知礼义”、“俸厚足以养兼”；2．从思想方面来说，当前我国存在着道德严重滑坡现象的精神支柱——资产阶级思想家（爱尔维修、狄德罗、霍尔巴赫等）从“肉体感受性”和“情感要求”出发，建立的自然本质的普遍人性论的影响。

五、解决我国社会主义市场经济初期道德滑坡、错位的主要对策。1．以邓小平建设有中国特色的社会主义的理论作指导，不断完善我国社会主义市场经济体制的模式，继续坚持以经济建设为中心，尽快的最大限度地把我国社会主义经济推向前进。2．采取各种必要措施，加强我国社会主义精神文明建设，建立以马克思主义为指导，以无产阶级的世界观、人生观、价值观、道德观为导向的多元多层次的良好的社会主义道德规范动态坐标系。3．提高各级领导者的政治道德（含职业道德）、公共道德和家庭道德的素质，为全国人民作出榜样，进一步彻底地惩治腐败和打击各种犯罪分子。4．辩证否定（扬弃）、优化、提升我国古代和新中国成立以来长期培育起来的优良的思想道德传统。5．理直气壮地、旗帜鲜明地以马克思主义作指导，通过讨论和争辩，分清无产阶级的人的本质理论与资产阶级的思想家从“肉体感受性”和“情感要求”出发，建立的自然本质的普遍人性论的大是大非，抑制后者对我国党政干部和人民思想意识的侵蚀。

（本文写于1996年，为“发言提纲”，打印稿，难以确定是用在什么会议上的。）

世界观人生观系统结构新析

怎样理解世界观人生观的具体内容、系统结构和真谛？本文拟使用系统层次观点，对此进行具体剖析。

一、关于世界观的结构系统剖析

一般说来，世界观的内容包含着具有四个内在联系的层次或要素，即：知识、观点、信念、理想。从纵向来说是四个逐步深化的不同层次，从横向考察是四个要素。

首先是知识。毛泽东说：“哲学是自然知识和社会知识的概括和总结”。（《实践论》）没有关于这些知识的正确的、系统的了解，当然形不成、也谈不到关于整个世界的总的看法和根本观点，问题只是存在着掌握它的广度和尝试的不同罢了。列宁指出：“只有用人类创造的全部知识财富丰富我们的头脑，才能成为共产主义者。”

其次是观点。观点是在知识的基础上形成的，是指对各种事物或事物之间的关系的认识产生的一种稳定看法，是以判断的形式表现的看法。每个人在认识事物之前，其头脑绝不是什么也没有的“白板”，而是有一定的先入之见指导进行的。如果后来的认识大致符合自己的先入之见，那么就会加深巩固自己的原有的观战；反之，也会多多少少使自己原来的观点发生动摇，甚至改变。人们为了自身利益或阶级利益，总是自觉或不自觉地改变不符合自己看法的成分，而加深巩固符合本身阶级利益的观点，并使之进一步稳定下来，成为自己或本阶级认识问题、处理问题的指针。

其三是信念。信念是从一系列观点的总体系的基础上形成的，它的含义是指对事物某种发展前途的必然性或实现的可能性的深信不疑、坚定不移。信仰、信任都属于它的同序列范畴。一个对事物具有信念的人总是干劲十足、精神抖擞，充满乐观主义精神，遇到挫折也不灰心，不丧气，信心满怀。信念，不仅仅体现于对事物，特别是对客观发展规律的深刻理解和认识，而且还能唤起人们的情感和热情，并转化成为坚定的意识和百折不挠的精神、顽强的行动。

作为构成科学共产主义世界观的第三个要素——信念，其具体化，乃是共产主义一定能在全世界实现，尽管通向这个目标的道路十分曲折，困难重重，但作为一个真正的无产阶级者总是毫不动摇。

其四是理想。理想是在信念的基础上建立起来的，它是高于现实符合客观规律的合理想象。理想具有现实可能性或未来的现实可能性，它是人们对客观现实发展趋势的超前反映，经过奋斗争取，在将来可以实现的。

理想又是一个多要素、多层次的结构系统；从时间上说，有长远理想和短期理想，从空间（领域）说，有政治理想、生活理想、职业理想、道德理想；从主体说，有个人理想、集团或阶级理想、全人类理想。任何个人理想不能超过所属阶级设置的界限。理想的伟大或渺小，是以理想的实现对生产力的解放程度和赋予社会的意义而确定的。无产阶级的利益与劳动人民甚至与全人类的根本利益是一致的。从本质上说，无产阶级的理想——共产主义，不仅符合无产阶级本身和劳动人民的利益，而且最终也符合全人类的根本利益。

理想是改造世界的蓝图。因此，共产主义理想必能成为无产阶级和劳动人民及一切革命者奋斗的目标，成为他们战斗的旗帜。有理想恰恰体现了人们具有的宝贵品质。反之，无理想，庸庸碌碌，得过且过，恰恰表现了人生的平庸化。理想特别是共产主义理想具有的崇高的突出的品质，已远远不单纯是丰富的知识，明确的观点，也不仅仅是一种信念而已，而是包含着热情的向往，坚定的意志，追求的行动等因素，它鞭策着人们以高度的热情、坚强的意志、踏踏实实的实际行动去追求它，实现它。

如上所述，可见知识、观点、信念、理想是构成科学世界观特别是共产主义世界观的不可缺少的四个重要要素或层次，科学共产主义世界观是一个多要素多层次的复杂的系统结构。

二、关于人生观结构系统的剖析

同世界观一样，人生观也包含着若干要素，即人的本质（人性），人生价值（意义），人生目的，人生道路（怎样度过自己的一生），人生态度。从横向考察，它们是五个要素；从纵向来说，它们是相继依次前进的五个层次，正是它们构成了人生观的多要素多层次的系统结构。

首先是人的本质。马克思主义以前关于人性观点的共同要害，都是把人的本质说成是天性，是自然的本质，而且离开了具体的历史条件，把它归结为抽象的人性，这样就很难把人与动物区分开来，就很难唯物地了解人的本质。马克思指出，人的本质不是天生的，也不是抽象的，“在其现实性上，是一切社会关系的总和”。这就作了唯物主义的回答，指出了它的最突出的品质是社会性。诚然，作为人来讲，确实存在自然本质，恩格斯说过，人来源于动物界这一事实决定了人永远不能完全摆脱兽性，问题只能在于摆脱得多了，或少些，在于兽性或人性的程度上的差异。必须强调，作为万物之灵的人与动物的本质差别，主要是人具有社会的属性，这种社会属性，就把人与动物区别开来了。不仅如此，人的自然属性也打上了社会性的烙印，例如，人的吃喝和性行为，虽然是天性，所谓“食、色、性也”，“饮食男女，人之大欲成焉”，但是，就是这种自然之性，也打上了社会性的印记。动物的吃喝与交配，仅仅是为了维持生存和繁殖后代，而人的饮食，则是进一步用来进行经济、政治、文化等交往活动；人也要生殖，但男女的爱情与婚姻，不仅仅满足性生活，而且组织社会细胞——家庭，互敬互爱，互相帮助，互相扶养，和睦团结，劳动生产，抚育子女，为家庭幸福和社会主义的物质精神文明建设而共同奋斗。所以说，归根结底，社会性才是人的主要属性，这种社会性在阶级产生后，主要体现于阶级性之中，即共性寓于个性之中，不坚持这一点，就不懂得一般与个别的关系。阶级关系不能包含所有社会关系，在一定条件下，在一定意义上，一定范畴内，也存在某些人类的共性，如某些共同爱好、某些共同民族心理等。马克思主义一方面坚持在阶级社会，认为人的本质从根本上就是阶级性；另一方面又反对把人性同阶级性等同起来，不认为人的任何言行都打上阶级烙印。

如上所述，人的本质只能是社会的产物，而人的这种本质必然随着社会历史的发展而改变、发展，如马克思所说：“永恒的人性是不存在的，人类的历史无非是人类本性的不断改变而已。”

人生价值（意义），这是人生观要回答的第二个关键问题，弄清了人的真正本质，价值（意义）问题也就好回答了。必须指出：人在这里谈的价值，不只是一个经济范畴，而是一个含义广泛得多的哲学范畴。一般地讲，价值是人的需要同外部世界的一种关系。马克思说：“价值这个普遍概念是从人们对待满足他们需要的外界物的关系中产生的。”价值的存在是一种社会现象，人与外部世界的实践关系是构成价值关系的基础，一定的经济关系和阶级关系决定着人的本质，同时也决定人的价值只能从人类社会生活的本质去考察。马克思在《费尔巴哈提纲》中说：“社会生活，在本质上是实践的。”这就是说，看人生的价值，就看谁对社会实践能作出多少力所能及的贡献，而不是看谁像动物一样能暴取强夺；同时，看一个人的贡献大小，也不单纯是从绝对数字大小来衡量，而是以各个人所处具体历史条件为依据。创造精神财富，特别是人所具有的优秀思想品质、模范榜样的英勇行为，更能赋予人生以难得的价值。

无产阶级科学的人生价值观是以社会价值作为基础的。首先，只有在集体中，个人才能获得全面发展其才能的手段，也就是说，只有在集体中才可能有个人的自由。个人是社会这个大集体中微小的组织单位。人的本质，在其现实性上，是一切社会关系的总和。个人的存在和发展，须臾也离不开社会。其次，社会的性质，社会的发展状况和水平制约着个人的发展。

关于人生目的，理解了人的本质和人生价值之后，就明确了人生的目的应该是什么。为了达到自己的人生目的，自然会产生自己的追求。人作为这种追求的目标，往往就是人们各自的人生理想。属于人生观的理想范畴的含义是多方面的结构系统。与世界观内涵的理想范畴基本相同。

关于人生道路，即人应该怎样度过一生的问题，它是在明确了人的本质、价值，特别是人生理想之后，必然会产生的问题，如果具有崇高的理想，就会胸怀大志，进取心强，发挥主观能动性，为人类进步事业作出自己的最大贡献，不辜负自己的一生。

最后是人生态度，在确定人的本质、价值、理想和道路之后，合乎规律地提出了人生态度问题，即：人以怎样的态度对待客观世界，特别是怎样对待人和社会之间的关系，这实质是道德原则问题。从哲学高度讲，即人如何处理认识世界、改造世界的关系问题，包括处世观、事业观、公私观、荣辱观、苦乐观、生死观和恋爱观等问题。如果对这些问题的态度比较正确，就会热爱生活，对事业有责任心。

基于上述，可见树立科学的共产主义世界观与革命的共产主义人生观，应遵循的途径是一个多要素构成的系统，不是仅仅依据某一个要素或途径所能实现的。解决这个问题的关键，是从构成共产主义世界观、人生观的诸要素或层次着眼，采取相应的途径和方法：参加社会实践、学习自然、社会科学知识、进行自我修养和反思，从而自觉地树立科学的共产主义世界观和革命的共产主义人生观，为社会主义物质文明精神文明建设作出积极的贡献。

（本文原载于《求索》1987年第2期。）

七　家乡与宗族情结编

饮水思源、寻根问祖，乃是人之常情。燕国桢教授莫能例外。1997 年，他的出生地湖南省桃源县盘塘桥撤乡改镇，邀请他去参加成立大会。他在大会上以“盘龙腾空召我归”为题发表了热情洋溢的讲话。21 世纪初燕氏宗族三修族谱，推举他担任修谱委员会名誉主任。他“一直热情关心和支持族谱的修定工作”，“几乎每天都要用电话询问族谱的修订情况，具体细致地补充修订内容和意见”，“认真审阅族谱第一卷修订稿”，还为族谱撰写了“三修族谱序”。此外，他由于家乡情结的驱动，对宋教仁评价问题提出了自己的看法。本编集存论文 2 篇、诗词 10 首。

盘龙腾空召我归

在湖南桃源的东北隅，在桃、常、临、石四县毗连的交界处，有一个自古从湘西北深山走出洞庭平原的门户，一个从东晋陶渊明憧憬描绘的桃花源直线通向明李自成兵败归隐的石门夹山寺的中间站，这就是留宿过多少鹤峰来凤、龙山大庸、桑植慈利挑夫的千年古栈——盘龙桥（现为盘塘镇）。

盘塘镇北、东、西方五块浅丘相间，周边五山头对峙，中心四小溪汇合，在汇合处的南沿有一座拔地而起三面溪绕一面湖高近百米的鲢鱼山（俗称观山）环视五山头，山脚下有一天造立体自然太极图，诨名擂钵州。离盆地约10公里的葫芦口有一座非洲索马里总统尼迈里植过树、高约200米、溶洞密布的马头山，立马横刀，把从武陵山、太浮山、羊角山南下葫芦口的风水锁住。因此它素来享有龙盘虎踞、地灵人杰、兵家必争之地的盛名。

优越特殊的地理条件，勤劳智慧的2万多人民，特别是在党的改革开放政策的指引下，盘塘这块84平方公里的土地发生了先辈们没有梦想到的巨大变化和奇迹：建成了可供万人用水的自来水厂、一座3万千瓦的变电站，开通了能拨全球的程控电话千余门——桃源第一个程控电话镇，兴建了可向全镇居民播送十多个频道的电视卫星差转台；传统农业日益向现代化农业转变，它已成为桃源县的杂交稻制种和优质烤烟生产基地；“八五”、“九五”国家科技攻关项目——湘北红壤低丘岗地农业持续发展综合研究选定盘塘为试验区……乡办骨干企业如球墨铸造厂、水泥厂、茶厂、特种汽车运输公司、高级保温材料厂等发展迅速，全镇经济综合实力已居全县第二，科技进步连续三年评为全市十佳乡镇之一。

与此相映衬的是：盘塘儿女更是百倍勤学、多方成才，各种类型的杰出人才脱颖而出：现任湖南省委委员中，竟有两位就是在盘塘文化摇篮里成长的，从这里走出的厅局级干部不乏其人，获得教授职称的近20人，其中两位各取得“多项杰出成就”，被国外某些权威学术机构收入（《当代世界成就指南》第17版、《亚洲参考》第10卷），甚至被作为中国代表授予“为科学创新作贡献”的国际勋章。盘塘现拥有大学本科专科生300余人，研究生17人。

十五大召开前夕，盘塘出生的我受家乡邀请参加撤乡建镇庆典。耳听为虚，眼见为实。家乡之行使我出乎意料的惊喜，否定了我平常听到的“农村现状不好”的种种传闻、断语，增强了我对党的改革开放政策的正确、农村乡镇干部富有开拓创新意识务实苦干精神、农村正发生巨大变化等坚定的深刻的认识。

第一个出乎意料的惊喜：车行至盘塘乡境——兵堵坑，这一我童年牧过牛、割过草的场所。如今大变了，几年前修建的简易公路变直了、变宽了，26米宽的二级公路快竣工了；决堤干涸十几年的高家湖装满了清澈的湖水，在它的南面长期荒芜大片低洼不毛谷底，也修建了一道蓄水的新堤，它们与北边的李家湖、燕家湖等五口长湖连成一串，形成农村少见的长达一公里多的湖泊风光带，原来公路东边“大跃进”时砍伐树木后的大小童山，已长满了大片大片的绿油油的庄稼；原来散落在四处的平房农舍，不少已迁到公路的两旁改建成为规格基本相同庭院式二层楼房……满目的新鲜感，一派充满生气的景象，此情此景，抚今思昔，不禁感慨万千！

第二个出乎意料的惊喜：盘龙桥在漫长的旧社会是周围几十里老百姓定期赶集的场所。从盘龙桥身南北双向延伸先后修建了一条约700米封顶的狭窄平房街道。新中国成立前，它是封建政权和大地主相结合作威作福的地方，也是常闹兵灾战祸之所。然而当车行至盘塘老街时我大吃一惊地发现，旧社会时封建地主和匪霸横行无忌的不见天日的古老的封顶式的老街早已从地上消失了，甚至经过多年建立起来约400米的较宽露天街道上拥挤不堪的摊贩也已搬到新建的农贸市场去了，空空荡荡恬静的街道与坐落街旁依山建起的盘塘中学的园林式校园相联接，逗人流连。走到这条老街的2/3处，眼前一亮，横卧着一条从东到西宽约40余米，长约千余米的宽阔硬化亮化水泥大街，两侧建立了居商两用拥有大小、商店、高级酒楼、现代化舞厅和七八家汽车摩托车修理厂等整整齐齐楼房，镇政府、镇农贸市场、医院、电视差转台、盘塘中心小学、自来水厂、中科院红壤实验站等的大门，部分布在这条宽阔大街的南北两厢，显示着盘龙桥已日益成为桃源东北部的经济、政治文化中心。

我乘车跑遍全街，没有看到形式主义的铺张与喧闹场面，更谈不到原传闻的请了三个戏班连演三天热闹非凡的迹象，整个街上仍给人一种平静的感觉。（1997年）9月5日上午10时38分，典礼按原通知准时举行。会场上空彩球高悬，台上人已满座，台下人山人海，万头攒动，欢声雷动，整个盘塘沸腾了。千年的盘塘桥起步走向城镇化、工业化的最强音响彻云霄，传送远方。可以预料，撤乡建镇后的新盘塘镇，有党的改革开放政策的指引，有市、县政府领导对盘塘的关切和扶持，有盘塘得天独厚的地理条件，有具有优良传统的盘塘人民的勤劳和智慧，有盘塘镇党政干部具有的创新开拓意识和实干精神，不久的将来，盘塘镇一定会很快成为带动桃源经济起飞的龙头，成为桃花源直线通向石门夹山寺旅游线上的一道风景线，一个迷人的旅游热点。

（本文原载于《常德日报》1998年1月26日。）

关于宋教仁评价的几个问题

长期以来，由于各方面的原因，主要是由于不问时间、地点、条件，片面强调武装斗争“左”的思潮的影响，过去我国史学界对宋教仁的评价贬多于褒，甚至列举诸如对袁世凯“抱幻想、软弱妥协、把同盟会拉向倒退（指在同盟会的基础上建立国民党——作者）”，“醉心通过议会道路建立责任内阁制”，“同袁世凯争夺个人权力”等错误，硬把他描绘成国民党的“右翼”，人为地降低他应有的历史地位。对此，作者不能已于言。

具体同题具体分析是马克思主义的活的灵魂。“在分析任何一个社会问题时，马克思主义理论的绝对要求，就是要把问题提到一定的历史范围之内。”显然，对宋教仁的历史作用和地位的考察，必须严格遵守上述历史唯物主义观点和唯物辩证的方法。

一、关于宋教仁对袁世凯“抱幻想软弱妥协”问题

诚然，宋教仁对袁世凯抱有幻想、软弱妥协，这是事实。宋教仁曾认为“大总统非袁莫属”，连死之前还致电袁，劝他“竭力保障民权”。其实，孙中山、黄兴等先进人物也是如此。孙中山曾表示只要袁赞成共和，他就把总统职位让给他，如说：“文虽暂时承乏，而虚位以待之心，终可大白于天下。”孙曾相信袁世凯“完全可以做很好的民国元首”，并劝他做十年大总统。1912年8月，孙被袁邀请到北京后，公开发表演说：“我在京与袁总统，时相晤谈，

讨论国家大政，颇入精微。……故余之推项城（指袁世凯——作者），并不谬误。”黄兴对袁也表现了更大的幻想、软弱和妥协。他曾劝袁世凯加入国民党，并傲领袖，他按照袁世凯的意图，自动遣散了留在南京的各省部队等。必须指出，出现上述情况的原因，是多方面的。其中主要原因，首先是由于我国民族资产阶级经济地位的软弱性决定的。更直接的原因，是由于当时我国民族资产阶级与以清政府及袁世凯为代表的封建势力的阶级力量的对比，还没有达到一方足以战胜另一方的地步。具体表现在武昌起义胜利后，曾出现南方孙政权与北方袁政权一度并存的局面。要打破这种僵局，在当时最能迅速见效的，便是采用灵活的策略手段，分化、瓦解和争取对方存在着动摇的力量。再是由于辛亥革命缺乏必需的启蒙思想做准备，因而只好求助于满汉对立的民族观念，他们不懂得对抗阶级之间的对立一般是超越民族之间的对立的，满汉封建地主阶级当权派是站在一起的，加上心怀野心的袁世凯奸诈狡猾、善于伪装，例如，他公开表示“民主共和是当时最好的社会制度”，在蔡元培宋教仁为首的南方代表团北上劝袁到南京就任大总统时，密令北方各地士兵哗变，甚至邀请孙中山、黄兴北上，“待以上宾之礼”，称颂他们为开国元勋等。这些假象，不能不诱使政治经验不足的资产阶级革命家们。对袁世凯抱有幻想，认为他是与清皇室有区别的可以争取的对象。在作者看来，从某种意义讲，革命派当时对袁世凯采取妥协态度，即使今天从马克思主义关于抓主要矛盾的原理和列宁制定的第二个马克思主义策略原则来看，也是无可厚非的。

大家知道，马克思主义关于抓主要矛盾的原理认为，要战胜最强大最主要的敌人，就必须从每个历史时期阶级斗争的具体情况出发，拼命抓住“主要矛盾”，即扩大、集中力量，打击最主要的敌人。从当时的历史背景看，存在的主要矛盾乃是昏庸腐败的清王朝的野蛮封建专制统治同人民大众及一切爱国人士之间的矛盾。革命打击的主要对象是清王朝。请看同盟会提出的16字纲领，第一条就是提出“驱除鞑虏”，就充分表明了这一点。

列宁制定的第二个马克思主义策略原则认为，为了打击最主要的敌人，就要善于“利用敌人之间的一切裂痕”，争取一切可能争取的同盟者，“哪怕这些同盟者是暂时的、动摇的、不稳定的、靠不住的，有条件的”。显然，当时我国资产阶级革命领袖们，便是从这个角度去利用清王朝与袁世凯之间同床异梦的裂痕，去争取袁世凯转向赞成共和和迫使清廷退位的。当然，孙中山等人当时作出的妥协和让步未免过分。但是也正因为这种妥协存在着很大的风险，所以以孙中山为代表的革命党人提出了要求袁必须接受的三个条件，然后才能解除孙的临时大总统的职务。而三个条件的核心，是要求袁世凯遵守“临时约法”，即接受议会政治，实行责任内阁制，以此来限制削弱袁世凯的窃取的大总统的权力。只是当袁世凯表示“同意”而又为恶劣的客观环境胁迫之下，才使袁世凯谋取总统职位的野心变成现实。

这里应该强调指出：有条件的妥协，即使对马克思主义者而言，也是容许的。列宁曾经在订立布勒斯特和约时指出，有两种不同妥协，一种“是客观条件所迫而作的妥协”，这种妥协丝毫不会削弱革命的决心，另一种“是叛徒的妥协”。显然，革命派对袁世凯进行的妥协，仅仅是一种策略手段，例如，妥协前，对袁提出了具有原则性的三个条件；达成妥协后，坚持要求实行实质上由国民党掌权的责任内阁制等，就是有力的证明。至于与袁妥协的结束，最终是以袁世凯的胜利而告终，从某种意义说，这主要是由于帝国主义列强站在以袁世凯为代表的封建势力一边而造成的。倒如，初诞生的孙中山的南京政府“财政匮乏已极”，却向列强借不到一文钱，甚至迟迟不予承认；而一当袁世凯接管大总统权力后，列强却给予“巨额贷款”，先后相继予以承认，嗣后日本帝国主义等更是公开地使用各种方式扶持袁世凯作为自己利益的代理人，那就更不用说了。

这里作者要强调的是，既然我们没有在关于对袁世凯抱幻想、存在软弱妥协问题上苛求孙中山，苛求黄兴，为什么偏偏要苛求宋教仁呢?

二、关于宋教仁“把同盟会拉向倒退”问题

必须指出，要实行议会政治、责任内阁制，就必须把同盟会从革命团体改组为公开活动的政党。显然这时的历史发展已提出这种要求，问题是由谁去担当此重任？再是，建立成一个什么样的政党？在前个问题上，由于这个时候孙中山辞职后搞铁路建设去了，黄兴呢，把南京留守府的各省部队也遣散了。在这种革命转折和紧要关头，宋教仁应时代与阶级的要求，挺身而出，在孙中山、黄兴等的同意下，以同盟会为基础，筹建一个公开活动的政党——国民党，何厚非之有？有的同志说，宋教仁筹建的国民党，把同盟会纲领中的“平均地权”改为“注重于民生政策”，把“力谋国际平等”改为“维护国际和平”，把许多政客也拉进党内来等，显然“是把同盟会拉向倒退了”。作者认为，对这个问题，必须采取具体分析态度。只能这样看，它对初期建立的同盟会来说，无论就纲领的革命性和组织的纯洁性而言，是倒退了；但是，对于辛亥革命后的所谓“革命军兴，革命党消”（章太炎语），对于“已趋于涣散”、“几乎陷于瓦解状态”、名存实亡的晚期同盟会来说，却又是一种前进，这种前进，表现在它比过去更要实际、更有组织性、更有力量了。关于同盟会纲领的革命精神所谓被抛弃了的问题，这是言过其实。大家知道，同盟会的基本纲领是“驱除鞑虏，恢复中华，建立民国……”，至于其他方面后退了些，是无足重要的。关于组织不纯问题，这是事实。其实，在辛亥革命后，由于同盟会把唐绍仪等旧官僚拉了进来，早已不纯了。这次与以前所不同的，只是把几个反对袁（共和党）的小党并入进来了。然而这样做，从解决当时的主要矛盾的需要着眼（当时的主要矛盾是以孙中山为代表的革命势力与以袁世凯为首领的封建残余势力之间的矛盾，而后者的力量，相对地说，还是很强大的）。前面已经指出过，为了打倒最主要的敌人，就必须团结一切可能团结的力量，其中包括暂时的同路人，并利用敌人阵营内之间的矛盾和裂痕，壮大自己的力量，实现打倒最主要的敌人的使命。这种做法，在客观上也是符合列宁

主义的第二个策略原则的。当然，新建立的国民党实际上是一种统一战线的组织，但这种做法，对资产阶级政党来说，是不足为怪的。就是现在欧美各国的资产阶级政党，出现类似的事情也不少。

三、关于“醉心于议会道路”问题

必须强调指出，宋教仁首先是一位积极主张、组织武装起义的英勇战士。1903年，和黄兴一起组织华兴会，筹划预定于1904武装起义，虽然这次起义不幸失败了。接着他东渡日本，襄助孙中山组织了全国性的革命组织——同盟会，经常参与同盟会组织的各种起义。1911年春，他赶到广州参加极其悲壮的黄花岗起义，并负责指挥起义的统筹部编制课课长职务；1911年7月，他极力主张并筹划在中国腹地——长江流域的武昌举行武装起义，为此成立了中国同盟会支部机构，不管人们对建立这个机构有何看法，但它毕竟为同年10月10日举行的武昌起义作了准备。武昌起义后期，宋也是组织者之一。如上所述，理应充分地肯定，宋教仁是武装斗争的倡议者、积极的组织者、参加者。这是无可否认的。历史就是最好的见证人。

诚然，宋教仁在1912年至1913年初，热衷于议会选举和实行政党责任内阁制，这是事实，问题是要具体地历史地去看。必须看到，实行资产阶级议会选举和责任内阁制，在当时的中国是具有进步性的。斯大林曾经说过，在二月革命前，争取建立民主共和国的口号是进步的；如果在十月革命后再提出这个口号，就是反动的了。列宁指出第二国际的领袖们，在无产阶级夺取旧国家政权问题上，不强调暴力革命，醉心于议会道路的和平过渡，带有空想性质，因而讥讽他们为“议会迷”。但马克思主义者并不是不分情况把暴力革命绝对化。1917年2月俄国资产阶级民主革命胜利后，列宁就曾设想通过议会道路，把全部政权转归苏维埃，以达到实现社会主义革命的目的。为此，列宁曾撰写了实现和平过渡的著名的《四月提纲》。后来只是由于七月莫斯科街头的流血事件发生，才积极着手准备和进行武装起义的十月革命。而我国1912年的历史情况，起码在形式上已经实现了资产阶级夺取政权的任务，在这种历史条件下，宋教仁进而宣扬议会政治、实行内阁责任制，用以削弱勾销袁世凯以总统之名行封建独裁统治之实的权力。请问，这怎能与代议君主制相提并论？而只能说，它是一个进步。列宁指出：“判断历史的功绩，不是根据历史活动家没有提供现在的东西，而是根据他们比他们的前辈提供新的东西。”可见，我们绝不能用今天无产阶级的标准去评价历史上资产阶级政治家的得失功过，再说宋教仁所热衷的议会选举和责任内阁制，正是捍卫了临时的法中最主要的东西，因而也曾得到孙中山和黄兴等人的同意与支持。特别要指出的，在当时中国的特殊历史背景下（袁世凯已就任大总统），选择实行议会政治和责任内阁制，是较正确、较有利的选择。在这里，只要举出袁世凯的有关言论和行动，就足以佐证了。当议会选举揭晓后，袁就非常敏感地看到了这个问题的严重性，对杨度说：“以暴动手段夺取政权尚易应付，以合法手段夺取政权，置总统于无权无勇之地，却厉害多了。”不仅如此，由于袁对此局面坐立不安，竟迫不及待地悍然下毒手，派遣刺客把中国资产阶级民主宪政治的鼓吹者、即将就任的内阁总理宋教仁刺死于上海火车站。请看这件事实本身，不正表明了宋教仁所热衷的议会政治和责任内阁制，对当时讲具有多么重要的实践价值和意义。当然，如果今天谁要求在我国实行议会民主宪政的统治，那就如斯大林所说的是反动的了，这又当别论。可不可以这样看，从一定意义说，宋教仁的悲剧，与法国近代史上资产阶级革命领袖罗伯斯比尔为封建反动势力所残害相类似。

四、关于“宋教仁与袁世凯争夺权力”问题

曾有人认为，宋教仁的反袁斗争，是个人权力之争。这种判断是毫无根据的。

请问，在当时的特殊的历史背景下，宋教仁以天下为己任，拯救同盟会，扩大反袁的革命力量，南北奔走，抨击时弊，宣扬资产阶级民主政治，争取国民党成为执政党，实行自己所憧憬的资产阶级民主法治，不是难能可贵的吗？

怎能把此说成是为个人争权力呢？如果宋教仁一心只图个人的权力和利禄，那么当袁世凯一再用高官厚禄、金钱美女引诱他时，他为什么又不就范呢？（袁世凯是十分器重宋教仁的才能的）而且，1912年2月，宋教仁在上海的国民党员举行欢迎他的盛大会议上说得很清楚："世人诬吾运动总理，由来已久，吾虽无其事，实不待辩。共和政治，则国民人人皆负责任……人苟可以自信，则不妨当仁不让，……吾人之志，则不讳言，实深愿将能当此责任也。"又说："盖内阁不善，可以更迭之。"以上就是说，凡是有能力的人都应勉励自己充当总理之职，同时又光明磊落、自言不讳地说，当时自己是恰当的人选，但又强调内阁总理是可以轮换的。请看，这怎能说他出于个人的权力欲呢？显然这种看法是背离马克思主义的下述历史唯物主义观点的，在阶级社会中，历史"主要人物是一定的阶级和倾向的代表，因而也是他们时代的一定思想的代表。他们的动机不是从琐碎的个人欲望中，而正是从他们所处的历史潮流中得出来的。"

综上所述，我们完全有理由给宋教仁以如下的公正评价：

宋教仁是我国资产阶级革命的伟大先行者和卓越的领导者之一；是热爱祖国、富于牺牲精神极有才干的资产阶级革命家。宋教仁是以孙中山为代表领导中国资产阶级民主革命中高举民主宪政旗帜的旗手之一，是"为宪法流血"的"真第一人"（孙中山语）。宋教仁用自己的鲜血写下了旧中国走资产阶级民主宪政道路不通，从而推动了孙中山、黄兴等国民党领导人的猛醒，采用武力对付袁世凯为首的封建势力。宋教仁惨死于封建主义和帝国主义的屠刀之下这一最后的悲剧给人们留下了一面镜子，使一代又一代的人们不断从其中吸取深刻的历史教训。

当然，同任何伟大历史人物一样，宋教仁也存在着他所处的时代所属的阶级的历史局限性，表现于：

一是进行革命活动的过程中，没有着眼发动劳动群众特别是农民群众（比较重视发动哥老会）。毛泽东指出："国民革命需要一个大的农村变动，辛亥革命没有这样一个大的农村变动，所以失败了。”反观英法等国的资产阶级革命却不是这样的。

二是对以袁世凯为代表的封建势力的斗争没有做好两手准备（议会斗争和武装斗争），甚至未做好防备敌人暗杀的精神准备，在这一点上显然表现得不够成熟和老练。

必须指出，上述历史局限性不仅同时表现在我国旧民主主义革命中许多革命先驱者身上（如谭嗣同等人），同时也表现在孙中山、黄兴等卓越的资产阶级革命领导人身上，这是初生的民族资产阶级的幼年性决定的，不能苛求于宋教仁个人。总之，宋教仁同孙中山、黄等一样，都是值得我们崇敬的中国伟大的资产阶级先行民主主义者和革命家。

（本文原载于《求索》1988年第2期，系“纪念宋教仁诞生105周年学术讨论会”论文。）

诗词十首

其一

盘燕吟（1948 年）

燕姓小弱实堪怜，任人践踏几百年。
何日倚天吁长气，乐我祖先笑九泉。

其二

送胞弟从军之黔（1939 年）

风雨凄凄沅水寒，湘黔路远两心关。
棹摇舟横同挥泪，何日平倭胞兄还。

其三

闻胞弟国彩失一明有感（1952 年）

腥风血雨童远去，渝郑宁吉奈忆何！
忽报同根明失偶，断肠家史洒泪多！

其四

送胞弟国材赴北京师大（1949 年）

国材高中名师大，仲秋八月上北京。
目送长龙云霭尽，时闻巨笛在低鸣。

其五

岳麓山下苦耕（1956 年—　）

一

麓山风光环球羡，有幸朝夕咫尺看。
九月霜枫二月花，隔江繁华不屑盼。

二

身居山麓忘登高，一心只为育新苗。
阳春丽日耕耘急，狂风骤雨不辞劳。

其六

麓顶即景（1979 年）

忙里偷闲麓顶游，衡湘景物满眼收。
万楼探首楚天外，三虹落足桔洲头。
一簇火炬羞明月，两口清塘映九州。

更喜多情湘江水，千里直泻洞庭湖。

其七

赴旅大参加全国高校政治教师代表会议有感（1980 年）

少读近史三掩卷，今登辽岛思万千。
二海浪涛频拍岸，两虎血腥犹未干。
痛恨清廷误旧国，喜庆禹域谱新篇。
鸡冠山头傲然立，笑煞豺狼妄吞天。

其八

瞻仰船山草堂有感（1992 年）

国破家亡愤难平，草堂三间札兵营。
湘水当墨竹作笔，百卷雄文贻后人。
费尔巴哈世夸殊，匿居乡野立新著。
若与夫之试比美，近似皇冠一粒珠。
新旧社会两重天，面对遗像实汗颜。
愿向先贤借一笔，描绘四化新江山。

其九

重访新民小学（1999 年）

六十年前发义声，六十年后依稀听。

涌泉潭水深千尺，不及蒙师培育恩。
钟陈刘徐今何在，一砖半瓦犹多情。
新民精神喜光大，足慰先贤创业心。

其十

词一首：《诉衷情》（1976 年）

教学马列两鬓霜，真理贴心房，
痛闻导师忽逝，小兵哪堪悲伤。
细思忖，惜流光，负党望，
俯首遗像，欲哭泪干，最断人肠。

编后记

新中国成立初期，《燕国桢论著集存》（简称“集存”）的主人公燕国桢还在大学中文系本科学习，是一位对古典文学怀有浓厚兴趣并能勤奋好学的学生。1953年毕业后，他出于国家需要，服从组织分配，走上了马克思主义教育的工作岗位，当上了高等学校政治课的一名教师，从而开始了学习、传授与研究马克思主义的生涯。

应当看到，燕国桢教授的这一“生涯”，可以划分为前后两个时期：前期（1953—1980年）的活动是“述而不作”。即只是学习与传授马克思主义，根本不搞什么科学研究，自然也就没有撰写什么论文或著作。后期（20世纪80年代以来）的活动则是“述而且作”。即在学习、传授马克思主义的同时，还积极开展有关的科学研究，并撰写了数十篇论文与两种著作。他对待研究与写作的态度是极其认真负责的，一篇文稿往往要反复修改很多次，甚至有些发表了的文章还要精益求精地加以修改。从其写作的情况看，他所撰写的文稿大致可以分为三类：一是初写稿。这大多为目录、提纲与手写稿；二是会议稿。这是为参加学术会议所写的，系打印稿；三是发表稿。这是见诸“会议论文集”或刊物的稿子。此三类文稿不少是依次发展、相互关联的，但有些也各自独立、互不相干。“集存”中编入的论著，多数是发表稿，少数是打印稿，只有个别的初写稿。从这个角度看，“集存”并没有把燕国桢教授所撰写的论著全部收入。

我们为什么要编辑《燕国桢论著集存》一书呢？这完全是感情激励与理智

指引的产物。

燕国桢教授与我们是至亲骨肉：燕国材是他最关心的四弟，燕良轼是他二弟的长子，燕新民是他哥哥的次子。在我们的心目中，他是我们纯臣公四代大家庭的主心骨。他敬爱父母，是一位孝子；热爱兄弟，手足之情至深；关心晚辈，常说"侄儿如己儿"。我们三人都是在他的引导、支持与无微不至的关怀下成长起来的。我们都十分敬重他的人品，也特别感谢他对我们的长期关爱与照顾。正因为这样，才不顾自己才疏学浅、更非马克思主义的内行，不约而同并自告奋勇地编辑起《燕国桢论著集存》来。

在理智的指引下，我们认识到，燕国桢教授撰写的论文与著作，不仅有一定的历史意义，也还有一定的现实价值。就前者看，他的论著撰写于20世纪80—90年代，自然是历史的东西。这些东西参与当时的学术会议，其中有些被收入了"会议论文集"出版，而有些则公开发表于刊物。他与人共同主编的《马克思主义原理》教材，是当时较有特色、有影响的一部著作。这些都表明，其论著与当时社会的需要是基本合拍的，对我国社会主义的巩固与发展曾产生某些积极作用。从后者看，"集存"中所编入的论著，其某些观点对今之读者可能还会有这样或那样的启示作用。特别是燕国桢教授对待写作的认真态度、研究问题的创新精神，如关于马克思主义原理体系结构的确定、唯物辩证法全方位拓新的设想、辩证唯物主义和历史唯物主义创立关系的新议、唯物辩证法规律和范畴体系的新探，以及"科学创造性思维"问题的提出与探索等，都可能成为读者开展创新活动的激励剂。因为如此，我们便自觉地投入了《燕国桢论著集存》的编辑工作。

还有一层意思是，编辑《燕国桢论著集存》一书具有重要的纪念意义。燕国桢教授及其兄弟四人的父母，初识文字、男耕女织、一生务农，是一对道道地地的农民。但两位大人不顾家庭经济困难，宁肯自己吃尽千辛万苦，毅然决然地让四个儿子上学读书。"蓼蓼者莪，匪莪伊蒿，哀哀父母，生我劬劳。"为了向一生辛劳、无怨无悔的父母感恩，在燕国桢教授的同意下，我们编辑了这本"集存"，献给其父亲纯臣公与母亲徐贵贞女士，以慰双亲大人的在天之灵！燕国桢教授对马克思主义情有独钟，对之刻苦学习、认真传授、辛勤研究，数十年如一日，很值得记下一笔，以作纪念。我们将其论著收集起来，编成“集存”一书，即出于此种“为了纪念”的初衷。

我们是如何编辑《燕国桢论著集存》这一著作的呢？对此问题作些说明，想必不会是多余的。

一般地说，凡是编辑较大规模的书籍，如多卷本的“丛书”、“全集”或“选编”等，都会有一个成文的“编辑凡例”，以规范编辑行为。本“集存”为一卷本，规模很小，所以只有一个不成文的“编辑凡例”，让编辑者心中有数：（1）所谓“论著”，包括论文与著作，而“集存”则是集中存留之意；（2）对“论著”内容一般不作修改，以保留其原貌；（3）修改之处只限于：明显错误的字词与标点符号，尾注一律改为脚注；（4）对各篇论著不作任何说明，只在末尾注明其出处或写作时间；（5）如有几篇内容大同小异的文稿，只选择其最好的一篇予以集存。

“集存”由36篇（部）论著组成，其中《燕国桢传略》一文作为首篇放在最前面。其余35篇（部）为“集存”的核心内容，并按其内容的性质，将它们分为7编来予以安排。即马克思主义原理编5篇，哲学理论与运用编13篇，政治观点与实践编4篇，科学创造性思维编2篇（部），中国哲学发展史编5篇，思想道德教育观编3篇，家乡与宗族情结编3篇。为了使读者了解这些分属于7编而内容不同论著撰写的时间，我们还编写了《燕国桢年谱》。

前面说过，“集存”中的论著均撰写于20世纪80—90年代，是历史的东西。我们认为，凡是历史的东西，就应当把它放在当时的历史背景下去考察与评价，而不要用当下的眼光去要求它。特别要强调的是，如果有人站在右的或左的立场上去对它评头论足，那就更是不应该的了。

“集存”的顺利出版，是与人民出版社的支持分不开的。在此，请容许我们三位并代表“集存”主人公，向有关领导与编辑表示衷心的感谢！

编者于2014年“五一”劳动节

附录：燕国桢年谱

1924年	生于湖南省桃源县盘塘镇燕家坪村。
1934—1935年	在本村读私塾，师从曾书斋先生。
1935—1937年	桃源县私立新民小学学习。
1937—1939年	桃源县立初级中学学习。
1939—1942年	常德县私立隽新初级中学学习。
1942—1945年	湖南省立第九高级工科职业学校水利工程科学习。
1945—1948年	任桃源县金林乡（后改名阳谷乡）中心小学校长。
1948—1953年	湖南大学中国文学系学习。
1953—1992 年	中南矿冶学院（中南工业大学、中南大学）助教、讲师、副教授、教授。
1953—1956年	带职在中国人民大学马列主义研究生班学习。
1980年	撰成《关于反右反左的几个理论和实践问题》（打印稿）。
1981年	撰成《毛泽东同志关于唯物辩证法范畴的新贡献》（打印稿），“湖南省社联年会”论文。
	撰成《不能以左为正刍议》，发表于《求索》编辑部《未定稿》1981年第9期（打印稿）。
1982年	撰写《研究范畴的演进入手揭示哲学史发展的规》，发表于《求索》1982年第5期。

《从否定之否定规律看〈实践论〉对我国知行学说的发展——为纪念〈实践论〉发表45周年而作》（打印稿）。

《抓住中心环节以带动其他的辩证法——学习党的十二大政治报告的点滴体会》（打印稿）。

《王夫之与宋明理学的终结》（打印稿，与王玉錩合写）。

《试论毛泽东同志关于辩证法的概念范畴的新贡献》（打印稿），“湖南省社联年会”论文。

1983年　撰写《唯物辩证法的规律和范畴体系新探——为纪念唯物辩证法创始人马克思逝世一百周年而作》，参加湖南省哲学学会纪念马克思逝世一百周年学术讨论会。

《略论柳宗元对中国古代元气本体论范畴的划时期贡献》，载《柳宗元哲学思想讨论会论文集》（上册）。

《关于唯物辩证法的规律和范畴体系新探》（删节稿），“唯物辩证理论讨论会昆明会议”论文，由中南矿冶学院科技情报科打印。

《毛泽东提出的辩证法新概念的理论和认识意义——关于全局和局部范畴的新贡献（之四），兼论十一届三中全会以来党的创造性运用和发展》（打印稿）。

《略论柳宗元对中国古代元气本体论范畴的划时期贡献》，载《柳宗元哲学思想讨论会论文集》（上册），广西社会科学院哲学研究所、广西中国哲学史研究会出版。

1984年　晋升副教授。任硕士研究生导师。

担任全国高校马克思主义哲学和马克思原理教学与学术研讨会协调组执行组长至1996年，1997年后任顾问。

撰写《关于历史唯物主义创立的若干理论问题商榷》（打印稿），“全国理工科院校在校哲学理论讨论会”论文。

1985年　撰写《当代中国马克思主义哲学构思及提要》，载中南工业大学社会科学系《教育改革的信息与资料》（第一期）。

《关于历史唯物主义和辩证唯物主义创立关系的新议》，发表于《马克思主义教学研究》（湖南高等院校马列主义教学研究会主办，内部试刊）1985年第2期。

1984年　加入中国共产党。

1986年　与人合作主编《马克思主义原理》由中南工业大学出版社出版，撰写该书的“绪论”与“结束语”。

《科学创造性思维探索》由湖南出版社出版。

1987年　撰写《浅议完整、准确地理解毛泽东思想科学体系》，发表于《学习与实践》1987年第2期。

《世界观人生观系统结构新析》，发表于《求索》1987年第2期。

《关于〈马克思主义原理〉教材体系的逻辑起点、主线和终点问题》（与秦醉霞合写），发表于《有色金属高教育研究》1987年第4期。

《浅议完整、准确地理解毛泽东思想科学体系》，发表于《学习与实践》1987年第2期。

《毛泽东对规律的新揭示的重大意义》，载《当代就精神的精华》，湖南省哲学学会编印。

《十一届三中全会以来党对“全局”和“局部”的创造性运用和发展》，发表于《马列主义教学研究》1987年第2期。

《关于科学方法论多层次结构新思考》（打印稿），“全国理工院校第七届哲学讨论会”论文。

《世界观人生观系统结构新析》，发表于《求索》1987年第2期。

《试用历史唯物观点正确评价宋教仁——关于宋教仁在旧民主主义革命时期历史地位的新议》，“纪念宋教仁诞生105周年学术讨论会”论文。

1987年 晋升教授。

1988年 撰写《刍议〈马克思主义原理〉教材的逻辑起点、主线、终点和体系建构问题》，载《马克思主义理论课教改科研论文集》。

《关于科学方法论的层次结构问题》，发表于《江汉论坛》1988年第5期。

《关于宋教仁评价的几个问题》，发表于《求索》1988年第2期。

1993年 撰写《辩证唯物史观的立足点突破口及其划时代发现——兼论人类最终的必然选择》，载《马克思主义原理研究》，《社会科学战线》杂志社出版。

《从思维发展水平三个基本层次看〈孙子兵法〉的产生》，载《孙子与齐文化——海峡两岸齐文化讨论会文萃》，石油大学出版社出版。

1992年 获国务院颁发的政府特殊津贴。

1996年 撰写《恩格斯对唯物辩证法的突出贡献及其深远意义》，载《恩格斯与世界社会主义运动》，湖南出版社出版。

1998年 撰写《从辩证法范畴逻辑演进链条中看毛泽东的新贡献》，发表于《毛泽东思想研究》1998年第1期。

《邓小平理论，科学理论的旗帜——建设有中国特色社会主义理论科学体系及其哲学基础》，载《马克思主义理论教育新探》，新华出版社出版。

责任编辑：王彦波

装帧设计：马淑玲

图书在版编目（CIP）数据

燕国桢论著集存/燕国材，燕良轼，燕新民编.

—北京：人民出版社，2014.8

ISBN 978-7-01-013688-2

Ⅰ. ①燕… Ⅱ. ①燕… ②燕… ③燕… Ⅲ. ①社会科学－文集 Ⅳ. ①C53

中国版本图书馆CIP数据核字（2014）第142733号

燕国桢论著集存

燕国材 燕良轼 燕新民 编

出版发行：人民出版社

地　　址：北京市东城区隆福寺街99号

邮　　编：100706

邮购电话：（010）65250042/65289539

印　　刷：北京瑞古冠中印刷厂

经　　销：新华书店

版　　次：2014年8月第1版 2014年8月第1次印刷

开　　本：710毫米×1000毫米　1/16

印　　张：38

字　　数：530千字

书　　号：ISBN 978-7-01-013688-2

定　　价：188.00元